北京志愿服务组织案例集

（上册）

北京志愿服务发展研究会

人民出版社

《北京志愿服务组织案例集》（上册）
编委会

主　任：郭新保

副主任：陈炳具　王　赢

主　编：张晓红　王　育

副主编：王华琳　李艾诺　张燕玲

撰稿人：（按姓氏笔划排序）

于　冉	王方颖	王　欣	王忠平	王　哲
王雅姝	王　靖	韦　栋	左习习	田丽娜
冉鹏程	冯毅飞	刘金芝	李文婷	李艾诺
李　凌	李　鉴	励东升	辛　华	邹江洪
陈顺昌	肖晓丽	张　敏	张　静	苏超莉
辛媛媛	罗　星	周莉娟	岳　敏	郑瑞涛
郝　钢	郝琦伟	夏彬彬	袁　博	曹仕涛
曹雪莹	颜丙乾	潘春玲		

目录 Contents

前　言

北京志愿服务工作在全国起步较早，从 1983 年学雷锋"综合包户"志愿服务活动开始，历经 30 多年的发展至今已经初具规模，并取得了一系列丰硕的成果。志愿服务无论从服务内容、组织规模及运作形式等方面都发生了翻天覆地的变化。志愿者组织的类型从最初的共青团、民政部等少数几个行政部门主办，逐步发展到今天的由社区志愿者组织、政府机构志愿者组织、企业志愿者组织、草根志愿者组织、公益机构志愿者组织、高校志愿者组织等共同参与，实现了由单一主体向多元主体的转变，志愿者组织的规模也不断发展壮大，截至 2015 年 9 月 10 日，在志愿北京平台备案注册的组织数为 49421 个，发布的数万个志愿服务项目的覆盖领域不断拓宽，服务也越来越专业化，这些志愿服务有效地弥补了政府和市场在提供公共产品方面的局限性，增进了社会福利，促使了社会和谐，在首都社会建设中的作用也日益凸显，日渐成为首都社会治理的重要组成部分，同时也是首都社会建设创新的重要力量。

为了了解和提升志愿服务组织的运行管理水平，更重要的是获得志愿服务理论和实践研究的基础前沿资料，从 2009 年 3 月至今，北京志愿者协会（现北京志愿服务联合会）和北京志愿服务发展研究会共同启动了北京志愿者组织调研，在研究会副会长张晓红教授的主持和指导下，北京志愿服务发展研究会的志愿者研究员对 200 多个志愿者组织展开了"解剖麻雀"式调查研究，完成相关志愿者组织调研报告 100 多份，组织类型涵盖了中国现有的社区志愿者组织、政府主导的志愿者组织、企业志愿者组织、草根志愿者组织、公益组织、高校志愿者组织六大主要类型。调研运用负责人及骨干志愿者访谈、活动观察、志愿者和服务对象及利益相关方座谈、文献法等对这些志愿组织的发展历史、组织框架、管理运行、服务现状、发展规划等方面进行深入地调查和研究，并探讨其发展中存在的问题、尝试提出了建设性的意见与建议。

2015 年，受共青团中央邀请，研究会从 200 多个志愿服务组织发展报告中选取有一定代表意义的原始调研报告结集出版，一方面完成专题研究的成果转化，另一方面也希望对全国志愿者组织发展研究提供最为基础的文献资料，进而为推动首都乃至全国志愿服务事业发展贡献一份绵薄之力。

针对不同的目标群体，调研一共进行了 9 次，时间长达 9 年。本次编写的顺序是以调研的时间顺序为依据的，分别呈现为 8+1 个章节，前面 8 章分别为 9 个集中代表性组织案例报告，第一章草根志愿服务组织（草根志愿服务组织包括 2 次调研，合并为 1 章呈现），第二章奥运时代下的志愿服务组织，第三章社区志愿服务组织，第四章高校志愿服务组织，第五章企业志愿服务组织（外资企业为主），第六章政府机构内部志愿服务组织，第七章公益机构志愿服务组织，第八章企业志愿服务组织（央企、国企、民企），第九章即最后一章是我们对同一个草根组织分别在 2009 年和 2013 年的调研，希望在 5 年发展中了解相关变化。案例集共两册，第一到第五章为上册，第六章以后为下册。

编　者

第一章　草根志愿服务组织

编　者　按

　　"草根"直译自英文的 grass roots，是指与政府或决策者相对的势力，同主流、精英相对应的弱势阶层。随着中国志愿服务的发展，草根志愿服务组织也越来越活跃，在诸多方面充分彰显了其缓解社会矛盾，促进和谐人际关系，维护社会公平，促进社会稳定的作用与价值，被称为"和谐社会的润滑剂"。我们这里指的草根主要是指没有政府背景的组织，它们发起于民间，或在民政部门注册，或在工商部门注册，又或者在有关志愿服务平台，如北京志愿者协会（现北京市志愿服务联合会）等备案。本轮调研选取了北京"在行动"公益组织、瀚亚志愿服务团队、环保之友志愿服务队等 20 多家草根志愿服务组织，形成了 14 篇调研报告，本章选取了《睿乐融助老志愿服务队发展调研报告》《四月公益博物馆志愿者协会调研报告》《北京市 LEAD 调研报告》《天使志愿者社团调研报告》《绿色啄木鸟组织调查报告》等，分别呈现如下。

访谈提纲

一、基础部分

1.志愿者团队的组织成立宗旨和组织价值、组织架构如何？

2.志愿者团队的人员构成，是否有从事志愿者管理的付薪人员？

3.志愿服务活动的服务领域、服务内容、服务对象是什么？

4.志愿服务活动的具体开展是否实行项目化管理？有哪些长期项目和短期项目？有没有形成独有的特色和品牌活动？

5.对志愿者的评价和激励是怎么做的？是否开展志愿服务活动的评估和总结工作？比如创办自己的刊物、网站等分享志愿服务感想、总结，或者进行优秀志愿者表彰等？

6.作为草根志愿者组织，是否感受到了社会及政策的支持？在开展志愿服务活动中有哪些困难？或者说需要哪些支持？

7.志愿服务资源的来源，包括志愿者、资金、物资和技术等，以什么样的方式获得？志愿服务的主要成本是什么？

8.如何看待草根志愿者组织开展的志愿服务活动和志愿者自身发展之间的关系？如何看待志愿服务与社会相关需求的关系？遇到的问题和困境有哪些？

二、补充部分

1.志愿组织在与社会各方的资源整合方面都有哪些举措？例如是否有长期、固定的来自国内或国外的合作方？或是随机性地与外界合作？合作时，遇到哪些问题？有何对策？

2.志愿者加入组织的动机是什么？组织对志愿者的遴选标准是什

么？人力资源是否出现短缺？有什么解决方案？

3.组织活动的社会效益如何？公众对组织与活动的认知和参与程度如何？

4.组织采取何种方式加大对自身宣传的力度？是否借助媒体、网络或依托自身的资源优势亲自进行推广？

5.组织未来发展的目标或愿景是什么？

第一节　耆乐融助老志愿服务队

调研对象：卞学忠

调研时间：2013 年 4 月 17 日

调研地点：耆乐融助老志愿者服务队

调研及报告撰写人：

丁青（中国政法大学 2012 级硕士研究生）

近年来，尤其是在汶川大地震之后，中国的志愿服务组织的数量、规模都有了显著发展。长久以来，社会组织需要具有挂靠单位并到民政部门登记的双重管理体制被认为是导致大量民间组织难以获得正式身份的主要原因。但是，草根志愿服务组织的大量存在与发展仍然十分引人注目。

本节选取了在北京市志愿者联合会注册不久的耆乐融助老志愿服务队作为研究对象进行实地调查与访谈，以观测草根志愿服务组织的运营情况及存在的问题。

一、基本情况简介

耆乐融助老志愿服务队（以下简称"耆乐融"）由卞学忠① 发起，筹备近一年，于 2010 年 9 月在北京市青年志愿者协会注册成功。

耆乐融助老志愿者服务队是其在北京青年志愿者协会登记的名称，其工商注册名称为北京耆乐融文化发展有限公司（又名北京耆乐融老年文化发展中心），是一家服务于空巢家庭老人、隔代家庭老人和随子（女）迁居老人，专注于老年脑健康、老年精神关怀、代际互助与融和等精神养老服务的社会创新组织。

耆乐融的 logo 是一名 14 岁初中女生凌巧的书法作品。

"耆，老也。"（《说文》），古称"六十曰耆"（《礼记·曲礼》）。耆字开宗明义地表明耆乐融的服务对象就是老人。

乐，快乐，愉悦。"乐"是耆乐融的核心。

融，和谐，其乐融融。"融"是耆乐融的愿景和目标。

组织信念：专注精神养老，共享耆乐融融！

组织愿景：人皆耆乐，共享融融！

组织使命：怀着爱、兴趣、责任感和创新精神工作，用专业服务助力老人快乐生活！

组织口号：1. 耆乐融助力老人快乐生活！ 2. 今天的老人，明天的我们。耆乐融融从现在开始！

办公地点：北京市东城区前门东大街 5 号 6630 室（100006）

办公电话：86-010-84641761；机构网站：www.qlrr.org

办公邮件：qlrr.org@gmail.com；志愿者邮件：qlrr.hr@gmail.com

官方微博：耆乐融（新浪微博）；QQ 群：耆乐融（61887712）

---

① 卞学忠，男，2007 年以前在人民日报社做管理工作，现全职从事耆乐融助老志愿者服务队的工作。

二、组织者的动因

当被问及为什么选择做志愿服务活动时，卞学忠说，接受的教育对个人有较大的影响。小时候接受了学雷锋教育，自己也爱读书，使得自己明理懂事，有奉献社会的情怀。

2002年，卞学忠加入了自然之友，在参加活动的过程中感受到志愿者群体淳朴、奉献的精神。

2003年，"非典"爆发，卞学忠和妻子一道参与献血行动。

2007年，回家探望家里的老人时，"阿尔茨海默症"（俗称"老年痴呆"）带来的各种不便使卞学忠进一步思考如何帮助老年人更好地预防或延缓此过程。

2008年，卞学忠开始尝试独立做志愿服务活动。刚开始，他希望能做一个网站，让大家关注此事。5·12地震之后，他开始用网站招募志愿者，将搜集到的相关信息传递给自然之友，并协助中华慈善总会妇联等做活动，后又转为专门做助老活动，致力于老年人的精神文化生活。

卞学忠放弃了原来的记者工作，全职投入到志愿服务行业，自己在这个过程当中感受到了快乐和满足，觉得这是一种非常有意义的生活方式。当然，他能够全职无薪地投入到耆乐融的工作当中，与其妻子的理解和支持紧密相连。妻子的工作收入成为他全职无薪投入志愿服务活动后支持家庭各项开支的主要来源。

三、志愿服务理念认知

耆乐融认为，志愿者、草根志愿者组织和接受服务的对象，在志愿服务过程中，是一种多赢的关系，志愿者参与志愿服务，在给予服务对象帮助的同时，可以锻炼能力、增加交往、学习知识、开拓眼界、接触社会。志愿服务是满足社会相关需求的重要手段，是政府公共服务和企业市场服务的有机补充。

目前，社会上对公益的理念存在一些理解上的偏差。志愿活动不能光重视事后的控制，需要重视防患未然。阿尔茨海默症发病率的增高，会增加国家、社会、家庭的成本。关注老年人的精神生活，可以减少阿尔茨海默症的发病率，也适应了我国人口结构老龄化的发展趋势。

作为草根志愿者组织，耆乐融成立以来，得到了社会各界的支持，特别是来自北京市志愿者联合会的支持。

四、组织现状

（一）以注册公司为组织依托

耆乐融的成立，经历了一个较为曲折的过程。要成立一个专业的志愿者服务队，并获得来自政策层面的支持和来自社会层面的认可，其历程是艰难的。

起初，为了找到能够挂靠的部门，卞先生跑了不少单位，耽误了不少时间。加上尝试申请获得国内外一些基金会的资金支持，他开始寻求成立公司。

公司的工商注册名称为"北京耆乐融文化发展有限公司"。公司成立后，耆乐融助老志愿者服务队在北京志愿者协会取得登记，并在志愿北京网站获得相关权限。公司成立后，帮助解决了耆乐融在北京志愿者协会的注册登记问题，但并没有帮助耆乐融成功申请到基金资金的支持。

注册公司用的注册资金和租办公场所的资金，完全是卞学忠个人储蓄提供支持。由于公司注册花费了较长时间，极大地增大了运营成本，加重了其个人的经济负担。

在耆乐融成立之初，北京社会工作委员会社会组织孵化中心曾经有一小部分资金或能力上的支持。耆乐融目前的办公地点位于北京市东城区前门东大街 5 号 6630 室，北京社会化组织孵化中心内，此办公地点为 NPI 免费赞助，与其他几个社会公益服务组织共用一个办公室，办公场所并不大。

在经历了活动开展初期的摸索后，耆乐融开始和社区接洽，较为稳定地开展助老志愿服务活动，丰富老年人的精神文化生活。

（二）志愿者来源及结构

目前，耆乐融仅有一人全职、无薪地从事活动组织和志愿者管理，此人便是发起人卞学忠，耆乐融并无付薪全职或兼职从事组织管理和活动开展的人。

在志愿者构成方面，耆乐融基本无长期化、固定化的志愿者。在其号码为61887712的腾讯QQ群内，显示的群成员人数为121人[①]，以高校学生为主，这些高校的学生主要来自北京林业大学、北京理工大学、中国政法大学、中国青年政治学院等。其他来源的志愿者，所占的比例较小。但是群内的志愿者只是累计入群的人数，其中还有不少处于不活跃状态。

虽然名义上，耆乐融与其中几所高校建立了合作关系，但是通过高校合作渠道输送的志愿者少之又少。耆乐融的志愿者来源主要还是依靠北京市的招募志愿者，或者在群内召集志愿者参加。

在调研过程中，我们在现场随机采访了参与活动的两名志愿者。

娄晓宇，男，摄影师，个体经营照相馆。他是偶然认识了耆乐融的负责人卞先生，觉得比较赞同耆乐融的精神理念，所以在活动有拍照需要并且自己有时间时，会应卞先生邀请参加志愿服务。主要的任务是拍照，兼做一些其他方面的杂活。他一般能够保证一个月至少参加一次。他表示作为一名社会人士，自己的经济条件还不错，自己并不要求有什么激励，寻求的是一种自我满足感。

郑岩，女，北京化工大学本科生，社会工作专业。其学习的专业有实习要求，加之自己也想做志愿服务活动，所以申请到耆乐融参加为期两个月的实习活动。每周一、周三她在办公室值班，由耆乐融提供午

---

① 因为该群内的志愿者身份信息搜集并不完整，所以对于志愿者的组成并不能给出十分精准的数据，只能粗略地进行描述。

餐，其他费用自理。实习的内容包括网站维护、后勤等。

（三）志愿者评价与激励

眷乐融会在每次活动结束后对志愿者的工作情况进行评价，并根据志愿者要求出具志愿服务证明；在年中和年终对志愿服务进行评估和总结，如对优秀志愿者进行表彰，颁发年度志愿服务奖等。

对参与了志愿服务活动的志愿者发放志愿服务工时认证证明，是眷乐融对高校学生志愿者的主要激励方式。因为人员较少，仅有的精力主要投入在活动上，针对志愿者的管理制度尚未形成，一定程度上导致草根志愿服务组织缺乏凝聚力，不利于吸引志愿者持续参与志愿服务活动。

但是对于年中和年终志愿服务总结怎么评估和总结，眷乐融目前为止对采用何种形式表彰或奖励那些志愿者，也不能给出十分明确的回答。评估和总结的开展，在安排上具有很大的随意性，也不能保证例行开展。

虽然眷乐融有自己的网站，但是因为服务于组织文化建设的志愿者少，卞学忠又精力有限，所以眷乐融的网站更新内容缓慢，也极少有志愿者进入该网站分享自己的志愿服务感想。目前，眷乐融在制作一批宣传手册，希望用于组织的宣传工作，以吸引更多的志愿者加入眷乐融团队。

对于志愿者加入组织的动机，眷乐融并不仔细过问。在志愿者的遴选标准上，较为宽松，以志愿者是否有充足时间参与服务、志愿者的服务态度和技能为主要考量。参加服务的志愿者有开具实践证明要求的，一般都会予以配合。

（四）社会资源整合情况

在与社会资源整合方面，眷乐融目前还处于摸索阶段。高校是其招募志愿者的主要来源，社区是其开展活动的主要合作方。

通过与社区合作，眷乐融在2012年申请到了部分政府购买服务，一定程度上缓解了开展活动的资金压力。目前，呼家楼社区、左家庄社区已经成为耆乐融开展活动的主要地点。

　　耆乐融并没有国外的合作方。它曾经尝试申请一些来自国外基金组织的资金支持，如福特基金会，但是最终并未成功。现在，耆乐融基本放弃了这一方面的努力。

　　除了与社区合作，耆乐融还与一些企业合作。如 2013 年 4 月 17 日与星巴克公司合作活动，星巴克就提供了部分志愿者和绝大部分资金支持；社区主要是提供场地给参加活动的老人。耆乐融主要提供活动的策划和活动现场的管理。这一次活动是经人介绍的，也是耆乐融第一次和企业合作开展志愿服务活动。这样的合作具有随机性，并不稳定。并且活动的开展过程中，也发现了一些问题。例如星巴克的参与，使得当天的活动具有一定的商业作秀气息。在活动的过程中，有的星巴克志愿者并不按要求做事，甚至存在随意拿用道具、随意派发奖品的情况，导致最后发奖品时，奖品不够用。在参与人员方面也出现了一些问题。参加活动的老人都是社区安排的，但是社区的安排方式并不见得合理。活动过程中有个别老人前来反映，说自己没有接到社区可以报名参加活动的通知，为什么不让自己参加活动。有个别没参加活动的老人甚至蛮横地抢走了参加活动的老人应获得的奖品，并拒绝归还。此类小问题不一而足，但活动现场气氛总体来说还是挺热闹的，参加活动的老人表示以后希望能多开展类似的活动。

　　耆乐融认为方案的设计实际上是很好的，但是操作过程中出现的意外情况，并没有完全考虑到，所以应对起来有些力不从心。不过耆乐融会在活动之后进行仔细的反思与总结。

五、志愿服务活动

（一）活动的定位与设计

　　耆乐融开展的精神养老服务，以老年人的精神文化需求为导向，通过生活化、人文化、趣味化的服务内容和参与式、互助式、自主式的服务方式，协助老年人享有精神陪伴、情感交流和人文关怀，提升老年人的身心健康和生活质量，倡导敬老助老文化，促进代际互助融和，助力老人快乐生活，"耆"乐融融。

耆乐融的志愿服务活动实行项目化管理，且多为长期项目，一个主题活动分解为数个小项目，如"一本相册"空巢老人精神关怀公益计划、"祖孙乐"代际融和公益计划等。

为了保证不是运动式地开展活动，耆乐融的助老服务主要采取与社区合作共建的模式。目前，耆乐融已经和北京市朝阳区呼家楼、左家庄两个社区形成了较为稳定的合作关系。

在活动的开展上，注意保持活动的连续性。一个大型主题活动往往是一个系列，力争做到前后衔接，具有较好的完整性。

（二）品牌活动

2012 年，耆乐融发起实施的"一本相册"空巢老人精神关怀公益计划和"祖孙乐"代际融和公益计划。"一本相册"空巢老人精神关怀公益计划，由项目团队和志愿者每月深入社区为空巢老人组织各种文体康乐活动，在活动过程中为老人拍照留念，并将照片汇集成册赠送给老人。目前，已开展的活动包括"我们的青春时光"老照片展、"说说那些年的那些事"老故事分享会、"凤凰相伴庆金婚"社区老人金婚庆典等。"祖孙乐"代际融和公益计划，从祖辈老人抚育孙辈儿童的实际需要出发，通过主题工作坊和祖孙互动活动，向社区隔代家庭老人宣传普及科学的隔代抚育观念、知识和方法以及相应的老年身心健康知识，增加祖辈老人的社会交往，以提升老人身心健康，促进儿童健康成长并推动家庭关系和谐，实现"老有所为，老有所乐；老少共融，家庭和谐"。目前已开展的活动包括"抚育'好'孙子，爷爷奶奶有办法"公益讲座、"安全的孩子不受伤"主题工作坊等。这两个项目已经成为北京市朝阳区政府购买社会组织服务项目——"爱心树"为老服务公益平台的服务内容，在左家庄街道 9 个社区开展，获得了街道、社区和老人的欢迎与好评。

（三）效果评估

耆乐融的助老服务活动，目前已经获得了左家庄、呼家楼两大社区及周边社区的认可，未来有很大可能进一步拓宽活动的范围。但是活动开展的地域在短时间内并不会显著扩散，这样做主要是为了节省时间、人力成本，以保证在有限的资源下开展活动的质量。

经过对参加活动的老年人的随机访谈，大家对耆乐融组织开展的助老活动具有较高的参与积极性和满意度。"一本相册"空巢老人精神关怀公益计划和"祖孙乐"代际融和公益计划能够成为北京市朝阳区政府购买社会组织服务项目——"爱心树"为老服务公益平台的服务内容，也在一定程度上表明了对耆乐融开展活动的支持和认可。经共青团北京市委员会推荐，耆乐融获得了"2012 年北京市为老服务示范单位"称号。

六、问题与对策

（一）面临的主要问题

目前，开展志愿服务中存在的困难主要有以下几个方面：

（1）志愿者队伍不稳定，志愿者参与不持续

高校学生作为志愿者来源的主力，本来就存在流动性较大的问题。上文提到，耆乐融本来是和部分高校建立了挂牌合作关系，但是因为缺乏良好的沟通和持续的联络，基本很少合作开展活动。人力资源的短缺，是耆乐融面临的一个首要问题，导致组织活动的人手不够，无法系统地开展组织设计和规章完善工作，影响到服务效果的充分发挥。如何更好地解决人力资源方面的问题，充实志愿者库是耆乐融目前着力思考

的地方。卞先生表示，希望志愿者联合会能出面提供一些帮助，为各种志愿者服务组织与企业、高校的志愿服务组织做一个实质的对接，组织开展一些志愿服务组织进校园的推广活动，而不是各个志愿服务组织自发地、散乱地去寻求合作。

（2）尚未形成专职工作团队、完整组织架构

一般来说，按照组织发展的需求，组织设计要求日常行政、活动策划、活动组织、宣传推介等工作应当进行合理地分配，各部门之间有效协作，以维持、促进组织的良性发展。但是耆乐融目前在这方面还是处于空白状态，也没有进行组织设计的思考。第二个问题的形成与志愿者的不稳定性有很大关系，如果能够较好地解决第一个问题，专职工作团队和完整的组织架构也会逐步解决。

（3）活动资金匮乏

耆乐融的活动资金匮乏，其中行政资金、人力资金不足的问题尤为突出。政府购买的支持，是目前耆乐融获得的最主要资金支持，扮演着非常重要的角色。2012 年，左家庄社区购买政府服务，获得 10万元的资金，给开展活动提供了不小的支持。但是由于政府购买服务本身存在忽略人力方面的费用、资金拨付慢等问题，因此，活动经费的匮乏特别是组织日常行政管理和人力资源的成本匮乏是最突出的问题。因为虽然活动的费用可以想办法尽量压缩、节省，但是用于组织日常行政管理和人力资源使用的成本是无法减省的。此外，卞先生认为，目前国内的各种基金，大多关注教育、环保、残障等方面的工作，关注老年人工作的并不多。所以，耆乐融要寻求基金的支持，并不容易。

（二）未来发展举措

（1）多方筹集活动资金

耆乐融除了继续申请政府购买服务，还尝试申请国内外合法合规的基金组织的项目资金。此外，耆乐融还打算通过公司载体，实现"自我

造血"的功能。"自我造血"将改变志愿服务必须无偿提供的观念，利用自身在活动创意和现场管理方面的经验，尝试提供一些低偿的服务，以扩大活动资金的来源。这被认为是耆乐融解决活动资金问题的主要方向。例如，向有开展志愿服务活动需求的组织推销其活动方案，派出人员进行现场管理，收取合理的费用。

（2）积极推广组织理念

要想吸纳更多的志愿者参与到活动中来，耆乐融就要重视宣传工作，想办法扩大组织的社会影响。而组织理念的宣传，无疑是最能吸引关注的地方。未来，耆乐融将加强对高校学生志愿者群体和个体志愿者的宣传，开展耆乐融活动进校园、进社区、进企事业单位等。此外，不论是在传统媒体的利用上，还是在新兴媒体的利用上，耆乐融已经有了初步的尝试，但是在宣传工作上仍需要下大工夫。当时已有的志愿北京平台、微博、QQ 群等网络宣传媒体具有更高的传播广度与效率，要积极利用。此外，耆乐融还可以利用自己的网站和微博进行宣传。除了网络宣传外，还准备制作一批用于散发的宣传册，来进一步加大对自身的宣传力度。

（3）逐步充实组织架构

对于耆乐融最初是否进行过组织架构的设计以及组织架构的设计如何，我们不得而知。在吸引更多的志愿者加入耆乐融的同时，按照组织发展的需求，组织设计要求的日常行政、活动策划、活动组织、宣传推介等工作应当进行合理的分配，各部门之间有效协作，以维持、促进组织的良性发展，是十分必要的。

由于人手问题，组织的架构或许暂时不能充实，但是不能没有相应的规划。要根据符合组织发展需求的架构设计及用人标准，有目标地去招募相应的志愿者加入到组织当中来，而不是漫无目的地等待。漫无目的地等待将极大地制约组织的生存与发展。

七、思考与建议

耆乐融的成立与发展，具有强烈的领导者个人意志，并不具有普遍性、复制性。其负责人全职、无薪、出资，投入了巨大的时间、精力和资金来支持耆乐融的发展。

从开展的活动来看，与社区合作已经成为耆乐融开展志愿服务活动的主要模式，而这种模式获得了一定程度上的认可，在未来可以进一步推广。在活动的设计上，负责人尽可能地协调各方资源，以有限的资金保障优质的服务。但是资金的支配与使用依赖负责人的高度自觉，以保证其正当性。

人力资源匮乏、资金的短缺、组织自身的机构设置及管理规章的不完整是制约其进一步发展的主要因素。对于人力资源匮乏的问题，可以建立完善的志愿者信息档案并区分志愿者的类型与专长，采用学习任务管理模式。例如，可以将那些与组织管理与维护相关的日常性事务甚至高技术含量的服务，分解成各个小任务，通过电话或者网络委托给相应的志愿者灵活完成，从而节省志愿者为进行志愿服务而担负的成本，又可提高组织的效能。关于资金问题，若未来筹集的资金数额增加，务必明确财务制度，做到有效的监督。在资金的来源上，力争做到来源的多样化，可以增加筹集资金的渠道，分散资金不足的风险。在获得外界资金支持有限的情况下，草根志愿服务组织"自我造血"功能的建立，是解决其资金问题的根本出路。但是要防止某些人打着志愿服务"自我造血"的旗号，做一些名不副实的事情。

作为民间的各类志愿服务组织，政府一方面要放宽限制条件以鼓励其发展；另一方面要给予其适当的规范和指导，防止出现某些违反国家法律法规的事情。耆乐融未来的发展，若能维持目前已经取得的有利条件，改善其不足之处，应该还是非常值得期待的。

参考文献

陈天祥、徐于琳：《游走于国家与社会之间：草根志愿组织的行动策略——以广州市启智队为例》，《中山大学学报》2011年第1期。

曾颖如、文嘉：《志愿服务组织的文化管理研究》，《青年与共青团工作》2011年第10期。

朱峰：《社会协同视角下共青团社会管理创新与草根志愿组织发展辩证关系之叙事考察》，《浙江青年专修学院学报》2013年第1期。

第二节 四月公益博物馆志愿者协会

调研对象：张鹏（四月公益博物馆志愿者协会发起人之一）

调研时间：2013年4月15日

调研地点：北京市朝阳区国瑞城COSTA咖啡厅

调研及报告撰写人：

马立伟（北京志愿服务发展研究会志愿者）

近年来，随着我国博物馆事业的蓬勃发展，博物馆的公益事业也是方兴未艾，志愿者成为推动博物馆各项工作的生力军，许多博物馆都先后启动了志愿服务机制，充分体现出博物馆的社会功能和公益功能。在这样的新形势下，民间博物馆志愿组织的兴起可谓大势所趋。"四月公益博物馆志愿者协会"正是借助了这股强劲的"东风"应运而生，他们将热爱博物馆公益事业的有识之士组织起来，为博物馆文化的传播、社会精神文明的建设贡献着自己的一份绵薄之力，堪称北京地区博物馆草根志愿组织的先行者和引领者。因此，深入了解和诠释该组织的创办经过、组织宗旨、规章制度、运行模式、服务机制、出现的问题与成功经验，将会有利于推动博物馆志愿组织的成长与发展，进一步弘扬社会的正能量与人文精神，丰富北京地区志愿服务领域的理论和实践内涵，为博物馆行业的公益组织和志愿服务工作提供了科学的依据。

一、组织简介

"四月公益博物馆志愿者协会"（以下简称"协会"）是在北京博物馆学会、北京市志愿者联合会的关怀指导下，于2010年4月成立的①，现为北京志愿者联合会团体会员单位。2013年6月，通过中国青少年基金会的评选和认定，协会被纳入中国青少年基金会公益组织的孵化计划之中，其"文博橱窗"项目成为该计划专项基金的孵化对象。协会主要利用北京地区博物馆教育的平台，整合优秀志愿者资源，引领和带动更多的社会群体参与到公众人文素质培养和提升行动中来，是具有一定影响力的博物馆爱好者学习、交流和分享爱心的公益实体。其成员主要由文博爱好者、青年学者、博物馆志愿者、高校学生、离退休干部等组成，协会立足博物馆这一文化教育机构，定期组织相应的文物历史考察学习，走进社区、学校，义务向民众传播历史文化知识，搭建组织内图书交流平台，为打工子弟学校募捐图书，建立四月公益爱心图书室，收到了一定的社会效益。协会组建三年多以来，先后组织各类活动四十余场次，通过举办"I看博物馆"公益参观、四月公益沙龙、文博橱窗、四月公益小课堂、讲师团和儿童团等形式新颖、内容丰富的志愿服务活动，探寻博物馆的魅力，不仅为爱好历史、文化、艺术的社会公众提供了一个学习

① 关于成立时间，北京志愿者联合会资料中记录其成立时间为2010年12月。但据张鹏称，是2010年4月成立的，取名四月公益的原因也是因成立时间而定，有可能注册时间与实际成立时间有差异。故此处采用张鹏说法。

和交流的机会，成为博物馆和观众之间的一座桥梁，而且也开启了以博物馆行业外人士为主导，凝聚社会力量开展博物馆志愿服务机制的先河，为建设社会主义精神文明、构建和谐社会作出了一份努力。

二、志愿者团队介绍

（一）发展沿革及服务宗旨

协会的发起人之一张鹏是陕西西安人，20世纪80年代后生人，2002年考入中国政法大学法律系，后就职于北京同仁堂集团，任办公室主任，北京青联委员、北京博物馆学会志愿者专委会秘书长，于国家博物馆、首都博物馆和中华世纪坛从事义务志愿者工作，迄今为止已有10年。在2009年国家文物局和中国博物馆学会举办的全国文化遗产保护宣传讲解大赛中，荣获志愿者组一等奖第一名，首届北京博物馆十佳志愿者、北京博物馆学会志愿者专业委员会秘书长、全国博物馆十佳志愿者。2010年4月，张鹏同几位中青旅和博物馆的志愿者同事共同发起了这一组织，并确立了组织的宗旨，即立足博物馆，关注社会人文素养的提升。协会已从初具规模渐渐步入正轨——从无注册身份、无政策支持、无资金保障和无办公场地的游离状态的志愿组织，即将发展为正规的公益组织（正在准备材料到民政局注册办理相关事宜），且已拥有自己的办公场地和办公设备（中国青少年基金会已于2013年8月将自己办公区的二层划给协会作为办公地点，办公设备包括各方捐赠的电脑、办公桌椅和打印设备等），并且在上海和西安都设立了分会，可以说，发展愿景是比较乐观的。

（二）组织架构

截至2013年，协会的组织架构（如图1—1所示）是采用理事会的层级管理形式，由张鹏任理事长，下设2名副理事长，17名理事，理事中有一名银行工作人员，负责协会的财务工作。理事会每个月召开一次例会，主要讨论筹划组织项目活动和经验总结等事宜。协会有五个项目组，包括宣传推广项目组、信息会务项目组、网络平台项目组、图文处理项目组和财务组，组员共 50 人，多为 30 岁左右的在职人员，不招收大学生，原因是认为其稳定性差、流失率高。协会没有从事志愿者管理的付薪人员。

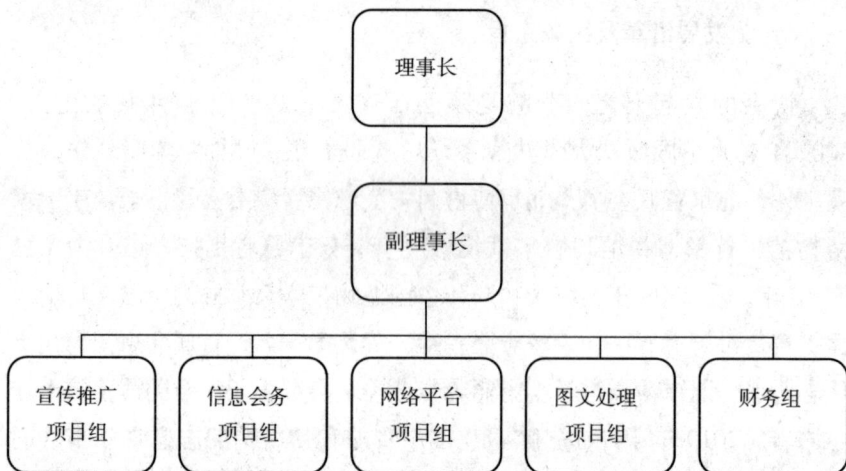

图 1—1　四月公益博物馆志愿者协会组织架构

（三）组织制度

协会实行项目化管理制度，包括注册制度、奖励制度和培训制度。协会现有注册会员 1000 多名，并在 EXCEL 上为每一位会员注册并编号。志愿者的招募主要采用网上报名的方式，志愿者的遴选标准是要求报名者是博物馆和文物的爱好者，在时间上能够保证长期从事服务工作，最好是协会所需要的专业性人才。协会实施的唯一奖励措施就是每次活动后，协会会在北京志愿者联合会的"志愿北京"网站上为志愿者计算工时，然后积分，但 2018 年并未形成成熟的奖惩机制。协会在最初阶段，没有创立成体系的培训制度，随着自身的不断壮大，现已开展针对志愿者的相关培训，主要是讲师团项目设置的一系列培训，从培训计划、培训内容、培训人员和培训场地都有了较为明确的规定并已经付诸实施。此外，协会制定了相关的章程，但当时尚没有员工守则。

（四）服务项目实施流程和运作模式

协会每次启动服务项目是先经过理事会商议，作出相应的方案，在全体表决通过之后，确定项目实施计划的可行性，然后由项目相关责任人在论坛里发出通知，包括活动要求人数、时间、地点、活动内容、注意事项、温馨提示等。在策划时主要是结合博物馆界的行业特点，以讲解为主，尽量丰富服务项目内容和服务类型。服务对象限定在小学高年级和初中低年级的中小学生以及低收入家庭，也包括各年龄段的博物馆文化爱好者和参观的观众群。选择低年龄的学生是因为这一年龄段的学生没有升学负担，学习任务相对宽松，有利于服务项目取得良好的社会效果；针对低收入家庭的优惠活动具有公益性和慈善性，表明协会注重关怀社会弱势群体；而文博爱好者的参与是该组织为了扩大影响和满足爱好者求知欲的举措。有些项目需要招募志愿者时，协会会在论坛里发布广告，一般招募广告的内容和措辞会比较吸引人，突出活动的亮点和志愿者的条件要求等。协会会利用会员小额捐助的资金给活动添加统一标识，如协会的徽章佩戴、小礼品等。协会以半年为节点制订组织的运行模式、工作计划和活动内容等（详见附录3），然后按照计划进行具体实施。协会会根据志愿者的服务意向，将志愿者分组并确定组长、副组长和项目协调官，然后分配小组任务，层层下达任务，专人专责。每次活动中涉及的场地问题，基本是依靠理事会和会员的社会关系免费借用场地。服务活动后协会会在内部进行总结，采取问卷调查的形式采集服务对象对活动效果的反馈信息，然后由理事会的成员分析活动中出现的问题，总结经验教训，制作简报并分享活动的成果。

协会开展的志愿服务活动和志愿者自身发展之间的关系使其活动项

目有利于调动志愿者的积极性，挖掘志愿者的专长。但是否能让社会主流意识认同其能力还是个问题。协会一般是在寻找社会空白点的情况下，经过讨论来运作项目，对活动受众有调查问卷，手里有一部分学生和家长的调查数据（但截至出版为止协会尚未提供给笔者问卷与调查数据）。

协会与媒体资源的整合比较多，与《中国文物报》《北京青年报》《文化报》和新浪网等都有合作关系，每次活动的微博公告都可以通过新浪官方网站的链接直接发布，信息覆盖面比较广泛。另外，协会还与中青旅、青基会、南博基金会、安徽农业大学等单位建立合作关系。一般地，协会与外界合作的随机性比较大，没有形成指向性和稳定性的长效合作机制，而且协会也不采用过多的形式进行自我宣传，主要是通过网络微博发布消息等方式进行推广。

从运作模式上看，协会的运作属于项目化运作，但是并未达到真正意义上的项目管理运作，除讲师团项目是刚刚启动的、儿童团项目是新增的外，其余四个都是常态化的长期项目，没有短期项目。协会有一个以负责财务的理事的个人名义建立的账户，其中共计有2万元左右的资金，包含有前述的理事会和会员的小额捐款以及张鹏本人的课时费，资金主要用于活动的成本支出和礼品赠送等。2013年，协会已经享有中国青少年基金会专项基金的公共账号，有资格获取公共募捐，在政策支持和资金保障方面也取得了突破性进展。志愿服务活动的服务领域主要集中在文物博物馆领域，兼顾教育领域。

当时协会没有对志愿者的评价和表彰优秀志愿者的激励机制，但每次活动后会开展志愿服务活动的总结工作，也有年度总结和分析；且已经创办了自己的刊物，即《四月人文》电子版刊物，刊物的内容大多是介绍国内外的博物馆、历史古迹、文化遗产等，图文并茂，内容翔实丰富，具有一定的文学性、学术性和可读性，一般发布在协会的论坛上。同时协会还建设了自己的网站，网站有专人负责，其网址为：www.http://ourapril.com，也建立了自己的微博和论坛，微博中主要发布公告，其中包括北京内外各个博物馆全年的展讯和活动，论坛包括会员交流区、活动通告、回顾和期刊，以分享志愿服务的感想和体会。

为便于说明协会的项目运行流程模式，我们在此以图示说明。（如图1—2所示）

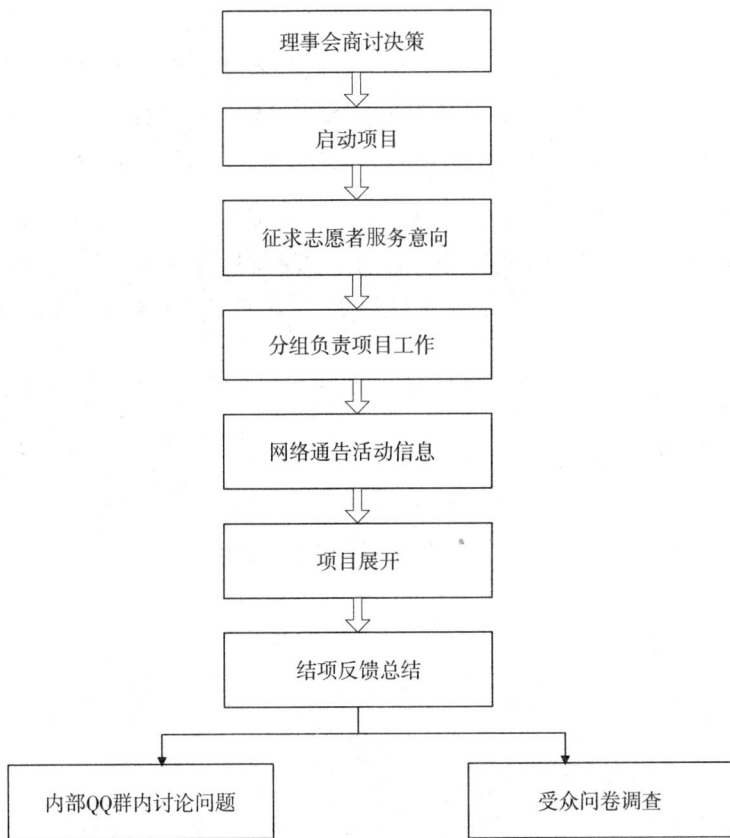

图 1—2 四月公益博物馆志愿者协会项目运行流程

（五）品牌项目

协会共有六大志愿服务项目，包括"I看博物馆""四月小课堂""文博橱窗""四月公益沙龙""讲师团"和"儿童团"等项目。其中具有品牌特色的项目是"I看博物馆""四月小课堂""文博橱窗"，其项目志愿服务活动的具体情况阐释如下：

1."I看博物馆"项目

这是协会的常规项目之一，每月一到两期，两个月为一个周期，节假日时一个月一个周期，主要是策划并组织博物馆观众或文博爱好者到北京地区及周边博物馆及文化遗迹的参观学习，开展互动活动和户外采风，参观中配合主题进行讲解，通过穿插专题讲座、互动体验以及分享交流等形式，丰富博物馆参观行为，以自发的行动与博物馆相互呼应，引导普通公众对博物馆的正确认识，培养起公众参观博物馆的习惯和传统。截至2013年8月底，参观范围已经覆盖北京、河北、山东、陕西和山西等地，出京参观次数为5次，一般对新会员设计老路线，对老会员设计新路线。协会已先后组织参观活动40期，累计服务公众2000余人次。

附：参观博物馆列表（部分）

（1）2010年12月第一期：国家动物博物馆

（2）2011年02月第五期：故宫博物院

（3）2011年06月第十二期：山东省博物馆

（4）2011年07月第十三期：中国国家博物馆

（5）2012年02月第二十期：中国地质博物馆

（6）2012年09月第二十六期：陕西历史博物馆

（7）2013年07月第三十九期：中国紫檀博物馆

2."四月小课堂"项目

这是协会的常规项目之一，邀请国家博物馆擅长儿童讲解的优秀讲解员，以世界通史、中国通史、世界艺术史、中国艺术史为主题，形成标准化课件，开展"四月公益小课堂"公开课活动，一方面走进校园，为北京实验二小、中关村二小等学校开展专题课程；另一方面在中青旅等企业的赞助和支持下，开展面向更多儿童的公开课。该项目自2013年1月开展以来，共吸引2000余人次的儿童和家长参与，其中更有利用暑期来京参加课程的陕西、四川及浙江的朋友。

协会借助"中青旅"的场地开展公益免费讲座，一般情况下，每次讲座在网上发放 100 个名额，时间为周二晚上，每两周一次，在活动过程中会发放小礼品，如徽章或与讲座内容相关的物品，如在做第二讲"世界文明史"时，该讲座讲到古埃及文明，其中的小礼物就有古埃及人最喜爱的蔬菜之一——洋葱。活动后有调查问卷以获取反馈信息。该项目引起了埃及驻华使馆的特别关注，使馆已经赞助张鹏和六位山区教师于 2013 年 4 月前往埃及考察，回国后开展项目和活动时制作课件，并进一步推展项目。

附：课程名称（部分）

(1) 第一讲：古埃及神话中的动物们

(2) 第二讲：古埃及的金字塔和木乃伊

(3) 第三讲：古埃及人这样生活

(4) 第四讲：古埃及人眼中的美丽世界

(5) 第五讲：古希腊古典奥运会

(6) 第六讲：古希腊奥林匹亚山上的众神们

(7) 第七讲：古希腊艺术的殿堂

(8) 第八讲：古希腊人这样生活

(9) 第九讲：热爱生活的古罗马人

3."文博橱窗"项目

该项目是协会最重要的项目。2013 年 6 月，该项目被纳入中国青少年基金会公益组织的孵化计划之中，成为该基金会的专项基金孵化对象，并划给协会一个公共账户用于公益募捐。即协会与中国青少年发展基金会合作，通过社会募集资金，为符合捐助条件的中小学校捐赠统一规格和标准的文博橱窗，立于校园适当位置。在所邀请的文博专家组成的专家委员会的指导和审核下，发挥全国各省市博物馆优秀志愿者的爱心与能力，以月为单位，围绕历史、文化、艺术主题，通过珍贵文物的介绍，以文字和图片为主要形式，制作《文博之窗》系列海报，统一向各校园文博橱窗定期发放。同时协会还号召会员和参加者向组织捐 1 本书，用于扶贫助困。协会曾向青海萨拉回族学校捐赠图书。

该项目旨在培养青少年对传统文化的关注和兴趣，更好地传播历史、文化和艺术。首批支持协会项目的学校（部分）包括江苏省镇江市新区大港中学、河北省新乐市化皮镇化皮小学、陕西省澄城县澄城中学、山西省临汾市临汾中学。另外，协会还计划组织 10 所学校开展活动，现已联系了朝阳区师范小学和中关村二小作为活动受众，活动方式是通过协会与北大文博考古学院签订协议，由该院派遣一名研究生作为辅导教师，为学校的历史兴趣小组的学生进行辅导，目标是要让这些兴趣小组的学生在将来能够专门从事历史专业方面的研究，协会预计将 2 万元用于该项目活动。该项目由张鹏亲自主持。

4."四月公益沙龙"项目

该项目于 2011 年 5 月开始启动，举办周期为 2 期/月，内容是定期进行历史文化艺术讲座，现在已经开到第 24 讲。项目以分享文博知识，传承中华传统文化，传播华夏文明智慧为主；以公开的交流形式为文博爱好者提供进行学习和交流的知识平台，邀请包括行业专家、青年学者等在内的主讲老师分享，话题涉及文博、考古、历史、艺术等领域，现已形成以文博爱好者为主的较为稳固的参与群体。

沙龙一般是提前一周在 QQ 群和网上论坛分别向会员和社会发布通知，主要面向 20—40 岁的大学生人群，选题都是与博物馆行业知识和公众感兴趣的内容有关，所聘请的主讲人都是义务授课，既有离退休的志愿者老师，也有具有一定社会地位的在职专家学者，更有充满活力的年轻志愿者。协会聘请一名在央视做编导的会员指导活动，进行编排，志愿者共十几个人，主要从事摄影、摄像、录音、编辑和维持秩序等，会员参加活动享有一定的优惠。活动的教学设备包括咖啡馆自备的投影仪和桌椅，投影所需电脑设备是组织内部理事自己提供的。场地租赁费由协会联系的赞助商提供，租赁费为 1000 元人民币/次，一年 2 万元，自第十九期开始提供租赁费，该赞助商是居住大陆的台湾籍全职太太，工薪阶层人士，此举属纯粹慈善公益行为，不需要任何回报，赞助周期没有设置时间节点，据张鹏称，只要沙龙办下去，赞助商会一直提供下去，但双方没有任何书面协议，只是口头协议，张鹏正在准备与咖啡馆交涉降价，但未果。活动的奖励方式与"四月小课堂"的相同，一般是采用"漂流书"的方式，即提倡和鼓励来参加沙龙的会员和社会人群自备一本图书，签到后由组织回赠一枚书签，活动完毕后，供书者可凭借书签到组织领取另一本"漂流书"，互换资源。有时也会进行抽奖活动，礼品大多是几块钱的小礼物。会员能够享受的优惠是优先获悉活动通知，并在活动结束后，可以得到由组织编辑整理的现场录音、文字资料和照片的QQ包和PPT（因照片和图片涉及版权问题，故协会要在经过主讲人允许的情况下进行编辑整理）。沙龙还将在10月27日于上海举办第一期活动，由张鹏主讲，题目为"熠熠光华——北京博物馆藏精品"。

在奖惩制度方面，协会对沙龙项目的负责人和志愿服务人员采取获得"北志联"的志愿工时积分的方式。每次沙龙结束之后，项目组会在内部的QQ群内，进行问题的总结和讨论，以便及时发现问题，解决问题，扬长避短。

附：部分沙龙讲座简要信息

第六期：畅游欧洲博物馆——走近欧洲的艺术大师们

主讲人：斯然畅畅（中央美术学院人文学院美术史系博士）

第八期：中国前的中国——最早的中国在哪里？

主讲人：许宏（中国社会科学院考古所研究员，二里头工作队队长）

第十讲：长城到底有多长？——长城测量

主讲人：张依萌（中国文化遗产研究院文物研究所助理馆员）

第十二讲：梦回敦煌——敦煌壁画艺术

主讲人：屈欣艳（敦煌研究院接待部助理馆员）

第十三讲：茶中诗韵——茶与诗欣赏

主讲人：冷帅（国家级评茶师，中华茶人联谊会理事）

第十五期：京味儿食足——老北京饮食文化漫谈

主讲人：崔岱远（作家，文化学者）

第十七期：商邑翼翼四方之极——殷墟文物里的晚商盛世

主讲人：翟胜利（中国国家博物馆馆员，策展人）

第十八期：寻找记忆——中国思想史概说

主讲人：毕游（中国国家博物馆馆员，中国社会科学院历史所博士研究生）

第十九讲：老北京味儿之兔爷

主讲人：张忠强（北京民俗传播者，兔爷制作者）

5."讲师团"项目

协会最初是顾及与博物馆界的资源配置和相关项目冲突而未能将该项目成型。2013年9月，讲师团开始启动，成员是由博物馆业内、相关专业的人士和协会的所有理事成员组成，现已招募讲师及助教共70余人，计划最终录用人数为40—50人，是通过报名方式取得进入讲师团的资格，在这期间，入选讲师在培训后要接受严格筛选，宽进严出。培训老师为报名者每次培训3小时，课时费500元/人，由协会从账户上提取提供，但对方拒绝了，所以协会赠送他们一些小礼物以示感谢。培训内容包括考古、历史、博物馆甚至声音的培训知识，未来的服务受众为小学、民工学校的学生和文博爱好者。协会为每一位培训老师配备助教，负责辅助老师的工作，授课地点在朝阳区文化中心。协会还聘请了一位外籍（埃及）人士作讲师，是通过张鹏的个人关系请来的。

该项目的启动一方面是为补充博物馆参观等项目中对主讲老师的需求，另一方面也为在形成标准化课件的基础上，将世界文明公开课、中国历史公开课、西方美术公开课、北京建成公开课等讲座开设到学校，以更加广泛的力量服务于青少年，培养广大青少年和儿童对历史、文化和艺术的兴趣。

附：四月公益讲师团培训老师：

（1）宋向光（北京大学考古文博学院教授）

（2）齐吉祥（国家博物馆研究员，中国第一代博物馆讲解员）

（3）刘甜甜（北京交通广播节目主持人）

（4）于延俊（抗日战争纪念馆原副馆长，全国讲解员大赛评委）

（5）张鹏（北京博物馆学会志愿者委员会秘书长）

（6）李红卫（北京史家小学教师）

6.四月公益儿童团项目

这是协会当时新增的常规项目之一，每月一期，策划并组织北京地区及周边博物馆和文化遗迹的参观学习，针对儿童参观兴趣和习惯，选择富有趣味性与参与性的博物馆及参观主题，设计儿童讲座及手工体验等活动，为儿童团团员发放护照，培养儿童参观博物馆的习惯和传统。自 2013 年 7 月首次在国家动物博物馆组织活动以来，获得了馆方和家长的好评，2013 年下半年将陆续与中国地质博物馆合作开展文物与矿石、与北京天文馆合作开展文物与天文等跨学科儿童主题活动。

附：参观博物馆列表（部分）

1.2013 年 7 月第一期：当文物遇见动物（走进国家动物博物馆）

2.2013 年 8 月第二期：当文物遇见矿石（走进中国地质博物馆）

3.2013 年 9 月第三期：当文物遇见中药（走进中国中医药博物馆）

（六）组织遇到的困难和期望

协会最初的困难是组织身份认定的问题。协会曾于 2012 年联系民政局社团办寻求挂靠，但因当时出台了有关社会公益组织的政策，比如取消挂靠等政策，对于政策的未来走向还需要明确。身份认定之后，相应的人员管理、制度管理和行业培训等问题也会随着组织的正规化而逐渐得到解决，但资金来源依旧是短板；另外，其机构和人员管理缺乏规范化和专业化，项目运行带有随机性的特点，项目启动没有预先的市场调查，只是通过理事会的商议和讨论开始项目，项目后续工作虽然也会进行总结，但是没有形成科学化的模式，整个组织的运营还处于初始起步阶段，目前协会存在的问题是凝聚力还比较弱、组织策划的能力不够强。

协会对其活动项目的社会效益和公众满意度自估为 80%—90%，其发展目标是要成为中国第一家博物馆行业的公益志愿组织，拥有正规的"民非"身份，而非草根组织，未来的组织机制能够更加合法化、专业化和规范化。因此他们一则迫切希望得到政府和社会在政策、财力和物力等方面的支持，再则也希望"北志联"能够为其成员提供注册登录志愿北京平台的相关技术支持，以便于协会对会员和志愿者实施奖励措施。

（七）协会活动跟访报告

1."四月公益小课堂"项目跟访报告

（1）活动情况

2013 年 5 月 7 日 18:00—20:00，笔者应邀跟访了协会的"四月公益小课堂"讲座活动。活动于中青旅大厦地下一层如期举办。现场的志愿者工作人员共有 4 人，主要负责参加活动的家庭的报到、领取材料和奖品、维持现场秩序等工作。据工作人员说，到场的家庭已经超出了广告中所要求的 80 个家庭的数目，至少有 100 个家庭。大部分家庭是父母一方或双方陪同子女参加活动的。孩子的年龄段大多集中在小学低年级阶段。笔者也领取了一份组织免费发放的材料，材料是中青旅出境精装宣传材料，介绍了希腊的风土人情和旅游攻略。

讲解员是协会的理事长张鹏。据工作人员说，基本上每次活动都是张鹏讲，活动时间也要根据张鹏的时间进行安排。张鹏的讲解一直从 18:30 持续到 20:00，中间没有休息。讲解内容主要围绕古希腊文明，他制作了 PPT（见附录），以图文并茂的方式和比较感性的语言和直观的实物图片进行讲解。现场效果比较热烈，学生中有一部分是多次参加活动的"老顾客"，回答问题积极踊跃。现场还有互动项目，让学生到台前进行肢体语言的展示，活动结束后分发给参与互动的学生一些小礼品，包括一个古埃及的贴画和一张表。

（2）活动基本信息分析

协会的这次活动在很大程度上收到了良好的社会效果。服务对象依旧是他们比较偏好的小学低年级的学生，现场气氛十分热烈。通过张鹏的讲解，使孩子们对古代希腊的文明历史有了初步的了解和认识，有利于拓宽他们的知识结构、增长他们的知识、活跃他们的思维方式，活动中隐含了文物保护的教育意义，同时还采用了物质奖励和精神鼓励等教学方法，较为适合该年龄段学生的心理特征和生理特征，也使家长从中受益，这样也有利于活动的可持续性开展。

从受众的心理层面分析，由于本次活动属于公益免费的性质，其中不乏一部分原来的受众，所以参与的家庭人数较多是正常现象。笔者随机采访了一位家长，他是新的受众，是通过互联网上的组织公告获取的信息，对活动的评价较高。许多家长是希望通过活动提高孩子的人文素养，增长知识，开阔视野，与同龄孩子的家庭进行交流。

从志愿者组织的角度分析，组织的属性和博物馆文化教育的行业性质决定了活动的初衷具有公益性、社会性、文化性和教育性，活动内容的框定属于受众易于感兴趣的话题，加之活动讲解人具有博物馆讲解工作的经历和能力，所以活动的效果应该是令人满意的。而活动地点又是中青旅免费提供的，包括现场所使用的桌椅、投影设备、音响设备和活动资料等。这样，协会就省去了成本投入的风险，正如张鹏自己所说的那样："协会的活动是零成本投入。"另外，协会又可以通过活动扩大自身的声誉和社会影响力，壮大组织的规模，提高组织的人气指数，为组织的未来活动开展和组织的进一步发展提供有利的客观条件和评价口碑。

2."四月公益沙龙"项目跟访报告

（1）活动情况

2013 年 10 月 17 日 19:30—21:00，笔者跟访了"四月公益沙龙"项目活动，此次活动是沙龙的第 24 讲，题目是"中国古代瓷器之美（下）"，主讲人是故宫博物院的志愿者朱宏，地点是北京西城区奇遇花园咖啡馆

（北展北街 15 号华远企业底商），受访人是该项目的负责人戴明华，工作是自由职业者，2012 年加入协会，负责该项目的活动策划工作。此次活动预报名人数为 40 人，实际参加人数 39 人，其中有 7 人报名未到场，有 6 人是名额之外的。现场的教学设备包括投影仪、桌椅（咖啡厅提供）和笔记本电脑以及 U 盘（戴明华提供），讲座的方式是采取传统的启发式和讲解式相结合的教学方式。

（2）活动基本信息分析

此次活动与笔者半年前跟访的"四月小课堂"活动相比，从授课环境、授课者、授课内容、授课形式到受众都不尽相同。首先是授课环境明显优于"四月小课堂"的教学环境，比较温馨、舒适；其次，授课人是故宫博物院的资深志愿者，一名退休化学教师；再次，讲授的内容具有一定专业性的瓷器知识，包括其历史沿革、制作、加工工艺和审美视域等；复次，授课形式也是以讲解为主，中间穿插一些设问，但互动性略显不足；最后，面向的受众大多是对瓷器感兴趣的、拥有一定教育背景的会员和社会人士。

从运行模式和资金来源上看，沙龙的运行模式基本与"四月小课堂"的形式雷同，即协会内部 3 名志愿者负责活动现场的签到服务、辅助教学、点餐与维持秩序，只是这次的主讲人是协会外部聘请的，其性质也是义务的；活动地点与"四月小课堂"的地点有两点是相同的，其一是地点的长期性和固定性，其二是协会都是以"零成本"的租赁方式开展活动的。两者有所不同的是沙龙的开办场所是具有营利性的咖啡馆，涉及协会、赞助商和咖啡馆三方的利益，协会与赞助商之间无任何书面协议，就是君子协定，且自第十几期（张鹏不记得确切的时间）一直持续至今未曾中断，双方的信任程度可见一斑。在经济方面，协会与咖啡馆是受益者，在道义方面，赞助商通过捐助协会的方式赢得道义上的认可，而协会与咖啡馆之间的关系则是协会以点餐的方式，一定程度地弥补每月两次的包场给咖啡馆的盈利带来的一部分损失，从而平衡双方长期合作的稳定性。

（八）关于组织的发展趋势和建议

经过几年来的实践活动与经验积累，协会在社会公众、博物馆和学生中引起了一定的反响，具有一定的社会效应，其优势是组织的发起人具有一定的社会影响力，成员比较年轻化，智力资源较为丰富，社会交往、组织协调能力和团队合作意识较强。更为可喜的是，现在协会已经迈出了非常重要的一步，即将实现身份转正，而且还不断更新项目设计和策划的思路，锐意创新，启动了讲师团项目，增加了儿童团项目，培训力度进一步加大，内容和形式也令人耳目一新，整个团队的精神面貌是蓬勃向上、积极进取的，组织的发展趋势也呈现上扬势态，这些是值得我们肯定和借鉴的。但是该组织当时还存在着一些问题与不足。我们分别从与政府合作、组织的定位、资金支持、组织管理、项目策划和后期评估等几个方面阐述。

协会在未来的发展过程中，要不断加强与政府合作与沟通的力度，以组织的效度赢得社会与政府的信度；而政府也应进一步创建相关的制度规范以扶持民间志愿组织，从制度建设、监督管理和操作方式等方面为民间志愿组织营造互信互利、共同管理社会公共事务的民主宽松的氛围。

从理论层面上讲，协会既具有普适意义上的志愿组织的特点，也兼具博物馆行业的特色。因此，在组织定位上，首先要突出自身的资源优势与特色，同时也要适时抓住社会热点和焦点问题，有效整合组织的内部资源和外部资源，深化并扩大组织文化教育性质的内涵与外延，增强组织的功能性机制，唯其如此，组织才能在正确的轨道上有序地发展下去。

在资金支持方面，协会需要寻求更多的渠道求得赞助和支持，加强组织自身的经济建设，充分依托政策与社会力量，并利用组织人力资源的关系和人脉，与社会相关各方进行协调和沟通，尽量拓宽资金来源的途径，为组织的项目开展和相关培训提供更高的质量规格和经济基础。

在组织管理方面，理事会是主要决策和执行机构。协会需要在宏观调控上建立一整套较为严谨的科学管理体系、管理制度和配套措施。例如，可以建立层级性的志愿者电子档案数据库，将每一位入会会员的基本信息、工作专长、特殊才能、社会关系优势、工时记录、服务内容等进行输入、注册和统计，以按需安排志愿者的岗位。另外，协会还应当制定切实可行的规章制度和条例守则，作为日后对志愿者进行管理和赏罚的依据。再者，协会还应当进一步加大力度开展志愿者的相应培训，制订周期性的培训计划，聘请有实力的专家学者进行讲座，提高志愿者的心理素质、理论素养和博物馆行业的专业素质，培养更多、更好的讲解人员和活动主持者。实施人性化的科学管理，创建公平合理的激励机制，及时奖励，发现问题及时纠正，提高志愿者的工作积极性和组织的凝聚力。

在项目策划和后期评价方面，协会应当在策划时进行相应的市场调查，了解受众的需求，在召开理事会的商议和讨论时，吸纳一部分普通志愿者和会员参与策划，使他们不仅是执行人也是策划人，博采众长，广泛听取意见和建议。制订合理的目标，在项目启动、跟进和调查等关键性的节点处进行监督和管理，必要时可以派专人负责此事，这样就有利于项目的顺利进行。在项目评估时，采用定性和定量相结合的方式，科学评估项目的可行性、受众满意度和组织满意度，使项目预期目标与结果尽量拉近。

作为一个草根博物馆公益组织，四月公益志愿者协会的出现绝非偶然，她是社会上层建筑和意识形态的具体而微的表现形式和必然产物，也是构建和谐社会和弘扬博物馆文化的过程中涌现出来的一个新生事物。值得一提的是，该协会在提高国民素质、传播博物馆文化和关注青少年的健康成长等方面确实作出了积极的贡献。我们说，该协会在萌芽阶段所出现的不稳定因素甚至是错误都是不可避免的，所以，我们应当更多地关注这样的公益组织的成长，不断呵护她们并给予相应的政策和财政支持，使她们得以在更加广阔的空间为社会发挥更大的作用。

参考文献

朱峰:《草根志愿服务组织发展及其与政府关系模式初探——以河北省保定市爱心志愿者联盟为个案》,《广东青年干部学院学报》2011年第25卷第85期。

第三节　北京 LEAD 阳光志愿者俱乐部

调研对象:徐萌

调研时间:2013年4月13日

调研地点:北京市昌平区经纬学校

调研及报告撰写人:

刘美生（中国农业大学 2012 级硕士研究生）

北京 LEAD 阳光志愿者俱乐部（简称"阳光志愿者"或 LEAD 阳光）成立于2003年6月1日,是一个独立运作、专注于为流动儿童教育提供志愿教育机会的纯"草根"志愿者组织。该组织以"为流动儿童提供志愿教育"为核心事业,与城市打工子弟学校密切合作。利用互联网的广泛联络功能和口口相传的宣传形式,以明确的宗旨——"让教育实现梦想（Let Education Achieve Dreams）"及"身体力行"的公益行动吸引有意愿的年轻人主动靠拢,使社会个体的零散资源聚集在一起。采用"周末课堂"的形式,组织志愿者为北京城区打工子弟学校的孩子提供英语、计算机、艺术、科普、国学启蒙、趣味经济等课外兴趣课,促进孩子们和学校的良性发展。同时也积极开展志愿者内部交流活动,努力为每一位阳光志愿者创造一个平等交流、分享成长的温暖空间!

一、基本情况简介

（一）阳光志愿者性质

LEAD 阳光是由一群在北京的青年人发起的一个非营利的志愿者组织。该组织是一个无任何背景、无专职人员、无资金来源的纯草根组织，成员在认同组织宗旨的基础上，以自愿加民主的方式决定内部大小事务，参与活动中产生的费用均由志愿者自己承担，俱乐部运营所需的基本费用主要由个人捐助。

（二）阳光志愿者的发展历程

LEAD 阳光是 2003 年 6 月由一群普通的年轻人发起的。他们希望通过志愿者活动，成为孩子们的良师益友，希望每一次活动都能带给孩子们在课堂上看不到的乐趣，启发他们对生活的热爱。在这美丽的愿望下，阳光义教俱乐部诞生了。

2003 年 6 月，LEAD 阳光的发起者主动同北京市东城区志愿者协会联系，得到第一个项目："阳光照耀成长路——城区贫困学生辅导项目"，对北京城区的 7 个贫困家庭孩子进行各个科目的辅导。

2003 年 8 月，LEAD 阳光启动了"未成年管教所高教自考辅导项目"，对北京市未成年犯管教所的孩子进行高教自考及更多课程的教授，该项目一直持续了 1 年零 4 个月。

2004 年 11 月，LEAD 阳光的志愿者来到北京市昌平区汇蕾打工子弟学校支教，开始第一个"流动儿童"相关的项目。近三年间，LEAD 阳光的志愿者一直以热情和执着坚持这个项目，每个周末都给孩子们带去丰富多彩的课程，并且帮助汇蕾学校成功得到了加拿大使馆、美国大使馆和 NBA 等的慈善资助，使学校的教学环境有了很大的提高。该项目在 2006 年被民政部牵头举办的"社会公益示范工程"评为入围项目。

......

在这份执着中，LEAD 阳光由最初的十几个成员发展到现在的 2000 名注册志愿者；从一个需要依靠推荐项目发展成自己主动寻找项目、建设项目；从一个没有明确定位的组织发展成一个有核心事业的组织。

当时，LEAD 阳光的核心事业是"为流动儿童提供志愿教育"，核心项目就是针对北京范围内流动儿童学校进行周末的志愿教育，同时在力所能及的范围内协助学校改善其教学环境。截至 2009 年 1 月，五年多来已经为流动儿童提供义教服务 2000 多次。

未来，LEAD 阳光将朝着更专业化、更规范化的方向发展。

（三）阳光志愿者价值目标

LEAD 阳光努力为更多的流动儿童创造更好的教育机会。通过持续努力，增进孩子们的学习兴趣，拓宽孩子们的视野，让他们能够更好地成长。

LEAD 阳光努力成为助学支教组织中的佼佼者。通过自身组织机制的不断摸索与完善，创建一种可参考的模式，并在有效的范围内积极推广。

LEAD 阳光是所有志愿者的温馨家园。通过发扬互助友爱的优秀传统，在组织参与志愿活动的同时，也让生活更丰富美好而有意义。

（四）阳光志愿者特色

LEAD 阳光由兼职志愿者自愿组成，其服务团队也从志愿者中民主推举产生。与一般的志愿活动相比，有如下特色：

简单：在 LEAD 阳光做一名志愿者很简单。不需要你呕心沥血、放弃工作、远赴他乡，甚或倾家荡产。需要根据自己的情况，投入适量的业余时间，参与自己喜欢的志愿活动。保持开放的心态，与孩子们及其他志愿者互动交流。

有益：参加 LEAD 阳光的志愿活动，是日常工作与生活的有益补充。通过这里，不仅为孩子们送去了一份爱心，也收获了很多朋友们真诚的感情，对生活有了更具深度与广度的认识。

持续：LEAD 阳光旨在通过多年如一日的持续努力，让流动儿童们获得更好的教育。努力建设持续性的目标和组织机制，并选择有良好持续性的志愿者加入服务团队。这样将多数人点点滴滴的努力汇聚起来，积少成多、聚沙成塔，为孩子们提供切实的教育服务。

深远：LEAD 阳光的志愿活动会对孩子们的将来产生深远的影响。与 LEAD 阳光志愿者的交流，是这些孩子童年里最难忘的记忆之一。他们虽然略显贫困，但都聪明可爱，将来一定不乏卓有成就者。这就是我们持续努力的最深远意义。

（五）LEAD 阳光志愿者组织架构

LEAD 阳光组织结构由阳光俱乐部大会＋主席团＋工作组构成。2008 年工作组包括：教研组、外联组、团队组、项目组、语文组、英语组、计算机组、艺术组、兴趣组 9 个。其中前 4 个组为职能组，后 5 个组为课程组。各志愿者可以根据自己的兴趣与爱好，申请加入其中任意的一个或者多个组。

阳光俱乐部大会为 LEAD 阳光的最高机构，正常每年召开一次，采用少数服从多数的原则，决定主席的任免及其他重大事宜。

阳光例会是 LEAD 阳光的日常决策机构，每 1—2 个月召开一次。

主席团与各工作组的组长、副组长、论坛管理员和版主组成服务团队，负责 LEAD 阳光的运营和日常管理。

服务团队应当从具备一定持续性的志愿者中推举产生，对 LEAD 阳光负有忠诚与勤勉的义务。如主席有严重失职行为，LEAD 阳光可召开临时志愿者会议，要求罢免主席。如各组负责人有严重失职行为，主席可要求该组志愿者重新推举。

1.阳光主席团的主要职责：LEAD 阳光的整体发展规划；LEAD 阳

光日常事务管理沟通；各组之间的沟通协调；定期组织召开阳光管理例会。

2.关于工作组：工作组分为课程组及职能组。课程组包括语文组、英语组、计算机组、艺术组、兴趣组、趣味经济组，职能为：（1）各课程组的建设与志愿者培养；（2）配合项目组进行教学项目的执行；（3）配合团队组进行组员的招募和培训；（4）配合教研组进行教学大纲的制订和实施。各课程组特别需要的志愿者为：（1）喜欢为孩子们上课的志愿者；（2）对相关课程组感兴趣的志愿者。

职能组一般包括团队组、外联组、项目组、IT组、课程建设等，由主席团根据当年度工作内容设置。

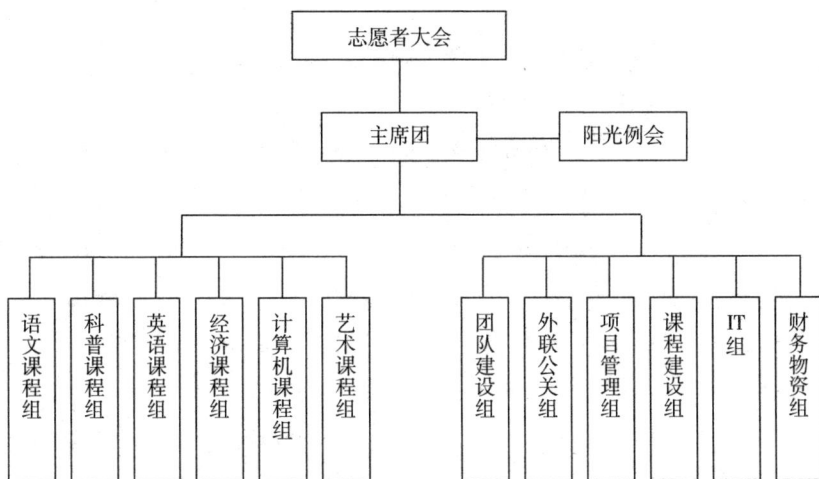

图1—3　北京LEAD阳光志愿者俱乐部的组织结构

二、阳光志愿者项目简介

（一）阳光志愿者的历史项目

1.阳光照耀成长路——城区贫困学生辅导项目

这是LEAD阳光最早的志愿项目，也是LEAD阳光第一个长期项目。随着 LEAD 阳光的诞生而诞生，也随着 LEAD 阳光的成长而成长。从 2003 年 6 月，LEAD 阳光的志愿者分成 7 个小组，对北京城区的 7 个贫困家庭孩子进行各个科目的辅导，并最终使得孩子们在各自的升学考试中取得了好成绩。虽然是平凡的点滴，但是历经寒暑，坚持了两年多，确实不易，给人以莫名的感动。志愿行为，重在付出，贵在坚持。

2. 未成年管教所高教自考辅导项目

少管所项目是和北京市未成年犯管教所合作的项目，也是 LEAD 阳光最早的项目之一，亦是在 2003 年 8 月由东城区团委联系的项目。当时主要是做高自考辅导。辅导结束后，志愿者感觉未管所的孩子需要更多的帮助，就继续开设了一些新的课程。从 2003 年 8 月 17 日的第一次活动到 2004 年 12 月 18 日的最后一次活动，前后持续 1 年 4 个月，共组织 26 次活动，共 134 人次参加活动。

3. 通州星星雨学校的周末看护项目

北京星星雨教育研究所是中国第一家专门从事孤独症儿童早期训练与教育的非营利机构，位于通州双桥东旭新村。LEAD 阳光志愿者于 2003 年 12 月开始"星星雨"项目。

LEAD 阳光的志愿者参与了"星星雨"的网站建设、鲜花义卖、自闭症儿童周末领养、孤独症儿童手绘 T 恤义卖、志愿者交流等活动。

"星星雨"项目为不定期项目，活动详情请在 LEAD 阳光网站中以"星星雨"为关键词搜索。

4. 顺义儿童村项目志愿服务

5. 慧灵智障人士服务机构义工项目

（二）阳光志愿者的现行项目

1. 核心项目

LEAD 阳光的核心项目是"阳光周末课堂"——北京城区打工子弟学校周末支教项目

志愿活动形式：每周六上午，志愿者到打工子弟学校给孩子们上一些课外兴趣课或辅导课

活动时间：春季学期（每年 3—6 月）每周六 9:30—11:30

秋季学期（每年 9—12 月）每周六 9:30—11:30

课程设置：科普，音乐，美术，英语，天文，趣味经济，国学启蒙，计算机，团队活动等。

注：根据不同学校的需求开设不同的课程。

LEAD 阳光先后在 10 所打工子弟学校开展志愿活动：

昌平区汇蕾学校、通州区七彩学校、海淀区实验二小、朝阳区桃园学校、朝阳区崔各庄实验学校、朝阳区第一新公民学校、朝阳区育英学校、朝阳区宜民学校、朝阳区文德学校、昌平区平西府私立学校。

2. 内部交流活动

LEAD 阳光内部活动包括授课经验分享（培训）、"一锅烩"（读书会）分项活动以及其他活动。

授课经验分享：

LEAD 阳光会定期举办由优秀志愿者主讲的授课经验分享活动，与大家分享为流动儿童授课的经验。每次活动都会在 LEAD 阳光网站上公布，团队组也会通过邮件、电话、短信息的方式向近期申请加入 LEAD 阳光的同学发出活动通知。

对于成为 LEAD 阳光正式成员的新同学，参加授课经验分享活动是必需的过程。同时，没有参加分享活动也不能够以教师的身份参加 LEAD 阳光的支教活动。

"一锅烩"：

"一锅烩"的前身是 LEAD 阳光从 2003 年 12 月 28 日起不定期举行的读书会，读书会的内容涉及旅游、职业培训、茶艺、财务、教育等广泛话题。一般是由 1—2 人主讲，通过讨论共同学习。

2006 年 8 月将原来以读书会形式举办的各类活动统称为"一锅烩"。"一锅烩"的核心是"交流"和"分享"，包括不同的活动形式，如读书

会、看片会、交流会等等。

"一锅烩"最有特色的活动是分享不同职业人成长经历。

以上的各种项目及内部活动均为 LEAD 阳光的正式活动。

3.各类非正式活动

志愿者私人组织的各类活动，包括出游等。

志愿者私人组织的各种项目为 LEAD 阳光的非正式活动。

三、志愿者参与活动流程及要求

（一）对志愿者要求

如前所述，LEAD 阳光是一个开放的组织，只是需要志愿者在有时间、有精力的情况下能够全心参与其各种活动。

俱乐部还希望志愿者们能够做到：

1.尽量多参加各种活动

由于绝大多数人是利用业余时间提供志愿服务，因此，互相沟通十分重要，而参加各种活动是实现有效沟通最直接的方式；正式会员如果连续三个月不参加活动，会被降为候选会员。

2.积极参与论坛的讨论

LEAD 阳光网站的所有通知、通告、讨论都会通过网站进行。除了浏览网站外，LEAD 阳光更期待志愿者们的参与讨论。

3.尊重他人的工作和时间

每一个活动都有其他人的付出，请各志愿者慎重考虑并合理安排自己的时间后报名参加，如无法确认或确认后因为临时变化无法参加，请及时用有效联系方式与项目联络人说明。

如果每次活动正式报名后无故缺席并事先无明确声明，在 LEAD 阳光中的信用会受到影响。

4.暂时不能参加活动

LEAD 阳光是一个自愿性的组织，志愿者可以根据工作学习情况自由安排时间参加活动。如果某一段时间比较忙，请向服务团队说明不能参加活动的原因和期限。在要求的时间内，LEAD 阳光将保留会员资格。

（二）志愿者加入流程

加入并成为 LEAD 阳光会员的流程为：提交注册资料——通过审核成为会员——到"阳光交流区"发帖介绍自己。具体说明如下：

1.提交注册资料

按照网站要求在线提交详细个人资料。注册资料会严格保密，不向任何其他组织或个人泄露。

注册资料将由 LEAD 阳光进行人工确认，通过后即成为 LEAD 阳光的会员。如果资料填写不完整，将无法通过确认。

2.自我介绍

通过注册后，到"团队建设区"的"新人报道贴"后跟帖，按主帖说明提交个人信息，便于让其他成员迅速认识你。

参考文献

张婧：《试析志愿者合法权益的法律保护》，中国政法大学硕士学位论文，2009 年。

杨静雯：《北京市志愿服务激励机制研究》，中央民族大学硕士学位论文，2011 年。

郭新保：《试论志愿者服务如何促进和谐社会建设》，《时代经贸》（下旬刊）2008 年第 4 期。

赵爱燕：《我国青年志愿者激励研究》，大连理工大学硕士学位论文，2007 年。

第四节　天使志愿者社团

调研对象：尹浩

调研时间：2013 年 4 月 25 日

调研地点：北京市朝阳区秀园幼儿园

调研及报告撰写人：

丁芳（中国农业大学 2012 级硕士研究生）

一、天使志愿者社团成立简介

（一）成立与发展概况

天使志愿者社团成立于 2007 年 1 月，是由大学生、残疾人、小学生、青年、老人、在京打工农民工等组织的公益性社会团体。值得注意的是，天使志愿者社团与其他社团的不同之处是天使志愿者社团拥有一支由残疾人组成的志愿者队伍。

2010 年 7 月，天使志愿者社团正式成为北京市志愿者联合会注册团体会员。

2012 年，天使志愿者社团被北京市政府评为敬老爱老助老服务示范单位。

（二）社团性质

一个非政治、非宗教、非商业的民间志愿者团体。

（三）社团负责人

天使志愿者社团的社长为尹浩先生。

社团有 1 位社长（尹浩）、2 位副社长、16 位顾问、9 个部门（包括捐赠部、策划部、外联部等）。社团没有从事志愿者管理的付薪人员。

（四）社团宗旨

奉献·友爱·互助·进步

（五）社团使命

"天使的翅膀承托希望，同一片蓝天互助飞翔！"天使志愿者社团诚邀社会爱心人士投身公益事业，加入互助团队。让我们共同携手，"积善从流"，"上善若水"，众心捧起希望，众人互助起航。

根本：天使志愿者社团以开展公益活动为主要工作，通过志愿者与社会各界爱心人士的共同努力，整合社会资源，展现志愿互助，倡导社会公益，共建和谐家园。

推广：天使志愿者社团通过开展公益活动，在关爱弱势群体、倡导爱心生活的同时扩大社团的公众影响力，提高社会各界对公益活动的认知度和参与度，吸引更多爱心人士加入社会志愿服务的团队中来，用实际行动创建美好家园。

参与：天使志愿者社团将为志愿者提供一个奉献爱心的平台，一个表达爱、传递爱的机会，让更多人参与到公益活动中来。

（六）社团理念

用我们的双手和爱心丰满羽翼，承托着爱的力量，承托起希望的翅膀；用我们的奉献和友爱播洒阳光，感受着爱的温暖，感受着共同飞翔。让天使的爱飞到任何需要她的地方：在贫困学子的教室、在空巢老人的病床、在残疾朋友的身边、在法律援助的厅堂、在环境污染的城市、在遭受不幸的灾区……让心与心的爱驱散阴霾，让手牵手的人结伴起航。

平凡不凡，我们一样奉献；风雨阳光，我们一样坚强；逆境顺境，我们追寻希望；奋斗挑战，我们成就梦想。

也许一个人只是一点星星之火，可是我的闪光还是照亮每一个人。亲爱的朋友们，每个人都是一股力量，美好的明天靠我们每个人倾注梦想。感受着爱的光和热的人们，行动起来吧！点燃你心中爱的梦想，心手相传，天使的翅膀承托希望，同一片蓝天互助飞翔！

（七）社团文化

表达：真诚用心，用诚挚的感触表达对生活的热爱。

奉献：点点滴滴，从点滴的细节做力所能及的帮忙。

分享：持之以恒，在播洒爱的道路上你我携手同行。

感受：先舍后得，付出爱的力量收获爱的温暖阳光。

传播：厚德泽人，让更多的爱有新的朋友再次传递。

（八）服务领域与对象

社团服务内容基本涵盖了志愿服务的众多领域，广泛活跃在支教扶贫、扶老助残、环境保护、爱护动物、法律援助、社区服务、义务讲解、公益捐赠、赛会服务等领域，全面开展了多种志愿服务。社团将志愿者平台与社会切实需求紧密结合，力图实现资源的有效整合，倡导最广泛的志愿精神和公益行动，面向全社会宣传及推广公益活动。

二、天使志愿者社团活动

天使志愿者社团开展活动实行项目化管理，有多种丰富的长期项目和短期项目，其更是立足于本社团情况，每年都有一个特色活动，例如剪纸进社区等，开展了具有特色的品牌活动。

（一）短期活动简介

1.迎奥运系列活动

天使志愿者社团在奥运会举办前开展多种多样的迎奥运活动。例如，"手语进校园"活动、"迎奥运、游北京"系列活动、"展残疾人风采，共享 2008"系列活动等，组织志愿者、在校学生、残疾朋友一同参与宣传奥运，鼓励和带动残疾人"强素质，树形象"，融入正常社会生活。

2.温暖寒冬赶赴大同乳娘村慰问乳娘

2011 年 12 月 7 日，天使志愿者社团一行十余人，分乘 3 辆汽车，满载衣服、书籍和上千件学习用品，到"中国乳娘村"——散岔村慰问乳娘们。

3."我志愿·我承诺·我微笑·我文明"活动

2010 年，天使志愿者社团开展"我志愿·我承诺·我微笑·我文明"活动，倡导给身边的人一个微笑，微笑做人，微笑处事，将微笑心手相传。活动得到了北京市朝阳区人民政府的高度认可，区委书记陈刚、区长程连元带头签下自己的承诺。

（二）长期活动简介

1.中国民间艺术社会行系列志愿服务

为贯彻党的十八大精神，弘扬中国优秀传统文化，激发广大公众的关注和参与热情，天使志愿者社团开展义务到社区、敬老院、特教学校、孤儿院、少管所、打工子弟学校等地进行剪纸、毛猴、面塑、风筝、编织等技艺免费培训的志愿服务，不仅宣传和推广了中华非物质文化遗产，还丰富了社区居民的业余文化生活，为社区增添了和谐气氛。

天使志愿者社团的"中国民间艺术社会行系列志愿服务"活动也是其特色和品牌活动之一。

2.关爱救助活动

天使志愿者社团持续开展扶贫助学、扶老助残等关爱活动，覆盖北京及多个外省市。例如，关爱残疾孤儿、慰问智障幼儿园儿童、中秋节慰问社区老人、组织为白血病患者募捐等。

3.地震、雪灾、水灾等应急救灾志愿

天使志愿者社团还致力于地震、雪灾、水灾等应急救灾志愿活动。例如，2010年4月20日，为悼念4月14日青海省玉树县发生的7.1级地震中的死难同胞，天使志愿者社团举办悼念活动，并进行现场捐款；为房山受灾最重的周口店镇娄子水小学清淤；为汶川地震灾区捐款等活动。

（三）特色活动简介

1.残疾人登长城活动

2007年11月27日，天使志愿者社团开展"迎奥运，登长城"活动，组织志愿者与北京、天津、石家庄、邯郸等地残疾人代表同登慕田峪长城。天使志愿者社团在迎奥运期间组织志愿者和残疾人"展残疾人风采，共享2008"系列活动，在社会上形成了一定影响力，得到了政府、媒体及很多社会人士的认可与支持。

2.为打工子弟学校及贫困地区建立爱心书屋

2009年起，天使志愿者社团致力于推动社会公益慈善事业的发展，旨在帮扶特困。通过志愿者、网络等多种渠道募集书籍，用于为打工子弟学校、打工子弟幼儿园、贫困地区建立爱心书屋，取得了良好的社会效应。

3.中国民间艺术社会行系列志愿服务

中国民间艺术社会行系列志愿服务是天使志愿者社团一项长期性的项目，也是具有品牌特色的活动。

三、天使志愿者社团管理方面

天使志愿者社团有《天使志愿者社团章程》《天使志愿者社团志愿者注册管理办法（试行）》等规章制度，明确规定了其成立宗旨、服务范围等内容，以及志愿者的条件、权利与义务等。《天使志愿者社团章程》共7章27条。第一章为总则，详细说明了社团的性质、宗旨等；第二章为社团服务范围；第三章是关于会员的管理；第四章是社团组织方面的规定；第五章为基本活动；第六章是资金管理；第七章为附则。

　　社团会对志愿者进行培训，例如，组织志愿者进行交通知识、应急与突发事件、剪纸、面塑等多种形式的培训。为志愿者在活动中提供相应的保障，例如，与企业合作募集到一定资金，给参加志愿活动的志愿者买团体险等。

　　在活动推广方面，通过利用网络媒体对开展的志愿活动进行宣传，一方面，利用自身网络媒体扩大宣传，例如，新浪微博网站：http://blog.sina.com.cn/tianshizhiyuan2007，社团微博网站：http://weibo.com/tianshi2007，QQ/QQ群、邮箱：32581665、tianshi2007@sina.cn；另一方面，利用其他网络媒体进行宣传，例如，通过志愿北京网站志愿团体，定期发布志愿项目，项目发布网址为：http://www.bv2008.cn/app/Application/Organ.jsp?ID=1338。此外，还通过印制社团的宣传单页等方式宣传。

四、天使志愿者社团面临问题及需要的支持

（一）面临问题

1. 需要注册成为正式的志愿机构

社团正在努力注册成为正式的志愿机构。

2. 专业技术志愿者比较缺乏

由于社团有民间艺术社会行等特色活动，需要很多懂得面塑、剪纸等懂艺术的志愿者，但是这种民间艺术学习周期相对较长，所以比较难培养，因此，在专业技术志愿者方面，人才比较少。

3. 面塑、毛猴等艺术品制作原材料缺少

面塑、毛猴等艺术品的制作需要原材料和工具，比较难购买，单独定制的成本又太高，所以只能靠社团中从事艺术品制作的志愿者自己制作工具，这样制作规模就很小，推广速度也很慢，不利于社团的发展，希望能够有相应的制作原材料派发或实物帮助等。

（二）获得支持

社团开展活动，得到了社会的肯定和支持，例如，获得了政府支持、渤海银行支持等。活动对象有一些是团委、残联等帮忙联系与介绍的，也有很多是活动中结识的，还有一些是通过媒体报道中获得的。

社团有一些固定的合作伙伴，例如，在打工子弟学校建立了志愿服务基地，在一些公立幼儿园，可以让一些志愿者应聘校外辅导员等，用这种形式开展服务，互相之间合作很顺利，天使志愿者社团无偿给这些学校提供剪纸等课程的培训，并致力于促进公立幼儿园与打工子弟学校之间的互帮互助。

活动的社会公益效果非常好，公众对社团的认可程度很高，志愿者们也积极参加到其组织的志愿活动之中。

五、天使志愿者社团发展愿景展望

社团当时主要立足于北京地区开展志愿活动，在全国的一些地方也有分社，例如，天津、山西等，各个分社都是独自管理的，社团只是提供一些组织框架。

社团很注重未来的传承和发展，也有长期的组织规划，其已经开始注意在打工子弟学校等地方培养下一代接班人，注重传承。

社团的发展愿景是将来能够走向世界。当时社团中已经有志愿者大学毕业之后到国外从事志愿服务的，他们表示会将天使志愿社团的志愿精神带到国外，但这也是未来的愿景。另外，社团的一些剪纸作品已经在美国敬老院作为礼品送给了老人。下一步，尹浩社长表示，会努力将天使志愿者社团的志愿精神带到国外去，带着中国传统民间工艺走向世界，宣传中国传统文化，宣传中国的优秀品质。

六、天使志愿者对志愿事业的建议

（一）给予志愿者相应的志愿保障

志愿者参与志愿活动，希望能够给予他们相应的志愿保障，例如，个人安全保险、志愿者荣誉奖励等。

（二）希望国家和媒体能够宣传"身边的志愿人物"

希望能够有媒体多关注一些从事志愿服务的志愿者，比如，媒体能够有栏目宣传身边人物的闪光点等，树立榜样，带动更多的人从事志愿服务。

第五节　绿色啄木鸟环保组织

调研对象：王涛（绿色啄木鸟环保组织负责人）

调研时间：2009 年 3 月 1 日

调研地点：绿色啄木鸟环保组织

调研及报告撰写人：

夏彬彬（中国人民公安大学 2009 级硕士研究生）

志愿服务作为一种高尚的社会行为和一项重要的社会公益事业，在我国全面建设小康社会和构建社会主义和谐社会的进程中具有重要意义。社会志愿服务水平的高低，体现了一个国家和社会文明的程度①。为了加快北京志愿服务理论研究工作的开展，提升志愿服务理论研究能力，打造专业志愿者队伍，北京志愿服务发展研究会理论研究志愿者于2009年3月对其部分团体会员组织就其期间开展的志愿服务活动进行了专项调研。本节针对北京市绿色啄木鸟环保组织进行调研，主要目的是了解该组织的运行、发展情况，找出所存在的问题，以期对今后的工作加强指导。

一、绿色啄木鸟组织简介

绿色啄木鸟组织是经北京市工商行政管理部门正式批准登记，于2006年5月成立的公益性环保社团组织。在北京市文明办的关怀和指导下，已从当年只有6人的小组织发展到拥有温州、成都、大连、青岛等多个分部以及4000多名志愿者的大型非政府组织（NGO）。该组织活动的目标是以宣传教育为中心，开展和组织"假日文明活动"，以达到会员自我教育及教育他人的目的，将绿色文明的概念深入人心。主要任务包括：制止和劝阻随地吐痰、乱扔垃圾的不文明行为；制止和劝阻在公共场所不排队、大声喧哗者；制止和劝阻闯红灯的行人，以及在公共场合光脚、光膀等不文明行为；倡导微笑、礼貌待人，自觉遵守文明礼仪，呼唤文明，提高国人素质。

自2006年5月以来，该组织利用节假日在北京市各个重要公共场合劝阻、制止行人随地吐痰、乱扔垃圾等不文明行为近5万人次，服务时间达1万多小时。经过近3年的发展，协会实施的"假日文明行动"在社会上产生了广泛影响。绿色啄木鸟组织得到了国内外各重大媒体的关注，主要有中国青年报、北京晚报、中央电视台新闻频道、中央电视台十台、中国教育频道、北京新闻、首都经济报道、温州电视台等等。

---

① 参见时小燕：《我国志愿服务的现状及对策分析》，河海大学硕士学位论文，2007年。

美国 ABC、NBC 广播公司，英国 BBC 以及天空新闻节目等多家国外媒体也进行了报道。同时，该组织也加入了北京市志愿者联盟，成为团体会员。在 2007 年团中央组织的"与志愿者同行，向世界说好"箭牌文明行动中，该组织获得优秀团队奖。

　　绿色啄木鸟的创始人王涛先生工作在北京市西城区环卫中心，从部队转业后分配到北京。他把绝大部分业余时间投入到组织的建设上，自费创建"中国禁痰网"，宣传禁痰，传播文明。奥运期间，作为城市志愿者带领其他志愿者在北京大街小巷维护城市环境。被北京奥组委、北京奥运会志愿者工作协调小组评为"北京奥运会、残奥会志愿者先进个人"，并获得"2008 北京十大志愿者"荣誉称号。

二、所取得的经验与不足

（一）"假日文明行动"纠正了国人的传统陋俗

　　据网易对中国人陋习的网上调查，随地吐痰已被列为中国人十大陋习之首。随地吐痰既不卫生也不文明，极易传染疾病，不仅危害了别人，同时也污染了生活环境。这个道理其实大家都知道，但是为什么很多人要随地吐痰呢？有调查表明，只有少数人是下意识地随地吐痰，而有相当一部分的人是找不到可以吐痰的地方，也就只有随地吐痰了。因此，随地吐痰也是有多方面原因的。

　　随地吐痰不仅反映了个人的卫生习惯，更折射出其思想觉悟、道德水平和文化素质的高低。因此，克服随地吐痰需要全社会去重视和监督，去重新塑造这种流失的"公民意识。"啄木鸟志愿者则承担了纠正国人陋习的重任。他们的活动以点带面，当场发现当场纠正，使禁痰的观念深入人心。虽然他们工作的时间和地点有限，但经过多年的努力，再加上全社会的监督，随地吐痰这一奇怪现象是可以消除的。从某种意义上说，志愿者正努力提高人们的社会文明意识。

（二）增强了志愿者的社会责任感

志愿者参加志愿活动不仅纠正别人的过错，对志愿者本身也有促进作用。首先，提高了他们对志愿服务的认识。志愿服务不仅是光荣和荣誉，更重要的是要用真心付出极大的热情。这本身就是对志愿者基本素质的培养和再教育。其次，锻炼了志愿者敢于面对困难、挑战困难的工作精神。"假日文明行动"鼓舞了他们的勇气去纠正别人的错误，学会和他人沟通的方法，对以后的生活或工作具有更大的促进意义。最后，参加志愿服务也增加了他们的社会责任感。在我国构建和谐社会的过程中，需要每个人服从这个大局，志愿者以自己的一点一滴影响着别人，时时刻刻保持文明形象，传承"礼仪之邦"的文化精髓。

（三）"滚雪球"式的招募方式保证了志愿者来源

绿色啄木鸟组织的招募方式被称为"滚雪球"式，即组织者在网站上发布招募公告，志愿者报名后参加活动。在随后的活动中，先期的志愿者会把他身边周围的同学、朋友带动起来。另外，绿色啄木鸟已经与北京各大高校学生工作部门建立了联系，以大学生为主体进行志愿活动。在每次活动中，记录志愿者的基本信息，构建志愿者信息库。但在管理和培训上，相对较为松散，没有固定的模式，原因是服务的专业性要求不高，缺乏严格的管理和评价体制。

（四）以人为本的激励政策

在志愿者激励这方面，绿色啄木鸟的做法充分体现了以人为本。他们的激励政策主要概括为：精神鼓励和感情交流。当前我国大部分非政府组织都受到资金短缺的困扰。因此，给予志愿者太多物质奖励不太现实。如果活动有政府或企业支持，志愿者会得到一定的伙食或交通补助。在大多情况下，组织者只能向志愿者提出表扬或颁发荣誉证书，从精神层面上表示鼓励。另外是感情投入，用感情因素来管理和激励志愿者是一个必不可少的环节。绿色啄木鸟组织的方法是带领优秀志愿者免费参观景点、看演出、组织郊外旅游等。通过这样的活动，促进了大家的交流，创建了人与人之间的相互尊重、相互关心的良好人际关系。情感激励可以从思想上和精神上激发人们自觉地加入到志愿者服务的工作中来。因而，我们在采取物质激励和精神激励的同时，还应加大对个人及家庭的情感激励力度。

（五）经费不足

志愿者组织经费的筹集与使用是志愿活动持续发展的关键。绿色啄木鸟的经费主要来自负责人本身的工资和少量的特定活动经费，或者由北京市文明办提供。据负责人王涛介绍，从组织创立至 2009 年，他已先后投入了 6 万多元，主要包括物品购买、网站建设、通信费和交通费等。资金短缺也成为制约绿色啄木鸟快速全面发展的瓶颈。

三、建议和对策

（一）加大宣传力度，使禁痰的观念深入人心

一个小小的随地吐痰，为何成为屡禁不止的典型？这既有思想意识上的原因也受客观条件所限。中国人口众多，全民素质参差不齐。而逐步提高全民素质不能一蹴而就，需要经济基础和上层建筑作支撑。因此，我们要在"禁"之前，先让民众明白"随地吐痰"的害处，并加大舆论监督直至深入人心，然后再辅以"禁"和"罚"的手段。另外，有痰时要注意文明吐痰，比较合适的方法是把痰吐在纸里，再扔到垃圾桶里。对于重病人出门一定要带上吐痰的袋子，自己装好，最后扔到适当的垃圾处理装置。需要注意的一点是，要背对人并且无声进行，不能发出咳痰的声音。久而久之，"随地吐痰"将会消失。一块纸巾、一块手帕就可以让我们拥有干净的生活环境。

改变陋习是一项长期的教育活动，绿色啄木鸟飞行在城市的大街小巷，使更多的人能注重提高自身文明素质，为建设文明环境尽自己的一份力。从这个意义上来说，禁痰志愿者活动的象征意义要远远大于实际意义，他们将坚持开展下去，直到天下无痰。

（二）政府提供法律保障或资金支持

各种形式的志愿者组织都属于非政府组织，其活动方式具有明显的民间色彩，因此也被称为"草根组织"。虽然志愿服务活动就其实质而言是一种非政府行为，在我国的特殊国情下，政府的推动对志愿活动的开展具有重要的意义。

加强志愿服务保障体系法制化。我们需要制定相关法律，明确志愿服务的法律性质，保障志愿者及相关主体的合法权利和利益，激励更多的人加入到志愿者行列中，并使社会和更多的人接受志愿服务这一理念，营造出一种更好的志愿服务的大环境[①]。用法的形式构建志愿服务体系，其性质也属于社会保障法制体系的范畴。通过立法，使志愿者获得人身安全、意外保险、推优评选以及奖励等方面的保障，从而促进志愿者工作的积极性。

提供资金支持。当时，我国志愿服务组织资金来源主要是政府，而企业捐赠和个人捐赠还没有形成规模，这主要是因为没有相关法律来保护和激发企业、个人捐赠的积极性。我们要积极推广"政府购买公共服务"的理念，争取党政部门的项目和资金支持，加大对志愿活动和志愿者组织的拨款，探索"财政拨款＋基金资助＋社会赞助"的资金筹措机制，多种渠道解决志愿服务经费[②]。

具体来讲，北京志愿者协会要充分发挥其组织优势，加强与各个团

[①] 参见王双丽、王斌、刘鑫：《2008 年奥运会志愿者的激励问题与管理对策》，《武汉体育学院学报》2006 年第 5 期。

[②] 参见邱建国、杨晓东：《中国青年志愿者激励机制的现状与发展研究》，《中北大学学报（社会科学版）》2008 年第 6 期。

体会员之间的联系与沟通，及时发现他们中间存在的问题，并予以帮助和指导；汲取他们的工作经验，促进各个团体会员的交融。同时，努力做好项目开发、政策制定、协调与宣传等工作，架起市委市政府与各个协会之间的桥梁。在解决资金问题上，我们还可以尝试另一种做法：以北京志愿者协会的名义积极进行志愿服务的资金招募，然后再根据各个组织的活动情况给予必要的合理的支持。这样可以使各个民间组织更好地为社会服务，解决他们漫无目的地寻找资金支持的烦恼，还可以避免在融资过程中的误会以及诈骗事件等。

（三）正规化建设

任何组织达到一定规模之后必须建立合理而完善的运行管理机制，确保该组织良性发展。对于民间志愿者组织来说，最重要的就是完善自身组织建设，向正规化发展，主要有以下几点：

组织的负责人要明确分工，各司其职，提高工作效率；

健全招募制度，完善志愿者信息库，加强对志愿者的理论培训；

建立评估体系，完善志愿者激励机制；

树立统一而明确的志愿者形象，提升志愿者综合素质。

第二章　奥运时代下的志愿服务组织

编 者 按

2009 年 6 月，北京市志愿者联合会（原北京志愿者协会）、北京志愿服务发展研究会以奥运会志愿者成果转化工作为契机，深入对志愿者团体以及志愿者在和谐社会建设过程中所发挥的重要作用进行调研，并着重对志愿服务组织在北京奥运会上的志愿服务经历进行翔实地整理和分析，深入总结奥运志愿服务中形成的各类精神文化成果，唱响"微笑北京、和谐先锋"的主旋律。本次调研选取了首都机场志愿者协会、联想（中国）志愿者协会、双安荣誉顾客志愿者协会等 20 余家志愿服务组织，共完成调研报告 14 篇，本章节选了《IBM（北京）志愿者协会调研报告》《北京惠泽人咨询服务中心调研报告》《北京市志愿者联合会调研报告》《北京车友会调研报告》《北京市寸草春晖老年心理服务中心调研报告》等，分别呈现如下。

访谈提纲

一、基础部分

1.志愿者团队的组织成立宗旨和组织价值、组织架构如何？

2.志愿者团队的人员构成，是否有从事志愿者管理的付薪人员？

3.志愿服务活动的服务领域、服务内容、服务对象是什么？

4.志愿服务活动的具体开展是否实行项目化管理？有哪些长期项目和短期项目？有没有形成独有的特色和品牌活动？

5.对志愿者的评价和激励是怎么做的？是否开展志愿服务活动的评估和总结工作？比如，创办自己的刊物、网站等分享志愿服务感想、总结，或者进行优秀志愿者表彰等？

6.作为草根志愿者组织，是否感受到了社会及政策的支持？开展志愿服务中有哪些困难？或者说需要哪些支持？

7.志愿服务资源的来源，包括志愿者、资金、物资和技术等，以什么样的方式获得？志愿服务的主要成本是什么？

8.如何看待草根志愿者组织开展的志愿服务活动和志愿者自身发展之间的关系？如何看待志愿服务与社会相关需求的关系？遇到的问题和困境有哪些？

二、补充部分

1.志愿组织在与社会各方的资源整合方面都有哪些举措？例如，是否有长期、固定的来自国内或国外的合作方？或是随机性地与外界合作？合作时，遇到哪些问题？有何对策？

2.志愿者加入组织的动机是什么？组织对志愿者的遴选标准是什么？人力资源是否出现短缺？有什么解决方案？

3.组织活动的社会效益如何？公众对组织与活动的认知和参与程度如何？

4.组织采取何种方式加大对自身宣传的力度？是否借助媒体、网络或依托自身的资源优势亲自进行推广？

5.组织未来发展的目标或愿景是什么？

第一节　IBM 北京志愿者协会

调研对象：IBM 公众事业合作部项目经理张红捷、项目助理陈丽丽，IBM 北京志愿者协会主席覃育梅

调研时间：2009 年 8 月 14 日

调研地点：IBM（北京）公司

调研及报告撰写人：

周莉娟（北京志愿服务发展研究会成员）

中国的志愿者活动由来已久，但长期以来，多数处于默默无闻的状态。2008 年北京奥运会筹备期间，中国的志愿者活动逐渐走上前台，受到了世人的普遍关注。可以说，北京奥运会既是我国体育界的一大盛事，也是志愿者活动的里程碑。

北京的志愿者成员众多，分布广泛，大中型企业的白领阶层和各类专业人才是其中的重要组成部分，自然而然，企业的志愿者协会也成了北京志愿者协会重要的组成部分，其中，作为北京志愿者协会第一家外企团体会员的 IBM 北京志愿者协会具有典型的代表意义。

　　IBM 在全球范围内一直以成为优秀的企业公民为己任，不仅专注于企业自身的发展，更时刻注重对社会尽到自己的责任和义务。在中国，IBM 公司也一直贯彻该项原则，与中国社会融为一体，主动参与各项社会公众事业，在各个领域积极作出自己的努力。多年来，IBM 中国公司和员工一直恪守自己的企业公民责任，积极投入教育事业、福利事业和其他公益事业。本节以 IBM 北京志愿者协会为例，采用文献资料、结构式访谈等方法收集材料，整理分析外企 NGO 参与志愿服务的历程、特征及社会影响，希望能为相关的研究提供借鉴。

一、IBM 北京志愿者协会基本情况简介

（一）成立

　　成立于 2003 年 9 月，是北京市志愿者协会首家外企团体会员。

（二）宗旨

　　IBM 北京志愿者协会的宗旨与 IBM 的企业文化相吻合，即以 IBM 的顶尖技术产品和全面解决方案为基础，通过具备一流专业技术的员工们的服务，为社区公益事业作出务实的贡献，从而为企业和员工个人的成长增添长远和创新的价值。在力求通过信息技术的发展构造人类和谐社会的今天，缩小数字鸿沟，以最先进的信息技术解决方案为社会谋利益，尤其致力于促进教育事业的发展。

（三）组织性质

　　IBM 北京志愿者协会是 IBM 中国有限公司（北京）员工自发成立的公司内部青年志愿者组织，在 IBM 大中华区公众事业合作部及人力资源部的共同指导下开展工作，公众事业合作部为 IBM 全国的志愿者

活动提供业务指导。未办理民政登记注册。

（四）组织机构

IBM 北京志愿者协会属于松散型管理，协会常设主席 1 名，副主席 2 名，执委会委员（项目负责人）10 名，均由企业资深员工兼任，主要承担对外联络、接洽、组织、协调等工作。协会还特聘数位公司高层领导作为志愿者活动的特邀顾问。

通过在公司内部的志愿者网站上注册，IBM 员工成为公司正式的志愿者。目前 IBM 员工，在中国有近 3000 人注册成为志愿者。一般以项目为基础，指定一个项目负责人，将志愿服务活动的信息通过公司内部平台发布出去，员工在平台上接收到相关信息后自发报名，根据自身条件有选择性地参加。由于外企高速快捷的工作节奏，员工的时间和精力有限，故不要求每一次活动都参加，也不需要承诺每一次活动或每一个项目都从头至尾地参与其中，这充分体现了 IBM 以人为本的文化理念和统筹兼顾、科学管理的企业机制。

（五）资金来源和支出

IBM 北京志愿者协会刚成立时曾设立专项资金，作为志愿服务项目经费，用于社区专场志愿服务活动的场地布置、舞台设备、工具、礼品等开支。2004 年起开始对团队运作方式进行改进，取消上述事项的志愿服务专项资金，以节俭务实、注重实效、强化特色为指导思想，减少仪式性的大型志愿服务活动，转为细水长流型的、针对服务对象需求而长期开展的志愿服务活动。为了鼓励和帮助公司员工运用自身专业知识和爱心积极参与公益事业，公司投入经费和人力，开发了许多适合员工使用的志愿服务活动资源包，提供到公司的"爱心献社区"（On-Demand Community）全球志愿者活动网站上，供志愿者下载使用；同时，向参与公益事业的员工提供教育、技术、资金支持和各种形式的奖励。

（六）支持与激励

→领导寄语

没有一家公司能够强迫员工参加志愿者活动，因为志愿者的决定和自我奉献源自其内心。我们所能够做的，是向成千上万运用自身专业知识和爱心为社会做贡献的 IBM 员工提供教育、技术、资金和奖励，从而对我们企业文化中的这种鲜明特色予以鼓励和支持。

——彭明盛（Samuel J. Palmisano）IBM 董事长兼首席执行官

→ IBM 公司对积极参与 ODC（On Demand Community，即爱心献社区公益活动）志愿者的激励：

1. 致信表态：志愿者在 ODC 全球网站上正式注册后，可收到 IBM 负责全球企业公众关系的副总裁的致谢信；在 ODC 全球网站上正式登记志愿者服务时间达 50 小时，可获由公司高层领导签发的志愿服务证书，以此肯定和激励志愿者，也表达了 IBM 公司与志愿活动的支持态度。

2. 经验分享：ODC 全球网站定期登载世界各地 IBM 志愿者的先进事迹，ODC 中国区网站长期登载中国各地 IBM 志愿者的活动报告及经验，由志愿者分享，方便交流。

3. 设立奖项：对作出优异贡献的 IBM 志愿者，IBM 总部颁发 ODC 杰出贡献奖（ODC Excellence Award），IBM 中国公司颁发社区贡献奖（Community Contribution Award），作为对获奖者的表彰和对更多 IBM 志愿者的激励。

4. 实施资助计划：IBM 公司制订了 ODC 资助计划（ODC Grant），对相关的 IBM 志愿者进行奖金、技术等各方面的帮助。在 ODC 全球网站正式注册成为 IBM 志愿者后，正式登记志愿活动时间，就可以获得 ODC 资助计划的支持。当 IBM 的志愿者团队或员工志愿服务达到一定时间时，可以申请为所服务的非营利机构、学校提供电脑等设备的捐赠。

5. 在线支持：ODC 网站提供一系列成熟的解决方案和工具，为员工制订志愿者计划的策略。IBM 员工可以随时在网上登录，将其技能归类，选择相应的志愿服务项目，并接受在线培训，以帮助他们提供更有效的志愿服务。基于网络的解决方案是 ODC 的基础平台，是支持员工志愿活动的新模式。在网站上有几十种精美的演示文档、视频材料、相关网站链接、软件解决方案和文件，以供 IBM 志愿者使用。这些资料设计得非常灵活实用，员工在从事短期或长期的志愿服务活动时都可以方便地使用。

→ IBM 志愿者可以从 ODC 中国区网站获得的支持

网站网址：http://w3.gcg.ibm.com/w3China.nsf/pages1/community

1. 分享成功经验案例

2. 获取中文资料支持 ODC 活动

3. 获知志愿者活动机会并参与

4. 获知各地 IBM 志愿者协会联络信息

5. 获知企业公众关系部的联络信息

IBM 北京志愿者协会以解决方案为本的创新公益，使得公益服务不只是停留在简单的捐赠式、服务式的活动。实践证明，自发参与志愿服务项目，鼓励员工利用自己的专业知识和技能积极向社会做贡献的形式，比大而泛地组织策划社会公益活动更有效，它既节省了不必要的开支，又可以有效利用资源；既可以充分调动 IBMer 的志愿积极性，在结合外企工作实际，兼顾工作和公益的同时，又起到事半功倍的效果，使 IBM 北京志愿者协会的志愿服务事业走上了全面协调可持续的发展道路。

（七）服务项目

1. 服务领域

教育、科技、文化、社会等诸多领域，具体包括专业知识和技能培训、技术及解决方案共享、促进大学生就业、促进残疾人就业、促进女性就业等。

2.服务范围

学校、社区、科研单位、非营利机构、经济发展组织、敬老院、弱势群体组织以及个人等。

3.项目活动

→长期项目

（1）IBM"爱心献社区"（On-Demand Community，简称ODC）公益活动

> IBM"爱心献社区"公益活动是一项有力的新创举，它把IBM的"随需应变"战略与公司悠久的社区服务传统联系在了一起。这项创新活动包括了一支全球性的训练有素的员工志愿者队伍，通过网络，将在线的工具和资源与当地的学校和社区机构进行分享。这是一种从没有先例的企业行为——以IBM的技术和创新来支持员工志愿者们的工作。
>
> ——周伟焜（Henry Chow）IBM前任大中华区董事长兼首席执行总裁

2003年11月，ODC在IBM中国公司内部正式启动，IBM公司通过强有力的工具和丰富的资源库，为员工提供在线支持，帮助他们向非营利组织和学校实施个性化的志愿者活动，使这些机构获得前所未有的资源，产生可测量的显著变化。ODC活动把员工的技能和特长与IBM在技术及解决方案方面的威力和创新结合起来，通过创建一支训练有素的高水平员工组成的志愿者队伍，以世界水平的先进技术和值得信赖的专业知识为社区带来根本变化，为社会创造多重价值。IBM中国公司参加此项公益活动的员工注册比例在IBM全球分公司中名列前茅。

（2）IBM 志愿者 JA 项目（国际青年成就组织 Junior Achievement，简称 JA）

IBM 志愿者积极参与 JA 项目，深入各大院校，与学生分享他们实际工作的经验教训，为大学生进行就业指导，让他们尽快了解社会和企业，帮助他们顺利步入社会。同时在社会企业中倡导"回馈社会、帮助他人"树立了榜样，在中国青年一代也播下了志愿精神的种子。

IBM 北京志愿者协会自 2003 年与 JA 携手以来，几乎每个周末，志愿者们都会来到北京市的小学、中学或者大学，和同学们分享自己的工作经历和取得成功的经验，为同学们提供商业、经济、成长规划等方面的教育和指导，深受老师和同学们的欢迎。参加过 JA 的 IBM 北京志愿者也从中深切体会到分享的价值和乐趣。

（3）IBM 工程师周（Engineers Week，简称 EWeek）

1951 年创办于美国，旨在提升全社会对工程师这个群体的认知，并通过 IBM 的创新理念推动、影响中国中小学校创新教育和"创新型"人才培养，并以 IBM 工程师自身的经历和实践，影响并感召中国下一代尊重科学、热爱创新，帮助他们塑造并实现"创新型工程师"的梦想。

自 2006 年首次登陆中国以来，IBM"工程师周"活动已经成功地举办了两届。共有超过 600 名来自 IBM 中国研究院和软件开发中心的工程师作为志愿者踊跃报名参加。他们走进北京、上海几十所小学、中学，与 4800 名中小学生共同分享工程师的成长经验和职业规划，并与学生们进行了形式多样的互动教学、在线游戏、科技演示等活动，激发学生学习基础科学的兴趣，培养科学实践能力，并树立从小创新的意识。在香港，IBM 也与香港中文大学携手举办了首次工程师周活动，培养本地青年工程人才。

"多样性"是 2008 年"工程师周"的主题。2009 年，IBM CDL/CSTL"工程师周"将以"创新"为驱动，以"Smart Engineering"为主题，在 20 多所学校中积极推广"IT 与社会相融合"的理念。

（4）全球网格大同盟（World Community Grid，简称 WCG）

WCG 是 IBM 公众事业合作部（Corporate Citizenship and Corporate Affairs，简称 CCCA）公益捐赠合作项目的一项内容。2004 年 11 月，IBM 及全球著名的科学、教育和慈善组织会员联合启动了这个项目，旨在通过创建规模最大的计算网格来造福人类。2008 年 6 月，WCG 的中文版上线，为中文用户加入 WCG 提供了方便。只需在 WCG 的网站上注册，下载一个免费、安全的代理程序到自己的电脑上成为志愿者，就可以为造福人类的科研贡献计算力。

IBM 中国公司有 2000 多名员工加入了全球网格大同盟。其中，IBM 北京志愿者协会是全球网格大同盟在中国最大的团队之一。WCG 将个人计算机空闲的 CPU 时间贡献给科研机构，用于艾滋病防治、抗癌药物研制、寻找治疗流感的新药等科研项目。WCG，简便易行但意义深远。

值得一提的是，在 IBM，中国是唯一推行并实施了几乎所有 IBM 全球公众事业合作部（CCCA）公益捐赠合作项目的国家。这些 CCCA 合作项目内涵丰富、形式多样，涉及教育、科技、文化等诸多领域，除了上述项目内容，还包括：小小神童探索者（KS）、放眼世界看科学（TS）、基础教育再创新（RE）、女童科技夏令营（EX.I.T.E）、信息浏览无障碍（WAT）、开放计算全策略（OP）、全球网格大同盟（WCG）、社区网上辅导员（MP）、超越时空紫禁城（BEST）等项目。

→重要活动

（5）2003 年 9 月 6 日，主题为"社区·爱心·IBM 人"的 IBM 中国公司志愿服务行动在北京正式启动。IBM 的志愿者们利用业余时间调查了城市社区的需求，设计了以社区居民特别是儿童和老人为服务对象的志愿服务计划。

（6）2004 年 7 月，IBM 北京志愿者协会参与了首届北京青少年科技博览会的志愿服务工作，负责 IBM 的展区介绍计算机发展历程并普及 IT 知识。共有 100 多名 IBM 员工志愿者参加了此次活动，大家根据自己的强项和爱好自由参与到设计、制作、指导、现场服务等工作中。因表现出色，还获得了北京团市委和主办单位的"特别贡献奖"。

（7）2005年6月，IBM公司在北京和中国残疾人联合会、中国残疾人福利基金会等合作举行"科技创新推进构建和谐社会"的主题活动，为双方推进信息无障碍的合作拉开了序幕。活动中，IBM和中国残疾人福利基金会签署了合作框架协议，建立全面的战略性合作伙伴关系，在推进信息无障碍助残项目上开展密切合作。中国盲文出版社、北京联合大学特殊教育学院作为该框架协议范围内具体项目的合作方，将和协议双方一起，为推进中国残疾人事业和信息无障碍工作的开展，为构建和谐社会而共同努力。

中国残联党组成员，中国残疾人福利基金会常务副理事长刘雪冬曾表示："通过先进技术弥补残疾人的生理缺憾，能够最大化地让残疾人融入到正常的社会生活中去，这正是构建和谐社会的重要一环。信息无障碍理念的推广和普及正是以科技助力和谐社会的样板工程。IBM长期关爱弱势群体所积累的丰富经验，和在建立和推广开放标准的领导地位，以及雄厚的技术开发和应用的实力，将为中国推进信息无障碍的发展提供全面的价值。"

IBM对应用先进技术、产品，部署解决方案，推进信息无障碍社会进行了全方位的资源投入：研发部门大力开发信息无障碍技术，并致力于实现信息无障碍的技术和标准；信息无障碍的理念、标准和技术将结合到IBM产品、服务和解决方案中；IBM还与合作伙伴携手进行与信息无障碍相关产品、服务和解决方案的研发与推广，帮助客户实现信息无障碍方面的业务转型。同时，IBM也积极地参与到信息无障碍相关法规和标准的制定当中，通过与政府部门、社会团体、行业协会等的合作，协助法规标准的制定，共同探讨最佳实践模式。

（8）2005年11月，IBM与中国盲人协会、中国盲文出版社等4家单位共同发起"十万盲人学电脑"活动。为了帮助盲人朋友利用科技发展克服自身障碍，获得培训和就业机会，借助于计算机、网络这个平台，更好地获取信息、获得技能、开阔视野、丰富生活，提升生活品质，IBM 北京志愿者协会与中国盲文出版社共同推出面向全国盲人的网上课堂，提供每周 1—2 次、每次 1—2 小时的讲座，主题涵盖 IT、文化、体育、生活、财经等各个方面，以常识性介绍为主，并结合讲座，为盲人提供培训和咨询。志愿者参与设计讲座题目、组织讲座内容、提供网上讲座培训和咨询，与盲人听众开展互动，在线为盲人朋友传播知识。

（9）2006 年 11 月，IBM 北京志愿者协会组织志愿者来到中国科技馆，在信息技术展厅进行志愿讲解服务。他们亲切生动的讲解和及时的帮助大大提升了孩子们对展示内容的兴趣，甚至连家长都饶有兴致地动手尝试。在 2006 年 12 月 17 日的中国科技馆优秀志愿者表彰仪式上，科技馆领导对 IBM 志愿者的努力给予了高度评价。"你们为其他企业树立了很好的榜样，今后其他企业再做志愿者活动，我会建议他们多向 IBM 学习。"作为第一个在中国科技馆进行志愿服务的企业志愿者团队，IBM 北京志愿者协会获得了"中国科技馆 2006 年度优秀团体志愿者"的称号，项目负责人曹楠被评为"中国科技馆 2006 年度优秀志愿者"。

（10）2007 年 12 月 25 日，IBM 北京志愿者协会向北京市昌平区委员会及昌平区兴寿镇上苑中心小学捐赠了 4 台全新的台式电脑和数百册适宜小学生阅读的图书、教学光盘、软件、DVD 机、文具等，并在上苑中心小学成立"IBM 爱心图书室"。这些学习资料及电脑将全部用于提升上苑中心小学的教学环境，该学校也将在今后的两年内成为北京 IBM 志愿者进行科普、助教的服务对象。活动由 IBM 志愿者设计交流课程，所有教材和互动内容均由志愿者们自己动手制作，内容丰富有趣，如介绍电脑基本知识、讲授如何借助计算机软件绘图、编辑音乐、学习英语，志愿者们还通过和孩子们的互动游戏启发同学们学习的兴趣。此外，还设计了形式新颖的科普知识讲座、安全知识培训等。

此次活动是 IBM 公司"拥抱科技点燃梦想"志愿者公益服务系列活动的最后一站，活动旨在让 IBM 员工能够以志愿者的身份，通过自身所掌握的信息技术知识、技能和工作经历，为学生们打开通往信息之路的大门，帮助他们了解未来社会对人才的要求，最终成为对社会有价值的人。活动从 9 月中旬于上海拉开帷幕以来，已先后在重庆、西安、武汉、苏州、杭州、济南、沈阳等城市开展系列活动，并联动其他十几家分公司，引领更多外资企业关注中国基础教育和科普教育。

（11）光爱学校志愿者行动——让孤儿有个温暖的冬季

2008 年 1 月 20 日，在 IBM 中国研究院（China Research Lab，简称 CRL）的建议下，近 20 名 IBM 北京志愿者和家属自驾车前往北京光爱学校探望那里的孤儿。

2008 年 1 月 27 日，继上周末的志愿者探望行动后，10 余名 IBM 北京志愿者和家属再次自驾车前往光爱学校，和那里的孩子、老师包饺子、过周末。

2008 年 3 月 29 日，IBM 北京志愿者第三次组织自驾去光爱学校看望那里的孩子，并为学校捐赠了 IBM 员工捐献和筹得的 1000 多本图书。

IBM 北京志愿者对光爱学校长期的志愿服务获得了 IBM ODC 活动计划的支持——为光爱学校捐赠一台 IBM 笔记本电脑和一台 IBM 台式机电脑。2008 年 12 月 7 日，志愿者们再次集结自驾前往光爱学校进行电脑捐赠活动。

（八）获得荣誉

1. 2004 年 1 月 15 日：教育部向 IBM 颁发了"捐资助教特殊贡献奖"，以表彰和感谢 IBM 长期以来对中国的教育事业所做的突出贡献。IBM 教育合作项目团队接受了由教育部副部长吴启迪颁发的"捐资助教纪念"奖章。这是中国政府第一次向跨国公司授予此类表彰，IBM 荣幸地成为第一个获此殊荣的跨国公司。

2. 2004 年 3 月：IBM 北京志愿者协会在 2004 年的"北京志愿者日"

被中共北京市委宣传部、首都精神文明建设委员会办公室、共青团北京市委员会、北京奥组委人事部授予"志愿北京"贡献杯，IBM 是 10 家受奖单位中仅有的两家跨国公司之一。

3. 2004 年 7 月：IBM 北京志愿者协会一百多名志愿者参加 2004 首届北京青少年科技博览会，负责 IBM 的展区介绍计算机发展历程并普及 IT 知识，因表现出色，获得北京团市委和主办单位"特别贡献奖"。

4. 2005 年 1 月：IBM 中国公司 1746 名员工为救助印度洋海啸自愿捐款总计人民币 26.43 万元，受到中国红十字会高度赞扬，并获中国红十字会会长彭佩云授予的中国红十字人道服务奖章及证书。

5. 2005 年 6 月：在由北京大学管理案例研究中心和经济观察报社共同主办的第四届"中国最受尊敬企业评选"活动中，IBM 被评选为"2004 年度中国最受尊敬企业"，这已是 IBM 连续三年荣获这一殊荣。

6. 2005 年 12 月：IBM 北京志愿者协会主席覃育梅被共青团北京市委员会、北京志愿者协会评为"北京青年志愿服务行动杰出青年志愿者"。

7. 2006 年 12 月：IBM 北京志愿者协会被评为"中国科技馆 2006 年度优秀团体志愿者"，IBM 志愿者曹楠被评为"中国科技馆 2006 年度优秀志愿者"。

8. 2007 年 1 月：IBM 北京志愿者协会获得由北京志愿者协会外企分会颁发的"2006 年度外资企业志愿服务杰出贡献团体奖"。

9. 2007 年 12 月：IBM 北京志愿者协会获得由中国科技馆颁发的"2007 年科普活动组织优秀奖"。

10. 2008 年：IBM 北京志愿者协会主席覃育梅被共青团北京市委员会、北京奥运会志愿者工作协调小组办公室、北京奥组委志愿者部评为"北京奥运会残奥会志愿者工作先进个人"。

11. 2009 年 3 月 25 日：全国人大常委会副委员长、全国妇联主席陈至立代表全国妇联授予 IBM 首批"全国女大学生创业实践基地"称号。

二、IBM 北京志愿者协会奥运志愿经历

北京奥运会极大地推动了中国特别是北京志愿服务事业的进程，2008 年由此被称为志愿者元年。事实上，奥运志愿活动早在奥运会开幕之前的筹备期间就已开展多时。在众多的志愿者中间，IBM 志愿者的身影时常出现。据统计数据显示，奥运前期北京共有 4000 多名外企员工通过申请志愿者程序，进入奥运志愿者人才储备库，IBM 志愿者是其中的重要组成部分。

成为一名光荣的奥运志愿者，在自己的土地上为奥运会添光彩，是许多 IBM 北京员工的心愿。从 2006 年下半年开始，IBM 北京志愿者协会就推出了数个奥运志愿者项目，包括招募奥组委前期志愿者（兼职英语翻译）、招募奥运会住宿服务志愿者、志愿者家庭陪伴贫困大学新生游京城等活动。

IBM 北京志愿者协会参与奥运的相关活动包括：

1. 2007 年 2 月 1 日，IBM 北京志愿者协会参加了"志愿北京服务社会参与奥运"外企志愿服务交流会。会上，IBM 北京志愿者协会主席覃育梅进行发言，介绍了 IBM 独特的"电子辅导员"（e-Mentoring）项目、向打工子弟学校捐赠书籍文具及电脑活动、网页灵活浏览技术（WAT）助老上网项目等。

2. 积极参与奥运住宿服务专业志愿者面试：奥组委计划是在全北京招募 600 名住宿服务志愿者。而在 IBM 北京志愿者协会发出招募通知以后的短短 1 个月时间里，就有将近 100 名 IBM 员工报名。还有很多员工发 E-mail 或者打电话咨询，希望参与到奥运志愿者项目中。值得一提的是，共 30 人的 IBM 北京项目组就有 6 人参加了奥运住宿服务专业志愿者协调主管的面试。据介绍，驻华外企主要通过在外企服务集团网站直接发布信息或由北京市志愿者协会外企分会向所属的 3000 多名注册会员定向通知等途径获取信息，像 IBM 等跨国公司，则在公司内部进行通知和组织报名。

3.2007 年 6 月 9 日，IBM 北京志愿者协会组织 30 多名志愿者来到丰台区培智中心学校，与那里的智障儿童一起参与了愉快而有意义的"特奥与我"融合日活动。IBM 志愿者们顶着炎炎烈日，与孩子们一起进行了特奥高尔夫、特奥地滚球、篮球游戏、足球射门等活动。同学们也以精彩的手语健身操、演唱和乐器演奏向到场的来宾展示了他们自信健康、乐观积极的人生态度。IBM 的志愿者还发挥技术特长，为培智学校修复了电脑，并为学校的老师进行了简单的技术培训。

IBM 北京志愿者协会组织的这次"特奥与我"融合日活动体现了 IBM 员工积极参与构建和谐社会、以实际行动阐释企业公民理念的一贯风范。参与这次"融合日"活动的志愿者是 IBM"爱心献社区"公益活动的积极分子。在"爱心献社区"活动中，IBM 员工利用自己的专业知识和技能积极向社会做贡献，截至当时，已有近 1500 名 IBM 中国志愿者为社区奉献了 1.7 万多小时的志愿服务。

4. IBM 优秀志愿者代表——奥运驾驶员志愿者：考虑外企工作实际，相对不需要投入很多时间的驾驶员志愿者比较适合 IBM 员工。

IBM 公司政府与公众事业部高级主管丁强：IBM 是一家将志愿者服务根植于其 DNA 中的公司，多元的文化背景、良好的外语环境为中国的 IBM 人提供了践行志愿服务的外部条件；而 IBMer 无私美好的志愿精神让他们成为奥运赛场上一道亮丽的风景线。作为公司高层管理人员的丁强百忙之中仍然抽出时间参与奥运驾驶员志愿服务，他骄傲地说："身为 IBMer 以及外企志愿者中的一员，经过将近一年的准备和等待，我由衷地感到：百年奥运，我参与，我奉献，我自豪！"

IBM 公司大中华区企业转型和信息技术部郑晖：奥运结束之后，奥运志愿者的经历仍然是 IBM 志愿者的美好回忆。IBM 公司大中华区企业转型和信息技术部的郑晖对自己的志愿服务经历感到由衷地自豪，他说，做志愿服务有苦也有甜，每一天都很辛劳但又很幸福。他所在的团队是下午班，服务时间从下午两点到晚上十二点。尽管每天都很辛苦，但他没有听到一句抱怨和不满。相反，奥运志愿服务的经历让他真正感受到奉献的快乐，感受到志愿者相互之间的默契、真诚、谦让，感受到自己所从事的志愿服务是多么高尚的事业，不只是为自己，也为IBM带来了荣誉。

IBM工商企业部客户代表雷鸣：雷鸣也加入了北京奥运会驾驶员志愿者的行列。经过前期的考核、交规培训、路线勘探和车辆检验，雷鸣如愿以偿成为一名北京奥运会驾驶员志愿者。为了顺利地参加这次志愿者服务，他特意申请了8天的年假，并专门搬到奥运村附近住下，为的就是每天能够早早到达奥运村。

所有驾驶员志愿者被分为早中晚三班，雷鸣担当的是早班——早六点到下午三点。但是身为工商企业部客户代表的雷鸣不能连续志愿工作15天，因此只能当替班驾驶员。对一个志愿者来说，这真是一种无奈，但这丝毫没有影响到他的积极性，他经常早上五点多就到达奥运村，把车辆打扫得干干净净，等待出车的任务。虽然有时可能等待一天也没有接到一项任务，但他并不认为这一天的时间被空耗了，他觉得自己等待的意义在于对整个团队的运转起到了保险的作用。保险的意义在于防止万一，而万一发生事故，影响的将是国人的百年奥运之梦。

发挥专业所长是雷鸣做志愿服务的一个特色。有很多奥运客人到中关村购物，身为IT人的雷鸣，在接送这些客人的时候，利用自己的计算机知识，细心地介绍各种产品的性能，帮助他们买到称心如意的IT产品。

雷鸣的商业客户中，有一个奥运会的赞助伙伴。当得知雷鸣在做志愿者时，对他的行为十分赞赏，两人之间由此多了一个特别的话题，也因而使该客户对他产生了更大的信任感。这更进一步激发了雷鸣服务奥运的热情。

基于企业工作性质和时间考虑，加上IBM公司许多企业客户就是北京奥组委相关职能部门和下属机构，全力服务客户、确保客户项目的正常运转是北京奥运会期间IBM的首要任务。因此，IBM北京志愿者协会没有专门针对北京奥运会策划大型志愿服务项目。但是，IBM公司长期以来形成的企业公益文化早已使公民意识和志愿精神深深融入每一个IBM员工的灵魂，奥运期间，许多IBM员工牺牲个人休息的时间，利用自己的年假参与到奥运志愿者的工作中，体现了IBM人良好的道德风范。当然，这与企业和企业志愿者协会的支持和鼓励是分不开的。

三、对IBM北京志愿者协会的思考和借鉴

（一）IBM志愿活动的特点

IBM公司在全球有几十万名员工。根据各国的统计数据显示，IBM员工志愿者与员工（包括退休者）总数的比例在世界500强企业内名列前茅。通过对IBM北京志愿者协会的调研，笔者总结出以下三大特点。

1.IBM公司对志愿者公益活动始终持支持态度

首先，从IBM董事长兼首席执行官彭明盛说的那段话可以看出，对志愿者公益活动的支持已经成为IBM公司企业文化的重要组成部分。在现代企业当中，规章制度在管理上固然起着重要的作用，但对于拥有几十万员工的跨国公司来说，离开了企业文化是不可想象的。现代企业的竞争，是品牌的竞争，品牌的内涵就是企业文化。企业文化搞不好，员工就缺乏向心力，企业就缺乏凝聚力，产品就缺乏竞争力，品牌就缺乏生命力。IBM公司将志愿者公益活动融入企业文化，就将这项工作的社会效应注入到了IBM的品牌之中，而IBM的品牌效应对于IBM员工志愿者的公益活动也具有相应的推动作用，二者相互支持，相互促进。

其次，IBM公司作为具有雄厚实力的全球经济体，其资金、技术、经验都是支持志愿者公益活动的必要因素。

最后，公司的支持态度使IBM志愿者的公益活动在公司内部具备了"合法性"，避免了IBM志愿者在公司业务与公益活动发生矛盾时所面临的两难境地。

2. IBM 公司是志愿者公益活动的受益者

首先，支持志愿者公益活动是企业的一种社会责任，能够担当社会责任的企业，无疑是值得客户和消费者信任的。IBM 志愿者的公益活动在相当程度上提升了 IBM 的品牌效应，有利于拓宽公司的销售市场。追求利润是企业的物质属性，这与社会责任的担当并不矛盾。相反，二者是并行不悖、相辅相成的。利润是担当社会责任的能力所在，而社会责任的担当又有利于利润的积累。当 IBM 公司从志愿者公益活动中明显受益时，其对这项活动的支持力度就会不断加大，客观上有利于志愿者公益活动的发展。

其次，通过公益活动使公司受益，使得 IBM 志愿者在进行公益活动时更加"理直气壮"，没有了顾虑更便于志愿者放手参加志愿服务，其服务效果也就更易于显现。

最后，IBM 公司对志愿者公益活动的支持，获得了社会的普遍好评，这对 IBM 公司来说，也是一种无形的激励，这无疑又为 IBM 志愿者进行下一步的公益活动创造了一个宽松的环境。

3. IBM 公司全球志愿活动对中国志愿服务事业的借鉴与影响

IBM 公司的志愿活动遍布全球，其活动是通过全球网站互联互通的，这使得 IBM 志愿活动既有公益上的共同性，又有地域上的差异性。共同性便于借鉴，差异性宜于比较。中国的志愿活动同国外相比，历史较短，经验欠缺，亟须比较和借鉴。通过 IBM 公司的 ODC 全球网站，可以了解到 IBM 各国分公司公益活动的开展情况，对 IBM 中国和中国的志愿服务事业来说，这些信息具有极高的实用价值。

（二）关于提升企业志愿服务工作的几点思考

1. 关于队伍建设

从 IBM 北京志愿者协会的情况可以看出，企业志愿者协会的管理人员都有自己的本职工作，时间和精力有限，协会的工作往往缺乏专人管理，在实际工作中也会产生心有余而力不足的情况。

思考：可以通过活动发现积极分子，将他们发展成为企业志愿者协会服务的志愿者，把这部分成员作为协会的骨干力量让其参与协会的管理。志愿者协会是一个集体，需要热情的支撑，更需要建立和完善制度以保障其运作和发展。所以制定协会的制度，明确告知员工协会的宗旨、责任和任务、会员的权利义务、组织管理方式、如何加入和退出及经费来源等问题。另外，可建立志愿者管理人员的替换机制，以储备后备力量。

2. 关于活动资金

由于公司无法对 IBM 志愿者在志愿活动中出现的零散花费进行报销，在活动中发生的如交通、吃饭、保险等费用，虽然数额不大，但常常没有固定来源，需要由志愿者自己掏腰包，这在一定程度上影响了员工参加志愿服务的积极性。

思考：可以通过建立志愿者基金的方式，汇集企业资助及员工捐款，使一些没有时间做志愿者的员工，通过捐献同等时间劳动创造的价值实现其志愿行为的产生，同时可有效解决志愿者活动中产生的简单开销。

3. 关于统计评估

由于许多员工工作十分繁忙，活动结束后往往顾不上到"爱心献社区"网站上登记自己的志愿服务时间，导致统计和评估信息不完全准确。

思考：反馈和评估志愿者活动的效果是志愿者协会保持生命力的关键。不仅要做好活动前的准备和活动中的协调工作，还要注意在活动后进行效果跟踪，——了解被服务群体和合作 NGO 组织的意见，调查参与志愿服务员工的感受和建议。为了减少工作量，员工志愿者这边的工作，可由志愿者本人定时完成提交，每次志愿服务结束后对当天的活动内容进行记载，写一篇心得、感想，这对以后项目的设置和活动的开展都具有借鉴意义，所以总结报告的优劣也可列入志愿服务效果的考察范围内。

（三）对志愿服务事业的影响

通过对 IBM 北京志愿者协会的调查与分析，使我们获得了很多企业志愿者协会发展过程中的信息，同时也为北京下一步的志愿工作提供了借鉴。

1. 把志愿者的公益活动与大中型企业联系起来

（1）在大中型企业中发展和壮大志愿者组织，将单个的志愿者联合起来组成协会，便于志愿者之间相互鼓励和支持，也有利于获得企业的扶持。

（2）使企业员工在从事志愿活动时具有 IBM 公司那样的"合法性"，避免本职工作与志愿工作之间的矛盾。

（3）为了实现志愿服务的长效化，除了在制度上取得支持外，技术、方案和资金的支持同样重要。

（4）将公益活动纳入企业文化体系，使之与企业的根本利益息息相关，形成相互提携、共同进步的良性发展局面。

（5）联合 IBM 等拥有成熟志愿服务经验的外资企业，把国外成熟的经验和资源引入中国，结合中国的现状和需求，充分发挥外资企业的经验、资源和人才优势，促进中国的志愿服务事业。

（6）由此实现企业的社会责任，提升企业的品牌知名度和美誉度。

（7）一些无上级的社会志愿者组织，可以以"挂靠"的形式与企业结盟，由企业冠名，双方共同实现公益服务社会的理想。

2. 通过网站互联，实现信息共享

（1）在北京市和下属各区（县）志愿者网站互联的基础上，建立各企事业单位和其他基层单位的志愿者网站，或直接在上级网站开辟自己的页面。

（2）通过北京市企事业志愿者组织网站互联的示范作用，逐步带动全国志愿者网站的全面建立和互联，实现全方位的资源共享。

（3）在网站上介绍和推荐优秀志愿者及优秀志愿者组织，最大化调动企业志愿者组织的积极性，推动志愿工作的进一步开展。

（4）将志愿者网站与各地政府网站进行链接，使志愿工作逐步融入各级政府的全盘工作中，最终实现将志愿工作成效纳入政绩评估的目标。

（5）和国外各友好城市及大区的志愿者网站实现互联，借鉴他们的工作经验，并向国外推广北京市的志愿工作。

（6）充分依托北京市志愿者联合会、北京外企人力资源服务有限公司、国内外社会公益机构等各方志愿服务资源，通过为外资企业广泛参与开展社会公益搭建活动和宣传平台、为外资企业志愿服务经验交流搭建互动平台，充分发挥北京志愿者协会外企分会的组织和桥梁作用，为协助更多外资企业和外企志愿者参与社会志愿服务、促进中国公益事业的发展作出贡献。

第二节　北京惠泽人咨询服务中心

调研对象：翟雁（北京惠泽人咨询服务中心负责人）

调研时间：2009 年 3 月 22 日

调研地点：北京市志愿服务联合会

调研及报告撰写人：

李凌（北京市志愿者联合会研究培训部研究员）

一、惠泽人基本情况简介

北京惠泽人咨询服务中心（简称"惠泽人"）成立于 2003 年 4 月 15 日，具有独立法人资格。惠泽人是一家关注公民社会领域中的志愿服务可持续发展的能力建设型民间组织，通过为志愿者和志愿者组织提供培训、组织发展咨询和社会心理支持等服务，提高志愿服务效能，改善志愿服务发展环境，并探索符合中国国情的可持续发展的志愿服务模式，最终使当地社区和弱势群体受惠于志愿服务，促进全社会和谐发展。

组织使命：通过能力建设让志愿者充满行动的力量，用志愿服务创新社会价值。

愿景：实现一个人人乐于志愿服务的公民社会。

目标：通过志愿服务减少贫困和歧视，促进社区和弱势群体发展。

核心价值观："用生命影响生命"，倡导平等、尊重、关怀、参与、共享与和谐发展。

惠泽人一直致力于志愿服务能力建设。成立六年来，开发了中国民间组织志愿服务培训课程体系，并已经在全国各地为 800 多家民间组织和青年社团进行了培训，上万名志愿者和民间组织管理者参与了培训；在西部地区协助当地组建了"西部志愿服务发展网络"（西 V 网），并将培训课程成功进行了本土化移植；还为 100 多家民间组织开展了组织发展和志愿者管理体系咨询，民间组织交流实习和考察，志愿者派遣和委托培养，举办志愿服务专题研讨和论坛活动等。

开展创新性志愿服务项目一直是惠泽人开展能力建设活动的基础。通过项目活动，开展社会需求调研，开发志愿服务岗位并提供志愿者支持，积累志愿服务及志愿者管理经验，探索志愿服务的可持续发展模式。当时已经开展了十多个公益项目，如"社区服刑人员心理矫正""助残 NGO 志愿服务能力建设项目""公民参与论坛""社区青少年心理援助项目""大学生社团志愿者组织领袖培训""中国 NGO 财务审计能力建设项目""西部志愿服务发展能力建设项目""CIDA 小型项目合作伙伴能力建设项目""残奥会志愿者培训"等，共投入志愿者 1000 多人次，贡献志愿服务 10 万多小时，直接服务志愿者及社区弱势群体 5 万多人次。惠泽人的专业志愿者们正活跃在全国各个社区，为建设和谐社会贡献着自己的力量。惠泽人作为一个志愿服务专业培训与实习基地，为全国的志愿服务组织和在校大学生提供志愿服务和志愿者管理工作实习与督导以及课题研究，在社会实践中提高志愿者的工作能力。

将志愿服务实践与理论研究相结合，也是惠泽人志愿工作的重点之一。惠泽人作为志愿服务组织的支持机构，于 2004 年为温洛克民间组织能力开发项目编辑了《民间组织能力建设参考资料系列》（8 本），出版了《志愿者基础培训教材》（2 本），并依托北京地区的专家、专业和政策优势，集合社会各方资源，在开展志愿服务项目行动研究、教材编写的同时，还开展了志愿服务理论研究和政策倡导工作，推动政府善治和公共服务购买政策。

传播志愿精神是惠泽人的社会责任，每年国际志愿者日（12 月 5 日）惠泽人都与政府有关部门、联合国志愿人员组织（UNV）、其他志愿服务机构和组织以及媒体联合倡导志愿精神，为志愿服务的可持续发展创造更好的公共环境。

二、惠泽人在北京奥运会和残奥会志愿者培训中的作用

作为一家致力于推动中国志愿服务发展的民间组织，惠泽人自从 2004 年中国成功申办奥运会与残奥会之后就一直积极争取参与奥运会与残奥会的机会。2005 年年初，惠泽人的主任翟雁参与奥组委志愿者部的征文活动，提交了"志愿者动机管理"的论文。同年 6 月 5 日，翟雁应北京奥组委邀请出席了奥运会志愿服务项目启动仪式，并在北京市社区开展志愿者培训活动。2006 年夏，翟雁再次应邀来到北京奥组委志愿者部参加专家座谈会，研讨志愿者培训与志愿者管理事宜，并于 8 月份正式被奥组委聘请为志愿者培训专家。

惠泽人在奥运会和残奥会志愿者培训工作中主要承担了志愿精神、做快乐志愿者和志愿者团队建设课程开发、教材编写、课程培训、志愿者团队辅导和培训助教等工作，以及试点志愿者培训项目的评估。

虽然在最初的奥运会和残奥会志愿者培训工作，惠泽人是以专家个人名义参与的，但在实际工作中，志愿服务需要团队协作和更多志愿者参与。后来惠泽人志愿者培训部主任吴群芳也成为残奥会志愿者培训专家，共同参与志愿精神课程的开发与教材编写工作，惠泽人还有3名志愿者督导和40多名志愿者也先后参与了残奥会志愿者培训工作。所有专家和志愿者以他们的积极态度、真诚热情、无私奉献和专业服务的志愿精神，完成了残奥会志愿者培训任务。

在历时两年的培训工作中，他们结合惠泽人以前的志愿服务培训经验并根据残奥会志愿服务需要，开发了志愿精神、做快乐志愿者和志愿者团队建设课程及其教材与课件编写；培养了12名惠泽人奥运会和残奥会志愿者培训师；开展了62班次残奥会志愿者培训和20多班次的城市志愿者和社会志愿者培训；共投入志愿者400多人次，贡献志愿服务时间6400多小时。

三、惠泽人参与残奥会志愿者培训的作用和意义

惠泽人作为一家草根民间组织，能够有机会参与残奥会志愿者培训工作，发挥了其独特的作用，主要体现在：

（1）公民参与性：北京奥运会和残奥会是大型国际赛会，也是中国亿万公众向往参与的社会活动。为确保重要赛会的圆满成功，赛会志愿者和专业工作者主要来自高校和政府事业单位，代表公民的草根民间组织能够参与其中极为罕见。而惠泽人志愿者通过奥运会和残奥会志愿者培训的平台，能够为此贡献一点点力量，虽然微小，却体现了来自民间的志愿性，体现了公民参与性，体现了北京奥运会和残奥会志愿者管理工作平等开放的理念，极大地推动了中国志愿服务和谐发展，使得志愿精神更好地在奥运之后继续发扬光大。

（2）经验分享：惠泽人作为一家中国志愿服务能力建设组织，积累了数年的志愿服务经验，并且汇集了中国数百家民间志愿组织

服务经验，通过奥运会和残奥会志愿者培训，有机会向青年志愿者和更多的城市志愿者分享这些经验，让他们获得可以借鉴的案例和技能。

（3）志愿者朋辈教育：在培训中，惠泽人使用了大量的志愿者作为培训师和助教，他们都是来自社会各界不同岗位上的普通人，他们牺牲自己的休息时间投入服务，也给志愿者带来了榜样力量，让残奥会志愿者更加清晰地感受到从事志愿服务是人人都可以做到的。同时，也为青年志愿者提供了获得成长的社会人力资源。

（4）传播志愿精神：惠泽人志愿者以其自身的志愿服务体现了志愿精神，所有参与培训的残奥会志愿者不仅学习到助残知识，而且将这份精神传播给更多的大众。在残奥会志愿服务调研中，对残奥会志愿者所体现的志愿精神感受极为深刻。

（5）促进民间组织发展：惠泽人通过参与残奥会志愿者培训工作，调动了更多的社会志愿者资源，团结了志愿者队伍，增加了组织的人力资源储备。通过向奥组委、专家和其他志愿者学习，还增长了见识和管理技能。

（6）推动中国志愿服务：惠泽人还通过其在全国范围内所开展工作的志愿者能力建设项目，不仅将残奥会志愿者培训经验更好地应用于北京各社区志愿服务，而且还传授于全国更多的区域，从而推动中国志愿服务的可持续发展。

四、残奥会志愿者培训对惠泽人的影响

1. 对惠泽人志愿者

所有参与了残奥会的志愿者都有这样的体会：获得荣幸和自豪感的同时，虽然有辛苦和委屈，但是增长了学识，加强了社会责任感，学习到了助残技能，结识了更多的社会资源，丰富了个人经验，更深地理了解志愿精神，愿意以更加积极的热情持续地投入志愿服务。

2.对惠泽人组织

（1）结识专家和社会资源，获得更多社会认同，加强了组织公益服务的动力和信心；

（2）参与重要国际赛会专业服务，增强了组织公信力，扩大了组织知名度；

（3）促进了惠泽人团队建设，提高了志愿者参与热情和技能；

（4）获得了珍贵的大型赛会志愿者培训经验，学习到了丰富的专业知识和技能，为今后志愿服务能力建设的科学发展奠定了专业基础；

（5）更深刻地体会了奥运会和残奥会精神，更深刻地理解了奥组委及所有工作者、专家顾问和所有志愿者积极奉献的志愿精神，这将对惠泽人的组织发展产生深远而长久的积极影响。

第三节　北京市志愿者联合会

调研对象：北京市志愿者联合会负责人

调研时间：2009 年 4 月 2 日

调研地点：北京市志愿者联合会会议室

调研及报告撰写人：

辛华（北京志愿服务发展研究会）

一、北京市志愿者联合会（原为北京志愿者协会）基本情况简介

1.成立时间

北京志愿者协会成立于 1993 年 12 月 5 日，是由团市委发起，市民政局核准登记的市级社团，负责规划、指导、组织、协调北京志愿服务

工作。

2. 发展历程

第一阶段：1993—2003 年，以北京志愿者协会成立为标志，志愿者工作开始进入社会化运行阶段。在开展"综合包户"的学雷锋运动基础上，1993 年 12 月 5 日，团市委在全国率先成立省级志愿者组织，以青年志愿者行动、社区志愿服务为主要形式，深入社区、学校和厂矿开展志愿服务。其间，发展团体会员 20 多家，志愿者骨干达数千人，志愿服务领域逐步拓展，志愿服务项目开始出现。2001 年，北京申奥成功后，以迎奥运为主题，各类志愿服务活动蓬勃开展，社会各界积极参与，形成了喜迎奥运的良好社会氛围。

第二阶段：2003—2005 年，以团市委志愿服务指导中心（承担协会秘书处职责）成立为标志，志愿者工作开始进入专业化运行阶段。推出首都大学毕业生基层志愿服务团、到公益机构去、"三支一扶"、迎奥运前期志愿者等项目，社会动员能力明显增强，形成医疗、心理、法律、语言等专业志愿者队伍。其间，发展团体会员 70 余家，志愿者骨干超过 1 万人，志愿服务向基层延伸，品牌项目开始出现。2005 年，"北京志愿者之家"的建立，为深化志愿者服务管理工作进行了有益探索。

第三阶段：2005—2008 年，以《北京市志愿服务促进条例》审议通过为标志，志愿者开始进入法制化运行阶段。在加强制度建设的基础上，开始着手志愿服务立法调研和立项工作，2007 年 9 月 14 日，《北京市志愿服务促进条例》审议通过，这为规范志愿服务工作提供了法制保障。全面参与北京志愿者项目"6+1"工作格局各项工作，志愿者工作得到快速发展，到 2007 年 12 月 5 日，已发展团体会员达 172 家，开发志愿服务项目 600 多个，搭建了公益实践项目信息系统管理。建立了志愿北京综合信息平台，进行数据库管理，为推进奥运会后北京志愿服务事业的发展锻炼、储备了队伍，丰富、积累了经验，探索、建立了制度。

第四阶段：2008—2009 年，以北京奥运会、残奥会取得圆满成功为标志，志愿者工作开始进入常态化发展阶段。随着北京奥运会、残奥会的圆满成功，志愿者工作赢得了国际国内社会的广泛赞誉，志愿服务成为全社会的共识，参与志愿服务的热情持续高涨。截至 2009 年 9 月，发展团体会员已达 364 家，市级公益实践示范项目突破 1021 个，志愿者达 200 多万人。

二、北京市志愿者联合会在北京奥运会前期开展的常规项目

1."大学生志愿服务西部计划"北京项目情况

自 2003 年起，团中央、教育部、财政部、人事部共同实施大学生志愿服务西部计划，每年在应届毕业生中选拔志愿者到西部地区从事教育、卫生、农技、扶贫等方面的志愿服务工作。六年多来，北京志愿者协会配合全国项目办，共计输送 1000 多名志愿者服务于内蒙古、西藏等西部地区。2008 年还招募、选拔了 27 名志愿者，对口支援四川省什邡市，协助当地团组织、志愿者组织参与灾后重建工作。

2."首都大学生基层志愿服务团"工作情况

在积极完成"大学生志愿服务西部计划"招募、组建、管理工作的同时，2003—2008 年，联合会连续开展了五届"首都大学毕业生基层志愿服务团"（共招募组织了 6000 余名大学毕业生）。"首都大学毕业生基层志愿服务团"每年通过公开招募、自愿报名、择优录取的方式，招募应届大学毕业生到全市远郊区（县）基层单位从事为期 1—2 年的教育、医疗、行政、农技、维权、青年工作等方面的志愿服务。此项工作为首都大学毕业生提供了奉献社会、服务基层、锻炼成才的实践舞台，拓宽了志愿服务领域，在社会上引起了良好的反响，达到了预期的效果，是大学生和基层用人单位"双赢的选择"。

3.开展"到公益机构去"志愿服务活动

2001 年起，开展"到公益机构去"志愿服务活动，先后启动了图书馆、敬老院、福利院以及未成年犯管教所等多个项目，招募志愿者

3000 余人，共计为 20 余家公益机构提供了近 6.5 万小时的服务，在全社会引起良好反响。

4. 积极为大型赛会活动提供志愿服务

紧抓大型赛会契机，招募组织志愿者积极为第五届"汉语桥"世界大学生中文比赛，第 11 届世界女子垒球锦标赛，第十一届国际田联世界青年田径锦标赛和 2005、2006、2007、2008 中国网球公开赛，以及第七届北京市残疾人运动会，第 15 届多哈亚洲运动会，第七届全国残运会，第八届全国大运会，2007 全国水上运动会，城市运动会，少数民族运动会等大型社会活动提供志愿服务，积累经验，锻造队伍。

5. 积极与国际志愿服务组织开展合作项目

2007 年 7 月，北京奥运会志愿者工作协调小组办公室、共青团北京市委员会、中国国际经济技术交流中心、联合国开发计划署和联合国志愿人员组织共同签署了《通过北京 2008 奥运会促进中国志愿服务发展》合作项目，此合作项目办公室设在北京志愿者协会，合作项目旨在汲取国内外优秀的志愿服务管理经验，宣传志愿精神，提升志愿者服务水平，进一步推动北京志愿事业的发展。该项目协助培训了北京奥运会志愿者，并通过一系列有创意的志愿服务活动，提升公众对保护环境的认知，包括关注气候变化、节水、节能和保护生物多样性等。

6. 迅速启动抗震救灾志愿服务，积极为抗震救灾和灾后重建贡献力量

"5·12"汶川特大地震发生后，北京团市委、志愿者协会积极响应党中央、国务院和市委、市政府以及团中央的号召，果断决策、及时行动，统筹协调、协同配合，迅速动员组织广大团员青年和志愿者参与赴灾区一线抗震救灾与重建、募集救灾资金物资、帮扶在京受灾地区群众、服务来京治疗灾区伤员等工作。为了科学组织、持续有序地深入开展抗震救灾志愿服务工作，北京团市委、志愿者协会在 2008 年 5 月 25日，联合有关单位推出"捐出 500 小时，北京志愿者支援灾区接力计

划"。截至目前，已先后派出 25 支专业志愿者队伍，共 300 余人次赶赴灾区一线开展医疗救助、卫生防疫、心理援助、就业招聘、文化传播、志愿者管理、抢收抢种等志愿服务工作，在应急救助、项目建设等方面积累了宝贵的经验。

此外，还组织大学生利用寒暑假返回家乡，深入经济、教育落后的贫困地区、边远山区，开展理论宣讲、科技支农、社区共建、企业挂职、医疗服务、环境保护、支教扫盲，开展科技、文化、卫生"三下乡"活动。每年集中组织青少年或面向社会招募志愿者进行植树造林、沙漠治理、水污染整治、清除白色垃圾等环保志愿服务活动。组织志愿者关爱弱势群体，开展"北京市民讲外语"、高校手语联队助残等活动。

三、北京市志愿者联合会在北京奥运会期间开展的项目

1. 组织开展"微笑北京"相关活动

自 2006 年起开展"微笑北京"主题活动，向社会各界代表赠送微笑圈，传播"乐于助人、文明礼仪、诚实守信、学习进取、保护环境"理念，宣传北京奥运会志愿者工作。组织城市志愿者、社会志愿者佩戴微笑圈，在奥运会倒计时纪念日、五一、十一及元旦、春节等重要时点，开展"迎奥运、讲文明、树新风"、走进公益机构、"志愿者周末美化环境行动"等主题活动，号召广大市民用微笑传递友谊，传播文明，构筑和谐。以"歌声迎奥运，微笑创和谐"为主题，深入公园、社区、文化广场等，举办"歌声与微笑"群众歌咏系列活动，倡导广大市民用歌声迎奥运，以微笑创和谐，祝福新北京、新奥运、新生活，营造全民参与奥运、共建和谐社会的良好氛围。

2. 积极参与北京奥运会志愿者相关工作

积极承担并完成了奥运会志愿者口号评选的相关工作。组织编写了《北京奥运会志愿者读本》中文版及英文版编译工作。参与推进志

愿者永久纪念设施筹建相关工作。招募了 16 批共 1582 名北京奥组委前期志愿者，参与奥组委 20 余个部门的具体工作。稳步推进北京奥运会、残奥会赛会志愿者招募工作接待站相关工作，接待了社会各界参加奥运会、残奥会或迎奥运志愿服务活动等的报名、服务工作。参与北京奥运会、残奥会赛会志愿者相关培训工作，提高志愿者的综合素质和服务能力。积极选派百余名北京奥运会赛会志愿者骨干申请人赴京外、境外参加第六届亚洲冬季运动会等大型赛会志愿服务，锻炼队伍，积累经验，并形成赛事服务理论研究成果，更好地服务北京奥运会志愿者工作。

3. 积极组织奥运会志愿者倒计时活动等大型活动

积极组织开展北京奥运会志愿者倒计时大型活动，举办"喜迎奥运会倒计时 400 天志愿者爬香山活动"，倡导广大市民、志愿者朋友动起来、迎奥运。参与举办"2008，我们微笑出发——北京奥运会倒计时一周年志愿者誓师大会"、"微笑北京、共创和谐、走近残疾人、为残奥做贡献——北京残奥会倒计时一周年志愿者动员誓师大会"。2008 年 2 月 6 日，在奥林匹克中心区志愿者广场举办"微笑北京志愿奥运共创和谐——志愿者春节主题活动"，2009 年 5 月 4 日，组织志愿者在北京工人体育馆举行奥运会倒计时 100 天北京奥运会、残奥会志愿者誓师大会。

4. 通过各种途径宣传志愿精神，激励志愿者

通过登山队、考察队、海军舰队等，将志愿者旗帜和徽章带到珠峰、南北极、各海峡，发布不同版本的"微笑圈"，拍摄《志愿者》电影，扩大志愿服务理念和志愿精神的宣传与影响，进一步激励广大志愿者；坚持以志愿者为本，关注和支持志愿者，持续做好"北京志愿者之家"工作，积极联系中华中医药管理局和中华中医药学会，组织专家研制出志愿者清暑凉茶配方，并在奥运期间向志愿者送发；直接参与残奥会北区场馆群 4 个场馆赛事的观众组织、引导服务，为确保实现"满座计划"贡献力量。

四、北京奥运会对北京市志愿者联合会的影响

1. 对组织本身的影响

一是加强北京志愿者协会的能力建设。2009 年 3 月 4 日北京志愿者工作大会上，北京志愿者协会被提升改名为北京市志愿者联合会。北京市志愿者联合会将成为社会各界人士积极参与的，覆盖全市各个行业系统，发挥枢纽型组织的功能，及时传达和执行中央及北京市的相关政策法规，协调全市各行业各系统开展志愿服务工作，指导各类社会组织及志愿者投身志愿服务事业。按照《北京志愿服务促进条例》的相关规定，市志愿者联合会还将对志愿服务的招募、选拔、培训、管理、评估、激励、表彰等各个环节都制定具体的管理办法，通过不断完善政策机制和操作细则，保障志愿者的基本权益，激发他们的参与热情，促进志愿服务活动规范化。

二是加大对志愿者协会的宣传工作，努力提升统筹与整合能力。目前，协会已发展团体会员 364 家，会员单位涵盖了政府机关、事业单位、企业公司、民间组织及跨国公司等诸多领域和行业，并通过努力实现对系统内的志愿者团队的全覆盖；注册志愿者达 200 余万人，涵盖了志愿者管理人才队伍、骨干人才队伍、专业志愿者队伍以及普通志愿者四大类；基本上将全市各类志愿者组织及志愿者都纳入到北京志愿者协会的体系之内。

三是明确了北京志愿者协会指导全市志愿服务工作的法律地位。2007 年 9 月 14 日，《北京市志愿服务促进条例》经北京市十二届人大常委会审议通过，并于 2007 年 12 月 5 日正式颁布实施。该条例从柔性管理的角度，明确了北京市志愿服务工作的协调管理机制，由北京志愿者协会指导全市志愿服务工作。理顺政府部门、社会组织、志愿者等志愿服务相关方的权利，并提出具体措施保障志愿者的合法权益，以进一步促进公众的参与，促进志愿服务事业的发展。该条例的出台，从政策的层面清除了志愿服务持续发展的障碍，为北京市志愿服务工作，尤其

是奥运会志愿者工作的开展，营造了良好的制度环境。

2. 对组织活动的影响

一是加强了项目平台的搭建，开展多种形式群众乐于参与、便于参与的志愿服务活动。2008 年年底，在全市已有市级志愿服务公益实践项目 1021 个的基础上，经过反复调研、座谈、论证，面向社会推出了助老、助残志愿服务项目，通过项目群开发形式加快对志愿服务平台的搭建，逐步形成了覆盖全市的区县、街道（乡镇）、社区（农村）等不同层级的网络体系和项目体系，最大程度地服务于志愿者及志愿组织，方便广大志愿者就近选择并参与适合自己的志愿服务。

二是提高应急救援的专业化水平，保证志愿者在应对重大自然灾害和突发事件中发挥有效作用。从 2008 年年底开始，志愿者协会总结参与抗震救灾志愿服务的经验，着手进行北京市应急志愿者机制建设。目前已与北京市应急办进行对接，并将"建立北京市应急志愿者队伍，与防汛抗旱、抗震救灾、突发公共卫生事件、重大动物疫情等全市 15 个应急指挥部和 29 个应急避难场所对接，开展应急志愿者服务活动"列为北京市 2009 年在直接关系群众生活方面拟办的重要实事之一。

三是加强对志愿者的法律支持和保障，切实保护志愿者的合法权益。在奥运会期间，北京团市委、志愿者协会就根据《北京市志愿服务促进条例》的要求，制定《北京奥运会、残奥会志愿者基本行为规范》，签署承诺书，提供必要的服装及防护药品、人身及医疗费用保障和紧急救援、医疗遣返服务等，保护志愿者的合法权益。奥运会结束之后，北京志愿者协会正在研究将为志愿者购买保险、签订协议等措施常态化，并聘请北京市东土律师事务所为法律顾问，由该律所的 17 名律师免费为北京所有的志愿者提供法律咨询服务。

四是依法加快推进志愿服务基金的建设工作，为志愿服务工作提供坚实的资金保障。早在 2004 年 6 月，志愿者协会就依托北京青少年发展基金会，建立了志愿服务专项基金，吸收社会各类捐助，为部分城市志愿服务站点、志愿服务宣传、医疗救助培训、抗震救灾等工作的开展提供了必要的经费支持。为确保志愿服务基金的支持保障力度，与有关领导和部门沟通，积极申请加大政府对志愿服务基金的投入。北京市已同意每年为志愿服务基金划拨1000万元。该基金的使用将按照《北京市志愿服务促进条例》的相关要求，主要用于：对志愿服务活动的资助；对因从事志愿服务活动遇到特殊困难的志愿者的救助；对作出突出贡献的开展志愿服务活动的组织和志愿者的奖励；与开展志愿服务活动有关的其他事项。并接受社会各界的捐赠和监督。

五、北京市志愿者联合会在后奥运会时期的规划与实践

1.后奥运时代北京市志愿者联合会的定位与规划

奥运会结束之后，志愿者协会积极配合相关部门，推动建立和完善志愿服务的领导体制、工作机制，加强对志愿服务事业持续发展的政策和机制支持。

一是完善领导机制和工作机制。在北京市委市政府、团中央、北京市社会建设工作领导小组的指导下，积极配合北京市社会建设办，认真贯彻《北京市志愿服务促进条例》，在奥运会志愿者工作组织体系的基础上，发挥市志愿者联合会社会动员的优势，推动建立统筹规划、共同参与、协调推进的北京志愿服务工作机制。同时，加快完善基层志愿服务体系，加强街道乡镇、高校、企事业单位等基层志愿服务组织建设，初步形成覆盖全市的志愿服务组织网络。

二是完善培训管理机制。根据志愿服务项目的要求，依托各种宣传教育阵地，对项目负责人和志愿者骨干进行相关知识和技能培训，提高服务意识、服务能力和服务水平。跟踪掌握志愿者参加服务的情况，合理安排服务时间和服务任务，实现志愿者、服务对象和活动项目的有效衔接。做好北京奥运会、残奥会志愿服务项目的保留转化工作，使之向长期化、阵地化方向发展。保留奥运城市志愿服务站点，完善站点服务功能，努力使之成为展现首都社会文明的窗口。巩固社会志愿服务重点

领域工作，在全市社区、窗口行业、公共场所持续开展秩序维护、文明倡导、环境美化、扶危助困、交通运行保障等志愿服务活动。

三是完善激励机制。在志愿者组织内部建立以服务时间和服务质量为主要内容的认定制度。整体保留北京奥运会、残奥会志愿者队伍，通过采集并汇总170万奥运志愿者的信息资料，制作并向志愿者发放志愿者卡，实现对志愿者个体的有效服务和管理。加强志愿者管理人才队伍、骨干人才队伍、专业志愿者队伍三支队伍的建设、完善志愿队伍体系建设。深化在大型赛事、大型活动、应急救助、环境保护等方面的国际国内志愿服务合作项目，扩大项目来源，拓宽首都志愿服务事业发展视野。

四是完善政策保障机制。通过总结志愿服务立法的经验，把志愿服务的要求渗透到社会管理之中。进一步健全以《北京市志愿服务促进条例》为重点的法规制度，加强志愿服务的法制工作保障。提升志愿者工作理论研究，为北京志愿服务事业进一步发展提供理论支撑。深入总结奥运志愿精神和经验，扩大对外交流学习，通过多种方式在全社会进行宣传推广。大力选树志愿者先进典型，以可见、可感、可学的事迹激励志愿者，倡导志愿服务新风。深入推进"微笑北京"主题活动，倡导"志愿服务人人可为、时时可为、处处可为"的观念，激发和汇聚志愿服务的"愿动力"，把志愿服务精神的种子播撒到每个公众心中。

2.后奥运时代北京市志愿者联合会的具体实践

（1）积极开展志愿服务教育，大力宣传志愿服务理念，努力营造支持和参与志愿服务的良好社会氛围。

奥运会结束之后，为进一步弘扬奥运志愿精神，在全社会营造持续参与的社会氛围，北京团市委、志愿者连续开展了一系列志愿服务宣传普及活动。一是利用国庆及春节长假等重大节假日，发动广大奥运会志愿者在城市志愿者站点为市民提供信息咨询、便民服务等各项志愿服务活动，延续奥运会志愿服务的热情，起到了很好的宣传作用；二是举行了"微笑北京和谐先锋——'12·5'国际志愿者日主题活动暨'奥运志愿者星'命名仪式"，以进一步宣传和弘扬北京奥运志愿者精神；三是联合相关单位开展"2008北京十大志愿者"评选活动，弘扬志愿精神，传播志愿理念。

（2）志愿服务精神正在成为未成年人思想道德建设和大学生思想政治教育的重要内容。

2009年年初，鉴于北京大中小学生在奥运会、残奥会工作中的优异表现和重要贡献，同时也为了进一步加强青少年思想道德建设，团市委联合北京市委教工委、北京市教委出台了《关于进一步弘扬奥运精神建立和完善学生志愿服务长效机制的意见》，明确提出：要鼓励学生通过一定方式注册成为志愿者，在校期间参加一定时间的志愿服务，使参与志愿服务逐步融入校园文化并成为学校育人的重要环节。

（3）深入开展"奥运会志愿者工作成果转化计划"，积极将奥运会志愿者工作成果转化为志愿服务常态化发展的宝贵资源。

为促进北京奥运志愿者成果转化，通过边实践、边建设、边总结、边提高，探索制订北京奥运志愿者工作成果转化方案，积极做好志愿精神与文化成果、志愿者人员队伍成果、工作体制机制成果的保留转化工作。

一是为激励广大奥运志愿者持续保持志愿服务热情，进一步参与社会志愿服务，推出了集身份凭证、信息记录、荣誉激励、服务计时等功能为一体的志愿者卡，制定了《志愿者卡管理办法（试行）》，并首先面向北京奥运志愿者发放。2009年，已发放志愿者卡5万多张。志愿者卡统一编号，且编号具有唯一性。志愿者可凭卡参加志愿服务、培训、公益实践等活动。

二是将奥运会的信息平台转化为北京志愿服务常态化发展的平台，奥运会前，北京市打造志愿北京综合信息平台。信息平台包括"志愿北京"网站、志愿服务数据资源中心、志愿者管理信息系统、志愿服务项目管理信息系统、志愿服务指挥协调信息系统、志愿服务评价信息系统、志愿者培训测试信息系统、志愿服务综合统计分析系统等，并设有博客、论坛。奥运会结束后，信息平台转由北京志愿者协会使用，并以连通全市各级共青团组织单位为基础，建设覆盖北京志愿服务业务的信息化工作体系。

三是开展"建设和谐社会首善之区建设的生力军——北京志愿服务研究系列丛书"研究，有计划、有步骤、分阶段搜集、整理北京志愿者协会参与筹备奥运会志愿者工作过程中所积累的宝贵经验、涌现出来的先进人物和优秀事迹以及相关图片音像，及时将其转化成为有形的文化成果。目前，已形成涉及从志愿服务工作回顾、活动、人物、理论四个方面的书籍 14 本。

第四节　北京车友会

调研对象：李云威（北京车友会负责人）

调研时间：2009 年 3 月 22 日

调研地点：北京市志愿服务联合会

调研及报告撰写人：

郑瑞涛（北京市志愿者联合会研究培训部研究员）

随着国民经济的不断发展和人民生活水平的不断提高，汽车逐渐走进寻常家庭，成为了普通老百姓可以享受的便捷交通工具。随着私人购车数量的急剧上升，私家车主共同面临着汽车的使用、维修、养护等方面的问题。对于大多数的工薪阶层来说，高额的维护费用和令人眼花缭乱的市场信息使很多人感觉处于孤立无援的境地。寻找同种车型或类似车型的朋友，一起交流用车经验、探讨共性的问题，成为了每一个人在购买了私家车后最直接的愿望。久而久之，私家车除了承担传统的载人、载物功能之外，也成为了人与人之间日常交际的重要媒介，"有车族"也逐渐成为社会公众耳熟能详的称谓，私家车开始成为一个社会群体的象征符号。2009 年，据不完全统计，北京地区已有 400 余家大大小小不同的车友组织，其中光单一车型的品牌车友会就有 70 余个。本节以北京车友会为例，采用文献收集、结构式访谈等方法收集资料，尝试着分析 NGO 参与志愿服务的历程、特征、社会影响，希望能为相关的研究提供借鉴。

一、北京车友会的组织发展历程

北京的私家车拥有量在全国排在前列，车友群体的规模也较为庞大。伴随着互联网技术的迅猛发展，私家车主们慢慢地通过网络建立起了普遍联系，从关注汽车本身到致力于志愿服务，从松散的个人交往到建立正式的组织，私家车主们经历了从有车会—车会有—车友会的蜕变历程。

（一）最初阶段的有车会

20 世纪 90 年代以前结伴出游是私家车主组织活动的一种重要的形式。参与私家车主结伴出游活动的门槛是拥有私家车。这种形式，一方面很好地增加了原本独自出游的安全性和趣味性，另一方面满足了人们扩大交际圈、降低出游成本等多种需要。通过结伴出游，一起跋山涉水、挑战极限，车友们彼此增加了了解、建立了信任，互助友爱的氛围逐渐由冰冷的汽车蔓延到充满人情味的汽车驾驶员身上，以汽车为纽带的车友大家庭逐渐形成。最初时期的有车会实质上就是有车群体沟通感情、休闲娱乐的互助会。车友们通过休闲、娱乐活动在一定程度上慢慢整合了相关的社会资源，为下一步的发展奠定了基础。

（二）过渡阶段的车会友

20 世纪 90 年代至 2008 年私家车仍属于高额的消费品，是除了房子之外的第二大高额消费品。购买私家车的费用仅仅是花费在汽车上的费用的其中一部分，之后投入在汽车的税收、维护、保养等方面的费用是源源不断的。因此，"买车容易养车难"也是私家车主的共识。价格不菲的各种费用以及眼花缭乱的各种广告，也常常让私家车主不知所措，难以分辨。汽车消费信息的严重不对称显然是个体的私家车难以招架的。于是，私家车主们都非常依赖网络论坛上的信息，希望能从别人的经验、教训中少走弯路，更多地获取对自己有利的信息。随着在网络这一虚拟空间的交流的加深，大家开始从虚拟空间走到现实生活中，开始以团体的形式购买与汽车有关的各种消费，这样大大降低了汽车消费的成本。同时，车友组织慢慢取得了汽车生产厂商和相关产品制造商的关注，来自他们的部分赞助使得车友组织可以更好地组织"人车结合"的活动，例如趣味汽车比赛、短道加速赛、集结赛、节油大赛等。各项传统的文体活动也在车友组织里蓬勃开展，周末京城的各大体育场馆里，不乏车友们结伴锻炼的身影。总之，车友组织越来越发展成为以汽车为纽带，并全方位发展的新型群众组织。这些活动大大丰富了车友生活，为车友们结识志同道合的朋友、扩大各自的交往圈子提供了平台，同时也不同程度地为车友们带来了在用车、养车上切切实实的经济实惠。车友们逐渐地对车友群体产生了归属感和认同感，增加了车友组织的凝聚力和向心力。

（三）当时阶段的车友会

（2008年3月至2009年）随着车友们共同活动的日渐增多，公益活动成为了车友活动中一种非常重要的活动形式。一方面，私家车主的受教育程度、经济实力、工作自由度较之其他群体普遍偏高，车友们自然也会更关注公益事业，并希望通过参加公益活动提升自身的社会认可度和人生价值；另一方面，车友组织也需要通过公益活动树立自身健康、向上的形象，进一步扩大社会影响。因此，绿化植树、扶贫助学、敬老献血、奥运宣传等成为了车友组织里最具人气的活动。

北京车友会的正式成立，是北京车友群体中一个具有里程碑意义的事件。经过近三年的探索和实践，致力于公益事业、参与志愿服务成为北京广大车友们的共同心声。为进一步规范车友管理，积极引导车友参与北京奥运、参与和谐社会首善之区建设，锻造一支有规模、高素质、有较强社会影响力的车友队伍，带动全社会积极营造文明良好的迎奥运环境，树立北京良好的国际形象，经北京市社团管理办公室批复，2008年3月23日，北京车友协会在北京团市委的领导和带领下，召开了第一届会员大会，正式成为一个地区性、非营利性、联合性、枢纽性的独立社团法人。北京车友会的正式成立，也在很大程度上表明政府、社会公众对私家车主的认可和肯定。

二、北京车友会的奥运志愿服务

北京车友群体在不断地发展中，大家逐渐认同了"志愿、公益、环保"的工作理念，采用"人车结合"的方式，在迎接北京奥运会、奥运会召开中开展了形式多样的志愿服务活动。

（一）迎奥运志愿服务，积极营造奥运氛围

2008年，北京车友协会把握奥运契机，为营造良好的奥运氛围做了多方面工作。

1月1日，北京车友协会组织22家骨干车友会的近700名车友在北京国际雕塑公园开展了"微笑北京奥运先锋"——拥抱2008北京车友迎奥运主题活动。活动中组建了北京车友奥运助威团，倡导车友奥运期间"绿色出行"、文明观赛。活动当天由北京车友的爱车组成的"汽车五环"打破了吉尼斯世界纪录。

3月23日，北京车友协会正式推出了"微笑圈"车友版，倡导车友积极践行"微笑圈"承载的和谐理念，支持和参与北京奥运会、残奥会的志愿者工作。

4月12日，北京车友协会组织200名"少开一天车"志愿者在延庆野鸭湖湿地自然保护区种植起了"少开一天车"生态林，进一步宣传"绿色奥运"理念。

5月4日，组织车友参加了"微笑北京志愿奥运——北京奥运会、残奥会志愿者誓师大会"。

7月2日，组织车友代表参与拍摄了CCTV"人人都是绿色奥运志愿者"公益广告。

7月17日，联合民间环保组织和首都新闻媒体举办了"绿色奥运绿色出行我们准备好了"主题活动。

7月26日，联合北京电视台举办了"迎奥运、庆盛会——北京车友（电视）知识竞赛"。

8月1日，联合UNV志愿者以"绿色奥运微笑同行"为主题，在长安街沿线的8个志愿者服务站点开展了节能环保、志愿服务的宣传活动。

（二）奥运会志愿服务

1. 争当平安奥运志愿者及驾驶员志愿者

7月14日，北京车友协会与北京志愿者协会（现北京志愿服务联合会——编注）、北京球迷协会等组织共同发起了"人人都是平安奥运志愿者"主题活动。北京车友协会结合奥运筹备进程的最后阶段，在车友群体中广泛开展了"排查我车上的安全隐患，争当平安奥运志愿者"活动。

经过严格的测试和筛选，北京车友协会推荐的8名北京车友代表入选了北京奥运会、残奥会驾驶员志愿者T2团队。在北京奥运会、残奥会期间服务于国际奥委会医疗委员会、国际反兴奋剂组织、国际体育单项组织技术代表、152个国家（地区）奥委会主席和秘书长、体育仲裁法庭等，并为国际奥委会行政用车和各国奥林匹克委员会代表团用车提供服务。

2. 开展"送志愿者回家"公益活动

北京车友协会团结带领广大车友，克服奥运期间单双号限行、奥运场馆外不便停车等诸多不利条件，组织了400人的志愿车队，利用每天深夜的单双号放行时段开展了"送志愿者回家"活动，活动期间接送奥运场馆深夜离岗的志愿者1000余次，并以100%的安全送达率，解决了志愿者们的后顾之忧。

活动期间，北京车友克服家庭、工作等各种困难，不辞辛苦、不计报酬、不讲条件，心甘情愿地作为志愿者服务的志愿者。其中，志愿者的最远送达往返距离超过了100公里（昌平北京吉利大学志愿者和部分华北电力大学志愿者，不包括车友从家到奥运场馆的距离）；由于场馆内的突发情况（部分场馆的医疗志愿者），车友在场馆外的等待时间最长超过3小时；途中产生的汽油费、高速费全部由车友自己承担；甚至个别车友怕耽误志愿者回家，自己带病赶来坚持参加活动；还有外地车友（河北、天津）多次打电话来报名，表达参与北京车友志愿服务的心愿，非常感人。

"送志愿者回家"活动中，北京车友组成的400人的志愿车队，是在北京奥运期间（从7月29日开始）坚持每天上岗、每天服务的最大的非注册志愿者团队，是社会力量有组织地参与北京奥运服务的一个亮点。同时，北京车友也成为了世界奥运会历史上上岗时间、离岗时间最晚的志愿者群体。

北京车友的行动引起了多方关注，中央电视台《新闻联播》、北京电视台《特别关注》、旅游卫视、1039交通广播、《车友报》等多家电视、广播、平面媒体都相继报道了该活动。同时，车友的行动也深深感动了场馆的志愿者们。奥运会结束后，北京奥组委奥体中心场馆群运行团队专门给北京车友协会发来了感谢信，对北京车友协会依据自身特色，以实际行动参与奥运服务，丰富志愿者的组织形式和精神内涵及为北京奥运作出的杰出贡献表示了诚挚的感谢。

奥运会结束后，北京车友协会被评为"2008北京奥运会、残奥会志愿者工作优秀组织单位"，10 名车友被评为"北京奥运会、残奥会志愿者先进个人"，1 名车友被评为"北京奥运会、残奥会优秀志愿者"。

三、北京车友组织参与志愿服务的经验总结

北京车友在迎奥运时期、奥运会正式举办时期，充分发挥有车群体的自身优势，以灵活多样的方式参与奥运志愿服务，丰富了志愿服务的精神内涵，为奥运会时期的交通保障作出了不可忽视的贡献，受到了社会各界的肯定、好评。他们之所以能够成功参与奥运志愿服务可归结为下列方面。

1. 与车友群体相匹配的组织结构和精英人物的影响力

车友会的成员遍布社会各行各业，大都用自己 8 小时以外的业余时间参与车友会的活动，少有专职的人员负责车友会的运营，所以组织结构相对松散，内部分工也较为模糊。正是这样看似松散的组织结构，却为车友们自发、自愿地参与志愿服务提供了一个弹性的空间，他们可以根据自己的实际情况，灵活多样地参与其中。而分工的模糊性也在很大程度上调动了车友们的积极性，大家认为自己都有一份责任感。但是，不可避免的是这样的组织结构也会带来无序、低效率的运作。能在一定程度上弥补组织缺陷的是，每个车友组织内部都存在一个极有影响力的核心人物，或由几个核心人物构成的领导班子，他们是最了解车友群体的潜在规则的精英，他们决定着车友组织内部的大小事务，引导着车友组织的发展方向。德国社会学家马克斯·韦伯把权威分为传统型权威、感召型权威和法理型权威三种类型，其中"感召型"权威，即其管理不是靠正规的法律、制度，而是建立在对具有出色感召力的精英人物的拥戴和信仰基础上的。北京车友会的会长李云威正是由于他踏实稳健的作风、开阔的视野、任劳任怨的人格魅力，在车友群体中享有很高的威望，对车友组织的发展作出了很大的贡献。

2. 充分整合多元化的社会资源，为车友们参与志愿服务营造了良好

的社会空间

北京车友会非常注重整合多元化的社会资源，一方面依托互联网，进行信息沟通、共享，实现虚拟与现实的交错，为车友们参与志愿服务提供了便利；另一方面注重与新闻媒体、汽车制造商、维修商等建立社会关系，最大限度地拓宽社会资源，为车友们参与志愿服务创造良好的社会空间。

紧张、快捷是城市生活的节奏。北京车友们相互之间信息的沟通、共享主要借助于互联网这个快捷、便利的信息平台。在互联网上建立自己的论坛，是每一个车友组织所必需的。通过网络搭建平台，在组织内部商议事务、征求意见、公布信息、发起活动，是车友交流的主要形式。车友们在网络上弱化了年龄和职业的界限，以网名（ID）或编号（门牌号）等虚拟的身份相称。这样，不仅为车友们参与志愿服务的信息共享提供了便利，同时也隐匿了他们的真实信息，提供了保护。一旦在网上的信任加深到一定程度，交往的方式就很自然地从虚拟空间转移到现实生活之中。当涉及和讨论的是现实的问题，一旦形成决议也会通过各种途径由虚拟作用于现实。虚拟与现实的交错，减少了人与人交往中不必要的摩擦，往往使问题的讨论变得更加单纯、更加直接，最后形成的决议也较为民主，但这同时又给决议的具体实施带来了难度。

车友组织之间通过不同活动、不同场合建立了普遍联系。许多有一定共识的车友组织开始尝试着携手组织大型车友活动，一方面增强了车友间跨群体的交流，另一方面有效地扩大了活动的社会影响。关系比较密切的车友组织之间，除了活动之外也交流着服务器资源、媒体资源，甚至共享着汽车相关产品的打折和优惠。北京地区车友组织已经初具规模，参与志愿服务的行为，在平面媒体、广播电视媒体都积累了一定的关注度，对车友组织的报道层次也从最初的新奇事物、新奇事件发展到深入挖掘车友组织内部的各种专题，中石化集团还专门办了周刊《车友报》，在机动车驾驶员中免费发放。媒体的关注有效地扩大了车友组织的社会影响，在车友组织发展初期，对扩大规模、吸收新会员有立竿见影的效果。而在车友组织发展到一定程度以后，更有利于先进的车友文化的催生。

3. 车友组织内部自觉性和责任感较强

人们参与志愿服务，往往是注重获得精神上的收获。在当前的志愿服务管理中，由于工作量过小、工作任务缺乏吸引力而打消人们参与志愿服务愿望的情况很多。这种现象在北京车友会会长李云威看来，是"不饱和"的工作量弱化了人们的积极性。为此，他主张采用"目标管理"的方式，通过强化志愿者的责任感、使命感而激发他们继续参与志愿服务的热情。要实现这样的目标，仅仅靠具体的活动项目是难以有长久吸引力的。在车友会，引导志愿者着眼于长远的发展，加强车友组织内部的自觉性和责任感。由于组织结构的松散和车友之间的虚拟身份，车友会内部对成员的自觉性和责任感要求较高。而且由于每次活动都不同程度地涉及车辆的调运，所以安全问题至关重要。经过长期的实践积累，车友会无论是在安全意识还是保障手段上都有自己的一套行之有效的经验。新车友在老车友的传、帮、带下，也能很快适应规则，在集体当中找到自己的位置。从一定程度上说，车友组织对每一位车友自觉性和责任感的需求实际上也增加了车友们的归属感和成就感，使得车友组织可以更加团结地克服各种困难。

四、北京车友群体参与奥运志愿服务的社会意义

1. 推动了车友群体文化与主流价值观念的融合

随着私家车队伍的日趋庞大，出于这一群体的共同利益和价值诉求，继而衍生出来的有中国特色的车友文化随着时代的发展已经初露端倪。他们在各大门户网站拥有属于该群体的论坛、专门的周刊，已经形成对该群体不同程度的归属感和向心力。志愿服务研究专家丁元竹教授认为，多样化的社会，必将存在着多样化的利益诉求。只有多样的利益诉求都得到了充分地表达并在一定程度上得到了满足，才能有和谐的人

际关系，才能形成和谐的社会，才能激发社会创造活力，推进中国经济社会的全面进步。因此，最大限度地体现社会的多元诉求，成了建立社会主义核心价值体系的一个目标追求。[①] 北京车友们作为社会的一个亚群体，崇尚"人车结合"，衍生出了汽车文化，这是他们这个群体的价值诉求。车友们积极参与奥运志愿服务，倡导奉献、社会参与的价值理念，与社会主义核心价值观是融合的。社会主义核心价值体系与志愿精神之间不仅表现为包含与被包含的关联，更重要地还表现为二者在深层理念上的互动关系[②]。通过积极响应并身体力行"少开一天车"、"绿色奥运·绿色出行我们准备好了"等多项主题活动。北京车友们推崇"人车结合"的活动方式，把个人的价值观念延伸到汽车上，赋予了汽车人格化的特征，从自身做起、从细节做起，践行北京奥运会提倡的"绿色奥运、科技奥运、人文奥运"的价值理念。北京车友们作为社会的亚群体，并没有局限于自己的小圈子里，而是积极参与社会行动、参与志愿服务，正是以切实的行动诠释了亚群体文化与主流价值观念的融合。

2. 有车群体参与奥运志愿服务具有示范效应

改革开放之后，随着经济发展水平的迅速提高，老百姓的物质生活水平有了很大提升。但是，汽车依然是一种相对来说高消费的物品，在一定程度上可以看作人们经济收入、社会地位，甚至生活品质的象征。人们对于社会的贫富差距非常敏感，仇富的社会心理急剧膨胀。人们呼吁富人做慈善之事、行公益行为。从近几年来，涉及汽车与行人的交通事件中，社会舆论几乎是一边倒地向着行人，认为拥有"钢铁盔甲"之躯的汽车私家车主，是社会的强势群体。清华大学社会学系教授孙立平，则精辟地提出，收入分配与社会的分层结构有着密切的联系。一般地说，在一个常规化的社会中，收入和财富占有上的差别，总会固化为

---

① 参见丁元竹、江汛清、谭建光主编：《中国志愿服务研究》，北京大学出版社2007年版，第6页。

② 参见丁元竹、江汛清、谭建光主编：《中国志愿服务研究》，北京大学出版社2007年版，第11页。

社会的分层结构。而中国当前的贫富悬殊开始固化为社会结构。[①] 而北京车友会的志愿行为，使社会公众眼前一亮，原来志愿服务不再仅仅是学生、老人这些群体的专属领域，白领阶层也拥有参与志愿服务的行为。社会公众看到的，不是私家车主炫富、冷漠，而是细致入微的服务、不求回报的奉献，这在一定程度上弥合了收入差距日益加大的社会距离，践行了"人文奥运"的理念，使社会人文情怀深入人心。

3. 丰富了志愿服务的形式和内容，扩展了志愿者的群体

北京车友这一群体，以中青年居多，他们大多思维活跃、善于接受新事物、乐观豁达、社会参与的积极性较高。他们参与志愿服务的形式灵活多样、别出心裁，往往能够在社会上引起轰动效应，这有利于志愿服务理念的宣传、推广。2005 年 7 月，为纪念北京申奥成功四周年，由首都文明办、团市委等单位联合发起了一系列纪念活动。北京地区 18 家核心车会携手共创了"北京车友迎奥运主题系列活动"。活动集中展示了北京车友期盼奥运、支持奥运的精神，有效倡导了奥运志愿者精神，为有关部门下一步"奥运志愿者"的选拔、培训工作奠定了殷实的群众基础。系列活动的开幕式上，由北京市民的近 200 辆私家车组成的"奥运五环"标志，成为当天活动中的一大亮点，主流媒体纷纷采访报道，第二天的《人民日报》头版刊登了"汽车五环"的照片。人民日报作为中国最具权威性、发行量最大的综合性日报，对车友会这一草根、基层组织活动的报道，在很大程度上表明，车友会的公益行为得到了权威部门的认可，他们的公益行为值得在全社会彰显。这一消息对广大的车友来说是个极大的鼓舞，人们奔走相告，激动、欣欣鼓舞之情溢于言表。

在北京奥运会期间，北京车友们参与奥运志愿服务的热情高涨，大家都希望能为奥运会的顺利召开出一份力。但是，由于名额有限，仅有

---

① 参见孙立平：《转型与断裂：改革以来中国社会结构的变迁》，清华大学出版社 2004 年版，第 279 页。

北京车友协会推荐的 8 名北京车友代表入选了北京奥运会、残奥会驾驶员志愿者 T2 团队。如果没有一种恰当的方式实现大家的愿望，对于志愿们的热情来说就是一个打击。如何才能更好地发挥车友们的能动性为奥运会做点事情呢？当车友们了解到奥运会期间，经常有工作到深夜才离岗的志愿者，由于错过了班车，不能回家的情况，就克服了诸多不利条件，组织了 400 人的志愿车队，接送奥运场馆深夜离岗的志愿者回家，共计接送 1000 余次，志愿者的最远送达往返距离超过了 100 公里，途中产生的汽油费、高速费全部由车友自己承担。北京车友们作为非注册志愿者团队，成为了"志愿者背后的志愿者"，这种灵活多样的组织形式解决了志愿者的燃眉之急，是社会力量有组织地参与北京奥运服务的一个亮点，得到了来自志愿者、政府、新闻媒体的高度认可和赞誉。

4. 注重志愿服务项目的实施，促进志愿服务项目的科学性、长期性

伴随着北京奥运会的召开，志愿服务这种活动方式在全国各地都轰轰烈烈地开展起来，但是与国外比较成熟的志愿服务运作模式相比，我国的志愿服务存在很多薄弱环节，缺乏科学的评估就是其中一个被忽视的环节。对此，北京车友会在多次举行志愿服务活动中已经深有体悟，深切地感受到缺乏对志愿服务项目的评估，就难以让志愿者、社会公众看到志愿服务项目的效果，这就会打击人们参与志愿服务的积极性和热情。所以，北京车友会意识到，项目是志愿服务发展的生命线，而好的志愿服务项目必须是可检验的、可量化的、能够操作化的，只有做到科学的评估才能使志愿组织充满活力。因此，北京车友会认真细致地对每一次志愿服务活动都进行了评估、总结，例如车友志愿者们参与志愿服务的活动记录、活动的受益人群、活动的实际效果等方面，这样，就为车友会志愿服务项目的策划、组织、实施提供了宝贵的原始资料，也为今后志愿服务的开支提供了借鉴和参考。

以北京车友率先发起"少开一天车"公益活动为例，这项活动为政府决策提供了有力依据。2006 年 6 月 5 日"世界环境日"，由北京车友

协会筹委会撰写倡议书，依托北京地区 132 家民间车友组织正式向全市私家车主发起了"为了首都多一个蓝天，我们每月少开一天车"的倡议。据交管部门统计，当天响应该倡议参与"少开一天车"活动的车辆达到了 20 万辆，占北京机动车总数的 6.6%。在这些实践探索的基础上，在 2007 年"中非论坛"及"好运北京测试赛"期间，北京车友协会筹委会多次配合北京奥运空气质量和道路交通状况检测，推广"少开一天车"活动，参与车次总计达到了 80 万辆，占北京机动车总数的 26.6%。成为践行"绿色奥运"理念的活动中，市民参与最积极、参与人数最多的公益活动。北京车友在"绿色出行"上真真切切的实践效果为后来奥运期间的空气质量和交通保障措施的出台提供了重要的事实依据。"少开一天车"活动所产生的社会效应通过数字展现在人们面前，使志愿者、政府的相关部门深感触动，活动实施的后续效应显然是当时提出这一创意的车友们无法预料到的，大家没有预料到这项活动会产生如此大的社会效应。社会交换理论认为，当个人的行动得到预期的报酬，甚至超过期待值时，他就会感到高兴，心理上也会赞同这种行为，而且行为结果的价值也会增大[1]。"少开一天车"这一公益品牌项目，从活动的创意到活动的实施，最后被政府作为解决北京交通拥堵，实现绿色奥运的措施加以制度化，将被长期推行下去。

　　车友们参与志愿服务，致力于实现"绿色奥运"的公益行为，得到了政府、社会公众对车友们行为的肯定，强化了他们参与志愿服务、奉献社会的信心，也大大地拓展了志愿者们参与志愿服务的行为方式，鼓舞了志愿者们参与志愿服务的信心。由于北京车友们倾力打造的"少开一天车"这一公益活动，产生了良好的社会实效，也引起了国家领导人的重视，并最终被国务院采纳。2008 年 8 月 1 日第 531 号国务院令公布的《公共机构节能条例》，同时下发《国务院办公厅关于深入开展全民节能行动的通知》，要求全国各地开展十大节能行动，并明确"少开

---

[1]　参见贾春增主编：《外国社会学史》，中国人民大学出版社 2000 年版，第 297 页。

一天车"为"每周少开一天车"，即按照牌号尾数停开的规则，该活动位列十大节能行动之一。该项活动之所以能够产生如此大的社会效应，显然与活动效果及时有效、科学的量化评估，不断为后续项目的开展提供了一个有效的、准确的借鉴参考有密不可分的联系。

第五节　北京市寸草春晖老年心理服务中心

调研对象：杨萍（北京市寸草春晖老年心理服务中心负责人）

调研时间：2009 年 4 月 7 日

调研地点：北京市寸草春晖老年心理服务中心

调研及报告撰写人：

陈顺昌（北京志愿服务发展研究会成员）

寸草春晖出自唐代诗人孟郊的《游子吟》。表达的意思是小草微薄的心意报答不了春日阳光的深情。比喻父母的恩情，难报万一。

用寸草春晖这样一个名字，生动而又细腻地表达一份情愫，让我们用现在的力量去关爱那些曾经给了我们一生关爱的父母。同时也唤起更多的人，关注老年人心理，关注明天的我们。而在寸草春晖这样一个名字中，我们更看到了这群执着的人们所坚守的用自己一点点微薄的力量来奉献社会、回报社会的高尚与不凡。

一、北京市寸草春晖老年心理服务中心情况简介

基本情况：北京市寸草春晖老年心理服务中心是一家 2006 年在北京市民政局注册的民办非营利性机构，是全国第一家从事老年心理服务的专业机构。中心为老年人提供心理热线、心理卫生科普讲座、心理咨

询、老年健康知识推广、为老服务、志愿服务等社会公益服务，担任中国老年学学会老年心理专业委员会秘书处，承担中国老年学学会老年心理专业委员会日常办公工作，同时是北京心理卫生协会理事单位、首都慈善公益联合会成员单位。中心由北京市民政局主管，北京市老龄协会进行业务指导。

团队结构：北京市寸草春晖老年心理服务中心汇聚了以中国老年学学会老年心理专业委员会为主并整合其他相关专业的著名专家、知名学者组成的顾问队伍，并且聘请有专业资质、资格和丰富经验的人士担任中心的心理咨询师及心理辅导师。

组织定位：从心理服务提高老人的生活质量、延长健康预期寿命。

机构特色：中国首家提出心灵抗老概念的民办、非营利机构。

服务目标：为1.3亿老年群体提供多项自助、互助、提前"为老服务时间储蓄"，开创社会敬老新循环。

宣传理念：号召更多的志愿者参与、社区协作、政府支持及企业公民的社会责任资助。

服务成果：北京市寸草春晖老年心理服务中心秉承"谁言寸草心，报得三春晖；关爱老年人，健康献爱心"的服务宗旨，倡导积极健康的老龄化，用自身的言行带动全社会共同关注老龄事业，立足社区，服务老年人群。通过各种公益活动的举办和参与，力争实现中心建立之初即提出的口号——"以生命影响生命"。截至2008年10月，寸草春晖中心累计服务老年人三十余万人次，志愿者提供服务近35000人次，服务75000小时；举办科普讲座200余场，受众近两万人次；寸草春晖中心自2007年4月28日以来，承办了北京市老年心理热线，该热线由北京市民政局主办，依托北京市社区服务中心的技术平台，以本市老年人的心理健康为主要服务对象的政府公益项目。心理热线开通至2008年10月，共电话咨询2000余人次，无一起投诉，并成功解决了十余起危机干预事件，解答心理咨询面询百余人次。寸草春晖中心组织、参与的大型活动包括：重阳节寸草春晖第一届、第二届、第三届"银龄乐"大型公益活动暨"助老结对"行动启动仪式；中国老年学学会二十年庆典暨高峰论坛、中国老年学学会老年心理专业委员会第二届学术年会，为宣传老年心理科普知识及老年心理学术研究提供了全国性的交流平台。2008年奥运期间，寸草春晖中心还承接了奥运城市志愿服务站点的服务工作，由于突出的工作表现，该站点获得了中共中央、国务院颁发的"北京奥运会、残奥会先进集体"光荣称号。

组织机构：中心采用主任负责制，下设专业工作部为老服务部等五个部门，各部门各司其责，详见下图：

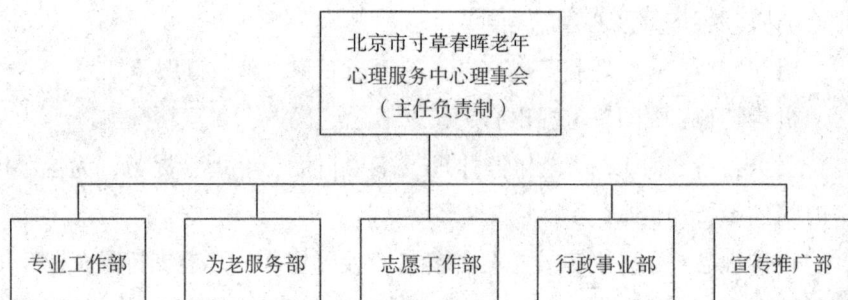

图2—1　北京市寸草春晖老年心理服务中心组织结构

二、项目展示

（一）科普宣讲

北京市寸草春晖老年心理服务中心利用专业优势，经常走近社区、敬老机构、各区县老龄协会等地，为老龄工作者、老年人开展相关的心理科普讲座。讲座内容包括老年人的沟通与服务、老年人自我心理调适等问题，从老年心理基础知识，耳聋眼花讲到记性不好的训练；讲到离退休的适应，居丧及大病的心理调整，以及老年人关注的家庭婚姻问题与儿女相处等内容，科普宣讲极大地满足了老龄工作者以及老年人的需求，取得了良好的社会效果。

（二）入户关怀

北京市寸草春晖老年心理服务中心选择一定的社区开展与老年人结队帮扶工作，通过一对一的结队形式，采取定期与不定期相结合的方式，到老人家里为老人进行家务劳动、就医取药以及精神慰藉等方式的关怀，使老人们不仅有物质上的帮助同时感到心理上的关爱，从心理上摆脱孤独、寂寞等常见老年群体心理问题。专业志愿者以心理学知识为基础，利用专业技术为手段，借助志愿服务的形式，为老年人提供心理服务、精神慰藉的专业模式，为老年人提供专业服务的同时修正了不良生活方式，积极帮助老年人养成健康的老年生活方式，大大提高了老年人的生活质量。

（三）敬老院、老年公寓探访

除了与老人开展结队服务，到老人家里送去关怀以外，北京市寸草春晖老年心理服务中心还利用春节、重阳节等特殊节日定期到敬老院、老年公寓等地探访老人，为老人们带去物资帮助、医疗服务、文艺表演，用身体力行的方式为老人们打扫房间、洗漱衣物，和老人一起包饺子，与老人一起贴上富有节气味道的窗花，为老人布置房间，共同营造老人良好的晚年生活。专业志愿者利用心理学知识解答老年人在生活中遇到的各种各样问题，进行心理干预治疗，缓解老年人心理问题的发生。此外，中心志愿者还为老人带去形式多种多样的文艺表演，使这些孤独、寂寞的老人享受到心灵上的关爱。

（四）心理咨询热线以及社区心理咨询室

2007 年 4 月，在市委市政府有关领导的倡议下，北京市老龄协会、北京市慈善协会、北京社会工作者协会和北京市社区服务中心密切配合，委托北京市寸草春晖老年心理服务中心负责承办，依托 96156 北京市社区公共服务热线，共同开通了"96156 北京市老年心理咨询热线"，组织具备国家职业资格三级以上资质的心理咨询师值机96156，全年无休，每天八时至二十时免费为老年人解答心理健康问题。此外，中心还在北京朝阳区团结湖街道成立社区心理咨询室，由心理医疗专家参与，根据老年人的各种需求，针对老年人的心理疾病进行治疗，对老人延年益寿及家庭和谐有着积极的作用。

现阶段，我国人口老龄化趋势不断加剧。随着社会经济的发展、人民物质生活水平的不断提高，以及住房条件的不断改善等因素，空巢、独居老年人比例不断增加，感到孤独、寂寞、失落、悲观等不良情绪的老年人数量也呈上升趋势，心理疾病的患病率不断攀升。由于传统文化的影响以及我国心理咨询和心理救助的开展还不普遍，许多老年人有了心理问题或羞于启齿，或无处倾诉而不知所措。老年人心理问题、精神卫生问题时有发生，这些都成为影响老年人健康及生活质量、社区邻里关系、家庭成员和睦、子女安心工作等与社会和谐相关的不利因素。北京市寸草春晖老年心理服务中心凭借专业优势，承担心理热线以及社区心理咨询室的咨询工作，对解决老年人心理问题有着积极意义。

（五）关注老年人的生活质量

老年人在社会中所面对的不仅仅是年老带来的心理上的问题，同时包括由于退休、远离子女、婚姻、身体等方面所带来的非心理问题。老人有大量的时间，针对老年人时间充裕的特点，可以组织老年人进行书法、太极拳、唱歌等方面的活动，在排遣精神寂寞的同时，给老人的生活带来一份精彩，使老人老有所学、老有所乐。此外，老年人普遍关注自我的健康，并且也普遍深受健康的困扰，为老年人提供医疗上的帮助与救助对老年人有着重要意义。

北京市寸草春晖老年心理服务中心针对老年人上述特点，积极开展丰富的学习、健身等活动，让老年人参与其中，让老年人能够老有所学、老有所乐。此外，中心还定期联合医疗机构工作人员为老人送去上门医疗服务，到老人家里、到敬老院、到老年公寓，为老人检查身体，提供优质的健康医疗服务。

（六）学术论坛等交流活动

北京市寸草春晖老年心理服务中心在开展与助老扶老具体服务相关项目的同时，还积极参与学术论坛交流活动，在各类学术论坛以及国际会议上倡议全社会关注老年心理健康，呼吁更多的 NGO 组织加入助老扶老的行列中。中心还积极组织志愿者参与奥运会城市志愿者、国庆城市志愿者、春节城市志愿者、中国老年学学会 20 年庆典等大型活动的志愿服务，真正践行"奉献、服务"的志愿理念。中心成员及志愿者积极到高校、企业等参与开展培训教育活动，用自己的微薄之力积极回馈社会，用自己的实际行动积极传播志愿服务精神，带动更多的人加入到志愿服务的行列，让更多的人关注老年心理问题，促进老年事业的发展，为构建首善之区、为构建和谐社会做贡献。

三、服务奥运

2008 年举世瞩目的第 29 届奥林匹克运动会在中国北京举行，北京市寸草春晖老年心理服务中心凭借着其多年志愿服务所获得的良好形象，承接了朝阳区北土城环岛城市志愿者服务站点工作的任务。这里紧邻奥林匹克中心区和地铁 8 号线，游客流量众多，因为其地理位置特殊、服务任务重而与众不同。同时也正说明了上级对北京市寸草春晖老年心理服务中心的信任，对这支志愿者团队的信任。为此，中心不但动用了全体内部人员，更召集了原本登记在册的 137 名志愿者加上北京市80 中学学生共 400 名左右的志愿者参与其中，在北京奥运会、残奥会期间由于突出的工作表现，该站点获得了中共中央、国务院颁发的"北京奥运会、残奥会先进集体"光荣称号。

四、参加"5·12汶川地震联合国人口基金"项目

受全国老龄办国际项目部的委托，北京市寸草春晖老年心理服务中心杨萍主任作为老龄办老年心理专家、项目负责人，承担了联合国人口基金委托的《灾后重建与老年人》调研课题，在四川工作近一个月，培训了四川、陕西、甘肃老龄工作者近150人，在四川的成都、广元、德阳三地开展调研工作，通过科学的心理测量和问卷调查，为后续开展老年人灾后心理干预提供了科学依据。

项目组是第一支地震发生后正式进入四川的老年心理救援队伍，在培训期间，通过对四川等三地的老龄工作者及老年协会工作人员的心理干预及心理知识的传授，不仅使老龄工作者的心理得到了安慰，更重要的是老龄工作人员学会了心理辅导的基础知识，为服务更多老年人提供了专业技能。培训中，杨萍将专业的心理学知识用通俗易懂的语言表达出来，不只是让参加培训的人释放心理压力，也让参加培训的人了解了灾后心理疏导的重要性。

同时，在调研期间，项目组深入到四川的重灾区、山区，为老年人做面对面的心理辅导。每到一处，都会尽可能多地解决老年人的心理困扰，鼓励大家要正视和接受发生的一切，树立对未来的信心。在调研过程中，针对老龄工作者、老年人近百人进行了分别的访谈和心理测量评定，通过严格地科学分析，为长期的心理重建提供了工作模式和理论基础。

2009年，北京市寸草春晖老年心理服务中心继续获得了联合国人口基金会和全国老龄委的信任，并接到与卫生部合作开展覆盖灾区的培训工作，开展六个地区的心理培训及为老服务工作，长期在四川做两个试点（广元、德阳什邡）工作，为老年人建立较为完善的心理辅导体系及社会支持网络，同时为震区老龄工作者提供心理辅导及减压。截至2009年8月，该工作仍在继续进行中。

五、成果与收获

1. 2008 年北京市民政局发起的首都慈善公益日评选活动，北京市寸草春晖老年心理服务中心获选慈善优秀集体。

2. 2008 年北京市民政局发起的首都慈善公益日评选活动，北京市老年心理咨询热线获选慈善优秀项目。

3. 2008 年北京市民政局发起的首都慈善公益日评选活动，北京市寸草春晖老年心理服务中心成员汪冰获选慈善优秀个人。

4. 北京市寸草春晖老年心理服务中心承担服务的城市志愿者站点获得中共中央、国务院颁发的"北京奥运会、残奥会先进集体"光荣称号。

5. 北京市寸草春晖老年心理服务中心主任杨萍，2006 年度荣获"全国孝亲敬老之星"的荣誉称号、北京市助老先进个人，并荣获"北京市十大志愿者"提名奖、北京市朝阳区十佳志愿者称号。2007 年 5 月 4 日，作为奥运城市志愿者的首位代表，她接受了《北京青年报》的专访。2007 年 10 月，荣获了北京市心理卫生协会颁发的"心理卫生工作奉献奖"。2008 年，获"北京奥运会、残奥会优秀志愿者、先进个人"的称号，同年获得北京市"三八红旗奖章""社会团体先进个人"称号。

六、对北京市寸草春晖老年心理服务中心的 SWOT 分析与结论

有效的战略应能最大限度地利用外部环境机会和公司、组织内部优势，同时使外部环境威胁和内部劣势降至最低程度。SWOT 分析法是系统确认优势（Strengths）、劣势（Weaknesses）、机会（Opportunities）、威胁（Threats），并据此提出的一种战略方法[1]。SWOT 分析法是美国哈

---

[1] 参见徐二明：《战略管理》，中国经济出版社 1998 年版；邱国栋：《公司发展战略——企业的资源与范围》，人民出版社 2005 年版。

佛商学院率先采用的一种经典分析方法，它通过对外部环境条件和内部资源能力的分析，进行系统评价，指导企业进行战略选择和制订[①]。SWOT 分析的目的是进一步考察这些业务领域是否适合企业在其中经营，是否能够建立持久竞争优势。运用 SWOT 分析法可从公司的优势、劣势以及机会与威胁的组合中寻求未来的发展方向。

采用 SWOT 法进行分析是企业管理学、战略管理中常用的一种分析方法，其对于企业公司的战略发展有着积极作用。作为志愿服务方面的调研，常常采用的是社会学方法以及部分管理学中的内容，但是采用 SWOT 法对志愿服务组织进行分析的还为数不多。SWOT 法不是完全不能适用于这方面的份额分析工作，但也不能在使用中完全照搬企业公司分析模式，只是有选择地借鉴其分析方法，结合现有的其他理论，为今后的相关调研提供一个新的思路和新的视角。

（一）内部发展优势分析（S 分析）

专业性强——通过对北京市寸草春晖老年心理服务中心的了解，可以发现，其服务具有相当强的专业性，专业人员有着较高的学历，其中不乏一定的心理学博士、硕士；同时，对于参与服务的专业志愿者要求具有心理咨询师资质。这种专业性的优势对于一个非营利组织来说是巨大的能量与优势。

（二）内部发展劣势分析（W 分析）

管理能力不足——由于北京市寸草春晖老年心理服务中心是非营利性组织，其成员往往具有较高的精神境界，但同时也不可避免地缺少一定的专业管理能力，这种专业管理能力包括对中心自身运转的管理以及对项目、志愿者的管理。

---

① 参见胡宗良、臧维编著：《集团公司战略：分析、制定、实施与评价》，清华大学出版社 2005 年版。

宣传少，社会影响力小——宣传是一个机构能够生存所不可缺少的，宣传好则社会影响力大，反之则社会影响力小。社会影响力的大小直接导致社会对其的认可与否，进而影响机构的生存与发展。在调研中我们了解到，北京市寸草春晖老年心理服务中心的宣传模式与大多数草根组织一样，为自我博客式宣传为主，缺乏宣传策划能力、缺少媒体主动联系能力，进而公众信任感弱。

（三）外部发展机会分析（O分析）

社会对老年人关注日益增强——上至政府决策部门，下至普通百姓，随着中国老龄化问题的日益凸显，老年人问题也日益得到人们的重视。加之社会开放度增强，人们对心理问题也不再讳疾忌医，进而老年人心理问题必将会成为今后人们所关注的重点问题之一。

（四）外部发展威胁分析（T分析）

资金短缺——发展仅仅靠主观上的热情是远远不够的，还需要依托客观条件的支撑。资金是发展中的大问题，是发展中不可回避的问题。中心在发展过程中也寻求过帮助，但由于社会、企业对老年心理信息了解的不对称，往往导致寻求失败。北京市寸草春晖老年心理服务中心本身虽为政府非营利性组织，但资金依旧是发展中不可忽视的阻碍。

采用SWOT法进行公益机构的分析不失为一种有益的尝试，尽管分析中不能完全照搬企业战略分析模式，但对于调研工作的开展是一种新思路、新启发，同时对于公益机构的发展也是一种新的决策分析模式。利用SWOT分析法我们不难看出，根据北京市寸草春晖老年心理服务中心专业性特点进行自身发展是其优势所在，加之结合社会上对老年心理问题的日益关注，不断加强宣传，并克服管理经验不足以及资金短缺的问题，必定会在老年心理服务方面取得更大成绩。

第三章　社区志愿服务组织

编　者　按

　　2009 年，北京社工委和北京人民广播电台联合举办的北京市第四届魅力社区评选过程如期举行。魅力社区评选活动是得到大多数社区认可与支持的评选活动，在推动首都社区现代化建设中发挥了不可替代的作用。该次评选活动把社区志愿服务活动的开展状况作为重要的评价标准。因此，本轮调研特地挑选了在本届参评的社区中获奖的社区或志愿服务项目相对有特色和影响力的社区，并进行了深入的调研，如育仁里社区、南里社区、晓月苑社区等，形成了 10 篇调研报告，本章节选了《志愿服务一线通的社区模式——以厂洼社区志愿服务为例》、《"服务自助超市"成社区志愿服务的新模式——记国际关系学院社区的志愿服务》《南锣鼓巷社区志愿服务情况调研报告》《晓月苑社区调研报告》《肖家河社区新居民服务之家调研报告》等，分别呈现如下。

访谈提纲

　　需要了解的几大问题：（一）社区志愿服务队的组织构架是什么？（二）社区志愿服务的制度建设如何开展？（三）社区志愿服务的运作模式是什么？（四）社区志愿服务的主要内容和服务对象是什么？（五）社区志愿服务的特点是什么？有什么可以借鉴和推广的内容？（六）社区志愿服务的经验是什么？

　　具体问题：

　　1.请问社区居委会是如何建立的？又是如何开展工作的？

　　2.我们社区志愿服务队隶属于哪里？它有哪些机构？机构之间如何协调工作？咱们社区志愿服务的宗旨是什么？您觉得社区志愿服务的作用体现在哪些方面？

　　3.社区志愿服务队有没有设立什么制度？比如志愿者招募制度、志愿者服务制度和管理制度、财务制度、志愿者服务基地制度等，这些制度有没有可以借鉴以及值得提倡的地方？

　　4.咱们社区志愿服务的志愿者是如何招募、选拔的？对于他们又是如何管理的？有相关的激励措施吗？

　　5.咱们社区志愿服务主要围绕哪些方面？针对的服务人群是什么？参与志愿服务人员包括哪些？

　　6.咱们社区志愿服务之前有没有相关的宣传？方式是什么？

　　7.平时社区志愿服务是如何开展的？如何保证社区志愿服务的方便、快捷，如何保证社区志愿服务贴近居民、深入人心？

　　8.社区志愿服务活动结束后有没有进行相关的经验总结会？形式又是怎样的呢？咱们社区志愿服务队跟其他组织（比如其他社区志愿服务队或者其他志愿团体）进行交流活动吗？如果有交流，形式是怎样呢？

第一节 志愿服务一线通的社区模式

——以厂洼社区志愿服务为例

调研对象：厂洼社区服务站负责人

调研时间：2009 年 3 月 22 日

调研地点：厂洼社区

调研及报告撰写人：

郑瑞涛（中央民族大学博士研究生）

厂洼社区位于北京海淀区紫竹院街道的北部，因地势低洼，常年有积水而取名厂洼，20 世纪 80 年代末小区建成。社区南北长 303 米，东西长 190 米，社区平面为长方形，总面积 57600 平方米。社区有多层楼房 9 栋，高层楼房 2 栋，40 个单元，共有住户 1130 户，总人口 2632 人，流动人口 104 户、330 人，下设 3 个小组。社区的居民主要有北京电视台、惠普公司、中技公司、区、街机关干部、区教委等 8 个单位的职工，大专以上学历达 1300 多人，占居民总数的 49.7%，社区支部党员 32 人，社区党员 153 人，辖区内有一所幼儿园。社区无大的物业公司，是一个混住旧式小区。

2009 年，厂洼社区设施完备，服务多样，几乎涵盖了社区居民生活的方方面面。走进厂洼社区，可见社区环境优美，四季常青，三季有花；社区有社区服务站、活动室、图书室、警务室等便民组织，管理有序，治安良好；社区有广场一处，设有各种健身器材，供居民群众健身休闲，文艺活动丰富多彩，有健身操队、舞蹈队、合唱队、工艺队、太极拳队、医疗保健队等文娱志愿服务队；社区有文明市民学校，开设合唱队、英语班、工艺班等，处处秩序井然，洋溢着幸福、欢快的生活氛围。为了方便群众生活，社区服务站引入了自愿参加并且愿为社区弱势群体和困难家庭低偿、无偿服务的，诚信度高、服务质量好的 11 个服务商业网点为居民服务，包括旅馆、主食厨房、寒来暑往食品店、理发店、水站、蔬菜点、水果摊、废品收购点等，为社区居民的日常生活提供便利。社区服务站与这 11 个商业网点签订了协议书，修改了服务公约，对他们志愿服务情况进行登记，使这些商业网点对弱势群众和困难家庭的帮扶经常化、制度化。

一、社区志愿服务的组织、制度建构

厂洼社区的居委会、义工组织的建构经历了一个曲折而又充满韧性的历程。

1. 居委会的建立历程

厂洼社区刚建成的时候，并没有完善的组织建构。随着社区居民的不断入住，1993 年成立厂洼居委会，但是，居委会只有主任 1 人，没有办公室，借用北京电视台地下一层 12 平米的房子，直到 1996 年 12 月搬到 8 号楼 7 门 103 室 50 多平米的办公用房。居委会干部 3 人，社区总户数 263 户，总人数 681 人。2001 年根据中办 [2000] 23 号文件精神进一步贯彻落实《建立社区居委会和家委会转制工作意见》，社区内的中技家委会、惠普家委会、北京电视台家委会、武警家委会以小组形式纳入居委会管理。2001 年 12 月 23 日，厂洼居委会改为厂洼社区居委会。

2. 志愿服务队的组织架构

随着社区居民生活水平的日益提高，居民对社区生活产生的更高的要求和居民参与志愿服务的意愿一拍即合。从 2000 年起，厂洼社区居民中自发形成文体、助老、治安、环保等多支志愿服务团队。经过 9 年的多样化、常态化、制度化的发展，这些志愿服务团队已经逐步整合成多个志愿服务基地，为社区居民提供多层面的志愿服务。

```
┌─────────────────────────┐
│      厂洼社区服务站       │
└─────────────────────────┘
           │
┌─────────────────────────┐
│     站长  王永凤         │
└─────────────────────────┘
           │
┌─────────────────────────┐
│    副站长  杨晶京        │
└─────────────────────────┘
           │
    ┌──────┴──────────────────────┐
┌────────┐                  ┌────────┐
│ 团体会员 │                  │ 个人会员 │
└────────┘                  └────────┘
    │
┌────────┐
│ 专业服务队│
└────────┘
    │
┌───────┬───────┬───────┬───────┬───────┬───────┐
│为老服务队│护花服务队│修车服务队│理发服务队│饮食服务队│治安服务队│
└───────┴───────┴───────┴───────┴───────┴───────┘
```

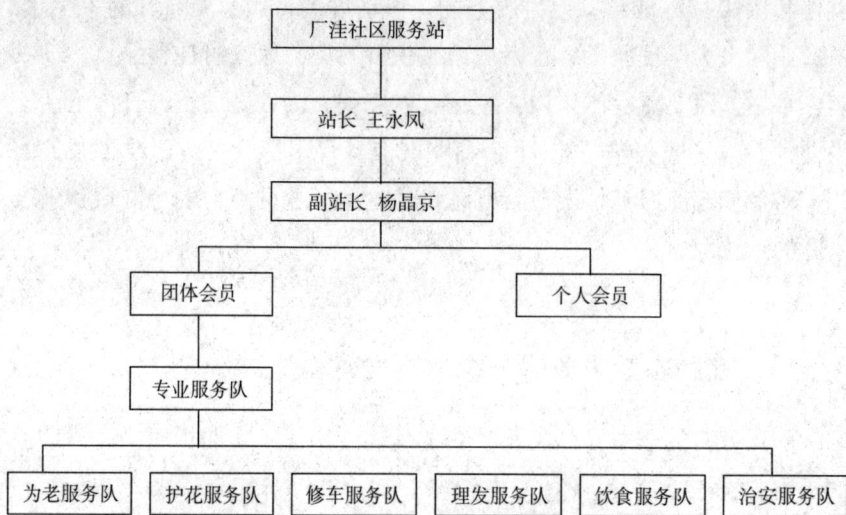

图 3—1　厂洼社区服务站组织结构

3.志愿服务的制度建构

经过 9 年的经验积累，厂洼社区已经逐渐形成了制度化、规范化、常态化的社区志愿服务管理制度。从志愿者的招募到志愿服务项目的审核、志愿者的管理制度、服务队活动制度、服务队工作制度，涉及志愿服务的每一个环节都已形成了制度化的管理模式，从而使志愿服务的运作有章可循。在制度的落实上，厂洼社区的志愿服务扎实有力，开展得有声有色。居委会定期地召开房管单位、楼门组长座谈会，对志愿服务活动进行评议以便及时改进，由于工作到位，两个房管单位 5 年投资 5 万元，以支持社区的志愿服务活动。此外，社区居委会也与 11 个商业服务网点签订协议书，为社区的建设提供制度上的保障，竭力做到事无巨细。

二、社区志愿"一线牵"的运作模式

凡是厂洼社区的居民，在寻求志愿服务的帮助时候，大多能够得到快捷、便利的志愿服务。这要得益于厂洼社区"一线牵"的志愿服务运作模式。厂洼社区经过多年的志愿服务项目实施,已经形成了成熟的"志愿服务'一线'牵,牵动你我邻里圈"的服务模式。

1. 楼宇对讲系统的设置

2002 年,社区每家每户都安装了与居委会、志愿服务基地直通的"志愿一线通"。所谓的"志愿一线通",其实就是连接居委会和社区居民家中的楼宇对讲系统。在志愿服务的过程中,居委会发现居民在日常生活中经常会遇到一些突发的事件急需帮助,尤其是对于社区里的空巢老人来讲,生活有诸多不便。为了解决居民生活中出现困难时信息传递不畅通的问题,2002 年 7 月 19 日社区居委会请北京中友盈安科技发展有限公司给厂洼社区安装泉州产佳乐牌 DH—999B 联网型主机和联网分机的楼宇对讲系统。每个楼门附设安装磁力锁、闭门器、UPS 不间断电源以及门口对讲主机、住户室内分机,为了方便群众,及时解决一些燃眉之急的事情,居委会、志愿者基地、社区小组又安装中心管理机。安装共花费 26 万元,费用由居民、单位筹资。楼宇对讲系统的设置共连接 825 户(常住户),日常的维护由中友盈安科技发展有限公司来做。

2. 迅速、便捷的信息传递

每当社区居民遇到困难,首先想到的就是拿起"志愿一线通"向志愿服务基地寻求帮助,基地则根据居民需求,统一调配志愿者力量,以最快速度进行响应。这条一端连着志愿服务基地、一端连着家家户户的"志愿一线通",被厂洼社区居民亲切地称为"连心线"。在这条"连心线"的牵动下,居民们能够及时地寻求帮助,表达自己的需求;而社区的志愿者们能够及时地通过对讲机进行沟通,商量服务的方式,协调志愿者的配备,以便以最快的速度获得帮助。正是得益于对讲系统迅速、便捷的信息传递,社区的治安服务队、助老服务队、环保服务队等多支志愿服务队才得以良好的运作。居民们对厂洼社区的认同感、归属感与日俱增,虽然厂洼社区是一个没有物业管理的老旧小区,但正是由于楼宇对讲系统的贴心设置,使得厂洼社区得以开展贴近居民生活,切实为社区居民排忧解难的多层面、全方位的志愿服务项目。当前，双职工家庭的孩子上学接送成为困扰很多家庭的事情。对此，社区里有一支以党员为骨干的志愿服务队，通过楼宇对讲系统，及时掌握到有接送孩子需求的家庭，常年为双职工接送入托、上学的孩子，为节假日外出的居民代买火车票、飞机票。通过对讲机，居民可以把自己日常生活中无暇顾及的琐碎小事向志愿者求助，总能得到及时、贴心的帮助。诸如为老弱多病的退休职工上门理发；在社区的南门、西门增设便民打气筒已六年；党员、团员与老人结成"一对一"帮扶对子，定期为老人打扫室内卫生、发放服务卡、测量血压；在老人突发疾病时，陪伴老人看病、挂号、拿药等。患糖尿病、腰病的空巢老人曹秀英，由于身体状况不佳，打扫卫生比较吃力，她通过楼宇对讲电话联系社区志愿服务基地，当天为老志愿服务队的志愿者们就拿着工具敲响了老人的家门。他们擦玻璃，拖地、清洗厨房、卫生间，清理卫生死角，大约半天时间就把老人家收拾得干干净净。

社区居民徐志勤、周德文是一对已经年届八十的老夫妇，不幸的是老周前几年得了阿尔茨海默症，生活不能自理。老俩口没有子女，又请不起保姆。徐阿姨要寸步不离地照顾老伴的饮食起居，但是毕竟年事已高，经常会有力不从心的时候，她经常为此愁容满面，忧心焦虑。2002年社区每家每户安装了与居委会、志愿服务基地直通的"志愿一线通"，可算帮了老俩口大忙了。老徐一按钮，志愿者就会上门帮忙。有一回老徐外出，回家时见老伴干干净净地躺在床上，志愿者正拿着鞋刷子清洗老周沾上大便的衣物。老徐眼泪直打转，这非亲非故的怎么忍心让人家干这种脏活呀！亲人能做到的也不过如此啊！以前因为老周经常大小便失禁，家里味道很大，老徐根本不好意思让人来家里，现在异味没有了，空气清新了。

正是得益于楼宇对讲系统及时、便捷的信息传递，使得厂洼社区的志愿服务更为贴心，常常为社区居民排忧解难。楼宇对讲系统的安装不仅杜绝了推销、散发小广告的现象，而且有助于治安服务队的志愿者巡逻，防止寻机作案的流动人员进入，确保小区的安全。志愿者周到细致、多种多样的服务，时刻让社区的 2000 多位居民置身于"奉献、友爱、互助、进步"的爱心圈里，一个邻里互助、志愿相帮的和谐厂洼展现在世人面前！

一条普通的楼宇对讲电话线，一端连接着社区志愿服务基地，一端连接着家家户户，每当社区百姓遇到困难，总会通过这条电话线寻求志愿者的帮助。从此，这条普通的电话线不再普通，她将志愿服务精神传递，她将心与手连成一个邻里相帮、志愿互助的爱心圈。在志愿精神这个大爱的围绕下，巡逻护院铸就安心圈，扮美社区打造舒心圈，文体联谊舞动开心圈，助老扶残画出顺心圈，精神抚慰勾出知心圈。它是居委会、志愿者基地联系居民的纽带。居民家中发生了困难，居委会听到呼叫能及时帮助解决，有助于营造情感相依、守望相助、疾病相扶、困难相助的社区氛围。

三、厂洼社区志愿服务的经验总结

厂洼社区从多年的志愿服务历程中，不断总结经验教训，为今后的活动开展奠定了良好的经验基础。总体而言，其社区志愿服务的经验总结如下：

1. 建立完善的制度建设、抓好组织落实是保障社区志愿服务的关键

厂洼社区的志愿服务取得了显著效果，首先要得益于社区强有力的制度保障。厂洼社区制定了完善的志愿服务制度。从志愿者的招募、培训，到志愿者的管理、服务、激励的各个环节，都有明确的制度规定。为抓好社区服务站的工作，居委会成立了服务站管理小组，抓好组织落实才能使制度的规定落到实处。组长由居委会主人兼任。副主任是居委会成员。有一名专职工作人员。管理小组定期召开会议研究制订服务站的规章制度、服务公约、工作计划及经费开支，与服务商签订协议书，协调商业网点单位研究解决在工作中遇到的问题。召开

社区楼门组长、居民代表、社区党员座谈会，听取意见，对服务商服务态度、商品质量、卫生、参与社区活动，进行评议以便改进工作，更好地服务群众。

2. 活动项目从居民的实际需求出发，贴近居民生活

厂洼社区借助于楼宇对讲系统，能够及时、快捷地了解到社区居民的需求，迅速调整志愿服务的人力、物力资源，为居民提供切实的志愿服务。以社区治安志愿服务为例，由于近些年社会恶性事件的增多，增加了社区治安防范的难度。社区采用了灵活多样的方式增强居民的法律和治安防范意识，如组织居民看"防骗进行时""巫婆的骗术"等电影科教片；发放法律知识、"防火'死里逃生十招'"等宣传材料 3500 多份；开展楼道治安防范互助活动，每个单元成立治安防范小组，提出"关上单元门，咱们是一家人"的口号，宣传"严把楼道门，看好自家门，照顾好邻居门，盘问陌生人"的意识。社区的老年人较多，社区积极开展健康教育，请专家教授志愿者讲心血管疾病的防治，糖尿病人的科学食疗方式等。为活跃社区生活，志愿者们请文体老师教健身操，请音乐老师讲音乐知识，请文化馆老师教健身秧歌舞蹈。2005 年，社区志愿者参与举办的消夏晚会，从几岁的娃娃到 70 岁的老人，200 多人次上台演出，社区舞蹈队"踢踏舞"获取一等奖，"北京情"参加北京电视台举办的真情互动电视获优胜奖。多层次、多形式的文化活动为居民社区生活提供了一个参与、发挥的舞台。

3. 充分整合社区资源，多方位地建构和谐社区生活

厂洼社区注重整合社会资源，充分调动人力、物力的资源建构社区生活。当时社区由热心公益的居民组成了多支志愿服务队伍。他们根据各自不同的特长和优势，开展了多样化的志愿服务，如为下岗职工介绍工作，为空巢老人打扫房间、买粮、买菜等亲情服务，拉近人与人的感情；专职巡逻队伍，定人、定时、定责 24 小时巡逻值班。同时，社区注重利用高科技手段，提供更加便捷的服务。楼宇对讲系统的安置，极大地推进了社区志愿服务的开展。为了加大监控力度，社区先后安装

14个监控探头，建构人防、物防、技防三位一体的网络，确保社区和谐稳定。

厂洼社区从2000年以来，曾多次荣获首都文明社区、市先进居委会、市卫生先进单位、市健康社区、市人口与计划生育示范社区、市节水型社区、海淀区平安社区、海淀区和谐社区、海淀区学习型社区、海淀区交通安全先进单位等称号。在北京2009年"魅力社区"评选活动中，厂洼社区的志愿服务项目"志愿服务一线牵，牵动你我邻里圈——开展多层面社区服务"，呈现出参与广泛、形式多样、活动经常、成效明显的社区常态化志愿服务模式。在评选的晋级评选和总决选中，经过专家、百姓、媒体三大评议团和特约观察团的打分与组委会委托专业调查公司进行的社会调查分数加权，层层筛选，最终脱颖而出，成为第四届"北京魅力社区"的第一名。消息传来，厂洼社区一片沸腾，人们纷纷奔走相告，传递着属于社区的骄傲和自豪，也传递着对社区志愿服务的恒心和信心！

第二节 "服务自助超市"成社区志愿服务的新模式

——记国际关系学院社区的志愿服务

调研对象：国际关系学院社区（社区主任金乐平）

调研时间：2009年11月5日

调研地点：北京市志愿服务联合会

调研及报告撰写人：

王雅姝（中国农业大学2009级硕士研究生）

国际关系学院社区（以下简称"国关社区"）辖于北京市海淀区青龙桥街道，坐落在国际关系学院院内，是典型的高校社区。社区于

1984 年建成，总面积 140000 平方米。社区有多层楼房 14 栋，45 个单元，共有住户 520 户，总人口 1260 人，流动人口 58 户、72 人。社区的居民主要由国际关系学院的教职工组成，大学（本科）以上学历者多达 448 人，占居民总数的 35.6%。社区有 1 个党支部，支部党员 17 人，社区党员总数达 668 人。

国关社区环境优美、生活便利、治安良好。校园的整体绿化给社区添彩一分。社区里服务站、活动室、图书室等基础设施种类齐全、管理有序。社区有广场一处，设有各种健身器材，供居民健身休闲。社区的综合服务站里有蔬菜店、理发店、超市等，居民生活十分便利。由于位于高校，校卫队 24 小时巡逻执勤，社区治安良好。

一、社区志愿服务的发展历程

从最初的社区家委会到如今的"服务自助超市"，志愿组织的发展经历了曲折中的不平凡。

1. 志愿者服务队的建立

1984 年国际关系学院成立了家委会，2006 年家委会正式转制为国际关系学院社区居民委员会。随着居民生活水平的不断提高，一方面，居民对社区生活提出了更高的要求；另一方面，居民也有参与志愿服务的意愿。2003 年，在党支部和居委会的领导下，社区先后成立了 7 支志愿服务队，分别是党员志愿者队、巾帼志愿者队、青少年志愿者队、大学生志愿者队、外来人员志愿者队、消防志愿者队和在职党员志愿者队。

截至 2009 年，社区志愿者总人数达到 260 人。按身份划分，社区工作人员 5 人，其他志愿者 255 人。按来源划分，社区外志愿者 72 人，社区常住志愿者 188 人。按年龄划分，年龄在 18 岁以下的中小学生志愿者约 20 人，年龄在 18—60 岁之间的志愿者约 200 人，年龄在 60 岁以上的老年志愿者约 40 人。按性别划分，男性志愿者 147 人，女性志愿者 113 人。按职业划分，学生 50 人，在职人员 60 人，离退休人员

78 人，外来务工人员 72 人。这些志愿者主要在社区内提供服务，一般都要深入到居民家中。95%以上的居民对社区的志愿服务都有不同程度的了解。

当时，社区的志愿服务工作主要由社区义工服务站组织和管理，服务站在党支部和居委会的领导下开展工作。国关社区义工服务站属于海淀区民政局义工联合会下辖的青龙桥街道义工分会。国关社区的志愿者和服务商都是义工组织的成员，每年青龙桥街道社区服务中心都会组织他们参加义工注册登记的培训会，以促进本地区志愿服务工作规范、有序地发展。

同时，社区志愿服务的管理者们也认识到，这些队伍从事的服务活动往往是发起于某一时间或事件，不太连贯。例如，在学雷锋日、环境保护日开展志愿服务活动等，并没有形成常态化的长效机制。因此，国关社区在逐步酝酿志愿服务发展的新模式。

2. 志愿服务在发展中遇到的问题

长期以来，在社区困难群众和弱势群体中，有不少老人和重度残疾人出门困难，2006 年党支部制定并组织志愿者实施了《党员联系困难群众和特殊群体制度》和《社区巡诊制度》，开始了对社区弱势群体的关爱行动。2008 年 10 月 1 日起，海淀区开始实行的"居家养老政府买单"服务，得到了辖区老人们的欢迎，也成为一种居家养老服务的新模式。但是，经过 8 个月的实施，服务商拓展困难、服务质量不高等问题逐步显现。究其根结，在于各街乡面积大小不同，每个服务项目只有一个服务商，辖区范围太大，所以出现服务不及时、服务受限制等问题，致使居家养老服务遇到障碍。

二、全新的社区志愿服务运作模式——服务自助超市

1."服务自助超市"的制度构建

国关社区从 2008 年 7 月 1 日起，以"我买单，他服务，你享受"

的新理念，开始开展对社区困难群体的特殊服务。由社区向困难群体发放特殊服务卡，整合社区卫生服务站、理发店、菜站等服务资源以解决残疾人、老年人看病、理发和买菜的问题，扩大了社区服务的范围。所需费用从社区服务自收资金中列支，这是社区量力而行，靠自身努力逐步实现政府改善民生要求的一个具体体现。当时享受此项服务的居民有6人。

2009年2月11日，国关社区党支部和服务站召开了社区特殊服务回顾与拓展座谈会。享受特殊服务的服务对象、社区服务商和社区党员参加了会议。在会上，居委会党支部书记金乐平向大家介绍了2009年社区服务站的新设想：在2008年特殊服务社区买单的基础上，尝试建立国关"居家养老服务项目超市"。"超市"首批推出的20项服务内容包括：送餐上门、送水上门、送菜上门、送医上门、理发上门、洗衣上门、维修上门、修脚上门、居室保洁、清洁燃具、修理电话、代收电费、代收奶费、代购煤气、代缴话费、精神慰藉、早晚锻炼、棋牌娱乐及健康保健等。参会服务商都表示乐于参与社区服务，他们觉得这样既满足了社区服务的要求，也扩大了自己的服务范围。而服务对象则表示，"服务超市"的设立打通了服务通道，社区生活更加便利了。

在"服务自助超市"的服务项目中，免费项目占50%以上，其他收费项目也只是象征性地收取成本费，服务商都在一定程度上提供了相应的志愿服务。根据内容的不同，服务主要分以下两类：第一类是志愿者提供的完全志愿服务。例如，废品回收上门、电卡送上门、天然气维修、电话维修、订水订餐订牛奶等。第二类是服务商只收取产品或服务的成本，提供配送的部分志愿服务。例如，送菜上门、理发上门、出诊和医疗咨询、房屋维修、代购煤气、楼道保洁等。

2009年6月30日，经过一年的试运行，国关社区"服务自助超市"正式挂牌成立了。考虑到服务的长期性和合法性，社区居委会与每家服务商都签了约，以保证居民放心、服务商满意。

2. 志愿者"予我所能"，居民"取我所需"

挂着社区"服务自助超市"标牌的"门脸"设在社区居委会里，至于超市的"货架"和"服务商"，则散落在社区的各个角落。现在"服务自助超市"的运行已经制度化，居民遇到难事，首先想到的就是找志愿者帮忙。理发找社区理发店的杨师傅；寻诊或医疗咨询找社区卫生站的大夫；抬送病人找社区安保队；买煤气、缴电话费就找社区里的协管员……志愿者成了居民的贴心人。

在国关社区里，有一个"特殊"的家庭。这就是李大钊同志的次子李光华一家。李光华今年86岁，妻子79岁并患有心脏病，还有一个49岁、生活不能自理、患有脑血栓等多种疾病的儿子。两位老人年事已高，再加上儿子的病，生活中常常遇到不便。2006年夏天，北京高温，当社区居委会的志愿者了解到李爷爷家还没装空调，患病的儿子因为体型偏胖热得汗流浃背的情况后，便主动联系商家，帮助他们运输、安装空调，家里闷热的情况很快得到了改善。他们的儿子不能走路，有时候疾病突然发作，两位老人没办法把他抬到床上，只能让儿子吃了药，睡在临时铺的地铺上。如今，每当遇到这种情况，老两口就会马上给校卫队的志愿者打电话。他们还可以请社区卫生服务站的志愿者上门出诊。社区志愿服务让一家人的生活安心了许多。

社区里还有些老人行动不方便，没办法出门。对他们来说，买菜、理发、缴电话费都是难事儿。现在他们只要拿着社区服务自助超市的清单，打个电话就可以得到志愿者的帮助。经营蔬菜店的小苏，是2003年进入国关社区的。刚开始经营的时候，并不提供送菜上门的服务。志愿者是社区服务站的桥梁，使他的店和居民们的联系更紧密了。现在，他的店不仅提供送菜上门的服务，还根据居民的要求，增加了送水、送奶、存储等志愿服务。他们与居民的关系愈加融洽，小店经营得很不错。经营理发店的小杨，也是2003年进入社区的，2007年她的店开始为居民提供上门服务，只收取基本的理发费，不收取上门服务费。小杨说，能给居民带来实实在在的帮助，她打心眼儿里高兴。当时，她的店打算增加服务项目，同时增加上门服务的种类。不过，由于场地所限还未能完全实现，她希望得到社区服务站的支持。

近几年来，国关社区义工服务站所属的青龙桥街道义工分会对街道所辖24个社区的志愿服务资源进行了整合。2006年8月12日，青龙桥街道义工分会义务指路队正式成立，在颐和园为中外游客指路。奥运会前，队长高玉红和义务指路处的队员们意识到，奥运会期间将有大量的国外游客到颐和园来参观，要想给国外友人指好路，大家必须掌握英语，学会用英语指路。于是，高队长周二到东直门求教82岁的王启睿老师，自己学会了，周四下午再教给队员们。指路队队员的年龄层次不同，最大的队员68岁，很多人也没有基础。为了能学得牢固些，他们从基础知识入手，学习有关奥运方面的英语和常用的对话。现在队员们练就了一口流利的英语，颐和园周边的公交线路和行车路线，他们都能用英语准确地告知外国游客。

除了整合资源，青龙桥街道社区服务中心现在已经有了专业的志愿服务培训基地。他们从每个社区选拔志愿者进行培训，培训后志愿者再返回到各自的社区开展日常性的服务。需要时，他们也在整个街道范围内开展服务活动。

三、国关社区志愿服务的经验总结

1.特色突出，弱势群体成重点服务对象

从国关社区向困难群体发放特殊服务卡，整合社区各种服务资源的举措来看，老年人、残疾人等弱势群体成为社区志愿服务的重点对象。

截至当时，中国60岁及以上的老年人口总数已达1.49亿人，占全球老年人口的21.4%，居世界首位。20世纪90年代初，我国每10个年轻人养一个老年人，现在这一比例已经达到3∶1。越来越多的家庭

将出现4个老年人、1对夫妇和1个孩子的所谓"4、2、1"的格局。受传统思维影响和现实条件制约，大多数老年人仍选择居家养老。然而，家庭可为老年人提供的照料越来越少，老龄化问题需更多地求助于社会。老年人对社区服务的需求越来越多，要求也越来越高。

国关社区在现有服务的基础上，还打算逐步增加洗衣、送报、陪伴老人等项目，重点为居家的孤老、体弱多病无子女的"空巢"老人提供各种应急服务，并鼓励和支持各类组织、企业和个人在社区开展服务业务。

2. 不出社区，自己的问题自己解决

志愿服务自助超市的突出特点就是整合社区资源，服务社区居民。利用社区内的资源来解决社区内的问题。

这一模式，以社区为单位，广泛动员了社区内的各种服务力量。对于有特殊困难的家庭来说，志愿者与他们结成一对一或几对一的对子，使志愿服务工作相对固定。对其他家庭来说，有帮助需求时也可以随时随地请志愿者提供服务，十分方便、灵活。

3. 注重长效，服务模式已在街道推广

国关社区的"服务自助超市"模式自实行以来，得到了社区居民的普遍认可。其主要原因就是它确实解决了居民的实际困难。由于简单、易行，这一模式可以形成机制长期地实行下去。

用居委会主任金乐平的话来说："这家超市其实就是居委会和服务站搭建一个平台，它把社区里能利用的资源尽可能地利用起来，大家互帮互助。"

如今，国关社区的志愿服务模式已经开始在青龙桥街道的其他社区推广了，相信这些社区在推行的过程中，一定会根据各自的情况和特点进行创新，从而使社区服务的新模式越来越完善。

同时，社区的志愿者也对上级的志愿服务工作提出了一些建议。一是希望由上至下的志愿服务管理层级更加清晰，职责更为明确。如今，他们由民政局下属的义工联合会管理。而团市委也有专门组织志愿服务工作的下属单位。他们认为，如果能成立专门机构，自上而下地统一管理志愿者或义工工作，对基层志愿者来说，更能提高他们的工作效率。二是希望建立切实可行的经费保障制度。志愿者们反映，由于分管的上级单位不一致，他们从事志愿服务活动所需要的最基本的经费往往得不到保障。例如，颐和园义务指路队志愿者们只有一套工作服，已经穿了三年多，一直也没更换。三是希望全社会能多一些对志愿者的关注、认识和尊重。在从事志愿服务的过程中，他们常常遇到这样的情况，一些群众对志愿者缺乏基本的尊重，认为志愿者是免费劳动力。如果这些情况经常发生的话，难免会影响志愿者的服务热情。这需要全社会的共同努力。

国关社区的志愿者和社区居民由于志愿服务的牵线，越来越像一家人了。志愿服务自助超市不仅帮大家解决了实际困难，而且也联络了大家的情感，居民关系更融洽了，小区也更和谐了。

四、国关社区发展志愿服务新模式的现实意义

时至今日，社区制已经基本取代了单位制，成为一种新型的社会基层管理体制。社区制的基本特征之一，就是变单一的管理主体为多元的管理主体。政府和社区组织都需要发挥各自的作用。社区组织大体可以分为两种类型：一是社区管理组织，二就是志愿组织。志愿组织可以充分挖掘社区潜在的人力资源，机动灵活地开展各项活动与服务，满足居民的生活需求，解决社区问题，促进公共利益的最大化。

国关社区"服务自助超市"这种志愿服务新模式，具有一定的现实意义，同时给社区志愿服务的发展带来了新的启示。

1.满足生活需求，构建互助网络

"服务自助超市"致力于提供各种社区服务。社区志愿组织与居民之间的联系更加密切了，能够在最短的时间内了解他们的各种需求和

遇到的问题，也能够迅速、灵活地采取行动，通过这些具体而细致的活动，更好地满足居民的多重需求。另外，社区志愿组织深入社会底层，对孤寡病残等弱势群体进行救助，不但能解决他们的实际生活困难，提高他们的生活质量，改善他们的生活处境，同时也能唤起社区居民甚至社会公众对他们的同情和关心。因此，社区志愿组织能在社区中构建起一个居民互助网络，通过开发每个居民的能量，依靠大家的合力来解决居民面临的问题，促进和维护每位居民的身心健康和生活福利。

2. 促进人际交往，增进社区融合

自从"服务自助超市"开张以来，社区里居民的联系由于互帮互助而多了起来。显然，邻里间交往的增多能够促进社区内各种信息的交换，从而建立起和谐的人际关系网络。通过参与和接受志愿服务，居民们增加了彼此交流的机会，在频繁的互动中，建立起信赖和互惠的关系。在为他人提供服务的同时，也能从对方的肯定和感谢中获得满足和喜悦，这种身心上的愉悦和收获，在客观上创造了社区持续而良性的共建氛围。同时，和谐的人际关系也有助于消除误解，减少社会排斥，降低彼此的疏离感，减少社区问题的发生，在个人与个人之间、在不同的社会群体之间起到一种黏合作用。因此，积极参与社区志愿活动，可以提高居民对社区的认同感和归属感，从而增进社区融合。

3. 联结不同领域，促进资源互补

"服务自助超市"最显著的特点和最明显的优势就在于，它在一个由客观条件所限的范围内，整合了可以发挥功能最多的资源，实现了资源能效的最大化。社区志愿服务是一种交往的场域，是社区居民、志愿组织、国家部门之间相互联系和沟通的纽带。社区志愿活动也为他们提供了一个舞台，在此他们能够大显身手，施展才华，贡献才干，实现自身的价值。最重要的是，社区可以通过志愿活动更好地宣传自己的福利政策，体现对社区居民的人文关怀。社区志愿服务就是一种整合各种分散资源的中介，使其由离散形成聚合，得到合理有效地运用，充分地发挥其应有的功能。因此，从宏观上说，社区志愿服务是社区发展的助推器，在社区建设和发展的整个过程中发挥着重要作用，从而成为促进社会建设和构建和谐社会的一条重要途径。

第三节　南锣鼓巷社区志愿服务

调研对象：南锣鼓巷社区工作站站长陶聪

调研时间：2009 年 11 月 2 日

调查地点：北京市东城区交道口街道南锣鼓巷社区

调研及报告撰写人：

田丽娜（北京科技大学博士研究生）

南锣鼓巷社区（以下简称"南锣社区"）居委会成立于 2002 年，根据中央发布的 [2000] 23 号文件精神，划分地缘形板块社区，将地东社区居委会、南锣社区居委会、交南社区居委会的一部分与原有的板厂居委会合并成南锣社区。南锣社区地处东城区的西面，隶属于交道口街道辖区，与圆恩寺社区居委会相邻，面积 0.12 平方公里，户数 1685 户，人口 4518 人，辖区内有棉花胡同、板厂胡同、炒豆胡同、南锣鼓巷 4 条胡同、2 条大街，大小单位有 70 个，有僧格林沁府等著名景观，南锣社区是一个历史文化色彩浓郁的社区。

为了开展好南锣社区的志愿服务工作，社区专门成立了南锣鼓巷社区志愿者协会，从公益服务、为民服务、自娱自乐等多方面开展志愿服务工作。社区当时有志愿者 130 人，在北京市志愿者协会登记注册，隶属于协会，由社区居民委员会负责管理。

一、南锣鼓巷社区志愿服务基本情况简介

（一）社区志愿服务的组织、制度构建

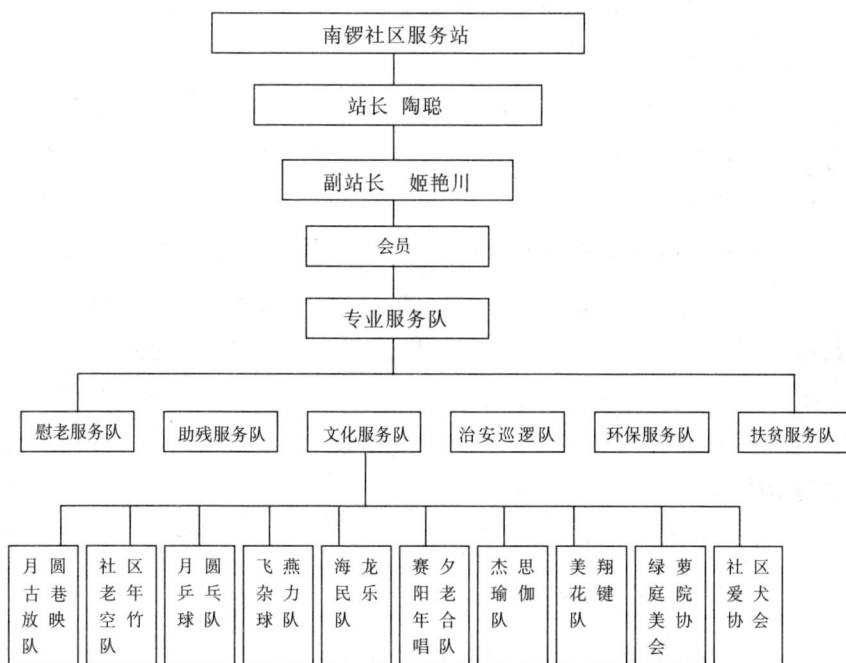

```
┌─────────────────────────┐
│      南锣社区服务站       │
└─────────────────────────┘
         │
┌─────────────────────────┐
│      站长　陶聪          │
└─────────────────────────┘
         │
┌─────────────────────────┐
│    副站长　姬艳川         │
└─────────────────────────┘
         │
┌─────────────┐
│    会员      │
└─────────────┘
         │
┌─────────────┐
│  专业服务队   │
└─────────────┘
```

| 慰老服务队 | 助残服务队 | 文化服务队 | 治安巡逻队 | 环保服务队 | 扶贫服务队 |

月圆古巷放映队　社区老年空竹队　月圆乒乓球队　飞燕杂力球队　海龙民乐队　赛阳夕老年合唱队　杰思瑜伽队　美翔花键队　绿萝庭院美会　社区爱犬协会

图3—2　南锣鼓巷社区志愿者服务队组织结构

　　南锣社区的志愿者服务经过多年的经验积累，经过实践的磨炼和演练，志愿者队伍已经颇具规模，志愿服务的制度也逐渐成熟，社区还专门制定了《南锣鼓巷社区志愿者协会章程》，对协会设立的目的、协会活动的原则、协会开展的业务以及协会的会员和组织机构等做了一个详细的规定，从而使得社区志愿服务能够做到有序化、制度化、规范化。

（二）南锣社区志愿者服务的基本内容

南锣鼓巷社区志愿服务本着"奉献、友爱、互助、进步"的宗旨开展相关活动，主要围绕着帮弱扶残、环保宣传、治安维护、丰富文化活动等项目开展工作，具体体现在：

（1）动员和组织居民参与社区建设、维护社区安全、为社区孤、老、残、弱提供志愿服务。

（2）教育居民树立环境卫生意识，培养讲文明、讲卫生的良好卫生习惯；协助社区开展疾病预防、医疗、保健、康复教育和计划生育等活动。

（3）开展图书阅览、普法学习、健康娱乐等服务活动，进行社会主义道德教育、公益教育、美德教育、科学知识和文化知识教育，丰富居民业余文化生活，增强居民体质，陶冶居民情操，推进精神文明建设。

（4）开展以扶贫帮困、互助互济为主要内容的服务活动，在居民中形成浓厚的互助风气。

（5）做好治安联防，组织开展经常性群众性的法制教育，预防各种犯罪活动，维护社区稳定。

（三）南锣鼓巷社区志愿的特点

（1）服务内容贴近民心，不仅有助残扶弱、安保巡逻等基础内容，而且文化活动内容丰富，在这个具有老北京特色的社区里更加体现了文化底蕴。

（2）服务形式多样化，一帮一服务、党员先锋队、文化兴趣队等都在不同的服务领域里突出了自己的优势，使得整个志愿服务彼此之间有机联系，互为补充。

（3）志愿服务的宣传方式开放性强，除了海报宣传外，社区还建立了自己的博客，通过网络媒介去宣传自己的活动和成果。另外，东城区报纸、《北京信报》《法制晚报》等媒体也对南锣鼓巷社区的志愿服务活动进行了宣传和报道。

（4）志愿者来源单一化，志愿者群体特点趋向统一，例如：90%的志愿者来自于本社区，其中，50—70岁的志愿者占到志愿者总数的大部分，60%以上为女性。由此可以看出，南锣鼓巷社区的志愿者多为女性，而且年龄偏大。

（四）南锣鼓巷社区志愿服务的作用

（1）对于志愿者本身来说，通过参加社区志愿服务活动提升了他们的人生价值和人生意义，体现了"人人助我，我助人人"的精神。

（2）对于社区居民来说，通过开展社区志愿服务，增进了居民之间的沟通和交流，增强了彼此的了解和认识。

（3）对于居委会来说，居委会可以通过鼓励居民积极参与社区志愿服务活动的方式，让居民了解社区建设工作，提高社区居民的民主参与意识，对社区建设多提意见和建议。

（4）对于社区来说，社区志愿服务活动贴近居民生活，做到为民服务，在志愿服务平台上实现了居民互助，也增强了居委会和居民的沟通，对于共建和谐社区具有一定意义。

二、南锣鼓巷社区志愿服务典型案例："月圆古巷志愿者放映队"

1."月圆古巷志愿者放映队"成立背景

南锣鼓巷社区是东城区交道口街道下属社区，通过多年打造，南锣南锣社区目前已成为东城地区标志性的旅游胜地，每天迎接着来自五湖四海的朋友。在这个文化底蕴深厚、历史传统优秀的地区，居民与商家、社区与住户共建和谐家园，共同打造有特色的南锣休闲文化品牌。为此，社区组建了许多特色的志愿者服务组织，其中包括：月圆古巷放映队、社区合唱队、乒乓球队、柔力球队、空竹队、毽球队、金盛象棋队、舞蹈队等。"月圆古巷志愿者放映队"就是其中的佼佼者。

2."月圆古巷志愿者放映队"简介

南锣鼓巷社区"月圆古巷志愿者放映队"成立于 2006 年 8 月 15 日，它是由社区志愿者（包括社区居民、部分商户代表、流动人口等）自发组织、自主管理和民主自治的民间社团组织。放映队自成立以来，紧密依托中影集团紫禁城影业公司和"阳光快车"等社会公益性组织，近四年来坚持义务为社区内居民、商户、流动人口、部队官兵放映露天电影。

放映队遵循质朴和谐、文明向上的服务理念，以真情、热情服务于民、娱乐于民。近四年来，每月坚持放映一两部影片，总计放映 40 场，每次放映，观众多达三四百人，观影居民群众达到 1.2 万余人次。

放映的影片有爱国主题的《太行山上》《永不消逝的电波》，有反映奥林匹克题材的《一个人的奥林匹克》，有宣扬先进英雄人物的《张思德》《山村书记》《生死牛玉儒》，有宣传法制的《法官妈妈》《玉观音》，有励志题材的《江北好人》，也有生活题材的《台湾往事》《25 个孩子一个爹》等等，主题鲜明、寓教于乐，深受广大居民喜爱。放映队还组织居民开展影评，交流观后感，使文化活动更加丰富多彩，深入人心。配合露天放映电影，放映队还制作了"流动放映车"，在胡同、小巷、居民院中，定期放映"党员宣教片""治安防范片""道德教育片""奥运专题片""文艺曲艺片"等。

"月圆古巷志愿者放映队"放映露天电影，不仅是一种娱乐的形式，更重要的是它参与社区和谐建设，丰富了社区居民群众的文化生活，宣传了党的方针政策，增进了邻里友谊，慰问了辖区内驻地单位和官兵及外来务工人员，增强了和谐社区的凝聚力。活跃在社区的这支放映队已被广大居民认可，并深受欢迎。

3."月圆古巷志愿者放映队"的组织结构

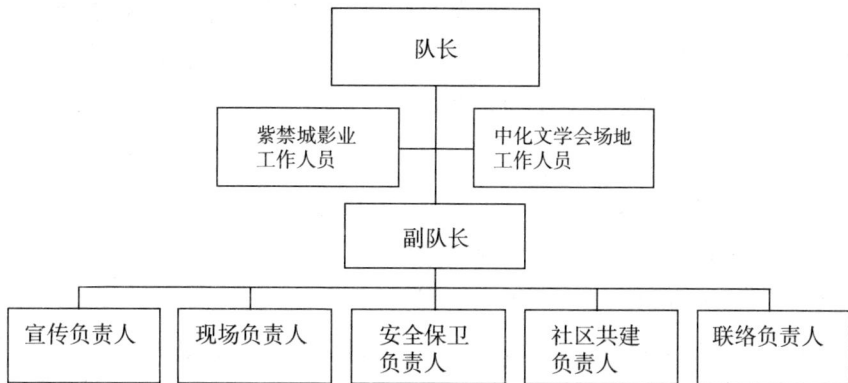

图3—3　"月圆古巷志愿者放映队"组织结构

4."月圆古巷志愿者放映队"的志愿服务特点

（1）志愿服务持续时间长，效果明显。"月圆古巷志愿者放映队"于2006年由社区志愿者组织成立，连续四年来不间断地为社区居民放映电影，不仅丰富了居民的精神文化生活，而且提升了居民的文化素养。截至2009年9月，累计为社区居民放映露天电影近50场，观众累计达1.5万多人次。

（2）志愿服务覆盖面广，群众满意。电影服务对象覆盖本地居民、武警战士、流动人口、商户、农民工等不同群体，通过放映前简短的社情通报会，表彰好人好事，了解社情民意，真正使放映场成为了凝聚民心、和谐相处的社区大舞台，广受社区全体成员的欢迎。

（3）社区服务水平得到提升，以点带面效果好。通过项目化管理，不断提升品牌影响力，使社区居民对于社区工作、社区志愿服务以及"魅力社区"评选活动的"知晓率"和"参与率"明显提升，社区工作者服务水平进一步提高。

三、南锣鼓巷社区志愿服务的经验总结

1.居民广泛参与，营造和谐氛围，奠定社区志愿服务的基础点

南锣鼓巷社区志愿服务的顺利开展依赖于居民的广泛参与，居民对于社区的志愿服务工作表示了最大的支持，通过志愿报名的方式，结合自己的个人兴趣，很多居民参加到志愿服务队伍中，开展公益慈善、文化兴趣活动等。正是拥有了如此多的群众基础，南锣鼓巷社区的志愿服务才可以有序又丰富地发展。

2.完善志愿制度，抓好组织落实，保障社区志愿服务的关键点

南锣鼓巷社区针对志愿服务专门制定了《南锣鼓巷社区志愿者协会章程》，从协会的设立、管理、执行活动等方面做了详细的规定，使得志愿服务活动的开展实现了制度化、规范化。此外，志愿者的管理也井然有序，从志愿者的招募、管理、表彰等，社区都有一套完备的制度来执行，有效地激励了志愿者更好地参与志愿服务活动。

3.拓展服务途径，开拓创新文化，建构社区志愿服务的核心点

南锣鼓巷社区紧紧抓住社区拥有浓郁北京传统文化的特点，在志愿服务中，强调创新思维，突出文化色彩，组建了很多文化志愿服务队，例如，月圆古巷放映队、老年空竹队、海龙民乐队、美翔花键队等。特别是月圆古巷放映队，是南锣鼓巷社区一个持续时间最长，受众面最广的志愿服务项目，广受群众好评。通过这些丰富多彩的文化服务活动，增进了居民之间的沟通交流，更丰富了居民们的业余文化生活，对于促进文明和谐社区的建设起到了核心作用。

4.整合社会资源，依托社会平台，实现社区志愿服务的支撑点

南锣鼓巷社区志愿服务活动善于整合社会资源，通过与政府机关、企业等合作实现了志愿服务的多样化、稳固化。在宣传方式上，依托了社会平台，通过网络媒介、报纸平面媒体、电视媒体等做广泛地宣传。在活动开展上，与企业密切合作，互相取长补短，实现双方的共赢。例如，"东创影院"紫禁城影业公司和"阳光快车"等社会公益性组织就与社区合作，通过放映电影这一方式，丰富了居民的精神文明生活，为构建和谐社会做了贡献。

第四节　晓月苑社区

调查对象：宛平城地区晓月苑社区负责人

调研时间：2009 年 4 月 28 日

调研地点：晓月苑社区

调研及报告撰写人：

袁博（中国人民大学硕士研究生）

一、社区概况

晓月苑社区位于历史悠久、举世闻名的卢沟桥畔。北京市丰台区社区建设工作领导小组于 2002 年 4 月批复建立晓月苑社区，基本形成了以北京宛平房地产开发有限公司开发建设的晓月苑小区为依托的社区资源规模。现居住居民 3012 户、9036 人，社区面积 2 平方公里。北起晓月中路铜狮子，南至三里南围墙，东至铁道边，西至晓月中路中心线。社区内交通便捷，公共配套设施齐全，环境别致优美，属于小区型社区。宛平城地区工委、办事处、宛平房地产开发有限公司、古桥物业管理中心、卢沟桥派出所、宛平城地区社区服务中心等主要单位都分布在此社区。

2002 年 5 月，社区居民委员会选举产生了晓月苑社区居民委员会。近年来，社区党组织、社区居委会发动社区单位和居民共驻共建，积极推进社区建设，逐步把晓月苑社区建设成为管理有序、服务完善、环境优美、治安良好、生活便利、人际关系和谐的新型社区。

二、社区服务站的组织架构及职能

晓月苑社区服务站下设助老志愿服务岗、社区环境保护岗、社区劳动保障协管员岗、社区公共文化和卫生岗、社区服务站代理代办岗、流动人员管理岗等岗位。在人员构成上，服务站共有站长一名，副站长一名，社区福利委员两名，社区医疗卫生委员、计划生育委员、流动人口管理委员、残疾人服务委员、劳动保障协管员各一名。

服务站的主要职责有：开展社区劳动就业、社会保障和社会事务管理工作；参与社区治安维护工作；提供社区法律服务；协助开展社区健康管理与服务工作；做好社区计划生育服务；配合开展社区教育和文化体育活动；组织开展便民服务；培育和壮大社区社会组织；畅通民意诉求渠道；协助开展社区基础管理工作等。

三、社区志愿服务活动情况

晓月苑社区建成之初，跟所有其他社区一样，居委会组织社区居民，特别是老年居民进行治安、环境维护、文娱活动组织等方面的志愿服务活动。经过多年的经验积累，逐渐形成了以注册志愿者为骨干，广泛发动在职、流动人群参与志愿服务的工作模式。2009 年，晓月苑社区共有注册志愿者 200 人，在重大节日、大型活动期间会有更多志愿者参与服务。2008 年奥运会期间，晓月苑社区共有 308 人（含在职人员）参与社会志愿服务；2009 年国庆期间，共有 390 人（含流动人口）参与安保志愿服务。在多个志愿服务活动中，最具特色、定期进行的是"助老助残志愿驿站"和"高血压俱乐部"两个特色志愿服务活动。

（一）助老助残志愿驿站

1. 志愿服务活动的背景

晓月苑社区地处城乡接合部，"农转居"及流动人口较多，居民收入水平中等。社区内老年人 200 人以上，残疾人 50 多人，加之社区农转居和搬迁户人数较多，属于低收入群体，部分人长期靠拿低保维持生活。在这种情况下，社区为了提高老年人、残疾人的生活质量，解决孤老残疾人群的实际困难，让更多生活困难的人感受到社区关怀，居委会在原有助老志愿服务的基础上进一步开展了"助老助残志愿驿站"活动。

2. 服务对象

助老助残服务项目的服务对象主要是社区内的 80 岁以上孤寡老人、低保户、空巢老人、残疾人、流动人口中的困难群体等。

3. 主要做法

这个项目为社区内的老年人、残疾人、困难群体提供志愿服务。以"定期走访、精神抚慰、扶贫帮困"为服务内容，建立助老、助残一户一档详细资料，了解扶助对象的需求，有针对性地开展服务。社区专门设置助老助残志愿驿站的志愿服务场地及轮椅、血压计、拐杖等助老助残应急服务工具。公布志愿驿站的电话，每天设专人接待、接听来人及来访电话。成立助老助残志愿者队伍，如"志愿购物队"，开展走访、陪聊、购物、法律咨询、家庭设备维修、健康讲座、发放助老服务券等服务。与社区卫生服务站协同对老年人、残疾人建立健康档案，为他们提供个性化的、有针对性的医疗服务。

（1）结成"多帮一"对子

居委会在自愿基础上，以社区服务站为依托，以骨干志愿者为主体，发动居民楼门长、居民代表等积极参与，与扶助对象结成"多帮一"对子，定期以走访、慰问的形式进行有针对性的志愿服务。

（2）建立一户一档资料

居委会建立助老助残的一户一档资料，详细记录扶助对象的基础人口信息、身体健康状况、日常服务项目、特殊服务项目等，以及提供服务的志愿者的基本信息。志愿者每次服务后，都要在服务日志中详细记录当日的服务内容、服务时间，以及扶助对象的满意度、意见建议等。服务站站长定期对档案记录进行审核，评估志愿者服务质量，回复扶助对象所提意见。

（3）服务项目内容

居委会结合老年人、残疾人日常生活需要，在学习需求、家庭服务、身心健康方面设置服务项目。在学习需求方面，帮助老年人订报纸，为老年人进行读书、读报服务，组织老年人进行各类学习活动，开展走访、陪聊、法律咨询等；在家庭服务方面，主要进行大件物品搬运、志愿购物、小家电维修、卫生打扫、向困难群体发放助老服务券等日常性活动；在身心健康方面，在志愿驿站设立雨伞、轮椅、针线包、血压计、体重计、拐杖等助老助残的应急工具，与社区卫生服务站协同对老年人、残疾人建立健康档案，为他们提供个性化、有针对性的医疗服务。

（二）高血压俱乐部

2003 年，晓月苑社区居委会在与当地卢沟桥医院联系，多次为社区居民举办高血压预防与治疗相关知识的讲座，受到社区居民的广泛欢迎，该服务项目被居民亲切地称为"高血压俱乐部"。后来该讲座项目成为每月一次的定期志愿服务项目，服务内容也逐渐扩展为健康讲座、健康义诊、入户巡诊等项目。经过 6 年的发展，该项目成为丰台区医院与社区志愿服务结合项目的典范。

四、经验总结

（一）志愿服务从点滴做起，悉心培育社区组织

晓月苑社区建立之初，各类基础设施尚不完备，物业管理混乱，居民上访、信访事件不断。居委会工作人员通过入户走访，了解民意、体察民情，搭建交流沟通的平台，力争成为居民的"贴心人"。在日常工作中，坚持"社区事务无小事"原则，通过热情服务，排忧解难，赢得居民的信任，进而成为居民的"主心骨"。在历次事件中，居委会代表社区居民反映民意，与政府、企业、物业公司等组织进行沟通，顺利解决了居民反映的问题，引导、指导居民建立业主委员会、居民代表大会等，推进社区民主自治，成为居民的"当家人"。

案例一：社区里面建邮局

晓月苑社区建立之初，附近没有建立邮政局及邮政储蓄网点。但社区里离退休人员较多，这部分人的工资主要从邮局领取。当地居民也要通过邮局缴纳水电费、电话费等。离小区最近的邮局是长辛店邮政局，不但离晓月苑社区较远，而且需要服务的人数众多，老年人支取工资、缴纳费用极为不便。从2002年起，居委会代表居民多次向上级反映意见，反复与邮政管理部门沟通联系。经过3年的努力，终于在2005年4月在社区里建立了丰台区第一个社区邮局，极大地方便了居民生活。

案例二：地铁14号线加站事件

2009年年初，丰台地区将设计修建北京地铁14号线。多个社区的居民自发组织征集1.2万人签名，要求在晓月苑社区加站。为了确保社区安全，有序反映民意，居委会工作人员代表当地群众与区政府、区规划委、市规划委等多家单位进行座谈，反复论证该地区加站的可行性。虽然最终因地质构造、成本、人口规模等多种因素制约未能达成加站目的，但是在此过程中，居民了解到整个政策制定过程，明白了不能加站的原因，也清楚地看到居委会工作人员的尽心尽力，很快加站风波得到顺利解决。

（二）结合社区特点，针对服务对象需求，开展特色服务

通过"助老助残志愿驿站"等项目向居民提供细致的人性化服务，在定期进行生活服务的同时，以亲情文化、人文关怀的理念开展工作，增强居民对社区的认同感和归属感。

案例三：对孤寡老人注重心理关怀

居民马奶奶已经年过七旬，早年丧偶，性格孤僻，一人独居，生活起居存在困难。社区志愿者几次进行入户服务，都被其拒绝。居委会王书记在得知情况后，多次以聊天的形式了解老人情况，排解其心理顾虑，逐步与老人建立信任关系。通过多方了解，发现老人家常年独居使心理上产生交往障碍。于是，居委会派经验丰富的志愿者以陪聊的形式

进行志愿服务，鼓励老人参加社区文艺活动，逐渐使老人融入社区生活之中。

（三）从老年志愿者入手，动员年轻人加入志愿者行列

刚退休的老年人是社区活动的骨干力量。这部分人刚刚离开工作岗位，仍然具有工作热情，富有责任心，愿意为社区贡献一份力量。社区组织他们进行志愿服务一方面是社区人力资源的再利用，另一方面是安排好退休人员顺利度过转型期，以便让他们更好地安度晚年。更为重要的是，老年志愿者还起到了带动和榜样的作用。社区居委会定期走访志愿者家庭，对老年志愿者家庭状况和心理状态进行了解。在这一过程中，老年志愿者的行为和思想观念的转变会潜移默化地影响子女对志愿服务的看法。许多年轻的上班族正是因为看到父母在参加志愿者后身心愉悦的状态，才决定利用休息时间加入志愿者行列，逐渐从中体会到志愿服务的快乐。为了进一步扩大志愿服务的影响力，社区居委会还组织发动社区内的小学生利用寒暑假参加社区学习，进行志愿服务活动。从小培养志愿服务的意识，养成志愿服务的习惯。

（四）以社区活动为手段，凝聚人心，构建和谐社区

为了丰富社区居民的精神文化生活，营建文化社区、魅力社区，社区结合区域特点和居民喜好，成立了"一团十队"。"一团"是指合唱团，"十队"是指棋牌队、腰鼓队、红绸队、舞蹈队等十个群众文化娱乐组织。其中一些组织多次代表社区参加天安门集体舞、丰台区百姓大舞台等多项活动，为社区文化增光添彩。群众文化娱乐组织不但在文化生活方面发挥重要作用，而且在社区文化宣传、社区志愿服务等方面起到重要作用。社区通过开展花卉展、手工艺展、文艺比赛、参观寻访等活动，凝聚社区人心，团结社区力量，促进了社区居民之间的理解与沟通，建立起出入相友、守望相助、亲切自然、温馨和谐的人际关系，营造出和谐温暖的家园氛围。

（五）创建"晓月苑社区"博客，加强舆论宣传引导

社区居委会紧跟时代步伐，运用互联网资源建立自己的志愿服务宣传阵地。2009 年 6 月，社区居委会在新浪网开通社区博客，并在同一时间发布"助老助残志愿驿站"项目通知。在此之后，社区每一次志愿服务活动都会以文字、图片的形式集中展示，直观地呈现给每一位访客。目前，该博客以具备信息发布、活动展示、经验总结、居民问答等功能，极大地方便了社区居民了解社区动态、参与社区服务。社区博客的设立，有助于社区志愿服务成果的集中展示，有助于社区志愿者的动员与激励，更加有助于整合网络资源，扩大社区知名度。

第五节　肖家河社区新居民服务之家

调研对象：肖家河社区新居民服务之家负责人

调研时间：2009 年 11 月 1 日

调研地点：肖家河社区新居民服务之家

调研及报告撰写人：

李艾诺（中国农业大学 2008 级硕士研究生）

肖家河社区面积约 2 平方公里，东临圆明园花园别墅小区，南临五环路、小清河，西临中央党校家属区、天秀花园 AB 区、西山庭院、荷塘月舍，北临中国农业大学。由于交通便捷、出租房屋价格相对低廉等原因，当时在这里形成了来京新居民聚集地，社区户籍人口 2234 户、4198人，新居民 3 万多人，大量富余劳动力的流入给社区的社会治安、公共基础设施、交通运输、计划生育、就业和青少年教育等方方面面提出了许多新的社会问题和挑战。数量上的比重使新居民成为开展社区活动、建

设，提供服务与管理不可忽视的一个重要组成部分，实现他们的利益与需求成为肖家河社区探索和努力的一项工作重点。由此，肖家河党支部、居委会根据社区的实际，以新居民的需求为出发点，在马连洼街道的大力支持下，组建了肖家河社区新居民服务之家，形成了新居民自我管理、自我服务、自我教育，由服务的接受群体开展自我服务的自治组织。

肖家河社区是一个待征地——9年未完成拆迁的待征地（9年间只有部分居民被征地），9年的征而不占，致使社区内原应供4000人使用的基础设施，养了新老居民4万人！虽然社区的道路是水泥路或方砖路，但没有什么绿化，环境上不像高档社区那样优美；居住人员大多是农转非人员和来京务工的新居民。尽管如此，肖家河社区更注重项目的可行性、持续性和参与度、满意率，社区硬件上的差距并不能影响和否定社区整个项目。

肖家河社区虽然基础设施建设以及人员整体素质等方面不能和一些高等社区媲美，但是这里充满了人情味，充满了新老居民间、邻里间的融洽、和谐，以及对弱势群体的关注，这里有爱心传递，人皆志愿者的氛围，可以说肖家河社区是社区居民心中守望相助的魅力家园！

一、"肖家河社区新居民服务之家"简介

肖家河社区是海淀区甚至是北京市最典型的"城中村"。总人口21928人，流动人口数是户籍人口数的近9倍。社区有打工子弟学校2所。几年来，肖家河社区党支部、居委会不断加强流动人口服务管理工作力度，开展了大量活动，受到流动人员，特别是流动妇女、儿童的欢迎。以2004年"肖家河打工者文化教育协会"成立和2006年海淀区首家"流动妇女平安之家"最终落户肖家河为标志，服务流动人口已成为肖家河社区党支部、居委会最重要的工作内容。

"肖家河社区新居民服务之家"，用"新居民"这样一个亲切、温暖的称谓来称呼来自全国各地、五湖四海的朋友们，既是流动人口管理工

作思路的转变，工作方式方法的创新；也是在原有的工作基础上，对原有的服务项目进行整合、提升，进一步充实服务内容，提高服务品质，切实解决社区广大"新居民"生产、生活中的实际困难。"肖家河社区新居民服务之家"的成立，也必将成为肖家河志愿者工作的一个有效载体。

二、"肖家河社区新居民服务之家"的服务对象及志愿者的构成情况

"肖家河社区新居民服务之家"成立的目的就是解决社区内来京的新居民在生活、学习、经济等方面遇到的困难，所以服务对象主要是社区内在生活上及经济上有困难的居民，同时也提供一些便民服务。

"肖家河社区新居民服务之家"的项目运作除了社区的工作人员之外更多地依靠社区内的志愿者和来自社会、学校等其他志愿者组织。其中周边的中国农业大学的大学生志愿者占了很大比例。

三、"肖家河社区新居民服务之家"项目内容

"肖家河社区新居民服务之家"下设三个子项目，分别是"课后四点班""社区二手店"和"巧娘手工坊"，都是针对社区内的"新居民"的一些现实困难和具体情况而进行的服务，为他们提供切实的帮助，得到了"新居民"的普遍欢迎和认可。

近年来，随着经济建设的飞速发展，越来越多的新居民走进城市，他们的子女也纷纷转入本地就学。由于成长环境不同，多数新居民家庭对子女教育不太重视、安全意识淡薄，多数家庭的居住环境影响了子女成长。为关爱新居民儿童，帮助他们在愉快的学习生活环境中健康成长，肖家河社区成立了"课后四点班"，是专门为社区里因忙于工作无暇顾及子女教育的"新居民"而量身定做的，为他们的子女提供了一个比自己家里更好的学习环境，还有大学生志愿者辅导功课，帮助他们顺利完成

作业。孩子们还可以参与志愿者精心设计的各种活动。"课后四点班"能充分发挥社区教育的优势，能够有效弥补打工子弟学校教学活动软硬件的不足，也为他们在外务工的父母解决了后顾之忧。每天一到下午四点半左右就可以看到有孩子背着书包陆续地来到专门的教师里面学习，有不懂的问题还有大学生志愿者给孩子们讲解，学习完了还一起做游戏，孩子们和志愿者们已经成为了很好的朋友，有些孩子的父母回来非常晚，根本没有时间管孩子，有了"课后四点班"，这些问题都可以解决了。

"社区二手店"是将社区收到的募捐物品（主要来自社区居民和大学学生社团的捐赠，以旧衣物为主），经过清洗、消毒、整理，以极低的价格（三五元钱）出售给社区居民（主要面向"新居民"和社区弱势群体）。该项目的设立，不仅有效解决了旧衣物再利用问题，还大幅度降低了广大"新居民"的生活成本，一举多得。取得的收入仅用于洗涤剂、消毒剂的购买。

每隔一段时间就可以看到载着募捐衣物的面包车带着人们的关爱驶到肖家河社区新居民服务之家门前，大学生志愿者和社区内的志愿者以及新居民服务之家的工作人员一起将衣物分类、清洁、消毒……由于其他志愿者都不是全职的，只是利用课余或休息日帮忙，所以这些衣服从分类到最后的清洁和消毒等工作需要大量的时间，新居民服务之家的工作人员经常需要整理一星期左右的时间。

来二手店里面买衣物的居民也非常多，他们的收入虽然不高，但是在社区里面处处都能感受到温暖和亲情，大家都非常推崇这项服务。而且有很多居民自己有空也会来帮忙，他们认为自己受到了帮助，也应该尽自己的一分力量去帮助别人。

"巧娘手工坊"是社区为无业妇女们开发的自力更生、自主就业项目。组织社区内无业妇女（主要是流动妇女）开展手工编织，制作拖鞋、鞋垫、箱包等，社区帮助寻找销路，售出后取得收入部分归无业妇女，部分用于购买原材料。手工劳动方式灵活、时间灵活，流动妇女不仅提高了就业技能、结交了朋友，还能取得一定的经济收入，既可以增进社区内居民的交往又改善了物业妇女家庭的经济情况，可以说是一举两得。

除此之外，肖家河社区新居民服务之家每天还有很多日常的事务性工作，比如打扫活动室、办公室、二手店的卫生，整理图书、文体用品、衣服、留言簿，发布一些健康、法制等方面的信息。宣传和倡导更加健康和文明的生活方式，为社区的居民提供一个良好的生活环境和文化环境，更重要的是社区里面人情味越来越浓厚了。

肖家河社区新居民服务之家的工作人员和志愿者们都非常节俭，本来社区的经费就十分有限，所以他们更是在各个方面都厉行节俭。很多志愿者都自己带笔、本等办公用品，为了节约开支，办公室里面的饮水机一般都是不使用的，工作人员每天烧好热水供大家饮用，虽然看起来大家干的都是一些不起眼的琐事，甚至很多是每天的"例行公事"，但是这里的志愿者却怀着极大的热情，每天仔细、认真地对待。

在这里服务的志愿者有一些就是亲身受益过的居民，用他们自己的话说：我以前在这里受过益，学会了用电脑啥的，而且我只身一人在北京生活，过年一般也不回老家，是新居民服务之家在每年大年三十将我们这些不能回家的游子聚在一起联欢，还为我们包饺子，社区的党支部书记、居委会主任和专职工作者们都来给我们拜年，然后他们还要巡逻到后半夜……他们让我感动，我只是希望也能有新居民因我而受益，因我而感动，然后大家都能身体力行地去帮助更多人。

正是在这样一个充满亲情的社区内，很多居民都能够互相帮助，一家有困难大家都愿意伸把手，去帮助别人。一个社区的居民说，他自行车的铃坏掉了，一直忘记去修理，社区里面的一位残疾人老大爷无意中知道了，就主动给他修理好了。虽然都是一些小得不能再小的事情，可是却处处体现着温暖和亲情。

四、"肖家河社区新居民服务之家"发展建议

"肖家河社区新居民服务之家"已于 2009 年 6 月 10 日正式挂牌成立，

亟须资金的进一步投入，把已有的"课后四点班""社区二手店"和"巧娘手工坊"三个服务子项目做实、做大，并进一步开发新的服务项目。当务之急是吸引越来越多的志愿者参与，不断提升新居民服务之家的服务能力，因为现有的服务项目和即将出台的新的服务项目，都靠大量的志愿者以接力的方式来运转，离开了志愿者，所有的项目一刻都不能存在。

第一，新成立的新居民服务之家要进一步增强服务意识，努力创新服务手段，不断丰富服务内容。新居民服务之家一定要以服务求立足，以服务谋发展。

第二，志愿者的积极参与是这个项目成功的关键。要不断扩大志愿者的数量和质量，特别是发展"新居民志愿者"和大学生志愿者。随着工作的展开，各个服务项目的依次上马，以及新的服务项目的增加，对志愿者的需求会越来越大。一方面，要通过广泛地宣传，进一步发展社区志愿者，特别是"新居民志愿者"。广大"新居民"不仅要成为志愿服务的受益者，也应成为志愿服务的提供者。另一方面，要积极联络中国农业大学、北京建设大学、北京八维研修学院等附近高等院校团委，建立大学生志愿服务基地，以服务协议的形式，确保充足的稳定的高素质志愿者的来源。

"肖家河社区新居民服务之家"虽然已经成立起来了，但更困难的是她的巩固和发展，能不能把现有的三个子项目做好，并不断开发出受到广大"新居民"欢迎的新的服务项目，把这个现在还有点小的"家"不断地做大、做强，让这里真正充满家的温馨、家的温暖、家的和谐。这就是肖家河社区新居民服务之家的努力方向、发展方向。

肖家河社区的服务模式可以为流动人员聚集和居民经济水平较低的社区提供一些经验，他们将工作重心放在满足居民基本生活保障和提高居民的生活水平方面，不单纯地追求"业绩"和硬件设施，更加人性化，整个社区充满了和谐和亲情，可以为其他社区开展"新居民"服务工作提供借鉴。

第四章　高等院校志愿服务组织

编　者　按

　　高等院校志愿服务组织一般依托高校的团组织，并成立专门的志愿服务队或者志愿服务协会，招募本校学生为志愿者，服务于学校日常运转的需求，并且参与社会各领域的服务。2010 年 4 月，北京市志愿者联合会和北京志愿服务发展研究会以高等院校的志愿服务组织为对象，开展了新一轮的调研，对该类组织的组织架构、服务现状、发展规划进行了深入了解，并对其发展中存在的问题提出了建设性的意见和建议。本轮调研以北京大学、清华大学、中央财经大学、中国地质大学等北京 20 余所高校的志愿服务组织为调研对象，形成了 10 篇调研报告，完成了对这些组织的调研，本章节选了《北京语言大学志愿服务队调研报告》《清华大学紫荆志愿者服务总队调研报告》《北京理工大学延河之星志愿者总队调研报告》《中国农业大学志愿服务团队》《中国人民大学青年志愿者协会调研报告》等，分别呈现如下。

访谈提纲

对高校志愿服务组织管理者的访谈：

1. 志愿服务队的概况。

2. 志愿服务总队的人员构成。

3. 请谈谈志愿服务总队的组织架构，介绍一下职能部门和项目部门的职能及相互关系。

4. 志愿服务总队在各学院有下设的分会吗？各学院有独立的志愿服务组织吗？这些组织的负责人都是学生吗？

5. 总队的志愿服务都包含哪些领域？提供哪些服务？

6. 其中有哪些是最具特色的志愿服务项目？请予以介绍。

7. 总队日常的志愿服务工作是怎样开展的（方式或途径）？承担了怎样的角色？

8. 在校学生对志愿服务组织了解吗？大概多少人了解？

9. 志愿服务活动对学生工作的开展是否带来一些益处？

10. 志愿服务活动对学生工作的开展是否带来一些问题和困扰？

11. 请谈谈对总队志愿服务的经验总结。

12. 请谈谈对今后志愿服务工作的想法和规划。

对被服务对象的访谈：

1. 您有过哪些被服务的经历？志愿者或志愿活动给您留下最深的印象是什么？

2. 您最希望志愿者提供哪些服务？为什么？

3. 您是否会和周围的人谈论起被服务的经历？大家对志愿服务有什

么评价或想法？

4.您对某大学的志愿服务有哪些意见和建议？

对志愿者的访谈：

1.您为什么要做志愿者？已经服务了多久？是否打算一直做下去？

2.谈谈您参加志愿服务的动机。通过志愿活动，您是否希望得到一些回报？还是希望获得个人的成长？还是只是因为喜欢这项工作？

3.您参与过哪些志愿服务活动？印象最深的是什么？

4.志愿者互相之间的联系多吗？通常是怎样进行联系？大家会聊起有关志愿服务的话题吗？

5.通过志愿服务，您最大的收获是什么？

6.您认为在志愿服务活动中，自己还有哪些可以提高和改进的方面？

7.您对某大学的志愿服务活动有哪些意见和建议？

第一节　北京语言大学志愿服务队

——以项目为载体，使特色更突出

调研对象：北京语言大学志愿服务总队负责人

调研时间：2010 年 3—6 月

调研及报告撰写人：

王雅姝（中国农业大学 2009 级硕士研究生）

北京语言大学开展志愿服务工作已有十余年历史，1995 年青年志愿者协会成立，2005 年西部志愿者协会成立，2006 年迎奥运志愿服务队成立。2008 年 12 月，北京语言大学志愿服务总队由上述三个组织合并成立。志愿服务总队的成员主要由汉语学院、外国语学院、国际商学院等 11 个学院的在校学生组成。志愿服务总队遵守《中国青年志愿者协会章程》及《北京市青年志愿者协会章程》，坚持学校党委的正确领导和校团委的具体指导，从事社会公益活动，积极弘扬志愿服务精神，努力引导全校青年投身志愿服务活动，了解社会、回报社会、锻炼自我。

一、志愿服务组织的构架

北京语言大学志愿服务组织由学校和学院两级组成，分别隶属于校团委和各学院分团委。校级组织为"北京语言大学志愿服务总队"（以下简称"总队"），各学院组织为"志愿服务分队"（以下简称"分队"）。分队在各院系分团委的领导下开展工作，并接受总队的领导与管理。

总队在校团委的指导下，独立开展各项工作。总队实行理事会制度，理事会成员由校团委审核批准后认定。理事会成员由总队主要的学生干部和各院系分队长组成，接受全体志愿者的监督。总队实行队长负责制，设有队长一名、副队长两名。各部门负责人实行公开选拔，由校团委任命，纳入校级学生干部体系。

总队有着完善的组织架构，下设志愿者招募部、志愿者培训部、志愿者管理部、宣传部、外联部、技术部、编辑部及新闻中心八个职能部门，并设有关爱项目部、环保项目部及支教项目部三个项目部门。职能部门主要协助项目部门开展活动。（见图 4—1）

志愿服务分队亦实行队长负责制，设队长一名、副队长一名，其组织机构根据各队实际情况设置。各院系分队是各院系分团委直接领导的志愿者组织。分队要充分发挥专业优势，以开发、实施志愿服务项目为工作重心，组织开展富有特色的志愿服务活动。分队各负责人由院系分团委实行公开选拔，报校团委备案，纳入院级学生干部体系。

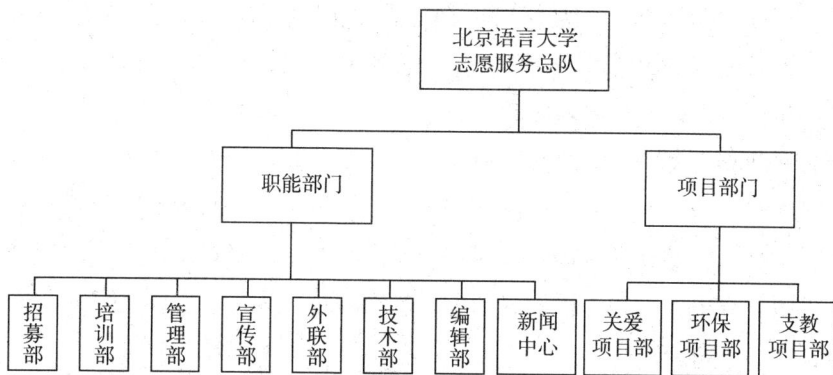

图4—1　北京语言大学志愿服务总队组织构架

二、志愿者的招募和培训制度

1.志愿者招募制度

为规范青年志愿者的招募工作，总队制定了志愿者注册制度。凡愿从事志愿服务的在校学生和正式教职工，经申请批准后均可成为组织成员。申请人首先提出注册申请，填写注册登记表；总队志愿者招募部按照注册志愿者的基本条件对申请人情况进行审核；审核合格后，发放"注册登记证"和"志愿者徽章"等物资。申请人自入校之日起，全年皆可申请注册，招募部每周收集一次信息，统一审批。

注册时间在一年以上的志愿者有权主动申请注销，但一经批准，则在校期间无再次申请加入的权利。在服务过程中因犯重大错误而被开除的志愿者，则视为被迫注销。由于毕业等原因注销学籍的，则由总队统一注销。

2.志愿者培训制度

为提高志愿者对志愿服务的认识，提升其志愿服务理念，总队特制定了志愿者培训制度。培训对象包括总队干部（队长、副队长、部长、副部长）、分队干部（分队长、分队副队长）、干事及全体志愿者。

培训包括常规培训和专项培训。常规培训定期举行，学习内容以章程制度、管理方式等为主，形成固定的培训系列；专项培训不定期举行，学习内容以项目活动中需要的知识技能为主。

志愿者培训部负责培训的组织策划，对培训所需经费进行预算和上报，并建立完善的培训档案，提供资料备案及监督检查。

同时，培训实行严格的考勤制度。参加培训的志愿者需要及时、准确、详细地将培训内容记录在《注册登记证》中，该表记录了志愿者培训的时间、内容，并有培训组织方的签章，可作为检查培训过程的重要依据。

三、志愿服务的管理制度

1. 项目化的管理制度

志愿服务总队开展志愿服务以项目化管理为原则，遵守严格的立项条件和流程（见图4—2）。服务项目既可以由各志愿者项目部或各分队设立，也可以由不少于5名志愿者个人联合发起。立项必须有切实可行的项目资源、有明确的项目负责人，立项前要填写立项申请书和预算申请表。

活动立项后需得到总队的批复方可成立，审批时间在交立项书三天之内。外出活动必须上报总队并经校团委批准后方可进行。

所有项目的志愿者可以在总队已注册志愿者库中进行选拔，情况需要时可以面向全校进行二次招募。志愿者可以在规定时间内自主选择参与服务项目，项目负责人根据需要和志愿者个人特征，确定志愿者人选。志愿者招募部负责报名、筛选与组织工作。

志愿者培训部针对各项目展开志愿服务技能培训。志愿者管理部、宣传部、外联部、技术部、编辑部和新闻中心等各部门对项目的实施进行协助、监督，督促各项目按照申报时的目标、内容和途径，高质量地完成志愿服务项目。

　　项目负责人在活动结束时递交结项申请，经总队同意方可结项。志愿者管理部在结项后需对项目进行全面评估，并附项目评估表，该表清晰地记录了项目的名称、负责人、预算总金额及明细以及评审部门的相关意见等基本信息。

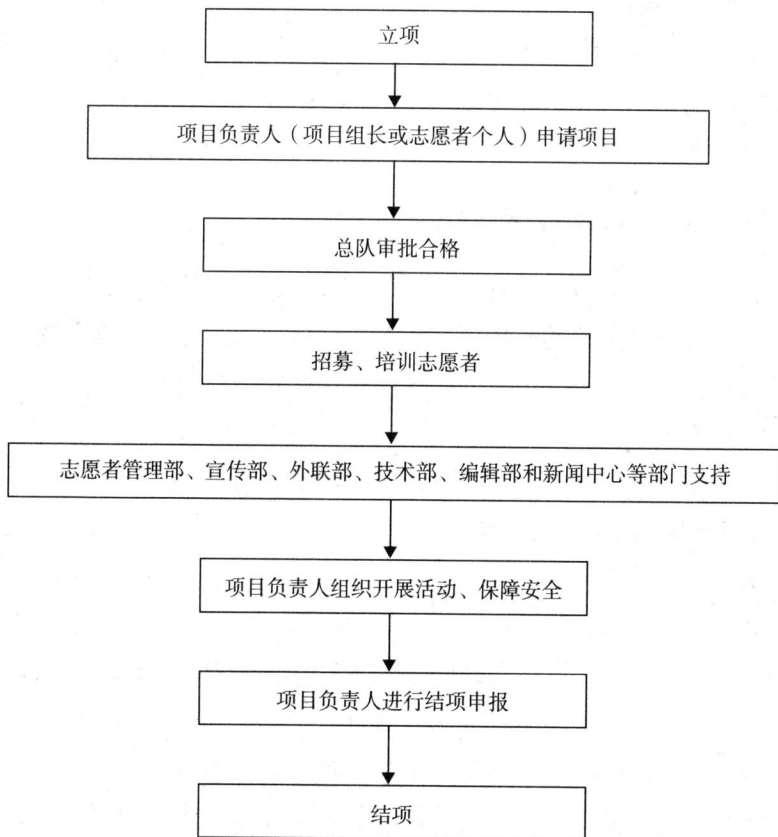

图4—2　北京语言大学志愿服务项目活动流程

2.财务管理制度

　　为保证志愿服务活动经费的正常有序运行，总队制定了财务管理制度。以项目为单位，按照校团委的要求统一进行预算和决算。总队指定专人负责财务管理工作。

项目负责人在项目开始前、后分别填写项目预、决算表，详细地记录项目开展过程中的各种支出。项目进行期间，活动费用暂由负责人垫付，负责人须妥善保管票据。项目结束后，持相关票据到财务管理员处进行决算，并按实际费用领取经费。

3. 其他管理制度

为规范各项工作，总队还制定了《志愿服务总队新闻规范要求》、《志愿服务总队奖惩制度》等，以保障总队各项工作的有序运行。

四、志愿服务项目的运作

北京语言大学的志愿服务活动以项目为运作载体，开展得有声有色。其日常项目主要涵盖社区、支教、环保、国际会议、体育赛事等领域。

1. 社区志愿服务

"志愿服务进社区"系列活动。志愿者到华清园社区等几个志愿服务基地开展环保进社区、社区教英语、关爱弱势群体三大活动。北沙滩社区志愿服务。2009年11月13日。总服务时长：30小时。志愿者们到位于朝阳区的北沙滩社区进行每周一次的教学活动。本次活动由总队支教部组织，其中两名志愿者是来自美国的留学生。志愿者们开放式的教学方式、生动活泼的课堂氛围，给积极学习英语的老年人们带来了很多乐趣。

残疾人家庭志愿服务。2009年5月16日。总服务时长：20.5小时。为使残疾人的孩子提高成绩，加强大学生关注社会弱势群体的责任感，志愿服务总队国际商学院分队筹划了到残疾人家庭做家教的活动。主要是定期义务为残疾人家庭中的孩子做家教，辅导学习，解答疑问。希望通过长期的家教活动，能够帮助残疾人的孩子解决学习上的困难，减轻残疾人对子女教育问题的后顾之忧。

2. 支教志愿服务

为打工子弟普及电脑知识。2009年5月30日。总服务时长：45小时。

志愿服务总队信科分队率领 9 名志愿者到石景山树仁子弟学校为打工子弟普及电脑知识。受辅导的小朋友欣喜地说，这次活动让他们更好地掌握了电脑知识，为以后的学习生活打下了更好的基础。志愿者和小朋友们结下了深厚的友谊。

CMC 打工子弟爱心会志愿服务。2009 年 9 月 17 日至今。总服务时长：240 小时。CMC 打工子弟爱心会是一个通过社会与教育项目给中国农民工子弟提供相关帮助的非营利机构，英文名字为 Compassion for Migrant Children，简称为 CMC。近期，总队与 CMC 合作两大项目，分别是"超级星期六"与"课后辅导"。"超级星期六"主要是教授英语与手工；"课后辅导"主要是辅导作业以及组织体育、手工、音乐等活动。

3. 环保志愿服务

"5·12"防震减灾日科普宣传活动。2009 年 5 月 12 日。5 月 12 日是汶川大地震一周年纪念日。总队联合校团委其他社团开展了签名送祝福和为灾区中小学生捐书活动。同学们纷纷写下了自己的祝福，为重建家园的灾区人民祈福。

宣传第四届大学生环保创意大赛。2009 年 10—12 月。为提倡环保观念，总队宣传并参与了"第四届全国大学生环保创意大赛"。大学生作为新一代有为青年，是环境保护的先锋主力，应当身体力行地实践环保，将环保理念带进校园，撒向社会。志愿者们把更多的环保知识带进北语，也让更多的同学加入到环境保护的队伍中来。

4. 国际会议及大型体育赛事志愿服务

中国对外投资合作洽谈会。2009 年 11 月 3—4 日。总服务时长：144 小时。17 名志愿者参加了在中国国际贸易中心举行的中国对外投资合作洽谈会志愿服务。洽谈会于 11 月 3 日上午开幕，两天的会议议程中包括展会、主题论坛、系列国家投资专场说明会等近 30 项活动。志愿者们出色的语言能力、良好的服务态度和较强的应变能力都得到了主办方的肯定。

世界大型基金会高峰论坛志愿服务。2009年12月9—10日。总服务时长：240小时。首届世界大型基金会北京高峰论坛以"和平发展、和谐进步"为主题，联络聚集全球大型基金会，搭建交流平台，开展与世界大型基金会多层次、多渠道和多领域的合作。志愿服务总队选拔出语言服务志愿者11人，为论坛的顺利举办作出了贡献。

中国网球公开赛志愿服务。2009年9月19日—10月12日。总服务时长：11674小时。2009中国网球公开赛是一项国际性大型体育赛事。志愿者分工明确、管理严格、目标统一，形成了具有北语特色的中网志愿服务团队。

五、调研分析

1.经验总结

第一，加强志愿服务组织制度建设，夯实工作基础。

2008年奥运会结束之后，为继承和发扬奥运志愿服务精神，探索志愿服务长效机制，在校团委的指导下，整合青年志愿者协会、迎奥运志愿服务队、西部志愿者协会，正式成立北京语言大学志愿服务总队，牵头开展全校性的志愿服务研究、实施和认定保障工作。目前已注册志愿者超过600余人。

建立健全各项制度。总队成立以来，经过全体干部的广泛调研和充分讨论验证，已形成一套较为完善的招募、注册、培训、奖惩、项目化管理和志愿服务时长认定制度，并编制《北京语言大学志愿服务总队工作手册》及《北京语言大学志愿者注册登记证》，使志愿服务的各项事宜有章可循。

第二，把握各个时间节点，突出特色项目建设。

围绕重要纪念日、节日和重大事件开展志愿服务活动。总队以学雷锋纪念日、五四运动90周年、"5·12"汶川地震一周年、新中国成立60周年、国际志愿者日等为契机，组织开展了两会代表海淀志愿服务体验、"5·12"防震减灾日科普宣传、北京首都国际机场 3 号航站楼国庆志愿服务、首都大学生知识产权宣传等志愿服务活动。

积极响应团中央的号召。宣传动员毕业生参加大学生志愿西部服务计划等项目。鼓励毕业生志愿者到祖国最需要的地方去，传播志愿服务理念，弘扬志愿精神。

发挥学校语言优势，打造志愿服务品牌项目。总队积极与社会团体联系，相继参与了中国对外投资合作洽谈会、中外跨国公司 CEO 圆桌会议、中非工业论坛、首届世界大型基金会北京高峰论坛等一系列高端会议的语言志愿服务活动，充分体现了北语定位于培养"外语突出，专业领先，面向国际，协调发展"的国际化、复合型、应用型人才的办学特色。同时，这些活动为志愿者增加了阅历，积累了社会经验，提供了与社会各界交流的平台，为学生就业提供了帮助。

第三，创新工作机制，推进志愿服务活动的保障和激励。

加强各类管理型志愿者的选拔和培养，依托管理型志愿者组织广大志愿者，探索"志愿服务总队干部＋管理型志愿者"的组织模式，调动广大志愿者的积极性。总队各职能部门的管理者大都有过项目负责人的经历，长时间的志愿服务管理工作给志愿者团队建设带来了很好的经验。

深入研究志愿服务项目化管理制度。项目化管理制度是志愿服务总队的基本运转模式。该制度建立了较为完备的活动项目化管理流程，在活动立项、开展、审批、结项等方面均做了具体的安排和明确的规定。

推进志愿服务激励、保障措施。经学校党委审批，学校将加大对学生志愿服务的投入力度；开设志愿服务选修课，纳入学校选修课体系；学生志愿服务时长与学年综合测评挂钩，并将志愿服务作为推优入党的重要依据；完善学校志愿服务活动评优评奖体系，每年评选出"优秀志愿者"，给予荣誉证书及相关奖励。

2.存在问题及对策建议

总队成立一年半以来，取得了可喜的成绩。但是，其运行和管理也存在一些问题。

第一，总队与分队、志愿者间的联系不够紧密。

由于总队与分队并非直接的领导与隶属关系，在日常管理和活动开展方面，缺乏及时有效的沟通。在活动项目方面，资源共享的程度还不高。总队与志愿者，以及分队与志愿者的直接沟通与反馈也不够充分，志愿者缺乏途径和平台及时反映服务过程中遇到的困难。

建议定期举行总队与分队的联络会，分享各自的项目资源，在有可能的情况下，进行资源重组，以发挥其最大效能。

建议定期举行志愿服务组织与志愿者的交流活动。通过网络、座谈会等多种形式，组织可以充分了解志愿者参与志愿服务的具体情况、遇到的困难以及建议等，从而进行调整改进，解决这些问题。

总队与项目合作方、被服务方缺乏足够的沟通协调。在调研中，一些项目的志愿者反映，在工作衔接方面，总队与项目组织方、被服务方之间的沟通协调还有待加强。例如，在与 CMC 打工子弟爱心会的合作项目中，有时会出现服务时间、服务内容等与预定计划有偏离的情况。

建议总队完善与项目合作方、被服务方的负责人对接、预约等机制，在项目实施前尽可能制订详尽的实施方案，在项目实施的过程中加强跟踪，在项目结束后不断反馈，并由项目负责人向总队报告。

第二，活动仍缺乏足够的经费保障。根据总队的财务管理制度，项目经费需向校团委申请。由于团委下拨经费数量有限，活动过程中也有可能出现预算外经费，很多时候，志愿者都是自筹经费来保证服务的正常完成。志愿者基本都是在校学生，自身无经济来源。志愿服务的无偿性并非超越自身能力的无限付出。长期下去，这种状况无疑会影响志愿者的服务热情。

建议总队外联部不断拓宽工作范围，加强对志愿服务活动的宣传，使更多的人了解志愿服务，关注所服务对象的生存状态，从而扩大志愿服务的影响力，争取企事业单位的资金资助。在这点上，可以学习借鉴其他高校的成功经验。他们充分运用网站和品牌的影响力，向社会各界介绍其志愿服务项目活动，通过与一些大企业建立了良好关系，争取到更多的支持。

参考资料

梁伟：《转化奥运成果健全长效机制大力加强和改进首都志愿者工作——在北京市志愿者工作大会上的报告》，2009 年。

马新宇：《浅析志愿者团体的助残意义及其发展》，2009 年 10 月 20 日，见 http://www.cxchuncan.cn/viewthread.php?tid=11338。

第二节　清华大学紫荆志愿者服务总队

调研对象：清华大学紫荆志愿者服务总队队长

调研时间：2010 年 4—5 月

调研地点：清华大学

调研及报告撰写人：

潘春玲（中国农业大学 2010 级硕士研究生）

在奥运志愿服务期间，活跃着这样一支团队，他们业务熟练，态度积极向上，管理体制合理，出色地完成了奥运志愿服务的任务，他们就是清华大学的紫荆志愿者服务团队。除了在大型的赛事上有出色的志愿服务表现，在常态化、日常化的志愿服务中，紫荆志愿者服务总队也表现出积极、有条不紊的活动状态，令众人感叹。作为一支由纯高校学生组成的志愿服务队伍，紫荆志愿服务总队在研究志愿服务与高校思想政治教育课程相结合这个课题中起着很重要的借鉴作用，可以作为一个很重要的研究切入点。通过与清华紫荆志愿者服务总队队长的交流，我对这个团队有了更深入的了解。现将我所能掌握的关于紫荆志愿者服务总队的情况都写出来，以备参考。

一、总队介绍

清华大学紫荆志愿者服务总队的前身是 1991 年由清华大学团委筹建的"学生紫荆义务服务总队"。1996 年 10 月 31 日，"清华大学学生紫荆志愿者服务总队"誓师大会暨《清华大学学生文明公约》签约仪式在大礼堂前的广场隆重举行，标志着"清华大学学生紫荆志愿者服务总队"正式成立。

紫荆志愿者服务总队成立 10 年来，秉承"奉献、友爱、互助、进步"的志愿者精神，以"自我实践，服务他人。自我教育，推动社会"为宗旨，在校党委的正确领导下、校团委的悉心指导下开展各项工作。现在，清华大学紫荆志愿者服务总队已发展成了一个拥有 10 个部门，注册志愿者 4500 余人，推出"情系母校"等一系列精品项目，在清华校内外以及全社会都拥有较大影响的志愿者组织。

近年来，作为北京市青年志愿者协会和海淀区义工联合会的团体会员之一，紫荆志愿者服务总队先后与国际宣明会、保护中国虎国际基金会、雅典奥组委、中华慈善总会、中华红十字总会、2008 北京奥组委、北京国际志愿者协调委员会、中国小动物基金会等社会和国际组织建立了不同形式的交流与合作。

紫荆志愿者服务总队在 10 年的发展历程中，形成了自己依托支队、扎根院系的工作风格。2010 年清华大学本科全部 28 个院系均建立了紫荆志愿者支队。近年来，每届本科新生都有近 40% 注册成为紫荆志愿者，有力地带动了清华大学志愿者队伍的发展。

近年来，清华大学提出要不断加强"以志愿服务为龙头的社会责任意识教育"的要求。在此精神指引下，紫荆志愿者总队不仅出色完成了多次重大活动的志愿服务工作，而且大力推动了一系列精品志愿服务项目的开展，为校园文明建设添砖加瓦，在校园内形成了浓厚的志愿者氛围，推动了清华志愿者服务工作逐步走上正规化道路，使其成为全体清华同学共同参与的事业，同时也在社会上树立了清华志愿者的良好形象。

二、志愿者服务队的组织结构

清华大学紫荆志愿者服务总队下面有 5 大服务团组成，涵盖了高效志愿服务的方方面面，而志愿公益类社团协会下面又有 4 个分会，为广大学子提供了一个宽广、多样化的志愿服务平台，而不同类型的志愿服务项目的提供也符合了不同兴趣爱好的学生的需求，这一点是十分重要的。

志愿者服务队的具体组织部门包括以下几个：

（1）项目部。清华大学紫荆志愿者本科生服务团项目部，隶属清华大学紫荆志愿者本科生服务团，接受共青团清华大学委员会服务指导中心的领导。项目部主要负责志愿中心和本科生服务团的项目运作工作。2008—2009 学年由项目部负责的长期项目主要有"清华大学——香港青年协会志愿者领袖培训计划"、"爱国者——清华大学电子导游地图项目"（妙笔）、"紫荆信箱"项目、"蜀萌尔玛"四川地震灾区在京学生辅学项目。除以上 4 个长期项目以外，项目部还负责志愿中心和本科生服务团承接的一些短期或临时项目和活动，并积极配合志愿中心和本科生服务团其他部门开展工作。

（2）内联部。内联部作为本服务队的唯一职能性部门，其主要工作为加强本服务队内部的交流和活动资料的整理保存，同时作为本服务队与基层支队沟通的纽带，以支队长沙龙等比较活泼自由的形式与各院系紫荆支队进行良好的沟通与合作，同时促进各支队之间的交流，便于基层工作的开展。

（3）情系母校支队。情系母校支队主要是围绕着情系母校活动运行的工作团队，同时，也是紫荆志愿者本科生服务团和清华大学招生办公室合作的一个接口。整个团队除了在积极推行情系母校活动的同时，也会负责其他与招办相关合作活动的推行，例如，冬令营志愿者计划，校园开放日志愿者计划，领航志愿者计划等。

（4）义务讲解支队。义务讲解支队是伴随着黄金周义务讲解而产生的，主要是为了推广校园文化，传播清华精神，同时负责一些临时来访宾客的接待和校园讲解工作。其主要向两个方向发展：专业化和大众化。专业化即招募义务讲解活动中的优秀志愿者和对义务讲解感兴趣的普通同学，通过对专业的校史和校园风物的培训，不断提高队员业务水平，以承担一些高水平的义务讲解活动。大众化即通过开展黄金周义务讲解和周末讲解活动，让更多的同学参与到义务讲解活动中来，提升自己对清华精神的认识和进行校史及校园文化方面的教育。同时也通过这些活动树立清华良好的精神风貌。

（5）朝夕相伴支队。"朝夕相伴"的双重含义：青年学生的朝气和社区老人的夕阳相互辉映；青年学生和老人亲密接触，共同走过一段美好的时光。本活动是在共青团清华大学委员会、清华大学离退休处和清华园街道办事处统一领导下，紫荆志愿者本科生服务团主办，以各团支部及志愿者为对口单位，长期为清华园老教工提供物质和精神服务，旨在温暖老人们晚年生活，同时提升同学们的社会工作素质、培养志愿精神和增强团支部凝聚力的志愿者活动。

（6）礼仪队。紫荆礼仪队隶属于紫荆志愿者本科生服务团，服务于学校外事和重大组织活动的礼仪接待，对队员进行礼仪技能的全面培训，在全校范围内开展礼仪素养、女性审美等方面的活动。礼仪队的目标是希望通过我们的努力，在以志愿之心服务于学校和社会的同时，塑造起清华女生和男生内外兼修、健康向上的形象。

（7）办公室。办公室是志愿服务指导中心的核心后勤部门，主要职责在于为中心各项工作的顺利开展提供有力的后勤保障，同时负责中心各部门之间的感情联络和工作交流。

（8）基层组。基层组是志愿中心和院系交流沟通的平台，是中心了解院系的窗口，同时也是志愿中心领导院系的执行机构。

（9）信息组。志愿服务指导中心致力于实现志愿管理信息化，利用志愿者注册认证系统对全校志愿服务活动进行指导与管理，并对志愿者的服务给予认证，且依据分级嘉许制度对志愿者予以激励，同时计划借志愿者注册认证系统这一信息平台，进行志愿服务活动的管理工作。

（10）宣传组。宣传组是校团委志愿服务指导中心直属部门，是中心的职能部门，旨在通过各种形式的宣传活动及方式，营造社区志愿服务氛围，宣扬志愿服务理念，发布志愿服务招募信息等。

（11）外联组。共青团清华大学志愿服务指导中心外联组负责建立、协调、统筹中心以外其他组织的联系工作，包括校内组织和校外组织，目前已经建立联系的校内组织包括校友总会、图书馆、心理咨询中心等；校外组织主要包括兄弟院校志愿组织和社会公益慈善组织。

（12）培训组。校团委志愿服务指导中心培训组旨在为清华大学的志愿公益事业挖掘和培养志愿骨干，同时通过形式多样的培训活动，在校园内进一步传播和推广志愿文化，倡导志愿精神。培训组主要负责推进清华大学薪火班培养计划，实行素质专项训练与志愿服务实践相结合的模式对由基层推荐的优秀志愿者进行培训。

（13）国际组。随着志愿服务的深入，志愿中心希望将志愿服务深入到每一个清华人，希望集结所有热心于志愿服务的人。而国际部则是希望与港澳台和外国志愿者肩并肩，使力量更好地整合，一起为志愿服务把清华的志愿服务提升一个台阶。

（14）社团组。志愿服务指导中心社团组工作旨在与各公益社团建立联系机制，增进公益社团间的优势互补，促进公益社团发展。

三、清华大学紫荆志愿服务总队精品项目

（1）百年校庆服务团

2009 年 4 月 25 日，紫荆志愿者百年校庆服务团宣布成立，副校长袁驷为紫荆志愿者百年校庆服务团授旗。为顺应全校学生日益高涨的要求参与到百年校庆工作中的呼声和热情，旨在为百年校庆志愿服务培养一批能够发挥骨干作用的优秀志愿者，鼓励更多学生以主人翁姿态积极关心学校发展，通过各种方式踊跃参与学校建设，紫荆志愿者百年校庆服务团应运而生。服务团成立后，将在百年校庆筹备委员会和校团委的指导下，面向全校学生广泛招募百年校庆服务骨干志愿者，参与到百年校庆的各项筹备工作中去。

（2）朝夕相伴

"朝夕相伴"一词描述了充满蓬勃活力的青年学生，在志愿服务中与老年人互相交流，共同收获的美好图像。

朝夕相伴支队作为清华大学紫荆志愿者服务总队本科生服务团的重要组成部分，在校团委、校离退休处和街道办事处的领导下，联合院系紫荆支队和团支部，长期为清华园内的离退休老人提供志愿服务。服务内容包括离退休老人们重要活动的组织服务（比如老年人门球赛、离休老人统一体检等活动）、开展长期的英语教学等学习辅导活动、老年人兴趣队的合作建设、为有需要的老人提供单独的志愿服务等。朝夕相伴支队的志愿者活动在温暖老年人晚年生活的同时，也让同学们在与有丰富生活阅历的老教师的交流中，收获更多人生体悟，锻炼自身能力。朝夕相伴支队现有活跃志愿者 100 余人，常规志愿服务项目七个，服务范围覆盖清华园街道七个社区。支队将面向全校招募志愿者库成员，扩大与离退休处和街道办事处的合作规模，增大志愿服务受益面，将"朝夕相伴"打造为全校性的精品志愿项目，为和谐校园的建设贡献力量。

（3）国际志愿者支队

国际志愿者支队成立于 2008 年 9 月，旨在吸收港澳台和外国志愿

者，与全校其他同学一起参与志愿、体验志愿、丰富志愿，迈出清华志愿服务国际化的脚步。在校团委志愿服务指导中心国际组的组织协调下，国际志愿者支队参与了：

①第二届大学生射击锦标赛志愿服务；

②在国际志愿者日进行国际志愿者库招募；

③去千禾敬老院照顾老人；

④参加校园植树活动；

⑤参加百年校庆服务团启动仪式。

国际志愿者支队致力于引导更多的留学生参与到日常的清华志愿服务中来，将在活跃校园志愿文化氛围中起到重要作用。

（4）礼仪队

清华大学紫荆礼仪队主要负责学校外事和重大组织活动的颁奖、引导、学生礼仪培训等活动，是一支由在校学生组成的志愿者组织，至今已有十余年历史。紫荆礼仪队接待过来访的德国总统、丹麦首相等国家元首，承担了耶鲁大学、鲁汶大学、东京大学等国外友好学校访问团的礼仪接待工作。2008 年，紫荆礼仪队承担了"微笑北京"2008 首都大学生志愿者文明行动启动仪式、第十届中国电影华表奖颁奖典礼、北京科技周开闭幕式颁奖典礼、第二届世界大学生设计锦标赛颁奖典礼等大型活动的礼仪引导工作，还负责校庆期间重要会议、校园歌手大赛、服饰风采大赛等校内大型活动的礼仪引导工作。

2009 年 4 月，清华大学紫荆礼仪队男队成立，首批队员均为面向全校招募并通过面试的礼仪志愿者。2009 年春季学期，清华大学紫荆礼仪队茶艺服务分队成立，目前由部分礼仪队队员组成。

礼仪队一直坚持：用清华学生的微笑和热情、自信和优雅做好志愿者礼仪工作，展现新一代大学生的风采，积极推动我校良好的文明礼仪风尚的形成，促进社会和谐。

（5）义务讲解支队

校园义务讲解活动起源于 2005 年，由电机系、建筑学院、自动化系和工业工程系组织的五一校园义务导游活动，历经 4 年发展，义务讲解队伍和内容不断丰富，在周末及五一、十一黄金周，为来清华的游客提供引导和讲解服务。2008 年 9 月，紫荆志愿者义务讲解支队正式成立，由紫荆志愿者本科生服务团领导，从各院系紫荆支队招募志愿者，为来清华参观的各国贵宾、国内友人、各类团体、社会游客介绍清华风物，传播清华精神，年接待量逾万人次。义务讲解活动的开展不仅为来往清华参观的游客提供便利，同时也给清华学生一个充分展示自我的舞台，在志愿服务的过程中传播清华人文精神。

（6）情系母校

"情系母校"活动是由共青团清华大学委员会、清华大学招生办公室主办的，清华大学紫荆志愿者本科生服务团承办的一项旨在促进清华同学与母校交流的志愿者活动。"情系母校"历经六届，规模从小到大，参与人数从少到多，活动组织从稚嫩到成熟，"情系母校"到 2009 年是第七届，已经成为紫荆志愿者本科生服务团的一个精品志愿者服务项目，具有相当的影响力和知名度。第七届"情系母校"活动自报名宣传以来，一共有 269 个支队报名参加，并有 134 个支队参与寒假活动。活动的目的就是希望通过该活动，促进清华学子们把自己的学习经验以及对大学专业分类的认识介绍给母校的高中生，帮助他们成长和进步，并借此锻炼自己的社会工作能力。

（7）校庆服务

自清华大学 90 周年校庆以来，每年校庆活动中都活跃着紫荆志愿者的身影，他们为大批校友提供热情而周到的服务，用志愿与微笑唤起了校友们的青春记忆。他们或身穿紫荆志愿者红马甲在活动地点承担校友接待、纪念品发放、接待咨询等服务，或戴着小红帽在校园里向校友提供咨询、做问卷调查，这些年轻而充满朝气的身影成为每年校庆中一道青春的风景。

为了更好地服务即将到来的百年校庆，传承清华文化精神，2009年 4 月 25 日学校还成立了紫荆志愿者百年校庆服务团，将有计划、有组织地招募志愿者，在百年校庆的活动中发挥更大作用。

（8）薪火班

薪火班是由清华大学校团委志愿服务指导中心发起和主办的志愿者骨干培养计划。它的初衷是，培养一批具有志愿服务精神的志愿者骨干，从而带动全校志愿服务氛围的建设，在全校进一步传播和推广志愿服务文化。薪火班每期为期一年，由校团委志愿服务指导中心培训组指导培训。该培养计划重视学员在理论和实践两方面得到锻炼。每年秋季学期将主要安排学员参加相关讲座、沙龙、学术报告、参观访问等环节，系统了解清华的志愿文化和志愿工作传统，培养和促进学员对志愿服务的兴趣与认识。春季学期将组织学员走到志愿服务的具体工作岗位上进行亲身体验和感受，并积累志愿工作组织经验。对表现优秀的学员，将提供赴香港等地进行各种交流活动的机会。

（9）薪火社区

"薪火社区"志愿者计划旨在进一步推动志愿公益活动的群众化、社区化，倡导同学关爱自己的家园，关心身边的同学，让志愿与微笑成为清华学生的习惯。通过"薪火社区"志愿者品牌的打造，扩大活动的影响力，营造社区服务氛围。2008年秋季学期进行了项目的初步试点，之后通过多个项目的推进，整合紫荆支队资源，积极探索项目管理运作模式，目前正在开展的项目有：寝室废品回收、紫荆飞信、自行车摆放、电脑问题上门服务、教学楼桌椅摆放、师傅休息我劳动、迎校庆卫生清扫等。

（10）紫荆信箱

"紫荆信箱"是清华大学紫荆者服务总队的一个长期志愿服务项目，清华志愿者通过书信或电子邮件的形式，同全国各地的中学生进行交流，帮助他们排忧解难。1998年年初，紫荆志愿者总队在两份中学生的报纸上刊登了有关"手拉手活动"的广告，欢迎中学生朋友和清华学生进行交流。后来消息慢慢扩展到全国各地，"紫荆信箱"应运而生。刚成立时，只有几名志愿者从事这项志愿服务工作，慢慢地，信箱的影响力越来越大，来信量逐渐增加，从事相关工作的志愿者的范围也扩大到了全校各个院系。后来，随着"情系母校"活动的创办，"紫荆信箱"走进了更多中学生当中；"紫荆信箱"开通了电子邮箱，并建立了"紫荆信箱"的数据库。历任的负责人、历任的志愿者，大多虽不相识，但却已经将这个项目薪火相传地坚持了十年。作为清华大学创办时间最早，持续时间最长的志愿服务项目之一，"紫荆信箱"十多年来成为清华学子和全国各地中学生交流的重要纽带，并有数千中学生在紫荆信箱的帮助下茁壮成长，数百名清华紫荆志愿者从事过相关工作。

四、特色活动制度——分级嘉许制度

以上的一系列活动能够得以保证实施，并取得很好的效果，主要是因为清华服务总队自身有一套特色制度，即分级嘉许制度。现在来简单介绍一下这套制度以及它的运行方式，以此作为一个借鉴的平台。

（一）分级嘉许制度

为了更好地以政策为导向，通过激励手段有效调动学生们主动参与志愿服务的积极性，培养同学们朴素的奉献精神，促进广大同学把志愿服务转化为一种生活习惯，总队推出了志愿者分级嘉许制度。依据学生参加常规志愿服务的累计时间长短，对志愿者进行恰当地肯定，通过建立激励机制，引导志愿者将自我提高、自我超越的潜在意识转化为对社会承担责任的行为动力。

（1）注册成为紫荆志愿者，至少参加一次志愿服务并获得认证时间，可授予一星级紫荆志愿者"微笑"奖章。

（2）志愿者服务认证时间累计满 20 小时，可授予二星级紫荆志愿者"坚持"奖章。此时，志愿者达到学校提出的"建议清华学生在校期间参加 20 小时以上的志愿服务"之要求，将获颁"清华大学紫荆志愿者证"。

（3）志愿者服务认证时间累计满 50 小时，可获颁记录有志愿者个人信息和参加活动列表的荣誉证书，授予三星级紫荆志愿者"真诚"奖章。

（4）志愿者服务认证时间累计满 120 小时，可获颁荣誉证书，授予四星级紫荆志愿者"奉献"奖章。

（5）志愿者服务认证时间累计满 200 小时，可获颁荣誉证书，授予五星级"紫荆"志愿公益勋章。

（二）团委保证分级嘉许制度的实施

为完善志愿服务长效机制，激励广大同学积极参与志愿服务，培养同学们的奉献精神，促进同学们把志愿和微笑当成生活习惯，同时进一步规范志愿服务认证的平台建设，清华大学校团委积极推行志愿者分级嘉许制度，并取得显著成果。

1. 表彰宣传及时推进——分级嘉许制度落到实处

分级嘉许制度主要是在志愿者注册认证的基础上，以记录志愿服务时间为依据，对累计达到一定服务时间的志愿者进行分级表彰嘉许。分级嘉许制度一共设立五个表彰级别，从初次参与志愿服务、服务时间累计依次满 20 小时、50 小时、120 小时到 200 小时，分别授予一至五星级的清华大学紫荆志愿者奖章，涵盖了志愿者大学期间服务经历中从初次参与到长期服务的各个阶段和层次。

2. 紫荆志愿者的分级嘉许表彰

2009—2010 年春季学期初，志愿者本人经由各院系分团委及研究生团委进行申请，校团委志愿服务指导中心（以下简称"志愿中心"）根据紫荆志愿者注册认证信息平台的数据进行审核，审核无误后即可认定级别，并将嘉许证书与奖章及时发放到志愿者同学手中并进行表彰。根据志愿者注册认证信息平台统计，目前我校共有五星级紫荆志愿者 12 人，四星级紫荆志愿者 77 人，三星级紫荆志愿者 459 人，二星级紫荆志愿者 2239 人，一星级紫荆志愿者 10293 人。

3. 典型紫荆志愿者的宣传

志愿者分级嘉许进行表彰后，校团委积极开展相关宣传工作。各院系紫荆支队宣传并组织支部、同学向优秀志愿者学习；志愿中心通过制作分级嘉许荣誉墙，对三、四、五星级的志愿者在全校范围内广泛宣传。同时，志愿中心对 12 名五星级志愿者进行访谈，涵盖其志愿服务经历、事迹以及对志愿服务的理解，并通过校内学生媒体对分级嘉许制度、优秀志愿者进行宣传报道。

4. 加强机制长效建设——分级嘉许制度特色鲜明

突出志愿工作的科学性。

作为学生志愿者激励平台的重要部分，分级嘉许制度的实施，变以往单纯的号召、鼓励参与志愿服务为从志愿者参与志愿服务的动机出发，激发志愿者的"内动力"，变说教为引导，变被动为主动，这样既能保证志愿服务工作健康、良性地开展，又能让同学们在志愿服务中收获更多，有利于推动我校志愿工作科学地发展。

志愿者参与志愿服务的精神动力是一种投入志愿活动后能带来活动绩效的预期，而且随着志愿者在志愿服务过程中技能不断增长，期望值可能会逐步提高。另外，当时在校的大学生主要出生于 20 世纪 80 年代中后期至 90 年代初，这些"80 后""90 后"同学们的思想具有鲜明特色，比如自我实现意识强、竞争意识强等。因此，有必要对志愿者作出的志愿服务加强其认同感，满足其自我实现和肯定的心理特点。分级嘉许制度是对志愿者的期望和认同感的极大激励；而嘉许制度的分级化实行，相比以前的志愿者评优（例如，"年度十佳紫荆志愿者"评选，主要是评选年度事迹突出的志愿者）来讲，降低了认证、表彰的门槛，让所有注册的志愿者都能得到嘉许，这有助于在更大范围内营造志愿服务氛围，从而推动志愿工作科学发展。

另外，在分级嘉许制度实施过程中，校团委特别注意挖掘典型志愿者的工作，通过对五星级志愿者及其示范性故事的挖掘来向同学们宣传普及志愿理念和精神。典型的志愿者人物作为学生志愿者评判自己行为的一面镜子，其号召力、影响力、感染力对培育优秀的志愿文化，培养青年志愿者的共同价值观念，起着巨大的促进作用；而示范性的故事则可以把志愿者组织所推崇的文化价值观以一种栩栩如生的形式展现在同学面前，为其提供一种具有共识性的理念。

实现志愿服务的长效性。

北京奥运会过后，如何延续学生志愿热情，让志愿服务理念深入人心，做好志愿工作长效机制建设，是后奥运时代我们需要重视和解决的问题。

分级嘉许制度紧扣工作长效性，是因为其两个特点：第一，降低表彰嘉许的门槛，让所有参与志愿服务的同学得到认可和嘉许，有助于在全校范围内营造良好的志愿服务氛围，激励更多的同学参与到志愿服务中，这些同学在参与志愿服务的过程中所感受到的荣誉感会更强，形成良性循环，能够有效促进学生志愿者工作的长期发展。第二，分级嘉许制度强调的是有梯度的嘉许，而志愿者在参与志愿服务的过程中，随着志愿服务时间的延长，其对自我肯定、嘉许的期望也会越来越大，这样能够很好地保持志愿者的积极性，实现公益理念的普及与宣传。

（三）公益理念深入同学心中——分级嘉许制度效果显著

1. 分级嘉许影响力度大

本次分级嘉许覆盖了所有注册紫荆的志愿者，嘉许范围大；荣誉墙的宣传及校系团委针对优秀志愿者的采访报道将营造良好的舆论氛围，保证了影响力度。

在分级嘉许工作落实过程中，校团委特别注意对典型志愿者及志愿服务事例的挖掘。例如，五星级志愿者生物系的袁唐谧同学在平时课余时间，坚持志愿服务。正是出于对志愿的喜爱，对帮助别人的热爱，袁唐谧在志愿的道路上一走就是好几年。她心细如发的关怀总能给被帮助的人带去精神的慰藉和内心的温暖，而她始终如一，未曾改变过的坚持让更多的同学感到油然而生的敬意与赞叹。"十年前，在中国有多少人知道志愿者，奥运已然为我们这个团体提供了一个证明自己的机会。我相信志愿者的明天一定会更加美好！"坚定的语气让人为之动容。

2.分级嘉许得到同学的支持与认可

证书及奖章颁发后，各院系同学反响强烈，同学们对分级嘉许工作普遍表示认同。如软件学院的三星级紫荆志愿者杨涛同学表示："证书让我觉得自己的志愿服务得到了肯定，而不是像以前那样仅仅得到了纯精神上的满足，现在这种精神满足具体化了，感觉很惊喜。"土木系的五星级紫荆志愿者吕超说："我本身很热衷志愿服务，但是证书和奖章让我觉得自己做的工作更有意义了，而超过 200 个小时的认证也让自己更有成就感。"

五、总队负责人的经验总结

在与紫荆志愿者服务总队的负责人交流中，我大体熟悉了一下他们在活动过程中所遇到的问题及解决方式。现将这些问题列举出来作为参考：

（1）在活动开展过程中，服务队遇到最大的困难是要保证活动各组织方、参与方对活动的认识及投入程度保持一致。这个问题一般可以通过开会、动员、组织途径强化等手段解决。

（2）要调动成员的积极性和参与的热情，需要：第一，灌输理念，明确工作的重要性，强化责任感；第二，完善相关保障激励措施。

（3）在谈到对总队志愿服务的经验总结时，负责人认为总队要注重志愿服务工作的科学发展，建立长效机制。

（4）对于今后志愿服务工作的想法和规划，负责人认为清华大学紫荆志愿者服务总队将继续秉承"自我实践，服务他人；自我教育，推动社会"的宗旨，以"立足校园，面向社区，辐射社会"为原则，在做好学校百年校庆志愿工作等重大事项的基础上，开拓创新，不断进取，为各基层院系和同学提供更好的志愿公益服务平台。

（5）负责人认为志愿服务完全可以融合到高校思修课程的教学实践环节中，但要注意方式。

（6）对于志愿者参加志愿服务的动机，负责人得出的结论是他们参加志愿服务主要是个人成长方面的需要，最大的收获是心灵上的满足感，个人技能的提高。参加志愿服务且能坚持下去最大的动力是觉得参与志愿服务很有意义，已经养成一种习惯。对于自身的不足，负责人没有避讳，他认为校内志愿服务活动如火如荼，但需要进一步整合活动资源，避免重复性活动，也能更好地保持志愿者的热情。

六、结　语

作为一个优秀的志愿团队，清华大学紫荆志愿服务总队的特色制度很值得其他志愿服务团体借鉴，从而发展自己。志愿服务需要学生自身有动力，意识到志愿服务的意义，从而推动自身积极参与到志愿服务当中。了解了志愿者——学生的思想动机，不论是志愿服务常态化还是志愿服务课程化，都能够得到较好实施。

第三节　北京理工大学延河之星志愿者总队

调研对象：北京理工大学延河之星志愿者总队队长

调研时间：2010 年 3—5 月

调研地点：北京理工大学延河之星志愿者总队

调研及报告撰写人：

张敏（中国农业大学思想政治教育学院 2009 级硕士研究生）

此次调研报告是以北京理工大学延河之星志愿者总队为案例，研究分析北京市高校志愿者团体在组织管理、志愿者招募、服务领域、生存现状等方面的情况。调研人通过跟踪北京理工大学延河之星志愿者总队近期主要活动、召开志愿者组织专题沙龙、进行相关人物的深度访谈等多个途径收集相关资料，梳理、研究完成如下报告。

一、北京理工大学延河之星志愿者总队基本情况

（一）总队简介

北京理工大学延河之星志愿者总队（以下简称"延河之星"）成立于2005年，是校团委直接领导的学生组织，负责全校志愿服务行动的管理和协调工作。

（二）组织结构与管理模式

机构设立秘书处、主席团、职能中心（办公室、外联部、考核部、宣传部、网络部）、实践中心（爱心助教项目部、爱心之旅社区服务项目部、环保项目部、红十字项目部）等若干项目管理部（见图4—3），机构自认为实行的是扁平化管理模式。

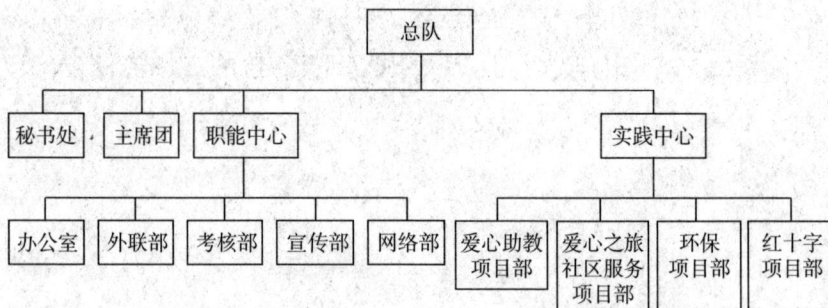

图4—3 北京理工大学延河之星志愿者总队组织结构图

　　总队秘书长 1 名由校团委指导老师担任，副秘书长若干，整体指导总队的工作开展。

　　总队队长 1 名，副队长若干，在校团委实践部的指导下开展工作，总体把握和协调总队各部门的相关工作，另外负责收集、整理国内外志愿服务研究成果，研究总队的下一步发展方向。

　　总队设立办公室，负责总队的内部联络、团队建设、将总队活动记录编辑成文、总队所有文件和档案管理、财务管理、物资管理，以及全校志愿者文化建设。

　　总队设立外联部，负责协会的形象塑造和对外联络工作，与校内各学生组织、大众传媒、社会上各 NGO 组织、兄弟院校志愿者组织以及北京市志愿者联合会保持紧密地联系，促进学校志愿者组织与校外机构的交流与合作，此外与网络部合作，负责网站的对外招标板块。

　　总队设立宣传部，负责总队的整体宣传工作，统筹总队活动信息的采集、编辑与报送，同时负责网站日常维护与信息更新。

　　总队设立网络部，负责总队网站的建设、维护和信息更新，管理外网的公益博客以及论坛，制作总队活动记录视频，负责将宣传材料转发至总队管理的校内外各网络宣传窗口。

　　总队设立考核部，负责总队内部组织考核、干部选拔、志愿者考核、项目考核等工作，其中涉及志愿者服务小时记录工作，大学生素质拓展认证申报工作，年度志愿服务工作评优评审工作，项目申报、审批、监理、审核工作。

　　总队设立实践中心若干项目部，各个项目部负责各自相关服务领域的项目申报审批和实施工作，负责策划组织相关项目，协调职能中心各个部门分配项目涉及的分工，负责审核、发布招募信息，同时整合培训资源，统筹和组织志愿者培训工作，就志愿者组织、志愿服务项目的发展进行研究、规划，对已有志愿服务项目进行评估，负责部分骨干志愿者的考核和观察推荐。

总队志愿服务项目预设立赛会项目、救防项目、环保项目、教育项目、协青项目、扶贫项目、红十字项目、咨询辅导项目、青春健康项目，由实践中心统一协调。总队可根据实际情况，逐步拓展服务项目领域，坚持建立健全志愿服务长效机制，打造总队志愿服务品牌化项目。

（三）志愿者的招募方式和来源

组织主要采取社会和学校两种招募方式（见图4—4），对于志愿者的要求随着具体的公益项目而定。

符合以下条件之一的，可以申请成为延河之星志愿者总队的志愿者：

1.具有北京理工大学正式学籍并按时注册的在读本科生、双学位生、硕士研究生（含法律硕士、MBA、MPA）、博士研究生。

2.北京理工大学在编教师或行政干部。

3.北京理工大学校友。

图4—4 北京理工大学延河之星志愿者总队志愿者招募方式和来源

延河之星志愿者总队志愿者行动誓词是：服务北理，奉献社会。

延河之星设有"骨干志愿者"，是志愿服务的协调者，是志愿者的服务者。骨干志愿者包括：延河之星志愿者总队队长、副队长，各部部长、副部长。

成为骨干志愿者须具备以下条件：

1.注册成为延河之星志愿者总队志愿者时间达到8个月以上。

2.曾经全程参与不少于两个志愿服务项目。

3.在参与志愿服务过程中表现良好，具有一定的表达能力和组织能力。

（四）服务领域和宗旨

延河之星致力于社区、打工子弟学校、NGO三大合作（服务）平台建设（见图4—5）。以响应"奉献、友爱、互助、进步"的志愿服务精神，发扬延安精神，多层次、全方位、深入持久地开展志愿服务活动，为国家发展与社会进步、学校精神文明建设与思想政治教育工作，以及青年学生自身的锻炼成长作出贡献作为组织的宗旨。主要面向政府、企业、学校、社区和志愿者先后开展了人际沟通、领导力、社区工作、奥运志愿者、文明礼仪等多种培训。

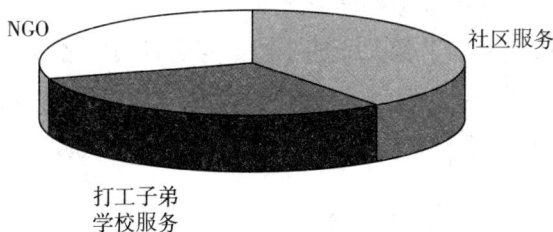

图4—5　北京理工大学延河之星志愿者总队服务领域（三大平台）

（五）志愿总队活动

1.思想政治工作

（1）"深入学习实践科学发展观"的大学习大讨论活动

2009年上半年，延河之星志愿者总队展开了"深入学习实践科学发展观"的大学习大讨论活动，在几次专题学习会中，全体骨干认真学习了"科学发展观第一要义是发展，核心是以人为本，基本要求是全面协调可持续性，根本方法是统筹兼顾"的重要思想，结合总队实际情况，深入探讨了总队的项目化改革及其制度化、科学化、长效化发展的相关问题，决定不断完善总队的组织结构和管理规章制度，继续加强志愿服务的考核机制，建立该校志愿服务激励机制，积极促进形成北京理工大学志愿者联合会的格局，确保该校的志愿服务工作健康、稳定、持续地发展。

（2）深入研究学习胡总书记在会议上的讲话，加强青年思想教育和引导工作，树立青年大学生志愿服务理念

在党的十七大召开后，延河之星志愿者总队组织各级学生干部深入研究学习胡总书记在会议上的讲话，将"加强青年同志思想教育和引导工作，树立青年大学生志愿服务理念"纳入延河之星志愿者总队日常工作重点。为了更好地配合校党委和校团委在开展大学生思想教育工作，树立青年大学生志愿服务理念，为广大青年开辟了解志愿服务工作的渠道，延河之星志愿者总队展开了一系列相关活动。

①"12·5"国际志愿者日主题系列活动

2008年12月5日，第二十四个国际志愿者到来之际，总队开展了主题系列活动，包括"阅读改变人生"20本书大型公益募捐活动、"争做志愿者创造新生活"签名活动、延河之星志愿者总队招募管理工作人员活动。

②"3·5"中国志愿者日主题系列活动

为进一步号召大学生继承雷锋精神，倡导和弘扬志愿精神，培育志愿服务理念，在2009年3月5日第九个中国志愿者日到来之际，延河之星志愿者总队开展了主题宣传活动，号召广大同学加入到总队丰富多彩的支援项目中来。当天，校广播站播放了总队发给同学们参与志愿服务的倡议书，总队还组织志愿者清理了操场的护栏，同学们从志愿者们无私的行动中受到了心灵的熏陶。

③开办"爱的传递一路有你"志愿主题晚会

2009年6月6日，总队在建队五周年之际，精心筹办了"爱的传递一路有你"志愿主题晚会。

④五四宣传活动

在五四运动九十周年之际，总队开展了主题宣传活动，在活动现

场，悬挂了关于学习胡锦涛号召青年"奉献社会"的条幅，广大志愿者一起学习领会了胡锦涛的讲话精神。

2.常规志愿服务活动

志愿服务项目是志愿者参与志愿服务的载体。北京理工大学志愿服务项目目前分为五大类：赛会服务类、环保服务类、社区服务类、扶贫服务类、红十字服务类，由实践中心统一协调，招收相应的项目负责人进行管理。

（1）社区活动

①延河之星爱心之旅——走进敬老院之良乡地区敬老院（黑古台村），每周末（考试周和特殊情况除外）去良乡的社区或敬老院为空巢老人或困难家庭服务，陪老人聊天、下棋、做家务、表演节目，使老人摆脱孤寂，也培养志愿者的奉献精神和阳光心态，增强同学们的社会责任感，让大家了解社会，关注这群庞大而特殊的群体，从中学会关爱，学会感恩。唤起社会的老龄意识，保护老年人的合法权益，强化对老人的尊敬关爱意识。

②良乡校区开展"防灾减灾志愿服务周"主题活动

系列活动之一：争做安全卫士，志愿平安校园。

配合学校的保安队，积极组织安全排查志愿者小分队参与巡逻工作，检查学校所有可能存在安全隐患的场所，进一步发现校园内的安全隐患，同时将排查结果汇总反映给团委、保卫处和学校领导。号召更多的同学本着"奉献·友爱·互助·进步"的志愿者精神，参与到校园日常安全工作的服务中来。

系列活动之二：爱心传递——捐赠衣物活动。

号召大学生尽己之力，向灾区的群众捐赠衣物，尽力解决他们的困难，展示当代大学生关心社会，回报社会的行动。

系列活动之三：普及消防知识及自然灾害避难方法讲座。

延河之星志愿者服务总队良乡分队通过与学校保卫部门以及房山区消防部门的合作，对学生进行消防知识的教育，了解基本的消防知识，以及一些逃生技能。

（2）针对打工子弟学校

①中关村爱心助教

"延河之星"针对打工子弟学校与中关村街道社区服务中心、中关村街道义工分会签订了委托服务协议，志愿总队开展"爱心助学"志愿活动。活动采取入户助学的形式，每周至少对所助学生进行两小时的学习辅导工作，在做好学生课业辅导工作的同时，通过自身的语言行为等向学生展现并为其培养健康、积极向上的生活态度。

②感动的爱——义务支教

支教活动是自总队成立起就设立的志愿项目，一直延续至今。每个周末，"义务支教"小组的志愿者都会到良乡校区周边希望小学进行支教。

3. 援助地震灾区

地震发生后，延河之星志愿者服务总队立即行动起来，联合校团委、学生会、研究生会、社团联合会、红十字会开展对"聚源中学"的一对一援助活动，此外，我们还积极与北京红十字血液中心取得联系，组织广大师生登记后备献血志愿者，随时准备为灾区同胞献血。

2009年5月12日是汶川大地震一周年。延河之星志愿者总队举办了"志愿者在行动　赞中华志愿真情"座谈会，回顾和学习了地震发生后所涌现出的杰出抗震救灾志愿者事迹，深入思考并探讨了"为什么那么多志愿者冒着生命危险奔赴灾区""是什么支撑着那些志愿者夜以继日地忘我工作""志愿者的能力在救援中发挥的作用"。此外，大家还探讨了如何进一步做好对灾区学校教学重建、学生心理辅导等服务工作，决心将抗震救灾工作持续有效地开展下去。

4. 服务北京奥运

北京理工大学奥运志愿者工作作为全国奥运志愿者工作的重要组成部分，负责北京理工大学体育馆的奥运和残奥志愿者工作，五棵松场馆群的大部分奥运志愿者工作，相应的城市志愿者和安保志愿者工作，以及部分京外志愿者的住宿服务等工作。北京理工大学延河之星志愿者服务总队在学校团委的领导下，积极协助本校奥运工作领导小组，承担了本校上述各类别志愿者的报名、选拔、培训、录用、后勤保障等志愿服务工作，为奥运志愿者工作的顺利开展和奥运会的成功举办贡献了自己的力量。

5.专题讲座及培训

2006年11月6日，延河之星志愿者服务总队举办了奥运志愿者培训之"维护志愿者权利与义务"专题讲座；同年11月还举办了奥运志愿者医疗急救培训系列讲座：13日举办了心肺复苏与搬运专题讲座；15日总队组织志愿者参与"奥运—五校传递奥运旗帜"活动；19日总队举办了"以理辩天下，奥运我先行"辩论赛；23日举办了创伤救护专题培训；24日举办了奥运志愿者英语培训专场讲座；25日举办了突发紧急事件处理原则专题培训；26日"造车教授"孙逢春校长坐客奥运志愿者培训会，讲述"绿色奥运立足环保，电动汽车前景无限"；为宣传残奥会精神，29日举办了以"走近残奥，感受坚强"专题讲座。12月1日举办了"平安奥运"专题讲座；9日又针对北京人文精神举办专题讲座；17日举办了人文奥运专题讲座。

2007年3月29日，为迎奥运会倒计时500天，总队组织志愿者参加北京国际长走大会。6月8日北京理工大学奥林匹克学校——第一期骨干志愿者开班；20日举办了"奥运伴我成长"——奥林匹克学校骨干志愿者培训之黄可瀛博士专题讲座；29日举办了"走进志愿楷模、共续奥运情缘"——志愿者骨干培训活动之北京市十佳志愿者梁苏会报告活动。7月22日，学校举办了"平安奥运"安保志愿者岗前强化培训活动。

2008年5月19日和6月2日先后在良乡校区组织了奥运志愿者社交礼仪培训，同时还利用周六日休闲时间多次组织志愿者观看奥运教学片，丰富志愿者奥运知识，提高志愿者奥运服务水平。7月6—8日，北京理工大学对宣武区的200余名奥运会城市志愿者开展了关于奥运服务知识与服务技能的培训；7月7—9日，延河之星志愿者服务总队协助五棵松场馆及北理工场馆对所有赛会志愿者进行了为期三天的赛前培训。

6.奥运主题活动

除了各类培训外，延河之星志愿者服务总队还开展了一系列奥运主题活动，并组织一大批志愿者参加大型志愿服务活动，增强志愿者实践经验，为奥运会残奥会赛会服务积累宝贵经验。

2007年5月4—7日，总队招募选拔了200名志愿者参与中国国际福祉博览会的志愿服务工作；6月，学校组织开展了"奥运文化月"活动；6月8日举办了"回眸百年奥运，感悟特色人文"奥运历程图片展；6月9日总队组织志愿者参加世界文化遗产日活动；6月11日举办了"志愿之星"选拔赛；6月20日举办了奥林匹克学校骨干志愿者培训之黄可瀛博士专题讲座；6月24日奥运欢乐汇——人民日报海外版迎奥运活动在北京理工大学举行。8月7日总队组织100名"好运北京"体育赛事志愿者参加北京奥运会倒计时一周年志愿者誓师大会；8月18—23日北京理工大学志愿者服务于五棵松国际棒球邀请赛。9月13—16日北京理工大学志愿者服务于2007好运北京国际盲人门球邀请赛；9月21日起"联想高校08奥运火炬护跑手"选拔活动启动，总队组织志愿者参加了启动仪式。并于10月18日负责组织了在北京理工大学奥运火炬护跑手选拔赛北京赛区决赛；10月26日"追梦五环"大学生赛走进北京理工大学。11月18日总队从内部选拔了40余名志愿者参加了"追梦五环"大学生趣味奥运挑战赛；11月11日总队和中国人民公安大学青年志愿者协会与紫竹院团组织合作，在紫竹院公园举办宣传奥运安检知识、倡导文明奥运的活动；11月22日总队在良乡校区进行奥运志愿者知识宣传活动；11月24日总队与中央财经大学青年志愿者协会举行志愿者经验交流会。12月9日总队组织迎奥运长跑健身活动。

2008年4月7日举办了"微笑行动"启动仪式暨志愿者图片巡展；4月16—20日北京理工大学志愿者服务于好运北京排球测试赛。5月4

日，总队组织志愿者参加"微笑北京，志愿奥运"健康长走大会；5月1—
3日20名志愿者参加了北京奥运会、残奥会场馆骨干志愿者核心素质
春训营。7月1日举办了"奥运在我身边"摄影作品、小制作展。8月
8日举办了奥运会倒计时牌揭幕仪式。12月1日北京理工大学普及残奥
会知识宣传活动。

7.社会实践活动

探究国情民生践行科学发展之献爱心、共成长、关爱留守儿童。

本次活动是前往贵州省安顺市紫云县火花乡的一次实践活动，该乡
是国家重点扶贫开发地区。那里的一个学校有七成学生是"留守儿童"，
该乡"留守儿童"现象非常普遍，共有9个完全小学（1—6年级）、7
个村级教学点，共有学生4032个，而"留守儿童"就有1488个，约占
37%。安顺一行以"献爱心、共成长、关爱留守儿童"为主题，主要由
北京理工大学延河之星实践一部策划，将与贵州大学协作并参与活动。

（1）设置代理家长

对该乡的留守儿童进行统计，再进行责任分配，每个成员都充当代
理家长角色，负责照顾孩子的各个方面，并以此为单位开展活动。每一
位代理家长带领几个孩子，负责他们的生活，且共同学习，游戏，开展
活动。

（2）特殊教学

通过与当地老师交流，制订安排并适当修改课程；通过支教的形式
给留守儿童开展励志感恩教育。通过多媒体方式进行专题知识普及，如
科技与神七、奥运知识、我国60周年阅兵等。同时通过互动形式，培
养留守儿童的沟通能力和兴趣爱好。

（3）野外大探访

代理家长与留守儿童以组为单位按照事先指定的路线，参加"野外
寻宝"的活动。通过藏宝提示及参加益智类游戏等到达活动目的地——
"宝藏之源"，之后将在目的地进行野餐及篝火晚会。不仅促进和增强了
孩子们的协作能力及集体感，也给他们提供了展示自我的机会。

（4）调研，走访，社会调查

对该乡的留守儿童进行走访，和他们的监护人进行交流、沟通。了解孩子的家境，心理各方面状况，并为解决这些方面的困难提出我们的建议，并向村、县长了解这些留守儿童的情况，寻找有效解决方法。总结和分析留守儿童常见的，以及需要关注的消极心理，为进一步做好留守儿童工作提供资料。

（5）亲情明信片，互通电话，信使传爱

准备一些贺卡、明信片、信封、信纸，和孩子们一起写上孩子们的心语，并把自己心目中的理想用图画的形式画在上面，帮他们寄出，把他们对父母的期盼、对父母的思念传递到他们父母的身旁。对于长时间没有和父母通话的孩子，我们给他们父母打电话，让他们直接听到自己父母的声音。解决孩子们的心理问题。

（6）大学探访

带领留守儿童参观当地大学校园，让孩子们在美丽的校园里根据题目中的提示有的放矢地参观。感受高等学府的学术氛围，在浓厚的人文气息中畅享读书的乐趣，使他们从小树立起远大的志向和抱负。

（7）爱心总结晚会

以留守儿童和志愿者为主力准备一场别开生面的晚会，分享精彩。并且在晚会上，志愿者和留守儿童互换自己手制的礼物，表达自己10天来的心得体会，让彼此都学会感恩和珍惜。

8.合作对象

中关村街道社区服务中心、中关村街道义工分会，另外包括北京万通基金会等 NGO 组织。

9.来发展——北京理工大学延河之星志愿者联合会

北京理工大学延河之星志愿者联合会是在北京理工大学延河之星志愿者总队的基础上成立的非营利性志愿者组织，是北京理工大学延河之星志愿者总队的发展、继承和完善。

延河之星志愿者联合会志愿者行动以注册志愿者为行动主体，以志愿者组织为管理机构，以项目化管理为主要运作模式，以志愿服务信息管理系统为主要管理平台。

　　相比于志愿者总队，联合会在业务范围方面更成熟和完善，表现在：制订北京理工大学志愿服务规范，推动志愿服务的规范化、科学化、长效化发展；组织学术研讨活动，推动志愿服务理论研究；整合社会资源，为所属的志愿者组织提供统一的信息管理平台（统一发布招募信息、新闻）、一定的资金支持、保障志愿者合法权益；帮助所属志愿者组织引进优秀的、实时的志愿服务项目，进行项目推广和培育，推动志愿服务项目化运作。

二、调研分析

　　通过对"延河之星"服务团队组织建设、人员招募、项目运行等方面的调研，发现该团队一些特点，现概括如下。

（一）思想政治理论底子丰厚

　　通过学习党的十七大，开展科学发展观活动，学习胡锦涛五四农大讲话等，使整个志愿者总队的政治理论修养有很大改善。

（二）拥有丰富的志愿者资源

　　立足北京，拥有丰富的高校学生资源，加之奥运会之后，广大学生对志愿服务的热情高涨，可以更好地整合利用这些师资力量发展志愿服务事业。

（三）拥有相对完整的志愿者培训与评估体系

　　注重志愿者的培训，建立了志愿者管理与评估系统，形成全面的志愿者招募、督导、评估、激励、反馈系统，同时尝试运用多种手段进行培训，如把戏剧表演手法融入到百场讲座。

（四）组织和制度建设比较完善

有明确的服务理念，实行扁平化管理模式，使得机构能够完全满足各类日常行政开支保证项目顺利运作，服务总队换届与评优制度完善；各部门职能比较完善，总队针对各个部门的任务，制订详细的部门章程；制订完善的工作制度和志愿者激励制度等；制订财务管理细则、工作计划书写作指南、宣传部通知公告模板等。

（五）重视与其他学生组织的联系和对学生干部的培养与管理

与学生会、网协、社联、研究生会等社团有着不同程度的合作，形成了很好的默契。

学生干部是延河之星志愿者服务总队的中坚力量，起着不可替代的作用。延河之星志愿者服务总队在换届后第一时间着手培养学生干部，提高他们的综合能力并购买培训书籍等为他们提供物资保障。

（六）创新之处——项目化改革

1.项目化改革的含义

所谓项目化改革，是指在组织开展志愿服务活动时，以各个志愿服务项目为单位招募志愿者以及开展志愿服务活动。突破以社团组织为主体的模式，着力扩大志愿服务的参与面，鼓励志愿服务的多领域全方位发展，进一步开拓理工大学志愿服务的新局面。

2.项目化改革的背景

按照传统模式，志愿者所能参加的活动仅限于自己组织中的活动，但是志愿者组织所能招募的志愿者数量有限，未加入志愿者组织的人无法参与到志愿服务活动中来，为了能使更多的人参与到志愿者的队伍中来，完善志愿服务体系，使志愿者招募、培训，志愿服务的开展、监督以及志愿者"时数认证"等更加规范化、制度化，北京理工大学延河之星志愿者总队应率先实行项目化改革，力图更好地发展志愿服务事业。

3.项目化改革的内容

（1）将志愿服务活动单独立项

每一个志愿服务活动都会单独立项，单独招募志愿者以及对志愿者进行培训，由上级领导对志愿服务项目可行性进行审批，项目审批通过后，再开展志愿服务活动。

（2）转换志愿服务活动负责人的身份

以往的志愿服务负责人往往只有一个行政上的身份，如副部长、部长等，但是项目化改革后，志愿服务负责人要将自己的角色由一个副部长或部长转化为项目负责人，负责整个志愿服务活动的策划和执行，对志愿者的培训和管理，以及认证志愿者的志愿服务时数，进而明确责任，更好地管理和开展志愿服务活动。

（3）建立志愿服务认证与管理系统

项目化改革以志愿服务管理系统为依托，将项目的概况、需要志愿者的数量、对志愿者的要求以及服务时间等挂在网上，招募合适的志愿者，并在活动结束后在系统中填写志愿服务活动时数，进一步规范志愿服务时数认证，提高志愿服务的科学化、规范化和专业化。

（4）确立监督机制

项目化改革后单独设立考核部，负责项目的监督和管理，定期派出项目监理员跟随志愿服务活动，了解志愿服务项目，并依据评估标准对志愿服务活动进行评估，总结项目的优缺点，并为志愿服务项目提出可行性发展建议，使志愿服务能够得到更好地发展。

三、调研建议

（一）志愿者资源方面

在志愿者招募上，不应仅仅局限于本校学生、教职工以及校友的资源，应积极号召周边市民加入志愿服务活动，还可以充分利用合作组织、NGO 等内部资源，更好地整合利用这些力量发展志愿服务事业。

（二）经费来源方面

根据经费来源，志愿服务项目分为全额资助项目、部分资助项目和自筹经费项目。全额资助项目所需全部经费由校团委实践部承担；部分资助项目所需经费一部分由校团委实践部承担，另一部分由社会捐赠和赞助承担；自筹经费项目所需经费全部由社会捐赠和赞助承担。但以这三种渠道筹集经费很有限，因此可以从以下几个方面来考虑增加经费来源。

1. 志愿者团体以社团的身份自办产业。志愿者团体以社团的身份自办产业，用其产业利润来增加志愿活动经费，即遵循 NPO（非营利组织）的通行原则，利润不分配，所获利润必须用于其组织所从事的事业。

2. 以社团身份争取取得公益基金和政府的资助。根据中国社会科学院社会政策研究中心撰写的（孙炳耀执笔）《社会福利服务机构资助办法研究纲要》，可设立"福利服务基金"，通过三条渠道筹款：一是政府拨入预算经费；二是部分福利彩票资金；三是社会捐助资金。

3. 争取企事业单位的资助。

（三）与各社区和社团间合作关系方面

应该能够结合本土实际情况，鉴于社区中居民的各种需求，积极投身到社区建设和发展中去，并以"贴近社区、贴近需求、身体力行"为宗旨得到社区认同。

同时也积极与其他 NGO 开展合作，提出建立 NGO 合作平台的建议：信息共享、资源整合、平等参与、协同发展、服务社会，充分发挥志愿者所长，服务社区、学校、农村，并可以根据志愿者情况建立协作网络，优势互补，服务社会，变"授人以鱼"为"授人以渔"，志愿者总队还总结出了团队建设最重要的是道同致和而不是志同道合的思想。

此外，志愿者总队还应懂得把服务理念与各个重大活动和节日融合在一起，从而扩大服务范围和社团影响力，如奥运前后的进社区培训活动。

参考资料

孙飞、史建伟主编：《北京理工大学延河之星志愿者总队工作指南》，北京理工大学志愿服务资料汇编，2009 年 11 月初本。

第四节　中国农业大学志愿服务总队

调研对象：中国农业大学志愿服务总队队长

调研时间：2010 年 4—5 月

调研地点：中国农业大学志愿服务队

调研及报告撰写人：

冉鹏程（中国农业大学 2009 级硕士研究生）

青年志愿者服务是以在校大学生志愿参与为主体，以公益服务为手段，是奉献爱心服务社会的利他活动，推动社会进步与经济发展。广大青年志愿者奉献给社会的不仅仅是服务，同时也向全社会昭示了一种精神，那就是"奉献、友爱、互助、进步"的青年志愿者精神。青年志愿者精神是对中华民族团结友爱、助人为乐、见义勇为、尊老爱幼、尊师重教等传统美德的继承和光大。

一、中国农业大学志愿服务总队的基本情况

中国农业大学志愿服务总队是由校团委直接领导的学生组织，是学

校内部各公益性社团在志愿服务项目上的枢纽，主要负责组织并实施传统志愿服务活动并具体负责校内所有志愿服务工作的认证。

志愿服务总队的前身是诞生于 2006 年 6 月 22 日的中国农业大学世纪青年志愿者协会，由中国农业大学一批心怀志愿理想、心系同学社会的青年同学自发组织成立的。十周年风雨历程，农大志愿总队形成了自己的口号、行动精神、基本原则及服务宗旨。

农大志愿总队的口号是：爱心奉献社会，真情温暖人间！

农大志愿总队的行动精神是：奉献、友爱、互助、进步。

农大志愿总队的基本原则是：志愿参加，量力而行，讲求实效，持之以恒。

农大志愿总队的服务宗旨是：通过开展志愿服务，推动校园文化建设，营造良好的学习氛围，提高广大同学的整体综合素质，为社会主义精神文明建设和社会经济稳定发展贡献我们的力量。

二、中国农业大学志愿者总队的发展历程

中国农业大学志愿服务总队有着光荣的发展历程，从几个人发展到一个拥有上百名会员的世纪青年志愿者协会，又从协会成功地转型为如今的志愿服务总队。总队的各种活动丰富多彩，正是在这些活动中，总队才能稳步发展，永葆青春与活力！

中国农业大学志愿总队始建于大运会期间与彩虹工作组合作举办的"我为大运会，Show 精彩"活动，在北京高校中引起广泛共鸣。借助大运会的春风，我们在海淀区社会服务中心的大力支持和团委的亲切关怀下，进一步地自我提升与完善，建立了比较完善的管理机制，使各项工作逐步走上了正轨，为今后的发展奠定了坚实的基础。

2002 年 5 月 1 日，《北京青年报》对协会志愿者参加圆明园义工活动进行了报道，赞扬了志愿者们以身作则宣传环保的精神。10 月 27 日在希望马拉松义跑启动仪式上，主持人高度赞扬了中国农业大学志愿者

对公益事业的一贯支持，数十家媒体报道了此事，再次扩大了农大志愿者总队的知名度。

2003 年的"非典"时期，协会带领我校一批经过严格培训、不畏生命危险的志愿者走上了抗击"非典"的最前线，用实际行动保卫校园，保护同学们的生命安全。就在这一年，协会被北京市团委、北京市志愿者联合会（现为北京市志愿服务联合会）授予"优秀服务集体"称号。

2004 年我校承办世界七人制橄榄球大赛。在比赛期间，志愿者们热情、周到、高效的服务，得到有关领导及广大运动员的一致好评，成为赛场上"一道亮丽的风景线"。11 月原世纪青年志愿者协会成功转型为中国农业大学志愿服务总队，作为学校内部各公益性社团在志愿服务项目上的枢纽，在组织并实施传统志愿活动的同时具体负责校内所有志愿服务的认证工作。

2005 年，中国农业大学迎来了她的百年华诞，我本人也有幸加入了农大校庆志愿者行列，为农大的百岁生日做点小小的贡献。在此期间，总队与团委成功组织了 3700 多名志愿者参与到校庆的各项工作中，确保了校庆顺利、成功地完成。

2007 年 8 月，"好运北京"世界青年摔跤锦标赛在我校奥运场馆举行，在此期间，有 300 多名志愿者参加了志愿服务，其中也不乏中国农业大学志愿服务总队成员的身影。志愿者们的出色表现，受到了社会各界的肯定。

2008 年，农大的志愿团队全力投入到北京奥运会的志愿服务中，协助校团委完成志愿者的招募、录取、信息采集等各项工作，努力当好志愿者。奥运会期间，众多成员进入场馆，积极投入到奥运会、残奥会的志愿服务工作中，为奥运会贡献自己的一分力量。同时，向全世界人民展现了中国志愿者的风采，成为北京奥运会志愿者最好的名片。

2009 年国庆期间，我们更是以饱满的热情和高度的责任感投入到志愿服务工作中。我校正门前的城市志愿服务站点的志愿者们用他们的激情和行动，展示了新中国成立 60 周年以来的辉煌成就，展现了新北京的文明形象，同时也展现了我校浓厚而独特的校园文化。另外，积极开展天安门广场国庆 60 周年群众游行彩车展示活动，为彩车展示奉献力量，接受祖国人民的检阅，向世界展示中国志愿者的良好形象。

2010 年……

此外，中国农业大学志愿者团队广泛深入社区，针对不同社区的各自特点及不同人群的需要开展形式多样、内容丰富的社区服务活动。并且在二里庄、六道口、敬老院及农大家属区等地已经建立了各自的社区服务小组，进行长期的志愿服务工作。还长期在学校和社区内举办"用你的爱，擦亮另一片天"募捐活动，为贫困的农民工子弟小学生送去关怀与温暖，并选出优秀的志愿者定期到农民工子弟学校开展支教和联谊活动。

三、组织结构与管理模式

（一）部门构成

中国农业大学的志愿者团队的部门设置是由办公室、宣传部、外联部及实践部组成。

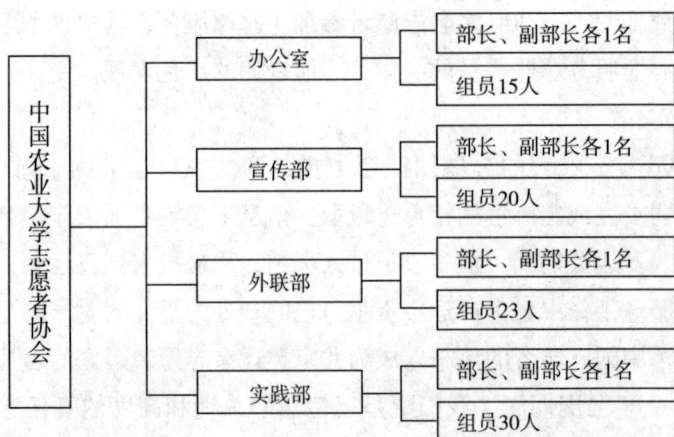

图 4—6　中国农业大学志愿者协会组织结构

办公室：

主要负责总队的财务、资料、档案管理、活动总结，以及志愿认证这一重大使命。同时，它还协调着总队各个部门之间的关系，使总队这个整体永远保持最好的状态和面貌，发挥最高的效率。

宣传部：

宣传部的工作重点就是在事前和事后为我们举办的每一次活动做大力宣传，出海报、板报、布置展板、分发志愿者小报等，现在又承担了总队网站的设计及维护工作。

外联部：

外联部承担着多项职责，包括：保持与其他兄弟院校的联系；为总队开展活动筹集资金；参加社会各界或高校志愿活动的组织过程；等等。

实践部：

实践部的工作主要是组织策划。实践部在很多情况下是依托外联部找到活动的，要随时随地和外联部搞好合作。对外要负责志愿者去服务基地进行服务；对内要配合各部门做好海报、板报、借用物品、打印传单等工作。实践部还不定期举行活动及会议，使各个会员之间能够认识和了解，在工作之间能更好地发挥团体的巨大威力。

（二）志愿者支队和个人会员组成

中国农业大学对申请加入本团队的志愿者支队、个人会员必须具备的条件做了详细规定：

志愿者支队：

中国农业大学各学院、校团委管理的各社团中的志愿者组织，拥有固定会员 20 人以上。

遵守宪法、法律、法规、国家政策和学校各项管理办法，遵守社会道德风尚；承认本组织的章程，遵守本协会的规章制度；热心公益事业，甘于奉献，能坚持开展志愿服务活动。

个人会员：

（1）年满14周岁，身心健康；（2）遵守宪法、法律、法规、国家政策和学校各项管理办法，遵守社会道德风尚；（3）拥护本组织的章程，遵守本协会的规章制度；（4）热心公益事业、甘于奉献，能坚持参与志愿服务活动。

会员入会程序：

向总队或各支队提交入会申请书；经过总队或支队理事会讨论通过，报总队、支队队长会批准，并经过总队备案；由总队理事会或总队理事会授权支队给予会员证明。

会员享有以下权利：

本组织的选举权、被选举权和表决权；参加本组织的活动；获得本组织服务的优先权；对本组织工作的批评建议权和监督权；向本组织推荐会员；请求本协会维护其合法权益；入会自愿，退会自由；会员自动成为北京市志愿者协会会员。

会员履行下列义务：

遵守本组织的章程，执行本组织的决议，维护本组织的合法权益和声誉；按时完成本组织交办的工作；定期向本组织反映情况，提供有关资料。

（三）负责人的产生与罢免

中国农业大学志愿者团队的最高权力机构是总队、支队队长会议，由总队队长、总队副队长和各支队队长组成。总队、支队队长会须有2/3以上的代表出席方可召开，其决议须经到会代表半数以上表决通过方可生效。

总队、支队队长会的职责是：

选举和罢免队长、副队长；筹备召开换届大会；向全校志愿者报告工作和财务状况；决定会员的吸收或除名；决定机构的组织形式、分支机构的设立；领导本组织开展工作；制订内部管理制度；聘请总队的顾问，名誉队长；接受监事会提出的对本组织违纪问题的处理意见，提出解决办法并接受其监督；决定其他重大事项。

队长、副队长应具备以下条件：

坚持党的路线、方针、政策，政治素质好；在本组织的业务领域内有较大影响；身心健康，能坚持正常工作；对工作认真负责、开拓进取。

对队长、副队长任期的规定：队长、副队长，任期最长不超过两届。因特殊情况需延长任期的，须经换届大会到会代表 2/3 以上表决通过，报共青团中国农业大学委员会审查同意后方可任职。

（四）资财管理

团队资产来源：主要来自于捐赠；领导机关资助；在核准的业务范围内开展活动或服务的收入；其他合法收入。

对资产管理，中国农业大学的志愿者团队在总队章程里面做了详细的规定：

第二十三条　本组织必须用于本章程规定的业务范围和事业的发展，不得在会员中分配。

第二十四条　本组织建立严格的财务管理制度，保证会计资料合法、真实、准确、完整。

第二十五条　本组织换届前必须接受共青团中国农业大学委员会的财务审计。

第二十六条　本组织的资财，任何支队、个人不得侵占、私分和挪用。

四、团队的服务领域

大力弘扬志愿服务精神，引导中国农业大学志愿者积极参加志愿服务工作；协助校团委培养学生的公民意识、奉献精神和社会实践能力；为城乡发展、社区建设、扶贫助困、抢险救灾以及大型社会活动等公益事业提供志愿服务；为具有特殊困难及需要帮助的社会成员提供志愿服务；规划、组织志愿服务活动，协调、指导中国农业大学各级志愿者组织和志愿者开展工作；开展与国内外志愿者组织和团体的交流与合作。

五、调研建议

中国农业大学的志愿者总队是一支有着十年发展历程、经验丰富的队伍，在得到学校领导和老师们的大力支持下，开展了很多有意义的活动，在活动的过程中也积累了很多经验，使整个团队的合作能力大大增强，也提高了整支队伍的工作效率和方法。在吸纳新会员以及团队领导人的选举上都更加地民主化，也提出了更高的要求，队员的素质也在不断提高，赢得了广大师生的一致认可，赢得了良好口碑。

（一）加大开展志愿服务的宣传力度

中国农业大学的志愿者队伍经过十年的风雨历程，积累了丰富的工作经验，在社会上也得到了一定认可，参加过大量的服务工作，特别是在农大百年校庆和奥运会志愿服务工作中发挥了一定作用。但是由于宣传力度的欠缺，使志愿者队伍开展的大量工作不为人所知。宣传力度的欠缺使本校的学生对志愿者总队开展了哪些工作及服务领域有哪些都不太熟悉，如果连本校的学生们都不了解自己学校的志愿者队伍，这足以说明在宣传上的欠缺。加大宣传力度一方面能使队员们开展的工作得到更多的认可，进而激发队员们更大的工作热情；另一方面也能使我校的志愿者在更广阔的天地里开展更多的服务工作，借助宣传也能吸纳更多的人才和队员，能与更多的企业或基金会合作，能争取到更多的资金，有利于志愿者队伍的发展。

（二）与更多基金会联系合作，争取更多的经费来源

在开展志愿活动的时候，活动本身需要相当一部分经费，而由于志愿活动的性质，使得经费的来源相当困难，特别是在团队有较大发展规模之后，需要开展更多的志愿服务。连学校支持力度不够的情况下，经费来源成为阻碍团队开展更多活动的障碍，所以，这就需要团队自己去努力争取经费。一方面可以向学校申请更多的经费来开展工作，但学校的支持毕竟是有限的，而且力度不能满足团队的需要。这就要求自己去联系企业，和企业搞合作，或者和基金会搞合作，这方面张晓红老师给农大志愿者团队提出了很好的建议，但团队本身的努力还不够，所以今后的努力应该是通过和基金会的更多合作争取经费，才能更好地开展更多有意义的活动。

（三）树立中国农业大学志愿者协会的品牌

十年风雨历程，但农大的志愿者协会没有得到她应有的发展，当时，农大的在校生有一万多人，而整个志愿者协会的人数还不到一百人，可见协会本身的人员略显单薄，人员的欠缺不利于开展更大规模的志愿者工作。一方面是团队体制本身的限制，同时，也说明本校的师生对该团队的了解不足。

要把中国农业大学的志愿者服务工作当成品牌来作。就像农大的峰云社一样，能在奥运会火炬珠峰的传递中充当一定的角色，这就是很好的宣传作用，也是有了一定的品牌效果的原因。和其他的社团一样，农大的志愿者协会需要做大做强，让社会了解并得到更大范围的认可还有相当长的路要走。首先就要求该团队本身树立更大的目标，把团队向着品牌方向发展，做成不仅在农大而要在全国的高校中有影响力的社团。

第五节　中国人民大学青年志愿者协会

调研对象：中国人民大学青年志愿者协会会长

调研时间：2010 年 3—6 月

调研地点：中国人民大学青年志愿者协会

调研及报告撰写人：

励东升（中国农业大学思想政治教育学院马克思主义基本原理专业 2009 级硕士研究生）

一、中国人民大学青年志愿者协会基本情况

中国人民大学青年志愿者协会（以下简称"协会"）正式成立于 1995 年 12 月 5 日，是共青团中央中国人民大学委员会直属的学生志愿服务团体。协会以"奉献扬青春，与社会同进步"为宗旨，2001 年被共青团中央和中国青年志愿者协会评为"中国十大杰出青年志愿服务集体"之首。此次调研报告是以中国人民大学青年志愿者协会为典型案例，来研究分析北京高校志愿者团体在组织管理、服务平台建设、生存现状、发展优势及掣肘因素等方面的情况。此次调研主要通过对相关人员的面对面访谈、网上资料收集及筛选等方式进行。

（一）组织结构与管理模式

中国人民大学青年志愿者协会的主管机构是中国人民大学校团委，领导机构是会长团，会长团由 1 名会长，6 名副会长，1 名副秘书长兼秘书处主任组成。会长团下面按照行政领域和服务项目来分设平台部门和项目部门，并设立秘书处来协调两者关系。整个组织架构呈现扁平化。

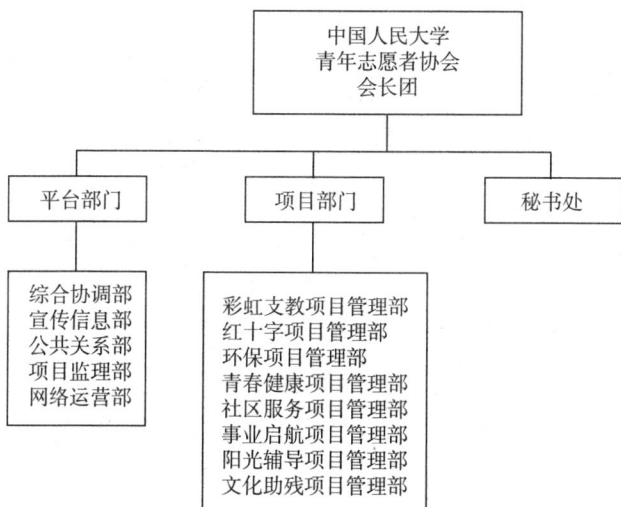

图4—7 中国人民大学青年志愿者协会组织结构

其中，综合协调部主要负责协会的财务、人事以及物资的监管和协调工作；宣传信息部主要是通过网站、杂志等主要媒介彰显志愿者工作的光辉意义，扩大志愿行动的影响；公共关系部主要负责协会的形象塑造和对外联络工作，与大众传媒、资源机构以及校内外志愿者组织保持紧密地联系；项目监理部主要职责是深化项目改革，管理和监督协会各部门、各院系青年志愿者协会及其他相关社团和个人的志愿服务项目申报、审批、结项、评估等以及调研考核、研究发展，对各项目部门、各院系青协、其他相关社团和个人的志愿服务项目进行综合评估与优化引导，招募、管理志愿者，完善志愿者注册登记、时数认证和服务考评工作；秘书处是协会职能部门之一，主要职责包括协调各部门关系，完成协会日常文件拟写制作，收集整理各部门上交的材料，完成协会整体档案的规整，组织开展协会调研、科研项目，以及志愿者发展论坛和理事会等相关事宜。

（二）服务平台和常态化服务项目

事实上，从上述协会的组织管理设置可以看出，协会的服务平台、常态化服务项目可以通过项目部门的设置体现出来。因此，可以通过各个项目部门简介的方式，来部分说明协会的服务平台和常态化服务项目。

1.彩虹支教项目管理部：义务支教是部门的常规项目，主要在农民工小学、问题青少年学校、高中经济学选修课中开展。目前，协会和东方红民工子弟小学及华奥民工子弟小学开展了长期的合作。东方红民工子弟小学支教志愿者负责五个班级，内容为语言、人文、自然科学；华奥民工子弟小学支教志愿者负责三个班的支教，以剪纸、绘画、舞蹈为主要的授课内容。

2.红十字项目管理部：帮助宣传卫生防疫知识，在校园举行无偿献血活动是其常规工作。目前，部门主要开展了"生命之光""翡翠丝带"志愿服务项目。其中，"生命之光"红十字志愿服务项目主要包括无偿献血、急救培训和造血干细胞捐献等活动。无偿献血项目是学校志愿者与北京红十字血液中心合作开展的，活动频率是每周一次，面向全校学生。造血干细胞捐献是学校志愿者与中华骨髓库合作开展的项目，造血干细胞捐献是采集5毫升志愿者的血样并将骨髓类型储存到中华骨髓库中，待有匹配型进一步联系的活动，活动于每年面向全校学生开展一至两次。急救培训主要是由协会与北京市红十字会合作培训志愿者关于紧急救护方面的知识。"翡翠丝带"是协会为宣传预防乙肝而举办的一项活动，活动面向全校学生，每年开展两至三次。

3.环保项目管理部：主要是以"普及环保知识，宣传环保观念，提高环保意识，倡导环保理念"为己任，开展环保志愿服务活动。协会志愿者于2009年4月11日，参加了由中华环境保护基金会与北京市工商业联合会共同面向企业所开展的环保公益活动——"绿色动力工程"，协助现场工作人员布置会场、分发环保宣传资料、维持现场秩序等。

4.青春健康项目管理部：主要致力于大学生青春期健康的自我教育活动，涉及爱情、性与生殖健康以及生活技能等方面，同时宣传预防性病、艾滋病相关知识。每年12月1日前后，部门会开展"红丝带满人大"的系列宣传普及活动，包括安全套的派发和举办专家讲座，同时针对民工子弟学校的学生进行青春期健康知识的教育。

5.社区服务项目管理部：主要对人大周边社区开展特色服务工作。如"我陪老人过周末"活动（志愿者利用周末时间走进空巢家庭，陪社区老人聊天、做家务）和"我当居委会主任"活动等。

6.事业启航项目管理部：前身是奥运项目管理部。部门致力于搭建一条连接协会以及学校学生与外界企业、NGO以及政府机构的桥梁，更好地帮助学生开展就业指导工作。如部门会不时邀请各行各业的职场精英来跟学生分享他们的职场经验，传授职场技能以及提供就业信息，同时部门也致力于联合企业在校内开展实习招聘会，为广大学生提供实习机会。

7.阳光辅导项目管理部：主要致力于志愿者的培训工作，部门开展的"workshop"和"阳光心灵自助会"等活动增强了志愿者团队的凝聚力、创造力。

8.文化助残项目管理部：主要致力于残校助教、社区助残等活动。协会已开展北京市盲人学校助残项目、第三聋人学校助残项目、海淀培智学校助残项目等常规项目。

（三）大型志愿服务项目和活动（2009年度）

1. 2009年5月12日，在人大校园内，中国人民大学青年志愿者协会举行了"情系四川牵动你我——纪念"5·12"地震一周年活动"。活动主要内容是通过写祝福和按手印的方式缅怀逝者，祝福生者。活动结束后，协会把写满祝福与鼓励的书签寄往灾区学校。

2. 2008年12月13日，协会承办了以"高校志愿服务的科学化、规范化、专业化和社会化"为主题的首都高校志愿服务发展研究论坛。

协会会长吴映京代表高校志愿者在会上发言，系统回顾了首都高校特别是中国人民大学近年来志愿服务工作的发展情况和相关经验。会后，协会把各高校提交给论坛的论文、经验总结、讨论心得等汇编成了《高校志愿服务发展研究论文集》。

3.2009 年 6 月，协会开始积极准备国庆 60 周年人大师生游行方阵的后勤服务工作。主要包括道具服装管理发放工作、餐饮（水）保障工作、医疗卫生保障工作以及其他相关保障工作。工作分为四个阶段：前期准备阶段，包括招募志愿者、发放服装、组建医疗志愿服务队等；校内训练阶段，主要是保障饮用水、纸杯、训练相关道具等物资到位；外出训练阶段，主要负责由国家统一订购的训练食品的管理、分装和发放的工作；正式参加游行阶段。

（四）协会近期开展的主要项目活动

1.2010 年项目预登记情况汇总统计

表 4—1　中国人民大学青年志愿者协会 2010 年项目情况汇总表

2010 年项目预登记情况汇总统计表	
项目总数	43
志愿服务总场次	600
志愿者总数	3820
服务对象总数	101770
预算总额（元）	480096

2.协会近期开展的主要活动项目介绍

（1）情暖"母亲节"活动

时间：2010 年 5 月

目的：通过举行具有特色的母亲节活动，使远在异乡的莘莘学子在享受活动的快乐之余寄出儿女对母亲的想念与感激。

内容：活动当天为学生准备好信封和信纸，让学生写下自己的寄语，统一发送；学生在准备好的文化衫上写下自己的创意，下午活动结束前，进行文化衫创意评比活动，并设置奖励；活动结束后，文化衫作为包裹寄给母亲；在准备好的"感激板"和条幅上签上自己的名字并寄予对母亲的感激和美好祝福。

（2）启航大学生创业计划

时间：2010年3—9月

目的：本计划旨在针对大学生自主创业领域，尤其是公益创业领域，提高大学生的创业意识和能力。

内容：第一步，通过问卷调查，了解大学生创业意向、关注的领域、面临的困难和存在的困惑，从而把握现状。第二步，邀请公益创业领域权威人士对公益创业及公益创业理念进行宣讲和推广。第三步，在此基础上，开展创投比赛，选拔出优秀的创业团队及项目。第四步，联系专门机构，对优胜创业团队进行创业知识、技能以及企业家精神的教育和培训。创业教育结束后，由基金会为创业项目提供专项资金支持。最后，通过青年志愿者协会这一平台，将公益项目进行推广。

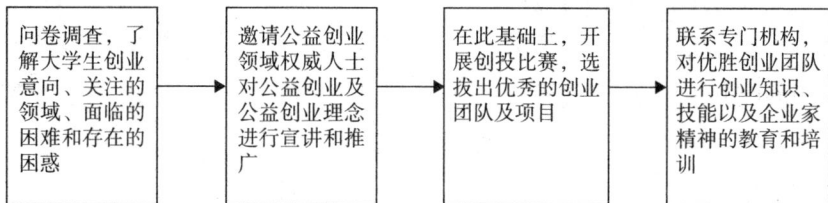

图4—8 大学生起航创业计划项目流程

（3）"全国助残日"社区内活动

时间：2010年5月第三周

目的：提高大学生的助残意识，将大学生的关心和祝福送给社区残疾人。

内容：以传单的形式宣传残奥会中的感人故事，让人大学生感受残疾人的自强不息；邀请人大学生学习手语，并拍摄 20 张或 200 张同学们做手语"心"的照片；做问卷调查，了解人大学生对于现今社会中残疾人无障碍设施应用的认识情况，听取改进意见；将统计结果送到相关部门；并请人大学生写下对残疾人的祝福；在五月第三周周日，到联系好的社区内对残疾人进行帮助和一些知识讲座，同时将同学们写好的祝福送去。

二、调研分析

（一）协会自身的特点和值得推广的方面

1. 组织管理方面：按照行政事务和服务领域将组织内的部门分别划分为平台部门和项目部门，并分别设置，由秘书处来协调两者间关系。这是协会的一个突出特点。这一方面有利于实现组织结构的扁平化，减少组织层级；另一方面也兼顾到了各部门协同开展工作，坚持责任到人。这可以说是寻求到了协调工作和提高效率的均衡。

2. 服务平台方面：协会的服务平台涉及环保、卫生、助残、支教、大学生创业等方面，覆盖面广，开展的服务项目众多，组织实力雄厚。在拓展服务领域方面有很强的开拓创新意识，如协会"彩虹支教项目管理部"的志愿者在北京 171 中学进行支教，开创了大学生在高中选修课支教的先河。

3. 服务对象选择方面：从踏实干事的理念出发，在服务对象选择方面，协会非常注重从对象自身的切实需求角度出发。如协会定期开展支教活动的华奥民工子弟小学，在它的办学之初，只有一个老师，一个年级，22 名学生，所有的六间校舍是在猪圈上盖起来的。1998 年 6 月，学校由于城市交通建设的需要迁入一个蔬菜大棚中，由此诞生了"窝棚小学"这一称号。2002 年，协会和美国视博恩公司北京代表处建立了联系，并就华奥的发展达成了共建协议；2003 年 2 月，北京慈福行动美国视博恩公司（现称中国慈福行动）开始华奥项目建设。

（二）协会自身需要改进的方面

1.协会内设部门过多，导致尽管组织层级不多，却增加了协调的困难。

2.协会开展的关于志愿者服务的常态化项目很多，从服务领域和合作对象来看，隐约有社会团体的特色，难以真正体现出学生社团作为学生自我管理、自我教育、自我服务组织自身的特点和优势。

表4—2　中国人民大学青年志愿者协会优点及需要改进方面

	协会自身的特点和 值得推广的方面	协会自身需要改进的方面
组织管理 方面	按照行政事务和服务领域将组织内的部门分别划分为平台部门和项目部门，并分别设置。这一方面有利于实现组织结构的扁平化，减少组织层级；另一方面也兼顾到了各部门协同开展工作，坚持责任到人	协会内设部门过多，导致尽管组织层级不多，却增加了协调的困难
服务领域 方面	覆盖面广，开展的服务项目众多，组织实力雄厚。在拓展服务领域方面有很强的开拓创新意识	协会开展的关于志愿者服务的常态化项目很多，难以真正体现出学生社团作为学生自我管理、自我教育、自我服务组织自身的特点和优势
服务对象 选择方面	协会非常注重从对象自身的切实需求角度出发	

三、调研建议

首先，在组织机构设置方面。会长团下设部门不宜过多，建议精简部门以提高办事效率；其次，协会需注重自身作为学生社团的发展方向和特色，利用学生社团的特色和优势来创建更多属于自己的品牌活动，更好地实现与其他类型社团组织的优势互补；最后，从作为学生社团的共性出发，学校团委需引导和把握好包括学校志愿者服务组织在内的学生社团的发展，在财务（增加专项经费投入）、组织（确保正确的发展方向）、时空方面（增加学生社团活动场所）提供更多保障。

四、结　语

由于公民社会发育的不健全，国家主义主导现代化进程，在特殊的党—国家—社会体系下，中国的社团组织往往带有或多或少的官方政治色彩，这固然有它的可以集中力量办大事的优势，但也容易产生官僚主义、形式主义的弊端。由于高校的行政化，这种弊端也很容易渗透到学生社团当中，导致形式主义、人浮于事。为此，要充分发挥社团组织作为公益服务组织的作用，关键还是得协调好向上负责和向下负责的关系，学生社团组织亦是如此。从这一点出发，中国的社团组织、中国的志愿者服务事业，还有很长一段路要走。

第五章 企业志愿服务组织调研

编 者 按

外资企业的志愿服务组织一般依托企业文化处或者员工发展中心等部门，通过开展志愿服务活动来塑造企业文化、凝聚员工人心、造福社会大众。本轮调研选取了 ABB、拜耳、微软、强生、英特尔在中国北京的分公司为调研对象，通过调研可以了解这些外企在中国开展志愿服务的基本情况。

访谈提纲

1. 志愿者团队的组织架构如何？与企业有何关系？

2. 志愿者团队的人员是如何构成的？志愿者管理和服务人员有多少？

3. 志愿服务活动的服务领域、服务内容、服务对象分别是什么？

4.志愿服务活动的具体开展是否实行项目化管理？有哪些长期项目和短期项目？有没有形成独有的特色和品牌活动？

5.对志愿者的评价和激励是怎么做的？是否开展志愿服务活动的评估和总结工作？比如，创办自己的刊物、网站等分享志愿服务感想、总结，或者进行优秀志愿者表彰等？

6.作为企业志愿者组织，是否感受到了社会及政策的支持？开展志愿服务中有哪些困难？或者说需要哪些支持？

7.企业是否为志愿服务团队直接提供资源？包括资金、物资和技术等，以什么样的方式，是制度型还是项目申请或其他？或者说企业本身对于组织发展制订了哪些具体政策和规章制度以保证活动的持续有序开展？

8.如何看待企业志愿者组织开展的志愿服务活动和企业自身发展之间的关系？如何看待这些志愿者活动与企业开展慈善捐赠、环保自律等企业社会责任方面的活动的区别与联系？贵企业是否有专门的机构规划和管理这类活动？

第一节　ABB（中国）志愿者协会北京分会

调研对象：张娟（ABB 中国有限公司中国区企业社会责任专员）

调研时间：2011 年 3 月 18 日

调研地点：ABB（中国）有限公司

调研 及报告撰写人：

曹仕涛（北京市志愿者联合会研究培训部研究员）

李文婷（北京工商大学 2010 级硕士研究生）

颜丙乾（北京工商大学 2010 级硕士研究生）

随着经济与社会的进步，现代企业越来越注重专注于自身发展的同时积极承担各项社会责任，志愿服务事业已成为推动社会全面发展的重要手段和社会文明进步的重要标志。企业是社会财富的创造者，企业公民的社会公德和责任意识对构建和谐社会意义重大。长期以来，ABB（中国）一直追求成为"优秀的企业公民"，一方面通过自身产品创新来实现增效节能、改善环境，以致力于可持续发展；另一方面参与开展了一系列社会活动，涉及社会慈善、社会公益和志愿服务等多个方面，而其中最为活跃的是 ABB 各部门各地方员工组成的志愿者团队，他们以自己的实际行动诠释着 ABB"以可持续的态度承担企业社会责任"的理念，不懈地贡献着自己的力量。

一、公司简介

ABB 公司全称为 Asea Brown Boveri Ltd，位列全球 500 强，集团总部位于瑞士苏黎世，由两个历史 100 多年的国际性企业——瑞典的阿西亚公司（ASEA）和瑞士的布朗勃法瑞公司（BBC Brown Boveri）在 1988 年合并而成。

ABB 是电力和自动化技术领域的领导厂商，主要业务是为工业和电力行业客户提供解决方案，以帮助客户提高业绩，同时降低对环境的不良影响。ABB 集团的业务遍布全球一百多个国家，与中国的合作开始于 1907 年，当时向中国提供了第一台蒸汽锅炉。1974 年，ABB 正式在香港设立了中国业务部，随后于 1979 年在北京设立了永久性办事处。1994 年 ABB 将中国总部迁至北京，并在 1995 年正式成立了 ABB（中国）有限公司。经过多年的快速发展，ABB 迄今在中国拥有 1.63 万名员工，在 80 个不同城市服务于 30 个本地企业，并拥有研发、生产、销售与服务全方位的业务。2010 年，ABB 在中国的销售额达 44 亿美元，继续保持了中国作为 ABB 全球第一大市场的领先地位。2009 年，ABB 在中华英才网组织的调查中，被大学生们评为"中国大学生十佳雇主"

之一；2010 年，ABB 在《南方周末》"2009 年世界 500 强企业在华贡献排行榜"中位列第 16 名；在由中华慈善总会和《中国企业报》等单位联合主办的"2010 中国企业社会责任年会"上荣获"2010 企业社会责任特别大奖"。

ABB 在中国参与了众多国家重点项目的建设，如三峡电站建设和输配电工程、南水北调工程、西气东输工程、青藏铁路工程、首都国际机场的改扩建项目、变电站项目、轻轨项目以及北京奥运会和上海世博会基础设施与场馆设施建设等。此外，ABB 还为上海赛科、广州地铁、上海地铁、北京人民大会堂、上海通用汽车、宝钢等众多客户提供了相关的电力或自动化技术解决方案。

除了在业务上通过产品创新来实现增效节能与改善环境，ABB 还开展了一系列社会活动，包括支持教育、环境保护和慈善公益等，其志愿者队伍也活跃其中，成为 ABB 履行社会责任的一支重要力量。

二、志愿者团队介绍

（一）发展沿革及服务宗旨

自 1907 年向中国提供了第一台蒸汽锅炉，到通过香港与中国大陆开展业务；从创建本地企业向中国转让技术，到输出 ABB 的"中国制造"和"中国设计"；从支持中国经济实现腾飞到帮助提升能源效率、电网可靠性和工业生产率，ABB 已走入中国一个多世纪，在这一个多世纪中，不仅在其业务范围内帮助中国发展可再生能源，建设、优化输配电网络，推动城市化、工业自动化和农村电气化进程，将国际化运营理念融入到本土化运营之中，成为所处社区的一分子，还以公司的名义开展了一系列的社会活动，积极投身各项公益事业，成立了专门的员工志愿者协会，将企业员工组织起来。公司的这一心向公益的企业文化，将各个地区、各个分厂的 ABB 志愿者紧紧地凝聚在一起，使这些来自不同地方、拥有不同才能的员工，从单纯献爱心的非官方志愿组织做起，逐渐凝聚起来，直到在公司的帮助下成立正式的志愿者协会，在协会的统领下以各种形式热情奉献着自己的一份力量，以不同的方式、不同的途径，共同为增效节能、改善环境、支持教育、可持续发展的企业理念而努力。

（二）组织架构

ABB 中国志愿服务相关事务归属于公司的可持续发展事务部。公司的可持续发展事务部，拥有 33 名环保专业人士、48 名职业健康与安全顾问和 26 名企业社会责任协调专员，来协调管理包括志愿服务在内的一切可持续发展事项。员工志愿者归属于总公司各项管理领域中的社区参与领域之下，没有单独设置相应的机构，但设立了企业社会责任委员会履行相关职能，其成员的为集团总裁、主要业务部门副总裁及可持续发展部经理，企业社会责任领域大的项目、进展，都会与委员会进行沟通协调。同时，ABB 拥有大量的员工志愿者，并成立了志愿者协会，共同在公司的日常业务以及闲暇时间中履行社会责任。志愿者活动的具体运作主要在志愿者协会的组织下统一开展，初步构建了公司员工志愿者活动的策划方式与组织模式。协会下设各地区志愿者分会。全国各地目前有 30 多家工厂，其中北京、上海、厦门、重庆、西安等地工厂较多，每个工厂都有企业社会责任协调员对相关事务进行协调。不同的工厂由于所处地理位置、提供服务内容、专业性程度等方面的不同，具体情况也不尽相同，有的工厂成立了非常活跃的组织，有明确的定位、目标、内容，如每年做多少事、怎么做、如何分享等；也有的工厂刚刚成立员工志愿者组织，初步形成了一定的组织架构，但有很多想法还没有完全实施，尚在试运行阶段。

公司总的志愿者协会组织结构图如图 5—1 所示。志愿者协会由会长主持日常事务，下设委员会进行协会内部事务的商榷与处理及与各分会的相关沟通与协调。各地区各分会属于委员会管辖，既在具体行动方面保持一定的独立性，也在委员会的统筹下相互合作，共同履行公司的公益理念。

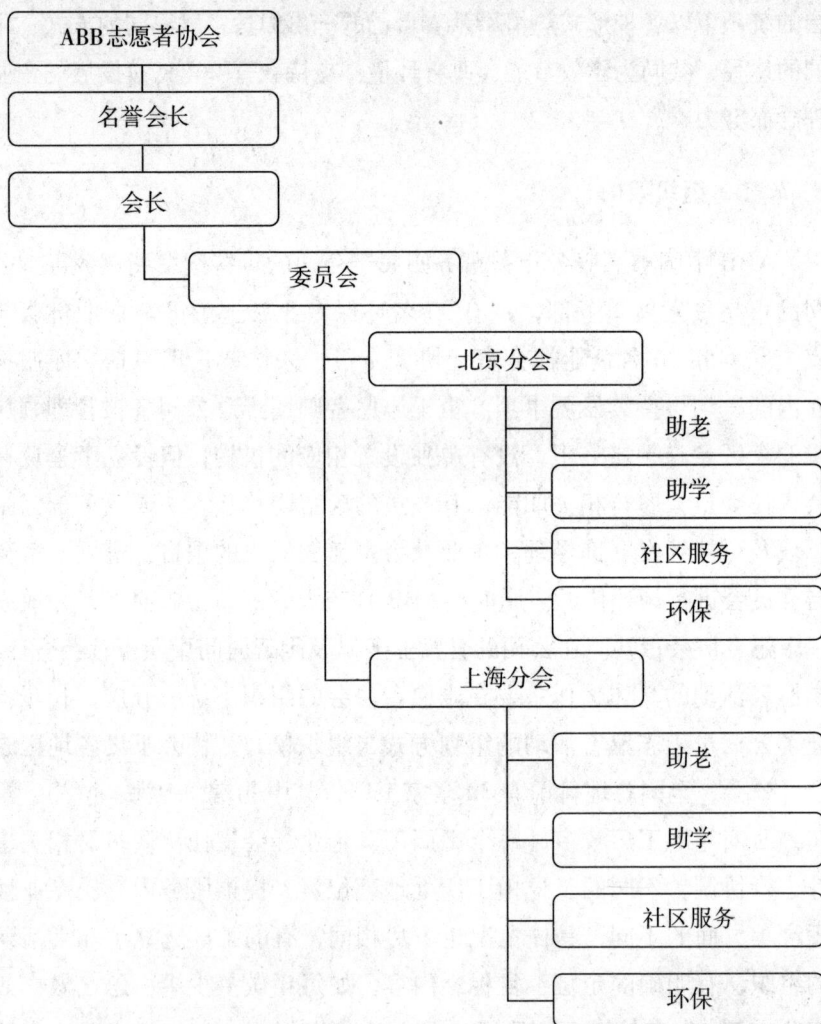

```
┌─────────────────┐
│  ABB志愿者协会    │
└─────────────────┘
┌─────────────────┐
│    名誉会长       │
└─────────────────┘
┌─────────────────┐
│     会长         │
└─────────────────┘
        ┌─────────────────┐
        │    委员会        │
        └─────────────────┘
                ┌─────────────────┐
                │    北京分会       │
                └─────────────────┘
                        ┌─────────────┐
                        │    助老      │
                        └─────────────┘
                        ┌─────────────┐
                        │    助学      │
                        └─────────────┘
                        ┌─────────────┐
                        │   社区服务    │
                        └─────────────┘
                        ┌─────────────┐
                        │    环保      │
                        └─────────────┘
                ┌─────────────────┐
                │    上海分会       │
                └─────────────────┘
                        ┌─────────────┐
                        │    助老      │
                        └─────────────┘
                        ┌─────────────┐
                        │    助学      │
                        └─────────────┘
                        ┌─────────────┐
                        │   社区服务    │
                        └─────────────┘
                        ┌─────────────┐
                        │    环保      │
                        └─────────────┘
```

图 5—1   ABB 志愿者协会组织结构

注：本资料由 ABB（中国）志愿者协会北京分会提供。

本次调研对象为 ABB 志愿者协会北京分会的主要负责专员。ABB 志愿者协会北京分会是由 ABB 中国在北京的 5 家公司中自愿、无偿参与社会服务和社会公益事业的员工组成的。协会仍在不断地向前发展之中，发展初期由于固定志愿者的人数不多，服务岗位尚未固定，正式的组织网络还没有成形，因此管理压力还比较小，对志愿者的管理是非正式化的，无单独、固定的秘书处、理事会，仅有一位中国区企业社会责任专员，属于可持续发展部，管理包括志愿者协会活动在内的企业社会责任相关事务，其他人员多为功能性定位，为企业员工所兼职，这些员工中有些处于人力资源岗位，有些处于职业健康安全岗位（属可持续发展事务部），也有行政人员等，最大限度地包含了企业内部各个不同岗位的不同员工，协会正在不断向组织化管理迈进。

（三）管理流程

ABB志愿者协会在委员会的统领下，依照协会总体服务精神，以各地区分会为单位，组织志愿服务活动，不同地区、不同分厂因其区位优势、技术特长不同，因地制宜地采取不同的管理方式，开展各具特色的志愿服务活动。其北京分会的具体管理流程如图5—2所示：

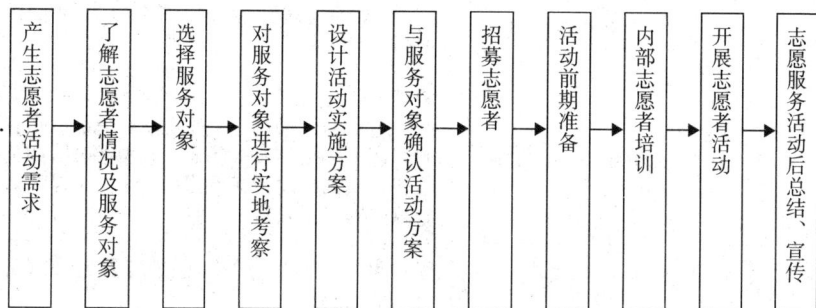

产生志愿者活动需求 → 了解志愿者情况及服务对象 → 选择服务对象 → 对服务对象进行实地考察 → 设计活动实施方案 → 与服务对象确认活动方案 → 招募志愿者 → 活动前期准备 → 内部志愿者培训 → 开展志愿者活动 → 志愿服务活动后总结、宣传

图5—2　ABB志愿者协会北京分会管理流程

针对志愿服务管理流程中的每一个环节，协会都有详细的管理方案及相应的数据输出，以支持协会的有效运行，每一环节的数据输出如表5—1所示。

表 5—1　ABB 志愿者协会北京分会管理流程及数据输出

环节	内容	数据输出
1	产生志愿者活动需求	公司志愿者活动计划
2	了解志愿者情况及服务对象	人数、年龄、男女比例、国籍、特长、兴趣爱好、感兴趣的活动方向、想要服务的对象
3	选择服务对象	NGO 推荐、其他志愿者团队合作对象。与公司业务、目前进行的公益项目或志愿者兴趣相结合
4	对服务对象进行实地考察	非营利、非政府组织；相关部门准许成立资格；基础设施是否完善；存续时限；基本情况（年龄、家庭成员、性格特点、兴趣等）；了解服务对象倾向的志愿活动内容
5	设计活动实施方案	时间、地点、活动内容、注意事项
6	与服务对象确认活动方案	介绍活动内容、注意事项，商议如何配合
7	招募志愿者	招募通知要感性并加入激励文字
8	活动前期准备	交通、志愿者统一标识、礼物、活动必须物品、摄影师
9	内部志愿者培训	调整志愿者心理预期；介绍活动方案、目的、达到的效果；服务对象基本情况、存在的问题、需要帮助的方向；注意事项；如何给服务对象时时传递健康的价值观；志愿者分组并确定组长；分配小组任务
10	开展志愿者活动	安全事项、现场控制、记录志愿者和服务对象活动感受
11	志愿服务活动后总结、宣传	志愿者和服务对象活动后的调查问卷，以开放式问题的形式分享活动中印象深刻的事件、对志愿者或服务对象的了解、新发现及活动后的感想。制作活动简报，提炼活动的价值，文字、图片相结合分享给全公司的同事

注：本资料由 ABB（中国）志愿者协会北京分会提供。

1.产生志愿者活动需求。协会以协会内部员工的实际服务意向为参考，结合社会热点、焦点问题，如环保、支教、赈灾等，同时结合公司自身的专业技术及信息优势，作为志愿服务活动的切入点，经过协会管理者的协商产生活动需求，确定志愿服务计划。

2.了解志愿者情况及服务对象。确定具体的志愿者活动计划后，进一步了解协会志愿者人数、年龄、男女比例、国籍、特长、兴趣爱好、感兴趣的活动方向、想要服务的对象等方面的内容，以利于志愿者有针对性地招募、具体活动的职责分配和统筹协调。另外，根据活动需求对服务对象进一步地了解走访，以有利于后期服务对象选择和志愿者招募时最大限度地使志愿者与服务对象能有更高的契合度。

3.选择服务对象。确定服务计划及人员构成后，就要针对协会计划选择符合计划内容的服务对象，主要途径为 NGO 推荐以及选择其他志愿者团队的合作对象。服务对象的选择与公司业务、目前进行的公益项目或志愿者兴趣相结合，从而使志愿服务能够达到最佳效果。

4.对服务对象进行实地考察。选定服务对象后，要对服务对象进行实地考察，以最终确定此次服务对象是否适合协会的本次志愿服务活动计划。具体来讲，要了解以下几方面的内容：组织类型是否为非营利、非政府组织；相关部门准许成立资格；基础设施是否完善；存续时限；基本情况（年龄、家庭成员、性格特点、兴趣等）；了解服务对象的基本情况后，还要与其进行沟通，了解服务对象倾向的志愿活动内容、相关细节的态度及意见，以免影响活动效果。

5.设计活动实施方案。确认了志愿活动计划的可行性之后，就要进行具体活动实施方案的设计，根据前期考察及与服务对象的沟通，设计合适的实施方案，将各种细节，如时间、地点、活动内容、注意事项等均详细列于方案之中。

6.与服务对象确认活动方案。活动方案设计完毕后，与服务对象进一步沟通，向其介绍活动内容、注意事项，听取其意见，商议如何相互配合，对方案进行进一步地修改，形成最终实施方案。

7.招募志愿者。实施方案确定后，协会进入志愿者招募阶段，向协会内志愿者及公司员工发布招募通知，招募通知要感性并加入激励文字，充分调动员工积极性，吸引更多的员工加入到志愿服务的队伍之中。

8.活动前期准备。确定志愿者构成后，开始活动的前期准备，包括交通、志愿者统一标识、礼物、活动必需物品及摄影师等。前期准备的充分与否会在很大程度上影响志愿服务活动的最终效果，因此必须予以足够的重视。

9.内部志愿者培训。对志愿者进行针对本次活动的短期培训，调整志愿者心理预期，向志愿者详细介绍活动方案、目的、预期要达到的效果；服务对象基本情况、存在的问题、需要帮助的方向；注意事项；如何给服务对象时时传递健康的价值观等；让志愿者充分了解此次活动的内容。根据志愿者服务意向将志愿者分组并确定组长，分配小组任务。

10.开展志愿者活动。前期准备完毕，开始正式的志愿服务活动，活动过程中要保障志愿者的人身及财产安全，协调现场的各类人员，始终保证活动在协会管理人员的控制之中，可派协会专门人员实时记录志愿者和服务对象参与活动的进程与感受。

11.志愿服务活动后的总结、宣传。志愿服务活动顺利完成之后，要对活动效果进行反馈，通过向志愿者和服务对象发放调查问卷的方式，以开放式的问题分享活动中印象深刻的事件、对志愿者或服务对象的了解、新发现及活动后的感想。对调查问卷进行分析总结之后，制作活动简报，提炼活动价值，发现问题并提出解决方案，发现优势并在以后的活动中进一步发扬。最终以图文并茂的方式分享给全公司的同事，以激励志愿者，并吸引更多的员工参与到协会开展的各项志愿活动中。

（四）规章制度

一个高效运转的团队需要一整套严谨并严格执行的规章制度，ABB公司志愿者协会也不例外，随着协会的运转逐渐步入正轨，相关制度也逐步完善，在《ABB 志愿者协会北京分会章程》和《ABB 志愿者协会北京分会会员管理办法》的指导下，ABB 志愿者协会北京分会的各项活动也在有条不紊地运行着。

1. ABB 志愿者协会北京分会章程

ABB 志愿者协会有严格的协会章程，以指导其在志愿服务从筹备到成果转化的一系列过程，具体章程内容见附件一。

2. ABB 志愿者协会北京分会会员管理办法

ABB 志愿者协会有具体的会员管理办法，以规范协会内部从会员招募到会员管理的一系列流程，和进行具体的事项管理，管理办法内容见附件二。

四、运作模式

（一）策划与组织

ABB 公司志愿者活动的具体运作主要在志愿者协会的组织下统一开展，初步构建了公司员工志愿者活动的策划方式与组织模式。协会下设各地区志愿者分会，各项具体的志愿活动以各地方的分会为单位进行组织协调。以北京分会为例，其行动与组织基本采取自行运转、公司支持的模式，从产生志愿服务需求，到选择服务对象、设计服务方案、志愿者招募、培训到最后活动的开展，都有一系列严格的流程控制，由协会专门人员进行策划与组织，在协会的管理监督下执行。公司对协会没有制度性的支持，但有类似于独立项目的支持方式，部分或全部地支持项目中的直接成本，并且协会的很多活动都是和工会活动结合在一起的，得到很多来自工会方面的支持。

（二）品牌活动构建

协会成立之初，积极持续地进行了一系列的志愿服务活动，包括支教、环保、敬老等，但并未形成明确的品牌活动。随着协会的进一步常态化、规范化发展，逐渐形成了一批有特色的长期项目，如ABB上海志愿者协会2007年启动的"关爱老年人"项目，员工定期去敬老院提供志愿服务，陪伴老人。又如以环保为主题，将一系列的保护水源、植树等活动联系起来，逐渐确立了"环保、教育、敬老"的服务品牌，并为此不懈地努力着、提供着持续的志愿服务，也收到了良好效果。此外，ABB并不拘泥于上述常规性活动，一些具有专业性的短期项目，如用电安全进社区、安全课堂、灾难中的电网抢修等都有ABB志愿者的身影。

但是协会还未采取相应系统的项目化管理方式，只是采用与之相似的管理方法，协会自行进行相关志愿服务项目的具体构想与策划，待策划成形并通过协会相关人员的审议后向相关上层提交申请，即从项目构想到项目规划再到申请上报的方式，这一方面的规范化与程序化也将是协会未来发展的重点。

（三）资金来源及公司支持

最初开展志愿服务时，公司未形成完善的资金提供机制，完全由提供志愿服务的志愿者自行负担，但凭着员工对志愿服务的极大热情，协会基本能够正常运行。随着协会活动的日趋常态化与规范化，协会运作步入长期发展阶段，活动次数增多，规模变大，仅靠志愿者自行负担相关支出已不能维持协会的正常运转，公司也逐步对其活动提供一定的资金支持。当时，协会基本采用类似项目式的资金申请方式，即单次活动单次申报，根据前期确定的具体服务方案进行预算，并根据预算结果提出申请，公司根据申报情况提供相应的活动经费。公司在政策制订上也偏重于对协会各项活动的大力支持。

（四）激励机制

马斯洛的需要层次理论把人的需要由低到高分为生理需要、安全需要、社交需要、尊重需要和自我实现需要。一般来说，只有低级需要满足了，才能产生更高级的需要，而志愿者的需要不仅仅是多层次的，往往是高层次的，如果能够得到来自组织的、同伴的相应的回应，会让他们产生相应的成就感及被认同感，进而激发其参与志愿服务的更大热情和积极性。

ABB 志愿者协会北京分会当时的激励机制还未进入制度化管理层次，没有详细的激励管理方面的相关条文。具体的激励机制，如优秀志愿者表彰、志愿者茶话会等项目将在今年逐步成型。其现有激励机制主要为在公司内部网络及刊物中报道、刊登相关的志愿服务内容，提高相关志愿服务活动在公司中的认可度及相关志愿者在公司员工中的认知度，从而提高志愿者志愿服务的积极性，以激励其提供持续、高效的志愿服务，同时吸引公司的其他员工加入到志愿服务的队伍中来。公司内部网络中有关志愿服务报道的图片如图 5—3 所示。

→ 服务社会　便捷大家—大同志愿者初春扫雪 2011-02-10
→ 爱心传递　慈善挟力—记厦门ABB公司公益募捐活动 2011-01-19
→ ABB广州志愿者参与慈善拍卖会 2010-12-21
→ 厦门七家公司志愿者联手走进明珠养老院 2010-12-11
→ 北京五家公司ABB志愿者与大学生见面会 2010-12-04
→ 重庆志愿者与学校合作一起"救火" 2010-12-03
→ 各CSR协调员带领流动儿童游览北京798艺术区 2010-11-04
→ 南昌志愿者参观SOS村 2010-10-23
→ 创意点亮绿色未来—上海志愿者与学生的环保活动　2010-09-23
→ 南昌志愿者中秋节探望福利院老人 2010-09-21
→ 志愿者在行动—重庆志愿者关爱湿地环境　2010-09-04
→ 重庆ABB变压器有限公司成立公益志愿者团队　2010-08
→ 爱心夏日—西安志愿者带孤儿享受自然　2010-07-31
→ 上海ABB电机有限公司走进社区推广环保与安全理念　2010-04
→ ABB员工积极参与地球一小时活动 2010-03-26
→ 书有情　爱无界—新会志愿者走访乡村图书室　2010年1月

图 5—3　ABB 内网中关于员工志愿服务活动的报道

注：本资料由 ABB（中国）志愿者协会北京分会提供。

五、运行过程中遇到的困难

任何组织的建立、运行与维护都不可能是一帆风顺的，会在组织运行的不同阶段面临不同的问题与困难。协会成立初期，面临的最大困难就是志愿者的招募问题，在这一方面，是否做过志愿者相关工作就成为一个明显的分水岭。在企业员工之中，做过相关志愿服务工作的员工对于协会活动非常积极热情，并且在实际活动中上手很快，逐步成为协会的核心志愿者，为协会发展献策献力，作出很大贡献；而对于从未接触过相关工作的员工来说，由于对志愿服务没有一个清楚正确的认识与了解，大部分都不会主动参与。这就对如何吸引更多的志愿者提出了挑战。另一方面，不同类型的志愿活动往往会吸引不同的员工，如有些员工偏向于参与支教或敬老类活动，而有些员工则倾向于参与环保类活动，那么怎样通过多样化的活动吸引不同的员工也是协会下一步发展努力的方向。

当协会发展到一定阶段之后，志愿者人数会大幅增加，但由于企业这一特殊的志愿者协会背景，协会成员均为企业内部员工，员工的主要职责在于为公司服务，增加公司价值。除了一部分行政人员工作时间、工作量较为固定之外，大多数员工处于工作量较大、工作时间不固定的岗位，再加上有些员工利用业余时间继续充电进修，这就造成了协会内部人员流动性大，志愿服务时间难以协调的问题。此外，还形成了一次性服务的局面，活动完成就地解散，每次活动都是不同的面孔，不仅加大了活动组织协调的难度，而且对于一些特殊的品牌型活动，如敬老院活动，由于老年人这一特殊群体的特殊心理需求，要求参与此项志愿服务的员工相对固定，才能达到预期较好的服务效果；再如希望小学、贫困大学生的一对一帮扶活动，也是如此。这就造成了此类活动的持续性差、效果差，严重影响了协会品牌活动的创建和协会进一步地深入发展。另外，流动性大，就造成了难以对志愿者的服务成果进行评估，对于激发员工积极性以及协会的进一步发展也有不利影响。

除去人员招募及其稳定性问题之外，摆在志愿者协会面前的另一个棘手问题是经费支持问题。由于企业还未形成一套独立严格的经费支持体系，协会的各项活动没有稳定的资金来源，仅少数直接成本通过不同的方式由公司部分负担，这严重影响了协会的正常运转及活动开展的持续性，也就进一步挫伤了志愿者的积极性，对协会的长期发展也极为不利，这一方面也将是协会进一步发展所急需规范与解决的。

随着协会在公司员工中认可度的逐步提高，将有更多的员工加入其中，这时的组织管理就不能像初期那样实行单纯的人性化管理，应有严格的管理规章及条例规范协会成员的行为，从而使协会能够高效运转。此时仅仅有内网及刊物报道协会活动的激励方式就略显不足了，不同的员工志愿者应有更为针对性的激励机制以充分激发其服务热情。

六、服务领域及品牌项目

（一）服务领域、内容、对象

1. 社会领域

ABB 公司志愿者服务的活动覆盖了社会公益、弱势群体的各个层面，从抗震救灾到共树城市形象、从帮扶贫困老人孩子到关爱外来务工子女，志愿者服务队伍尽心尽力在每一次志愿服务活动中践行责任、奉献爱心。

2. 专业领域

ABB 志愿者协会不仅开展了各种常规化的与社会焦点、热点密切相关的志愿服务活动，还密切结合企业自身优势，发挥员工专业技能，在专业志愿服务领域也发挥着强大作用，尤其是在 2008 年南方雪灾的应急救灾过程中，在大灾大难面前积极履行社会责任，全面启动应急预案，迅速召集具有专业抢修技能的员工志愿者，提供一线服务。

（二）具体活动开展

ABB 在中国开展了一系列的社会活动，包括环境保护、支持教育、社区建设和灾难救助等。

1.环境保护

（1）ABB 致力于创造一个更加美好的世界，因此参与了各种环境保护活动。

参与"沙地治理，关爱你我家园"项目：为了保护首都环境，实现绿色奥运，ABB 于 2007 年下半年与内蒙古电力公司在内蒙古鄂尔多斯市联合开展了沙地治理项目，共同委托中国绿化基金会治理内蒙古自治区境内的 10000 亩沙地，建设友谊林，并派出志愿者参与相关活动。

（2）ABB 厦门志愿者参与生命之水志愿者行动：ABB 志愿者参加"鹭岛关爱日"。自 2005 年开始，ABB 在厦门的志愿者每年都积极参加"鹭岛关爱日"活动，在水源保护、垃圾分类、清理外来物种和节水节能宣传等方面贡献一份力量。

（3）ABB 上海和北京志愿者积极参加春季植树活动：2009 年和 2010 年春，ABB 在上海和北京的志愿者积极参加义务植树活动，总参与人数超过 300 人。

（4）积极响应地球一小时活动：ABB 连续三年积极参与这一全球性节能环保活动，以实际行动表达对环保事业的支持。ABB 中国包括 30 家本地企业和遍布全国的销售与服务网络的所有员工在下班后关闭全部非必要照明和办公设备。同时，ABB 在华 1.63 万名员工及其家人也将积极响应 ABB 的号召，在活动期间关闭家中不必要的照明设备。

2.教育支持

ABB 将人才视为最为宝贵的财富之一，因此高度重视教育，在公司捐款设立各项基金、奖学金的基础之上，加入了员工参与的形式，员工与贫困大学生及技校学生分享经验技能，并向他们传授安全知识。

（1）ABB 积极参与新长城特困大学生助学基金，并组织各种志愿服务活动：公司 HR 会把公司培训的经验、对人的思考等有价值的资源带给贫困大学生，以激发他们对自己人生的思考，从而对自己未来职业发展有一定的规划。

（2）与同济大学合作成立电力技术教学中心，为高校师生提供教学与研究基地，其管理层也积极投身到一些大学的管理建设中。

（3）厦门旭苗义工组织：扶助周边贫困学生，进行定向的一帮一助学活动，此项活动为长期持续的活动，员工都知道活动的类型，自主化程度较高，常有员工自发捐衣服等，先于总部规范化的定位行动。

（4）与职业学校合作，培养职业人才：为了培养青年技工人才，弥补人才市场的不足，ABB 于 2007 年 4 月与重庆市机械高级技工学校，建立起首个"ABB 教学班"。一年之后，ABB 牵手厦门技师学院，成立了另一所"ABB 教学班"，员工志愿者会把安全教育、有特色的多元化教育融入志愿服务活动中。这种技工培养模式将技校教育和企业用人需求紧密结合在一起，通过联合教学，加快了高技能人才的成长速度，有效缩短了学校和用人单位的距离。另外，ABB 还分别在这两所技校设立了助学金，帮助贫困学生完成学业，通过资金援助、理论教学和实践培训等方面培养市场急需的技术型人才。

3. 社区建设

作为负责任的跨国企业，ABB 以可持续的方式不断向所在社区贡献自己的力量，不断为所在社区献出爱心。

（1）ABB 上海志愿者关爱老年人活动：2007 年，ABB 在上海启动了"关爱老年人"项目，在公司进行的长期项目中，此项目是引入志愿者最早的。公司每三年捐款 100 万元用于帮助上海非营利性敬老院改善急需的生活设施。在过去四年里，ABB 在上海的员工定期拜访受助的敬老院，清理卫生、陪老人聊天。有的员工还把孩子带到敬老院，为老人们带来欢乐和笑声。每逢重阳节、母亲节等中外节日，ABB 员工都会组织起来，陪同敬老院的老人们外出游览公园，或为他们献上相声、小品等节目，让他们沉浸在节日的欢乐气氛中。迄今为止，累计参加人次超过 250 次，服务时间超过 1000 小时。

（2）ABB 西安志愿者陪伴福利院儿童：2009 年 8 月，ABB 西安志愿者带领西安儿童福利院 30 个孩子来到秦岭野生动物园，让这些孩子有机会与野生动物"亲密接触"。在志愿者们的悉心照顾下，孩子们玩得很尽兴，志愿者们也从这些可爱的孩子身上体会到了坚强与乐观。

（3）ABB 北京志愿者走进北京光爱学校：2009 年 11 月，ABB 高压技术中心志愿者走进北京光爱学校，为生活在那里的流浪儿童组织了一场别开生面的趣味运动会。

（4）ABB 上海志愿者推广环保与安全理念：2010 年 4 月，上海 ABB 电机有限公司质量安全部的同事们来到与公司临近的闵行区鹤北小学，与学生们开展了生动的环境与安全专题互动活动，将 ABB 所倡导的安全与环保理念融入社区。互动活动主要包括安全与环保的概念和日常注意事项，以及安全、文明参观世博的相关提示等，吸引了 200 多名小学生的积极参与并对此产生了浓厚兴趣，现场气氛非常活跃。公司编写的教材紧紧围绕孩子们的日常生活，配以插图和动画，深入浅出地引出防火安全、电气安全、交通安全、饮食卫生和环境保护等主题。

（5）走入上海国际特奥会，为来自全世界的 7400 多名特奥运动员、教练员提供细心体贴的服务。

（6）员工为打工子弟小学的农民工子女捐献衣物。

（7）ABB 还积极参与中国可持续发展工商理事会、中国红十字总会、中国扶贫基金会等组织的各种社会公益活动。

4. 灾难救助

面临灾难时，ABB 及时伸出援助之手，捐钱捐物的同时派出技术人员到现场提供一线服务，不断续写爱心接力的感人故事。

（1）汶川地震："5·12"汶川地震后，ABB 于 13 日迅速通过中国红十字总会向四川等地震灾区捐款 100 万元，用于购买赈灾必需品。随后，ABB 的爱心活动不断升温，捐款数额持续攀升，达到 815 万元。除了捐款捐物，ABB 还全力支持电网客户修复电网和保障电力供应的抗灾工作。ABB 在各地开通 24 小时热线，增加了备件库存，并安排技术人员全天候待命以提供及时支持，同时派出员工到灾区提供一线服务。

（2）南方雪灾：2008 年年初，雪灾发生后，ABB 通过中国扶贫基金会捐赠了 100 万元人民币用于购买大米、毛毯等物资。ABB 各地员工还纷纷开展了"ABB 冬日暖阳""温暖心动"等活动，将 ABB 的爱心源源不断送往受灾山区。

七、经验和启示

（一）经验

不同地区的分会由于其建立时间先后不同，拥有的经验和教训的多寡也不同，各个分会在组织建设中可以通过与其他分会的交流和经验分享，吸取其他分会的教训，吸收其相关经验，从而为协会的进一步发展开辟更为广阔的道路。各分会中 ABB 新会旭苗义工组织表现较为突出。该组织采取自己运转、公司支持的模式，自 2007 年 12 月成立以来，资助了当地 6 名家境困难的小朋友，更给他们送去了精神上的关爱。该组织还参加了社会慈善机构和义工团体发起的活动，如"一元爱心行动"、抗震救灾捐款、西北母亲水窖行动和麦田计划的爱心图书馆项目等，这些都得到公司员工的积极关注和热烈响应。2010 年，在所有义工的努力下，第一间旭苗图书室在蜀中马边彝族自治县沙腔镇的一所小学诞生。协会加强与之的交流与合作，在交流合作中吸收有利于自己组织建设的方面，促进组织的高效发展。

支持组织正常持续运转的主要是认同感，比如在公司网络、刊物、年会等很多地方提到这个组织，他们的经验相对可以为其他分公司所分享。该组织的素质高、专业性强，以及相关企业文化的支持、规范的管理制度、部分员工的志愿服务纳入绩效考核，将这些作为薪资制定的依据，都将成为协会进一步发展的经验与借鉴。

就协会本身来看，最大的经验就是管理规章的制度化。为保证志愿服务工作的高效开展，根据协会自身实际，对协会的运行管理进行了规范，制订了相关管理规章及工作制度，包括《ABB 志愿者协会北京分会章程》《ABB 志愿者协会北京分会会员管理办法》等，对志愿者的行为规范、岗位职责、服务流程、督察考核、工作记录等方面进行了规定，使志愿者的岗位职责、工作流程更加明确，使志愿服务更加规范有序，取得了很好的效果。

此外，公司上下从高管开始，将志愿精神上升为一种企业文化。企业文化存在于公司管理、运行的每一个环节，从高层自上而下的企业文化的贯穿，充分激发了员工的志愿精神，对调动员工积极性起着强有力的推动作用。

（二）启示

协会要想更好地、长期地发展下去，科学的运行机制是工作能够高效开展的关键因素。首先，协会制订了相关管理规章及工作制度，包括《ABB 志愿者协会北京分会章程》《ABB 志愿者协会北京分会会员管理办法》等，在其指导下进行了一些相关的如志愿者招募等方面的工作，取得了一定成效。在接下来的进一步发展中，工作着力点应放在活动的具体开展、品牌项目及长期项目的建设、资金支持体系的建立及志愿者培训及激励等方面，逐步建立在品牌项目引领下稳定的协会运行机制，形成以品牌项目推动协会建设，以协会建设支持品牌项目发展的相互促进、相辅相成的体制机制。其次，加强宣传报道。为营造良好的志愿服务氛围，协会应努力打造立体化的宣传报道体系。详细深入地记录和报道志愿服务工作，丰富网络宣传材料的种类，丰富宣传手段，提高宣传效果，力求宣传效果持续化，从而达到一方面激励已有志愿者，一方面吸引新的志愿者的目的。最后，确保后勤保障。对于后勤保障，要统分结合，保障志愿者的人身财产安全，保证对于服装、帽子等物品和志愿者饮用水、午餐等的供应，消除他们的后顾之忧。

八、发展趋势及建议

企业竞争力的价值在于能从环境中开发机会和抵御环境中的威胁，为企业创造或保持竞争优势。环境中的机会与威胁，是并存于社会利益群体对企业的信任和期望中的，所以社会利益群体的信任和期望，是企业竞争力价值的基本源泉。但在现代社会，企业对社会的影响力急剧增强，社会利益群体对权利、和谐和可持续发展的追求又更加强烈，使得社会利益群体对企业的信任和期望都发生了显著变化。在这种情况下，企业要利用已经培育起来的竞争力开发机会和抵御威胁的能力，为企业创造和保持竞争优势。其最重要的管理工作，无疑是基于自身的影响力，建立并维护社会利益群体对企业的信任和期望。企业建立或维护社会利益群体的信任和期望，本质上即要求企业承担起与其影响力相对称的社会责任，进一步讲，也就是指企业除了对股东负责，即创造财富之外，还必须对全社会承担责任，包括遵守商业道德、保护劳工权利、保护环境、发展慈善事业、捐赠公益事业、保护弱势群体等。企业承担一定的社会责任，能够表明企业的责任感、展示企业的经济实力、产生广告效应、取得政府支持，因而有利于企业利润最大化目标的实现。而由企业员工为单位组成的志愿者协会所自发进行的一系列志愿服务活动，作为企业履行社会责任的一种途径，也是始终贯穿其中的，与慈善捐赠、环保自律等企业层面的活动共同构成企业社会责任的完整体系。

ABB 中国拥有专门的可持续发展事务部，管理企业社会责任的相关事务，志愿者协会属于可持续发展事务部的一部分，志愿者活动的具体运作主要在志愿者协会的组织下统一开展。为了实现持续提高所在社区、地区、国家的经济发展水平，改善当地环境、促进当地社会事业发展以及提高人们的生活品质的目标并促进可持续发展，ABB 实施了五项分别涉及环境、社会、健康与安全、人权以及商业道德的政策。在协会未来的发展中，也会遵循相关政策、原则，以实现更好地履行社会责任。

下一步的主要发展目标是在主要城市的工厂发起号召，创立品牌项目，提升服务次数及服务小时数，开展定期活动。关于具体事务协会还在摸索过程中。ABB 强调对人的培养，其主营业务强调对环境的责任、节能创新等，且环境、教育类项目会比较容易成为品牌项目，因此，其创立方向希望和环境与人有关。同时，有员工提出一个想法：针对老旧社区的节能改造，既能为社区作出一定的贡献，又能针对专业发挥特长，此建议经过讨论初步建议前往老旧社区的福利院，由政府投入成本，ABB 志愿者组织提供相关专家，双方配合，共同完成。

在协会组织管理方面，建立志愿者信息库，构建完善的志愿者管理与评估体系。每一位志愿者加入协会时均予以登记，记录相关信息，并对员工按照所在部门、工作时间、服务意向等数据进行统计分类，以方便日后根据不同活动的需要安排合适的志愿者。员工注册登记后，每次志愿服务活动均进行考勤签到，记录志愿服务时间，并定期更新，以维持信息的及时准确，以备后期绩效评估或激励表彰使用。

在协会志愿者信息库正常运转一定时期后，对相关数据进行统计分析，将协会内志愿者根据服务次数以及工作性质等指标进行分类，分为核心志愿者与非核心志愿者两大块。其中核心志愿者为基本上能够参与协会组织的大部分志愿服务，并且在活动中能起到领导协调作用的员工，他们的参与对活动的顺利进行发挥较大作用。协会要加强对这一组员工的着重培养，例如开展相关的志愿服务培训，并制定培训规范制度，使培训活动有章可循，并长期持续下去，提高其理论素养及专业技能，使这些不断涌现的核心志愿者能够在协会志愿服务活动中发挥最大的作用。对于非核心志愿者，又可进一步细分为长期型与短期型，其中长期型员工在工作时间上有较大的灵活性，闲暇时间较多，能够参加多数的志愿服务活动，在组织分工时，可以为他们分配长期性、持续性的工作；而对于短期型的员工，他们的工作时间较短，且不固定，则在组织服务分工时，可根据单次服务的具体时间为其安排临时性的服务活动，既满足了员工积极要求奉献自己一份力量的愿望，也促进了协会的深层次宽领域的稳定发展。

除了核心志愿者与非核心志愿者的划分方法，协会还可按照志愿者的不同职责将员工志愿者划分为三类，即形象型志愿者、组织型志愿者及服务型志愿者。其中形象型志愿者为企业内部的高层管理者，由于企业高管担负着企业发展的重任，不会有太多的时间亲自参与志愿服务活动，他们作为志愿者出现，其价值主要不在于他们作为企业中的一个普通个体所作出的贡献，而在于他们的特殊身份对社会、对企业的影响力及对员工的感召力。组织型志愿者多由核心志愿者构成，由他们兼任协会各部门、各小组的领导者，进行各项活动的协调、沟通、联络，来维持协会的正常运转。服务型志愿者就是直接提供志愿服务的员工，也是协会各项志愿服务活动得以顺利实施的主要力量。经过明确的分工，使不同的志愿者能够最大限度地发挥自身优势与特长，实现资源的最优配置，从而提供高效的志愿服务。

另外，还可以不断有计划地分期分批组织新的志愿者加入到协会中来，避免了随到随加的管理上的困难，也使短期志愿服务的员工有了一个相对较为稳定的小团队，有利于活动的顺利开展。同时不断补充的新鲜血液也会激励协会的成长。

在协会志愿者招募方面，应改初期的"多多益善"为稳定期的"宁缺毋滥"，采取适当的面试形式，以吸收真正想要提供志愿服务且有能力提供高质量服务的员工加入，避免协会出现人浮于事及功利性的氛围，有利于促进协会的健康发展。

此外，协会应创造各种机会增加员工志愿者之间的相互沟通，增进员工之间的情感联系，如采取联谊、茶话会等志愿服务之外的非正式形式的活动，一方面增加员工之间的互相了解，克服流动性大造成的协会成员不熟悉从而影响活动的开展；另一方面，员工流动性大还有一个深层次的原因，并不是工作繁忙，而是在志愿服务中无法满足自己的价值感，如无事可做、组织管理混乱或不合理、得不到应有的尊重、缺乏激励等，通过进行自我评估与协会评估，交流项目的满意度以及各自在志愿活动中的感受、心得与建议，表达继续做下去的意愿，有利于协会的改进与发展，也提升了整个协会的凝聚力，对于这样一个完全出于奉献而组建的组织，凝聚力是十分重要的。

在资金支持方面，可由企业高管担任协会的名誉会长，使其能够经常性地了解协会的具体运作情况，有利于加强企业对协会活动的资金支持。进一步可设立各个分会的协会活动专项基金，用于协会的日常运作和活动经费，而对于具体的慈善捐助，则由其他部门协调，不包含在此专项基金之内。

协会需要进一步加强对员工志愿者的激励，而对于志愿服务时间、贡献大小的衡量以及相应制度与体制的建立是激励的基础。在公司的分配政策中鼓励志愿者，在奖励中体现公司对志愿价值的重视程度，才能有助于志愿工作的常态化和持续化发展，才能使员工在提供志愿服务中获得满足感，进而吸收更多的员工并减小人员流动性。虽然志愿者的志愿行为初衷是不求回报的，但完全没有回报而希望建立志愿长效机制是不可能的。志愿者的激励包括三个方面：一是来自组织的激励，二是志愿者之间互相的激励，三是来自志愿服务对象或社会的激励。例如，对每一位员工志愿者的服务情况进行记录、评估，定期在公司内部公布相关数据，对表现突出者在公司年会上予以公开表彰；建立晋级表彰制度，根据志愿者服务时数分别颁发奖章，并根据不同情况订立不同表彰奖项；根据志愿者的职责，设计一个职衔，为其安排适合的工作，使之能够一展所长，不断获得满足感和成就感；在公司内网、杂志、报告等记录中反映志愿者工作及其成效；组织内部会议、庆祝交流活动；核心志愿者培训新志愿者等。一方面是重视服务效果和行为价值的体现，另一方面也有助于员工自身服务缺陷的改进和服务质量的提高。除了外在的、实质的奖励之外，也要强调来自于志愿服务本身的内在报酬，如更多的责任、更有趣的工作、个人成长的机会、参与决策、多样化的活动等。甚至一张小小的志愿者生日贺卡都能让员工体会到来自公司及协会的重视与温暖，激励其全力以赴，快乐地工作与服务。

最后，建立员工志愿者管理流程，提升管理专业化水平是协会持续稳定发展的保障。具体可通过以下几种方式实现：对员工在协会中的角色和作用有明确地界定；有明确界定的管理计划，包括招募、申请、面试、培训、开发、激励、保障、补贴、报销程序；定期评估并反馈给员工评估结果，使其了解自己做得如何及哪些方面需要改进；对意见和建议的获取和反馈程序等。

组织的发展需要经过一个由建立、探索、稳定到成熟的阶段，只有在不同阶段解决好本阶段所具有的针对性的问题，才能扎实地将组织建设逐步推向完善。ABB 志愿者协会北京分会在其员工及高层的共同努力下，已取得了一定成绩，在今后的发展中，会继续遵循公司增效节能、改善环境、支持教育、可持续发展的理念，实现进一步的协调与完善，共同为志愿服务事业的发展、人类社会的进步献上自己的力量。

参考资料

郑安云：《我们一起走过志愿者之路》，西北大学出版社 2006 年版。

上海市慈善基金会、上海慈善事业发展研究中心编：《志愿服务与义工建设》，上海社会科学院出版社 2007 年版。

北京志愿者协会（现北京志愿服务联合会）编注：《志愿组织建设与管理》，中国国际广播出版社 2006 年版。

欧阳峣：《跨国企业的社会责任》，中国经济出版社 2009 年版。

田虹：《企业社会责任及其推进机制》，经济管理出版社 2006 年版。

李璐、刘文澜：《志愿精神在企业中的应用》，《全国商情》2009 年第 7 期。

肖吉德：《ABB：社会责任推动企业发展》，《电气时代》2006 年第 1 期。

王春阳：《GY 公司员工志愿者激励机制》，华南理工大学硕士学位论文，2010 年。

附件一：ABB 志愿者协会北京分会章程

第一章 总 则

第一条 本协会名称为 ABB 志愿者协会北京分会（英文名称为：ABB Volunteer-Association-Beijing）。

第二条 ABB 志愿者协会北京分会是由 ABB 在北京 5 家公司中自愿、无偿参与社会服务和社会公益事业的员工组成的群众性组织。

第三条 本协会的宗旨是组织公司员工开展志愿服务活动，培养员工的社会责任感、奉献精神和参与社会服务能力。

第四条 本协会奉行"奉献、关爱、互助"的原则，遵守宪法、法律、法规和国家政策，遵守社会道德风尚。

第二章 业务范围

第五条 本协会的业务范围：

（一）组织、整合北京 ABB 公司志愿者的志愿服务活动，协调、指导北京 ABB 公司志愿者组织开展工作，促进志愿者服务体系的建立和完善

（二）为大型活动、社区建设等公益活动提供志愿服务

（三）给具有特殊困难和需要帮助的社会成员提供服务

（四）对志愿者进行业务和素质培训，给志愿者活动提供指导

（五）开展与外部志愿者组织和团体的交流

第三章 会 员

第六条 本协会由北京 ABB 公司员工组成。

第七条　申请加入本协会的员工，必须具备下列条件：

（一）北京 ABB 公司的正式、合同以及实习员工

（二）具有奉献精神，自愿、无偿从事志愿服务

（三）同意本协会章程和规定

第八条　会员申请加入程序：

（一）填写《ABB 志愿者协会北京分会申请表》提交本协会委员
会批准

（二）由委员会颁发会员证及会员统一标识

第九条　会员享有下列权利：

（一）参加本协会的志愿服务活动的权利

（二）接受志愿者相关培训的权利

（三）对协会工作提出建议和意见的权利

（四）介绍公司其他员工加入协会的权利

（五）入会自愿、退会自由

第十条　会员履行下列义务：

（一）遵守本协会章程，执行本协会决议

（二）积极、无偿参加本协会志愿者活动，完成本协会交办的
工作

（三）自觉维护本协会志愿者形象

（四）不得利用本协会志愿者身份从事或发表与本协会立场不符
的活动或言论

第十一条　会员退会应书面通知本协会。如有重大违反协会章程和
规定的行为，协会有权取消其会员身份。

第四章　组织机构

第十二条　本协会的最高权利机构是会员代表大会。会员代表大会
的职权是：

（一）制定和修改章程

（二）选举和罢免委员会委员

（三）听取和审议委员会工作报告

（四）讨论决定本协会的工作方针和任务

（五）决定其他重大事宜

第十三条 协会委员会是会员代表大会的执行机构，领导本协会开展日常工作。

第十四条 委员会的职权：

（一）决定会员的吸收或除名

（二）领导本会开展志愿者工作

（三）制定内部管理制度

（四）委员会至少保证每月召开一次会议；特殊情况可择时召开

第五章 资产管理

第十五条 本协会经费由 ABB 公司可持续发展部提供。

第十六条 本协会经费必须用于本章程规定的业务范围。

第十七条 本协会建立严格的财务管理制度，接受 ABB 公司审计部门的监督。

第十八条 本协会的资产，任何个人不得侵占、私分和挪用。

第六章 终止程序及终止后的财产处理

第十九条 本协会完成宗旨或自行解散，由委员会提出终止动议。

第二十条 本协会终止动议须经全体会员表决通过，并报 ABB 公司相关部门审查同意。

第七章 附 则

第二十一条 本章程经　　年　月　日委员会表决通过。

第二十二条 本章程的解释权属本会委员会。

第二十三条 本章程自　　年　月　日起生效。

附件二：ABB 志愿者协会北京分会会员管理办法

第一章　总　则

一　为加强对会员的管理，依据 ABB 志愿者协会北京分会章程制定本办法。

二　入会自愿、退会自由。

第二章　会员资格

三　申请加入本协会的个人，必须具备下列条件：

（一）已仔细阅读协会章程，接受协会理念，服从协会纪律

（二）北京 ABB 公司的正式、合同以及实习员工

（三）具有奉献精神，自愿、无偿从事志愿服务

（四）每年能从事一定时间协会组织的公益活动

四　申请方式：填写《ABB 志愿者协会北京分会申请表》提交给 ABB 志愿者协会北京分会委员会批准。

第三章　会员的权利和义务

五　本协会所有会员享有以下权利：

（一）参加本协会的志愿服务活动的权利

（二）接受志愿者相关培训的权利

（三）对协会工作提出建议和意见的权利

（四）介绍公司其他员工加入协会的权利

六　会员应履行下列义务：

（一）遵守本协会章程，执行本协会决议

（二）积极、无偿参加本协会志愿者活动，完成本协会交办的工作

（三）自觉维护本协会志愿者形象

（四）不得利用本协会志愿者身份从事或发表与本协会立场不符的

活动或言论

第四章　会员服务时间计算

七　会员参加协会组织的各种公益活动协会均对服务时间进行统计，最小统计单位为 0.5 小时。

八　服务时间的计算范围包括：

（一）处理协会日常事务的义务服务工作时间

（二）志愿者活动组织工作，包括前期调研、准备、活动开展、活动后相关资料的整理等

（三）会员参加的非本协会组织的志愿者活动（须提供相关证明）

（四）会员年度服务统计区间为当年 1 月 1 日至 12 月 31 日

第五章　会员表彰

九　会员表彰依据为会员志愿服务时间和服务绩效。

十　会员表彰每年进行一次，由 ABB 公司管理层每年为员工签发志愿者证书，并视情况对杰出贡献者进行奖励。

第六章　附　则

十一　本办法的解释、修改权属于 ABB 志愿者协会北京分会。

十二　本办法自公布之日起试行。

注：本资料由 ABB（中国）志愿者协会北京分会提供

第二节　拜耳（中国）志愿者协会

调研对象：原博庸（拜耳有限公司中国区 CRS 助理经理）

调研时间：2011 年 3 月 16 日

调研地点：拜耳（中国）有限公司

调研及报告撰写人：

刘金芝（北京市志愿者联合会研究培训部研究员）

王靖（中国人民大学 2010 级硕士研究生）

拜耳公司于 1863 年由弗里德里希·拜耳（Friedrich Bayer）创建，总部位于德国的勒沃库森。拜耳公司秉承"拜耳：科技创造美好生活"的使命，将业务集中于三大独立的子集团——拜耳医药保健、拜耳作物科学、拜耳材料科技。拜耳始终坚持以人为本，以自身产品与服务提升人类生活品质，并将创新和发展看作企业未来成功的关键。作为一家具有高度社会责任感的世界 500 强企业，拜耳集团在其开展运营的世界各地都积极履行着自己作为企业公民的责任。在中国，拜耳致力于通过将志愿服务与企业社会责任战略相结合的方式，设计创新性和可持续的志愿服务项目，鼓励员工参与到环境保护、社区服务、教育、公共健康、慈善和扶贫等社会生活的各方面，在为被服务群体提供服务的同时提高公司的社会地位。

一、拜耳志愿者协会介绍

图 5—4　拜耳志愿者协会会标

早在拜耳（中国）成立志愿者协会之前，就有热心的员工积极参与到各类志愿服务当中。那时的志愿服务更多地体现为员工的个体行为。2008年汶川地震后，拜耳公司启动了"拜耳博爱计划"系列活动，鼓励员工参与灾后重建。在长达201天的时间里，先后有50多批共120位拜耳志愿者来到灾区板房安置点，为那里的居民服务累计达23232小时。而各地志愿者在回到公司后，并没有停止志愿服务。他们自发地组织起来，在身边开展志愿服务活动。2009年，为了更好地传播志愿精神，加强活动的组织性，北京、上海、广州、成都、杭州、南京六个公司分部所在地先后成立志愿者协会。拜耳志愿者协会的宗旨是：为拜耳员工提供志愿服务平台，在鼓励拜耳员工以个体的方式开展志愿服务的同时，号召拜耳员工组织起来，传播志愿精神。

二、志愿者协会的组织结构与管理

（一）协会的组织结构

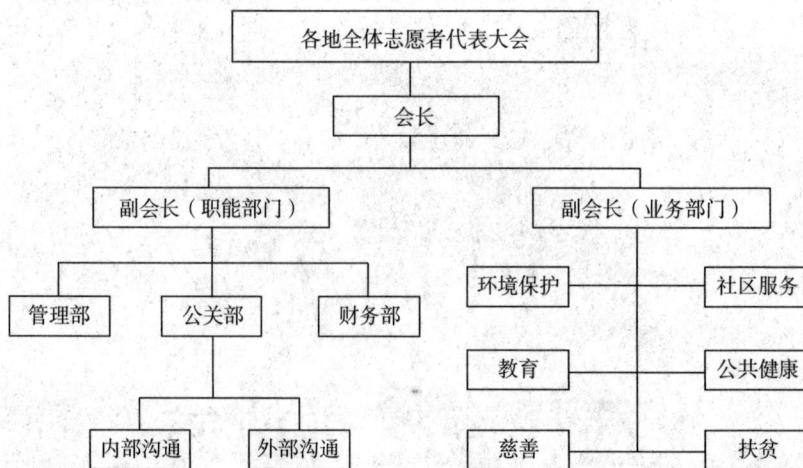

图5—5　拜耳志愿者协会组织结构

作为企业社会责任的重要组成部分，拜耳志愿者协会从属于公司企业社会责任部门。全体志愿者代表大会为拜耳志愿者协会的最高权力机构，协会理事会为最高权力机构的常设机构。理事会设理事长一名，副理事长七名，由拜耳公司高层、企业社会责任部负责人、可持续发展委员会负责人、志愿者协会总会会长担任。总会职权包括筹备召开一年一度的理事会会议；决定协会发展方向；审核和批准志愿者财务年度申请及报告；为协会开展活动提供政策和物资支持；等等。志愿者协会总会下设上海、北京、广州、成都、杭州、南京六个分会。

各地全体志愿者代表大会为拜耳志愿者协会分会的最高权力机构。分会会长由会员大会自主推举志愿者积极分子担任，负责协调人员以及物资的分配，制订年度工作计划，主持开展分会的各项日常工作。两名副会长分别主管职能部门和业务部门的日常工作。

企业志愿服务不是专门部门的孤军奋战，要提高企业志愿服务的效率还需要企业内部各个部门的合作。打破部门界限不仅可以让志愿服务做得更好，还能加强部门间合作，让工作气氛在奉献中更加融洽。拜耳志愿者协会也不是孤立存在的，而是处于一个由人力资源部门、社会责任部门、内部沟通部门和财务部门等多个部门共同组成的网络之中。多个部门合作联动，让拜耳的志愿服务项目运行得更加顺畅，更有效率。

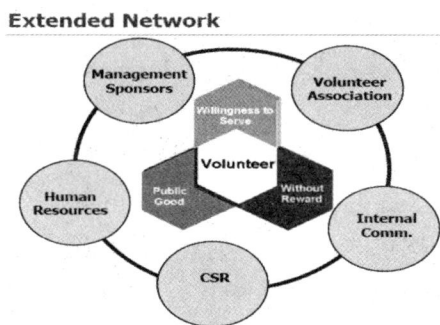

图5—6 拜耳志愿服务的相关部门

（二）志愿者团队构成

位于拜耳志愿服务工作网络中心的是一大批服务公益、乐于奉献、不求回报的员工志愿者。在拜耳，凡是接受协会章程并提出入会申请的正式员工，在协会官方网站注册并经审查通过即可成为协会正式会员。但是协会会员不仅限于公司的员工，一些热心社会公益的员工亲友也为协会组织的志愿活动贡献了力量。按照拜耳志愿者协会官方网站的统计，截至 2010 年年底，拜耳志愿者协会在各地举行的活动已经吸引了 3845 人次参与，志愿服务总时长达 34920 小时。拜耳大中华区约有员工 8350 人，截至 2011 年 3 月，拜耳志愿者协会的正式会员已达到员工总数的 14%。

（三）志愿者协会的管理

在公司层面，协会的管理主要是通过一年一度的拜耳志愿者协会年会实现的。拜耳志愿者协会年会上，主要内容包括审核和批准各地分会的财务年度报告，审议各地分会申报的志愿服务项目以及确定下一年的工作计划，同时对一年中积极参与活动的优秀志愿者进行表彰。

在拜耳志愿者协会成立的早期，拜耳博爱计划或公司其他活动中的积极分子是管理团队的中坚力量。他们既是协会的管理者、活动的策划组织者，也是志愿活动的参与者，在协会初期承担了较多工作。随着活动的开展，更多的志愿者积极分子涌现出来，除了巩固已有的管理团队外，志愿者协会也加大了针对新积极分子进行培训与锻炼的力度，促使其成为协会骨干。可以看出，拜耳志愿者协会是一个高度自我管理的组织。

拜耳志愿者协会的组织和管理呈现出一个鲜明的特点，那就是自主。协会的活动更多地体现了员工参与公益的意愿，是一种自下而上的自主活动，而非公司主导的行为。拜耳公司提供了政策和资金支持，同时公司高层兼任协会的领导职务，为协会开展活动创造了良好和宽松的环境。但是志愿服务项目的策划、执行、评估等方方面面都是由员工志愿者亲力亲为。

三、志愿活动的运行和保障机制

（一）运行机制

拜耳志愿者协会采用项目管理法，对每一个志愿服务项目进行计划、组织、协调、控制和评价，确保了活动的科学性和有效性。一个具体志愿服务项目的运作主要包括以下五个阶段：

1. 准备阶段

这一阶段包括为开展各项志愿活动进行的前期准备工作，包括确定被服务对象；经实地考察调研了解和评估被服务人群的需求，进而策划合适的志愿者项目；确定志愿者服务基地和合作伙伴；根据需求策划、设计具体志愿活动方案；等等。

2. 招募阶段

拜耳志愿者协会主要是面向公司内部员工招募志愿者，但是一些员工家属也可以参与活动。志愿者的招募工作大部分是通过在官方网站发布信息和向全体员工发送公司内部邮件的方式开展。此外，为了确保每一位同事都能及时了解到志愿活动的信息，志愿者协会还会在公司前台、办公区、餐厅等地点的宣传栏张贴活动海报，在公司内部广泛宣传，吸引更多的员工参与。

3. 培训阶段

为了达到良好的服务效果，志愿者的培训工作是十分重要的。针对不同培训对象的层次与需求，拜耳志愿者协会设置了不同的培训课程。初级课程主要面向直接提供服务的志愿者，主要是讲解志愿服务的基本理论以及服务中的技巧和注意事项，并且通过分享成功案例共同总结志愿服务经验。中高级课程主要面向协会各部部长、会长和理事长等志愿者管理人员，培训内容包括志愿者组织的管理、领导力、项目管理等，帮助他们从公司发展战略的高度确立协会的使命和愿景，熟悉了解协会的管理规范和运作机制，明确分工，规范地开展协会的各项工作。

4. 实施阶段

实施阶段中，志愿者们来到志愿服务基地，与合作伙伴共同开展活动。同时志愿者管理人员监督并详细记录志愿活动的全过程，为项目评估和优秀志愿者的评选提供依据。在此阶段，不仅被服务对象得到了关爱和照顾，志愿者自己也体验到了帮助别人的快乐。

5. 评估和反馈阶段

拜耳志愿者协会每次活动会对其进行评估，在聆听受助对象和志愿者反馈的基础上，确定活动效果和修正活动方案，确保协会活动的实效。但是评估并不是一个项目的终结，而是总结优缺点，是为下次活动奠定基础的重要环节。

（二）保障机制

1. 资金管理

拜耳公司投入的专项资金是拜耳志愿者协会运转的有力保障。公司每年提供超过百万元的专项资助，由志愿者协会秘书处统一保管。各地分会在每年年初的志愿者年会上向总会提交项目申报表，包括该项目的服务领域、服务对象、时数和预算计划等，经志愿者年会审批之后再将资金发给各分会用于具体活动的开展。

2. 内部沟通与宣传

志愿者协会的持续发展离不开新鲜血液的注入。为了吸引更多员工参与到志愿服务的事业中来，提高拜耳志愿者协会的知名度，协会在内部沟通和宣传方面也是做足了工夫。通过内部邮件系统、《志愿者通讯》和协会的官网，在公司内部和外部树立拜耳志愿者乐于助人、无私奉献的良好形象。

内部邮件系统是拜耳志愿者日常联系和沟通的主要平台。各地协会开展的志愿服务活动首先会通过向员工发送内部邮件的方式进行宣传，从而提高活动的影响力和参与度。

《志愿者通讯》是拜耳志愿者协会的内部刊物，每两个月一期，图文并茂地介绍了两个月中各地分会开展的志愿服务活动。为了节约纸张和经费，目前只发行电子版，由专人负责制作。打开《志愿者通讯》，一串串的数字和一张张笑脸，让读者深切地感受到每一次志愿服务带来的巨大变化和由点滴爱心汇聚起来的温暖人心的强大力量。

"行随心动"网站是拜耳志愿者协会的官方网站。"行随心动"这个名字不仅表达出拜耳志愿者对公益的爱心和热心，更是他们将爱心转化为行动，积极投身志愿服务实践的一份承诺。作为协会宣传的窗口，网站内容丰富，涉及各地志愿活动项目的宣传、各地分会的活动动态以及志愿者参加活动后的感受，等等，并包含大量的活动图片。从不同角度很好地展示了拜耳志愿活动的基本情况。网站由专人负责定期维护和更新，并且在注册时完成对志愿者基本信息的统计和收集，方便对志愿者的管理和活动人员的招聘。同时，网站还对志愿服务的人次和时长进行实时统计，展现了拜耳志愿者的服务成果。目前网站正在全面地改版中，预计不久将投入使用。协会网站的建设，不仅在拜耳公司内部传播志愿精神、扩大员工参与方面发挥作用，更为外界了解协会的动态提供了平台，有助于树立拜耳良好的企业形象。

3.评价和激励

由志愿者协会管理人员根据活动记录中参加活动的总时长和活动中的表现等内容，且在各分会积极参与并作出突出贡献的志愿者中评选出年度优秀志愿者，在志愿者年会上进行表彰奖励。这不仅激励了优秀者成长发展，也鼓励了更多员工加入到志愿者的队伍中来，更提升了志愿者对协会和公司的认同度与归属感。

四、拜耳志愿服务现状

拜耳（中国）各地志愿者协会成立以来，将公共健康、环境保护、社区服务、教育、慈善和扶贫作为协会的主要服务领域。在充分发挥公司核心竞争力和员工专业能力的基础上配合企业社会责任战略，开发了一系列创新性的志愿服务特色项目。北京为盲人讲电影的慈善活动、成都的动物保护活动、杭州的民工子弟学校助教活动、南京的社区服务、广州的特殊家庭辅助以及上海的冯桥村社区服务等项目，都得到了被服务对象和合作伙伴的高度评价，取得了良好的社会效益。

（一）服务领域

1. 公共健康：作为一家制药企业，拜耳始终关心大众的健康。该领域的项目主要关注服务对象的健康，通过积极地宣讲健康的生活方式，引导公众重视自身健康。"清华—拜耳公共健康与艾滋病媒体研究室"项目，旨在通过培训中国记者撰写经过深入研究的精确报道来提升中国民众对艾滋病和其他传染疾病的意识。拜耳因此获得 2005 年全球企业抗艾滋病联合会（简称 GBC）创新荣誉奖。

2. 环境保护：这方面的志愿服务主要包括动物保护、绿色办公、绿色出行，倡导绿色生活方式。拜耳是世界首家同联合国环境规划署（UNEP）开展青年环保项目的公司。2003 年在中国启动的"拜耳青年环境特使"项目就是其中一个核心项目。拜耳还积极地支持民间组织的环保项目，例如大学生绿色营，以鼓励更多的青少年在力所能及的范围内为环境保护作出贡献。

3. 社区服务：社区服务包括关怀独居老人、组织麻风病康复者"出岛游"、为盲人讲电影以及灾区回访等活动。其中，帮助麻风病康复者融入社会的服务项目已逐步形成规模，取得良好效果。作为国际特殊奥林匹克运动会（特奥会）在中国的合作伙伴之一，拜耳支持了 2007 年上海世界夏季特殊奥林匹克运动会。自 2002 年以来，拜耳已经在各地资助了多所培智学校。拜耳还与北京红丹丹教育文化交流中心合作，每月的第二个周六，拜耳员工中的志愿者都会来到"红丹丹"为盲人讲电影。

4. 教育：通过为打工子弟、特殊儿童和贫困学生提供接受基本的受教育机会，帮助他们融入社会，接受先进的理念。

5. 慈善和扶贫：通过"慈善拍拍拍"和二手衣物捐赠等活动，为社会弱势群体提供支持。

（二）品牌项目

1. 拜耳博爱计划

四川"5·12"地震发生之后，拜耳公司启动了"拜耳博爱计划"，不仅捐助了医药、植保物资和现金，更是充分利用拜耳集团在高科技材料和医药保健等领域的优势，协助都江堰四川工商职业技术学院开展重建工作。在"拜耳博爱计划"的第三阶段，为期半年的"拜耳员工志愿者计划"在江油启动，将拜耳的核心竞争力——人力资源投入进去。来自全国各地的众多拜耳员工以志愿者的方式参与社区重建，积极参加涵盖英语培训、绿化、环保、公共卫生、社区探访、老人关怀等多方面的活动。他们为社区受灾家庭提供帮助，探访孤寡老人；在当地学校开展生动的英语趣味课堂；建立社区图书馆，每天开放 6 小时；努力改善社区生活、文化环境。此外，志愿者们还为都江堰市地震困难儿童提供为期三年的一对一援助。他们承诺在三年的时间内，通过电话、信件等方式为孩子们提供心理援助，并负担孩子们一定的生活费用以及治疗康复费用。江油市委领导曾评价道："拜耳的'员工志愿者计划'帮助灾区找回生机，帮助居民恢复信心，帮助孩子们健康成长，他们持续不断投入的人力、物力是我们这一阶段最渴望获得的援助。"在长达 201 天的时间里，先后有 50 多批共 120 位拜耳志愿者来到灾区板房安置点，为那里的居民服务累计达 23232 小时。"拜耳博爱计划"体现了拜耳为灾区重建作出的长期承诺。

2. "心目影院"——为盲人讲电影

"心目影院"是拜耳北京志愿者协会与北京红丹丹教育文化交流中心合作的一个长期项目。每月的第二个周六，拜耳志愿者都会来到"红丹丹"，为那里的盲人朋友们讲述一部电影。"心目影院"主要是通过志愿者对电影画面的语言描述，弥补视觉障碍给盲人朋友带来的信息缺失。在"听电影"的过程中，盲人朋友不仅能够欣赏电影艺术，得到心灵的愉悦，更重要的是能够同健全人一样平等地享受社会生活。

3."心灵培育"——关爱外来务工子弟

"心灵培育"是上海志愿者协会与昌林打工子弟小学结对开展的系列励志活动。外来务工人员的孩子们平时很少得到家人的照顾，也很少有机会接触社会。拜耳志愿者们带领孩子们走进大学校园、博物馆，组织游戏，为他们创造更多认识社会和了解自己的机会。以参观花旗大厦拜耳公司总部的"模拟职业日"活动为例，志愿者们向孩子们介绍了公司不同部门以及各部门的主要工作等，帮助他们获得对不同职业的感性认识。同时，志愿者们还组织孩子们讲述他们自己对未来的畅想，与孩子们分享自己的人生经历和生活感悟。在双方的沟通与互动中帮助孩子们了解成人的世界，并引导他们思考自己的未来，树立人生理想。

4."爱心菜园"——关爱自闭症儿童

杭州拜耳志愿者协会充分利用了公司在作物科学方面的优势，与杭州启明星儿童康复中心合作开展了爱心菜园活动。杭州启明星儿童康复中心是一家致力于自闭症儿童康复和教学的非营利机构。杭州协会的拜耳志愿者们在中心开垦了一片菜地，同那里的孩子一起种植各种蔬菜，并将其命名为爱心菜园。自闭症是一种严重的精神发育障碍，自闭症儿童无法用语言、表情、动作与他人正常交流。他们是"星星的孩子"，完全活在自己的世界里。但是在与拜耳志愿者们共同经营爱心菜园的过程中，孩子们渐渐打开了紧闭的心门。这对难以同自闭症儿童沟通的志愿者也是很大的鼓舞。爱心菜园为自闭症儿童搭建了一个与外界接触和交流的平台，帮助孩子们逐渐认识和感知世界。

5.关爱麻风病康复老人

广州番禺新沙康复村是当地著名的麻风病村。五十年前，当地的麻风病患者被迫离开家人在岛上接受集中隔离治疗。如今，岛上居民虽然都早已完全康复也没有了传染性，但是因病所致的残疾却使得他们备受歧视，难以走出村子。他们在与世隔绝的小岛生活了五十年，现在都已是七八十岁的老人了。长时间的隔离和单调的生活使老人们非常想看看外面的世界，重建与社会的联系。广州的拜耳志愿者不定期地探访岛上的居民，关爱和照顾老人们，遇到节日时还会带去一些食物，并且组织活动与老人们欢度佳节。有时还会带着老人们"出岛游"。用出岛和入岛相结合的方式达成老人们的心愿，满足他们的精神需求。拜耳志愿者们用年轻人的热情和朝气感染着老年朋友，同时也深深感动于老年朋友的豁达和乐观。

6. 拯救黑熊行动——保护动物

作为成都黑熊救护中心的合作伙伴，拜耳成都志愿者协会为保护黑熊做了很多努力。成都的志愿者曾多次参观成都黑熊基地，了解养熊业给黑熊带来的伤害、救助行动的历史和现状、被救助黑熊的故事，等等。他们还录制了"拯救黑熊，弃用熊胆"的宣传视频，用触目惊心的画面唤醒人们对黑熊的同情。志愿者们在同事中积极普及黑熊救助知识，呼吁更多的人爱护动物，同时还组织公司员工进行慈善拍卖，为黑熊基地的救助活动筹集资金。

7. 公教一村社区服务——探访独居老人

拜耳南京志愿者协会分会的服务领域主要是社区服务，服务对象是社会的一个特殊群体——独居老人。南京协会的长期活动地点公教一村社区内有大量的空巢家庭。不少老人独自居住在空荡荡的房子里，很少与儿女见面。拜耳的志愿者们利用周末时间，经常去独居老人家中探访，与他们聊聊天，帮忙做做家务，为独居老人送去温暖。志愿者的爱心和无微不至的关怀不仅减少了老人的孤独感，也使他们感受到了被需要的快乐。

8. 慈善拍拍拍

慈善拍拍拍是拜耳各地志愿者协会的长期项目之一，拍卖会上筹得的包括门票在内的全部善款都捐给非营利机构，用于公益事业。在广泛动员员工志愿者的同时，拜耳也带动了其他公司参与其中。2010年，慈善拍拍拍广州站就是拜耳志愿者协会打破公司界限的一次成功尝试。拍卖活动由来自拜耳、安利、UPS、假日酒店四家公司的志愿者通力合作，共收集到100余件拍品。拍品从工艺品、公仔到图书、书画作品，全部来自于各个公司及员工的爱心捐赠，不少是员工长期的珍藏。在3小时的拍卖过程中，9家公司200余人参与其中，共计筹得17332元善款，54名来自4家公司的志愿者为此次活动累计奉献志愿服务168小时。

9. 二手衣物捐赠

2009年拜耳第一次在全国范围内同步推出了二手捐赠活动。该活动在六个城市同时展开，收到匿名捐赠的闲置二手衣物共计15312件计112公斤，参与者115人次，服务时间273小时。在拜耳杭州分部，短短5天时间就有60名志愿者捐赠了1242件衣物和1床棉被，人均捐衣20多件。有的志愿者不仅自己亲力亲为，还动员身边的朋友一起献出爱心；有人捐的衣服太多，一次拿不下，便连续两三天往公司搬。整理衣物是一个非常烦琐的工作，志愿者们利用午休和周末假期时间，将衣物筛选、分类、打包。此次收到的二手衣物全部捐献给了极度贫困的贵州西部威宁县石门坎地区的村民。石门坎自然条件恶劣，土地贫瘠，交通落后。大部分村民衣服破旧，尤其是老人及孩子的衣服多见补丁。捐赠的二手衣物不仅为能村民们挡风御寒，更是一种爱的传递和延续。

根据拜耳志愿者协会官方网站的统计，到2010年年底，参加拜耳志愿行动的人数已达到3845人次，志愿服务总时长达34920小时。截至2011年3月，拜耳志愿者的正式注册会员已达到大中华区员工总数的七分之一。拜耳公司高层也大力支持员工的志愿活动，每年投入资金超过百万元。志愿者协会已经成为拜耳公司践行企业社会责任的重要载体，员工志愿者们则是拜耳参与公益活动最具活力的力量。

五、协会的发展计划

企业志愿服务逐步走向成熟，通常会经历三个阶段。首先为员工适应期，是志愿服务的热身阶段，例如组织孤儿一日游等活动，让员工开始体会志愿服务带来的成长和快乐。接下来是社区服务期，根据社区要求设计活动，持续融入社区服务。最后是企业项目期，开始有意识地选择和设计符合本公司价值观的长期项目。既配合公司的社会关注，又配合员工的兴趣与能力，同时满足社会需求，将项目做成公司公益品牌。拜耳志愿服务目前处于第二阶段向第三阶段的转变期，协会将逐步打造品牌效应，努力成为外企志愿服务的典型。

（一）志愿服务项目方面：复制江油模式，打造品牌项目

2008年7月，作为援助"5·12"汶川大地震的"拜耳博爱计划"第三阶段的又一重要组成部分，拜耳（中国）在京江社区的一个板房区里开展了社区志愿者服务项目。拜耳有限公司与北京富平学校合作，在江油市委、市政府的大力支持下，搭建了一个"政府—NGO—企业"合作的平台。该平台采用政府牵头、非政府组织协调、企业参与的合作理念，为江油市灾后重建及经济社会发展提供一个崭新的志愿者服务模式（见表5—2）。企业、政府与NGO建立起高效合作机制可以有效地整合三方资源，为共同推动志愿服务贡献智慧。该模式在江油取得了很好的效果，得到了各方的好评与肯定，也是拜耳创新志愿服务模式的一次成功尝试。

2011年，拜尔（中国）计划在北京和上海两地建立"拜耳社区"，作为江油项目的延续。协会希望通过复制"政府—NGO—企业"三方合作的模式，为社区提供长期持续的志愿服务。同时，协会还计划将广州麻风病康复村探访活动打造为拜耳的品牌志愿者项目，提高志愿者协会的声誉以及在公司内部和社会上的影响力。

表 5—2　江油模式的三方主要角色及职责

企业 （拜耳公司）	企业社会责任的履行者	利用企业优势协助政府进行灾后重建
	项目发起者和支持者	前期需求调研、提供志愿者项目设计的雏形计划，为江油志愿者服务中心提供人力、资金等支持
	项目的内部管理者	拜耳志愿者项目的内部管理以及与高层的沟通
NGO （北京富平学校）	项目的技术支持者	前期调研、志愿者培训、开发完整志愿者招募及管理等文件、实地指导等
	企业与政府的桥梁	创造更多的企业与政府对话的机会，让政府了解更多的企业社会责任
	项目主要的倡导者	积极利用自己的媒体网络进行项目宣传
政府 （江油团市委）	项目的主要责任人	给予政策支持并给项目提供良好的外部环境和活动空间；协调社会各界力量推动灾后重建工作
	项目的倡导与推广者	积极领导和参与项目的宣传与推广活动，倡导更多的企业学习拜耳的模式；对拜耳志愿者项目给予认可，也鼓励更多企业的志愿行为

（二）公司政策支持方面：大力推动志愿服务带薪假期

如何平衡本职工作与志愿服务的关系，这是很多企业志愿者共同面临的问题。为了帮助企业志愿者减少后顾之忧，很多国家都有专门的志愿服务带薪假期。在中国，微软、IBM 等跨国公司和苏宁等本土企业也为员工设立了志愿者的带薪假期。根据拜耳公司的规定，协会管理层成员每年享有两天带薪假期处理协会事务，而基层的志愿者则需要投入大量的休息时间。2011 年，拜耳志愿者协会将致力于推动每年两天带薪志愿假期的实现，为志愿者们争取公司的政策支持，更好地服务于社会。此外，协会还力争将每年的 8 月 2 日设立为拜耳志愿者日，在全国传播"我奉献、我快乐"的志愿精神，进一步扩大协会活动的范围和影响力。

（三）团队建设方面：积极培养员工领导力

作为一个高度自治的志愿者组织，拜耳志愿者协会十分重视团队的能力建设。协会希望能将一年一度的全国理事会会议、六地志愿者协会的异地志愿服务和六地志愿者协会的团队建设等作为团队建设机制，写入协会章程。各地志愿者协会将通过上述途径，促进持续沟通和分享成功经验，以加强协会的凝聚力。同时，注重培养志愿者积极分子的领导力，不断提升各协会独立运作的水平。

六、拜耳志愿者协会的经验与启示

（一）不断创新，注重志愿服务的可持续发展

拜耳公司始终将创新和发展看作企业未来成功的关键。在志愿服务领域，拜耳人也在通过不断创新，实现志愿服务事业的可持续发展。企业志愿服务的创新，不能独立于企业的竞争优势而存在，而是要充分发挥企业的核心竞争力，并以被服务对象需求和特点为出发点。以"爱心菜园"项目为例，一方面，杭州是拜耳作物科技公司所在地，杭州分会的志愿者是农作物培育方面的专家；另一方面，作为被服务对象的自闭症儿童很难对外界打开心扉，对普通孩子有效的交流方式对他们很难发挥作用。"爱心菜园"这个项目就很好地结合了志愿服务的提供者与被服务对象的需求和特点，从而具备了持续开展下去的价值。

（二）积极开展与其他组织的合作

企业虽然拥有雄厚的财力和一大批高素质的员工，但是如果仅靠自己的力量开展志愿服务项目，就必须独自承担起所有环节的工作，需要耗费巨大的成本。对企业来说，通过与声誉较好的非营利组织或企业合

作，分享人力和知识，能有效降低成本，而且能够达到企业需要花成倍的人力、财力、物力才能得到的影响力和社会效应。同时，企业自身的品牌和文化也会借助活动在无形中得到提升。因此，志愿服务从长远看是能够为企业带来高素质的潜在利益相关者。对非营利组织来说，企业的参与有助于缓解人员和物资缺口，高级管理人员的加入还可以为非营利组织管理和运行的改善提供支持。此外，在开展大型的长期志愿服务项目时，企业还可以与政府部门成为合作伙伴。"拜耳博爱计划"就是企业与政府和 NGO 三方通力合作推动志愿服务项目，实现互利共赢的一个典范，得到了各方的一致认可。

（三）加强志愿者组织的管理

作为一家世界 500 强企业，拜耳公司内部科学和规范的管理保障了公司的高效运转。拜耳志愿者协会脱胎于这样的企业，自然也移植了公司内部先进的管理方式。早在志愿者协会成立之初，公司就聘请专业的咨询机构为协会设计和建立起完善的组织体系、管理流程和各项规章制度，为志愿活动的开展提供了保障。拜耳不仅成立了志愿者协会职责明确的两级组织，还制定了一套完善的志愿活动项目开展流程，从招募到评估反馈，每一个环节都有章可循。此外，公司还专门出台了志愿者协会的资金管理办法，规范志愿服务基金的使用，最大限度地保障了公司的利益。

拜耳在志愿服务领域的成果离不开志愿者协会完善的管理方式。但是除了志愿者组织自身，公司其他部门的配合也十分重要。直接对志愿服务活动负责的专门部门（如企业社会责任部）是难以独自承担开展志愿服务的各项工作的，必须要与相关部门，如人力资源部、公共关系等部门密切合作。只有将志愿服务的专门部门置于一个多部门合作的内部网络中，建立起跨部门的良性互动，志愿服务项目才能运行得更加顺畅和高效。

重视志愿者团队的能力建设。企业志愿者组织虽然从属于企业，但其性质归根结底应当是具有自治性的非营利性组织。因此，为了实现团队的独立运作，就必须重视志愿者团队的能力建设。团队并不是人的简单组合和罗列，而是为了共同的利益和目标组成的、具有责任心和协作意识的有机整体。拜耳志愿者协会始终重视志愿者团队的能力建设，将培训工作看作志愿服务的基础性工作，不仅开设了针对不同层次与需求的志愿者培训课程，还将六地志愿者协会的异地志愿服务和团队建设写入协会章程，促进志愿者之间的持续沟通和成功经验的分享。在培训的同时，注重志愿者积极分子领导力的培养，不断提升各协会独立运作的水平。志愿者团队建设是一项长期工作，要与企业文化的变革有机结合起来。将奉献、助人等志愿精神内化为员工的价值观，从而塑造出与志愿服务理念相吻合的公司文化，进而全力培养员工共同的理念和目标，促进协会发展的同时也提升公司的凝聚力。

七、结　语

拜耳志愿者在各个领域热心服务的身影，不仅向我们展示了一个大型跨国企业的社会责任，更让我们看到了创新的运作思路、科学的管理方法和现代化的传播理念。拜耳志愿者协会的成功不是偶然的，而是和它长久以来积淀的企业文化与经营理念息息相关的。

践行企业社会责任需要结合企业的核心竞争力和发展战略。拜耳在这方面的创新模式和成功经验值得学习与借鉴。企业的公益行为绝不仅限于捐钱、捐物，企业志愿服务更多花费的是时间，更多奉献的是爱心和责任，因此，更加需要整合自己的优势和专长，深入了解被服务对象的实际需求。我们希望与更多有责任心的企业达成共识，积极推动企业开展创新性、持续性的社会责任实践活动，为中国的公益事业乃至可持续发展作出应有的贡献。

第三节　微软（中国）公司志愿服务

调研对象：洪军（微软公司事务总监）

调研时间：2011 年 4 月 15 日

调研地点：朝阳区望京街 8 号利星行广场微软大厦 22 层

调研及报告撰写人：

王忠平（北京和众泽益志愿服务中心）

韦栋（北京和众泽益志愿服务中心）

潘春玲（中国农业大学 2010 级硕士研究生）

微软公司自进入中国以来，不断发展企业自身的志愿服务活动，并结合中国的基本情况制订了相应的有特色的活动主题。这不仅提高了微软公司自身的企业形象，也为微软公司统一员工价值观提供了推动力，还为微软公司实现对社会的回馈提供了很好的途径。在双赢的情况下，微软公司还在不断地致力于提高企业自身志愿服务的发展水平，以更好地实现企业的社会责任。微软公司的志愿服务发展历程很值得其他企业尤其是国内企业借鉴，通过对微软公司志愿服务发展状况进行研究并总结出有益的经验，可以帮助更多的企业在实现自身价值的同时，也能更好地实现自身的社会价值。基于这样的目的和意义，我们有必要对微软公司的志愿服务进行深入详细地了解。

一、微软公司概况

作为世界软件、服务和解决方案领域的领先企业，1992 年，微软在北京设立代表处，1995 年微软（中国）有限公司成立。微软同时制订了在中国长期投资和发展的战略。

在中国，微软始终以与软件产业共同发展为目标，加强与政府、合作伙伴和客户的密切联系，通过资金、技术、人才、市场等多个方面支持国家的信息化建设，推动信息产业和知识经济的发展，实现共赢。

经过十多年的发展，微软在中国的规模不断壮大，现在总部设在北京，在上海、广州、成都等地均设有分支机构，业务覆盖全国，涵盖基础研究、产品开发、市场销售、技术支持和教育培训等多个层面。微软在中国的机构设置和功能也日臻完善，已拥有微软中国研究开发集团和微软亚太地区全球技术支持中心等研发与技术支持服务机构。微软中国研究开发集团整合了微软十多年来部署在中国的研发资源，包括微软亚洲研究院、微软亚洲工程院、五大产品部门和战略合作部，是跨国公司在华规模最大的综合性研发机构，也是微软公司在美国之外最大的基础研究、技术孵化、产品研发及产业合作的研发基地。

微软通过开发众多的软件产品和服务并提供相应的生产、授权和支持，向用户传递商业价值。当时，微软在中国的业务涉及 Windows 客户端、服务器平台和开发工具、信息工作者产品、微软商务管理解决方案、移动及嵌入式设备、MSN 和家庭消费及娱乐产品七个方面。

二、微软公司志愿服务的发展渊源

比尔·盖茨说："每一个有社会责任感的企业都应当使用自身资源对社会产生有益的影响和贡献。作为全球性的企业公民，微软致力于动员整个公司的资源和影响力，在全球范围内创造机会，促进各地的经济增长，并通过创新技术为公众提供优质的服务。"一直以来，微软按照这一最初的理念，不仅将企业公民理念贯穿于公司的整体战略，更在实际运营中身体力行。一方面，微软不断开发创新的软件产品来改变人们工作、学习和交流的方式；另一方面，微软利用自身的资源和专长，创造各种社会和经济发展机会，促进当地的经济增长，并通过创新技术为公众服务。

同时，秉承这一理念，微软逐渐形成能很好地实现企业服务公众愿望的方式——志愿服务。志愿服务首先是在微软的美国总部发展起来的，因为它有良好的生长环境。在微软不断地发展过程中，其志愿服务团队也在不断扩大。微软进入中国初期，由于没有成熟的条件，也没有找到适合中国本土发展的模式，因而没有成立志愿服务团队。随着志愿服务在中国的逐渐推广，微软才借此开始成立企业内部的志愿服务团队，并在实践过程中总结经验，吸取教训，不断完善志愿服务组织的经营模式、队伍建设等，最终让微软的志愿服务团队在中国深深地扎下了根。

三、微软公司志愿服务团队概况

（一）团队成员构成

企业志愿服务团队的成员一般是企业内部的员工，微软公司的企业志愿者也基本上是企业的员工。这些志愿者都来自员工中自愿参加志愿服务活动的人，企业通过组成相关的机构或部门来组织这些志愿者的活动，并提供相应的活动项目供志愿者选择。微软公司从事的是 IT 业，因而企业志愿服务团队的成员大多很年轻，他们不仅拥有爱心和责任心，还拥有很强的信息技术技能。这在很大程度上为微软公司志愿服务的内容和形式明确了方向。

此外，微软公司还会通过一定的方式来招募企业外的人员来参加企业开展的志愿服务活动，借助外部资源来推动企业志愿服务活动的顺利开展。（如图 5—7 所示）

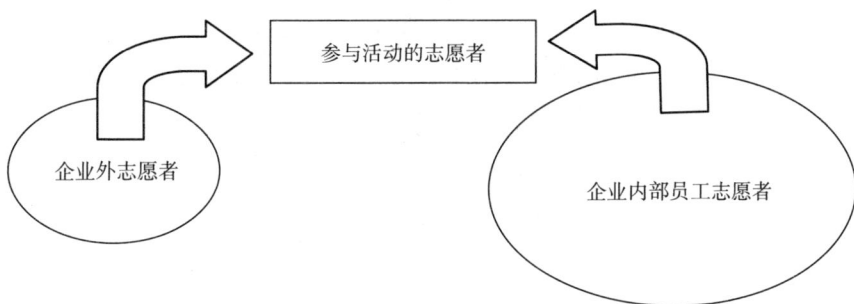

图 5—7 企业志愿者来源示意图

（二）服务领域

微软公司志愿服务团队主要致力于以教育尤其是青少年教育为主的领域。这一服务领域是基于微软公司本身内部员工的总体意愿、自身的技能优势及当时中国志愿服务的主要领域而确定的，一是能带动员工的积极性，二是能很快找到适合的项目资源供志愿者使用，发挥各自的优势。

除此之外，微软公司志愿服务团队还参与环保、助残、教育培训、社会救助等其他方面的志愿服务活动，从各个领域来满足企业志愿者们的服务需要，回馈社会。

（三）服务对象

由以教育为主的服务领域决定了微软公司的服务对象主要是青少年，具体化就是农民工的子女。除此之外，还有农民工群体和微软公司所在社区的居民。这些人群都是需要帮助的群体，也是微软公司认为通过企业志愿者力所能及的服务可以给他们带来真正实惠的群体。

（四）服务内容

微软公司的服务内容是结合服务对象来决定的。针对农民工子女，微软公司志愿者结合自身的优势，主要在志愿服务过程中给他们讲授英语、普及一些信息技术方面的基本知识，同时还组织他们看电影或参观微软公司，开阔他们的视野；对于农民工群体，主要给他们提供学习信息技术的基本知识和技能的平台，之外还做一些职业技能方面的辅导；对于微软公司周边的社区居民，志愿者主要进行的是一般性的志愿服务，比如打扫周边的卫生等。

四、志愿团队的活动项目

微软志愿者团队的活动项目一般是与企业志愿者自身所拥有的专业技能、企业拥有的资源相适应的，不管是常见的助学项目还是微软组织的社区服务项目，都是基于微软公司志愿者的技术和企业的信息技术资源之上的。微软公司的志愿服务项目主要分为两大方面。

（一）与其他机构合作的大型志愿服务项目

1. 教育部—微软（中国）"携手助学"项目

2003 年 11 月，微软在教育部的支持和指导下，启动了"携手助学"项目：通过建立计算机教室、培训信息技术骨干老师、开发教程和课件，支持中国基础教育和师范教育，重点放在农村和偏远地区。截至目前，遍布全国 31 个省、市、自治区的教育部—微软（中国）"携手助学"百间计算机教室已经全部建成并投入使用，超过 10 万名信息技术专任教师接受了培训，成千上万偏远山区学生从中获益。

2008 年 11 月，教育部和微软公司在北京签署了"携手助学"二期的合作协议，继续支持中国基础教育和师范教育。二期"携手助学"计划分五年完成，重点将围绕创新教师、创新学校和创新学生展开："创新教师"项目重点培育师资力量，将培训全国 31 个省、自治区、直辖市范围内总计 5 万名信息技术教师，并组织对全国 100 个县内的 10 万名中小学学科教师进行教育技术能力培训，其中包括培训1000 名辅导教师。通过师资力量建设，促进信息技术与学科教学的整合，提高教育质量。"创新学校"方面，微软将帮助教育部开发、部署面向学校的教育公共服务平台，并向教育部指定的1000间创新教室提供支持，建设多媒体教室，助力中国的基础教育信息平台搭建。"创新学生"项目重在提升学生的信息技术教育水平，增强学生的自主学习和创新学习能力，促进学生综合素质的提高。项目通过开展创新学生活动、建设创新学生网络、组织创新学生论坛，并与国内外权威教育机构和大学合作，促进中国基础教育全面创新发展，提升基础教育国际竞争力。

2."潜力无限—社区技术培训"项目

从2004年开始，微软公司与近60家国内外非营利组织以及政府和学术机构合作，通过成立社区学习中心，为进城务工人员提供电脑技能培训。微软公司的云南社区学习中心建在劳务市场的大棚里，农民兄弟们经常是"背着行李来上课"。通过与农民兄弟面对面地交流，一方面让志愿者们了解农民兄弟的生活状况及信息技术对他们的重要性；一方面让农民兄弟们更全面、更深刻地了解外面精彩的世界，扩大他们的视野，增加他们与外界交流的途径。目前，微软公司已在北京、上海、重庆、广东、山西、陕西、福建、四川、河南、江苏、云南、甘肃和黑龙江等14个省市建立了40家社区学习中心，直接培训两万多人，惠及20余万人。同时，微软还对流动工人问题的生存和社会融入问题进行了专门调研并举办了多次专题研讨会。

3.推动农村信息化建设项目

农村信息化项目是微软回报社会，致力于缩小数字鸿沟的又一重要举措。在此项目中，微软支持信息产业部在五个试点省共同建立农村信息化综合服务试点示范工程。微软通过信息大篷车、综合信息培训中心、信息服务中心等形式，为农民创造接触电脑的环境，提供农民所需信息内容和持续不断地培训等活动，与中央和地方政府共同推进农村信息化，让农民享受信息与信息服务带来的益处，通过信息技术脱贫致富，提高生活水平。微软将支持工信部在不同经济发展区开展农村信息化试点示范工程。迄今，微软已捐赠 15 辆信息大篷车，建立了 15 个信息服务中心和 6 个综合信息培训基地，培训农民及基层政府干部 6000 多人。

4."非营利机构信息技术日"活动

一方面，通过对国内 50 多家非营利机构信息技术的现状和需求所做的调研，北京富平学校和微软（中国）有限公司了解到非营利机构在信息技术应用方面面临诸多挑战，如硬件资源短缺、IT 管理人才匮乏、内部网络建设不足、网络传播途径单一、数据库应用有限等；非营利机构对信息技术的需求主要集中在对志愿者进行数据库管理、用 Office 软件处理文件、建立内部文件管理系统、使用软件制作和管理机构网站、用数据库处理数据和资源管理等方面。

另一方面，非营利机构迫切希望通过考察与实习、互相交流、同行分享经验、专家讲授等多种方式，学习和了解同行如何利用信息技术提高工作效率、提升工作效果和增强竞争力。

针对这些情况，中国红十字基金会和香港社会服务联会资讯科技资源中心等非营利机构的信息技术专家分享了通过信息技术开展业务、提高效率的方法和经验，微软员工志愿者对信息无障碍和通过信息技术开展高效协作进行了深入浅出地讲解。来自微软、联想、诺基亚和天创数码等 IT 企业的员工和代表就如何通过员工志愿者活动，持续为非营利机构提供信息技能协助展开了讨论。在该活动中，微软还对非营利机构进行了软件和硬件的捐赠。

据悉，在 2007—2009 年，微软向 20 余家公益机构捐赠 600 多台二手电脑及相应软件。微软员工志愿者还发挥其技术特长，为非营利机构提供硬件维护、软件更新、技术咨询和培训、后台技术支持等。

（二）公益项目和员工志愿者活动

作为负责任的企业公民，微软还积极投入到公益慈善事业中。微软鼓励员工积极融入他们所住的社区，并提供各种便利让他们可以更方便地为社区提供志愿服务。在中国，每个微软员工都可以享受三天的带薪志愿者假。"员工志愿者项目"是微软中国实施的各项公益项目的精髓。微软以不同形式倡导鼓励员工投入到社区事务中，并且使员工的志愿公益活动在社区里起到积极的影响。微软的员工志愿活动项目内容广泛，包括助残、济困、为外来弱势人群服务、环保以及协助青少年教育等。微软员工还定期探访北京及周边的打工子弟小学和孤残儿童村，并进行财务捐助。员工曾组织多次集体行动，带领打工子弟小学及儿童村的孩子们参观动物园、海洋馆和首都博物馆。

1. 组织农民工子女观看电影

微软志愿者组织农民工子女一起去看电影，通过这种活泼、轻松的方式让学生们形成正确的认识。微软志愿者都会选择那些体现自强、励志、尊重等优秀道德品质的影片，引导学生们认可这些品质，并以之为榜样，帮助他们树立正确的价值观，从而达到教育的效果。同时，志愿者也能在与学生的交流中了解他们的想法，从而保证了在以后与学生们的交流中更有针对性。

2. 支教农民工子弟学校

微软的员工拥有较高的信息技术技能和英语水平。在组织进行支教的过程中，微软志愿者一直都密切地结合自身的优势，在课堂上教给学生一些基本的信息技术技能，加深他们对信息技术的了解，并掌握一些基本的计算机操作方法。此外，还会在课堂上让学生学习英语，学会简单的英语知识，掌握基本的对话。这在很大程度上实现了人力资源的最佳利用，不仅能让学生获得知识，也能让志愿者自身的优势资源得到充分的运用。

案例：微软员工志愿者服务春蕾小学。

2009 年 12 月 11 日，作为 2009 年企业志愿服务联合行动的内容之一，27 名微软员工志愿者顶着寒风来到位于石景山区的打工子弟学校——春蕾小学。在以往带给孩子知识和趣味的基础上，这一次微软志愿者还为学校带来了 10 块全新的玻璃黑板，将春蕾学校的黑板做了一次全面地更新。

由于春蕾学校建在一个旧的厂房里，原来的黑板是镶嵌在墙上的水泥黑板，加上光线昏暗，教学设备非常简陋。所以这一次微软志愿者早已做好准备，为学校买黑板、装黑板，还带动孩子们一起收拾教室。大家一起动手，将崭新的黑板挂上墙，撕去上面的塑料薄膜，在上面写下第一个粉笔字。

中午，志愿者体验了春蕾学生的伙食，装好黑板之后，各组准备了自己的节目，有的做手工，有的讲解电脑知识，还有的绘画，还用志愿者们捐赠的体育用品在操场上做运动。总之这一天的春蕾学校，与往常有些不一样。

3. 做志愿服务回馈社区

微软一直把志愿者对社区的回馈当成是最基本的活动。因而，微软志愿者会定期对所在社区的卫生进行打扫，同时还利用自身的资源，让社区的居民真正体验到高科技的神奇和功效，如通过举办体感游戏体验活动让社区居民看到高科技与身体健康之间的密切联系。

相关报道：为打工者群体进行电脑扫盲——微软携手什刹海街道社区服务中心开展计算机培训纪事。

"自从学习了电脑技术，眼前就像打开了一扇窗户。通过电视机大小的屏幕，打字、绘画、制图表，还能浏览全世界，真是太神奇了！"曾经参加过北京什刹海社区学习中心第一期电脑培训班的鞠花告诉记者。

35岁的鞠花是重庆市巴南区的失地农民，高中毕业后到一家商场工作。2004年9月随在京当兵的丈夫来到北京，开始在一家超市卖鞋。2006年，为了照顾来北京上学的孩子，鞠花就辞掉了超市的工作。下一步怎么办呢？鞠花感到困惑，偶然听说什刹海街道社区服务中心开设了免费电脑培训班，她抱着试试看的想法参加了两个月的培训。如今已能熟练掌握电脑技术的鞠花，在社区工作者招聘中被录用，现在从事社区餐厅的库管工作。

像鞠花一样，已经有 2000 多名外来务工人员和弱势群体参加了中心的免费电脑培训班。负责此项培训的许斌老师介绍，这样的培训班是微软公司与什刹海社区服务中心共同开展的"潜力无限"社区技术培训项目，是一项由微软倡导的公益性活动。

为弱势群体进行电脑扫盲。

"针对有需求的弱势群体及外来务工人员提供电脑知识技能培训，为更多没有机会和能力接触 IT 技术的人群创造学习电脑技术的机会，就相当于电脑扫盲班！"许斌老师介绍。

据悉，2007 年 5 月在什刹海街道办事处和中国妇女报农家女中心的大力支持下，微软潜力无限项目在什刹海社区服务中心正式启动。微软在该中心院内建立了三个电脑培训教室，提供了应用软件和 60 台计算机，基本上达到人手一机。

针对大多数学员文化程度低又从来没有接触过电脑的特点，老师们编辑了针对性强、通俗易懂的电脑入门课程。同时还开设了上网、照片修改、电脑故障与维修等实用性课程。

中心服务部孙梅君部长说，电脑培训班已经搞了 12 期，辐射辖区各类人群近万人，接受培训的学员已达 2000 多人。

利用自身所长为社会尽点力。

"每一个有社会责任感的企业都应当利用自身资源对社会作出有益的贡献。"微软创始人比尔·盖茨说。

微软作为一个全球性的企业公民，一直以来，一方面，不断用开发创新的软件产品来改变人们工作、学习和交流的方式；另一方面，利用微软的资源和专长，创造各种社会和经济发展机会，促进当地的经济增长，并通过创新技术为公众服务。微软大中华区企业传播与企业公民事务总经理陈然峰介绍，微软与近 60 家国际、国内非营利组织、政府及学术机构合作，通过成立社区学习中心，为处于弱势地位，无法充分接触并学习电脑和信息技术的个人提供技能培训。2004 年 6 月至今，微软已在北京、上海、重庆、广东、山西、陕西、福建、四川、河南、江苏、云南、甘肃、黑龙江等 14 个省（市）建立了 40 家社区学习中心，直接培训两万人，惠及人群近 20 万人。

4.给大学生做职业发展的活动

微软很关注青年人的成长，因此针对大学生面临的就业需求，志愿者会组织各种各样有关职业发展的讲座或活动，通过向大学生介绍职业规划、职业素质等，让他们提前认识到就业时将面临的问题，以做好应对准备。这一活动取得了很好的效果。

相关报道：JA 志愿者日大型讲座——如何获得最适合你的职业。

10 月 22 日正值北航校庆之日，晚上 7 点，学术交流厅座无虚席，将要在这里举行的是 JA（Junior Achievement China）志愿者日大型讲座。本次讲座由北航微软技术俱乐部、JA 中国以及共青团北京航空航天大学委员会名人讲堂合办。微软亚洲工程院副院长张益肇、现在微软任职的北航校友项目经理毛俏琳、微软亚洲工程院测试工程师欧金良以及 JA 中国项目经理赵华出席了讲座。

讲座的主题是如何获得最适合自己的职业，并和大家分享求职经验及人生规划，指导大家如何书写简历和准备面试。会议开始，由 JA 中国项目经理赵华介绍 JA，JA 是面向从幼儿园到大学的所有学生开办的国际青年成就组织，旨在激励青少年学习和掌握在激烈竞争的市场经济舞台上如何生活和工作的能力并培养其交易、贸易和理财的观念。今年的 JA 全球挑战赛中国两支队伍在层层淘汰后剩下的六只队伍中分列第 4、第 6 名，中国学生崭露头角。

张益肇博士 11 岁去美国留学，毕业于麻省理工学院，获电气工程和计算机科学学士、硕士和博士学位，于 1999 年 7 月加盟微软亚洲研究院。他说要找到适合自己的职业首先要认清自己，想清楚自己想要做什么，并且要饱含激情，干一行爱一行。对自身素质一定要不断提高，并且在达到优秀的时候不能停止，要由优秀变成卓越，在追求的道路上永远不能停止。在找到适合自己的职业后一定要忠于自己的选择。只有做和不做，没有试着做做。后来，他还结合微软指导大家如何书写简历和准备面试。会议现场气氛热烈，从大家的脸上可以看出，通过图文并茂的PPT和张博士激情的讲座，大家受益匪浅。

讲座结束后，于今年4月毕业的北航校友上台向大家讲述了在加入微软过程中的一些体会，他们说在面试中技术及素质占一方面，但还要注意的是一定要诚实，实事求是地回答问题，并且不要放弃，在任何时候都要满怀希望。其中毛俏琳还具体讲述了自己加入微软的过程，从她的经历我们更好地认识了微软，同时自己找工作又多了一份经验。

之后，张博士就现场观众的提问做了详细的回答，张博士对今日能来北航感到很高兴，从开始到最后，张博士一直面带微笑。

讲座在一片热烈的掌声中结束，这次讲座给了我们一个学校、企业和社会的交流机会，为我们规划人生，寻找适合自己的职业提供了很大帮助。

5. 环境保护

微软公司一向重视环境保护，为此采取了各种措施来为环境保护尽自己的一份力。为了减少能源消耗，微软开发了能够增强沟通效率的软件，帮助人们降低商业旅行的次数。以微软中国COO一个人七个月为例，参加统一沟通解决方案的会议111场帮助微软节省差旅费近40%，同时，通过这种环保的工作方式，减少二氧化碳排放量54.96吨，相当于种植了55公顷阔叶林；微软还为操作系统开发了新的功能，把PC的能耗降低50%以上，仅虚拟化技术一项就帮助微软中国研发集团每年节约电费920万元，减少二氧化碳排放660万公斤，所节省的电力每年可支持2981个用户；使用可循环使用的包装和生物可降解材料等。

在公司内部，微软制定了环保准则，阐述了微软对保护环境和自然资源，保护员工、用户和本地社区的健康与安全的承诺。倡导员工履行微软环保准则，增强环保意识，并积极参与环保活动。微软公司一直高度关注气候变化，并采取使用混合动力班车等措施来尽量减少温室气体排放。微软公司还资助各种公益性环保活动，如二手电脑的捐赠、废弃物品的回收再创作等。

五、志愿团队的运作模式

（一）组织架构

志愿团队的组织架构分为两层：一层是总的志愿者团队即核心团队，一层是各地的志愿者团队。各层志愿团队之间及各志愿团队内部的关系有所不同。

1.各志愿者团队内部的组织关系

微软公司的志愿服务活动主要是由公司事务部门负责的，没有专门成立一个志愿服务组织部门。这个部门主要负责公司志愿团队的组建、志愿者的招募、志愿活动的策划和组织、志愿服务的开展、志愿服务活动的总结等。公司会在志愿服务方面给予该部门专门的政策支持。但是，公司的志愿服务又不是单单由该部门组织运行，它所涉及的领域如公关、财务等，也是需要公司的公关部、财务部、人力资源部等相关部门协调支持的。

2.各志愿者团队之间的关系

微软公司的志愿者团队主要分布在北京、广州、上海、成都这几个分公司所在地。各团队较大型的活动主要是由总部（核心团队）策划和安排的，同时根据所在地的实际情况开展。此外，各团队还有自己的活动，一般是根据员工的意愿和当地的实际需要来确定和安排。各团队之间的联系主要是由代表进行的，一般比较容易协调沟通。

微软公司的高级领导和各部门领导也会参与到企业志愿活动的组织过程中，他们充当的是顾问的角色，主要是对所要开展的活动提出建议，同时对开展后的情况作出反馈。

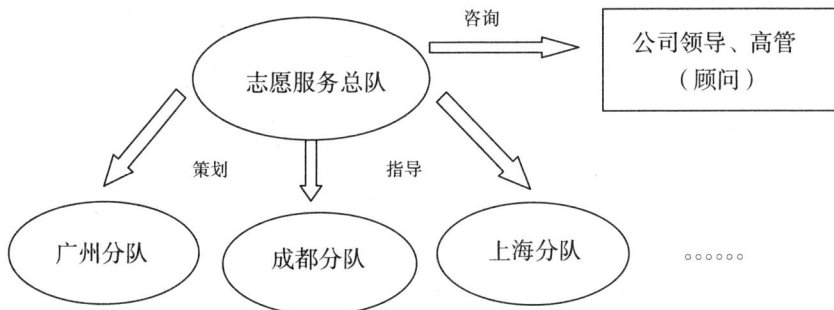

图 5—8　志愿服务总队与其他分队的关系示意图

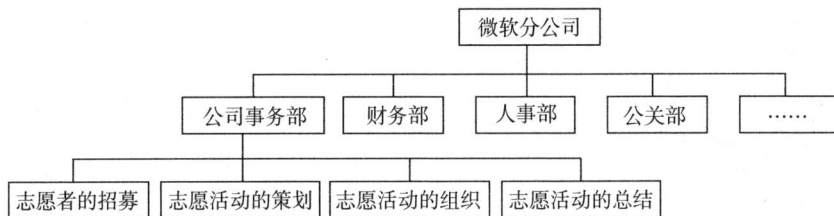

图 5—9　各公司志愿服务团队内部组织关系示意图

（二）志愿者的招募

微软公司志愿团队的志愿者一般是由负责志愿服务活动的部门通过向企业内部的员工发起号召的方式招募，提倡员工自愿报名，注册后最终形成团队。在公司网上有专门提供志愿服务信息的平台，可供志愿者自行选择各种志愿活动，并申请参与。

在特定情况下，微软公司志愿团队也会对公司外的人员进行招募，以借助外部的资源来充实特定志愿服务项目的力量。这部分志愿者也成为微软志愿者的来源之一。

（三）运行模式

公司志愿活动分两种情况：一种是大型的、由公司相关部门发起的志愿活动；一种是负责部门将志愿服务的信息放到公司网页上，由志愿者根据自己的精力和意愿选择志愿活动，各自参与。对于由企业主要发起的志愿活动，公司有专人进行策划和管理，一切安排好后再组织志愿者开展活动。这需要投入较大的人力、物力和财力，主要靠专门的负责人全程负责，有较大的号召性；对于个人参与的志愿活动，只要是公司拥有的活动资源，志愿者都可以选择参与，更具有针对性。

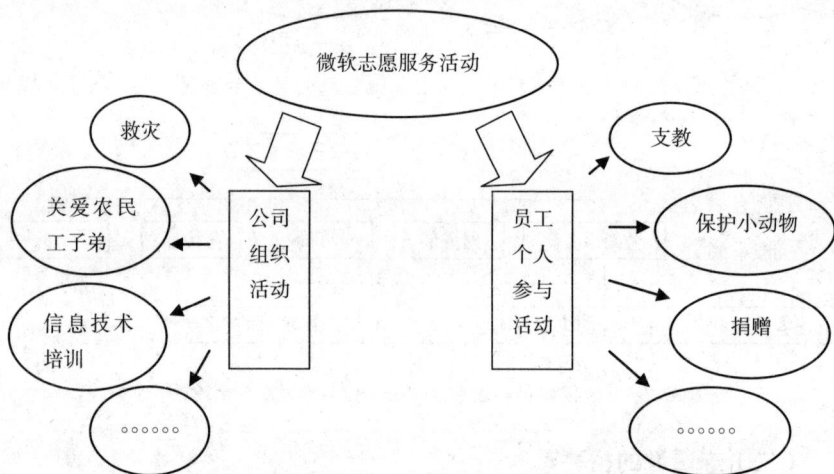

图5—10　微软志愿服务活动运行方式示意图

（四）资金来源

作为企业内部的志愿者团队，它的资金来源一般是由企业内部预算提供。志愿团队可以通过预算申请的方式，在每一项活动开展之前向公司申请相关的经费，而这一经费从公司提供的专项资金中支取。志愿者可以利用这笔专项资金进行各种志愿服务活动。

但是，由于资金额度有限，有时会出现资金紧张的情况。而一旦出现资金紧张的情况，则需要志愿服务团队尽量和其他部门协调好，借用公司内其他部门的资金来保证志愿活动的顺利开展。

（五）规章制度

微软鼓励员工积极参与志愿服务，并从制度上去支持员工的志愿服务活动。微软公司从 2004 年开始实施一个叫员工带薪志愿服务的项目，就是每一个正式的员工每年有三天的假期，这三天员工依然可以享受正常工作的工资待遇，可以到各个地方去开展志愿服务，可以自己选择要参加的公益活动。这个制度的实施，一方面是鼓励员工积极参与志愿服务活动，另一方面是公司对员工参与志愿服务的补偿。

相关报道：微软员工可带薪休假做好事。

费家俊是微软大中华区全球技术支持中心的一名技术工程师，同时他还是一名志愿者，业余时间经常参加志愿活动。最近，他向公司请了三天的"志愿者服务假"，专门去帮助残疾人士学习电脑。不过，休假期间的薪水却一分未少。

这是微软今年正式实施的一项制度，每年向所有正式员工提供三天的带薪"志愿者服务假"，目的是鼓励员工积极参加志愿者活动。微软全球技术支持中心大中华区总经理柯文达表示，通过积极支持和鼓励员工参加各种公益活动，可以在员工心中深植社会责任感。

微软中国社区事务总监张烨介绍说，带薪"志愿者服务假"的申请方法和其他假期流程完全一样，员工可以参加公司组织的志愿者活动或者以个人身份参加社会志愿者活动，"到社区中心教残疾人士学电脑，给盲人讲电影，带外来务工人员的子女逛公园，等等"。

据不完全统计，推出带薪"志愿者服务假"至今，在上海的微软大中华区全球技术支持中心，参与志愿者活动的员工已经达到 80 多人。

（六）评价及奖励机制

对于志愿者的任何志愿服务活动，微软公司都是认可的，不需要志愿者提供服务证明，以示公司对志愿者的肯定和鼓励。而对于积极参与志愿服务的志愿者，微软公司会在相关网页上进行展示和表彰。而且在每年的年度晚会上，公司会给志愿者团队安排特定的时间，对每年由志愿者们推荐评选出的优秀志愿者或优秀志愿者团队进行表彰，并颁发表彰证书，作为对优秀志愿者或志愿者团队的肯定和奖励。

而对于公司志愿服务活动的相关负责人，则可以将参与志愿服务计入考核范围。

六、微软志愿服务团队遇到的困难

微软公司的志愿者团队虽然已经开展多年，但由于企业志愿者的特殊性及其他外在因素，志愿者团队的活动开展还是会面临各种各样的问题。这些问题主要体现在以下几个方面：

（一）志愿活动开展的时间难以协调

作为外企的员工，负责微软公司志愿服务项目的部门及志愿者本身都面临着如何协调好工作时间和志愿服务时间之间关系的问题。外企的工作压力大，时间紧，任务重，因而很难协调好志愿者之间的时间，也不好直接由相关部门统一时间。这个问题的存在，在很大程度上增加了企业开展志愿服务活动的难度。

（二）活动资金不足

作为一个企业，微软公司的大部分资金需要投入到产品的开发、管理和销售环节上，对于企业的志愿者团队，企业也会投入一笔专项资金，但资金数量在开展某些大型志愿服务活动时会出现资金不足的情况。志愿服务活动都是有成本的，因此活动资金不足会导致志愿服务活动难以进行。

（三）不易找到合适的志愿服务项目

企业的志愿者团队一般都希望能顺利、快捷地找到适合的志愿服务项目。但由于企业并不是专门从事志愿服务的，虽然有心去做志愿服务，但还是很难找到适合企业本身的活动项目。这在前期耗费了企业做志愿服务的时间，并且影响了企业从事志愿服务的效果，因为只有能将企业自身优势结合起来利用的志愿服务才能发挥最大的效用。因此，能很快地找到适合企业的志愿服务项目，也成了一个需要解决的大问题。

七、解决微软志愿服务团队所面临困难的建议

针对这些问题，微软公司志愿服务团队可以通过以下几点解决：

1. 针对企业志愿者时间不易协调的问题，志愿服务活动组织者可以对所有志愿者进行时间安排情况的调查，通过了解大多数志愿者的想法和情况，并结合活动的要求确定出大多数人都能接受的时间段，随后再进行志愿服务活动的安排。这就需要活动策划者和组织者在接受项目时多考虑自身员工的时间状况，从而选择易协调的项目进行服务。

2. 对于在进行一些大型的、需要较大投入的活动所出现的资金不足问题，活动负责人可以通过各种途径向公司内的其他部门借用一些资源，比如设备器材、服装等，实现内部资源的协调。但这需要考验活动负责人在企业各部门之间的协调能力，只有协调好部门之间的关系，才能顺利地解决资源问题。

3. 现在 NGO 组织拥有很多丰富的志愿服务项目资源。企业一般通过跟这些组织进行合作，就可以获取很多的项目资源作为企业本身的志愿服务活动。此外，一些政府专门机构也提供了很好的平台来解决企业志愿服务项目的需求问题。企业寻找合适的志愿服务项目变得较为容易和轻松了。因此，微软志愿服务团队可以通过和一些公益性机构或政府组织合作，利用它们的信息平台，向专业人士咨询志愿服务项目，并结合自身的特点对接合适的活动项目。

八、微软志愿服务对未来的展望

虽然微软志愿服务团队对国家的志愿服务政策、法规不是很了解，但能感觉到政府及社会对企业志愿服务的支持。由于自身发展条件的不完善，志愿服务团队仍需要得到政府和社会更全面、更有效的支持。因此，政府需要更多地支持 NGO 等组织的发展，给它们创造更好的发展环境，并对它们的发展方向进行合理规划，从而形成 NGO 组织分工化、专业化的局面。这种分工能让企业方便找到适合自己定位的 NGO 组织，从而更快地找到合适的志愿服务项目，缩短企业和 NGO 组织之间的磨合期，在很大程度上提高了企业开展志愿服务的效率。而微软志愿服务团队自身将加强志愿者们对法律法规知识的学习，利用现有的资源和平台，更好地致力于志愿服务活动，回馈社会。相信微软志愿服务团队在公司和员工的共同努力下，能够得到更好地发展。

参考资料

《微软员工志愿者服务春蕾小学》，2009 年 12 月 14 日，见 http://gongyi.163.com/09/1214/17/5QGTLR9A009340VN.html。

《微软社区事务项目在中国的开展》，2010 年 4 月 15 日，见 http://www.beareyes.com.cn/2/lib/201004/15/20100415402.htm。

《微软员工可带薪休假做好事》，2006 年 10 月 23 日，见 http://news.sina.com.cn/c/2006-10-23/030210298922s.shtml。

《微软在京举办"非营利机构信息技术日"活动》，2010 年 4 月 14 日，见 http://www.techweb.com.cn/news/2010-04-14/580344.shtml。

《JA 志愿者日大型讲座——如何获得最适合你的职业》，2005 年 10 月 23 日，见 http://news.buaa.edu.cn/dispnews.php?type=11&nid=5585&s_table=news_txt。

杨志华:《为打工者群体进行电脑扫盲——微软携手什刹海街道社区服务中心开展计算机培训纪事》,《农民日报》2009 年 1 月 19 日。

第四节 强生(中国)志愿者协会

调研对象:黄聪颖(强生志愿者协会负责人)

调研时间:2011 年 3 月 16 日

调研地点:强生(中国)有限公司

调研及报告撰写人:

邹江洪(北京市志愿者联合会研究培训部研究员)

王靖(中国人民大学 2010 级硕士研究生)

强生,作为一家国际性大型企业,主要是生产并推广高品质健康产品和健康服务。2007 年,强生对其一直秉承的"关爱"理念进行重新梳理和提炼,正式将品牌理念转换为"因爱而生",并且借助北京奥运的契机重新进行定义和整合品牌形象,将公益传播融入其整合营销和高覆盖率的公关传播,成功将众多品牌统一起来,不但让公众熟悉强生的全球子公司和各种产品,还让大家熟悉了作为一个整体的强生公司,提升了公众的整体品牌认知。

但是 2011 年强生深陷召回事件,似乎违背了公司"誓为医患负责"的原则。虽然强生公司认为召回的药品不会对消费者健康造成持续性伤害,但是公司质量监控体系的削弱却是不争的事实,强生昔日的"王牌产品"是否渐渐失去了公众信赖?我们不能妄下定论,这次的调研内容也不是这个方面。但本次调研也因为强生的召回事件与公关危机而未能与企业志愿服务的负责人联系上,因此本调研报告主要参考了众泽益志愿服务中心项目经理韦栋所提供的关于强生志愿服务的访谈稿和其他基本资料，与强生官网上的一些材料，在此表示感谢。

一、公司简介

强生公司创建于 1886 年，目前在全球 60 个国家建立了 250 多家分公司，可以说是目前世界上最具综合性、业务分布范围最广的卫生保健产品的制造商和相关服务提供商，拥有 11 万 5 千余名员工，产品销售于 175 个国家和地区。1985 年，强生公司在中国建立了第一家合资企业——西安杨森制药有限公司。此后，强生公司又于 1988 年、1992 年、1994 年、1995 年及 1998 年分别在中国建立了多家子公司，包括上海强生有限公司、强生（中国）有限公司、强生（中国）医疗器材有限公司、上海强生制药有限公司及强生（中国）投资有限公司等。2006 年，强生又分别在中国成立了强生视力健（上海）商贸有限公司和强生（苏州）医疗器材有限公司。2008 年，强生公司收购了北京大宝化妆品有限公司。随着业务的不断发展，如今强生在中国已有员工约 7000 名，生产领域广泛，包括消费品及个人护理产品、医药产品和医疗器材及诊断产品，他们的口号是致力于促进中国人民的健康事业。扎根中国，强生公司希望积极参与多项社会活动，赢得中国人民的喜爱。

二、志愿者团队介绍

（一）强生志愿者协会的口号和标识

口号：因爱而生，为爱传递。
标识：见图 5—11 所示。

图 5—11　强生志愿者协会标识

（二）强生志愿者协会的发展沿革

强生希望能通过不断身体力行的爱心公益行动去拉近人与人之间的距离，推动人与人之间的关爱，继续贯彻强生医疗的信条——"因爱而生，为爱传递"。而同时，秉承真心感动世界、真爱铸就未来的信念，强生（中国）医疗器材有限公司在 2007 年 12 月 5 日成立了强生志愿者协会。

强生希望将志愿者协会建成为一个志愿者们交流和分享经验的平台，从而带动更多的人投身到这项事业中，使其得到更好地发展和延伸。截至 2009 年，员工志愿者人数达 520 人，仅 2009 年累计志愿服务已超过 920 小时；2010 年，累计志愿服务时间超过 4743.5 小时。

（三）强生志愿者协会的组织目标

1. 从交流平台这个角度看，强生志愿者协会旨在完善 JJMC 志愿者活动的组织和管理，建立 JJMC 全国志愿者交流与分享的平台。

2. 从企业文化这个角度看，强生志愿者协会则旨在倡导员工积极参与到志愿者服务的行动中来，提升员工凝聚力，增强公司企业文化建设，实践"因爱而生"的企业理念，推动强生伟大愿景的实现。

3. 从品牌形象这个角度看，强生志愿者协会是为了加强强生医疗与各地政府、社区的合作，提升公司品牌美誉度。

（四）强生志愿者协会的根基

由图 5—12 可以看出，强生志愿者协会植根于强生企业的信条和因爱而生的理念，从信条和理念出发，强生描绘了一幅伟大的愿景图，希望通过实践符合伟大愿景的价值观，那就是信赖、创新、激情、承诺、关爱，从而致力于成为中国医疗行业卓越的领导者和值得信赖的合作伙伴。这五个价值观细化到具体的公益事业上，就是通过参与与健康相关的重要项目，改善人类健康，提高人们生活水平，实践强生关爱的理念。

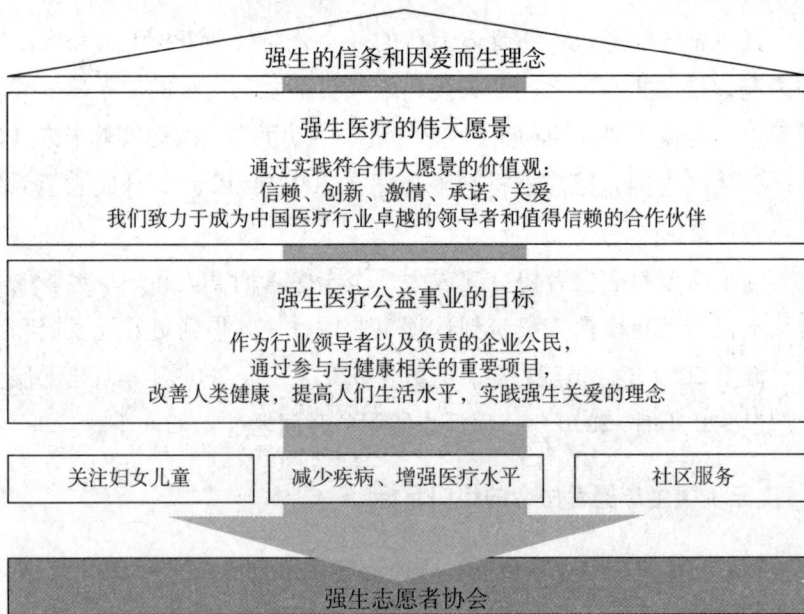

图 5—12　强生志愿者协会根基

（五）强生志愿者协会的使命

强生志愿者协会有两大使命：为爱互助和用心传递。具体来说，为爱互助指的是用纯真善良的信念去帮助弱势群体，在帮助他人的同时，净化我们的心灵，让奉献、友爱、互助、进步的志愿精神在强生不断壮大；而用心传递旨在播洒爱心，用自身行动体现志愿精神，促进公众志愿意识的形成和增强，让这个世界因为爱而变得更美好。

（六）强生志愿者协会组织架构

强生志愿者协会与其他企业的志愿服务协会或者是志愿服务队伍不同之处在于：在志愿者协会会长、副会长和协调人之下，分为四个小组织：公益项目、部门分会、地区分会和 TLS 校园分会。对于部门分会和地区分会大家都不会有疑惑，但 TLS 是指什么？为何会有这么一个校园分会的出现？ TLS 是 J&J Tomorrow Leader School 的简称，中文意思是强生未来领袖学院，它是强生中国五家公司与全国多所高校长期合作，针对高校学子而建立的服务性机构。强生未来领袖学院旨在以高校青年学子为核心，凭借强生丰富的企业资源，联合高校的专门机构，共

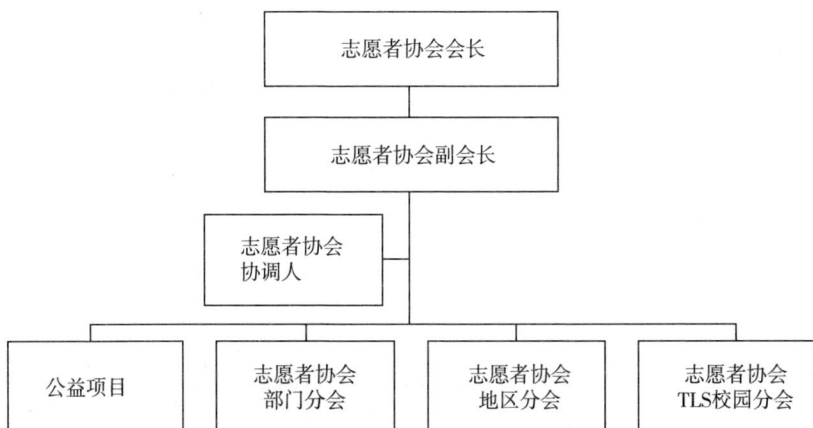

图 5—13　强生志愿者协会组织结构

同打造高校、企业、学子三方沟通与分享的平台，为学子提供职业生涯指导、专业培训与实践机会，以达到多方资源配置的最优化。

（七）强生所获的奖励、荣誉称号

强生进入中国才二十多年，但已经获得了不少的荣誉，如图5—14所示：

2009年

· "第七届中国大学生最佳雇主奖"
· "影响中国·公益品牌大奖"
· "金蜜蜂·和谐贡献奖"
· "2009十大慈善企业"奖
· "2009年亚洲最佳雇主"　翰威特
· 《财富500强》第29位　《财富》杂志
· "全球最受尊敬企业"　《巴伦周刊》
　（2009—2008）

2007年

· 强生公司荣获"光明公益奖"
· "中国杰出雇主"CRF
· "中国红十字勋章"　中国红十字会
· "2006年度优秀外商投资企业"称号
　中国外商投资企业协会

2006年

· 全球最受尊敬企业　巴伦周刊
· CCTV年度雇主奖　中国中央电视台
· 泰诺林荣获"百姓放心药品牌"奖

2008年

· "美国企业声誉排行榜"第二位　哈利斯互动公司
· 强生获得"2008上海美国商会企业社会责任奖"
· "人道救助　爱心关怀"荣誉证书　上海市红十字会
· "第六届中国大学生最佳雇主奖和进步飞速奖"称号

2005年

· 奥运会合作伙伴
· "全球最受赞誉公司"　巴伦周刊
· "中国十佳雇主"第2位　哈佛商业评论中文版
· "光明公益奖"　光明日报（2005—2004）
· "博爱勋章"和"人道主义服务勋章"　中国红十字会
· "博爱奖"上海市红十字会

1999—2002年

· "中国十大最受赞赏的外资公司"　《财富》
　杂志中文版（2002、1999）
· 中国最佳雇主　《财富》（2002）

图5—14　强生志愿者协会所获荣誉

从强生获得的荣誉来说，大多都是因为其在公益方面的贡献而得的，例如"影响中国·公益品牌大奖""金蜜蜂·和谐贡献奖""2009十大慈善企业"奖、"2009年亚洲最佳雇主""全球最受尊敬企业"。

三、服务领域及品牌项目

在进行企业公益传播的时候，强生公司非常注重对公益价值链的资源整合，在中国长期与一些公益组织和政府相关组织部门合作，通过在各所需地区广泛开展公益项目，扩大企业公益项目的影响力和传播范围。强生公益服务的内容和领域有：环境、科技发展、文化、教育和灾后重建等。

（一）环境领域

强生关注环境健康，创建绿色地球，关爱人类自身的生存与发展。为了让更多人置身可持续发展的优质环境，强生积极投身公益环保事业，创建绿色希望。例如，推出了健康地球环保项目、内蒙古植树造林项目、社区环境健康教育项目等。

（二）科技发展领域

日新月异的科技发展，是提高全人类生活品质的巨大驱动力。强生携手医药学领域权威与专家，结合临床经验，不断突破陈规，研发创新成果。积极提携具有发展潜力的医学界新人，壮大科研团队。同时，强生更积极开展各项医学普及活动，鼎力支持科普西部行等项目。

（三）文化

为了延续中华文化的辉煌，续写历史文明的传奇，强生决定跨界合作，并凭借专业领域的前沿科技与强大的资金投入，帮助政府更好地实施文化遗产保护计划。例如，参与"秦始皇兵马俑相关文物防霉菌保护项目"，拉开了企业运用现代医药科技与文化遗产保护研究相结合的先河。

除此之外，强生在文化方面还有一个杰出的公益志愿奉献，那就是在奥运的平台上，强生以实际行动履行了对奥运的承诺。除了投入一系列关爱计划，还在奥运信念的鼓舞下，激励更多的人投身奥运关爱项目，带动更多的人实践奥运精神。

在运动员医疗与保健方面，强生志愿者协会发起了这几个方面的志愿服务活动：第一，眼部保健。由强生在华子公司强生视光学院发起的"成就视觉"项目，是一项旨在帮助世界各国的奥运选手评估自身视力水平并使其最佳化的培训和评估计划。此项目在常规眼部检查的基础上，发展了一系列视觉训练和培训计划来评估并提高运动员竞技表现，比如：色彩对比敏感度、深度知觉和周边感知度。第二，医疗服务与产品。强生及其子公司协助北京奥运会综合诊所在奥运会期间维护和保持运动员、教练以及其他北京奥运家庭医药保健项目成员的身体健康。强生提供的产品包括诊断仪器和消毒设备，处方药和非处方药、运动医药保健产品以及医药保健宣传教育。此外，分布在世界各地的强生及其子公司为所在国的国家奥委会捐赠其产品。第三，口腔护理。强生公司和国际奥委会合作，为 1600 位来自发展中国家的运动员免费提供包含 REACH® 牙刷和 LISTERINE® 漱口水的口腔护理包，以及口腔健康护理手册。第四，医疗培训。强生北京科学中心是北京奥组委指定的官方医疗服务培训中心，协助 80 名中国医生和 2000 名医疗工作人员为奥运会作了充分的准备。

2008 年 7 月 2 日，强生公司和国际人道主义组织"运动机会"通力合作，一同激励奥运新秀敞开他们的"金色之心"，为自己所在的社区和世界奉献爱心，帮助奥运健儿利用自己的新角色给他人的生活带来有效和积极的影响。

（四）教育

强生为了让更多人拥有强健体魄，特别在教育事业，尤其是医疗教育领域，不断加以扶持，并提供相应教育解决方案，为消费者提供优质教育服务。建立了强生医疗学术中心、视光学苑、强生糖尿病学院等科研教育培训中心，旨在通过专业的教育，帮助医护人员提高技能和更新知识，从而更好地服务于患者。

（五）灾后重建及其他

面对 2008 年突如其来的汶川地震，每个国人都将自己的爱心无私奉献出来。强生也在第一时间投入到了抗震救灾的行动中，全力为灾区重建提供财力和物力支援。例如，于 2008 年 8 月与卫生部联合启动了震后儿童心理康复援助项目，随后，强生更深入震区，提供持续援助。

从公益服务的对象来看，强生的特色项目则有以下这些：

1. 守护妇女儿童

一直以来，强生都将关注妇女儿童列在公益策略的首位，因为强生认为，妇女儿童作为社区中的弱势群体，更加容易受到伤害，所以强生一直对他们给予最多的关爱和帮助。强生始终心系妇女儿童的健康，并为了提高他们的生活水平做了大量工作。例如，开展了新生儿窒息复苏项目、婴儿抚触项目、孕妇学校、母乳喂养教育项目等立足于妇女儿童的项目。

汶川大地震发生之后，强生医疗部及员工立刻行动起来，第一时间投入到抗震救灾的工作中，全力为灾区的重建提供财力和物力的支援。清点库存的医疗器械、药品以及婴儿、妇女卫生用品等产品运往受灾地区供当地使用。公司还为四川邛崃聋哑学校捐助了先进的语言训练设备，志愿者们帮助学校建立爱心图书室，与学校共同开展运动会、科技展等课外活动。

为了长期有效追踪和解决震区灾后心理问题，强生还携手卫生部以四川与陕西震后儿童为主要援助对象设立震后儿童心理康复援助项目，以儿童为主要对象提供灾后心理援助活动，帮助灾区儿童顺利完成心理健康的恢复重建。连续在灾区 10 个现场开展灾后心理健康教育、心理辅导和咨询、心理危机干预和治疗等工作，残酷的灾害改变了很多孩子的人生轨迹，为了给震后灾区截肢儿童们长期的关爱和援助，强生发起了"护苗行动"，志愿者们贴心地安排了一系列帮扶内容，包括联系社会公益机构为孩子们安装义肢，为孩子、家长和老师们进行心理干预，提供生活日常用品，举行生日庆典，提供免费义肢、轮椅、小学至大学学费、家长工作推荐、短期租房、证件补办、补贴领取指导、活动板房安置手续、专业技能培训，等等。为了帮助孩子们重新建立起对新生活的信心，奥运期间，强生医疗的志愿者还特地给 10 名来自四川灾区的截肢小朋友以及家属组织了夏令营活动。通过心理干预，强生志愿者一点点地走近这些孩子，让这些突遭变故的孩子们感受到了爱与被爱的幸福，让他们有了更积极的人生目标。孩子们的笑容验证了员工志愿者们不懈努力带来的收获。

当时在我国仍有约 700 万名儿童由于家庭原因，长期生活在贫困线以下，学习、生活与医疗条件均难以得到保障。强生医疗携手中国儿童少年基金会于 2009 年 12 月 5 日，共同发起了"成长伙伴"中国贫困儿童关爱计划。强生与儿基会把关爱对象锁定在这一特定人群身上，目的不单是为贫困儿童提供物质援助，更重要的是帮助贫困儿童在精神上健康成长。"成长伙伴"计划主要包括安全伙伴、智慧伙伴、快乐伙伴和健康伙伴四个部分，例如，安全伙伴部分的一个代表性活动是"校园安全体验教室"的建成。众所周知，贫困儿童因为家庭、学校的原因，日常接触到的安全知识有限，但相对于普通家庭的孩子，他们所要面临的安全隐患却更多、更复杂。针对这种情况，"安全体验教室"专门配制了整套自救模拟演练设施，以供贫困儿童熟练掌握各种紧急状况的自救自助方法。教室内还特意设置了自然灾害、治安交通等各种安全常识的宣传展板、书籍等，以求最大限度地让贫困儿童了解安全应急知识，提高自救自护技能，更加安全健康地成长。

2010 年 6 月 10 日，上海世博园迎来了自开园以来由企业开展的规模最大、参与人数最多的一次志愿者活动，强生公司接过了团市委发起倡导的"圆梦·接力看世博"志愿者系列活动的接力棒。由 400 名来自强生公司的志愿者牵起 200 名智障儿童和民工子弟的小手，带领他们参观梦想已久的世博园，身体力行地诠释了强生"点滴关爱，心暖世界"的理念。在毗邻美国馆的后滩广场上，强生"牵手看世博"志愿者活动正式启动，200 名小朋友在近 400 名强生员工志愿者的陪护下一同开启了世博关爱之旅。这些小朋友都来自针对智障儿童的特殊学校和民工子弟小学。对于他们而言，由于家庭的原因、身体的状况，参观世博会原本只是他们心中一个美好却遥远的梦想，而强生志愿者们用他们的点滴关爱帮助孩子们圆了这个世博梦。

2. 关爱老人

2010年10月17日，强生医疗携手中国红十字基金会、京华时报公益周刊"京华公益基金"，共同启动中国首支关爱老年人身心健康的专项基金——强生中国老年人关爱基金。该基金的成立，正式拉开了强生中国对老年人全方位关怀的公益项目的序幕，标志着强生全面投身中国老年公益事业，并将其作为企业公益事业中的重要组成部分长期予以支持和关注。

强生中国老年人关爱基金立足于强生老年公益事业整体性长远发展，致力于改善老年人身心灵三个维度的健康，即基本身体健康、心理健康、生活健康。基金将长期开展社区老人健康知识教育大讲堂、继续支持老年人免费心理咨询热线——"爱心传递热线"（8008100277）、组织老年人社区交友活动、老年大学、老年志愿服务队等系列活动。

当时启动的这一关爱老年人的专项基金，在身体健康方面，将长期开展社区老人健康知识教育大讲堂、社区医院医疗卫生条件改善、医疗健康用品募集捐赠等；在心理健康方面，将支持老年人免费心理咨询热线——"爱心传递热线"，并开展老年人心理咨询师培训；在生活健康方面，将致力于鼓励老人与社会积极互动，组织老年人社区交友、老年大学、老年志愿服务队等系列活动。同时在有效总结和巩固前期基金操作的基础上，2009年6月，强生公司和中国本土心理研究中心一同启动了"老年人心理危机救助项目"。作为全国第一条老年人心理危机免费救助热线——"爱心传递热线"，为老年人群体提供专业的心理救助和社会关怀。与众不同的强生志愿者致力于改善社区医疗环境和妇女儿童生活品质，他们不仅为社区提供了大量资金、物力的帮助，并且作为强生企业文化的践行者，强生志愿者通过身体力行的爱心公益行动去努力推动人与人之间的关爱。

四、协会的现状分析

（一）传统的管理模式

强生传统的管理模式是线型模式，也就是说志愿者协会把自己作为志愿服务这条直线的一端，担任领导的角色，而志愿者仅仅是活动参与者的角色。强生的公益服务的目标也是单向的企业 CSR 战略目标，其传统的项目管理流程为：发布项目→招募志愿者→执行项目。

（二）协会的优势

（1）员工对企业社会责任知晓度、认可度高。

（2）企业社会责任战略和志愿者核心项目设置合理。

（3）员工对于 CSR 关注领域的认知基本准确，但同时表达了对于扶贫帮困领域较高的关注度。如图 5—15 所示：

图 5—15 CSR 战略关注领域情况

（三）协会存在的不足或问题

（1）企业社会责任战略在员工中知晓度有待提高。

（2）缺少好的外部合作伙伴和公益项目成了在组织志愿者活动过程中缺乏的最主要资源，员工也表达了内部资源的缺乏情况，如员工的响应度缺乏、经费缺乏、激励机制缺乏。

（3）志愿者的工作时间很有限，仅有不到 26% 的人愿意拿出工作时间的 10% 以上从事志愿者组织工作，所以需要建立一个完善的支持体系，从而提高志愿者的协调组织者的工作效率。

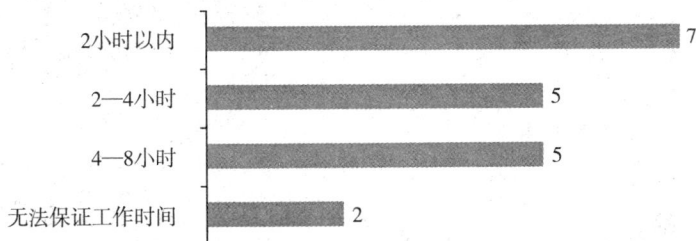

图 5—16　志愿者每周愿意服务时长

（4）缺少明确的发展和工作目标是目前志愿者协会最突出的问题，超过半数的员工认为目前存在的问题还有：缺乏激励机制、缺乏有效沟通、角色和岗位职责不明确。

（5）员工参与度不够，原因：

①企业志愿者文化未完全形成。

②缺乏长期外部公益合作伙伴和公益项目，缺少内部资源支持。

③志愿者管理流程未梳理和标准化，志愿者管理的行政工作负担较重，工作效率有待提高。

因此，强生正探寻志愿者协会的转型方案，力求把协会的核心从全民公益转化为公益英雄。管理模式变为轮式，志愿者协会的定位为圆轮

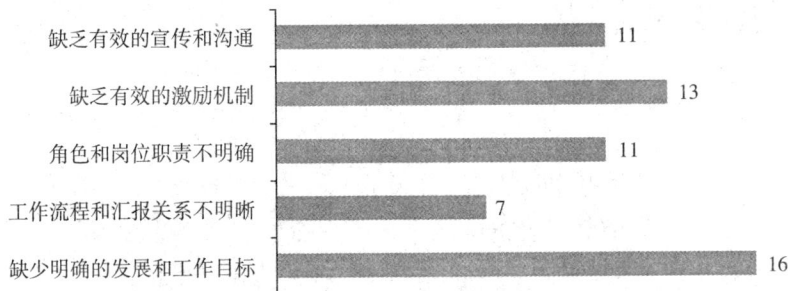

图 5—17　志愿者协会管理中存在的主要问题

解决方案 — 转型蓝图

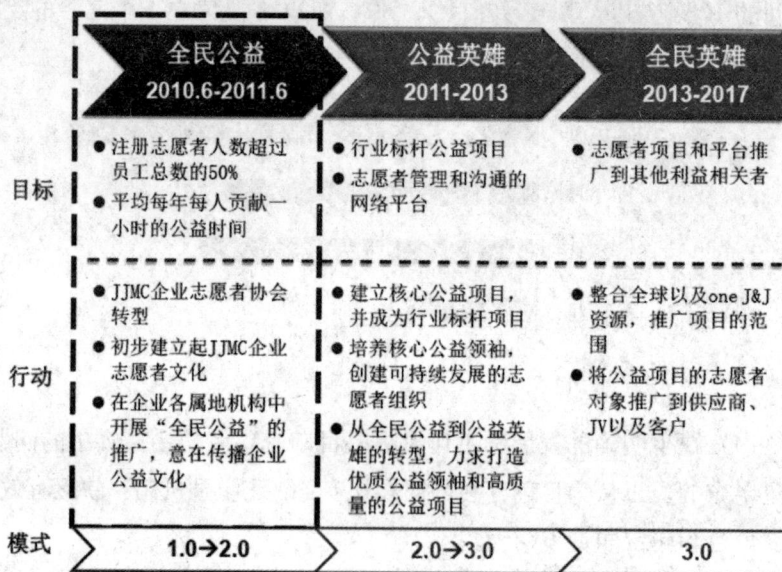

图 5—18　协会转型方案

轴心，而其角色定位为一个支持平台而不是以前的领导主体，志愿者的角色则上升为活动的主导者。目标管理是企业 CSR 战略目标兼顾员工个人目标。项目管理流程是：申请→审批→推广→招募→培训→执行→评估→激励。

五、经验和不足

（一）经验

强生医疗志愿服务的鲜明特性在于，这是一批拥有专业医疗知识的员工志愿者，为他们关爱的社区带来了更加急需的医疗服务和医疗知识。这也体现了强生医疗坚持的公益路径，以公司的专长来实现公益效果最大化。

1. 对企业本身的影响

恪守人本是企业文化的核心，人性化的管理是企业管理的核心。这两者也是企业承担社会责任的理念所在。企业以各种形式承担社会责任，并进一步将其融于企业文化建设、企业管理等企业发展战略目标之中，对企业的发展十分有利。

(1) 促进了企业经济增长以及经营管理的转变。强生医疗公司更加注重长远性和发展性，企业的管理开始走向人性化的管理。经济利益的取得也不是以牺牲员工利益为代价，形成了良性的管理模式和经济增长模式。

(2) 塑造良好的企业形象。强生医疗主动承担社会责任，关注社会公益，企业以负责任的形象出现在社会公众面前，就会树立起良好的企业形象，其产生的影响也是巨大的和深远的，良好的企业形象与企业竞争力的增强、企业人才吸引和企业发展战略又存在着一个良性循环。

(3) 人力资源成为企业最重要的资源。强生医疗经常承担社会责任，关注社会公益，就会在社会上具有良好的形象，当然也就更易招聘到并留住人才，但如果企业在这方面做得不好，员工就不愿意追随它，就会给企业造成很大的损失。强生医疗因为其在志愿服务方面的出色表现，让员工在社会上获得了较好的声誉和较高的地位。公司一般员工对企业也具有强烈的认同感，在我们调查访谈的大多数人当中，听到最多的是员工说对企业有种"家一样的感觉"，很多员工已在潜移默化当中将自己的人生前途与企业的长远发展联系在一起，与企业有着一致的价值定向。

(4) 强生志愿服务的进行也推动企业文化建设。企业文化是企业发展的精神动力，恪守人本是企业文化的核心，互助、关爱是它最重要的体现。企业已将社会责任融于企业文化当中，它使企业员工产生一种认同感和凝聚力，与企业有一致的价值定向。在持续发展的过程中，也逐渐将这种精神内化为企业及企业员工的自觉行为和实际行动。也使企业文化具有了更加深刻的内涵，促进企业及员工的良好发展。

2. 对志愿者自身的影响

志愿活动以其自愿性和无偿性著称，强生公司在盈利性经营之余从事志愿活动，寻找到了志愿活动和经济利益的最佳结合点，既符合中国乐善好施、互帮互助的历史传统；同时又能解决时下中国慈善的困境，即解决了自身发展和社会贡献如何兼顾的难题。而对于志愿者自身来讲，其影响主要有以下几点：

（1）提升个人的精神境界。强生志愿者通过参与志愿服务工作，有机会为社会贡献自身的才学、能力，并在不同的岗位上发挥自身的作用和优势，满足了"自我实现"的最高需要，不单为社会作出了一定贡献，弘扬了新风气、新风尚，而且人生的价值也在志愿活动中得到体现，从中学会自觉的奉献精神和参与社会活动的责任感，精神境界得到升华。

（2）充实业余时间，丰富生活。强生志愿者利用空闲时间，参与不同形式的、有意义的志愿服务工作和活动；在开展各项志愿服务活动的同时，可认识更多的来自不同领域、不同年龄的志愿者，彼此可以成为志同道合的朋友，不但扩大了自己的社交生活圈子，亦可以让自己接触更多的新事物、新观念；同时，志愿者更可通过服务活动，亲身体验和接触社会的方方面面、不同层次和领域的人和事，加深对社会的认识，这对志愿者自身的成长和提高是有帮助的。

（3）促进自身发展。在开展志愿者各项活动过程中，志愿者可通过对比发现别人的优点和自身的不足，并可以善加利用，取长补短，有助于自身的发展。但这一点往往被部分志愿者所忽视或错误理解，更有一部分志愿者抱着错误的心态和认识，对于志愿工作"得过且过"，或抱有过多的功利主义，从而影响了志愿工作的开展及顺利进行，也影响着志愿服务的质量和服务的延续。强生医疗以企业发展的眼光谋求公益和个人利益的最佳结合点，很大程度上解决了这个后顾之忧，使得志愿者自身发展的初衷得以实现。

（二）强生志愿者服务不足之处

虽然强生医疗以其深刻的志愿理念和服务精神，打造了独特的志愿服务风格，其成绩也获得了广大社会群众的认可。但我们在调研中也总结出了几点不足，希望可以引起其注意：

（1）在管理方面，强生志愿服务组织的管理架构和管理人员与企业日常管理是高度一致的，这在企业志愿服务发展初期是相当有利的，可以提升企业志愿服务在企业发展中的地位，并有效整合各种资源，积极开展各种活动。但随着企业志愿服务的发展，这种管理模式也会带来消极的影响，一是管理人员日常工作繁忙，工作量较大的时候，会在一定程度上忽视志愿服务的发展；二是这种管理模式下，企业高层领导开展志愿服务会带来一些误解，会让人觉得比较形式主义，并可能将他们参与的志愿服务与企业管理混淆，带来效果上的偏差；三是这种工作模式不利于志愿服务组织管理和活动的创新，强生一线志愿者没有过多自主权。而创新又是志愿服务发展的灵魂和保障。所以企业志愿服务与企业发展相融合的方式有待于进一步地改变，态度上的融合不等于人员上的一致。因此在制度建设、管理建设、项目建设以及人力资源建设等方面，强生志愿者服务还有很大发展空间。

（2）如今西方社会已将社会责任作为对企业进行业绩评估时的一项重要指标。而强生医疗虽然依托强生这个国际大企业，其经营管理理念处于世界管理水平前沿，但是我们发现其对于志愿者活动的成果和状况没有一个合理的、系统的评估体系。这样无疑削弱了一些从事慈善和志愿服务的人的积极性。不同的志愿者有着不同的志愿活动动机，他们有的持感恩之心，有的想在自己生活状态较好后回报社会。针对不同的志愿者实施不同的动机满足，需要建立起完善和匹配的业绩评估激励体系。

很显然，强生志愿者协会也意识到了这样一个问题，所以在《强生志愿者协会 1.0—3.0 转型方案》中，一个创新型的 SMART 志愿者项目管理工具被提出，它将会很好地帮助强生解决问题，见图 5—19 所示。

1. Selection 选择项目，合作伙伴筛选

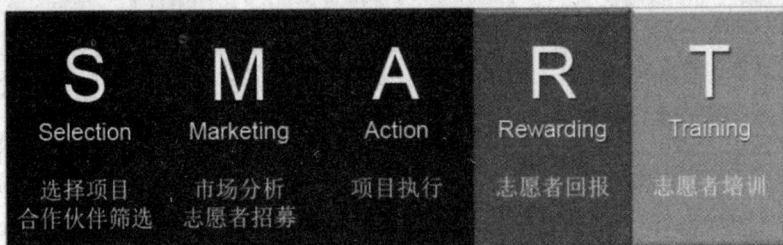

图 5—19 志愿者项目管理工具

选择项目预设问题清单：

企业志愿者项目的目标是什么？

企业志愿者项目的工作内容是什么？

企业志愿者项目的实施方案及负责人？

是否有足够的预算？

如何评估项目成果？

Why	● 强调该项目的好处
	● 描述选择理由
Who	● 利益相关方：目标受众群，目标志愿者，NGO和其他合作伙伴，内部利益相关人——志愿者协会、业务部等。
	● 利益相关方的兴趣
	● 利益相关方对项目性质的认识
	● 志愿者的经验水平
When	● 制定时间表
	● 因时制宜
Where	● 因地制宜：是否方便，交通情况，当地支持资源
What	● 需要哪些资源支持该项目实施

图 5—20 选择项目的 5W 工具

确定合作伙伴需考虑的问题：

你是否联系当地的志愿者组织以获得更多的相关活动信息？

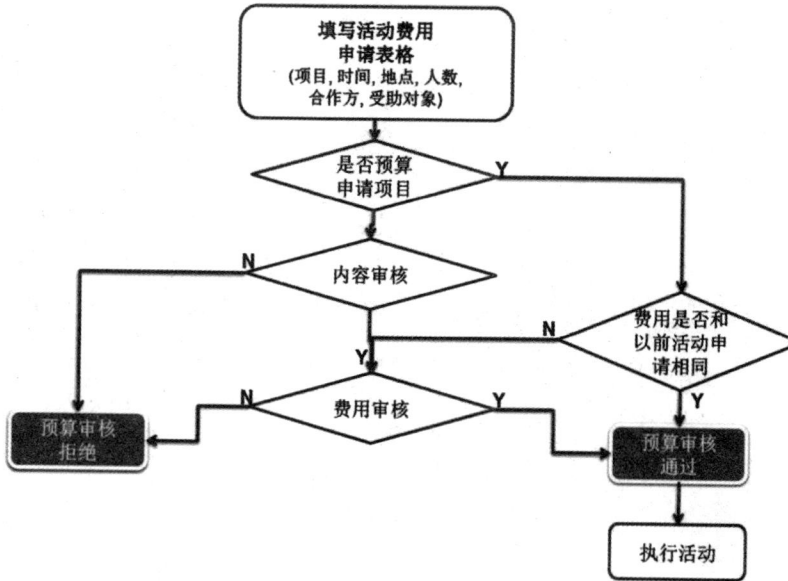

图 5—21 活动费用申请流程

图 5—22 项目申请表

你是否征求过员工的意见，他们希望在本次活动中和哪些组织合作，他们希望的工作内容？

对曾合作过的 NGO 组织，进行差异分析。

合作伙伴选择标准：

资源整合力：政府、媒体、受助对象、其他企业合作伙伴资源。

目标匹配度：合作伙伴的目标是否和企业 CSR 战略目标一致。

形式简易性：志愿者项目是否符合要求，兼具趣味性和创新性。

2. Marketing 市场分析，志愿者招募

需要考虑的预设问题：

是否尊重志愿者个人的意愿？

活动推荐是否足够吸引人？

为什么会有人拒绝参与？

是否让愿意参与的志愿者知晓我们的活动？

活动邀请是否体现了志愿者的需求？

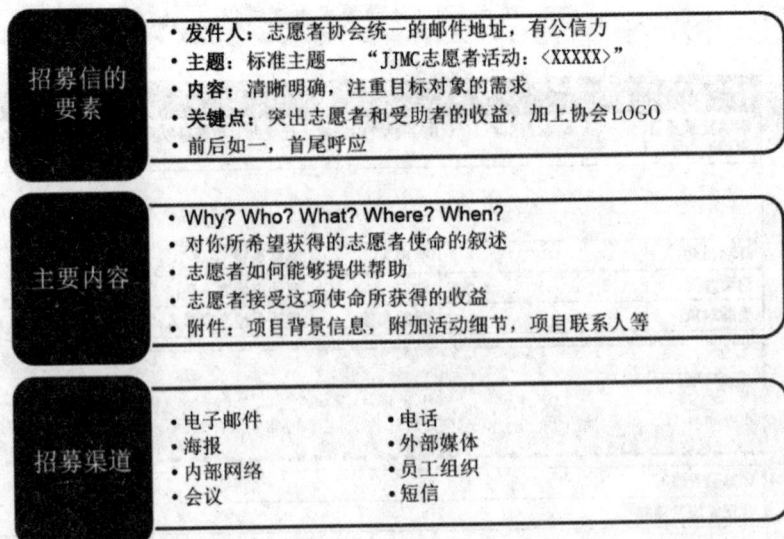

招募信的要素	• 发件人：志愿者协会统一的邮件地址，有公信力 • 主题：标准主题——"JJMC志愿者活动：〈XXXXX〉" • 内容：清晰明确，注重目标对象的需求 • 关键点：突出志愿者和受助者的收益，加上协会LOGO • 前后如一，首尾呼应
主要内容	• Why? Who? What? Where? When? • 对你所希望获得的志愿者使命的叙述 • 志愿者如何能够提供帮助 • 志愿者接受这项使命所获得的收益 • 附件：项目背景信息，附加活动细节，项目联系人等
招募渠道	• 电子邮件　　• 电话 • 海报　　　　• 外部媒体 • 内部网络　　• 员工组织 • 会议　　　　• 短信

图 5—23　有效的志愿者邀请信

志愿者能够提供帮助的方式以及他们自身能够获得的收益？

是否运用了最佳的人选和渠道来发送邀请？

3. Action 项目执行

```
┌──────────┐   ┌──────────┐   ┌──────────┐   ┌────────┐   ┌────────┐
│ 活动选择 │ → │ 活动推广 │ → │ 活动执行 │ → │  奖励  │ → │  培训  │
└──────────┘   └──────────┘   └──────────┘   └────────┘   └────────┘
```

图 5—24　项目执行流程

4. Rewarding 志愿者回报

Rewarding—志愿者认可

反馈渠道：提供志愿者反馈的渠道。

领导认可：提供让协会及部门主管领导赞赏的志愿者工作。

认可价值：选择需要被认可的人并且思考为什么要承认他的价值，给予不同层次的认可。

尊重意愿：最好的回报往往不是物质的，建议按照志愿者个人或团队的意愿进行慈善捐赠。

扩大宣传：向公众或其他同事说及自己的成就能够引起强烈的自豪感。

公平对待：在任何颁发奖励的场合，总是要注意一些选择在公司以外参加志愿活动的员工。

及时赞扬：当场对志愿者说"谢谢"，项目结束后两周内当志愿者经历对其而言仍然新鲜时向志愿者发送感谢信。

许多公司都有"美元换实干家"或其他类似的项目，为员工个人的志愿行为提供资金支持，比如为在一家机构提供志愿服务的 20 小时提供 100 美元的支持，与志愿者个人行为一起捐赠至这家机构。如果你知道机构中的志愿者受雇于哪家公司，可以询问他们是否有这样的计划。

我们可以引入"公益时间"的概念，将公益时间作为企业的另一种流通"货币"。

5.Training 志愿者培训

根据不同的职位需求和每个志愿者带有的不同背景量身定制志愿者培训计划，包括：

（1）岗前培训

（2）在岗实训

（3）带教／辅导

（4）志愿者能力培训

　　①团队合作能力

　　②领导力培养

　　③创新能力

　　④项目和活动管理

六、发展趋势及建议

企业竞争力的价值在于能从环境中开发机会和抵御环境中的威胁，为企业创造或保持竞争优势。环境中的机会与威胁，是并存于社会利益群体对企业的信任和期望中的，所以社会利益群体的信任和期望，是企业竞争力价值的基本源泉。企业建立或维护社会利益群体的信任和期望，本质上即要求企业承担起与其影响力相对称的社会责任，进一步讲，也就是指企业除了对股东负责，即创造财富之外，还必须对全社会承担责任，包括遵守商业道德、保护劳工权利、保护环境、发展慈善事业、捐赠公益事业、保护弱势群体等。企业承担一定的社会责任，能够表明企业的责任感、展示企业的经济实力、产生广告效应、取得政府支持，因而有利于企业利润最大化目标的实现。而由企业员工为单位组成的志愿者协会自发进行的一系列志愿服务活动，作为企业履行社会责任的一种途径，也是始终贯穿其中的，与慈善捐赠、环保自律等企业层面的活动共同构成企业社会责任的完整体系。

但是当时强生的系列召回违背了公司"誓为医患负责"的原则。每一个企业都会面临创业、成长和衰败这样的生命周期的挑战。现在的强生是以公众利益为先，继续发扬伟大的强生精神，还是以逐利为首要导向，在现代市场竞争形势中扩张、前进？巨大的强生公司仍在，伟大的强生精神是否还在？若公司都不能保证商业道德，发展更多的公益事业也于事无补。

但是在中国，企业志愿服务尚处于发展的初级阶段，强生志愿者协会的发展对我们还是有很大启发的，有助于国内企业的志愿服务发展。从强生志愿者协会的调研，我们认识到社会责任感应当是企业开展志愿服务的出发点。将社会责任感列为企业目标，把志愿服务的理念与企业理念相结合，具有战略性、长远性和系统性，不仅可以体现企业的社会责任，树立企业良好的社会形象，而且对整个社会的和谐发展都具有重要意义。我们希望强生医疗能够为我国的企业志愿服务作出示范作用，以此为例子，让中国企业更快、更好地探索出符合中国实情的企业志愿服务模式，这也是我们调研的初衷和最后的冀望。

参考资料

付小明：《让低调做公益成为常态》，2010 年 12 月 8 日，见 http://www.psychcn.com/psylife/201102/1650049133.shtml。

韩丹：《强生医疗：责任因爱而生》，《中国企业报》2010 年 12 月 6 日。

欧阳峣：《跨国企业的社会责任》，中国经济出版社 2009 年版。

田虹：《企业社会责任及其推进机制》，经济管理出版社 2006 年版。

《强生志愿者协会 1.0—3.0 转型方案》，内部资料。

第五节　英特尔公司志愿服务

调研对象：周茜（法律及企业事务部）

调研时间：2011 年 3 月 8 日

调研地点：环球贸易中心

调研及报告撰写人：

王哲（北京市志愿者联合会研究培训部部长）

岳敏（中国农业大学 2010 级硕士研究生）

英特尔公司很早就在中国进行重大投资，并见证和参与了中国信息产业的发展历程。参与消弭数字鸿沟、支持构建和谐社会是英特尔对中国的承诺。本次调研访谈在前期联络的基础上于 2011 年 3 月 8 日在北京市朝阳区光华东路甲 1 号嘉里中心北楼英特尔（中国）有限公司的会议室进行，主要针对英特尔（中国）公司的志愿服务方面，由北京市志愿者联合会的张晓红老师和王哲老师带领，英特尔企业事务经理周茜女士负责接待，同时还有上海、成都、大连地区的公司负责人一起进行电话会议。

一、英特尔公司志愿服务的基本情况

（一）英特尔公司简介

英特尔公司是全球最大的半导体芯片制造商，它成立于 1968 年，具有 41 年产品创新和市场领导的历史。1971 年，英特尔推出了全球第一个微处理器。微处理器所带来的计算机和互联网革命，改变了整个世界。随着个人电脑的普及，英特尔公司成为世界上最大设计和生产半导体的科技巨擘。

英特尔全球副总裁艾思莉指出，企业责任其实就是管理质量，是在认识和评估对社会与环境影响的基础上，在重新梳理决策和处理问题时，更多地思考影响公司成功的因素。① 英特尔公司 CEO 贝瑞特指出，新创企业的社会责任可以先迈小步，企业的社会责任是整个事业赖以生存和发展必不可少的一个部分，私营企业必须发挥作用在盈利上和为社会创造价值方面做更多的事情。

企业价值观分析：英特尔人的个性是比较激进，有主动进攻的意识。例如，在员工里有一种"假设是我的责任"的鼓励，即从工作描述里自己对这件事情可能没有责任，但是很多时候一些事情的责任无法界定得那么清楚，所以在英特尔提出主动假设是自己的责任，这样确实使许多边际工作得到完成。英特尔的价值观是：第一，以客户为导向；第二，纪律严明；第三，质量至上；第四，鼓励尝试冒险；第五，良好的工作环境；第六，以结果为导向。数十年来，英特尔价值观始终处于企业文化的核心地位，这些价值观定义了英特尔及其员工所应承担的义务、责任以及行为方式，推动着公司向业务和企业责任的共同目标迈进。

企业文化分析：英特尔公司的企业文化始于肩负责任的理念，企业社会责任一直是英特尔公司整体运行不可分割的一个重要组成部分，并帮助企业创造长期的商业价值。公司的策略植根于对商业道德、经营透明度、合作和创新的承诺之中。将企业社会责任长期植入成为公司的战略重点，有助于公司树立良好的声誉，保证公司的运营能力，吸引并留住杰出人才。

公司治理与商业道德分析：英特尔公司治理结构、行为准则、商业道德及合规的战略规划，有助于确保公司作出的任何工作能够保持道德规范的最高标准。"恪守道德规范和职业操守"的理念引导员工在日复一日的商业活动中始终遵循公司治理和商业道德的最高标准。

---

① 《2009—2010 英特尔中国企业社会责任报告》，2010 年 10 月，内部资料。

（二）英特尔公司的志愿服务基本情况

企业公民的责任有方方面面，随着社会的发展，经济的发展，需求的改变，未来重点都会改变。但是有一个方面的宗旨是不变的，就是一个公司文化的力量，从长远来说，一个公司的成功与否很重要的一点就是文化的培养和价值观方面的培养。英特尔公司的志愿服务正是体现了其文化培养的成功，英特尔利用科技的优势，利用员工的文化和员工志愿者的团队为志愿服务作出了贡献。

1.志愿服务团队的组织架构

英特尔对企业责任的想法已经被融入到全公司的业务架构中，这包括人力资源、采购、质量、投资者关系、法律、环境、健康、安全，已涉及公司的每一个层面。英特尔致力于永远谋正义的事情的承诺也已经深深扎根于公司的文化当中。自1968年建立以来，英特尔一直在企业社会责任方面居于世界领先地位。

英特尔公司志愿服务的组织结构：公司在管理层有专门负责志愿服务的负责人，形成志愿服务的统一机制。公司在上海、成都、大连等地的志愿服务组织架构也与北京地区的类似，都有一名主要的负责人，公司的全体员工都是志愿服务团队的一员，许多项目都是员工自己提出的，充分发挥了员工志愿服务的主体性。

2.志愿服务与公司的关系

英特尔认识到，必须将企业的价值与社会的需要紧密结合，并作为重要的业务手段。对英特尔来说，企业责任就是优秀的企业管理，就是做该做的事情。英特尔在中国的企业社会责任没有终点。对英特尔而言，"企业公民责任"是以尊重人和自然为前提，做正确的、有益于社会发展与进步的事情。英特尔始终遵循以诚信、透明的方式进行商业运作，着力于所在社区，运用科技提升大众生活水平三项基本原则，在全球范围内积极履行企业志愿服务。

英特尔公司的志愿服务是其履行企业公民社会责任的重要内容，正体现了公司的价值，20多年来，英特尔不仅见证、参与并分享了中国经济的跨越式发展，而且也通过发挥自身的技术和创新优势以及无比的影响力，将企业社会责任效应最大化地展现和辐射，从而推动着社会管理创新和环境的可持续发展。可以说，特尔公司的志愿服务对于企业和整个社会都大有裨益。

二、英特尔公司志愿服务的具体活动

（一）志愿服务活动的服务领域、内容和服务对象

英特尔公司志愿服务主要通过推动社会创新来体现，社会创新实践就是与政府、企业和社会组织共同合作，致力于使用创新技术推动教育创新、公益创新、环境创新、中小企业创新四个服务领域，最终实现企业社会进步与和谐发展。英特尔公司根据自身的资源与领先的技术优势，主要的服务内容在科技和系统信息化建设方面。服务对象主要是教育机构的师生、社区居民、需要环境保护的单位、医院、偏远农村等，他们都需要和渴望现代科技带来的便利与好处。

（二）主要的项目活动及其管理特色

英特尔公司（Intel Corporation）总部位于美国加利福尼亚州圣克拉拉。英特尔的创始人是 Robert Noyce 和 Gordon Moore，现任经营高层的是董事长克雷格·贝瑞特和总裁兼执行长保罗·欧德宁。2002年2月，英特尔被美国《财富》周刊评选为全球十大"最受推崇的公司"之一，名列第九。2002年接近尾声，美国《财富》杂志根据各公司在2002年度业务的表现、员工水平、管理质量、公司投资价值等六大准则排出了"2002年度最佳公司"。在这一排行榜上，英特尔公司荣登全球榜首。同时，在"2002全球最佳雇主"排行榜上，英特尔公司名列第28位。最近，英特尔中国再次收获了许多荣誉——除了连续第8年获颁中华人

民共和国教育部"突出贡献奖"，还荣登南方周末"世界 500 强企业在华公众形象榜"榜首。此外，英特尔中国还获得了人民网"人民社会责任奖"、IT 时代周刊"年度最佳低碳环保奖"、赛迪网年度"IT 企业社会责任奖"，等等。

目前，英特尔一直为弘扬企业文化、推动行业创新、投资未来教育、贡献美好社区而努力，并致力于成为企业社会公民的全球典范。

1. 企业社会责任报告

2009 年 11 月 12 日，英特尔（中国）有限公司首度发布了《2008—2009 英特尔中国企业社会责任报告》，这是英特尔首次且也是跨国公司中唯一一家在某一区域发布的企业公民责任报告。报告涵盖过去一年中英特尔在教育计划、环境保护、社区贡献、工作场所、供应链管理等方面的努力，同时还分享了英特尔的管理战略以及公司治理。

这份报告严格参照全球报告倡议组织（GRI）的 G3 可持续发展报告指南编写，报告内容更为透明和严格。英特尔中国执行董事戈峻认为，"企业社会责任是个广泛的概念，而不只是慈善的捐赠"。戈峻表示，企业社会责任不应是单纯的捐钱工作，和主营业务相关是应有的趋势，也可以给企业本身带来好处。"英特尔在社会责任工作方面的投入与收益没有直接关系。经济危机下，我们还要继续加大投入。"戈峻介绍，英特尔在履行企业社会责任的同时，还计划影响更多的产业内企业，英特尔推出了"绿色采购计划"，在制造和产品方面最大限度地减少对环境的影响。2008 年，其"绿色采购工作组"制定了明确的采购战略、目标和环保方案。英特尔中国公司要求主要供应商提出自己的绿色产品方案及目标，进一步将公司的环保期望融入供应链中，减少电子行业供应链的碳排量。

英特尔（中国）有限公司 2010 年 12 月发布了"2009—2010 英特尔中国企业社会责任报告"。该报告是跨国公司在中国发布的首个以社会创新为主旨的企业责任报告，总结了英特尔在过去一年中的企业责任业绩，介绍了英特尔企业社会责任的战略、理念、目标和机制，并详细阐释了英特尔中国在环境、工作场所、社区、教育以及供应链等方面付出的努力及取得的成绩。

英特尔中国执行董事戈峻表示："英特尔通过充分发挥自身的技术创新优势，与合作伙伴一起助力产业成长，实现产业创新；充分关注环境保护，实现环境创新；重视人的发展，实现教育创新和社区创新——这些正是社会创新的基石。创新是英特尔的基因，而企业责任是英特尔中国 25 年来的核心命题。该报告的发布，正是英特尔努力实现社会创新和企业社会责任相统一的具体体现。英特尔希望与社会各界深化合作，共同构建一个可持续的、和谐的社会创新生态圈。"

2. 新农村建设产业论坛

2009 年，英特尔公司董事长贝瑞特博士亲自主持"信息技术推动新农村建设产业论坛"，邀请各方代表同台交流互动，从多角度探讨以信息技术推动新农村建设的机遇、挑战和可行模式。英特尔正在中国农村编织起一张庞大的农村综合信息服务网，网罗农村远程教育、农村远程医疗以及各式各样的惠农信息服务。英特尔提出了中国农村信息化"一个模式、一套体系、一支队伍"的"三一并举"策略。一个模式就是"产品＋宽带＋综合信息服务平台"，旨在"电脑产品＋宽带"的基础上，建设直接服务"三农"的实用信息平台；一套体系就是"政府＋产业＋社会"的一体化运作，是指在政府领导下，协调硬件、软件、通信等企业和农教文卫等各方资源，为农民提供全方位的信息服务；一支队伍就是建立农民 IT 人才队伍，让他们学会使用电脑这一生产和致富工具，使信息化的效益落到实处。

英特尔提出的"三一并举"策略和"要致富、信息路"的理念，与我国"数字乡村"工程建设的思路"芯心相印"。英特尔将农村信息化的理念、经验和前瞻性思想融汇到"数字乡村"项目策划与实施中，保证了项目的技术先进性、科学规范化、操作便利性与功能实用性。

3. "世界齐步走计划"

英特尔"世界齐步走计划"的目标是通过向置身世界各地的人们推

广、普及信息技术，来改善人们的生活。该计划关注当今发展中国家和地区的人们，整合并加强英特尔在以下三方面所作出的努力：信息技术的普及性、互联网的连通性及教育。英特尔的目标不仅是要提供买得起的个人电脑，而且要推出满足个性需求的定制化的个人电脑，同时推动至关重要的互联互通、培养可持续的内在能力，并提供对人的一生产生决定性影响的教育机会。

英特尔公司正将"世界齐步走计划"引入中国，旨在改善基础教育并推动计算机和互联网的普及，为中国新农村建设贡献力量。

"世界齐步走计划"的五年目标，是为全球新增的10亿用户提供宽带接入，同时再培训1000万名教师，帮助他们在教学过程中有效地使用信息技术，从而该计划还有可能让学生受益面再增加10亿人。

根据"世界齐步走计划"，英特尔将在未来五年内在全球投资超过10亿美元，为全世界欠发达地区的人们提供有效的宽带电脑技术及教育机会。中国在英特尔"世界齐步走计划"中处于关键地位——这得益于该计划本身以及在该计划框架下，中国是全球范围内产品应用的关键设计和研发中心。英特尔"世界齐步走计划"是其在中国广泛投资的重要组成部分。迄今为止，英特尔的战略投资事业部已向亚太地区进行风险投资近6亿美元，其中在中国的投资近30家。

技术生产与制造方面：今天，英特尔在上海设有投资5亿美元的芯片测试和封装工厂，为快闪存储器、I845芯片组和奔腾4处理器提供基于0.13微米工艺的世界一流的封装与测试，并为全球提供最高性能的处理器产品；同时，也培养了大批掌握世界一流芯片生产制造技术的知识工人。

市场教育及应用普及方面：英特尔公司始终把协助推动中国计算机工业和互联网经济的发展作为公司在中国的首要策略。英特尔（中国）有限公司从2000年开始赞助ISEF中国区联系赛事。这一赛事被称为"中国青少年科学技术与创新大赛"，由中国科学技术协会主办。2001年，中国派出16名学生参加在美国加州硅谷举行的第52届"英特尔国际科学与工程大奖赛"，赢得了17项大奖，包括奖品、奖金及奖学金共计 87000 美元。2002 年，英特尔 ISEF 在中国区的联系赛事在各地共吸引了 1500 万名中学生参加，其中有 21 名成绩优异的学生将被选派赴美参加 5 月在肯塔基州举办的第 53 届"英特尔国际科学与工程大奖赛"。2000 年 7 月，英特尔未来教育项目在中国启动。经过一年的时间，到 2002 年年底，拟在中国共培训教师达 100000 名，该项目已经在全国的 18 个省、市、自治区展开，有北京市、长春市、重庆市、甘肃省、海南省、河北省、内蒙古自治区、江苏省、上海市、陕西省、天津市、新疆维吾尔自治区、浙江省、淄博市，得到中国教育部的大力支持和肯定，更获得各地教委和参加培训老师的热烈欢迎。另外，为了更好地普及电脑教育，英特尔自 1997 年开始与国内电脑厂商合作，在全国 16 个城市开设了"英特尔电脑小博士工作室"，分别分布在北京、上海、广州、深圳、成都、天津、西安、沈阳、青岛、温州、杭州、济南、西藏、哈尔滨、无锡、南京，共培训 130 万人次。

广泛的业界合作：英特尔自 1985 年进入中国以来，便将"与中国信息产业共同成长"视为己任。与国内 OEM 厂商、独立软件开发商、通讯设备制造商、解决方案供应商和无线通信厂商进行了密切广泛地合作。自 2000 年至今，英特尔每年在中国召开春秋两季的"英特尔信息技术峰会"，与国内业界及时分享信息技术发展的趋势。2003 年 3 月 12 日，英特尔在中国与全球同步推出了英特尔·迅驰·移动计算技术，它为移动计算的笔记本电脑用户提供了史无前例的、完全摆脱线缆束缚的、"无线自由"的集计算和通信之融合的体验。

4."芯"世界公益创新奖

为继续增强公益组织在扶贫、教育、弱势群体救助、环境保护等领域发挥的作用，英特尔（中国）有限公司联合民政部社会福利和慈善事业促进司共同发起主办"芯世界"公益创新奖评选活动，这是国内首个鼓励公益组织采用信息技术进行公益创新的专业奖项。

为期 3 个月的 2010 年首届"芯世界"公益创新奖评选活动，将由英特尔基金会出资 100 万元，面向公益组织公开征集已实施或正在实施的信息技术在组织发展、知识管理、财务管理、项目管理等方面创新的项目，评出"芯世界"应用奖、"芯世界"发展奖、"芯世界"先锋奖，并提供资金、能力培训、专业志愿者技术咨询等关键支持。

中国扶贫基金会资深顾问柏铮说，目前中国公益领域不乏使用新技术提高项目效率、增强组织知名度及透明度的创新案例，但还有很多公益组织缺乏对信息技术的深入了解，这次评选活动是公益组织互相交流和提高的好机会。"芯世界"创新奖评选完成后，民政部还将与英特尔公司共同主办公益组织信息化建设培训、公益组织信息化创新案例参考及公益组织信息化导师计划等系列活动，切实推动公益组织信息化建设和行业健康有序发展。

2011 年 1 月第二届"芯世界"公益创新奖启动，旨在奖励在技术应用、理念倡导、跨界合作、低碳环保方面具有创新模式的公益项目。该奖项搭建了一个开放的合作平台，以整合更多的跨界资源加入，协力促进中国公益组织的建设与发展，共同推动中国的社会创新。英特尔在本届"芯世界"公益创新奖启动仪式上提出了公益价值链的概念，即通过"芯世界"公益创新奖这一活动平台，联合公益产业链条中的政府、企业、公益组织、媒体、学术研究机构、个人志愿者等每个有机部分，打造良好的公益组织生存环境，达成公益资源的有效配置，实现这些机构的互生互融，最终促成一个可持续的、和谐的社会创新环境。

5.ICT 项目

在 2010 年志愿服务博览会暨国际志愿者论坛上，百度公司与英特尔、神州数码等公司联合发起成立了 ICT 专业志愿者联盟，为承担社会责任，呼吁更多企业参与到企业志愿者队伍中来。专家表示，近年来，企业志愿服务作为新型的志愿服务模式，正成为全世界志愿服务的新兴力量，发挥着越来越重要的作用。

ICT 是信息、通信和技术三个英文单词的词头组合（Information Communication Technology，ICT）。本次活动得到了友成企业家扶贫基金会志愿者支持中心、商务社会责任国际协会等重要机构的支持。ICT

专业志愿者联盟，虽然由企业组织成立，但该联盟并非只接受企业机构加入，既包括公司志愿者，也对行业中的社会志愿者开放。来自联盟会员企业的员工有志愿服务需求，可以以个人身份参与到该联盟中来。ICT专业志愿者联盟旨在汇聚ICT企业力量，通过为公益组织提供能力建设培训、专业技术支持和组织发展咨询等活动，搭建公益组织之间以及与信息、通信行业间的交流平台，促进公益慈善行业的专业化分工合作体系建立，以信息化带动行业健康有序发展。此次联合发起ICT志愿者联盟，是探索公益、志愿服务模式创新的又一尝试。

联盟发起公司代表、Intel企业事务经理周茜则表示，联盟成立的初衷在于倡导和传播志愿精神，使志愿服务成为一种生活方式。而实现和保障该目标的基础就是，能够让"联盟"的志愿者愉快、有效地开展志愿服务。

ICT专业联盟拥有强大的技术实力及品牌影响力，可为公益组织提供信息化、专业化服务平台，更好地对接匹配服务需求，将志愿服务精神传播到更远的地方。而同时，参与联盟的企业也可以借此更好地履行企业社会责任，提升影响力，让企业志愿服务成为企业文化和CSR建设的一部分，从而实现双赢。

6. 社区参与

贡献社区战略彰显了英特尔企业责任的精髓。通过能力建设、技术创新应用以及战略捐助，公司致力于将英特尔所在的社区打造成更出色的生活和工作场所。

扎根社区、回馈社区是英特尔的企业文化之一。英特尔致力于构建更好的生活和工作的社区环境，最大限度地提高公司参与社区活动的影响力。英特尔与政府、邻近社区及其他相关参与者建立了信任、友好的合作关系，有助于为英特尔打造一个良好的企业环境。

通过员工志愿服务、战略捐助和对于借助技术应对社区问题的无限热情，英特尔多年来与社区建立了信任感、合作关系，为其营造了一个积极有利的商业环境。社区参与是全球每一位英特尔员工的工作内容之一。每位员工都会接受针对《英特尔行为准则》的定期培训，公司要求

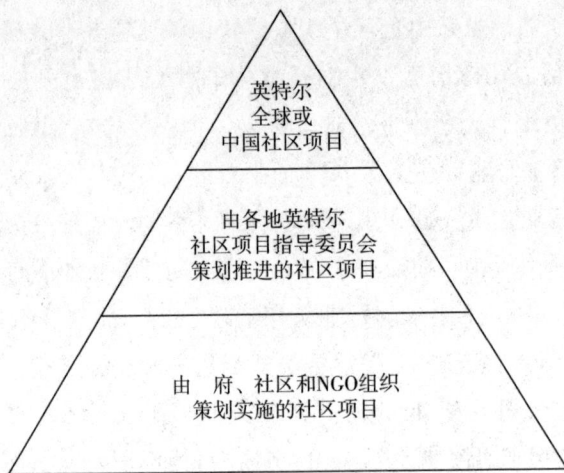

图 5—25 英特尔社区项目运行模式

每位员工在制定业务决策时要考虑短期和长期环境的影响。英特尔参与社区计划和技能型志愿服务。自 1995 年以来，通过"英特尔参与社区"计划为具有专门技能、充满热情的员工提供志愿参与社区活动的机会。英特尔员工每年投入数十万小时为社区的年轻人提供指导、传授专业技术知识、服务于非营利组织以及开展其他活动。

企业志愿服务最佳实践分析表明，通过员工的专业技能服务于本地组织进行能力建设的活动程度呈上升趋势。为了表彰志愿者获得的成就，英特尔公司于 2009 年推出了"英特尔志愿服务英雄奖"计划。获奖者会凭借为学校和非营利组织提供的出色服务，荣获由英特尔基金会授予的 6000 美元奖金和一次旅行机会，并将受邀参加英特尔最高级别的表彰大会。

7. 教育志愿活动

自 2004 年起，超过 330 名的英特尔志愿者走访了四川省 30 个县、50 多所偏远学校，帮助乡村女教师学习用电脑、示范性的教授英语课程、传授健康和安全知识，帮助贫困地区的教师提高计算机、英语及其他方面的教学技能。英特尔志愿服务者为此贡献了 8000 多小时，并因此从英特尔基金会获得 200000 元人民币捐赠款，为更多的乡村教师提供了更多免费培训的机会。

英特尔通过"英特尔求知计划"项目，使青少年学生通过一系列以项目为主的学习，提升数字能力，培养思辨能力、合作能力等 21 世纪必需的技能。英特尔志愿者为此贡献了超过 1000 小时的时间。

8. 环境志愿活动

英特尔环境志愿者活动反映了员工对保护环境、提高可持续发展、增强环保意识的强烈关注。通过植树、清理垃圾、宣传环保意识等活动，使得保护环境、推动人类社会与自然环境和谐发展成为英特尔经营之道的基本要素和长期战略，也是英特尔中国的一项重要使命。并且，提高了员工的思想觉悟，培养了他们较有力的组织和协调能力。

9. 系列的教育项目

在中国，英特尔坚持对教育的承诺，大力投入一系列的教育项目，获得了包括中国政府及教育界的大力支持和鼓励。从基础教育到高等教育，从正式课堂到非正式课堂，英特尔在中国开展了广泛的教育项目。

10. 英特尔未来教育项目

教师培训是英特尔履行其教育承诺的一个重要方式。英特尔未来教育项目旨在助力教师专业化发展，采用"教师培训教师"的模式来提供

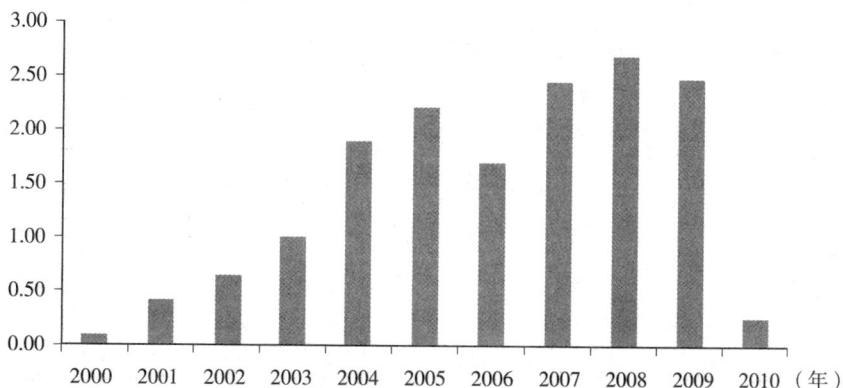

图 5—26　英特尔未来教育项目中接受培训的教师

面对面和在线指导，帮助教师巧妙地将技术融合到课堂教学中。

英特尔未来教育提供了一系列的项目支持，包括面授指导和在线指导，以协助教师在课堂教学中引入、推广、支持基于项目的学习方法。这些课程和资源包括英特尔未来教育核心课程、英特尔未来教育基础课程等。这些丰富的课程内容集合英特尔教育网站上提供的一系列实践性强、生动有趣的资源，如单元计划、评估策略和工具等，能更好地支持学生高级思维能力的培养。教育工作者可以学习如何、何时以及何地将技术工具和资源运用到教学中。

英特尔未来教育项目是同类教师职业发展计划中规模最大的一个，其推行范围之广和影响力之大使其被誉为最成功的教师职业发展计划。近10年来，已对全球40多个国家（地区）的500多万名教师进行了培训，这些教师将充分利用通过英特尔未来教育项目学习到的课程对学生的未来产生积极影响。

2006年1月，英特尔公司CEO贝瑞特博士宣布计划扩展英特尔未来教育项目，到2011年在全球范围内再培训1000万名教师。届时，英特尔未来教育项目将惠及全球40多个国家的1300万名教师，以及他们所教授的10亿名学生。

英特尔未来教育项目于2000年7月在中国正式启动，得到了中国教育部和各地方政府的大力支持和充分肯定。至今已在全国所有省、自治区和直辖市广泛开展，累计培训中小学教师100万名，有上亿名中小学生因此而受益。英特尔未来教育项目对于促进中国中小学教师信息技术能力的提高，推进教育信息化起到了积极作用，间接培养学生成长为具有创新精神、协作能力等能够迎接21世纪挑战的人才。接受过培训的教师们普遍反映，该项培训对转变教育观念、提高教师们在课堂教学中有效运用现代信息技术的能力以及开展研究型学习等方面有显著收效。

2006年6月，英特尔未来教育核心课程项目正式纳入中国教育部"中小学教师教育技术能力建设计划"。经该课程培训合格的中小学在职教师将被认同完成了教育部中小学教师教育技术能力（教学人员）中级培训。2006 年 10 月，英特尔未来教育基础课程项目也在中国开展。该项目面向中国广大农村中小学教师和学生，支持中国农村中小学现代远程教育工程，旨在提高农村中小学教师和学生信息技术应用的能力和水平。同年，英特尔向农村中小学现代远程教育工程捐赠 2000 台学生用电脑，并计划未来五年共向中国农村学校捐赠 10000 台学生电脑。

2007 年 11 月 1 日，"2007 英特尔未来教育项目应用成果展示活动颁奖典礼"在北京举行。英特尔公司总裁兼首席执行官保罗-欧德宁先生出席活动并致词，宣布英特尔未来教育项目在中国开展七年以来，已经累计培训中小学教师 100 万名，英特尔公司将继续履行对中国教育的长期承诺，至 2011 年，英特尔未来教育项目在中国培训教师将达到 170 万名。

11. 英特尔国际科学与工程大奖赛（Intel ISEF）

十几年来，英特尔一直为世界上规模最大的国际中学生科学竞赛——英特尔国际科学与工程大奖赛（Intel ISEF）提供赞助。Intel ISEF 被誉为全球青少年"科学奥林匹克"的盛会。每年从超过 45 个国家和地区选拔 1500 多名青少年科学家同场竞技，角逐价值 400 多万美元的奖品和奖学金。英特尔自 1996 年成为该比赛的主要赞助商至今，Intel ISEF 决赛选手总数增加了 40%，达到 1500 多人；参与竞赛的国家和地区数量也增加了 70%，超过 51 个国家。

自 2000 年开始，英特尔（中国）有限公司与中国科学技术协会合作，赞助中国学生参加一年一度在美国举行的 Intel ISEF 总决赛。迄今为止，共计 180 名中国学生的 117 个项目参加了 Intel ISEF，并为中国赢得了 128 个奖项，其中包括 2004 年获得的一项 Intel ISEF 顶级奖项"英特尔基金会青年科学精英奖"。2007 年，来自中国大陆和香港地区的 32 名选手带着 20 个项目参加了在美国新墨西哥州阿尔伯克基举办的第 58 届"英特尔国际科学与工程大奖赛"，共获得专项奖 7 个，等级奖 10 个。

此外，英特尔还与中国科学技术协会合作，从 2000 年起赞助"全国青少年科技创新大赛"。"全国青少年科技创新大赛"是全国青少年科技创新的最大赛事，每年都会吸引上千万中国优秀的青少年科学爱好者参赛。英特尔（中国）有限公司是"全国青少年科技创新大赛"的领衔赞助商，并在大赛上设立"英特尔少年英才奖"，选送优秀的中国学生参加"英特尔国际科学与工程大奖赛"。从 2002 年起英特尔还与中国科学技术协会合作在"全国青少年科技创新大赛"上举办教师论坛，并设立"英特尔优秀科技教师奖"，旨在鼓励指导青少年科技教育创新活动的优秀教师。

12. 英特尔求知计划

英特尔求知计划以 8—16 岁的青少年为对象，为他们提供有针对性的社区课外教育活动内容，通过一系列有意义、有趣味的学习项目，激发学生主动学习的兴趣，并帮助青少年学以致用，发挥潜能。

2004 年 11 月，英特尔宣布率先在中国启动英特尔求知计划，随后英特尔又在印度、以色列和墨西哥启动了该计划，旨在帮助那些处于技术条件相对有限的地区的青少年学习并掌握数字技能、思辨能力、解决问题的能力和团队协作能力。

截至 2007 年 9 月底，中国 29 个省逾 20 万名青少年完成了该项目的培训。评估数据显示 94% 的学生参加培训后，技术技能、合作能力和思辨能力得到了提高。

13. 英特尔高等教育项目

英特尔高等教育项目是一项全球性的协作计划，英特尔通过与世界范围内的重点大学、顶级研究机构和政府部门合作，开展课程建设和联合科研的协作，培养并鼓励学生学习前沿技术和科研创新。英特尔高等教育项目侧重于推动重要技术领域的创新，并通过师资培训、实验室共建、合作研究、学生竞赛、奖学金、学生实习、校园讲座等合作项目，开发培养一流人才的渠道，以满足世界范围内对半导体、批量制造、计算机体系结构、软件、网络与通信等技术领域的人才不断增长的需求。迄今，英特尔对高等教育的支持范围已经扩大到全球 34 个国家的 150

余所大学，并与之建立了持久、良好的合作关系，成果显著。

在中国，英特尔与近 50 所重点大学建立了合作关系，合作方式包括：支持课程开发、资助科研项目、举办学生竞赛、设立奖学金，以及举办由英特尔高级技术专家主持的研究论坛和技术讲座等。

14. 课程建设

在中国，英特尔通过引入国际先进课程教材、邀请国外教材编写者来华讲座、资助相关课程开发，以及共建实验室等，与近 50 所大学在课程建设方面开展合作，以推动人才培养。所涵盖的课程领域包括多核计划、大规模集成电路设计、计算机体系结构、软件技术、网络通信技术、嵌入式系统、封装测试技术以及技术创业等。2007 年 2 月，包括多核技术课程在内的"教育部—英特尔精品课程项目"正式启动。此外，英特尔工程师在某些高校和大学教师共同授课，建立联合课程教学协作。

15. 合作研究

在中国，英特尔与近 20 家高校开展联合科研协作，每年支持数十个科研立项，支持高校前沿科研领域的发展，提高科研水平。合作研究涵盖了纳米材料、半导体制造、微电子封装、大规模制造、计算机体系结构和电路、计算平台、多核应用、软件技术、无线宽带与网络通信等诸多领域。

16. 教师计划

英特尔通过定期举办学术论坛、专题研讨会以及访问学者等方式为高校教师提供国际、校际的相互交流与学习的机会；帮助他们深入产业内部了解技术运用，提升研究、创新能力；帮助教师寻求教学理论与实践的结合点，有的放矢地培养适合新时代需求的英才。

17. 学生项目

英特尔一贯重视人才的培养，为此设立了一系列面向本科生和研究生的学生支持项目，如丰富多彩的校园演讲活动、学生竞赛、英特尔奖学金以及学生实习项目等。英特尔奖学金设立 10 年以来，先后已有超过 300 名学生获奖；英特尔以在北京的英特尔中国研究中心和在上海的英特尔亚太研发有限公司为基地，接纳来自合作高校的实习学生。自学生实习项目开展以来，每年有近 1000 名实习生在英特尔参加工程实践；英特尔每年面向广大师生举办 100 余场校园技术讲座，并组织各种有深远影响的创新型学生竞赛。

"英特尔杯全国大学生电子设计竞赛"是由教育部高等教育司、信息产业部人事司共同主办的面向高等学校大学生的学科竞赛活动。英特尔自 2002 年起支持举办此项竞赛，并隔年举行一次，吸引了来自国内外高等院校大学生的踊跃参加。竞赛内容既有理论设计，又有实际制作，有助于实施高等学校的素质教育，培养大学生的创新能力、协作精神和理论联系实际的学风，帮助大学生培养工程实践素质、提高学生针对实际问题进行电子设计制作的能力。

18.其他专项

英特尔公司积极支持教育部的软件学院项目。目前，英特尔和国内 37 所软件学院建立了师资培训合作，并和其中部分软件学院建立课程开发项目，共同开发前沿软件技术的优秀课程。在过去几年合作的基础上，英特尔将继续在课程建设、实验室共建、师资培训、学生实习、访问学者、校园讲座等方面给予全方位支持。

英特尔多核技术大学合作计划是英特尔高等教育项目的重要组成部分。在中国教育部的支持下，该计划通过多核技术大学课程项目以及多核技术联合科研项目等方面的合作，帮助提升中国高校在多核技术领域的教学及科研整体水平，为中国在前沿技术领域的科技创新和人才培养服务。英特尔多核技术大学合作计划自 2006 年全球同步启动以来，取得了丰硕成果。在中国，2007 年 4 月，英特尔宣布首批合作的高校从 5 所扩展至全国 37 所。在 5 年内，英特尔将支持总数达 100 所学校加入多核技术大学合作计划，协助其进行课程建设和人才培养。除了举办多核技术大型学术论坛外，英特尔还推出多种形式的项目来丰富多核技术大学合作计划的内容，其中包括开展校园巡讲、建设多核技术中文网站、支持大学合作出版多核编程的中文教材、邀请海外专家学者到国内高校讲学等。此外，"教育部—英特尔精品课程建设项目"在 2007 年也围绕着多核技术展开；2007 年 9 月，"英特尔杯"全国计算机多核程序设计大赛成功举办，共有超过 7000 余名的高校学生及软件工程师参与其中。

大学生技术创业计划是英特尔在中国专门设立的创业教育项目，以鼓励并培养学生成为未来的技术型企业家。该项目为大学创业课程教师研讨会、本地与全球学生间的创业竞赛提供支持。英特尔杯中国大学生技术创业邀请赛是该计划的主要活动之一，旨在鼓励大学生（尤其是工程技术类学生）强化创新意识，培养创业精神，并获取创业知识，提高综合能力。英特尔（中国）有限公司还资助大赛的优胜者参加在美国加州伯克利大学举行的"英特尔—伯克利技术创业全球挑战赛"。2006 年 10 月，北京大学学生创业团队首次参赛就获得了第三名的好成绩。

（三）志愿服务的评估和总结

作为一个有成熟运作模式的志愿服务集体和富有社会责任的全球企业，英特尔志愿服务和企业社会责任服务是为了加强与员工的沟通，使员工有归属感，增强员工的责任心，体现了以人为本的理念。并且，志愿服务树立了公司良好的形象。同时，这些服务都与公司整体的宣传挂钩，英特尔公司每年都会在当地做评估调查，而志愿服务是其中很重要的一部分。英特尔公司因而形成了自己的特色和特点。

（1）统一机制和长效运作机制：实行志愿者激励措施，例如员工墙，把每一期志愿服务工作表现突出的员工的照片和言语等贴在公司墙上，让员工有自豪感，营造公司的氛围。建立英特尔志愿者门户网站，并完善志愿者管理信息系统，实现在线招募志愿者。

（2）员工自发参与，创造空间大：许多想法和创新项目都是员工集思广益的结果，例如"芯世界"公益创新奖。这充分发挥了员工的主观能动性，具有很好的调动作用。

（3）志愿服务专业化：是新提出的发展趋势，是为了更好地服务于当今社会，英特尔的志愿服务会进一步常态化、规范化和国际化。

（4）以志愿者为本：突出志愿者的主体地位，志愿者一定要做自己喜欢做和想做的事情，志愿服务才会持续。公司的许多项目是员工自己想出和提出的，充分发挥了志愿者的主体作用。

（5）项目资金的使用分配：英特尔公司有一定比例的经费支出，在上一年基础上有一个评估，形成评估报告。如果有好的项目也可以去申请，有两种申请渠道，即公司拨款和英特尔基金。总的来说，以惯例为主。

（6）因地制宜：根据各地不同的情况，具体问题具体分析，形成不同的志愿服务文化。文化的东西要靠物化的实体来体现，英特尔公司的志愿服务载体有志愿歌曲、视频短片等。在整个运营体系中，新员工进入时有志愿培训这一部分的内容，并且员工的邮件、公司网站上等也有介绍。

（四）志愿服务的可持续进行

英特尔（中国）有限公司每年都有专门的基金和拨款来支持公司的志愿服务，同时为志愿服务团队提供各方面的资源和帮助，公司有关志愿服务的基金有专门的员工负责，从公司的每年利润中取一定比例的资金投资于灾害救助、青年发展与帮扶、妇女儿童支持等，各个地方有自己的侧重点，做到因地制宜。公司志愿服务项目主要以计划内惯例项目为主，如果有非常好的计划外项目，公司经过评估以后也会同意，但必须有单项申请才可以。

企业本身对于志愿服务组织的发展制定了具体政策和规章制度以保证活动的持续有序开展，例如项目完成情况的评估、款项支出情况的审查。还有就是宣传志愿服务文化，通过物化的东西来体现志愿服务精神，新员工刚进入公司培训时都有志愿服务方面的介绍，整个公司时时处处都在展示志愿服务理念，不断推进志愿服务工作的开展。

三、英特尔公司志愿服务的经验总结

通过具体的志愿实践活动分析，总结出了英特尔公司的志愿服务特色，有利于公司志愿服务的长远开展和企业社会责任的进一步加强。过去的 20 多年中，英特尔见证了中国经济、社会发展取得的举世瞩目的成就，同时利用自身的技术优势及影响力，携手政府、社会组织和产业同行，积极推动产业繁荣和社会进步，得到了多方面的收获。英特尔将企业责任融入经营和决策过程中，在经济效益和社会效益之间取得了平衡，并不断挑战自我、创新发展，为企业公民的发展提供了一定的借鉴意义。

（1）英特尔的企业社会责任，早已从战术层面上升到战略层面，成为公司整体战略不可分割的重要组成部分。英特尔在强调经济效益的同时，也非常重视社会效益，把社会使命结合到企业使命中来。在 2011 年全新的公司四大战略表述中，就有一条明确写道："英特尔要关注员工的发展和环保事业，激发下一代创新能力。"

作为企业价值观之一，英特尔强调"用正确的方式做正确的事"，这已经融入了英特尔良好的治理结构、战略规划和员工行为准则之中，确保了英特尔不仅重视客户和股东利益，也同样重视社会责任。所以即使在 2009 年全球金融危机中，英特尔仍将企业责任作为优先事项，继续予以投资。英特尔在中国发展超过 25 年，核心命题除了合作和创新，也紧紧围绕两个字：责任。在教育、环保和社区等领域持续努力，并取得了可喜成绩。

（2）英特尔企业责任还与创新息息相关，致力于利用技术、创意和资源应对来自全球的挑战，寻找解决问题的创新方法。以技术创新推动社会创新，这是英特尔企业社会责任的主旨，也是充分利用英特尔的核心能力和领先优势回馈社会的创新工作思路。社会创新涵盖教育创新、公益创新、环保创新、中小企业创新等多个方面，在每一个领域英特尔都有创新的工作思路。

（3）英特尔立足于推动企业责任社会化，在实践中以更加广阔的视野，携手政府、社会组织和企业伙伴合作建立新战略、新理念和新组织架构，解决各种社会问题，把企业行为提升为广泛而长远的社会行动，以实现更高层次的社会创新。

在这一过程中，英特尔公司希望可以发挥引领和催化的作用，做社会创新的倡导者、实践者和先行者。为此，英特尔已经倡议成立一个数字企业志愿者联盟，并得到了多家知名企业的响应；另外"云公益"平台建设也已开始运作。英特尔认为，企业公民只有树立从"独善其身"到"兼济天下"的远大抱负，才能真正进化为基业常青的社会公民。希望能够带动和影响更多的企业和非盈利机构共同促进这一目标的实现。

战略性、创新性、社会性，这三点或可概括英特尔中国以技术创新推动社会创新的高度、深度和广度。在英特尔，从未停止过探寻技术、制造以及企业公民方面大胆的想法。就像英特尔公司总裁兼首席执行官保罗-欧德宁先生所言："我们希望每天都能在创新和企业责任中保持领先地位。"在新的一年，英特尔将顺应全球企业社会责任发展潮流，以战略性的眼光继续投入更多资源，以创新性的思维去呼应政府议程，凝聚更多的合作力量，共同应对21世纪第二个十年全新的社会挑战。

四、英特尔公司志愿服务需改进的方面

英特尔公司自1985年在北京设立了代表处以来，已经成为在华最大的外国投资企业之一，而"芯心相印共成长"则是英特尔在华的发展战略。多年来，英特尔一直致力于和中国IT产业合作，促进本土自主创新，推动产业持续发展。英特尔积极投身环境保护、教育和社区公益事业，履行企业社会责任，做优秀的企业公民。面向未来，英特尔正努力成为技术创新的引领者、优秀的合作伙伴和社会创新的贡献者。

在公司志愿服务活动运营过程中，需要加以改善的地方主要体现在以下几个方面。

1.政府的进一步支持

英特尔公司上海地区的负责人指出，当地政府对英特尔公司的支持帮助很大，希望政府进一步配合和协调，寻找一些真正带来福利的项目，更好地开展合作。企业与政府的非项目化交往往往很多，希望不定期地多拜访政府，政府多加强社会管理，多理解志愿者服务。

2.加强与NGO的合作

英特尔公司成都地区的负责人指出，企业与NGO有许多可以合作的地方，但也面临一些挑战。NGO有时不会把更多的项目直接给企业，企业也很难参与NGO的项目。

3.完善组织建设，成立志愿服务联合协会

英特尔成都地区成立了志愿服务联合协会，并由成都地区负责人桂浩担任协会主席，完善志愿服务组织后，志愿服务的效果会不断提升，建议其他地区可以参照成都地区做法，完善组织建设。

4.梳理英特尔的志愿服务体系

英特尔公司北京地区还没有专门的人员来负责志愿者服务活动，相对分散，内部资源有待整合。在各地区的志愿服务活动虽开展得有声有色，但尚未形成完整系统的志愿服务体系，需要进一步地梳理。所以要加强专项研究，进而传播英特尔志愿服务的模式。

5.进一步本地化

作为全球企业，要进一步因地制宜，尤其像中国这样的大国，更应注重本地化和特色化。在了解和熟悉中国实际情况和中国文化的基础上，才能更好地推进企业志愿服务活动的持续开展。

参考文献

［美］格鲁夫：《只有偏执狂才能生存》，安然、张万伟译，辽宁教育出版社

2002 年版。

[美] 堤姆·杰克逊:《英特尔三十年风云》，陈建成、陈信达译，台湾新闻文化事业公司 1998 年版。

黄中才、曹辉林:《英特尔成功之道》，北京工业大学出版社 2003 年版。

《2008—2009 英特尔中国企业社会责任报告》，内部资料。

《2009—2010 英特尔中国企业社会责任报告》，内部资料。

《英特尔企业社会责任中国故事——真心放飞梦想，科技改变生活》，2007 年 12 月 3 日，见 http://mnc.people.com.cn/GB/111905/111961/6606688.html2007-12-03。

北京志愿服务组织案例集

（下册）

北京志愿服务发展研究会

人民出版社

目录 Contents

第六章 政府机构内部志愿服务组织

编 者 按

政府机构内部的志愿服务一般由单位团委牵头成立志愿服务队,并组织单位职工开展志愿服务。服务的内容基本上是单次性质的活动,其中部分组织根据其业务性质开展了特色的志愿服务活动,项目化活动相对弱一些。本轮调研以政府及相关机构依托其内部人员开展志愿服务及其内部志愿服务组织建设为调研对象,选取了北京市一中法院、北京市海关、北京市气象局等 20 余家单位,呈现了 14 篇调研报告,本章节选了《北京市检验检疫局志愿服务队调研报告》、《北京市新闻出版局志愿者协会调研报告》、《北京市审计局志愿服务队调研报告》、《北京市规划委志愿者服务调研报告》等,分别呈现如下。

访谈提纲

您好,我们是北京市志愿者联合会的志愿者某某,在北京市直机关团工委的大力支持下,我们开展了走访政府部门,了解其志愿服务工作情况的调查。我们向您承诺，今天访谈涉及的内容和您阐述的观点，只作为我们研究参考，您声明不宜公开的资料和观点，我们将严格为您保密，非常感谢您的帮助。

一、组织自身建设

组织内部有专门开展志愿活动的部门吗？（有的话，办公地点在哪里）

组织内有相关的针对开展志愿服务的规章制度吗？

组织期望通过志愿活动实现什么样的目标呢？

（提示：团结成员，完成上级交代的任务，或者其他）

志愿者组织有组织架构图吗？志愿者活动的机构最高负责人是谁？具体负责人是谁？

开展活动的经费来自哪里呢？这部分经费是固定的吗？在部门开展的各项活动中这项活动经费占多大的比例？这部分比例有相关的制度规定吗（有的话，是什么制度？我们可以备份一份吗）？

二、志愿者管理

组织内有针对志愿者的相关管理制度吗？

目前组织内有多少志愿者？青年团员是全员志愿者吗？其他年龄段的职员有参与吗？怎么参与？

组织内有非本部门的志愿者吗？[有的话，他们是如何被选入的？（提示：网上注册、熟人介绍、获得活动信息后进入部门申请等）]

组织对志愿者进行培训吗？（有的话，培训的内容和方式是怎样的？留有相关的文字记载吗？我们可否拷贝一份）培训是定期的吗？

组织对志愿者有相关的考核吗？考核的方式是什么？考核会进入本单位的绩效评价体系吗？

组织对各志愿者的服务有记录吗？记录是按时还是按次？志愿者最长的服务时长是多少？

三、活动开展情况

该组织曾开展过哪些志愿服务活动？能介绍几个代表性的活动吗？时间、地点、内容？组织有相关的简报、电子信息、单项活动总结、年终总结吗？我们可以拷贝一份吗？

活动开展的领域有哪些？（提示：助残、助老、环保、支教，等等）

部门有定期的志愿服务项目吗？（提示：如每年定期开展环保项目，或每年都会针对农民工子女开展一些志愿帮扶活动吗）

这些活动都是由谁策划的？谁组织的？组织开展这些活动有哪些是自发开展的？哪些是为了配合市直机关开展的活动？自发活动的比例大概有多少？

组织在运行中遇到的困难有哪些？

组织在开展活动的过程中有没有一些可以分享的经验？有没有什么好的品牌项目能够推广的？

第一节　北京国检局志愿服务队

调研对象：北京国检局负责人

调研时间：2012 年 3 月 14 日

调研地点：北京国检局

调研及报告撰写人：

夏晓丽（中国青年政治学院 2010 级硕士研究生）

在各个国家和地区的志愿服务事业发展中，政府扮演着不容忽视的角色。而纵观我国志愿服务研究领域，有关政府部门的志愿服务组织的开展情况少有学者提及和研究。在我国，政府可有效利用的资源及优势有很多，对于志愿服务事业的发展有极大的促进作用；同时，志愿服务活动的开展也有利于政府和社会的有效沟通，帮助政府了解人民大众的需求，从而更好地完善政府职能。因此，探究政府部门的志愿服务活动的开展情况，对于了解和明晰政府部门的志愿服务组织在志愿服务发展中的责任和作为具有一定的意义。本节将结合北京市检验检疫局志愿服务活动的开展情况来具体阐述。

一、机构介绍

中华人民共和国北京出入境检验检疫局（以下简称"北京国检局"）是国家质量监督检验检疫总局设在北京并授权依法管理北京地区出入境检验检疫工作的行政执法机关和涉外经济监督部门。近年来，北京市检验检疫局结合自身的工作职能和工作特点，在食品安全、医疗卫生、科技教育等领域积极开展了一系列的志愿服务活动。通过这些志愿服务工作，参与活动的志愿者自身增强了社会责任感，体现了自我价值，同时关注了社会大众的利益需求，促进了人与人之间的和谐，推动了社会的和谐发展。

二、志愿服务团队介绍

（一）发展情况及成员构成

2009 年，北京国检局为响应政府提出的"三进两促"（进农村、进社区、进企业，促发展、促和谐）活动办法，在社区和农村积极开展了一系列的志愿服务活动，从此拉开了系统开展志愿服务活动的序幕。

2010 年，北京国检局以团体的形式加入北京市直属机关志愿者联合会，推进了志愿服务工作迈进了新的阶段。

志愿活动的开展离不开志愿者的参与，而志愿服务的团队主要是由全局自愿参加的青年组成。由于志愿服务活动是在团委的组织下开展，所以志愿者多以团员的身份参与。2012 年，北京检验检疫局有干部职工 985 人，而志愿服务活动的参与者主要以 28 岁以下的青年团员为主，此部分青年团员在 300 人左右。当时，该局共成立青年志愿服务队 13 个，累计参加活动 20 余次，他们结合自身的专业技能，热情贡献自己的力量，同时以各种方式和途径实践着"奉献、友爱、互助、进步"的志愿服务精神。

（二）活动目标

作为政府部门的志愿服务组织，其开展志愿服务活动的目标除了弘扬志愿精神、服务社会大众、促进社会和谐发展的目标之外，提升自身形象、促进部门建设、培养团员青年的社会责任感和提升自我价值，是其开展志愿服务活动的重要内驱力。通过志愿服务活动，政府部门可以构筑与民众的良好互动与信任机制，提升自身形象，同时促进部门内部的团队建设，形成默契的工作关系，而对于团员青年来讲，这是培养社会责任感和提升自我价值的重要途径。

（三）管理架构

北京市检验检疫局的志愿服务活动主要是在团委的组织下开展，具体协调管理和执行是由各个部门和直属团总支或团支部负责，北京国检局除了总局的团总支，还有各基层的团支部都积极开展和组织了多样化的志愿服务活动，并动员更多的团员青年加入到志愿者的队伍中，不断提升自己，为社会贡献一份力量。

2012 年，北京国检局除了总局，还有 11 个分支机构，分别是首都机场出入境检验检疫局、丰台出入境检验检疫局、北京经济技术开发区出入境检验检疫局、顺义出入境检验检疫局、通州出入境检验检疫局、海淀出入境检验检疫局、北京西站出入境检验检疫局、朝阳口岸办事处、国际展览检验检疫办事处、平谷办事处和天竺综合保税区办事处，及下属的检验检疫技术中心、国际旅行卫生保健中心、机关服务中心、动物隔离场、北京市检验检疫科学研究院等技术检测和服务单位。这些分支机构和下属单位除了参与团委号召的志愿服务活动外，还根据各自的工作内容及具体情况独立开展相应的志愿服务活动。每年年初，总局会下发年度工作要求和计划，各分支机构结合自身特色独立开展。这些志愿服务活动内容丰富，有的志愿服务活动已经成为了定期的服务项目，有明确的目的和内容，有的尚处在发展时期，有很多想法和活动也在不断探索和发展。

2012年北京国检局尚没有形成系统的管理流程，很多活动的开展具有较大的灵活性，且活动过程缺少规范性的指导，特别是在规章制度方面，当时该机构开展志愿服务活动的规章制度主要参考《北京市直属机关志愿者联合会章程》及团中央关于规范青年志愿者行动的相关文件，此方面的完善将是志愿服务规范性发展的重点。

三、运作模式

（一）组织与开展方式

作为政府部门开展的志愿服务活动，其运作模式有其独有的特点。从整体来看，北京国检局志愿服务活动的具体运作主要是由团总支或各团支部来负责开展，但因其作为政府的职能部门，在承担自身工作职能的同时，也有诸多的政府责任和社会使命。因此，志愿服务活动的组织与开展方式就呈现出多样性。

第一种开展方式：上级举办，动员全局参与。此类方式是指上级行政机构策划活动，部门具体组织实施，或是上级行政机构组织，部门动员成员参与。例如，每年的"3·15"国际消费者权益日，国家质检总局会主办国际消费者权益日现场宣传咨询服务活动，而北京国检局会作为主要的承办方之一参与此次志愿服务活动。

第二种开展方式：总局举办，鼓励全局参与。此类活动主要是指北京国检局立足团委组织策划，鼓励全局及分支机构或下属单位积极参与。例如，每年的重要疾病预防宣传日活动、"学雷锋"活动及"为民服务送医下乡"活动等。

第三种开展方式：机构自行开展。此种方式的志愿服务活动比较多，主要是机构结合自身特色及实际情况，自主开展的一些志愿服务活动，这些活动有的是为响应上级组织的号召，有的是根据服务对象的需求主动策划与实施的志愿服务活动。除了总局内部有一些独立开展的志愿活动外，其分支机构和下属单位也会各自或联合开展特色的志愿服务活动。例如，首都机场检验检疫局开展青年志愿服务活动"团旗在国门飘扬"，其下属单位——观赏动物医院，到惠新里周边社区开展"宠物义诊"活动等。

（二）品牌活动创建

北京国检局作为国家出入境检验检疫监督管理机构，其志愿服务活动的开展除了积极响应国家号召的"学雷锋"、"植树节"、"青年节"等外，其自身也开展了一系列的特色活动，主要结合自身的工作特色，如"医疗便民服务"活动、"全国疟疾日"宣传活动等。随着志愿服务进一步常态化、规范化发展，逐渐形成了一批有特色的长期项目，如北京检验检疫局在 2009 年与北京市延庆县东龙湾村进行"城乡结对子、文明一助一"项目，该项目每年都不定期开展活动，内容丰富，如为居民提供义诊和医学咨询服务等。此外，首都机场检验检疫局与顺义区杨镇辛庄户村也开展了"一助一帮扶对子"项目，此项目自 2007 年开始，每年都定期召开联席会，进行互访、座谈。根据服务对象需求，提供免费医疗服务，并为村民进行农作物栽培和病虫害防治技术的指导等。通过一系列的志愿服务活动的开展，北京国检局的志愿服务活动逐渐形成了"立足本职，扎根基层，服务社区，不断创新"的良好局面，并在"医疗卫生、科技文化"方面形成了自己的特色活动，并通过持续地开展活动，保障了服务的效果。

（三）经费来源及支持

当时，北京国检局的志愿服务活动经费主要来自党团经费结余。每年会有少量活动经费，但尚没有针对志愿服务方面的专项活动资金。因此，志愿服务活动的开展未形成完善的资金提供机制，资金投入上的限制将会影响到志愿服务活动的长期开展，仅凭志愿者的极大服务热情很难保证志愿服务效果及可持续性。因此，重视资金上的投入将成为政府部门开展日常化的志愿服务活动的保障。

（四）志愿者激励

美国哈佛大学的詹姆斯教授曾指出：如果没有激励，一个人的能力发挥将仅为20%—30%；如果施以适当的激励，将通过其自身的努力使能力发挥到80%—90%。因此，激励机制对于志愿服务这样一个宽松的环境是十分必要的。为了能更好地组织开展志愿服务，建立志愿服务行动的长效机制，北京国检局团委将志愿服务与日常相关工作结合，如创先争优活动，并将其列入年度重点工作予以安排部署，纳入综合行政管理体系、列入考核内容，每年年底，将对各团支部的志愿服务活动进行考核，作为评优的一项重要指标。而对志愿者来讲，参加志愿服务活动的情况将成为团员推优的重要标准，这些内容都不同程度地保证了志愿服务的持续发展。但从志愿者个人角度看，当时尚缺乏有效的考核指标和激励机制。

四、服务领域及主要活动

（一）服务内容、领域

作为政府部门的志愿者队伍，北京国检局的志愿服务活动涉及的领域比较广泛，从国家号召的社会公益领域到结合自身特色开展的各项志愿服务活动，内容涉及疾病预防、食品安全、技术指导、健康体检、检验检疫法规宣传、扶贫助困等各个方面。简单来讲，从服务内容上涉及了医疗、卫生、安全、科技、文化等方面；服务的领域以农村和城市社区为主，同时，由于自身的角色和地位，还承担了政府部门号召的一系列志愿服务活动，如"3·15"国际消费者权益日、"3·5"学雷锋活动、植树节活动、五四青年节活动等。多样化的志愿服务活动覆盖了社会公益的各个领域，志愿者队伍也在这些丰富多彩的志愿服务活动中增强了服务意识和社会责任感。

（二）具体活动开展

1. 定期活动

近年来，北京国检局注重将志愿服务活动与本职工作相结合、与国际、国内及党、团的重要节日相结合，充分发挥检验检疫自身政策、技术、人才、信息等优势，开展了丰富多彩的志愿服务活动。

（1）"3·15"国际消费者权益日宣传活动

每年的"3·15"国际消费者权益日是北京国检局参与的一项大型公益宣传活动，此宣传活动一般由国家质检总局主办，北京检验检疫局作为重要的承办方会根据不同的宣传主题，结合实际工作进行产品检测、食品安全等方面的宣传，并对现场消费者提出的问题进行答疑；同时，凭借自身拥有的先进技术和设备，为消费者进行健康方面的检测，如血压检测、骨密度和艾滋病快速检测等。例如，2012 年，在

"3·15"国际消费者权益日现场宣传咨询服务活动中，北京检验检疫局组织了 20 名技术人员组成咨询、检测专业队伍，在北京华联商场门前广场摆放展台，发放宣传资料，对每个消费者提出的问题进行详细解答。同时，检验检疫人员现场为近百位消费者进行了骨密度和血压检测。

（2）五四青年节活动

每年五四青年节是党团的重要活动日，政府部门的志愿者活动由于是在团委的组织下开展，因此，每年的五四青年节是志愿服务活动的重要契机，北京检验检疫局团委注重把主题团日活动与志愿服务相结合、将志愿服务与检验检疫事业发展相结合，并本着立足本职岗位，实现社会效益与事业发展统一的原则，以宣传检验检疫法规、业务、传染病预防、食品安全常识和动植物疫情知识为主。如，2010 年 5 月 4 日，首都机场检验检疫局组织开展了"团旗在国门飘扬"主题志愿服务活动。通过实物展示、现场演示、现场检测、宣传资料发放和现场咨询服务等形式，在国门一线向出入境旅客宣传、讲解了流感防治常识、艾滋病知识、禁止携带物种类、食品安全常识、伴侣动物的检验检疫工作流程等。

（3）3 月"学雷锋"活动

3 月是全国学雷锋活动月，而志愿服务是雷锋精神在新时期的重要载体，因此，北京国检局也结合"学雷锋"活动掀起志愿服务的小高潮。例如，2012 年 3 月，该局所属西站检验检疫局联合北京国际旅行卫生保健中心在北京西站北广场出入境联检厅门前组织开展了"学雷锋医疗便民服务"活动，免费为群众提供了胸透 X 光检查、测骨密度、量血压等医疗体检服务。而首都机场检验检疫局机关团委借由学雷锋活动的高潮，与首都机场街道南平里社区党委签订了志愿服务协议，正式加入"蓝丝带"志愿服务队伍。"蓝丝带"志愿服务队伍在机场地区规模大、组建时间长，以"感恩、鼓励、关爱、付出"为宗旨，致力于扶危济困、爱心救助等公益活动。与此同时，其他分支机构或下属单位也会结合自身工作领域开展志愿服务活动，如医疗便民服务、爱心捐助等活动。

2. 特色活动

北京国检局除了每年定期开展一些志愿服务活动外，还不断了解社会服务需求，开拓志愿服务领域，并创新志愿服务活动。当时北京国检局主要开展了以下特色活动。

(1)"一助一"结对帮扶活动

该活动是指北京国检局与北京市有需求的农村社区或城市社区进行结对，不定期地对结对社区进行帮扶活动，提供的服务包括健康服务、技术指导、所缺物资等。"一助一"是指一个单位重点帮扶一个有需要的社区。此项活动自 2009 年开始，由局团委组织协调，与各部门沟通，并与服务社区签订协议。该活动作为长期的服务项目进行开展，并根据实际情况适时做出调整。如在 2010 年，局团委把延庆县旧县镇东龙湾村作为帮扶重点，通过为村民购置图书、开展义诊、捐助特困户以及与村官组织座谈交流等方式开展志愿活动，并为该村患尿毒症的女孩送去全体党团员捐助的 3 万元。此外，自 2009 年开始，在局团委的倡议下，各基层团组织先后到结对社区、村庄开展科技、医疗下乡、爱心捐助等活动，截至 2011 年，累计 215 人（次）参与，受益居（村）民 2669 人。

(2) 顺义太阳村——服刑人员子女帮教活动

位于顺义区赵全营镇的太阳村是一个非政府慈善组织，以无偿代养代教服刑人员未成年子女为己任，对服刑人员无人抚养的未成年子女开展特殊教育、心理辅导、权益保护和职业培训，使他们在一个相对安定温馨的大家庭里健康快乐地成长。北京太阳村在全国 8 个太阳村中规模最大，当时有 100 多名儿童在这里学习生活。

北京国检局与顺义太阳村建立帮扶关系始于 2005 年，自此，局内各部门会不定期去太阳村开展活动，与太阳村的孩子们交流，并提供所需物资，如生活必需品、生产农具及孩子所需学习用品。同时不定期地与太阳村工作人员进行交流，及时了解太阳村发展状况及需求，并提供力所能及的帮助。

（3）"便民知识"入社区活动

北京国检局结合本职工作，围绕群众需求，扎根社区，开展了一系列的社区志愿服务活动，这些活动主要将文化、卫生、科技等方面的"便民知识"带到了社区，为社区居民生活提供了便利，同时也宣传了检验检疫工作。围绕社区开展的便民服务活动有很多，每年都会不定期地开展。如2010年，北京检验检疫局组织青年团员赴房山区长阳镇碧波园社区参加了"服务新农村、感受新发展——文化卫生科技三下乡"活动，并在现场耐心、细致地解答了社区居民提出的关于如何办理宠物出入境手续、如何辨别"洋水果"的优劣以及室内植物的"宜"与"忌"等问题，获得了居民的认可与好评。此外还就出入境检验检疫工作职能、甲型H1N1流感、冬季健康生活保健等内容进行重点宣传。而下属单位——观赏动物医院的青年骨干，曾先后两次到惠新里周边社区开展"宠物义诊"活动。一是为社区居民豢养的宠物进行健康体检，发放免费的"宠物绝育卡"。二是针对社区居民提出的宠物问题进行解答，并就常见问题进行汇总，进行"宠物护理知识"讲座。三是积极宣传《北京市养犬管理规定》，为社区居民消除养宠误区，树立文明、科学的养宠意识进行义务宣传。此外，北京检验检疫局围绕检验检疫中心工作，先后开展了技术指导、健康体检、扶贫助困、公益宣传等一系列社区志愿服务活动，这些得到了广大团员青年的积极响应，产生了良好的社会效果。

北京国检局通过这一系列的志愿服务活动，弘扬了志愿服务精神，营造了志愿服务氛围，服务了社会大众的学习和生活需要，同时志愿服务活动也提升了检验检疫的社会形象，产生了广泛的社会影响，而志愿者本身也通过活动提升了自我价值，获得了自我发展。

五、经验总结及所遇困境

（一）成功经验

北京国检局的志愿服务活动发展至今，本着"服务社会发展进步，服务人民群众需求，服务青年成长成才"的宗旨，取得了良好的社会效果。作为政府部门的志愿服务组织，其志愿工作的顺利开展离不开以下条件的支持。

第一，领导重视、组织有力是做好志愿服务的前提。北京检验检疫局直属机关党委及各部门领导的重视，是志愿服务工作开展的有力支持，部门领导重视志愿服务活动的开展，并从人力、物力、财力等方面对团委工作予以大力支持。同时根据新形势、新任务，适时对团员青年开展志愿服务提出加强和改进意见，这些措施为志愿服务工作的开展提供了良好的前提。

第二，健全制度、创新机制是做好志愿服务的基础。为了能更好地组织开展志愿服务，建立志愿服务发展的长效机制，北京检验检疫局团委将其与创先争优活动相结合，列入年度重点工作予以安排部署，并纳入综合行政管理体系、列入考核内容，从而在制度上保证了志愿服务的持续发展。

第三，关注需求、服务大众是做好志愿服务的关键。北京检验检疫局团委紧紧围绕检验检疫工作职能，将志愿服务与"质量提升"、"创先争优"等中心工作紧密结合，同时关注社会大众的实际需求，根据服务对象的需求，提供相应的志愿服务活动，从而保障服务效果，达到双赢局面。

第四，统筹协作、形成合力是做好志愿服务的保证。经过长期的志愿服务活动的实践，北京检验检疫局不断总结活动经验，充分调动各部门和机构的积极性，加强合作，统筹资源，并积极发挥青年人热情奉献、技能过硬、团结互助的综合优势，形成合力，以实现志愿服务成效的最大化。

（二）所遇困境

1. 服务需求对接困难

北京国检局日常化的工作主要是围绕检验检疫方面展开，而这些工作内容由于和大众的实际生活存在一定差距，因此在结合本职工作、利用自身技能开展专业化的志愿服务活动过程中就容易遭遇一些困境，表现为机构所提供的服务与社会大众的实际需求存在偏差，从而难以保证服务效果。因此，在志愿服务活动开展前要先了解大众需求，再结合自身的实际工作组织开展，同时要注意活动内容和形式要采取易于理解和接受的方式，提高社会大众接受程度，保障活动效果。

2. 志愿服务资金不足

资金是开展志愿服务活动的前提，志愿服务资金的不足将会影响志愿服务活动的正常发展。北京检验检疫局的志愿服务活动主要是在团委的组织下开展，对于志愿服务活动未设立专项活动资金，当时活动资金主要来源于党团的经费结余，每年的活动经费很少。由于资金的紧张，很多有意义的项目都无法长期开展或无法开始实施，直接影响了志愿服务活动的持续性，同时也在一定程度上影响了志愿者参与活动的积极性。

3. 内部管理不规范

内部管理涉及内部规章制度、内部决策及人员管理等诸多方面。而作为政府部门的志愿服务团队，北京检验检疫局内部尚无规范的关于志愿服务活动的规章制度，当时仅参考团中央关于规范青年志愿者行动的相关文件以及《北京市直属机关志愿者联合会章程》，这些规范往往缺乏具体的实操性，无法真正规范内部管理。此外，志愿者团队相对松散，内部没有成立专门的志愿者组织，成员分布在各个部门或机构，基于志愿者活动聚在一起。因此，这个志愿者团队是开放式、松散式的，加之在实施过程中，缺乏相应的管理流程，上级部门或主管单位在很大程度上决定着志愿服务的发展方向，这一系列的非规范式的管理制约了志愿服务的规范性发展，同时也使服务效果难以保证。

4.志愿者培训不足，突发状况难应对

由于机构内的志愿服务团队是松散式的管理模式，所以在志愿者管理方面存在诸多不足，特别是志愿者培训方面的欠缺。志愿者培训是提高志愿服务能力，将其自身的社会责任感和服务热情转化为优良的志愿服务的重要途径。由于缺乏专业的志愿服务培训，志愿者在服务过程中遭遇一些突发状况不能及时处理，这样很容易挫伤志愿者的服务热情和参与积极性。因此，加强志愿者的通用培训及专业培训，是促使志愿服务活动走向规范化发展道路的重要途径。

六、发展建议

作为政府部门的志愿服务团队，其自身的发展具有广泛的社会影响力，一方面，通过自身的志愿服务行动能够影响和带动身边更多的人参与，营造和谐的志愿服务氛围；另一方面，通过志愿服务，为自身工作扩大影响力、提升社会形象搭建了新的平台。同时，作为政府部门，在志愿服务事业发展过程中要承担一定的社会责任，要支持志愿服务事业发展，从而推动和谐社会建设。尤其是我国志愿服务事业尚处于初级发展阶段，需要社会的共同关注。因此，政府部门的志愿服务活动的开展要引起足够的重视。结合北京检验检疫局调研的体会，有以下发展建议。

第一，充分利用自身优势，整合资源，实现多元化发展。作为政府部门，其自身可运用的资源有很多，除了自身拥有的人、财、物等，还有着诸多可协调的资源。在我国，政府部门一般具有较高的认可度和社会公信力，可整合的资源有很多，这些都为志愿服务活动的开展提供了很大便利。作为政府部门的志愿服务组织或团队应充分认识到自身的优势，寻找有效资源，建立合作关系，开展多样化的志愿服务活动。同时又要注重立足本职，了解大众需求，找准服务的切入点，力求保证服务的效果。

第二，完善志愿者激励机制。2012年，以北京检验检疫局为例，机构内尚没有针对志愿者本人的激励机制。虽然志愿者参与志愿服务是不计报酬、不求回报的，但是没有任何激励或鼓励措施还是很难建立志愿服务的长效机制。志愿者的激励包括三个方面：一是来自组织的激励；二是志愿者之间的相互激励；三是来自志愿服务对象或社会的激励。从组织的角度讲，机构应对于志愿者个人的服务时间、贡献大小的衡量等指标进行记录和评估，并建立相应的激励制度，如建立晋级表彰制度，根据志愿者服务时间及表现进行不同程度的表彰和奖励，将志愿服务作为个人考核或年度"评优"的重要指标，等等。此外，重视志愿者内部的"报酬"也是关键，如个人成长机会、收获快乐、体验责任等，这也需要组织提供丰富多彩的活动满足不同志愿者的需求。

第三，加大对志愿服务的支持力度。目前志愿服务活动虽然引起了政府部门重视，但是支持力度仍是不够的，很多大型志愿服务活动存在完成上级任务的倾向。而自主开展的公益性活动由于资金等方面的欠缺，长期运行存在困难。因此，政府内部要深刻认识到志愿服务的意义，加大对其人、财、物的支持力度。如建立志愿服务专项基金，支持特色项目开展；配置专门人员负责志愿服务活动开展；提供所需活动物资等。

第四，建立志愿者管理流程。提升管理水平是保障活动持续稳定发展的条件。为提高志愿者管理水平，政府机构内部可成立志愿服务的团队或组织，并建立自己团队的规章制度，明确成员的义务和责任。同时要有明确的管理流程和计划，包括了解服务对象需求、选择服务对象、设计方案、志愿者招募、培训及活动开展等，特别要注重对志愿者的专业化培训，保证志愿者在服务过程完成服务目的及实现心理预期。通过建立规范性的管理流程，确保志愿服务的规范性发展和服务成效的最大化。

任何事物的发展都要经历一个由不成熟到成熟的历程，对于我国的志愿服务事业的发展也是一样。在我国，志愿服务组织的数量有很多，服务的领域也十分广泛，也许政府部门的志愿服务组织并不是最强大的那一支，但是政府以其自身的感召力和公信力在不断影响和感染更多的人加入到志愿者队伍中来，使得越来越多的人受益于志愿服务行动，这是政府的责任，也是我们每一个社会公民的义务。志愿服务在行动，相信会有更多的人参与，为社会和谐贡献力量。

参考文献

段小改：《有关我国志愿服务政府政策的探究》，吉林大学硕士学位论文，2009 年。

任伟伟：《中国志愿服务组织与政府关系探讨》，中国青年政治学院硕士学位论文，2007 年。

王建新、董雪：《我国现代志愿服务研究述评》，《南方论刊》2011 年第 12 期。

潘修华：《我国志愿服务的基本情况、存在问题与对策探析》，《社团管理研究》2011 年第 12 期。

孙婷：《中国式"志愿失灵"表象剖析——以北京志愿服务为例》，《中国青年研究》2011 年第 10 期。

第二节 北京市新闻出版局志愿者协会

调研对象：万晨（北京市新闻出版局机关团支部书记）

调研时间：2012 年 3 月 15 日

调研地点：北京市新闻出版局

调研及报告撰写人：

苏超莉（中国农业大学 2011 级硕士研究生）

曹雪莹（中国农业大学 2011 级硕士研究生）

20 世纪 80 年代以来，新公共管理运动的浪潮在世界范围内掀起，并逐渐蔓延到中国。新形势下，我国提出了"以人为本、执政为民"，政府职能改革再一次成为热门话题。我们不得不深思，政府应如何担当"舵手"的角色，如何承担更多的社会责任，如何推动经济与社会的进步，如何提高人民的幸福感、幸福指数。政府内部的志愿者协会是我国志愿者组织的重要组成部分，也是政府部门在本职工作之外履行社会责任的载体。北京市新闻出版局于 2011 年成立了北京市新闻出版局志愿者协会，以期促进该局"服务型政府"建设，弘扬志愿服务精神，引导机关干部职工积极参与志愿服务工作。

一、北京市新闻出版局志愿者协会基本情况

北京市新闻出版局（市版权局）是负责本市新闻出版事业和著作权管理工作的市政府直属机构。在著作权管理上，以市版权局名义行使职权。主要职责为北京市的新闻、出版及著作权管理三个方面。北京市新闻出版局志愿者协会成立于 2011 年 4 月，虽然成立的时间较晚，规模也相对较小，但是其在全体干部职工的支持下已经获得初步发展，逐渐从上级任务指派、党团委领导中独立出来，成为一个专业又具有特色的志愿者协会。志愿服务项目与新闻出版局具体业务相结合，形成了自己的品牌项目。

（一）志愿者协会自身建设

1.组织架构

北京市新闻出版局机关党委把成立志愿者协会作为 2011 年的重点工作，并于 2 月召开了筹备会议，就志愿者协会成立工作进行了部署和

动员。在局系统下发了《关于成立北京市新闻出版（版权）局志愿者协会的通知》、《北京市新闻出版（版权）局志愿者协会邀请函》，向全体机关干部职工发出号召，鼓励大家积极参与志愿者服务工作，加入志愿者协会。

2011 年 4 月，组织召开了"北京市新闻出版局志愿者协会成立大会"。志愿者协会名誉会长由局长冯俊科担任，会长由机关党委书记戴维担任，并成立了理事会，由机关党委副书记马慧琴、党委青年委员周浩、团支部书记万晨分别担任。

协会制定并通过了《北京市新闻出版局志愿者协会章程》等管理规章，定期召开全体成员大会，确保志愿服务活动长期开展。

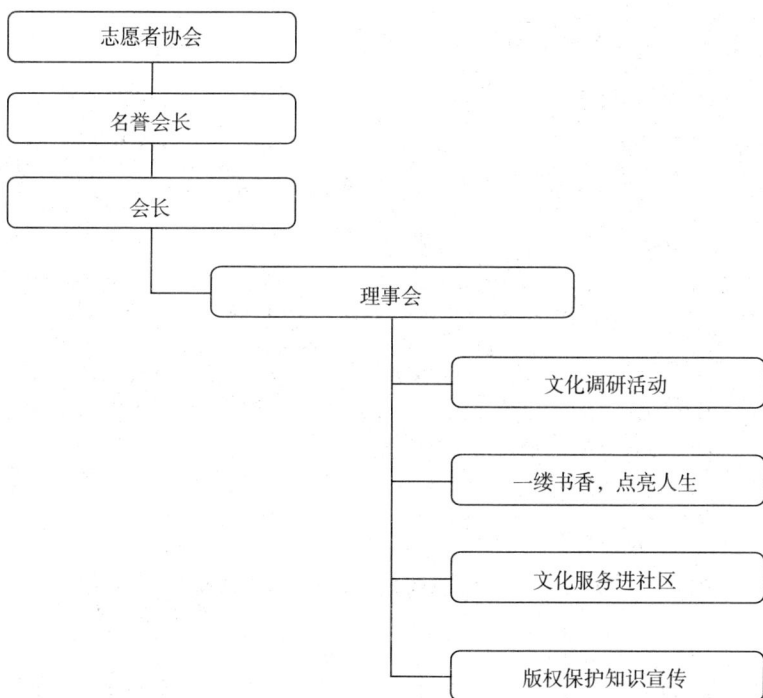

图 6—1　北京市新闻出版局志愿者协会组织结构

资料来源：本资料由北京市新闻出版局志愿者协会提供。

2. 人员构成

北京市新闻出版局志愿者协会 2012 年有 39 名志愿者。由于志愿者协会是挂靠党委、依托团委成立的，其成员大多为 35 岁以下的党员、团员青年。另外，由于北京市新闻出版局作为政府机构的特殊性质，及其开展的志愿服务活动的专业性，志愿者全部来自机关内部职工。

3. 管理流程

北京市新闻出版局志愿者协会在理事会的统领下，依照协会总体服务精神，组织志愿服务活动，开展特色的文化志愿服务活动。其具体管理流程如表 6—1 所示：

表 6—1　新闻出版局志愿者协会管理流程及数据输出

步骤	内容	输出
1	调研社会需求	志愿活动计划
2	选择服务对象	上级单位协调、NGO 推荐、其他志愿者团队合作；与单位业务特长相结合
3	考察服务对象	服务对象的基本情况；服务对象倾向的志愿活动内容
4	设计活动实施方案	时间、地点、活动内容、注意事项
5	与服务对象确认活动方案	介绍活动内容、注意事项，商议如何配合
6	招募志愿者	招募通知
7	活动前期准备	交通、志愿者统一标识、活动必需物品
8	内部志愿者培训	介绍志愿服务的意义；介绍活动方案、目的、达到的效果；服务对象基本情况、存在的问题、需要帮助的方向；注意事项；任务分配
9	开展志愿者活动	安全事项、现场控制、记录志愿者和服务对象活动感受
10	志愿服务活动后总结、宣传	相关文字、图片、音频等的汇总、整理；对于志愿服务活动的思考

（1）调研社会对文化志愿活动的需求。协会以社会的实际需要为参考，结合社会热点、焦点问题，同时结合北京市新闻出版局自身的业务优势，作为志愿服务活动的切入点，经过理事会成员的协商产生活动需求，确定志愿服务计划。

（2）选择服务对象。确定志愿服务计划后，就要针对计划选择合适的服务对象，主要途径为上级单位（如北京市直机关团工委、北京市志愿者联合会）协调、NGO 推荐、其他志愿者团队合作等。服务对象的选择与本单位社会职能或志愿者兴趣相结合，从而使志愿服务能够达到最佳的效果。

（3）考察服务对象。选定服务对象后，要对服务对象进行实地考察，以最终确定此服务对象是否真正适合协会的本次志愿服务。具体来讲，要了解以下几方面的内容：服务对象的基本情况；其基础设施是否完善；服务对象倾向的志愿活动内容、相关细节的态度及意见等。

（4）设计活动实施方案。确认了志愿活动计划的可行性之后，就要进行具体活动实施方案的设计了，根据前期考察及与服务对象的沟通，设计合适的实施方案，将各种细节，如时间、地点、活动内容、注意事项等均详细列于方案之中。

（5）与服务对象确认活动方案。活动方案设计完毕后，与服务对象进一步沟通，向其介绍活动内容、注意事项，听取其意见，商议如何相互配合，对方案进行进一步的修改，形成最终实施方案。

（6）招募志愿者。实施方案确定后，协会进入志愿者招募阶段，向协会内志愿者发布招募通知，招募通知要感性并加入激励文字，充分调动志愿者的积极性。

（7）活动前期准备。确定志愿者构成后，开始活动的前期准备，包括交通、志愿者统一标识、礼物、活动必需物品及摄影师等。前期准备的充分与否会在很大程度上影响志愿服务活动的最终效果，因此必须予以足够的重视。

（8）内部志愿者培训。向志愿者介绍志愿服务的意义；介绍活动方案、目的、预期要达到的效果；服务对象基本情况、存在的问题、需要帮助的方向；注意事项；如何给服务对象时时传递健康的价值观等。

（9）开展志愿者活动。活动过程中要保障志愿者的人身及财产安全，保证活动在协会管理人员的控制之中，可派协会专门人员实时记录志愿者和服务对象参与活动的进程与感受。

（10）志愿服务活动后总结、宣传。志愿服务活动顺利完成之后，要对活动时的文字、图片、音频等进行归纳、整理，最终以图文并茂的形式分享给全公司的同事，以激励志愿者。

4. 规章制度

为保证志愿者协会有条不紊地运转，指导志愿服务活动的一系列过程，北京市新闻出版局志愿者协会制定了《北京市新闻出版局志愿者协会章程》。由于志愿者协会成立的时间较晚，当时并没有针对志愿者的相关管理制度。

（二）运作模式

1. 策划与组织

北京市新闻出版局志愿者活动的具体运作主要在志愿者协会的组织下统一开展，初步构建了职工志愿者活动的策划方式与组织模式。从调研社会志愿服务需求，到选择服务对象、设计服务方案、志愿者招募、志愿者培训，到最后活动的开展，都有一系列严格的流程控制，由志愿者协会理事会进行策划与组织，在协会的管理监督下执行。协会得到了机关党委、团委、工会的大力支持。

2. 品牌活动构建

志愿者协会紧紧围绕党的十七届四中、五中全会精神，结合北京市新闻出版局中心工作，推出贴近工作实际的文化志愿服务，力争形成以"文化服务进社区"、图书捐赠、版权保护知识宣传活动等具有特色的志愿者服务品牌，为首都建设"人文北京、科技北京、绿色北京"服务，组织文化志愿者活动 7 次，70 余人次参与，在全局形成积极参与、乐于奉献的良好活动氛围。

3.经费来源

北京市新闻出版局作为政府职能部门，其志愿者的经费来源也是特殊的。志愿者协会没有固定的志愿活动经费，每次活动之前，需由团委向党委申请，以党费的形式划拨。

4.激励机制

由于经费限制以及政府机关内部志愿者协会的特殊性质，北京市新闻出版局志愿者协会当时的激励机制还未进入制度化管理层次，没有详细的激励管理方面的相关条文。精神鼓励多于物质奖励，口头鼓励多于实际奖励。2012年，志愿者的激励机制与团委的团内考核相结合，按照团员青年的个人表现进行统计。志愿者的奖励也主要以"优秀团员"等荣誉称号的形式进行。

（三）志愿服务项目

1.服务领域及对象

（1）社会领域

北京市新闻出版局志愿者服务活动覆盖了社会公益、社区、弱势群体的各个层面，从"机关青年社区活动"到帮助贫困乡村、打工子弟学校，从帮扶老年人、残疾人到关爱农民工子女，志愿者协会尽心尽力地在每一次志愿服务活动中践行责任、奉献爱心。

（2）专业领域

志愿者协会不仅开展了各种常规化的与社会焦点、热点密切相关的志愿服务活动，还密切结合机关业务优势，发挥职工专业技能，在专业志愿服务领域也发挥着强大的作用，如文化图书领域、版权知识保护领域等。

2.具体活动开展情况

（1）2011年活动开展情况

a.开展"文化服务进社区"活动。结合"机关青年社区行动"，走进社区提供志愿服务，捐赠图书给社区图书室，关爱老年人、残疾人等弱势群体，丰富他们的精神生活，让社会关爱不留"死角"。9月14日，为了迎接敬老节的到来，志愿者们来到北京市第四社会福利院，向老人们捐赠了精心挑选的500册爱心图书，主要包括老年人护理知识、老年人饮食健康等内容。

b.开展"一缕书香，点亮人生"活动。联系需要帮助的困难学校，尤其是打工子弟学校。通过开展图书捐赠、定期志愿者服务等活动，让更多的孩子能够爱上阅读，分享知识，引导他们健康成长。10月31日，志愿者们来到打工子弟学校——北京市明圆学校，向1200余名小学生捐赠了精心挑选的670册爱心图书，其中120册图书由志愿者们自发捐赠，并与明圆学校建立长期合作，定期安排志愿者与孩子们开展课外辅导等活动。2012年，市新闻出版局志愿者协会推出的"一缕书香，点亮人生"文化志愿者活动被纳入北京市团市委关爱农民工子弟的"蓝天行动"。

c.定期开展版权保护等知识宣传活动。采取丰富多样的形式，吸引广大市民参与，向他们宣传版权保护、作品自愿登记等知识，引导他们购买正版出版物，提升广大市民的著作权保护意识。8月，志愿者们多次走上街头，通过散发倡议书，向市民宣传版权保护知识，并介绍如何鉴别盗版书。

d.开展文化调研活动。为了深入开展"走基层、转作风、改文风"活动，9月23日，新闻出版总署机关党委、农家书屋办公室、新闻出版总署机关团委、市新闻出版局志愿者协会组织了50多名青年公务员来到北京市怀柔区琉璃庙镇琉璃庙村，走农村、进书屋、访农户，开展"我看农家书屋"主题实践活动。志愿者们详细了解当地农家书屋的发展情况，撰写调研报告并向相关部门进行了汇报，推动北京市农家书屋建设。

表6—2　北京市新闻出版局志愿者协会2011年志愿服务活动统计情况

活动名称	举办次数	参与人次	活动内容
文化服务进社区	1	10	来到北京市第四社会福利院，向老人们捐赠了精心挑选的500册爱心图书，主要包括老年人护理知识、老年人饮食健康等内容
一缕书香，点亮人生	1	10	来到打工子弟学校——北京市明圆学校，向1200余名小学生们捐赠了精心挑选的670册爱心图书，并于明圆学校建立长期合作，定期安排志愿者与孩子们开展课外辅导等活动
文化调研活动	1	15	来到北京市怀柔区琉璃庙镇琉璃庙村，走农村、进书屋、访农户，开展"我看农家书屋"主题实践活动。志愿者详细了解当地农家书屋的发展情况，并撰写了调研报告
版权保护知识宣传活动	4	40	多次走上街头，通过散发倡议书，向市民宣传版权保护知识，并介绍如何鉴别盗版书

（2）2012年志愿服务活动计划

表6—3　北京市新闻出版局志愿者协会2012年志愿服务活动计划

月份	工作计划
3	开展"我是雷锋做表率"主题活动，深入社区开展"版权保护"志愿宣传活动；召开全体团员大会，对全年工作进行部署
5	召开五四青年节主题团日活动，请局领导为团员青年上团课；组织开展一次重温入团誓词主题团日活动；开展"一缕书香，点亮人生"文化志愿服务活动；开展"机关青年进社区"活动，为社区残疾人提供帮助
6	组织青年到通州区台湖镇结对村开展共建活动
10	组织青年到通州区台湖镇结对村开展共建活动
11	开展"一缕书香，点亮人生"文化志愿服务活动

二、遇到的问题

任何组织的建立、运行与维护都不可能是一帆风顺的，会在组织运行的不同阶段面临不同的问题与困难。协会成立初期，面临的难题主要有：一是领导的重视问题，二是志愿者的招募问题，三是志愿活动与本职工作冲突的问题。

1. 受政府的科层制影响，志愿者协会由机关团委牵头成立，受单位党委和团委的领导。志愿者协会属于严密的政府内部组织的一部分，这一方面有利于协会内部志愿者的高效统一行动，另一方面也导致单位领导对志愿服务的态度对志愿者协会的发展影响很大。

2. 做过相关志愿服务工作的职工对于协会活动非常热情积极，并且在实际活动中上手很快，逐步成为协会的核心志愿者，为协会发展献策献力，作出很大的贡献；而对于从未接触过相关工作的职工来说，由于对志愿服务没有一个清楚正确的认识与了解，大部分不会主动参与。这就对如何吸引更多的职工志愿者提出了挑战。

3. 由于职工都是兼职志愿者，志愿服务完全源自志愿者的个人志愿情怀。由于新闻出版局进行志愿服务的对象是学校或者社区，志愿服务活动也需在工作日进行，所以志愿服务必然会跟本职工作冲突。据了解，志愿者们往往要跟各部门领导请示，且要在志愿服务之后加班完成本职工作，"兼职志愿者""兼"得挺辛苦。

此外，摆在志愿者协会面前的另一棘手问题是经费支持问题。由于新闻出版局还未形成一套独立严格的经费支持体系，协会的各项活动没有稳定的资金来源。

这些问题都严重影响了协会的正常运转及活动开展的持续性，进一步挫伤了志愿者的积极性，对协会的长期发展也极为不利，这也是协会进一步发展所亟须规范与解决的。

三、启示及建议

（一）启示

1. 明确的定位。北京市新闻出版局结合自身工作、业务优势，利用单位的人才储备和知识储备，并根据社会对志愿服务的需求来开展志愿服务，能够保证志愿服务的质量、减少志愿者培训的难度。

2. 领导的重视，职工的志愿情怀。2008 年以来，志愿者在我国已经不是陌生的名词。在志愿服务飞速发展、志愿文化蔚然成风的今天，政府机关、公务员更应该成为领头羊。由于我国自上而下的政府管理机制，单位领导重视程度对于志愿者协会的发展有着举足轻重的作用。因此，如何让领导将注意力转移到志愿者协会上来，成为协会发展的重要影响因素。另外，志愿服务难免要占用员工的休息时间甚至是工作时间，如何调动职工的积极性、让职工认同志愿服务也很重要。

3. 科学的管理制度。协会要想更好地、长期地发展下去，科学的运行机制是工作能够高效开展的关键因素。首先，志愿者协会制定了相关管理规章及工作制度，在其指导下进行一些工作，取得一定的成效。在接下来的进一步发展中，工作着力点应放在资金支持体系的建立及志愿者培训与激励等方面。

4. 志愿服务活动要结合社会热点。比如 3 月 5 日的学雷锋日、5 月 20 日的助残日，可以开展内容相关的志愿服务活动。一方面，便于获得领导认可与资金支持，扩大单位的社会影响力；另一方面，可以激发志愿者的热情，调动志愿者服务的积极性。

5. 加强宣传报道。为营造良好的志愿服务氛围，协会应努力打造立体化的宣传报道体系，详细深入地记录和报道志愿服务工作，丰富网络宣传材料的种类，丰富宣传手段，强化宣传效果，力求宣传效果的持续化，从而达到既激励已有志愿者又吸引新的志愿者的目的。

（二）建议

1.有专职职工管理志愿者协会。由于志愿者都是单位内部员工，分布在各部门、各科室，发动志愿者参与志愿服务就需要获得各部门领导的同意。新闻出版局志愿者协会当时的管理者属于机关团委书记，并没有权限去组织职工参与志愿服务。这样下来，程序非常复杂，志愿活动阻碍重重。如果有职工专职于志愿者协会，就比较方便抽调参与志愿服务。

2.制度保障。每年设一定的志愿服务时间（如3天或5天），这样志愿服务活动可以安排在工作日，一方面，便于跟志愿服务对象进行沟通；另一方面，能够保证职工的正常工作和休息时间，从而不影响职工的本职工作以及个人发展。

3.建立员工志愿者管理流程。具体可通过以下几种方式实现：对员工在协会中的角色和作用有明确的界定；有明确界定的管理计划，包括招募、申请、面试、培训、开发、激励、保障、补贴、报销程序；定期评估并反馈给员工评估结果，使其了解自己做得如何及哪些方面需要改进；对意见和建议的获取和反馈程序等。

4.志愿服务活动就近原则。开展就近的志愿服务活动，方便员工参与，保证员工有充足的休息时间。另外，也能够保证志愿服务活动定期、持续开展。

5.与兄弟单位联合开展志愿服务。新闻出版局可以利用自身的业务优势，联合其他组织组成文化志愿服务的联合机构。扩大社会影响力，减少活动阻力，宣传志愿服务。

参考文献

金文蓉：《公务员志愿者是导向和示范》，《深圳特区报》2010年12月31日

A02 版。

祝灵君:《志愿者组织、志愿精神与政党领导》,《中共中央党校学报》2005 年第 3 期。

第三节 北京市审计局志愿服务队

调研对象:何宇纯(北京市审计局团委书记)

调研时间:2012 年 3 月 14 日

调研地点:北京市审计局

调研及报告撰写人:

左习习(中国人民大学 2011 级硕士研究生)

冯毅飞(中国人民大学 2011 级硕士研究生)

一、机构简介

1983 年 6 月,北京市人民政府根据《中华人民共和国宪法》中有关国家实行审计监督的规定成立北京市审计局。按照《中华人民共和国审计法》的规定,北京市审计局是北京市依法独立行使审计监督权的审计机关,在市长和审计署的领导下,负责北京市的审计工作,主要履行职责概括来说有:贯彻落实国家关于审计工作方面的法律、法规、规章和政策,起草本市相关地方性法规草案、政府规章草案;负责对本市财政收支和法律法规规定属于审计监督范围的财务收支的真实、合法和效益进行审计监督;向市政府提出年度市级预算执行和其他财政收支情况的审计结果报告等其他审计性、监督性工作。

二、志愿者组织的建设情况

1.权责架构

在访谈中我们了解到，北京市审计局内部的志愿服务活动并没有形成制度化，志愿者为临时组建，即单位内部没有固定的部门，没有固定的志愿者。但是针对具体的志愿服务活动有一套专门的权责体系（见图6—2）。

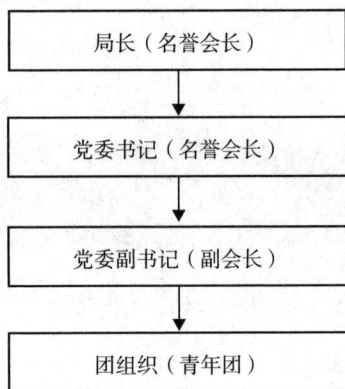

```
┌─────────────────────┐
│   局长（名誉会长）   │
└─────────────────────┘
           ↓
┌─────────────────────┐
│ 党委书记（名誉会长） │
└─────────────────────┘
           ↓
┌─────────────────────┐
│ 党委副书记（副会长） │
└─────────────────────┘
           ↓
┌─────────────────────┐
│   团组织（青年团）   │
└─────────────────────┘
```

图6—2　北京市审计局志愿服务权责架构

2.资金来源情况

团委在开展志愿服务活动时，没有固定的经费支持。经费主要来源于行政经费，是一些其他项目的结余，而这些项目结余的钱非常少。在资金的获取途径上是，在每年的年初，团委将撰写一份活动计划书，计划书中包含志愿服务活动开展的经费预算，这份计划书将和审计局其他部门的活动开支一起，在单位大会上商讨，如果该预算能够通过，则活动将会按照计划开展。如果无法通过，单位将会开展需要资金非常少或者是无须花钱的志愿服务活动，如帮助环卫工人做街道的环卫工作。

三、志愿者管理情况

1.志愿者选取方式

志愿活动的志愿者临时从各个部门抽取，多是青年人。活动开展之前，团委将会提前告诉各个部门，本次的志愿活动需要多少志愿者，每个部门需要选派多少人参加本次活动，各部门成员在本部门志愿报名。如果没有志愿报名的则轮派。

2.志愿者绩效考核

针对志愿者的服务，单位没有给予日常必要的记录，也没有特殊的奖励政策。原因是：单位认为这些活动是出于自愿，是公益性的，所以不需要，也不能进入评价体系。但是针对表现突出的志愿者会有一些象征性的奖励，这部分工作归单位的工会负责。一般在工会的年度表彰中会留有部分资金用于奖励在志愿服务工作上表现突出的同志。比较特殊的是在2008年奥运会时，北京市审计局共有8名同志参加了助驾志愿者活动。在活动结束后，这8名同志分别得到了二等功的奖励。

3.志愿者培训

单位内部没有专门的培训。在2008年奥运会时，参加志愿服务工作的8名同志接受了为期10个月的专门培训工作。被访谈者认为，由于开展的志愿服务活动多是日常性的、非技术性的，所以在活动前也没有相关的培训工作。

四、志愿服务活动开展情况

1.配合性活动

（1）植树活动

审计局2012年前后的定期活动主要有两项。一项是每年春天的植树活动；另一项是2008年汶川地震后，对什邡市15名学生的资助。其中植树活动主要是为了响应团市委的号召，从 2009 年开始实施开展。

（2）进农村

这部分活动是在团市委"三促三进"文件的号召下开展的。审计局根据"三促三进"精神主要开展的活动是进农村。一是帮助农村的村民做农活，二是为家庭比较贫困的村民募得一些衣物和金钱。

2012 年 3 月，中共中央办公厅印发了《关于深入开展学雷锋活动的意见》。为了积极响应、配合，审计局开展了相应的活动。主要是协助公交车大队做好公交车的管理工作。

2. 自组织活动

对什邡市 15 名学生的资助则是审计局自身自愿组织开展的。资金来源于职工的工资，每年资助 5 万元。这项活动始于 2008 年汶川地震。被访谈者提到，审计局会将这项活动继续开展下去。

对于自组织活动不是很多的原因，团委工作人员给予了一定的解释。主要原因是审计局开展的工作和老百姓接触的机会比较少，老百姓对其也不够关注。因此，能够结合本单位的性质开展的工作不多。主要是一些配合性工作，如配合工商局做一些消费者权益宣传，等等。

五、活动开展中存在的困难

（1）活动开展中最主要的困难是适合审计开展的活动比较少，因此活动的力度、广度都没有办法达到。

（2）资金不足。针对志愿者的活动没有足够的资金作为保障，因此活动开展起来受到的制约比较大。每年能够开展、实施的活动也不多。

六、志愿服务中存在的问题

从北京市审计局开展的活动中我们不难发现其存在一些比较明显的问题。当然有些问题是受其单位性质影响，但是有些问题就目前来看还是可以得到改观的。

1. 考核缺位，激励失效

在审计局中针对志愿者是没有任何的考核机制的，虽然表现优秀的志愿者在年度工会的表彰大会上能够得到表扬，但是什么样的志愿者是优秀，优秀的标准是什么，都没有明确的规定，因此对志愿者也难以起到激励作用。工会的表彰也是流于形式，可能真正针对志愿者工作突出的表彰非常少。笔者认为，给予志愿者的考核要落到实处，就政府而言，针对志愿者的考核可以按次记录，对于那些积极参加志愿服务的人应该给予一定的精神和物质的奖励。

2. 主动性不足

从审计局开展的活动来看，自己组织开展的活动少之又少，或者说几乎所有的活动都是配合性的工作，无论是响应上级的号召，还是配合政府其他部门开展的活动。应将这些工作制度化、固定化，也只有这样才能够在做的过程中总结经验，找到适合单位开展的活动。

3. 资金短缺

志愿服务应该成为政府部门的常态化工作，应该给予这些活动固定的资金保障。由于资金不足就不能按照原计划进行，导致开展志愿服务活动的随机性就很大，甚至成了有钱就开展，没钱就不开展。笔者同意在访谈过程中某名职工将志愿服务活动的意义定位到单位的文化建设上。笔者认为，开展志愿服务工作是一项实体性的工作，一项对社会、对组织都非常有意义的工作。

七、思　考

在完成访谈的路上笔者一直在思考一个问题，作为政府部门应不应该开展志愿服务活动？应该如何开展？开展什么形式的志愿服务活动？就单纯的志愿工作而言，志愿服务工作显然不在人民赋予的职能范围内。政府部门所做的志愿服务性工作更多的是为了完成上级任务，配合号召。那么，这种配合性的工作意义在哪里呢？政府部门做志愿服务工作当然是有一定意义的，但是如果这些志愿服务工作不能够和单位的工作性质相关，那么这样的志愿服务工作意义不大。如工商局可以去做有关消费者权益保护的宣传工作，这就和其单位的性质非常的接近，由他们来开展这项工作再适合不过，而且消费者也能够借此机会了解自己的权益并维护自己的权益。

志愿服务要从志愿服务的需求方入手。

政府部门开展的志愿服务活动要切实为社会、为人民作出一定的贡献。在开展志愿服务活动时要先问问人民需要的是什么？人们想从我们部门得到什么信息？我们开展的活动应该怎么回应人民的需求？如果部门开展的活动真正是人民所需，真正能够帮助人民，这样的活动才具有意义。

志愿服务工作要系统化、制度化、定期化、常态化，形成特色的活动。通过对市工商局和市审计局的访谈，笔者了解到，这些部门中开展的志愿服务活动具有很大的随意性，没有相应的管理制度，部门活动缺乏特色，要想做好这项工作，就要明确目标，建立制度，将志愿服务工作常态化、特色化。

第四节　北京市规划委志愿者协会

调研对象：北京市规划委团委书记

调研时间：2012 年 3 月 20 日

调研地点：北京市规划委

调研及报告撰写人：

张静（中国农业大学 2011 级硕士研究生）

志愿服务行为是一种基于道德、良知、社会责任等因素，自愿贡献个人时间和精力，为社会提供服务的无偿行为。且志愿服务活动开展的主体多元，社会各界都可以向需要帮助的人群提供援手、贡献力量。2012 年 3 月，在北京市直机关团工委的大力支持下，北京市志愿者联合会开展了走访政府部门，了解其志愿服务工作情况的调查。作为志愿者联合会的一名调研志愿者，笔者于 3 月 20 日走访了北京市规划委员会，通过访谈形式了解了政府部门开展志愿服务的相关情况。此次调研，不仅可以充分了解志愿服务的内涵，而且对于推动和发展政府机关志愿服务具有重要的意义和价值。

一、志愿者协会组织自身建设

（一）志愿者协会组织框架

根据北京市直机关工委的工作要求，市规划委于 2010 年年底成立了市规划委志愿者协会。志愿者协会以市规划委直属机关团委为架构，以市规划委直属机关党委、直属机关工会为依托，下设委机关、测绘院、档案馆、执法大队、勘测设计与测绘管理办公室、规划展览馆、规划信息中心、后勤服务中心分部，内设荣誉会长 1 人、会长 1 人、常务副会长 2 人、委员 5 人。自成立以来，坚持贯彻落实北京市直属机关志愿者联合会倡导的"互助关爱，服务社会"的宗旨以及"奉献、友爱、互助、进步"的志愿服务精神，通过志愿服务活动推动精神文明建设，为"人文北京、科技北京、绿色北京"作出积极贡献。

（二）志愿者服务规章制度

鉴于北京市规划委志愿者协会以规划委直属机关团委为架构，以市规划委直属机关党委、直属机关工会为依托，组织内不存在相关的针对开展志愿服务的规章制度。其志愿者协会的组织管理工作分属于各机关及委属单位的团委或党委部门主管，各团组织具有加大的工作灵活性和独立性。由于规划委整个系统包括各委属单位及各分局，工作人员数量较多，志愿者协会组织没有采取层层管理的组织管理模式，各团委或党委的志愿者服务负责人员大多数是由团委或党委支部负责人担任，但是2012年并未形成确定统一的志愿服务管理负责机制以及专门管理志愿服务工作开展的专门人员，组织自身建设管理还有很大的不确定性。

（三）志愿者服务活动经费管理

由于志愿者协会组织管理较为灵活自主，因而在规划委内部没有专门的经费用于志愿服务开展活动，经费主要采取自筹或者视具体志愿服务活动的主题及参与人数等具体情况予以适当拨款。各委属单位，如档案馆、展览馆等组织参与的志愿服务活动经费均是本单位组织自筹，根据自身的经费情况自行安排，不需要向市规划委上报及申请，主要是单位自愿组织及开展。总体上来讲，北京市规划委的志愿者组织还未形成统一的志愿服务经费管理制度，具有很大的变动性和灵活性。整个市规划委系统内部没有具体统计每年的志愿服务活动支出的经费及每次经费的来源，志愿活动经费占规划委全年支出的比重无法进行较为准确的估算。

二、志愿者管理情况

（一）志愿者的人员构成

北京市规划委志愿者面向全体工作人员，具体人员统计数字现在无法准确掌握，从原则上讲所有规划委的工作人员均是志愿者。由于市规划委的志愿者服务活动并不是统一安排和实施管理，志愿服务活动是由各委属单位各自分别组织及开展，独立于规划委的统一部署。因此，志愿者人数是随着每次志愿服务活动的主题、经费充足情况及自愿报名参加的人数不断变化的，无法确定目前市规划委志愿者协会的志愿者数量。

2012 年市规划委的志愿者人员构成都是来自机关及委属单位的内部工作人员，还没有吸纳社会人员参与，不过市规划委并不排斥社会人员参与他们组织开展的志愿服务活动。

（二）志愿者培训

北京市规划委没有定期的志愿者培训活动。具体而言，市规划委的委属单位及各分局数量众多，人员构成十分庞大，对于进行统一和定期的志愿服务培训活动有较大的难度，且各委属单位及分局的时间安排很难统一，大规模的定期培训活动具有现实的操作困难。但是，各委属单位会依据自己单位的具体工作自行安排小范围的志愿者培训及探讨，主要是激励单位内部志愿者的参与积极性，及在职员服务活动开展之前召开动员大会等形式加强志愿者成员间的紧密联系。培训时间仍不十分固定，要视志愿服务活动的开展情况而定，灵活性比较强。

（三）志愿者考核

北京市规划委没有明确的志愿者考核制度。每次开展的志愿服务活动均是由团委或党委进行组织及动员，号召工作人员积极参与，团委及党委并不采取强制性的要求或规定，他们只是组织、动员及通知。所有工作人员完全出于自愿原则，自主决定是否参与，自愿报名。每次志愿活动的参加者是纯粹的义务劳动，不会提供特别的物质奖励。对于志愿活动的参加者及不参加者没有什么考核上的差异，只是从道德及精神层面上会有不同层次的差别。北京市规划委的志愿者服务活动主要目标是培养全体人员志愿服务、奉献社会的自我觉悟能力，从自身道德素质及社会责任感角度开展志愿服务活动，努力将志愿服务的互助精神内化为全体人员的良好品德，而不是采取特定的志愿者考核及管理以制度层面的约束实现志愿服务活动的开展。

三、志愿服务活动开展情况

北京市规划委志愿者服务活动开展主要有规划委系统内部组织及各委属单位单独开展两种形式。自北京市规划委志愿者协会成立以来，开展了多项志愿服务活动，涉及方方面面，既有定期开展的志愿服务活动，也有不定期开展的志愿服务活动。以下重点介绍市规划委定期开展的志愿服务活动，如义务植树、献爱心捐款、义务献血。这三项活动均是面向规划委整个系统动员开展的志愿服务活动，既包括机关单位也包括委属单位，参加和动员的面积较为广泛，属于大型的志愿服务项目。这些项目也成为市规划委长期保存，并常年坚持的一项常规志愿服务活动。其次，市规划委各委属单位依据自己单位的工作性质以及单位人员数量的具体情况，分别组织了各具特色的志愿服务活动，这些活动只针对于本单位内部人员，参加范围较为有限但也具有充分的灵活性和特色性。如北京市展览馆定期帮扶的"太阳村"儿童活动以及五四青年节关爱打工者子女活动，是成功开展志愿服务活动的典范；市规划委档案馆帮助花盆中心小学；北京市测绘设计研究院义务指路活动等。各委属单位结合本单位的优势和特点，以独特的视角参与到志愿服务活动中，以特色的方式关爱到社会的不同阶层和不同方面，奉献自己的爱心，发挥了志愿服务的精神。

（一）昌平流村绿化基地义务植树

为进一步加快落实首都绿化造林步伐，强化市规划委干部职工的生态环境意识和绿化意识。2011 年 4 月 13 日，北京市规划委开展了春季义务植树活动。此次活动委领导高度重视，领导亲自带队，规划委及委属单位 90 余名干部职工积极响应，前往昌平流村绿化基地参加义务植树活动，共栽植栾树 310 余棵。这次活动集中体现了植树护绿和低碳经济的理念，并以实际行动为植树造林、美化环境、构建和谐美好家园贡献了力量。

绿化植树活动是北京市规划委长期以来从事的志愿服务活动，早在市规划委志愿协会成立之前就已经开始植树造林、美化环境的志愿服务。从 2000 年至 2011 年，规划委共计 1100 余人参与植树绿化活动，共植树 3400 余棵，为"绿色北京"建设贡献了力量。

（二）共产党员献爱心活动

奉献爱心，关爱困难群众始终是共产党员必须肩负的社会责任，更是志愿者服务所应关注和救助的主要社会群体。北京市规划委密切关注了这些困难群众的生活，通过募捐活动向需要帮扶的对象奉献爱心。自 2006 年至 2011 年，市规划委累计共 5426 人，募捐善款累计 423725 元；累计 531 人，募捐衣物共 944 件。

2011 年，为纪念建党 90 周年，根据市直机关工委统一部署，规划委积极开展了"共产党员献爱心"活动。截至 2011 年 7 月 6 日，共有 58 个基层党支部的 815 名党员和 45 名非党员参加捐款，捐得款项 77010 元。所捐款项已全部送至市慈善协会，用于资助困难群众。

（三）送人玫瑰手有余香——义务献血活动

2011 年 6 月 16 日，委直属机关顺利完成 2011 年度无偿献血工作。此次献血共有 102 名同志报名，包括委机关各处室、所属单位及区县分局，活动参与范围十分广泛，广大党团干部及群众积极响应规划委的号召，踊跃报名参加，贡献自己的爱心。最终 5 名同志参加义务献血。委领导对此次献血工作高度重视，亲自动员部署；机关各处室和委属单位给予了大力支持，组织干部职工踊跃报名，积极为献血同志提供周到的服务；后勤服务中心精心组织，积极做好后勤保障工作。

（四）我们共同成长——慰问太阳村孤儿

北京市顺义太阳村儿童教育咨询中心（简称北京顺义"太阳村"），是通过自筹资金，采取集中供养的方式，对服刑人员无力抚养的未成年子女无偿开展特殊教育、心理辅导、权益保护及职业培训服务的民间组织。孩子们在一个相对安定温馨的大家庭里像其他孩子一样受到保护，得到教育，健康快乐地成长。

2011 年 5 月 29 日，在迎接中国共产党建党 90 周年前夕，北京市规划委展览馆党支部、团支部以及工会联合会开展了"爱心奉献促和谐"活动。常务副馆长赵莉，副馆长黄凯陵、肖平率领展览馆共产党员、共青团员及员工代表共 24 名同志前往北京顺义"太阳村"进行了慰问活动。展览馆全体志愿者围上围裙，用自己带来的肉馅，同"太阳村"的孩子们一同包包子做午饭，为他们改善伙食。在简单的家务劳动中，使太阳村的孩子们感受到了大家庭的温暖，脸上流露出发自内心的灿烂微笑。同时，展览馆的志愿者们也更为亲切地融入了孩子们的生活，边劳动边沟通交流，拉近彼此间的距离，让志愿者第一次真正走入了孩子的内心世界，更加感同身受孩子们的快乐与痛苦。孩子们与志愿者之间建立了较为亲密的感情，为对口长期慰问帮扶"太阳村"奠定了良好的情感基础。在总结此次"太阳村"之行时，赵莉馆长特别谈道："爱的真谛就是奉献，我们应承担社会责任，做好本职工作，为和谐社会做贡献。"

（五）欢迎来做客——关爱打工者子女

五四青年节来临之际，北京市规划展览馆在党支部"关爱弱势群体"的号召下，积极与海淀区团委取得联系，于 4 月 27 日邀请了海淀区红星打工者子弟学校的 210 多名师生及志愿者来展览馆参观。在可以容纳 180 人的多媒体影院里，座椅和台阶上都坐满了孩子。赵莉馆长在致辞中亲切地鼓励孩子们要好好学习、好好做人，并向学生们赠送了《感恩父母》、《感恩老师》等精美图书百余本。教师代表在发言中多次表示感谢并动情地说："这些农民工的孩子们一直是生活在农村和大城市夹角中的特殊群体，需要更多的关怀，非常感谢北京市展览馆能够提供这次机会让孩子们感受到来自社会的温暖。"

（六）大手拉小手——慰问儿童、帮扶支教

为深入贯彻党的十六届五中全会和市委九届十次、十一次全会精神，全面推进首都社会主义新农村建设，按照深入开展"以城带乡、城乡共建"活动的工作要求。北京市规划委档案馆于 2007 年 10 月 17 日与北京延庆县千家店镇签订城乡精神文明共建协议书，自愿结为"城乡携手迎奥运，共建文明京郊行"共建对子，明确了双方通过开展城乡文明共建活动，进一步密切关系，发挥双方特色，优势互补，良性互动，全面共建，共同提高的目标。本着从解决山区实际困难出发，经双方协商，决定档案馆重点帮助该镇的花盆中心小学。花盆中心小学位于延庆县东北部深山区，距县城约 70 公里，是一所农村寄宿制学校，学生来自附近的 18 个自然村，学生最远距学校 10 公里，50%以上的学生距离学校 3 公里以上。近几年学校经市、县政府教育经费支持及社会各界热心捐助，重建校舍，学校环境有了很大的改善，但相比北京市区的教育环境、设施、师资水平还有一定的差距。

共建活动从一开始就得到了档案馆领导的高度重视，于馆长亲自带队前往距离市区约 150 公里的花盆中心小学，实地考察了该校情况，制订切实可行的互助计划，并出资 1 万元为学校全体学生购置校服。为纪念"五四"青年节，档案馆团支部于 2008 年 5 月 4 日组织全馆 35 岁以下团员一行 20 人前往千家店镇花盆中心小学看望、慰问学校师生，并赠与同学们必需的学习用品和生活用品，与学校的老师进行座谈交流，还开展了拔河比赛。

此次捐助慰问活动是档案馆与千家店镇花盆中心小学长期共建的一部分内容，档案馆愿继续尽己所能为学校提供必需的教学、学习、生活用品；安排馆内团员青年到花盆中心小学助教支教，用自身文化知识、

学习经验与学生、老师交流；并在适当时候安排花盆中心小学的学生们来北京城区参观，开阔他们的视野，丰富他们的课余生活。

（七）我为首都站岗——义务执勤、指路帮扶

2011年5月，北京市测绘设计研究院团委组织团员青年在北京西站出站口为广大旅客进行义务指路活动。团员青年将使用他们参与测绘的北京市交通图以及网络公交换乘查询系统等工具为中外旅客提供指路服务。不少旅客都是第一次来北京，面对不知道如何坐车的旅客，团员青年会根据他们的目的地，为他们查询乘车路线，并根据交通情况综合考虑提供乘车的最佳路线与车次建议。市测绘院员工的测绘工作足迹遍布北京城内外，测绘过北京的每一条大街小巷，对北京城市交通网络比较熟悉，因此为问路的外地游客指路具有较大优势。

四、志愿服务活动的特点及存在问题

（一）依托于党工团、独立开展工作能力较弱

由于机关组织机构的特点，常常是一套班子几块牌子，加上人员、经费等一些原因，志愿者协会当时不具备独立举办活动的条件，主要依托于党工团举办活动，只是可以设计一些以志愿为主题的活动。如展览馆的"太阳村"计划以及档案馆的关爱花盆中心小学活动等，都是十分有意义的志愿服务活动，也是作为委属单位长期坚持的定期志愿服务活动。

（二）与社会沟通较少，服务对象单一

2012年开展的活动，均以本单位与某一个需要救助的单位对接这种单向联系方式为主，志愿服务活动的社会意义还没有充分地体现出来，个人的志愿服务意识也不十分强烈。北京市规划委的志愿者主要来

源于系统内部的工作人员，还未形成与社会成员的大型互动，没有吸纳社会人员加入市规划委组织的志愿服务活动，缺乏与其他社会志愿群体的交流与协作。

（三）内容不够丰富，捐款和体力劳动为主

志愿活动内容较为单一，以捐助或体力劳动为主。其实，志愿活动涉及很广，如助学、助老、助残、其他弱势群体关注、青少年问题关注、环保以及一些社会公益性宣传活动，开展精神上的志愿活动比捐资的志愿活动更能起到实际的意义。从更广的意义上理解志愿服务，并以实际的志愿服务活动开展践行志愿服务的社会意义与价值，多元化的形成社会互助帮扶力量小组，将志愿的精神、关爱的精神传播到社会的方方面面，将温暖送到社会的每个角落。

第七章　公益机构

编　者　按

　　公益机构是指国家和地方的博物馆、图书馆、医院、动物园、公园等，以及红十字会、扶贫基金会等公益性较强的组织。它们一般由单位内部的宣教处、办公室等部门负责对外招募志愿者，成立志愿服务队，以服务于自身的运行管理需求。为了解公益机构志愿服务组织的基本状况，本轮调研选取了香山公园、恭王府、中国妇女儿童博物馆等 20 余家公益机构，呈现了 10 篇调研报告，本章节选了《动物园志愿者工作站调研报告》、《香山公园志愿服务调研报告》、《中国医学科学院肿瘤医院志愿服务——医院志愿服务阳光下的美丽事业》、《北京自然博物馆志愿服务队调研报告》、《国家图书馆志愿服务调研报告》、《八年"长征"路——记故宫博物院志愿服务》、《关于玉渊潭公园志愿服务开展情况的调研报告》、《中国宋庆龄基金会志愿服务调研报告》等，分别呈现如下。

访谈提纲

　　您好，我们是北京市志愿者联合会、北京志愿服务发展研究会的志愿者，我们展开的调研是为了解志愿服务活动开展及组织建设相关情况。我们今天访谈涉及的内容和观点，只作为我们研究参考，非常感谢您的帮助。

一、志愿服务组织自身建设

　　1. 贵机构从何时开始开展志愿服务的？常态化从何时开始？

　　2. 贵机构组织内部是否有专门管理或开展志愿活动的部门或志愿者组织？

　　3. 是否成立了专门的组织来开展志愿服务和管理志愿者？组织结构、负责人基本情况？

　　4. 组织内部有相关的针对开展志愿服务的规章制度吗？

　　5. 贵机构期望通过志愿活动实现什么样的目标呢？

　　（提示：团结成员，完成上级交代的任务，或者其他诉求，比如医院开展有：服务患者、改善医患关系、体现医护医者仁心等）

　　6. 开展志愿服务的相关经费来源是？有固定经费来源吗？有的话在开展的志愿服务活动总经费中占多大的比例？这部分比例是有相关的制度规定或者内部文件吗（有的话，是什么制度？我们可以备份一份吗）？

　　7. 组织在运行中遇到的困难有哪些？最大的困难是什么？

二、志愿者管理

　　1. 组织内有针对志愿者的相关管理制度吗？比如注册、计时等。比如，对各志愿者的服务有记录吗？记录时按时还是按次？志愿者最长的服务时长是多少？

2.开展志愿服务活动以来共招募使用的志愿者总共有多少（大概的数量）？志愿者主要来源于机构内部还是社会？年龄结构如何？受教育程度等有何主要特点？

3.对志愿者进行专门的培训吗（有的话，培训的内容和方式是怎样的？留有相关的文字记载吗？我们可否拷贝一份）？

4.志愿者参与的服务主要有哪些？换句话说：贵机构的志愿服务岗位都有哪些？

5.对志愿组织、对志愿者有相关的考核和激励吗？主要方式是什么？

6.有优秀志愿者可以介绍我们认识和访问吗？或者，有相关材料介绍吗？

三、志愿服务项目开展情况

1.开展的志愿服务项目有哪些？能介绍几个有代表性的项目、长期的项目或者品牌的项目吗？

2.有志愿服务的相关简报、电子信息、单项活动总结、年终总结吗？我们可以拷贝一份吗？

3.志愿服务项目的主要服务地是以机构本部为主吗？有上门或者针对专门群体的特殊项目吗？

4.组织在开展活动的过程中有没有一些可以分享的经验？有没有什么好的品牌项目能够推广的？

5.志愿服务项目的开展有专门的策划、调研、评估等较为专业化的管理手段吗？

四、其　他

在志愿服务的组织和开展中希望得到的帮助是什么？

北京志愿服务发展研究会

第一节　动物园志愿者工作站

调研对象：张鸿（北京动物园志愿者工作站负责人）

调研时间：2009 年 4 月 15 日至 2009 年 4 月 23 日

调研地点：北京动物园志愿者工作站

调研及报告撰写人：

于冉（北京志愿服务发展研究会调研志愿者）

郝刚（北京市志愿服务指导中心团体会员部）

一、北京动物园志愿者工作站概况

（一）志愿者工作站基本情况

北京动物园志愿者组织成立于 2004 年，是在"中国动物园协会""国际爱护动物基金会""绿家园""中国青年报绿岛""北京动物园"等单位的联合推动下成立的。

2004 年 4 月 16 日，北京动物园面向社会公开招募志愿者。迄今为止，社会上的报名人数已接近 3000 人。2004 年 5 月 29 日，第一批志愿者 166 人，经过严格培训后正式上岗工作；第二批志愿者 130 人，于 2005 年 6 月 1 日正式上岗工作；第三批志愿者 316 人，于 2007 年 5 月 1 日正式上岗工作。四年里，志愿者累计服务时间达 49932 小时，服务人数达 13871 人次。

北京动物园志愿者在各级领导和广大职工的关怀和支持下，秉承"服务大众、回报社会"的精神，从无到有、从小到大、蓬勃健康地发展起来。他们提倡的"关爱动物，保护自然"的理念得到了志愿者们的认可，也吸引更多的人加入到志愿服务的行列中来，为环保公益事业贡献自己的一份力量。

（二）志愿者工作站组织结构

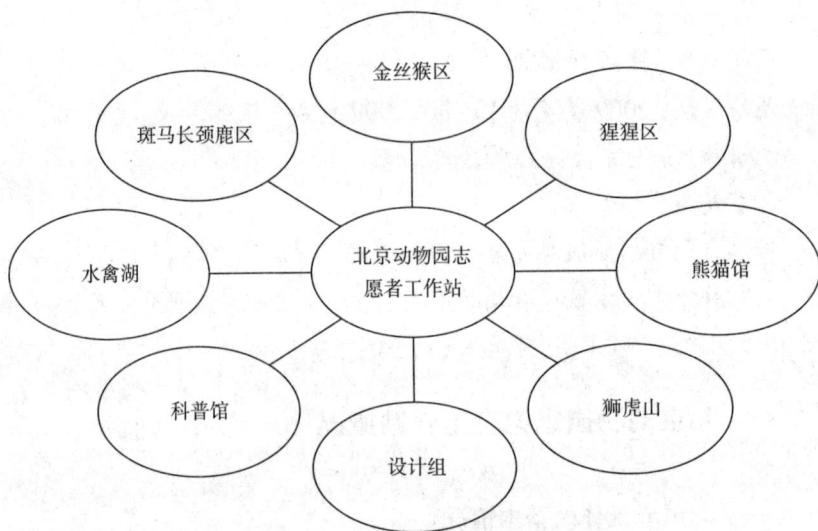

图 7—1　北京市动物园志愿者工作站组织框架

（三）志愿服务项目

1.2009 年志愿者工作站大型公益活动

2009 年 4 月 6 日，北京动物园爱鸟周活动在园内科普馆举行。在志愿者的带领下，来自各地的小朋友们参加了现场画鸟、观摩鸟蛋、模拟表演爱护湿地等活动。

2009 年 3 月 22 日，在为奥运熊猫宝宝送行的活动中，志愿者们积极协助园内工作人员维护公共秩序。

2009 年 1 月 29 日—2009 年 2 月 12 日的每个周末，动物园开展了三期"爬行之旅寒假一日游活动"，该活动是面向小朋友的以普及爬行动物知识为主题的保护教育活动。活动中，志愿者们承担了为小朋友们讲解动物知识、教小朋友们制作手工爬行动物等工作。

2.常规活动

动物知识讲解、公园义务导游

维持公园游览秩序（日常、节假期）

翻译中外文资料（中、英、日、法、韩语等）、制作动物科普指示牌、园内指示牌

公园大型科普、公益活动的配合参与工作

计算机网站建设

二、北京动物园志愿者工作站的管理优势

北京动物园志愿者工作站的管理流程如下图所示：

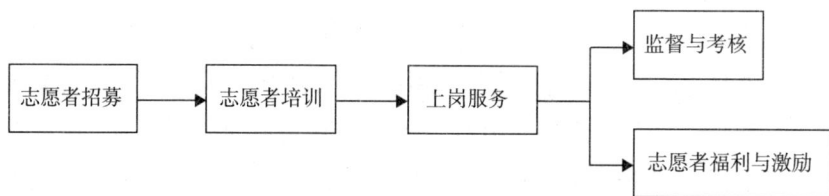

图 7—2　北京动物园志愿者工作站管理流程

如图 7—2 所示，每一个环节都对志愿组织的管理能力提出了较高的要求。经过五年的发展，志愿者工作站的管理者汲取了以往的教训，总结出很多值得其他志愿团体借鉴的宝贵经验。

（一）志愿者招募：社会人员服务时间稳定，高校学生流动性较强

动物园与其他公园的不同之处在于，它既是为参观者提供观赏与娱乐的场所，同时也是科普基地以及宣传环境保护的重要窗口。面向社会进行招募的志愿者，大多是认可"关爱动物，保护自然"这一理念的环保主义者。因此，他们的工作热情高、工作时间也相对稳定。与之不同的是，通过高校招募的志愿者流动性相对较强。主要原因在于，学生之间容易产生盲从的心理，可能只是一时冲动，对环保志愿服务并没有太多的理解，甚至有可能是在同学的劝说下加入的组织，被动加入导致高校志愿者的流动性较强。工作站的负责人指出，根据以往的经验，目前他们对学生志愿者的筛选主要锁定在主动与之联系的高校学生管理部门，以及对口专业的学生，如环境保护、生物等专业。通过对志愿者的前期筛选，大大降低了志愿者的流动性风险，为志愿活动的顺利开展奠定了基础。

（二）管理条例的制定有助于志愿者管理规范化

2007年4月1日，志愿者工作站颁布了新的《北京动物园志愿者管理制度》，对志愿者的工作性质、工作时间、工作内容、着装、教育培训、考核标准、享有的福利等问题均作了具体规定，并针对志愿服务的不同阶段，将该制度细分为：《入园管理规定》、《实习志愿者管理制度》、《正式志愿者管理制度》。该制度的制定，使志愿者的权益和福利得到了保障，也更好地督促和激励了志愿者们积极开展服务，使得志愿者管理更加规范。

（三）岗前培训为志愿者顺利开展服务提供有力保障

由于动物园是开放性场所，也是服务型行业，对世界各地的参观者开放，动物园志愿者不仅代表动物园也代表首都乃至国家的形象。因此，工作站非常重视对志愿者的岗前培训。

自新志愿者受训时起，将实行新志愿者的实习期制度，实习期间，新志愿者需要接受工作站为期 3 个月的培训学习，在实习期内对新志愿者进行培训及考核，考核通过者晋升为正式志愿者。考核未通过者不再考虑录用。培训与实习期考核，为志愿者正式上岗后顺利开展服务提供了有力保障。培训内容如图 7—3 所示，充分体现了管理者对志愿者的严格要求，同时也体现了动物园志愿者的专业性。

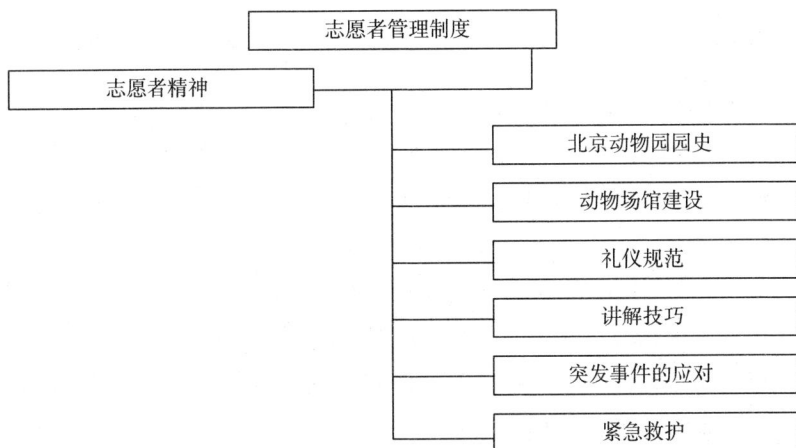

图 7—3 北京动物园志愿者培训课程体系

（四）考核机制对志愿者的活动表现进行了有效督促

《北京动物园志愿者管理制度》中的第六条，志愿者的工作考核规定如下：

1.志愿者应该积极参与并配合北京动物园志愿者管理部门定期所组织的工作考核，考核不合格者将提出改善建议，如持续考核不合格者，动物园志愿者工作站将劝其退出志愿者组织。

2.志愿者的工作考核包括平时出勤时间、讲解水平、参与动物园相关服务活动或教育培训活动的积极性。

（五）激励机制充分调动了志愿者的工作积极性

《北京动物园志愿者管理制度》中的第七条，分别对志愿者的福利与奖励作了规定。

1.志愿者凭本人手册，在志愿者工作证有效期内，在非本人志愿服务的时间，志愿者有权免费进入动物园每个展馆参观；有权参加公园举行的各种公益活动，可以免费领取相关资料。

2.志愿者工作站每年期末举行一年一度的志愿者表彰联谊会，以服务的总时间和工作表现等评出优秀志愿者，由公园领导发放优秀志愿者荣誉证书和礼品。

3.对于有特殊优良事件表现并协助提升动物园形象的优秀志愿者，将主动告知所供职的工作单位或就读的学校。

4.志愿者工作站每年不定期地举办志愿者朋友们的出游与聚会，交流志愿者间的情感。

以上激励机制充分调动了志愿者的工作积极性，对志愿服务的顺利开展起到了有效的推动作用。

（六）志愿者管理志愿者

2009年，志愿者工作站的管理上，已经基本上实现了志愿者管理志愿者的模式。在负责人的引导下，志愿者的工作主动性被全面调动起来，在许多重要的工作中，都充分发挥了自己的能力与专业技能。除了常规活动以外，志愿者参与的工作还包括：

1.由工作经验丰富的志愿者对新志愿者进行考核。

2.重大活动的策划、组织。

3.志愿者网上论坛的建设与维护。

三、北京动物园志愿者保险办理现状与改进建议

健全志愿者权益保障体系一直是备受关注的问题。志愿者在参与社会服务时，一些危险性活动很有可能威胁到志愿者的身体健康（如身体的伤害），甚至是生命安全。

2007年12月5日，《北京市志愿服务促进条例》正式实施，其中第十八条规定：志愿者组织和其他开展志愿服务活动的组织应当与接受志愿服务的组织或者个人协商，根据需要为志愿者办理相应的保险。该规定填补了志愿者保险方面的空白，督促志愿者组织根据服务的内容为志愿者提供相应的人身保险，在志愿者确实发生意外事故或造成重大财产损失时，能获得相应的补偿或赔偿，达到切实保障志愿者的各项权益的目的。

针对上述问题，结合动物园志愿服务的自身特点，笔者对其志愿者保险办理情况进行了考察。

（一）动物园服务的特殊性决定其提供意外保险的必要性

动物园是开放性的场所，这个属性决定了志愿者的服务对象是来自社会各界的参观者，其从事的志愿服务也都是需要与参观者进行近距离接触的工作，例如：动物知识讲解、导游；维持游览秩序；参与大型科普、公益活动等。在这样的公共场所从事志愿服务，发生意外事件的可能性不容忽视，这就决定了动物园为志愿者提供意外保险的必要性。

（二）志愿者的流动性是办理意外保险的主要制约因素

尽管动物园希望所有的志愿者都能得到有效保障，但是，工作站的负责人指出，意外保险的办理实际上存在诸多困难，根源在于：志愿者流动性强，服务时间不稳定。

动物园与志愿者签订为期一年的志愿服务协议，但是工作期间，难免有志愿者因为自身原因中途退出，如果动物园为全体志愿者提供意

外保险，则有可能出现权利与义务不对等的情况，造成志愿者经费的浪费。

（三）为优秀志愿者提供意外保险

经过综合考虑，动物园采取了限定被保险人的方式，以解决志愿者保险问题。自 2009 年起，志愿者工作站为评选出的 50 名 2008 年度优秀志愿者办理了意外保险，投保率约占志愿者总数的五分之一。

在志愿者团体中，除了重大赛事和公益活动，2009 年，只是针对常规服务为志愿者办理人身保险的团体并不多。动物园是为数不多的为志愿者办理意外保险的团体之一。这在一定程度上体现了该团体对志愿者权益保障的重视。

（四）意外保险管理办法的缺陷

为优秀志愿者办理保险的做法，是将保险作为一项奖励，虽然能够调动志愿者的工作积极性，也确实使得部分志愿者的权益得到了保障，却依然有一些无法解决的问题。

1. 保险的滞后性：优秀志愿者是依据工作时间和工作表现这两项指标评选出来的，评选周期是一年一次，即志愿者只有在工作了一年以后才有可能拥有被保险的资格。而在已经工作的这段时间内，如果发生了意外是无法依靠保险解决的。

2. 保险的失效：被评选出的优秀志愿者并不意味着第二年依然会从事志愿工作，如果中途退出，那么为他们办理的保险则会面临失效。

3. 保险的片面性：只有优秀志愿者才能获得意外保险，其他的志愿者如果出现意外则无法通过保险获得补偿，他们的损失如何赔付必然成为隐患。

4. 保险的非公平性：保险应该是志愿者最基础的保障，从事服务的志愿者，只要工作性质相同，就应该享有被保险的资格。理论上说，被保险的权利只与是否工作有关，与工作表现不存在必然的联系。将其作为奖励间接损害到了其他志愿者的权益。

5.保险的重复性：一部分优秀志愿者可能已经通过其他途径拥有保险，这种情况下再为其办理保险则会造成重复与经费的浪费。

（五）其他志愿者团体提供保险的方式

自 2007 年 8 月 13 日起，上海在全国首次发放"志愿者卡"，符合条件的志愿者，均可通过自愿报名的方式成为注册志愿者。"志愿者卡"在记录志愿者服务信息的同时，还为志愿者提供志愿服务期间个人意外伤害保障。这无疑对动物园志愿者的保险办理方式具有借鉴意义。

（六）志愿者保险的改进建议

1.对政府及志愿者协会的建议

建议设立志愿服务储备基金。志愿者参与的服务都是自愿无偿的，没有通过活动赚取利润，志愿者组织不能通过内部机制解决经费问题，经费的不足，必然影响到志愿者人身保险的办理。另外，商业意外保险的保额也有上限，不一定能完全满足出险者的补偿。国家和政府有必要为志愿服务设立专项储备基金，该基金的用途之一，就是可以作为人身保险的补充，对不幸出险的志愿者家庭进行补偿与安抚。

2.对北京动物园志愿者工作站的建议

了解志愿者已经具备的保险情况，将被保险对象重点锁定在没有任何保险的志愿工作者。

可以根据志愿者的工作时间与工作表现，设定不同额度的保险金额。在做到保险全面性的基础上实行保额差异化管理。

3.对商业保险公司的建议

2012 年我国的商业保险公司，专门针对志愿者组织设立的团险，或针对志愿者个人设立的保险并不多。如果保险公司能考虑到社会责任，针对志愿者自身特点，设计出志愿者保险，既可以使志愿者的权益得到有效保障，也可以实现自身的营利，从而达到双赢的局面。

四、非独立法人身份给志愿者工作站工作带来的利与弊

北京动物园志愿者工作站是由动物园发起成立的志愿团体，隶属于北京动物园，并不具备独立法人资格。其独特的身份，在志愿者工作的开展过程中，既有优势，也有弊端。

（一）动物园的社会影响力促进了志愿者工作的开展

1. 作为环保志愿团体，可以借助北京动物园的社会号召力，引起社会各界的广泛关注，增加活动的宣传力度，有助于环保理念的推广。

2. 由于动物园是事业单位，管理规范，在招募志愿者以及日后的管理中，能够给志愿者以安全感，使他们的权益得到有力保障。

（二）非独立法人志愿团体在活动经费上面临的困境

2012 年，志愿者工作站的经费由北京动物园管理处承担。工作站的负责人表示，动物园非常支持志愿者工作站的工作，在经济上给予积极的配合。但是，笔者认为，公益活动的开展以及志愿者的福利保障毕竟需要更广泛的资金支持。非法人志愿团体的身份，在活动经费的获取上，依然面临困境，一定程度上会制约志愿活动的展开。

1. 北京动物园自身也是非营利机构，需要依靠国家财政的补贴，园内其他部门日常工作的支出繁多，能够提供给志愿者工作站的毕竟有限。

2. 作为非法人志愿团体，志愿者工作站的经费来源非常单一，既不能直接申请国家财政的补助，也不能吸收社会上的公益募捐。当前越来越多的社会团体，对环保公益事业和志愿团体都充分认可，也希望通过募捐贡献自己的社会责任，但是，由于不具备独立法人身份，志愿者工作站无法接收社会上的捐助。

3. 没有独立的财务体系，使得志愿者工作站在活动预算与资金的运用上非常被动。

第二节　香山公园志愿服务组织

调研对象：杨鹤（香山公园党委宣传处负责人）

调研时间：2012 年 12 月 27 日

调研地点：香山公园

调研及报告撰写人：

张燕玲（中国农业大学 2012 级研究生）

王璐（北京市志愿服务指导中心研究培训部工作人员）

指导教师：张晓红（中国农业大学教授、北京市志愿服务发展研究会副会长）

香山公园从 2003 年就开始从事志愿服务事业了，经历 2008 年奥运期间志愿服务事业的迅猛发展，再加上每年节假日、黄金周、红叶文化节等公园重要活动中志愿服务的参与，它已经形成了完整的志愿服务运行机制。其工作的质量和水平在公园的志愿服务事业中也处于非常优秀的行列，并且他们对今后的发展也有明确的规划和期盼。

一、香山公园志愿服务组织介绍

（一）组织结构

据悉，香山公园并没有成立专门的志愿服务组织，而是由香山公园的党委宣传处统一管理。香山公园党委宣传处隶属于香山公园党委工作部，主要负责香山公园志愿者的组织管理工作；负责公园人事管理及老干部人员的管理工作；管理科级及以下干部档案；负责对内对外宣传工作。其主要负责人是香山公园党委宣传处杨鹤。

（二）服务宗旨和口号

香山公园青年志愿者行动的宗旨是：通过开展青年志愿者服务，切实发挥公园的精神文明建设窗口和阵地作用，推动公园精神文明建设，不断提高青年整体素质，为香山公园的和谐发展、全面进步作出贡献。

香山公园青年志愿者行动的口号是：弘扬新风、奉献爱心，服务游客、完善自我。

（三）服务的范围

1. 香山公园的志愿服务：主要是指在黄金周、节假日、红叶节、暑期游园高峰等公园重要活动中，志愿者在香山公园内进行语言服务、公园讲解、引导游园、维持秩序、劝阻不文明行为、咨询宣传、帮困助残、园容卫生维护、应急服务、公园基础管理、游客调查测评等方面的志愿服务活动。[①]

2. 帮困助残志愿服务：在这方面，香山公园的志愿服务主要包括三方面的内容。

（1）针对内部员工的。比如说针对单位内部的离退休职工，有家庭困难、生活不便、军属等职工，根据他们的实际需要开展志愿活动，提供力所能及的服务和帮助。

（2）针对社会中需要帮助的弱势群体。像社区中的孤寡老人、社会中的盲人朋友、留守儿童等等都是他们帮扶的对象，对于这些社会中的老弱病残等需要帮助的群众，香山公园的青年志愿者都会向他们送去温暖和爱心。

（3）承担临时性、突击性志愿服务任务（如大型服务活动等），其他具有专业技术特长要求的志愿服务工作（如科普宣传等）。

---

① 资料来源：《香山公园青年志愿者管理办法》。

（四）规章制度

在 2008 年，奥运会的到来使中国的志愿服务事业得到了蓬勃的发展，在迎奥运期间，为了适应奥运之年对青年志愿者的要求，真正服务于公园的发展建设，满足国内外游客的多方面需求，香山公园在 2008年 2 月制定了《北京香山公园志愿者管理办法》，为进一步加强组织和管理志愿者提供了一个理论依据。随着志愿服务事业的向前发展，以及各项志愿服务管理制度的完善，香山公园也为了加强志愿者队伍建设，规范志愿者言行，从而提高公园的志愿服务水平，按照《北京市志愿服务促进条例》、《北京香山公园志愿者管理办法》的要求，制定了《北京香山公园志愿者基本行为规范》，为香山公园的志愿服务事业的开展提供了重要的政策支持和权益保障。

二、香山公园志愿服务的运行机制

（一）志愿者招募

香山公园的青年志愿者包括招募的社会志愿者（主要指建立定向联系的大学生志愿者）和公园内部的青年志愿者。在黄金周、节假日、红叶节、暑期游园高峰等公园重要活动中，社会志愿者和公园内部的青年志愿者共同在香山公园内为游客开展志愿服务。在平常的日子里，主要由公园内部的青年志愿者在园内进行服务。招募的志愿者一般都符合如下条件：响应团组织招募，自愿报名，愿意接受公园团总支安排和调派，为公园提供服务，遵守《香山公园志愿者管理办法》。在香山公园开展志愿服务的志愿者在游园高潮、重要活动和大型活动期间，进行一定天数的志愿服务，原则上每次参与的志愿服务活动不会少于 2 小时。

香山公园在招募大学生志愿者的时候，以距离香山公园较近的学校和与岗位相关的特色专业学校为主，如在 2012 年的红叶文化节中，香山公园就招募了中央财经大学、对外经贸大学、北京农业职业技术学院三所大学的志愿者。在招募大学生志愿者的同时，香山公园还与周边的小学形成了良好的合作关系，成为了周边学校课外实践的一个好去处。香山公园与招募来的志愿者都要签订志愿服务协议，明确双方的权利和义务，在方便公园管理的同时又保障了志愿者的安全。

（二）志愿者的管理

对于公园内部的青年志愿者由公园团总支主要负责管理。对于定向联系的大学生志愿者由公园团组织和校方团组织共同负责管理，公园团总支负责提供服务场所、服务岗位、服务项目、目标群体和必要的培训，并在开展志愿活动中负责公园各部门的协调工作；校方团组织负责提供"基本素质好、精神状态佳、奉献精神强"的志愿者，保证服务人数、服务次数和服务质量，并在开展活动中做好具体的组织工作，同时解决好志愿者的交通、用餐等问题。

（三）经费来源

香山公园并没有设立专门的志愿服务经费，而是从团经费里划拨一部分用到志愿服务中，主要为志愿者提供志愿服务、餐饮休息的场所。

（四）志愿服务培训

香山公园的志愿者必须经过相关的培训才能走上各自的服务岗位。而培训的方式主要有集中授课和实践培训两种。其大体的培训内容有以下几方面：

1.集中授课

（1）青年志愿者通用知识的培训。这些培训包括青年志愿者行动的发展情况，志愿服务的宗旨、信念，志愿服务的有关规定等。同时还包括公园志愿服务的基本要求、服务规范、与游客交往守则等方面的培训。

（2）开展对公园历史文化和公园管理相关规定的培训。在这方面要求志愿者对公园有关岗位的情况和特点要有相当程度的认识和掌握，与此同时还要求志愿者熟悉掌握公园周边的交通、住宿、购物等情况，扩大志愿服务的范围。

（3）重点加强专业培训和岗位培训。尤其在公园讲解、宣传咨询、引导游览、宣传劝阻及相应的语言服务等体现公园特色的方面要加强培训和指导。以免志愿者在志愿者服务的过程中出现错误和偏差。

（4）应急志愿服务培训。由于香山公园所处的地形崎岖坎坷、海拔较高，再加上香山上和公园内草木树种极多，容易发生危险。所以香山公园特意聘请了中安救援队的人员对志愿者进行应急方面的培训，提前为志愿者人身安全提供屏障。

2.实践培训

实践培训主要是组织志愿者在实践中锻炼，提前到岗，熟悉岗位的主要工作，让志愿者将抽象的理论知识转化为具体的实践活动，在实践中提高志愿者的服务水平，保证志愿者具有良好的精神状态和一定的工作能力。

（五）表彰与激励

香山公园团总支根据志愿者参与志愿服务的时间累计和人们对于其志愿服务的评价情况，选出优秀的志愿者，然后将他们上报给公园志愿服务总队中心，再由公园志愿服务总队认定其为北京公园一至五星级志愿者。其评价的标准有以下几方面：

1.参加志愿服务时间累计达到80小时、160小时、400小时、600小时、900小时的志愿者，由香山公园团总支进行审核后，报总队分别认定其为"北京公园一星志愿者""北京公园二星志愿者""北京公园三星志愿者""北京公园四星志愿者""北京公园五星志愿者"。

2.参加志愿服务的时间累计达到100小时、200小时、500小时、800小时、1000小时的志愿者，由香山公园团总支进行审核后，由总队向北京市志愿者联合会申请认定其为"北京市一星志愿者""北京市二星志愿者""北京市三星志愿者""北京市四星志愿者""北京市五星志愿者"。

3. 志愿者自获得"北京市五星志愿者"后，参加志愿服务时间累积达到 2000 小时、3000 小时、5000 小时者，或在大型志愿服务活动中作出突出贡献的，总队将推荐其参加北京市志愿服务铜质奖章、银质奖章、金质奖章评选。

香山公园在每年都会有一个志愿服务年终总结会，在年终总结会上对表现优秀的志愿者进行表彰，除了给志愿者颁发志愿者星级奖章外，还会视情况给予志愿者一定的物质奖励。这样一方面鼓励了志愿者参与志愿服务的积极性，另一方面有利于香山公园志愿服务的继续开展。

三、香山公园的特色志愿服务活动

（一）香山红叶节志愿服务活动

香山红叶文化节每年 10 月中旬举办，以"香山红叶"为主题，每年的红叶节都吸引着无数游客观赏。每年一届的"香山红叶节"已成为香山旅游景区的品牌，红叶节期间游客日接待量达十几万人次，志愿者们要帮忙维持景区正常游园秩序、排查安全隐患、制止游人不文明行为、为游客提供信息咨询服务等，成为了香山公园一道亮丽的风景线，也为香山文化节期间的公共安全作出了突出贡献，在一定程度上保障了香山红叶文化节的顺利进行。

（二）千手相助工程大型社会公益活动

为了庆祝第 28 届国际盲人节，北京市盲人协会、市残疾人体育运动协会、市残疾人体训职培中心、香山公园管理处，共同举办第二届"千手相助工程——同一片红叶、同一片情"活动，百名盲人同游香山、赏心中红叶、走红色经典路。这些盲人朋友在经过专业培训的志愿者陪护下，沿途感受心中的"香山红叶"，用自己的双手触摸红叶，感受红叶的形状，体验香山红叶的精妙。通过本次活动，盲人朋友享受了快乐，享受了社会发展、文明进步带来的幸福生活。同时，通过志愿者的引领，也向社会展示了团结互助、残健共融的良好社会风尚。

（三）香山公园暑期红色绿色游活动

从 2003 年至今，香山公园每年在暑期都会举办"香山红色绿色游"活动。"红色游"——传承革命精神，感受红色记忆。主要是指游客朋友们可到园内的全国爱国主义教育基地——双清别墅参观游览；听讲解回忆往昔岁月；颂诗词感受伟人胸襟；绣红旗祝福祖国强大；穿军装体验"为主席站岗"的神圣；留感言憧憬美好未来。"绿色游"——品味香山文化，享受绿色之旅。香山自古以来就是消夏避暑的好地方。这里植被茂盛，古木参天，绿化覆盖率为 96%，平均气温比市区低 2℃—3℃。夏日的香山绿树成荫、清凉幽静。山风吹来使游客神清气爽、暑气全消。在"香山红色绿色游"期间，志愿服务活动主要有两种：一是选派"红领巾"小导游志愿者在爱国主义教育基地——香山双清别墅开展特色导游讲解服务。二是选派公园志愿者在园内和园外做好志愿服务的日常活动。香山公园开展的"香山红色绿色游"暑期活动还荣获了 2005—2008 年度北京市爱国主义教育基地优秀活动三等奖。

四、遇到的问题

由于我国的志愿服务事业起步较晚，各项机制还处在不断地完善之中，香山的志愿服务事业也不例外，随着香山公园志愿服务事业的广泛开展，在实际的工作中也遇到了许多的问题和困难，主要集中在以下几方面。

（一）资金短缺问题

香山公园的志愿服务活动由香山公园团总支负责管理，并没有设立专门的志愿服务机构，也没有设立专门的志愿服务活动经费，都是临时从团经费里划拨出来的，这样就给志愿服务活动带来了不便和限制，不利于志愿服务活动的长久开展。

（二）缺乏志愿者休息的场所

由于香山公园特殊的人文背景，许多房屋都是历史遗产的缘故，导致志愿者没有固定的休息场所。通常情况下，志愿者都是在露天的环境中自己寻找休息的地方和换衣服的空间。在遇到大风和阴雨的天气时，十分不利于志愿者开展志愿服务活动。

（三）领导的重视程度问题

香山志愿服务队由机关团委牵头成立，受单位党委和团委的领导。香山志愿服务队属于严密的政府内部组织的一部分，这样一方面有利于志愿服务队内部志愿者的高效统一行动；另一方面也导致单位领导对志愿服务的态度缺乏重视，不利于志愿服务团队的长远发展。

志愿者在参与志愿服务的同时，也需要有一个良好的机制来保障志愿者的正当权益，香山志愿服务队遇到的问题将会限制香山志愿服务的发展，这些问题如果长期得不到相应的解决，将会挫伤志愿者的积极性，从而影响香山的整个志愿服务事业的开展和持续运作。

五、启示和建议

（一）启示

1.完善的培训机制

由于香山公园资源丰富、地理位置险峻，所以在对志愿者进行培训的时候较为细致和完善，为志愿服务事业的开展奠定了很好的基础，同时应急培训也保障了志愿者和广大游客的生命安全，可谓意义重大。

2. 较为多彩的志愿服务项目

香山公园美丽的自然风景和人文景观本身就对志愿者有较大的吸引力，再加上香山志愿服务队能够运用自身的优势顺势推出多彩的志愿服务活动，一方面传播了香山的文化魅力，扩大了香山的影响力；另一方面，志愿者在参与香山志愿服务活动的过程中，也能够陶冶性情、美化心灵。

3. 志愿服务活动紧跟社会热点和时代潮流

在 2008 年奥运、3 月 5 日的学雷锋日、5 月 20 日的助残日，暑期、国庆大典等重大节庆日中，香山公园都能够根据相应的活动主题开展与香山特色相关的志愿服务活动，与国家的大政方针紧密相连，与居民的关系亲密融洽，积极发挥了公园在居民生活中的重要作用。

4. 与定向联系的学校合作关系融洽

在招募社会志愿者时，香山公园采取定向在学校招募的方式，与周围的大学、中学、小学的合作关系融洽，能够根据双方的资源供给，进行必要的磋商和交流，充分利用双方的资源优势开展志愿服务。

5. 职工具有较高的志愿情怀

不仅节假日、黄金周、红叶文化节等公园重要活动，在平常的公园管理中，公园的青年志愿者也积极参与，为公园的正常运行作出了应有的贡献，他们的志愿精神值得我们钦佩和赞扬。

（二）建议

1. 建立完善的组织管理机制

志愿服务事业给社会带来了巨大效益，其发展的前景也十分广阔和美好，再加上香山公园志愿服务活动的持续展开，因此香山公园应该建立专门的志愿服务管理机构，一方面有利于优化公园内部职工的工作内容，提高办事效率和工作水准；另一方面，也有利于香山公园志愿服务事业的规范化发展。

2.设立志愿服务专项资金

虽说志愿服务是一个公益性、不求回报的事业，但是作为社会中人应该享受最基本的权益保障和人文关怀。这样有利于调动志愿者的积极性，也有利于香山公园志愿服务事业的持续运作和发展。

3.优化人员配置

例如：在调研的过程中，笔者了解到负责志愿者工作的杨鹤同志，身兼数职，既要管理公园党团的工作，还要负责公园内职工工资的发放以及公园老干部的管理，等等。虽说杨鹤同志聪明能干，将各项工作打理得井井有条，但是也难免有疏漏的地方。所以，香山公园应根据实际工作的需要，优化人员配置，让各项工作都权责明确、效率高。

4.完善志愿者激励保障机制

香山公园在招募志愿者的时候并没有为志愿者提供相应的意外保险保障。由于香山特殊的地理位置，危险的成分还是时刻威胁着志愿者安全的，虽说香山公园的培训机制很完善，但也经不住万一的出现。所以为志愿者提供必要的保险保障，是志愿服务的题中之义，不能糊弄了事。

5.加强与相关志愿服务部门的合作与联系

香山公园志愿服务队应该利用自身优势，加强与其他志愿服务部门的合作与交流，相互吸取志愿服务的经验和不足，为以后志愿服务工作的开展提供借鉴和参考，共同推动志愿服务事业的进步和发展。

6.加大香山公园志愿服务事业的宣传力度

香山公园的志愿服务事业很有自己的特色和优势，应该充分运用网络、媒体、报刊等相关的媒介宣传自身的志愿服务活动，扩大品牌效应，扩大志愿服务影响。

第三节 中国医学科学院肿瘤医院志愿服务

——医院志愿服务阳光下的美丽事业

调研对象：付凤环（中国医学科学院肿瘤医院党委副书记）

高菲（中国医学科学院肿瘤医院志愿服务负责人）

调研时间：2014 年 5 月 6 日

调研地点：中国医学科学院肿瘤医院

调研及报告撰写人：

刘畅（中国农业大学 2013 级研究生）

赵志强（中国农业大学 2013 级研究生）

杨曼（中国农业大学 2013 级本科生）

中国医学科学院肿瘤医院位于北京市朝阳区潘家园南里 17 号，始建于 1958 年，并于 1996 年正式通过三级甲等医院评审。它是我国第一个肿瘤专科医院，也是亚洲地区最大的肿瘤防治研究中心，同时还是国家肿瘤领域临床医学研究中心和中国国家癌症中心依托单位。医院院所集肿瘤医疗、科研、教学为一体，全方面进行肿瘤的预防、诊断及治疗的研究。

中国医学科学院肿瘤医院为响应卫生部、市卫生局等政府号召开展"志愿服务在医院"活动，于 2008 年 5 月启动医院志愿者服务项目，以体现"以人为本"关注生命健康为宗旨，全面动员社会力量关注癌症患者，支持中国癌症防治研究事业。截至 2013 年 10 月，共有 2205 名志愿者注册，志愿者队伍由社会工作者、专业医护人员、社会志愿者、大中院校学生、医学院校学生等爱心人士组成，累计参加志愿服务万余人次，服务超过 12 万余小时。

中国医学科学院肿瘤医院志愿服务项目旨在弥补患者及家属对传统

医疗诊治外的需求，帮助人们正确认识肿瘤、树立信心、提高生活质量，构建和谐的医患关系。同时，中国医学科学院肿瘤医院志愿服务在为社会人士提供奉献爱心平台，以及为多家高校提供社会实践基地的基础上，为社会能够更多了解公立医院打开了一扇门，并获得了良好的社会反响，是探索一条中国"志愿服务在医院"的特色之路的尝试和实践。

一、中国医学科学院肿瘤医院志愿服务组织介绍

（一）组织结构

为响应卫生部、市卫生局等政府号召，"以病人为中心"开展"志愿服务在医院"活动，2008年5月，中国癌症基金会与中国医学科学院肿瘤医院共同协商，以肿瘤医院为试点，开展志愿者服务项目。据悉，目前中国医学科学院肿瘤医院尚未建立起专门的志愿服务组织，医院开展的志愿服务相关事宜统一由院办进行管理，各部门皆有专职社工负责。

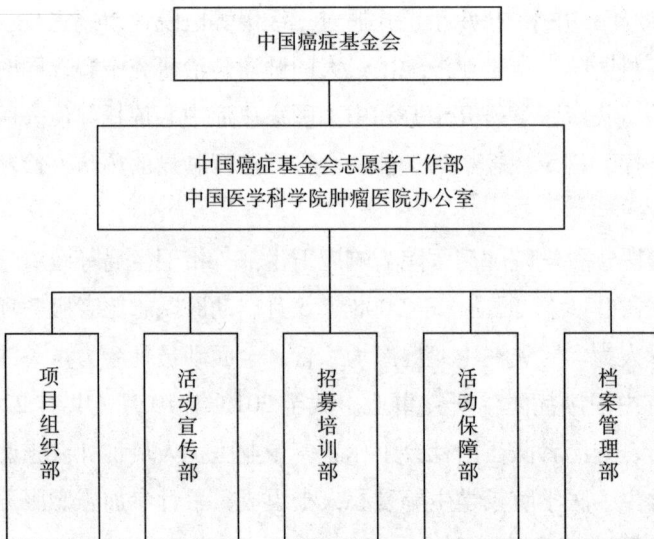

图7—4　中国医学科学院肿瘤医院志愿服务组织架构

如图7—4所示，中国医学科学院肿瘤医院办公室隶属于中国癌症基金会，下设档案管理部、活动保障部、招募培训部、活动宣传部和项目组织部等五大部门，分项合作共同开展管理肿瘤医院志愿服务工作。

（二）服务宗旨和口号

中国医学科学院肿瘤医院志愿服务的宗旨是：以体现公益性为己任，以广集社会力量为途径，以自愿参与为原则，以医患社会和谐为目的。

（三）规章制度

为帮助形成肿瘤医院志愿服务的长效管理模式，也为适应医院志愿服务对于广大志愿者的要求，使志愿服务真正助力医院的发展建设，满足广大病患及家属的多方面需求，中国医学科学院肿瘤医院相继出台了有关该院志愿服务的相关规章制度。《中国医学科学院肿瘤医院志愿者工作章程》、《肿瘤医院志愿者岗位分工和职责》、《肿瘤医院志愿者日常工作规范》为进一步加强组织和管理志愿者提供了一个理论依据。此外，针对肿瘤医院的具体志愿服务项目，医院也据实制定了一些管理规定，例如，《患者服务中心管理办法（试行）》、《"爱心互赠"管理办法（试行）》、《住院患者出院电话回访制度及注意事项》等具体制度，这些制度落实到医院志愿服务的各个具体项目，提高了医院的志愿服务水平，也为肿瘤医院志愿服务的顺利开展提供了详尽的制度保障。

（四）服务领域

1. 在肿瘤医院内部的服务

中国医学科学院肿瘤医院作为国家三级甲等医院，每天要接待大量的病患及家属，其中外地就医者不在少数。医院对于多数人来讲是一个既熟悉又陌生的地方。尤其是对于第一次来到医院的人来说，急于就诊却又不了解医院的环境，无论是病人还是陪护人员，心情都是非常急切的。因此，医院考虑到这种现实情况，设立了门诊导医志愿服务项目，目的是为了能够使前来医院就诊的病人快速便捷地找到就医地点。此外，针对住院患者，肿瘤医院开设了患者关爱、主题慰问、专业咨询等志愿服务活动，拉近了志愿者与患者的距离，搭建了志愿者与患者心与心沟通的桥梁，帮助广大肿瘤患者树立康复信心。

2. 大型公益活动志愿服务

每年的大型公益活动中，都少不了志愿者服务的身影。中国医学科学院肿瘤医院在"北京希望马拉松"、"肿瘤防治宣传周"、"关爱农民工子弟活动"等大型公益活动中，派出大量志愿者协助维持多个功能区域的工作，为确保活动的顺利进行贡献力量。活动中志愿者们的热情也带动了现场的气氛，传播了正能量，大家对志愿者们的热情和服务精神给予了极高的肯定，对医院志愿服务的发展情况做出了高度的评价和赞扬。

二、中国医学科学院肿瘤医院志愿服务的运行机制

（一）志愿者招募

中国医学科学院肿瘤医院的志愿者包括医院内部专业的医护人员、心理咨询师、癌症康复者、社会志愿者以及高校学生志愿者。依据《中国医学科学院肿瘤医院志愿者培训手册》，招募的志愿者要符合以下条件：年满18岁，身体健康；遵纪守法，具备奉献精神，热心参与癌症防治事业；从事过相关志愿活动，有较强的社会工作经验；有爱心、有组织能力、有较强社会责任感；普通话较好；有医学教育背景、参与或组织过针对医院和患者的志愿服务活动的人员优先考虑；能够自觉遵守《中国医学科学院肿瘤医院志愿者培训手册》的相关规定，并接受志愿者工作部及服务对象的监督。中国医学科学院肿瘤医院的志愿者招募时间为

长期招募，申请人可通过网络、邮寄或现场报名等多种渠道提交报名表、有效证件及复印件和照片。申请获批后，申请者与院方签署《志愿者协议书》，并进行岗前培训，通过培训后正式成为肿瘤医院的志愿者。

（二）志愿者管理

中国医学科学院肿瘤医院的志愿服务工作由院办公室负责。具体来说，医院可在志愿者中聘请有关人员出任队长，负责各项目志愿服务日常工作；并根据工作需要，在志愿服务者中聘请若干组长，辅助队长工作。同时，志愿服务工作要有年度工作计划及总结，并纳入中国癌症基金会志愿者工作部年度工作计划及总结中。为保证志愿者服务的权益，中国癌症基金会志愿者工作部也印制了《志愿服务鉴定手册》，该手册能够详细记录志愿者的注册时间、服务时长、服务内容、服务质量和效果等有效信息，为志愿者提供有效的志愿服务证明。值得一提的是，该手册是中英双语版，既为国际志愿者参与肿瘤医院志愿服务提供便捷，又可成为部分高校学生出国深造的有力证明。

（三）志愿者培训

中国医学科学院肿瘤医院的志愿者培训分为三个环节，即集中培训、个别培训，以及考核后重点培训。院方认为，集中培训＋个别培训＋考核后重点培训＝培训率100%。培训内容涉及志愿者服务理念、志愿者服务技巧、志愿者岗位知识、消防安全知识、志愿服务礼仪规范等多方面，旨在通过岗前相关培训，使志愿者们更好地为前来就诊的病人服务，真正将医院志愿服务落到实处。

（四）志愿者考核、评估与激励机制

中国医学科学院肿瘤医院对于志愿者的考核，实行"试岗制度＋综合考试制度"。试岗是指，培训后试岗一天，试岗后征求意见，听取反馈；综合考试则是由口试、笔试相结合，主要侧重考查服务准确度、服

务语言规范性和相关岗位知识等。肿瘤医院严格的考核制度利于筛选出优秀的志愿者，有效开展医院志愿服务。中国医学科学院肿瘤医院对志愿者实行双向评估机制，即患者和医务工作者两个群体对志愿者以问卷调查的方式进行满意度评估，与此同时，患者、志愿者以及医务工作者又可以同时对志愿者管理进行评估，通过双向评估机制，发现志愿者自身存在的问题和不足，便于及时纠正错误，使志愿者更好地发挥自身作用。中国医学科学院肿瘤医院对志愿者也有相应的激励机制。医院每年度评选优秀志愿者和优秀志愿者组织团队，以增强志愿者对工作的认同感和荣誉感，激发志愿者工作的热情和积极性。

（五）志愿者保障

志愿服务蓬勃发展，对志愿者事业的支持和鼓励应当体现为为志愿者提供充足的保险保障。对此，中国医学科学院肿瘤医院对志愿者保障有详尽的规定，充分体现"以人为本"，切实保障志愿者各项权益。具体来说，首先，中国医学科学院肿瘤医院为志愿者提供权益保障。这包括：参加服务培训，获得志愿服务必需的条件；请求志愿者管理者帮助解决在服务期间遇到的实际困难；申请志愿服务记录及鉴定证明；对志愿者工作提出建议等；为志愿者提供休息室、统一服装及餐饮。其次，医院为志愿者提供基金保障。中国癌症基金会设立志愿者专项基金，由中国癌症基金会财务处统一管理，并严格执行相关基金管理规定。志愿者基金全部用于开展志愿者公益活动，保障志愿者工作的长期正常运转。最后，医院为志愿者提供安全保障。医院组织志愿者参加消防安全讲座、进行"消防四个能力"答卷，提供口罩、手套等工作必需品。

三、中国医学科学院肿瘤医院志愿服务项目

中国医学科学院肿瘤医院志愿服务项目日趋成熟，志愿服务项目的

开展丰富多彩，目前可分为以下四类。

（一）肿瘤医院常态化志愿服务

中国医学科学院肿瘤医院的常态化志愿服务项目中，比较具有代表性的是"爱心进病房"志愿服务项目。

在全国医疗卫生系统"三好一满意"和"优质护理服务"活动的号召下，2011年7月18日，中国医学科学院肿瘤医院"爱心进病房志愿为患者"志愿服务活动正式拉开序幕。志愿者们有的为患者指导简单就诊流程，有的为患者阅读报刊杂志，有的为患者折祈福纸鹤，心理专家开起了心理健康讲座，抗癌明星组织了康复交流活动，等等。真情互动，贴心交流，只有患者想不到的，没有志愿者们没做到的。志愿者们的真诚笑容，像插上了天使的翅膀，飞入患者的心灵中，帮助他们打开心结，重拾希望。至今，"爱心进病房"的活动一直在持续着，几乎每个月"爱心进病房"活动都有一个主题。例如，2月的主题是"新春慰问"，3月的主题是"关爱女性"，5月的主题是"心理支持"，6月的主题是"给父亲一个勇敢的拥抱"，7月的主题是"慰问乳腺癌病人"，9月的主题是"送健康送知识"。有志愿者的关心慰问，病房里多了欢声笑语，医患双方亲如一家，许多患者都由衷感慨，志愿者让肿瘤医院的病房变得像家一样温暖、温馨。

中国医学科学院肿瘤医院的"爱心进病房"志愿服务项目几年来一直坚持开展，已渐趋成熟，希望能为其他医院开展志愿服务提供有益的经验和借鉴。

（二）肿瘤医院针对患者特殊情况开展的志愿服务

中国医学科学院肿瘤医院作为针对肿瘤患者开设的专科医院，已陆续开展了针对肿瘤患者特殊需求的志愿服务项目，帮助肿瘤患者树立战胜病魔的决心，重燃生活的希望。其中，较为典型的是"患者关爱"志愿服务、"专业咨询"志愿服务和"抗癌明星"志愿服务。

1."患者关爱"志愿服务

中国医学科学院肿瘤医院的"患者关爱"志愿服务项目由两个分项目构成，即假发头巾的捐助和爱心轮椅的捐助。

（1）爱心轮椅捐助

由患者服务中心发起的捐赠爱心轮椅活动，得到了肿瘤医院全体医护人员、管理人员和社会爱心人士的广泛响应，捐赠了34台爱心轮椅，近400人参与。轮椅放在医院患者服务中心、门诊、各个病房等，免费提供给有需要的患者使用。志愿者推着爱心轮椅走进门诊、病房，将贴心的服务送到患者身边。一位社会爱心人士说，这次捐款能看到实实在在的东西，还写着捐赠人的名字，觉得心里特别踏实。截至2013年10月底，爱心轮椅借用260余次。

（2）假发头巾捐助

众所周知，经过治疗的肿瘤患者多数会掉头发，既影响美观，又会给患者身心带来极大的压力。因此，医院号召社会爱心人士捐赠自己的头发，并聘请专业人士制作成精致美观的假发套，帮助患者建立生活的信心。

2."专业咨询"志愿服务

免费咨询服务项目由患者服务中心提供，由专业医护人员、癌症康复志愿者及社会工作者组成的团队，咨询设计护理、营养、法律等多个方面，帮助肿瘤患者及家属树立战胜癌症的信心，科学配合医生治疗，促进患者早日康复。

3."抗癌明星"志愿服务

在2010年3月，北京抗癌乐园的癌症康复明星就加入了志愿者队伍，在医院门诊大厅搭建了志愿者服务角。每周一、二、四为就诊的患者和家属提供康复交流和心理咨询。仅2011年上半年，就接待患者咨询4000余次。抗癌明星志愿者们的个人经历和个人魅力，在志愿精神的照耀下闪出了别样的光芒，他们不计回报的付出，换来的是癌症患者最为宝贵的信心和勇气。志愿让他们义无反顾，志愿让他们热血沸腾，志愿让他们用尽一切所能将这片温暖洒向人间。

（三）肿瘤医院特色志愿服务项目

中国医学科学院肿瘤医院在志愿服务项目开展 5 周年之际，启动医院志愿服务开放周活动，邀请社会各界爱心人士走进该院，以志愿者身份服务患者。院方表示，希望通过此次体验活动，让体验者能够切身了解患者的就医需求，体会医生出诊的辛苦，促进医患关系和谐。本次志愿服务体验周亦可以说是打造出了一个中国医学科学院肿瘤医院的自身品牌项目，其中一些有益经验值得推广宣传。

1. 体验门诊导医

"门诊导医"志愿服务一直以来都是中国医学科学院肿瘤医院志愿服务的品牌项目。

由于医院群体的特殊性，多数人来到医院因为不了解医院的内部环境，因而不能迅速准确地找到就诊地点。鉴于此种状况，肿瘤医院自 2008 年 8 月起，就开设了门诊导医志愿服务，旨在向人们解答医院门诊就诊注意事项、门诊及各项检查的位置，以及患者相关的就诊流程。自 2008 年至今，每周一至周五（周六半天），早晨 7 点到下午 3 点，都有志愿者在门诊为前来就诊的患者及家属提供服务，没有一天间断过，这在北京医院导医服务中绝无仅有。门诊导医志愿者努力为人们营造温馨、和谐、便捷的就医环境，为病人提供全面、细致的服务。在日门诊量高达 2700 人次的肿瘤医院，门诊志愿者成功地为医患双方提供了极大的便利，方便了患者就诊，减少了病人往返的次数，有效提高了医院门诊的工作效率，缓解了门诊窗口的压力。仅 2013 年一年，门诊志愿者每天每个岗位平均回答 300 多个患者及家属的咨询问题，共服务 1129 人次，共计 9032 小时。医院的党委书记付老师称，"哪怕今天只有一个患者，门诊导医也绝不停歇"。值得一提的是，门诊导医志愿服务的志愿者们并不都是来自于社会的志愿者，肿瘤医院的医护人员也积极加入了导医服务的群体中。在志愿者两周年之际，医院发出"医务人员志愿服务 1 小时"的倡议，号召医务人员牺牲自己的宝贵时间，奉献爱心。倡议发出后，广大医务人员积极响应。他们每天利用 7：00—8：00 这上班前一小时的时间，自觉参与门诊导医志愿服务。据统计，自 2014 年 1 月 1 日至 4 月 30 日，医院专职的医护人员就有 156 人参与了导医服务，共计服务 8792 人次。此外，不同于其他医院的迎新方式，肿瘤医院为宣传医院志愿服务精神，希望入院的新职工利用正式上岗前一周的时间，进行门诊导医志愿服务体验。医院对此不做任何强迫措施，完全依靠新职工意愿，据悉，自 2009 年该计划实施以来，至 2013 年，共有 223 名新职工体验门诊导医志愿服务，传递了爱心正能量。

在本次医院志愿服务体验周的活动中，一些机关部委的领导干部走下自己的工作岗位，来到医院体验门诊导医服务。活动中，体验者们积极为病患及家属提供热心周到的服务、以自身的实际行动生动诠释医院志愿服务的精神的同时，也深深感受到了导医服务的辛苦。即便是辛苦，体验者们也没有叫苦喊累，大家在服务他人的同时，也在为医院志愿服务的建设贡献着自身的力量，这也是一种收获的快乐。

2. 陪同医生出诊

体验周中，不少媒体记者走下荧屏，以志愿者的身份来到医院，陪同医生外出义诊。在陪同义诊的体验中，体验者们为社会弱势群体送去了温暖关爱，为需要帮助的人们奉献了自己的爱心，同时也深刻了解到地方患者的就医需求，体会到了医生出诊的辛苦，营造出和谐的医患关系和社会氛围。

3. 开展患者服务

中国医学科学院肿瘤医院为响应医改要求，满足人民群众日益增长的健康需要，探索建立新型医疗服务机构与医患沟通模式，于 2012 年 8 月正式成立全国首家肿瘤专科医院患者服务中心。该中心借鉴美国及香港、台湾地区的患者服务经验，结合肿瘤患者的实际需求，整合医院资源，调动社会管理模式，拓展为肿瘤患者服务的广度和深度，陆续开展了一系列特色服务项目。志愿服务体验周活动中，部分社会爱心人士来到医院患者服务中心，帮助患者及家属借用轮椅，热心回答就诊热线，帮助病患进行专业咨询。虽然体验的都是一些琐碎的小事，但是点点滴滴都是爱心的传递，切实让患者感受到了社会的温暖，树立了与病魔抗争的信心。

（四）肿瘤医院"大型公益活动"志愿服务

中国医学科学院肿瘤医院开展了多项大型公益活动志愿服务项目，例如：北京希望马拉松，肿瘤防治宣传周，世界无烟日，关爱农民工子弟活动，圆梦女孩志愿行动，百名志愿者送温暖送知识进医院，为一线肿瘤医务人员送爱心，志愿服务开放周，等等。

1. 北京希望马拉松

自 2008 年，志愿者们的身影每年都出现在"北京希望马拉松——为癌症防治研究募捐义跑"活动中。从接待工作、维持秩序、摄影，到爱心义卖区、科普宣传区、救护服务区、祝福留言区、饮水站等多个功能区域的工作，处处可见志愿者忙碌的身影。在志愿者的助力之下，现场募捐情绪空前高涨，大家对志愿者的热情态度和服务精神给予了极高的肯定和评价。志愿者的热情彰显出和谐社会的人文关怀精神以及人们互助互爱、共同为癌症防治研究事业奉献爱心的高尚道德素养。

2. 肿瘤防治宣传周

2011 年 4 月 18 日，以"远离癌症重在防治"为主题的"肿瘤防治宣传周"大型公益活动在中国医学科学院肿瘤医院门诊广场举办。据统计，本年度共有 4040 余人次参加各项咨询、体验活动。来自北京工业大学、首都医科大学、北京抗癌乐园和中国医学科学院肿瘤医院等的 50 名志愿者参加服务。志愿者们成功地完成了为义诊专家服务、维持义诊队伍秩序、为参加健康科普讲座的群众发放饮用水和《抗癌之窗》杂志、维持听课会场秩序等琐碎却十分重要的工作。志愿者们良好的形象和热情周到的服务成为了医院志愿服务的一张闪亮的名片。

3. 关爱农民工子弟活动

2011 年 3 月 4 日中国青年志愿者日前夕，由来自中国癌症基金会、北京红十字会、中国医学科学院肿瘤医院、北京华清博众科技发展有限公司等社会各界人士组成的志愿者队伍走进北京市大兴区明圆学校，开展"今天的孩子明天的世界——关爱农民工子女宣教活动"。活动中，志愿者们为孩子们举办科普讲座，与孩子们一起进行素质拓展训练，并赠送了图书。整个活动充满欢声笑语，无论是志愿者还是学生，都从中培养出良好的执行力及服从意识，这是承载着影响、希望、未来的爱心接力。

4. 圆梦女孩志愿行动

2013 年 8 月 24—27 日，中国医学科学院肿瘤医院作为国家卫生计生委"圆梦女孩志愿行动"的支持单位之一，派出来自肿瘤医院、北京协和医学院护理学院、北京工业大学、首都铁路卫生学校的 18 名志愿者团队，远赴安徽省阜南县对贫困女孩进行公益性帮扶。此次活动，医院志愿者们分别来到十个活动小组中，通过了解当地女孩生活状况，和女孩交朋友、结对子，运用专业的健康咨询、心理辅导等，帮助女孩提升自身发展能力，制订成长规划，实现人生梦想。肿瘤医院的专家志愿者对当地妇女进行了讲座，并为当地百姓进行义诊，共 150 人次。此次活动通过志愿者的力量，旨在给女孩们建立一个长期支持体系，用团队的合力、用身边的资源、用志愿者的感染力，帮助女孩们健康快乐地成长。

5. 百名志愿者送温暖送知识进医院

2010 年新年的第一天，中国癌症基金会携手首都 11 家三甲医院、六家健康媒体，举办"爱心凝聚力量知识传播希望"首都百名志愿者送温暖送知识进医院大型公益活动。中国医学科学院肿瘤医院的志愿者，与其他高校志愿者及北京抗癌乐园抗癌明星和 10 名爱心的哥、的姐组成了一支 147 人的志愿者队伍，带着京城医务人员的新年问候和无限关爱奔赴各家医院，为患者送去暖心的慰问，用爱心为患者撑起一片生命的绿洲。

四、对中国医学科学院肿瘤医院志愿服务的思考

通过本次对中国医学科学院肿瘤医院志愿服务情况的调研，笔者总

结出了该院在开展医院志愿服务过程中的几点优势，具体如下：

（一）完善的制度保障和管理机制

常言道"无规矩不成方圆"。中国医学科学院肿瘤医院为保证医院志愿服务的顺利开展，制定了诸如《中国医学科学院肿瘤医院志愿者工作章程》等一系列规章制度，将医院志愿者工作推向更加完善、规范的道路。此外，肿瘤医院特别制定中英双语版的《志愿者服务鉴定手册》，能够详细记录志愿服务的时长、质量等信息，即使在国外，该手册也能有效反映志愿者在国内参与的志愿服务情况。

（二）丰富多彩的志愿服务项目

中国医学科学院肿瘤医院针对医院自身特点，建立了多种特色的志愿服务项目，一方面体现医院医者仁心的服务理念，弘扬医院志愿服务的影响力；另一方面，志愿者在参与志愿服务的过程中，能够传递爱心、得到锻炼，陶冶性情、美化心灵。

（三）职工具有高尚的志愿情怀

除了来自社会的志愿者，中国医学科学院肿瘤医院的专业医护人员也积极加入到志愿服务的队伍中来。他们利用上班前1小时的时间进行门诊导医服务，为患者及家属指明就诊的道路；节假日及大型公益活动中，也处处能看到他们义诊服务的身影。肿瘤医院的医护人员为医院志愿服务的顺利开展作出了应有的贡献，他们的志愿精神值得我们学习。

同时，调研过程中也发现了一些该院在开展医院志愿服务中存在的问题，例如，医院志愿服务缺乏专业人士的参与，志愿者的持续性较差，志愿者之家有待进一步规划完善，等等。

针对肿瘤医院志愿服务缺乏专业人士参与且志愿者持续性不高的问题，我们建议医院可以加强与相关志愿服务部门的合作与联系，同时亦要加大医院志愿服务事业的宣传力度。通过这两种途径，弘扬医院志愿服务的影响，广泛号召有爱心的专业人士、交通便利及居住在医院附近的志愿者们积极踊跃地加入到医院志愿服务的团队中来，为国家医院志愿服务事业的开展贡献自己的绵薄之力，将爱心接力永远传递下去。对于肿瘤医院志愿者之家有待进一步规划完善这一问题，我们认为，首先可以向院方申请，获得一个较大的空间构建志愿者之家；其次，可以让大家集思广益，共同为如何规划布置志愿者之家出谋划策。相信在大家的共同努力下，肿瘤医院的志愿者之家既可以成为志愿者们共同培训学习的平台，又可以为志愿者们提供休憩的场所，一定会发挥不小的作用。

五、总　结

医院志愿服务符合时代发展的潮流，蕴藏着巨大的发展潜能，呈现出旺盛的生命力和广阔的发展前景，在阳光下绽放着它美丽的色彩，是一项伟大而崇高的事业。开展医院志愿服务需要志愿者组织和广大志愿者们发扬崇高的志愿精神，服务社会，乐于助人，共同将爱心接力传递下去，为医院志愿服务贡献出自己的力量。

第四节　北京自然博物馆志愿服务队

调研对象：李　莉（志愿者工作负责人）

张芳芳（辅助志愿者管理员）

调研时间：2012 年 12 月 12 日

调研地点：北京自然博物馆

调研及报告撰写人：

施姝丽（北京志愿服务发展研究会志愿者）

王璐（北京市志愿服务指导中心研究培训部工作人员）

公共博物馆作为社会公益性文化机构，自然是众多志愿者乐意服务的场所。建立博物馆志愿者服务组织，吸引大众广泛开展与博物馆有关的志愿者服务活动，对促进博物馆真正融入社会、完善博物馆社会服务职能有重要的作用和意义。

北京自然博物馆位于首都南城中轴线上的天桥地区，背靠世界文化遗产天坛公园，面对现代化的天桥剧场，具有特殊的文化环境。它的前身是成立于1951年4月的中央自然博物馆筹备处，1962年正式命名为北京自然博物馆。

北京自然博物馆是新中国依靠自己的力量筹建的第一座大型自然历史博物馆，主要从事古生物、动物、植物和人类学等领域的标本收藏、科学研究和科学普及工作。本馆曾先后被中央宣传部和北京市政府命名为"全国青少年科技教育基地"和"北京市爱国主义教育基地"，被联合国教科文组织中国组委会命名为"科学与和平教育基地"，2009年被国家文物局评定为国家一级博物馆。

一、志愿服务团队介绍

（一）发展情况及成员构成

2005年，北京自然博物馆就已经有了自己的志愿者。北京自然博物馆志愿服务的内部管理机构为公共教育部，北京自然博物馆志愿服务队隶属于北京博物馆志愿服务总队，成立于2005年2月1日，经过几年的逐步发展已初具规模。从2009年开始，北京自然博物馆通过多家媒体重新向全社会公开招募志愿者，众多热心于公益事业的人士纷纷前来，报名人数达到了上千人。经过笔试、面试的严格选拔，最终从中挑选出了90名志愿者。这其中不乏具有多年教学经验的退休老教师；饱含热情的莘莘学子；工作在生物、科研领域的高级知识分子；知识渊博、热心公益事业的记者、编辑。2012 年在北京自然博物馆服务的社会志愿者 54 人，学生志愿者服务达到 1500 余人次，与北京师范大学等 4 所高校和陈经纶中学志愿者团体达成了长期的志愿者合作协议。2012 年在"志愿北京"平台实名注册的团体会员人数 60 名。

（二）志愿者招募

志愿者招募有每年 3—4 月的定期招募和临时不固定招募，招募途径有：

1. 该馆的官方网站。

2. 人人网。

3. 通过与部分高校进行合作，在高校校园网站上发布消息。

4. 该馆的新浪微博。

（三）志愿者管理

1. 与志愿者签订《北京自然博物馆志愿者协议书》。

2. 志愿者人手一本志愿者手册。

为每位志愿者建立志愿服务信息卡（ID 卡），用于记录每位志愿者个人信息，同时也应用于志愿者考勤管理（见图 7—5）。制定有《北京自然博物馆志愿者管理考核方法》。

正面　　　　　　　　　　背面

图 7—5　北京自然博物馆志愿者信息卡

3. 进行专业培训。

专业培训是志愿者团队管理的一项重要内容，它有助于增加志愿者的知识储备，提高业务能力。

聘请专家带领志愿者进行野外考察，如组织探寻延庆恐龙脚印的奥秘、大兴野生动物园参观学习等活动；组织该馆专家进行定期的科学讲坛活动，志愿者可自愿参加；邀请中科院动物所、古脊椎动物研究所等社会各界的专家学者来馆开办讲座，大大开拓了志愿者的视野，为他们提供了了解业界最新科研成果的难得机会；为了志愿者逐步提高自身的知识储备量，不定期地组织志愿者进行不同主题的内部交流活动。

4. 召开年度志愿者年终总结会。

总结当年度志愿者的工作、宣布下年度志愿者的工作计划、对当年度评选出的十位优秀志愿者进行表彰。

二、服务领域及主要活动

（一）志愿服务内容

志愿者的服务内容是围绕博物馆的职能和日常工作来开展的。一般来说主要从事以下几方面的服务：

讲解服务——负责展厅内日常讲解工作，接待特殊参观团体，按规定时间完成讲解内容，保证讲解质量；展厅疏导——协助工作人员对观众进行疏导，保证观众顺利参观，并协助维护展陈、标本和观众安全，为观众提供服务；标本整理——进行简单的标本鉴定，完成日常的标本整理、照相以及数据录入工作；科研助理——进行简单的标本鉴定，完成科研资料的采集、整理和翻译工作；数据整理——统计资料室各类文献、刊物和专业书籍，并录入电脑数据库；办公室行政——协助办公室进行资料统计和电脑录入；志愿者办公室管理——制定志愿者行为规范，完善管理措施，改善管理方法。

由于博物馆的工作性质较为特殊，因此在服务的岗位设置时要尽量满足志愿者对博物馆的"渴望"，标本整理、资料收集、展厅讲解等能够让大家真正地深入到博物馆工作的各个环节中。虽然每周只有短短数小时的志愿服务，但博物馆希望能从中让志愿者们经历和感受到博物馆工作的"与众不同"。

（二）激励和分享活动

对于知识的渴望，对于自然的痴迷，促使志愿者经常相互交流、彼此学习，组织专业知识培训和讲座，参观各类科普场馆。丰富多彩的志愿者活动不仅增加了知识的储备也让志愿者们彼此关心、呵护，相处得格外融洽，就像一个大家庭。正是这些因素的叠加，让该馆的志愿者队伍不断发展壮大，更坚定了志愿服务的决心。

丰富多彩的主题活动一直是北京自然博物馆志愿者的一大特色。2012 年的主题是原创科普剧。

1. 暑假期间志愿者主创的特色科普话剧《鱼类运动会》《地球生病了》，于暑期的每个周六在馆内上演，共演出 12 场。从创作剧本到排练再到演出为期三个月时间，志愿者通过幽默风趣的语言，大胆的表演向观众传播科普知识与如何保护自然环境的理念。

2. 志愿者与北京南海子麋鹿苑科普工作人员合作，创作出科普剧《麋鹿苑的夏天》，十一期间在该馆 4D 影院演出，该剧将麋鹿苑真实的动物故事，用戏剧手法情景再现，实现了馆季交流互相学习的目的。

3. 《小白的故事》是工作人员创作的大型五幕科普剧，科考队员、猎人、渔民这些主要演员都由志愿者担任，经过两个月的精心排练，9—12 月分别演出 4 场。

4. 《对阵地球"末日"》活动是根据 2012 年世界末日来创作的，志愿者们通过特色讲解，以话剧形式与观众们一起重温大灭绝的灾难，了解当今的生物圈和动植物面临的生存危机，从科学的角度告诉大家保护环境、珍惜身边的濒危动植物的核心理念。

与此同时，志愿者队伍也在朝着"规范化"和"专业化"的方向发展，在大家的共同努力下，"志愿者"已经成为了北京自然博物馆的一支重要的服务团队。

三、经验总结及所遇困难

（一）成绩与经验

2012年，北京自然博物馆有6名志愿者参加了"魅力北京，百场讲述"活动，其中白兮老师凭借自己的实力获得"魅力北京，百场讲述"活动十佳志愿者。

2012年，北京自然博物馆志愿者团队获"牵手历史——第四届中国博物馆十佳志愿者之星"评选提名奖。这是该馆志愿者团队成立以来首次参与全国性的志愿者评选活动。此次的评选是由中国博物馆协会、广西省壮族自治区文物局主办，中国文物报社、宁波博物馆文化发展基金会、中国博物馆协会志愿者专业委员会、广西壮族自治区博物馆承办，具有很强的权威性和影响力。

志愿服务的发展依托完善的组织体现和规范的管理及充足的志愿者队伍。北京市自然博物馆重视志愿服务组织建设，2005年就成立了志愿服务总队，并且在志愿者的招募、选拔、培训方面形成了一套规范的管理制度，例如为志愿者建立信息卡，记录志愿者信息，制定考核管理办法，对志愿者的服务情况进行考核等，使得志愿服务进一步规范化。此外，通过与北师大、陈经纶中学等学校建立长期的合作，使得志愿者队伍稳定而充足。上述一系列的措施使得北京自然博物馆志愿服务工作取得了很好的社会效益。

（二）困难与问题

志愿者服务对博物馆的生存尤其重要，是当代博物馆社会化的特色。博物馆的志愿者服务仍存在问题。

为志愿者提供的岗位有一定的局限性，主要局限在于讲解服务；志愿者队伍在校学生较多，流动性大。

志愿者的招募中没有对志愿者所学专业作硬性规定，也没有关于对培训上岗的水准作出相关评定，因此志愿者很难在很短的时间内熟悉最基本的知识，志愿者素质参差不齐，部分难以胜任相关工作。

由于志愿服务属于自愿行为，学习和上岗热情一旦消退，志愿工作也只能不了了之；志愿者流失问题也相当普遍，缺乏有效的约束机制。

志愿服务运行的管理经费则是最大的困难。

四、发展建议

1. 博物馆志愿者的流失是个问题，毕竟志愿者是松散型的组织，很难对其进行如馆内员工般的管理；另外，大学生志愿者一旦毕业或者实习等，也会造成流失。

建议本地、在职者、专业退休老人优先，这样就在相当程度上保证了志愿者的持续性。而学生志愿者的志愿服务时间尽量安排在寒暑假或者周末较为合适。

2. 博物馆内找不到"本馆有志愿者"的标示，观众无法轻易找到志愿者，无法知道志愿者是否在服务，在哪个展厅服务。

建议在大厅入口处立告示，告知何时在哪个展厅会有志愿者的讲解；如果志愿者的服务难以保证固定的时间，则可提前一两天告知义务讲解员的讲解时间。

五、结束语

志愿服务是传统美德与现代文明的结晶。志愿者参与博物馆各项工作，既实现了自我价值，也增长了知识，提高了能力；而博物馆借此不仅获得了宝贵的人力资源，而且进一步改进了服务与管理。开展博物馆志愿者活动，是一个双赢的过程。研究完善建设志愿者队伍的思路和措施，以使其变得越来越合理，使志愿者成为博物馆社会教育的坚强阵地。

第五节 国家图书馆志愿服务

调研对象：国家图书馆志愿服务负责人

调研时间：2012 年 12 月 10 日

调研地点：国家图书馆

调研及报告撰写人：

关燕（北京志愿服务发展研究会志愿者）

赵新（北京志愿服务发展研究会工作人员）

一、国家图书馆简介

国家图书馆是国家总书库，国家书目中心，国家古籍保护中心。它履行着国内外图书文献收藏和保护的职责，指导协调全国的文献保护工作；为中央和国家领导机关、社会组织及社会公众提供文献信息及参考咨询服务；开展图书馆学理论与图书馆事业发展研究，指导全国图书馆业务工作；对外履行有关文化交流职能，参加国际图联及相关国际组织，加强与国内外图书馆的交流与合作。

二、国家图书馆志愿者组织发展状况

随着社会的发展，国家图书馆的图书的简单加工逐步进行业务外包，图书馆的正式编制团队把更多的时间、人力投入到了文献内容的加工（如知识发掘）和对读者提供信息检索咨询等方面。国家图书馆的志愿服务起步较早，2002 年国家图书馆读书节新增加了"读者志愿服务月"项目；中国劳动关系学院的男生黄一洪在 2004 年为国家图书馆分馆提供志愿服务并担任相关组织工作，他入围了该年度北京十大志愿者评选。自 2005 年与北京市志愿者协会加强合作以来，2006 至 2007 年国家图书馆业务管理处设置志愿服务管理职能，负责接洽志愿服务组织和志愿者，对接各个有需求的业务部门。一直以来，国家图书馆希望志愿者能相对稳定地嵌入工作流程以获得全面的发展，业务管理处每年都申报比较充足的相关经费预算。但因各项主要业务工作标准高、专业性强、培训周期长，所以至今未能形成稳定的团队。志愿者的高流失率使志愿服务内容基本局限于简单的基础性工作，志愿服务动机的多样性也导致一些有需求的岗位难以招到足够数量的人员胜任志愿者。

三、志愿者服务管理

（一）志愿者的来源

国家图书馆鉴于其在业界的影响力，原则上不招募社会志愿者，也尚未与企业志愿组织进行合作。其志愿者主要来源于高校志愿者组织、通过上级单位交流的港澳台实习生、合作单位派遣的少数民族实习生、本单位团委，另有少量志愿者由国内优秀的专家学者和实践工作者、有长期良好信誉的成年读者、中学生和高年级的小学生构成。

（二）志愿服务团队

1. 高校志愿者

在北京市志愿者联合会及其前身北京志愿者协会的积极推动下，目前与国家图书馆长期合作的高校志愿组织每年超过 20 个，分别来自北京大学、清华大学、北京邮电大学、对外经贸大学、中央财经大学、北京师范大学、中国农业大学等，他们在各自的校团委皆有备案。

每学期开始时，校方根据馆方的中文采编、外文采编、典藏阅览、报刊资料、社会教育等部门以及分馆的工作岗位上报的部分岗位需求和服务时段对志愿者进行排班和考勤，保证志愿者不脱岗、不空岗地有序开展志愿服务，馆方则负责志愿服务计时。双方约定高校志愿者请假须提前2—3天，每次志愿服务的前1天校方带队人以短信的方式向馆方负责人明确具体人数且基本不安排与读者直接接触的岗位，务必保证志愿者的行踪确定和个人安全。对志愿者的培训采取提供相关岗位工作资料和由正式工作人员口传身授的方式。

服务满3个月以上且胜任的志愿者若提出希望发挥自身特长或满足个人兴趣的需求，可考虑调换服务岗位。

2.港澳台实习生

港澳台图书馆界比较缺乏系统培养的图书馆学与资讯管理人才，具有专业资格的图书馆从业人员远未能满足市场需要。为适应经济和社会发展对相关人才的需求，港澳台与北京大学信息管理系、国家图书馆等内地相关的高校和机构合作，分期分批输送学员交流深造，期望他们在专业领域上学有所成，为港澳台本地图书馆发展及资讯管理现代化作出贡献。港澳台的实习生主要从事每周两次、每月一换的轮岗服务，他们积极勤奋、进步快速的表现令人印象深刻。

3.本单位团委

国家图书馆团委近年来积极组织了"首届国家珍贵古籍特展青年志愿者行动"、"国家图书馆立法决策服务成就展青年志愿者行动"、"国家图书馆少年儿童图书馆青年志愿者行动"等多次大型青年志愿者行动。偶尔还会组织团员青年进行对外活动，如到高校进行图书展示宣传。

4.专家志愿者

国家图书馆从2006年起始终重视和支持中国图书馆学会实施"志

愿者行动"活动，馆领导率先垂范，以"志愿者"的身份对全国各地以县级公共图书馆馆长为主的基层图书馆管理者进行专业培训。

5. 读者志愿者

2002 年，国家图书馆读书节新增加了"读者志愿服务月"项目。

2005 年至 2006 年，曾有一名青年男读者进行了每周 3 天、历时 1 年的书画传播志愿服务，表现出色。

2006 年年底，10 名读者荣获国家图书馆"文津读者奖"，并受聘成为首批"特邀读者评议员"。"特邀读者评议员"制度的推出，既是"文津读者奖"评选活动的新内容，也是国家图书馆进行服务创新的一项举措。有长期良好信誉的高素质读者不但能有效利用国家图书馆文献信息资源，还可积极为图书馆管理建言献策，帮助国图改进工作。"特邀读者评议员"定期对国图服务的各方面，包括馆室环境、设备设施、服务点布局、各类型服务、文献采访、编目质量、文献加工时限等进行测评，并主动促进优质馆藏读物的传播。馆内各部处领导每年两次与"特邀读者评议员"等读者代表举行座谈会，征求他们对国家图书馆服务现状和发展的意见和建议。

6. 中小学生志愿者

国家图书馆的少年儿童馆是针对 6 岁至 16 岁的读者设计服务的，常年在周末举办故事会并在节假日不定期地开展文化教育类培训和讲座等活动。因其良好的社会反响逐渐形成了特色，并开设了新浪博客和微博。少年儿童馆除了大学生志愿者之外，还招募 10 岁至 15 岁的读者志愿者，也接收四中、八中等学校有社会实践要求的中学生志愿者以及上级单位派遣交流的青少年志愿者。他们主要在寒暑假进行一周 7 天的实习，每学期的周末或节假日也会不定期地参与 3 至 4 次志愿服务，每次服务 4 小时。服务内容是在工作人员的指导下从事：在存包处完成存包、取包工作；在数字共享空间发放点读笔；辅导小读者使用数字资源用机，对上网时间过长的小读者进行提醒；书籍报刊的整理上架工作；维护阅览环境；和参观的各界读者沟通交流；协助筹办培训班和讲座。通过志愿服务，他们可以了解到少年儿童馆的基本情况，掌握图书馆的使用方法，锻炼动手能力和沟通能力，度过有意义的假期。少年儿童馆可为他们开具志愿服务证明。

（三）保障和激励

国家图书馆规定进行全日志愿服务的志愿者可享受午餐，并给一些志愿服务岗位发放少量补贴。考虑到具体工作环境，非特殊情况只给长期志愿者佩戴标识挂牌而不配备服装。表现优良的志愿者会得到一些有国家图书馆标识的纪念品，如徽章、笔、本、纪念封等。馆长每年两次与志愿者骨干座谈，听取意见和建议。媒体会对受到表彰的"特邀读者评议员"进行报道。

四、志愿服务项目开展情况

（一）"到公益机构去"志愿者行动图书馆项目

国家图书馆的志愿服务工作起步较早，在长期的发展过程中与北京市志愿者联合会形成了紧密的合作关系。休假日是国家图书馆工作比较繁忙的时候，志愿者们主要担任搬运新书、赠书盖章、旧书下架打捆、还书分类归架、信息整理和人群疏导等工作。大型会展对外语，尤其是小语种的志愿者需求量很大，但志愿者的流失率也很高；前台办理、检验读者卡和卫生清理的工作比较枯燥，绝大多数志愿者难以为继；图书情报专业的志愿者通常与岗位匹配度较高，但人员来源数量很少；中国图书馆学会的工作有长期需求，但志愿者通常不感兴趣；读者服务的业务因已外包，所以未按世界惯例设置志愿服务岗位。国家图书馆的人才培养政策使从事两年以上志愿服务且表现优异的青年志愿者有机会经考核选拔成为正式工作人员。但绝大多数志愿者出于形形色色的动机和各自的条件局限，存在较大的流动性。人均每周服务 2 次、每次 4 小时左右。个别热爱图书馆事业的志愿者在平淡的服务中坚持了下来，转正并取得了出色的业绩。

（二）"志愿者行动"

自 2006 年暑期开始，中国图书馆学会实施"志愿者行动"活动，组织了一批来自全国各地的优秀专家学者和实践工作者以"志愿者"形式开展对以县级公共图书馆馆长为主的基层图书馆管理者的专业培训。这是文化大发展大繁荣序幕刚刚拉开时图书馆界组织的一项意义深远的活动，在中国图书馆事业历史上堪称前所未有的基层馆长培训，试图通过对馆长们的思想启蒙和观念更新，为事业的快速发展打造合格的"舵手"。这是一次领先一步为图书馆事业的大发展大繁荣奠定思想基础和人才准备的专业培训，惠及全国各地并产生了国际影响。

国家图书馆从一开始就对这项活动给予了重视和支持。馆领导率先垂范，加入到了志愿者队伍中。从 2008 年开始，国家图书馆对"志愿者行动"的支持进一步加强，不仅有对活动的指导和重视，还将活动纳入国家图书馆"基层图书馆服务行动"之中，给予经费上的保障。随后，中国科协继续教育示范项目、文化部全国文化信息资源建设管理中心也开始资助志愿者行动。从此，志愿者们参与活动不再需要自掏腰包，免费向学员们发放的培训参考资料也印制得一年比一年充实、精美，"志愿者行动"获得了持续进行的保障。2009 年 2 月，国家图书馆授予"志愿者行动——基层图书馆服务"项目 2008 年度"创新服务奖"二等奖，同时推荐该行动参评文化部创新奖，给予这个项目新的激励。

（三）读者志愿服务月

这是 2002 年国家图书馆读书节新增加的项目，包括：

1. 为每一位新来国家图书馆学习的公民提供引导服务。

2.探讨看书学习的心得。

3.深化文津讲座的思维拓展。

4.交流心中的梦想与目标。

5.实践"读万卷书，行万里路"的充实人生。

（四）"国家图书馆少年儿童图书馆青年志愿者行动"

在党中央和国务院的亲切关怀下，在文化部领导的大力支持下，国家图书馆少年儿童图书馆暨少儿数字图书馆在2010年"六一"国际儿童节来临之际面向全社会少年儿童开放。开馆的消息通过各大媒体迅速传遍首都北京，传向了全国各地，受到全社会的高度关注和广泛赞誉，影响深远，好评如潮。

面对开馆和接待这一高强度的任务，国家图书馆团委决定在全馆范围内开展"国家图书馆少年儿童图书馆青年志愿者行动"，为少年儿童服务的深入开展注入新的生机与活力。2010年6月2日，馆团委紧急召开团支部书记会议，要求各团支部积极行动，广泛动员，争取更多的团员青年参与到志愿者行动中来。在不到两天的时间里，团委主要负责同志带头报名参加志愿者行动，全馆共有近60名团员青年和青年之友报名参加了志愿者行动。

6月4日下午"国家图书馆少年儿童图书馆青年志愿者行动"正式启动。团委书记霍瑞娟转达了馆领导的祝贺和对全体志愿者的衷心感谢。霍书记说，青年志愿者行动意义重大，不仅能够协助少年儿童图书馆接待好到馆的少儿读者，为少儿馆的建设和发展贡献一份力量，而且在服务过程中还有利于非一线服务的志愿者同志们进一步熟悉馆情和馆藏，同时还有利于培养我们年轻人对少年儿童的爱心。少年儿童图书馆馆长李晓明详细介绍了少年儿童图书馆功能和业务等各方面的情况和少年儿童服务中应该注意的事项和掌握的技巧，为全体志愿者作了一次深入的业务辅导。

全体志愿者根据整体安排在各个节假日轮班，共同协助少年儿童图书馆的工作人员从事门禁管理、阅览辅导、整理书刊、新馆参观等各项工作。随后的每一个周末，既是少年儿童的节日，也是国家图书馆少儿馆青年志愿者的节日。各项服务有序而周到地开展。

第六节　故宫博物院志愿者服务队

调研对象：故宫博物院志愿者马立伟

调研时间：2012 年 12 月 26 日

调研地点：故宫博物院

调研及报告撰写人：

邱辉（北京体育大学 2009 级博士研究生）

施姝丽（北京志愿服务发展研究会志愿者）

故宫博物院是一座特殊的博物馆，成立于 1925 年的故宫博物院，走过 87 个春秋的故宫博物院，不仅一如既往地精心保管着明清时代遗留下来的皇家宫殿和旧藏珍宝，而且通过国家调拨、向社会征集和接受私人捐赠等方式，极大地丰富了文物藏品，形成古书画、古器物宫、廷文物、书籍档案等领域蔚成系列、总数超过 150 万件的珍贵馆藏，17875 件文物，拥有 2000 多个供电古建筑群，每年参观的观众日益增多，2012 年达到 1500 万人次，创下历史新高。这些数字的背后都离不开一群人——故宫博物院的志愿者们。

故宫博物院的志愿服务于 2004 年 12 月 5 日启动，到 2012 年已经走过了 8 个春秋，在这八年长征的路上，志愿服务经历了怎样的变化，现状如何，都是值得探讨的问题。

一、故宫博物院志愿服务的历史沿革

故宫博物院是从 2004 年开始启动志愿服务的，并且招募了第一批志愿者，报名的有 1500 人，进入面试程序的有 450 人，经过面试、口试和笔试之后，最终确定下来 218 名首批志愿者。

2004 年 12 月 25 日故宫博物院在志愿北京网站上注册成立了故宫博物院志愿者服务队，主要从事专业宣教、儿童教育、导游讲解等活动。2005 年开始常态化志愿服务。故宫有专门管理和开展志愿活动的部门即宣传教育部公众教育组，2007 年 12 月，在志愿者的推选下，故宫志愿者管理委员会成立了。2008 年前后志愿者们顺利地完成了奥运志愿服务。2009 年通过选举，完成委员会换届，目前已有两届志愿者委员会。在后奥运时代，故宫博物院的志愿服务呈现了常态化、专业化趋势。故宫博物院在每年 12 月 5 日国际志愿者日那天进行志愿者年度总结表彰大会，来自各个行业的志愿者代表们欢聚一堂，不分年龄、不分男女都可以在故宫感受志愿者们的热情、组织的温暖。

二、故宫博物院志愿服务的组织管理

（一）组织架构

2007 年，《故宫志愿者服务章程》出台。故宫成立了专门的部门来开展志愿服务和管理志愿者，由宣传教育部主要负责，下设公众教育组主抓，委员会由七人组成。设主任委员一名，秘书委员一名，委员五名。主要职责在故宫博物院宣教部的领导下全面落实宣教部院制定的《故宫志愿者服务章程》；在宣教部的指导下组织对志愿者的业务培训；组织志愿者的观摩、交流活动；编纂有志愿者服务的专馆的展品和相关文物的讲解文稿；协助宣教部做好志愿者的日常管理工作；完成宣教部交办的临时任务等。目前的部门负责人是闫宏斌，科组负责人是果美侠，还有王燕、冯小夏和李小洁。

组织结构图如图7—6所示：

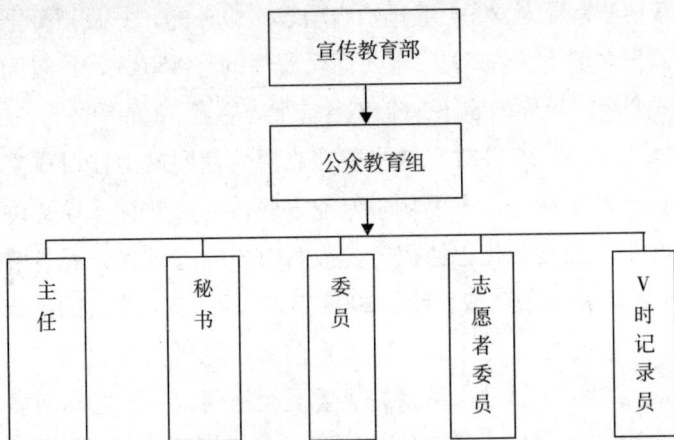

```
          ┌──────────────┐
          │   宣传教育部   │
          └──────┬───────┘
                 ↓
          ┌──────────────┐
          │   公众教育组   │
          └──────┬───────┘
                 ↓
  ┌──────┬──────┬──────┬──────┬──────┐
┌──┴─┐ ┌─┴──┐ ┌─┴──┐ ┌──┴──┐ ┌──┴──┐
│主任│ │秘书│ │委员│ │志愿者│ │V时记│
│    │ │    │ │    │ │委员 │ │录员 │
└────┘ └────┘ └────┘ └─────┘ └─────┘
```

图7—6　故宫志愿服务组织架构

（二）管理制度

故宫志愿者组织拥有相关的管理制度，包括志愿者管理委员会的设置，管委会的领导成员是从志愿者当中遴选出来的。同时，志愿者被划分为若干个小组，组长由宣教部任命。每个志愿者持有手册一本，以便了解管理条例和记录工时，故宫为此专门聘用了两名专职的老师记录志愿者的服务次数和服务人数。按照规定，志愿者需每周固定时间服务一次，每次提供2小时的服务。每年可以有一个月一次的请假，年终根据服务情况及工时达标，进行考评，考评不合格者劝退。

三、故宫博物院志愿服务现状

（一）宣传、招募

为进一步发挥故宫博物院公众教育职能，加强故宫文化及传统文化的普及与传播，增强博物馆与观众之间的互动，故宫博物院现面向社会在 2004 年、2006 年、2010 年、2013 年进行过 4 次社会公开招募，为来院参观的观众提供常设展览的义务咨询和讲解服务。志愿服务队伍在 8 年多的实际工作中，存在流失情况，原因各异，稳定的人数应该在 120 名左右，志愿者主要来源于社会各个行业，要求每个志愿者每周至少进行一次 2 个小时的志愿服务时间。根据 2011 年的分析，志愿者中男女比例为 1∶2，其中 60 岁以上人员占 53%。大多数志愿者是受过高等教育的，其中不乏名牌大学的教授、研究生和各行各业的高级技术工作人员以及外籍志愿者。

（二）培训与考核

故宫定期对志愿者进行专业培训，包括博物馆行业知识、历史知识、考古知识、礼仪知识、讲解要领、文保意识的培养等。培训形式主要是讲解资料发放、讲座、参观、考察和沙龙、报告等形式。

培训结束后是否能够上岗进行志愿服务，需要进行各种考核：

1.新招募的志愿者

新招募的志愿者，一般要经过三个月的统一培训后，实地讲解考核通过，才能正式上岗为观众讲解服务。按照规定，在讲解服务满足 50 个小时后，可申请增加讲解其他展览，增加的展览也要通过展馆实地考核后，方可为观众讲解。绘画馆的每一期展览，都要在初期开展考核。目前故宫志愿者已能讲解两个专题展览，能够讲解两个以上专题展览的志愿者也不在少数。

2.志愿者通馆讲解考核

2009 年年底，在大多数志愿者服务满足 50 个小时以上的情况下，宣教部正式为志愿者开展了一次通馆讲解考核，每位志愿者在通过考核后，都能够讲解两个或两个以上的专题展览。2011 年，绘画馆展览由原来的一年三期改为一年两期，宣教部专门组织绘画馆志愿者进行陶瓷馆培训，并安排考核；2012 年，绘画馆志愿者已全部通过陶瓷馆考核，在两馆上岗，为观众讲解服务。

3.志愿者年终考评

志愿者服务满一年，年终时宣教部会根据一年的服务情况进行考评，主要考评依据服务工时和总体服务表现。服务工时不能满足基本要求或服务期间有损故宫志愿者形象的，将不再获准下一年度的志愿服务资格。

（三）服务内容

故宫博物院的志愿服务是多种形式的，既有因地制宜的内容，也有上门针对性的服务，如去学校、社区或针对特殊人群进行故宫馆藏和文物知识的宣传与传播等活动。志愿者参与的服务主要有：

1.专馆讲解。志愿者的起步点，弥补故宫原有专馆讲解服务的不足。目前志愿者参与过和正在参考服务的展览包括：钟表馆、珍宝馆、石鼓馆、戏剧馆、青铜器馆、清帝大婚、陶瓷馆、书画馆等。

2.咨询服务。太和门咨询中心的咨询服务，如所有外籍志愿者；国际博物馆日和中国文化遗产日的咨询服务；日常讲解接待中随时遇到的观众询问等。

3.参与宣教部开展的对社会公众的教育活动，包括故宫知识课堂转馆讲解；观众问卷调查；创意、担当主讲教师等。

4.参与宣教部对外教育推广活动。2007年，以志愿者工作为基础，故宫开展了几次紫禁城文化进社区的活动。2012年5月，"故宫文化"志愿宣讲团正式成立，这个团队全部由志愿者组成，目前有12名志愿者，他们将志愿者在故宫展厅内的宣讲内容带到社区民众中间，突破了展厅展览的限制，扩大了志愿服务的范围。到2012年11月底，志愿宣讲团已到社区、大中院校、军营等地方宣讲达40场次，把故宫的文化带进社区、军营、大中院校，深受人们的喜爱。

5.故宫志愿服务项目。根据社会热点问题或传统节日开展各种社教活动，如奥运会、春节、中秋节、端午节等，都有相关内容的展览或活动，这些项目都是长期项目，深受观众的欢迎。尤其是在2011年10月由志愿者承办的"兰亭大展"可视为品牌项目。由于兰亭牵涉的内容非常广泛，故宫特意辟出两块场地布展，还安排了志愿者当义务解说员，义务解说员队伍中不乏北京师范大学的古文字学专家这种高素质的人才。

（四）激励与政策

故宫博物院每年组织志愿者赴外省市知名博物馆参观考察，交流学习；故宫博物院为志愿者提供各种故宫专家的讲座；志愿者购买故宫出版社的出版物享受 7 折与正式员工相同的折扣；每年办理出入证件免工本费等相关优待政策。为了答谢志愿者在故宫一年的服务，宣教部特别为志愿者准备了年度服务奖，奖品包括故宫优待金 10 张及故宫相关文化产品或书籍。另外，宣教部还会根据每年工作的重点，评选出一部分优秀志愿者给予奖励。

四、故宫博物院志愿服务现存的问题及原因分析

（一）现存问题

2012 年，故宫文化走出去还是单纯靠本部门的工作人员或志愿者向外推广，虽然受众很喜爱，但传播力度不够，希望能和相关机构合作，有组织有计划地开展。当时存在的比较大的困难有：第一，经费问题。志愿服务专题经费不足，开展志愿服务活动时不能为志愿者提供餐补和交通费用。第二，培训不足。没有统一的博物馆志愿服务培训，包括培训教材。第三，理论研究不足。关于博物馆的理论研究成果较少。第四，志愿者需求和被服务对象需求严重脱节。

（二）原因解析

博物馆志愿服务经费不足，导致了一系列问题的出现，原因有以下几点：第一，领导重视不够；第二，相关的志愿服务实践经验和理论研

究不足；第三，社会需求调研不足，不了解志愿者的需要和被服务对象的需要。

五、结论与建议

（一）结论

故宫博物院的志愿服务经历了很多重要事件后逐渐成熟，已经形成了比较合理的规章制度、组织架构和较为稳定的志愿者队伍；但是，由于经费不足，导致管理者和非管理者以及服务对象之间的沟通不畅，影响服务质量。

（二）建议

加大志愿服务力度，提供足够的经费保障志愿服务的顺利进行；进行常态化的调研工作，了解志愿者、被服务对象的需求，和管理者进行有效地沟通，达到服务主体和服务对象之间的有效对接，提高服务质量和服务满意度。

第七节　玉渊潭公园志愿服务团队

调研对象：玉渊潭公园志愿者

调研时间：2012 年 11 月 29 日

调研地点：玉渊潭公园

调研及报告撰写人：

夏晓丽（中国青年政治学院 2009 级研究生）

张燕玲（中国农业大学 2011 级研究生）

　　玉渊潭公园是北京市市属十一大公园之一，位于交通便利的海淀区。由于历史遗迹不多，经过多年来的建设和归属变迁，逐步形成了新型的市级综合性公园，被定为国家 AAA 级景区。目前，公园主要由西部樱花园、北部引水湖景区（局部建成）、南部中山岛、东面留春园等组成。这里水阔山长，得天独厚的环境和近代较少的大规模建设历史，成就了山上杨槐林立，水岸垂柳依依，湖边水草茂盛的自然野趣风格。公园每年春季举办的"樱花赏花会"国内知名，荟萃 2000 余株樱花的"樱花园"，成为京城早春特有的景致。20 世纪七八十年代的冬泳和 90 年代的"抗癌生命乐园"等健身活动也广为所知。截至 2012 年，玉渊潭公园已开办 24 届樱花节。近年来，政府重视公园建设，修了环湖路，在园内还建了游廊点景建筑，逐步丰富园容。玉渊潭不仅是景色宜人，环境清幽，树木茂密，为西郊盛暑纳凉、游泳、划船的场所；而且在北京水利工程上起引水、调洪的作用。

　　随着志愿服务活动的普及，玉渊潭公园每年针对樱花节、清明节等游园高峰期开展了丰富的志愿服务活动，颇具特色且效果显著。通过志愿服务活动，参与的志愿者增强了社会责任感，体现了自我价值，公园的管理工作也得到了很好地开展，提升了服务质量，并且促进了人与人之间的和谐，进而推动了社会的和谐。

一、志愿服务发展历程

　　2012 年，玉渊潭公园志愿服务工作开展已经颇具成效，据统计，为游客提供的咨询、帮扶等志愿服务活动已达数万余次，并与数所高校志愿者建立合作关系，为园区提供了多样化的志愿服务。当时，玉渊潭公园的志愿者队伍有：文明游园小使者、大学生志愿者、文明引导队以及青年文明号服务队等。他们共同为玉渊潭公园的志愿服务活动作出了应有的努力。从整体来看，玉渊潭公园志愿服务的发展经历了一个过程。大致有以下几个阶段。

（一）初始阶段（2005—2008 年）

玉渊潭公园较正式的志愿服务活动是从 2005 年开始的，主要的服务内容是在园区为游客提供解说、咨询等活动。随着经济的不断发展和人民生活水平的不断提高，逛公园、赏园景已经成为了人们休闲娱乐的重要选择。随着逛公园人数的增多，政府对公共服务事业的关注和重视，公园管理处开始增加为游客提供游览解说的志愿服务活动，以更好地满足人们休闲娱乐的需求，这一阶段的志愿服务活动多是公园管理处的工作人员参与的。

（二）探索阶段（2008—2009 年）

自 2008 年开始，我国的志愿服务进入全民参与的时期，而玉渊潭公园也抓住了奥运会期间志愿服务发展的热潮，积极探索开展特色的志愿服务活动。这一时期，特色志愿服务——"文明游园小使者"队伍成立，这支队伍主要是由北京师范大学附属实验中学的学生组成的。文明游园小使者主要提供爱护游园环境方面的宣传、制止不文明行为的游客、引导游客游园及协助相关的主题活动等。公园积极整合资源，利用小学生的自身优势进行文明游园宣传及对游客进行劝导，既增强了宣传效果，也避免了许多因劝解不文明行为而发生的冲突。这些"小使者们"为公园管理及和谐社会作出了积极而重要的贡献。此外，这一时期，组织和参与志愿服务的成员主要是公园管理处的青年团员们。除了为游客提供咨询、帮扶等志愿服务活动外，还组织和参与了"传承奥运精神，建设文明北京"等一系列主题宣传活动，志愿服务活动开始有声有色地发展起来。

（三）发展阶段（2009 年至今）

奥运会之后，志愿者这个概念植入了社会，播下了人们对志愿行为憧憬的种子。民众参与志愿服务的意愿日益高涨。因此，各个领域的志愿服务组织纷纷成立并得到了迅速发展。玉渊潭公园也借助奥运会后志愿服务的热潮，积极推进志愿服务活动的开展，加之 2009 年国家 60 周年庆的契机，更是为志愿服务事业的发展提供了有利条件。自 2009 年开始，玉渊潭公园开始整合社会资源，开展志愿服务活动。公园先后与中国地质大学、华北电力大学、首都师范大学、中央财经大学等高校的志愿者组织建立合作关系，公园提供岗位和工作内容，高校志愿者提供具体的志愿服务。这些志愿服务内容通常有环境卫生维护、主题宣传、文明引导及协助公园其他工作。这种合作关系，是资源整合和共享的结果，在这其中，公园通过志愿服务为群众提供了更好的服务；而志愿者在这一过程中也学到了新知识，收获了为他人服务的快乐，体验了自我价值的实现。这对于双方来说是共赢的局面。至今，公园与高校已经建立了稳定的合作关系，志愿服务活动也基本实现了常规化。

当时，玉渊潭公园持续开展的志愿服务活动有：一是继续为游客提供咨询、帮扶等志愿服务活动，并结合主题日开展特色志愿服务活动，如每年的樱花节除了免费发放赏樱指南外，还会开展特色互动活动，如"爱樱天使"寻访活动等；二是继续与各大高校，如首师大、中财大、地质大学等高校的志愿者保持合作，对园区的环境卫生进行维护，并协助开展相关主题活动或日常工作；三是不定期地推出文明游园宣传活动，如"踏青赏花文明游"宣传活动、"今天我是文明游客"承诺活动，邀请游客现场宣读"文明游园承诺书"等活动，为建设"文明北京"作贡献；四是坚持"文明游园小使者"活动，继续倡导和推进游园文明理念。这些志愿服务活动影响和带动了更多的人参与志愿服务事业，也推动了我国常态化志愿服务事业的发展。而玉渊潭公园在此基础上，还将不断开拓和创新志愿服务活动，促进志愿服务的可持续发展。

二、特色活动

近年来，玉渊潭公园注意将志愿服务活动与公园服务工作相结合，与重要节日相结合，并积极响应政府号召，整合资源，发挥自身优势，坚持开展了许多特色服务活动。具体来看，主要有以下几种。

（一）"文明游园小使者"

"文明游园小使者"队伍成立于 2008 年，是由北京师范大学附属实验中学的学生组成的。队伍之所以能够组建成功，有一个关键人物——林天依，她当时是北京师范大学附属实验中学的一名学生，从小学五年级开始，林天依同学积极参与了玉渊潭公园的认养樱花、征文等一系列活动，在这期间她表现优异，给公园工作人员留下了深刻的印象。加之林天依同学在校期间成绩优异，也受到同学的好评，她以其自身的感召力宣传志愿服务，动员和感染了身边的同学积极参与志愿服务活动。因此，玉渊潭公园也抓住机会，积极整合资源，通过林天依同学和其所在的北师大附中建立合作关系，实现志愿服务资源的对接，即建立了"文明游园小使者"队伍。这支队伍承担了公园文明游园宣传、引导游客、看护花坛、劝阻不文明行为等志愿服务活动，同时也协助开展了公园的重要主题活动，发挥了积极的作用。从某种意义上说，这些小学生的宣传和劝阻行为更容易使大众接受，也避免了许多不必要的冲突和麻烦，为公园美好和谐氛围的营造提供了保障。

（二）公园重要节日宣传

每年春季，随着公园游览休憩人数的增多，为营造良好的游园环境，践行文明游园的理念，公园会开展一系列的游园宣传活动，这既维护了公园的良好秩序和环境，也使游客更多地了解了玉渊潭的景致和特色。到 2012 年，公园开展的重要节日宣传活动有：

1."樱花节"志愿服务活动

玉渊潭公园的樱花是公园的一大特色，每年的四月是樱花纷飞的时节，因此前来观赏的人也是络绎不绝。公园每年都会借此举行为期一个月的"樱花节"活动。这一阶段，关于樱花节的志愿服务工作也会相继启动。公园每年都会以樱花节为契机，整合志愿服务力量，组织高校志愿者，如华北电力大学、中国地质大学等合作高校，以及文明游园小使者队伍，或者社会志愿者，在樱花节期间，上岗服务门区、景点等重点区域，组织游园秩序引导，提供信息咨询、指路答疑、应急帮助等服务；同时开展樱花节文明游园宣传活动，宣传樱花文化，向游客倡导低碳出行、文明赏花的游园方式等。这些志愿服务活动受到了游客的广泛认可。此外，为了提高服务质量，玉渊潭公园针对外国游人渐增的情况，还引入了"洋志愿者"入园服务外国游客的举措。樱花节期间，这些国外的志愿者也会加入到志愿服务活动中，对外国游客提供旅游咨询服务、涉外法律法规知识宣传等各项活动。同时，在樱花节期间，志愿者们将在双休日、节假日期间继续在公园开展相关文明游园的志愿服务活动。

2."清明"假期志愿服务活动

每年的"清明"小长假，公园的游客也会迎来入园的小高峰。这也会推动玉渊潭公园志愿者服务工作进入高潮。此时，各门区设立的志愿服务站会为游客提供咨询、帮扶等志愿服务活动，发放赏樱指南、温馨提示等。同时，高校的志愿者也会利用假期做一些志愿服务活动，如环境卫生维护、文明游园宣传。"文明游园小使者"也会开展爱樱活动，对爱护游园环境、制止不文明行为的游客给予鼓励等。这些志愿服务活动维护了公园的和谐秩序，创造了文明游园的氛围。

3.其他重要节日的宣传活动

除了上述志愿服务活动外，玉渊潭公园每年开展的志愿服务活动内容丰富、形式多样，主题主要以"文明"、"绿色"、"健康"为主。例如以下几个活动：

（1）玉渊潭公园以"学雷锋志愿活动日"为契机，于2012年建立"学雷锋公园志愿服务站"。"玉渊潭公园学雷锋"志愿服务队由樱花认养队、文明引导队、科普宣传队、青年文明号服务队四支分队组成，在春季游园期间，他们将佩戴"公园学雷锋"胸牌上岗，为游客提供认养咨询、文明引导、科普宣传、义务帮扶等各类学雷锋志愿活动。

（2）在2012年春节期间，玉渊潭公园设立"文明游园宣传咨询站"，志愿者们统一佩戴"北京精神"宣传胸牌和绶带，倡导游客文明游园并进行"弘扬北京精神，做文明有礼的北京人"宣传活动。同时公园还结合冰雪文化节开展"北京精神"流动风景线活动，在冰雪文化活动区域的售票窗口、雪圈租赁处、滑道等候处等多个地点由公园志愿者和文明游园小使者共同引导游客文明排队，营造文明游园氛围。

（3）为增加文明游园的宣传效果，公园不断创新活动形式，如举办了"文明游园大家猜"谜语问答活动，进行了"文明游园"互动游戏。围绕文明游园、绿色健康、春节民俗等主题，依托"寻访公园的明星"等游客才艺展示活动，进行猜谜、知识问答等互动游戏，向现场的游客传播了文明游园知识。

（三）环境卫生维护

环境卫生维护是公园的一项重要日常工作，因此也是志愿服务开展的重要内容。公园每天都会有大量的游客参观，总会有意识或无意识地产生垃圾。为保证良好的游园环境和倡导环保意识，玉渊潭公园持续开展了多项保护环境卫生的宣传活动及具体的环境卫生维护工作。

每到节假日，公园都会定期开展爱护游园环境的宣传活动或者环境卫生维护活动。已经开展的宣传活动有："传承奥运精神，建设文明北京"主题宣传、"今天我是文明游客"承诺活动、"公园学雷锋·护绿我先行"文明游园主题宣传等。其中比较有影响的活动是2011年玉渊潭公园青少年志愿服务活动，来自多所小学、中学及大学的学生志愿者们积极参与，他们活跃在公园各处开展垃圾清理、文明引导的服务活动。特别是在一些重要的节日期间，青少年志愿者们会在公园开展类似于"倡导文明游园、倡导绿色环保"形式的志愿服务活动。据了解，当时公园每到双休日，都会有来自中学或高校的志愿者对游览区的环境卫生进行维护。这些活动不仅使得公园的整洁环境得以维持，同时对公园游客也具有较好的影响力，许多游客主动将垃圾放到指定位置，同时会对志愿者报以感谢，这也在无形中宣传了志愿服务理念及志愿精神。

三、经验总结及发展困境

（一）经验总结

玉渊潭公园的志愿服务活动发展至今取得了较好的社会效果。其作为国家社会服务机构，要服务大众，不断满足群众需求，增进人们的福祉。而志愿服务的开展为这些职能的发挥提供了有利的条件和保障。玉渊潭公园的志愿服务工作开展顺利离不开以下经验：

首先，因地制宜地开展特色志愿服务活动是志愿服务事业可持续发展的保证。玉渊潭公园的志愿服务工作注重结合自身的行业特色，相继开展的志愿服务活动都是关于文明游园、环境保护、景色宣传等方面的，和公园的发展息息相关，同时又和社会所倡导的价值观紧密结合，因此受到大众认可，也吸引了很多的资源，产生了良好的效果。

其次，整合资源，形成合力，为志愿服务事业提供支持。玉渊潭公园的志愿服务队伍不是单由本公园工作人员组成的，而是有来自中学、高校的学生及社会其他组织提供的志愿者。玉渊潭公园将这些志愿者进行合理的安排，定岗、定人或定服务项目，并且调动公园内部各部门参与志愿服务的积极性，收集各部门的志愿服务需求，统筹资源，分工合作，形成合力，确保了志愿服务的成效。

最后，有效的激励和评估是做好志愿服务必不可少的条件。为保证志愿服务实施的效果，玉渊潭公园还采取了相应的志愿者激励和对志愿服务实施进行评估的措施。在志愿者激励方面，为参与活动的志愿者开具相应的志愿服务证明，且每年都会对表现优异的志愿者进行相应的奖励。在评估方面，每次志愿服务活动后，会针对工作岗位或服务内容进行实效性或满意度评估，评估主要是以观察和谈话的方式进行了解。这些措施在一定程度上保障了志愿服务的实施效果。

（二）发展困境

1. 志愿服务经费不足

从当时来看，大部分志愿服务组织都面临志愿服务经费不足的问题。经费不足是限制志愿服务事业发展的重要因素。对于玉渊潭公园来说，这也是一大困境。公园的志愿服务活动主要是在团委的组织下开展，志愿服务活动没有专项活动资金，加之国家对事业单位的拨款及开支审查严格，每年可抽出用于志愿服务活动的经费很少。资金的紧张，使得很多有特色的项目都无法长期开展或无法开始实施，影响了志愿服务活动的持续性。同时资金的缺乏，也使得志愿者的利益无法充分保障，如志愿者保险及补贴不足等，也在一定程度上影响了志愿者参与的积极性。

2. 人员相对不固定，专业培训不足

玉渊潭公园的志愿服务团队是由多个队伍组成的，每个队伍都有相应的负责人。在管理上，每次志愿服务的开展，公园管理处负责人只和每个队伍的负责人对接，说明服务内容、目的及形式等，而每个队伍的志愿者成员是相对不固定的。根据每次活动内容及具体要求，各队伍负责人具体协调组织。在这个过程中，没有统一组织的上岗前培训、具体要求及注意事项，而大多是由各个队伍的负责人进行传达的，很少有集中系统培训或者定期组织志愿者培训。由于缺乏专业的志愿服务培训，志愿者在服务过程中遭遇一些突发状况不能及时处理，这样很容易挫伤志愿者的积极性。因此，加强志愿者的培训至关重要，开展专业志愿服务培训工作也是志愿服务可持续发展的保障。

3. 管理不规范，制度不健全

志愿服务的管理涉及多方面的内容，包括规章制度的制定、人员管理资源的协调控制等。而作为承担社会服务职能的志愿服务团队，玉渊潭公园内部关于志愿服务活动的规章制度尚无规范，没有专门的管理机

构。此外，志愿者团队也相对松散，内部没有成立统一的管理架构。志愿者由不同的队伍组成，基于志愿服务活动聚在一起。因此，整个团队的管理相对松散，志愿服务的工作由团组织直接负责，而上级党政部门却拥有直接的控制权，决定志愿服务的发展规模或方向，非规范式的管理制约了志愿服务的长远发展，同时也使服务效果难以维持。

四、发展建议

尽管当时志愿服务事业的发展还有很多限制，但这些都是发展过程中必须面临和解决的问题。事物总是在曲折和矛盾中不断前进的。我们需要做的就是不断克服各种困难、矛盾，推动事物不断发展和壮大。以增进社会福利，满足人们精神文化需求为目的的社会服务组织开展的志愿服务事业，我们更加需要推动发展。这对于我们和谐社会的构建具有十分重要的意义。结合本轮调研中玉渊潭公园出现的一些困境，提出以下建议：

第一，针对志愿服务资金不足的问题，要充分利用社会资源，实现资金来源的社会化。当时，资金短缺已经成为制约志愿服务发展的重要因素。对于社会组织而言，争取政府的支持是一个不可或缺的方面，但基于志愿服务的公益属性，更重要也更现实的是可以充分利用社会资源。如号召建立志愿服务专项基金或资金，在政府支持的前提下，动员有识之士和企业捐助，建立志愿服务的合作关系。因此，社会组织一方面要积极争取政府资金支持，另一方面也可考虑对志愿服务工作的市场开发工作进行整体策划，可与其他社会组织建立合作关系，实现长期共赢。

第二，关于培训方面，要加强志愿者的通用培训及专业培训。培训对于志愿服务而言具有十分重要的意义，不可忽略。通过培训，一方面可以提高志愿者的综合素质和服务能力，帮助志愿者更好地融入志愿者团队；另一方面可以培育志愿文化，形成良好的社会风气。针对当时玉渊潭公园志愿服务团队培训不足的现象，公园可以定期并有针对性地开展志愿服务培训，并建立有效的志愿服务培训体系。公园可直接负责完成志愿者的培训工作，同时针对组织松散的现状，也可协商与多个机构或组织共同完成志愿者培训。在培训内容上，不仅要关注通用类的培训，如志愿服务的基本知识、活动基本情况、应对突发状况及注意事项等，同时如有必要，要关注一些专业培训，以针对不同的志愿服务岗位。总之培训内容要丰富，关注实际需求，并注重实效性。

第三，在管理方面，要健全组织的管理机制。为有效地调动参与者的积极性，同时也为有效整合志愿服务资源，玉渊潭公园目前需要进一步完善管理机制。首先，有必要成立党政支持、团组织牵动、各部门配合的志愿服务管理机构。统一协调和组织志愿服务工作。其次，对参与活动的志愿者建立统一的志愿者库，实行志愿者注册管理，并做好志愿者服务计时，便于对志愿者进行激励和评估。最后，建立志愿服务管理规范或章程，规范志愿服务管理流程，明确志愿者招募、培训、激励和保障等内容，确保志愿服务有序和有效开展。

应该说，我国志愿服务事业的发展还处于起步阶段，还有许多待解决的问题，在其发展过程中还会遇到各种困难，但这不能阻挡我们前进的信念。在当前政府职能转变和多元化社会需求的大背景下，我国的志愿服务事业的确发挥了不可或缺的作用，它为人们的生活带来了更多的和谐和美好。相信志愿服务会继续成为人们生活中重要的组成部分，也希望社会各界能给予志愿服务事业更多的支持，为自己、为他人，创造更美好的社会环境。

参考文献

张晓红、李凌:《志愿服务组织的规范运行与管理研究》,《北京城市学院学报》2010 年第 5 期。

潘修华：《我国志愿服务的基本情况、存在问题与对策探析》，《社团管理研究》2011 年第 12 期。

金晶：《中国志愿者组织的发展现状和功能的研究》，上海师范大学硕士学位论文，2007 年。

陈向明：《质的研究方法与社会科学研究》，教育科学出版社 2000 年版。

第八节　中国宋庆龄基金会

调研对象：陈爱民（中国宋庆龄基金会联络部部长）

　　　　　郝永宽（中国宋庆龄基金会联络部部长协调处副处长）

调研时间：2014 年 5 月 5 日

调研地点：中国宋庆龄基金会

调研及报告撰写人：

赵志强（中国农业大学 2013 级研究生）

刘畅（中国农业大学 2013 级研究生）

为纪念中华人民共和国国家名誉主席宋庆龄，1982 年 5 月成立了宋庆龄基金会，基金会兼具人民团体和社会公益机构两重职能。2005 年 9 月，经第五届理事大会审议通过，更名为中国宋庆龄基金会（以下简称"宋基会"），英译名为"China Soong Ching Ling Foundation (SCLF)"。机构的目标是：和平、统一、未来。自成立以来，宋基会曾经开展的一系列"人无我有"的特色活动：母亲水窖、救助女童计划、时代小先生等公益项目，这些项目实施后被广泛复制和继承，展现出基金会在公益领域的实验性、示范性、引领性，从而达到引领公益时尚和传播公益文化的目标。

志愿服务活动开展几乎是从宋基会的机构成立伊始就展开了。由于机构的人员编制较少，相关公益项目的实施一直都有志愿者参与，也正是因为经常性地组织志愿服务活动，机构已经形成了较为成熟的志愿服务运行机制。基金会的志愿服务开展主要按照项目需求来招募志愿者，宋基会的所有公益项目都无一例外地动员了志愿者参与，并据此摸索建立了短期的项目型志愿者、长期的行政支持型志愿者管理模式，在服务于宋基会的相关公益项目和机构常态运行的同时，也锻炼和培养了志愿者。在宋基会成立三十周年的纪念活动中，很多曾经的志愿者所讲述的成长故事让机构更加明确了应该进一步常态化志愿服务的组织和管理，这不仅可以为宋基会相关工作目标动员到更好更多的优质志愿者资源，参与其中的志愿者的成长，尤其是宋基会志愿者主体——青年志愿者在参与志愿服务中所获得的成长和发展将能更好地体现宋基会服务于青年交流和健康成才的目标。

2013年年底，中国志愿服务联合会成立；2014年4月，北京志愿服务联合会召开了第一会员代表大会，之前上线的志愿北京网络平台的注册志愿者超过200万，发布项目超过1万个。作为经常招募和使用志愿者开展工作的宋基会在访谈中也表示将努力提升机构未来的志愿服务工作水平，继续在志愿服务及公益领域保持示范性和引领性。

一、宋基会志愿服务的组织工作介绍

（一）志愿服务的组织

宋基会曾专门成立志愿服务团队来负责拓展训练和开展志愿服务活动，该组织由宋基会共青团委员会负责，名称为宋基会志愿服务总队。其招募方式主要有两种：第一，通过在宋基会官网上发布招募信息；第二，通过对口院校进行招募和组织筛选。对志愿者的考核也分两种方式进行，在团体组织层面上由对口学校自行筛选和考核，在个人层面上由宋基会自行组织考试，考试由笔试和面试组成。

伴随着志愿服务项目化的新发展，宋基会近年开始分部门自行按需求招募志愿者，志愿者的相关管理按照谁招募谁负责的原则分别由招募部门自行管理，统一的专门的志愿服务组织也就逐渐失去了相关实际工作职能。

（二）志愿服务的领域

宋基会的工作重点在于传承宋庆龄的事业，其宗旨和公益目标可以简单概括为"和平、统一、未来"。其中"统一"方面主要指港澳台交流，"未来"方面则与公益慈善相关，主要是关注妇女、儿童，扶助弱势群体。从此可以看出宋基会更多的是做公益类的活动，其公益目标主要是面向妇女、儿童、港澳台的青少年交流。由于宋基会的这些特殊性，其志愿服务的范围也较其他组织有所不同。宋基会的志愿服务主要包括在涉及国际交流、台港澳交流、公益事业等方面的大型活动志愿服务和日常志愿服务中，志愿者提供语言服务、接待、讲解与咨询宣传等方面的服务。

同时，宋基会以公益项目为主、志愿服务为辅，通过组织志愿者一方面可以更好地完成项目，提高项目品质；另一方面，关注志愿者的成长。宋基会认为公益目标的达成与志愿者自身的成长同样重要，只有在志愿者有收益的情况下志愿服务才会更好地持续发展下去。在宋基会的志愿服务活动中，不仅志愿者得到锻炼和成长，同时宋基会还对志愿者的成长进行一些持续的支持，比如，优先招募参与过宋基会志愿服务的优秀志愿者参加新的项目、在宋基会的相关活动中邀请老志愿者来分享等，从而达到培养人才、储备志愿者人力资源的目标。

（三）规章制度

为加强宋基会志愿者队伍建设，促进志愿者管理工作的规范化、制度化，进一步推动宋基会志愿服务事业持续、健康、协调发展，结合宋基会实际，宋基会在 2011 年特制定《中国宋庆龄基金会志愿者管理办法》，为进一步加强组织和管理志愿者提供了一个理论依据，为宋基会的志愿服务事业的开展提供了重要的政策支持和权益保障。

二、宋基会志愿服务的运行机制

（一）志愿者招募

宋基会志愿者可以分为公益项目志愿者和机构志愿者两类。公益项目志愿者是根据具体的项目活动本身来设立服务岗位；机构志愿者是针对机构本身的相关管理工作的需要设立服务岗位，例如宋基会××部项目协调员等。志愿者的规模每年300人左右，主要来自社会招募。年龄段主要是青少年，特色在于有少年志愿者，例如"时代小先生"特色活动。

宋基会的各部门招募志愿者要求有明确的工作任务和服务岗位，并在征求财务部门意见的基础上，向机关团委书面提出招募志愿者申请，经机关团委核准，报请分管会领导批准后进行招募。

招募方式采取部门自主招募和有关部门推荐相结合的方式。公益项目志愿者的招募应采用公开招募的形式，在宋基会网站等媒体上公布志愿服务项目、招募条件、数量及服务内容等，并对在志愿服务过程中可能出现的风险作必要告知和说明。

宋基会在招募志愿者的过程中对志愿者的专业性、爱心、热情、耐心、持久性要求比较高，尤其是耐心和持久性。招募的志愿者一般都符合如下条件：

1. 热心社会公益事业，具有"奉献、友爱、互助、进步"的志愿服务精神。

2. 年满14周岁（未满18周岁的须经其法定监护人同意）。

3. 具备参加志愿服务所需要的基本能力和身体素质。

4. 品行端正，遵守国家法律法规和我会有关规定。

宋基会招募来的志愿者都要填写志愿者申请表格和签订志愿者服务承诺书，从而明确双方的权利和义务。

除了在宋基会官网进行社会招募外，宋基会也主动与一些高等院校建立了友好的长期合作关系，把这些高校作为长期合作的对口院校，比如首都体育学院、中国地质大学、北京语言大学、北京科技大学、北京大学与清华大学等，为宋基会的大学生志愿者的招募提供长期、稳定的志愿者人力资源。

（二）志愿者的管理

根据"谁招募，谁管理"的原则，宋基会要求志愿者所服务的部门要采取切实有效的措施，认真做好志愿者的日常管理工作，保证志愿服务工作的有序开展，保障志愿者的合法权益。通常由机关团委负责志愿者的登记，志愿者所服务的部门负责为志愿者提供基本办公条件。重大活动或重大灾害中宋基会需要的项目型志愿者的招募和使用管理等，按照宋基会的志愿者管理办法一般由宋基会成立专设临时机构统一进行管理（资料来源：《中国宋庆龄基金会志愿者管理办法》）。

（三）经费来源

宋基会志愿服务的经费来源主要有两类：

第一类是来自于项目经费自身，这是最主要的经费来源渠道。在具体的项目运作过程中，作为服务于相关项目中的志愿者一方面本人本身就是该项目参加人，与其他的项目参与人享有同等待遇，比如在青年交流项目中的青年，一方面参与交流项目，另一方面服务于其他参与交流的青年人。另外，在其他一些需要志愿者参与的项目中，志愿者除了不领取工作报酬外，服务保险、误餐及交通补助等志愿者成本投入均在项目管理经费中列支。第二类是来自政府拨款，这里的拨款指作为承担人民团体功能、以开展相关公益活动为主要工作方式的宋基会，其行政运行经费来源于政府拨款，宋基会招募的机构志愿者（服务于宋基会的行政管理和协调等内部事务性工作）的基本保障都从这笔经费里列支。由于志愿者的招募和使用由该志愿者的使用部门负责，一般在招募前该部门会就志愿者的招募向宋基会相关领导及责任部门提申请、做预算，获得同意后才能开始相关招募。

（四）志愿服务培训

按照宋基会的志愿者管理办法，宋基会要求志愿者所服务的部门应对招募的志愿者进行相应的基础培训和岗位培训，确保志愿者能够顺利开展志愿服务工作。宋基会的志愿服务培训的开展主要是通过以下几个方面来做的：

1.培训内容

（1）宣传宋庆龄精神。宋基会是为了纪念宋庆龄而成立的，其开展的各项活动都与宋庆龄精神息息相关，所以在踏上志愿服务岗位之前，首要的便是理解宋庆龄精神，这作为宋基会志愿服务培训的保留和特色内容，是志愿者的必修课。

（2）专项活动的培训内容。专项活动的培训内容是根据具体项目需求来确定的，主要包括志愿者要参与服务项目的基本情况、志愿者在项目中的职责，同时也会邀请老志愿者跟新招募志愿者们分享以往参与志愿服务的经验、收获等。该部分的培训除了让志愿者了解项目的相关情况，即让志愿者们知晓活动是什么与他们需要做什么，还鼓励和激励志愿者在参与服务中学习成长。

2.培训方式

（1）由于志愿者通常由宋基会各部门按需求自行招募，所以志愿者的培训也由志愿者的招募部门自行开展，根据不同部门、不同项目进行针对性的培训。

（2）以老带新，这是宋基会志愿者培训的一个主要形式。通过召开新老志愿者参与的交流座谈会，通过老志愿者与新志愿者交流心得体会，从而使志愿服务的培训活动具有延续性：新志愿者受到鼓舞、老志愿者获得肯定。为此，宋基会也会定期举办志愿者分享会，不仅使宋基会的志愿者资源得以最大限度的保留，也使之成为各种志愿服务项目的交流分享平台。

（五）保障与激励

1. 物质保障

对于志愿者的基本生活的保障，《中国宋庆龄基金会志愿者管理办法》有如下规定：

（1）志愿者在服务期间由宋基会会提供免费早餐、午餐（凭《中国宋庆龄基金会招募志愿者审批表》向机关服务中心领取临时就餐卡。服务期满或提前结束服务，所服务的部门应将临时就餐卡及时交还机关服务中心）。

（2）志愿者在志愿服务期间，经所服务部门负责人的同意，因工作所产生的交通费、餐费据实报销。

（3）志愿者所服务部门应该在志愿者服务期间为志愿者提供意外伤害保险（机关服务中心负责具体办理）。

（4）除上述 3 项外，志愿者不享受其他福利待遇。

除了上述规定外，如果大学生志愿者在毕业后选择继续在宋基会当志愿者，从事志愿服务于宋基会的工作，宋基会将按照志愿者服务部门的需要和申请，设立长期志愿者岗位，按照长期志愿者的相关保障规定，给予志愿者每月 1300 元到 1500 元的志愿者补贴。

2. 精神激励

对志愿者的精神激励机制，主要有四方面内容：一是为志愿者开具志愿服务的证明；二是对于表现优异者提供更多的参与项目的机会，比如在两岸交流项目活动中，如果志愿者在参与大陆方面相关项目的志愿服务中表现出色，就有可能获得参与去往台湾交流项目的志愿服务的机会；三是为优秀志愿者推荐就业，包括宋基会本身或其他宋基会合作的机构，如宋基会聘用人员时，各部门可推荐优秀的志愿者应聘，同等条件下优先录取宋基会志愿者；四是不定期地进行优秀志愿者表彰，如在宋基会成立 30 周年的纪念会上，以往的优秀志愿者都获得邀请，前来参加纪念活动，体现出宋基会对志愿者的重视，也表达出宋基会积极肯定在 30 年的发展历程中志愿者是宋基会不可或缺的重要力量和宝贵资源。

（六）相关考核与评估

宋基会对志愿服务项目和志愿者的考核与评估主要有以下的一些形式：

1. 志愿服务对象的评估

宋基会一般会在相关项目结束以后向被服务的项目参与人发放问卷，调研被服务对象对于该项目的满意度，其中包括对志愿服务的认可度、对项目中志愿者的评价等。这样的评价属于项目参与人的直观评价，没有第三方参与。

2. 志愿者自我评价

宋基会在项目结束后通过组织志愿者分享会和要求志愿者撰写心得体会，通过这样两个形式来完成志愿者对自己的志愿服务工作的总结和自我评价。

3. 志愿者来源单位参与评价

这主要是针对大学生志愿者的评价形式。在对志愿者服务评价时，邀请志愿者的所在院校，通过比较志愿者参与宋基会志愿服务前在校表现和参加了志愿服务项目后的表现，一方面由志愿者的收获和成长来体现宋基会志愿服务项目对志愿者的教育功能；另一方面，也有利于发现项目中存在的问题，便于进行相关的调整和改进。

由此，我们可以发现：宋基会对志愿服务项目和志愿者进行相关评估和评价工作，一方面完成了对志愿服务项目的效果进行评估，另一方面也对志愿者的志愿服务进行了评价。这体现出宋基会开展志愿服务活动的目标不仅是为了公益项目的顺利完成，同时还将志愿服务促进志愿者的成长作为目标，由于参与宋基会志愿服务的大多是青少年，那么关注青少年在志愿服务活动中得到的锻炼、收获成长，这恰恰也体现了宋基会"和平、统一、未来"的理念。

三、特色志愿服务项目

宋基会的志愿服务项目种类很多，主要是围绕宋基会的相关公益活动展开，这跟其他基金会和公益机构一样，在公益项目的实施中招募志愿者参与实施。比如两岸青年交流、家境困难女童就学帮扶、西部缺水地区家庭水窖捐助和修建、贫困大学生帮扶等，按不同的需求都有招募志愿者，有的是参与协调、有的是参与调研、有的是帮助宣传等。在宋基会所介绍的志愿服务项目中，我们认为最具特色的志愿服务项目主要有以下两个。

（一）"时代小先生"活动

1. 项目特色

志愿者年龄小，满足低龄志愿者参与志愿服务体验的愿望，将志愿服务的教育功能延伸到更小的年龄段。

2. 项目介绍

宋基会"时代小先生"项目于 2011 年 5 月 31 日六一国际儿童节来临之际，在宋庆龄故居正式启动。所谓的"时代小先生"就是宋庆龄故居招募的中小学生志愿者，这在低龄志愿服务岗位稀缺的北京乃至全国都是独树一帜的。"时代小先生"是在 20 世纪 40 年代宋庆龄亲自组织开展的"小先生"极其丰富思想内涵的基础上衍生出来的，它融入了宋庆龄"从小培养民主意识、国家主人翁和社会责任感的教育思想"。在挖掘"小先生"历史内涵的同时，结合当代素质教育的新理念，宋庆龄故居提出了争做"时代小先生"的理念，并赋予其新的内涵。以勤奋好学、团结友爱、率先垂范等核心内容作为指导思想，开展实践教育活动。力争把育德内涵和渗透于实践创新活动的各个环节，把学校教育、家庭教育和社会教育的各方面有机结合。

在今天，"时代小先生"成为了宋基会最有特色的活动之一。在宋庆龄故居的各项活动中，时代小先生们不但担任讲解员，而且还在活动中有精彩表演。例如，时代小先生们在宋庆龄故居第五届海棠文化节开幕式上朗诵《少年中国说》，在宋庆龄故居举行"缅怀伟人重温历史铸就梦想"清明活动中，时代小先生们又表演了精彩的历史剧。

王乐然就是其中的代表。他在宋庆龄故居坚持四年做小讲解员，通过参与"时代小先生"等系列志愿服务项目在丰富了自己各方面知识的同时也锻炼了能力。志愿服务不仅让他在学校品学兼优，也激励他在校外各项活动中充分发挥自己的特长。比如在科技馆和其他博物馆做小志愿讲解员的过程中，开动脑筋，努力提高自己的讲解水平，受到观众的赞扬。"时代小先生"志愿服务项目培育了很多像王乐然这样的小学生。受年龄的限制，志愿服务教育在小学阶段主要是志愿精神的培育，但是再出色的志愿服务理论教授如果没有感性的志愿服务体验作为基础，相关效果还是会大打折扣。

（二）喜舍基金与山西大同福利院合作的志愿领养活动

1. 项目特色

创新了孤残儿童的抚育模式，弥补了社会福利院所不能满足的孩子的成长对于家庭的必然需求。

2. 项目介绍

喜舍基金自 2000 年由宋基会理事邵秀华女士发起，主要针对老、少、边、穷地区的少年儿童及孤寡老人，开展教育、健康等方面的资助工作。大同社会福利院创建于 1949 年 9 月，是目前山西省收养规模最大的一所综合性社会福利慈善机构，承担着全市社会弃婴和城镇"三无"对象的收养任务。

宋基会组织台湾医疗康复专家赴山西大同社会福利院为孤残儿童进行义诊，关注到家庭对于孤残儿童难以替代的特性，逐渐树立了本着为孤残儿童找个"家"的主导思想，开始与大同社会福利院合作开创了具有黄土高坡特色的分散寄养方式，采用聘请家长与孤残儿童组建家庭的形式对儿童进行全方位的照顾。该项目无疑给志愿者们提出了更高的要求，除了要有爱心、善于沟通交流，更重要的是耐心和持久性。该模式成为福利院家庭寄养、集中供养以外的又一种新型的孤儿养育模式，是一种非常人性化的孤残儿童养育模式，对于孤残儿童的成长与发展具有非常重要的意义。

从志愿家庭到志愿领养，让那些被遗弃的孤残儿童重新回归家庭，感受到挚爱亲情的家庭温暖，这是任何福利院和社会所不能代替的。

四、宋基会的常态化志愿服务项目

宋基会的历史背景与海外背景让其有了更多的台港澳交流与国际交流项目，招募志愿者服务于该项交流中是宋基会最为常态化的志愿服务项目。此类交流项目要求志愿者具备一定的专业知识、开朗活泼、有较强的语言表达能力、善于沟通，其中相当一部分项目参与者同时担负着志愿者的职责。

对于台港澳交流活动，宋基会积极推动两岸各领域交流交往，成就了许多佳话。一批又一批海峡两岸的中国人，通过宋基会的平台，增进了彼此的了解，唤起了久违的情感。在两岸交流中，一方面，志愿者作为大陆青少年的代表需要服务于台港澳青少年朋友们，在具体活动中承担着介绍引导的职责，例如向青少年朋友们介绍大陆的新发展、新气象；另一方面，在出访活动中更多地承担着沟通交流的职责，树立大陆青少年阳光健康的形象，同时在相关的其他工作中发挥作用。

对于国际交流活动，尤其是极有特色的"国际青少年交流营"活动，此类活动旨在搭建广阔的国际交流平台，让各国青少年在轻松愉快的氛围中，在丰富多彩的活动中，开阔眼界，增长知识，结交朋友，从而拥有广博胸怀，感知和理解多元文化，尊重和包容各民族文化差异，在他们心中播下友谊的种子，使之成为维护世界和平的新生力量。同时，积极传播中国历史悠久的传统文化，传达中国人民热爱和平的美好情感，也可以使宋基会更好地与国际接轨，使中国的志愿者积极参与国际交流活动，从而了解国际视野下的志愿服务发展情况，缩短志愿服务国际化的进程。

另外，宋基会还有机构志愿者项目，这也是常态化项目。这指的是由于宋基会自身管理或推广等内部行政工作的需求，需要招募一些志愿者来参与宋基会自身的管理工作。这些志愿者一般都是曾经的宋基会志愿者，他们参与过宋基会的其他志愿服务项目，熟悉宋基会的相关工作流程，且愿意以志愿服务的方式为宋基会在相当长的时间内工作，宋基会需求部门在征得主管领导同意后，在主管人力资源部门备案，机构志愿者享受一定的交通、通讯以及生活补助。

五、对宋基会志愿服务工作的思考

（一）志愿服务特点

1. 充分发挥宋基会在两岸和国际交流方面的优势开发志愿服务项目

宋基会对志愿服务的角色定位准确。宋基会具有人民团体和公益机构的双重属性和特点，在志愿服务活动的开展中有巨大的号召力和感召力；同时，宋基会大多数的公益项目都定位于国际性、前瞻性，以期引领公益时尚，比如两岸公益论坛为草根人士和草根组织提供交流的平台和机会，比如青年领袖培养为青少年领导力提升提供硬件和软件上的帮助等，为此宋基会的志愿服务项目也定位在实验性、示范性和引领性上，有特色的两岸交流和国际交流项目开发设计相关志愿服务项目，吸引了大批想获得锻炼和提升的志愿者。

2. 关注青少年在志愿服务活动中获得的成长，尤其是为青少年儿童提供志愿服务的平台

现在的志愿服务在小学阶段主要是培育小学生们志愿服务的精神理念，在中学阶段可以让学生们适当地体验志愿服务，只有到了大学阶段志愿者们才有能力组织和开展志愿服务活动。而宋基会通过"时代小先

生"和"国际青少年交流营"等特色活动让各个年龄段的青少年均能参与和体验志愿服务，充分发挥了志愿服务的教育功能，教育青少年在志愿服务中懂得关爱他人、与人合作，并在志愿服务中向社会、向世界展示和传递中国青少年积极向上的正能量。

3. 宋基会成功地建立了与志愿者的良性互动

宋基会的工作理念之一就是关注青少年的健康成长，在其具体的公益项目活动中，通过与不同年龄段的志愿者的亲密交流与志愿者们建立良好的互助关系，一方面，宋基会给志愿者们提供了锻炼和学习的机会，让志愿者们，尤其是学生志愿者在踏入社会前完成初步的社会化，锻炼本领、学习技能、升华自身；另一方面，志愿者们在通过宋基会的相关活动获得成长后，又带着满腔热情继续参与宋基会的各项公益活动，为宋基会带来了活力与朝气。

4. 与定向合作单位建立稳定的志愿者人力资源库

宋基会注重跟北京高校合作，并与曾有联系的学校合作关系融洽，便于在招募社会志愿者时采取定向在这些高校招募的方式，一方面定向高校为宋基会志愿者需求提供了基本保障；另一方面，宋基会也为定向高校提供了优质的志愿服务实践平台。这种模式可以说是充分利用双方的资源优势来开展志愿服务。当然，高校在志愿者培训、管理等方面的优势，和宋基会志愿服务项目的国际化平台也让合作双方都体会到了双赢。

（二）思考问题

我国的志愿服务事业起步较晚，宋基会的志愿服务事业虽然开展早，但受整体水平的影响，也难免会在实际工作中遇到许多的问题和困难，主要集中在以下几方面。

1. 培训还有待完善，尤其是基本工作能力的培训

由于一次性的志愿者多，每一个具体的项目都要进行培训。招募的志愿者大都是青年人，不少志愿者社会经验少，比如不懂得与人相处，

不会使用基本的办公设备。即使是大学生志愿者，由于该群体也没有完成基本的社会化，其个人的职业基本素质也有待提高，所以基本素质的培训就显得尤为重要。但宋基会的培训中这方面的培训内容基本没有，导致志愿者上岗后需要很长时间来学习和适应，但往往学会了、适应了，项目也就结束了。

2. 没有独立的志愿者部门

现代志愿服务最突出的特点是组织性，这种组织性最大的优势是信息和资源共享、效率大大提高。宋基会的志愿服务运行基本上是在自己内部独立运行，自成系统。近年由于人员调动、志愿服务工作逐渐分散到相关需求部门，原有的隶属于宋基会共青团组织的志愿服务团队失去了统筹和协调功能，宋基会志愿服务反而零散、分散，由相关部门自行运行，为此志愿服务的合力反而减弱。

同时，由于没有专门和独立的志愿者部门，宋基会志愿服务的对外交流也无法对接。北京已经建立了全市统一的志愿服务注册平台，志愿者、志愿服务项目等都依托志愿者组织通过平台进行管理，而宋基会将由于没有专门的志愿者管理部门而未能接入平台，由此带来的志愿服务统一计时、志愿者保险保障、志愿者星级评定、志愿者表彰激励等以各级各类志愿者组织为依托全市志愿服务统一管理对接还未开始进行，志愿服务处于孤立、与属地市脱节的状态中。

（三）建议与对策

1. 建立专门的志愿服务组织或职能部门

以前有志愿服务总队的时候，可以方便地开展拓展训练，同时对于志愿服务的延续性也是一个很好的保护。现阶段志愿服务事业发展的前景是十分广阔和美好的，再加上宋基会志愿服务活动的持续展开，所以宋基会应该建立专门的志愿服务管理机构，一方面有利于优化机构内部职工的工作内容，提高办事效率和工作水准；另一方面，也有利于宋基会志愿服务事业的规范化发展。

2.在志愿北京网站完成注册，为志愿者提供保障

由于宋基会没有在志愿北京网站上注册，所以没有系统地对各志愿者的服务情况进行记录，例如为志愿者的志愿服务计时。加入志愿北京网站，不但可以使宋基会的志愿服务组织合理化，而且为志愿者的招募提供了相当大的便利，也可以为志愿者争取到保险，为志愿者提供各方面的权益保障。

3.加强与其他志愿服务组织和相关行政部门的交流，完善资源的整合

宋基会的志愿服务活动应该利用自身优势，加强与其他志愿服务组织的合作与交流，相互吸取志愿服务的经验和不足，为以后志愿服务工作的开展提供借鉴和参考，同时通过建立与相关行政单位的联系获得相应的政策支持，从而共同推动志愿服务事业的进步和发展。

4.志愿服务培训方式需要多样化，内容需要专业化

宋基会对专业培训的需求，比如说在纪念日开展培训活动，有课程、专业教师和基地就能顺利开展。在培训内容上应包括对志愿服务精神的培育、具体服务对象和不同项目的基本培训与志愿服务活动中的基本技能技巧三部分，其中人际交往礼仪与心理疏导技能显得尤为重要。对志愿者进行细致和完善的培训，不仅提高了志愿者的基本素质，还给宋基会的相关项目活动的完成奠定了坚实的基础。

第八章　企业志愿服务组织（央企、国企、民企）

编 者 按

由央企、国企、民企构成的内资企业的志愿服务组织近年来逐渐成为我国志愿服务事业的重要组成部分。2008 年之前，内资企业一般通过成立企业的基金会来开展志愿服务活动，如腾讯公益基金。近年来这类组织得到了很大的发展，开始成立志愿服务队来单独开展志愿服务活动。本轮调研以企业志愿者组织（央企、国企、民企）为对象，选取了昆仑燃气、中建一局、北京同仁堂等 20 余家单位，呈现了 11 篇调研报告，本章节选了《大栅栏街区综合包户志愿服务调查报告——以老字号戴月轩和内联升为例》《北京楠竹文化发展有限公司志愿者协会——走在志愿服务专业化的道路上》《宜信公司志愿服务队调研报告》《吴裕泰公司志愿服务调查报告》《北京金隅物业管理有限责任公司志愿服务调查报告》《中铁十九局集团有限公司志愿服务调查报告》等，分别呈现如下。

访谈提纲

1.志愿者团队的组织架构如何？与企业有何关系？

2.志愿者团队的人员是如何构成的？志愿者管理和服务人员有多少？

3.志愿服务活动的服务领域、服务内容、服务对象分别是什么？

4.志愿服务活动的具体开展是否实行项目化管理（项目管理环节：招募、培训、岗位对接及服务中的支持、保障、评估与成果转化）？有哪些长期项目和短期项目？有没有形成独有的特色和品牌活动？

5.对志愿者的评价和激励是怎么做的？是否开展志愿服务活动的评估和总结工作（比如创办自己的刊物、网站分享志愿服务感想、总结，或者进行优秀志愿者表彰等）？

6.企业是否为志愿服务团队直接提供资源（包括资金、物资和技术等）以什么样的方式（制度型还是项目申请或其他）？或者说，企业本身对于组织发展制定了哪些具体政策和规章制度以保证活动的持续有序开展？

7.如何看待企业的志愿者组织开展的志愿服务活动和企业自身发展之间的关系？如何看待这些志愿者活动与企业开展慈善捐赠、环保自律等企业社会责任方面的活动的区别与联系？贵企业是否有专门的机构规划和管理这类活动？

第一节 大栅栏街区"综合包户"志愿服务

——以老字号戴月轩和内联升为例

调研对象：于天莺（北京戴月轩湖笔徽墨有限责任公司董事长）

　　　　　刘　阳（北京内联升鞋业有限公司团支部书记）

调研时间：2015 年 4 月 1 日

调研地点：北京戴月轩湖笔徽墨有限责任公司

　　　　　北京内联升鞋业有限公司

调研及报告撰写人：

董亚云（中国农业大学 2014 级研究生）

"综合包户"是由宣武团区委于 1983 年发起的志愿服务活动，这不仅是首都志愿服务的发端，作为一项发起于社区，植根于社区的志愿服务项目，"综合包户"为首都志愿服务积累了丰富的经验，更有效地扶助了弱势群体和特殊群体。同时，这项持续了三十余年的志愿活动也成为大栅栏街区老字号戴月轩及内联升的品牌志愿服务项目，两家企业在近十年的志愿服务中，不仅帮助了数十名孤老和儿童，更将"综合包户"的志愿服务精神融入到了企业的血液当中。

一、"综合包户"志愿服务项目简介

"综合包户"志愿服务是在开展"文明礼貌月"、"学雷锋、树新风"活动基础之上发展起来的。1983 年第一份"综合包户"协议书在大栅栏街道签订，被视为首都青年志愿者行动的滥觞。"综合包户"主要是由各级团组织发挥所在行业的优势，义务为社区内的孤寡病残和军属烈属等社会特殊群体提供综合性服务，并将扶助时间、内容以签订责任书的形式固定下来。最初，大栅栏街区为本地区 19 户身边无儿女的老人定期提供志愿服务，如提供日用品、主副食品，帮助其维修、打理房屋，为老人理发、洗澡，进行卫生巡诊等近 10 余项综合服务，囊括了受助者生活中所需要的一切帮助。随着"综合包户"志愿服务的不断完善，服务对象也逐渐延伸到退休老干部、老专家，同时包括特困家庭青少年、问题青少年、下岗职工、失业青年、老"综合包户"服务队员和进京务工青年等人群。

进入 21 世纪，"综合包户"活动不再限于扶贫济困，进一步涵盖多方面公益活动。随着计算机技术的发展，"综合包户"志愿服务也紧跟时代。2006 年，团区委开展了"公益实践项目"工作，通过网络发布了包括关爱助残、扶贫助困等 5 大类 72 项公益实践项目，截止到 2008 年 6 月，已经有 60 项公益实践项目落到了实处，并得到了各级团组织部和青年志愿者的积极响应。"综合包户"这一志愿服务项目，也在不断的发展和创新中给需要扶助的群体提供了内容更加丰富的帮助。

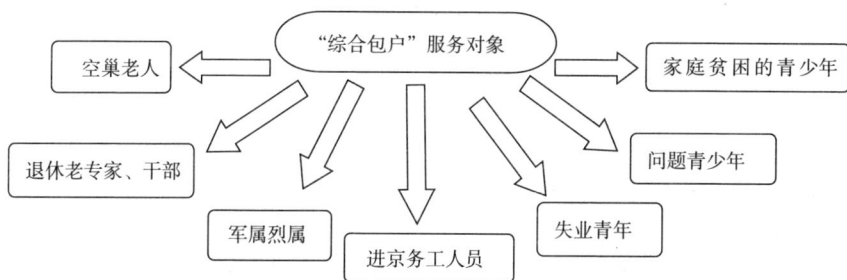

图 8—1　"综合包户"项目服务对象图解

二、企业概述

（一）北京戴月轩湖笔徽墨有限责任公司

戴月轩笔庄坐落于东琉璃厂文化街，创建于 1916 年。创始人姓戴名斌（1880—1961 年），字月轩，浙江湖州善琏人。1916 年，他在东琉璃厂 32 号开办戴月轩笔庄，采用前店经营、后厂生产的经营模式。现在，戴月轩笔庄已经改制为北京戴月轩湖笔徽墨有限责任公司，成为生产经营型企业。

戴月轩主要经营笔、墨、纸、砚、石、名人字画等，并生产湖笔。戴月轩所制毛笔做工精良、选料上乘，毛泽东、周恩来生前喜用戴月轩毛笔，近现代书画文人对戴月轩感情至深，徐世昌、郭沫若、赵朴初、陈半丁均为戴月轩写过匾额。1993 年，戴月轩被中华人民共和国商务部认定为"中华老字号"；后来被北京行政管理局认定为"北京市著名商标"；2004 年，被中国商业联合会认定为"中国商业名牌企业"、"中国商业服务名牌"；2006 年，国家商务部重新认定戴月轩为首批"国家老字号"。《戴月轩湖笔制作技艺》是非物质文化遗产保护项目。

近年来，戴月轩公司取得了快速发展。连锁经营走出琉璃厂文化街，先后在翠微大厦、蓝岛大厦、燕莎友谊商城、新东安市场等著名商厦内开办"店中店"。2000 年以来，他们先后在上海、辽宁、厦门开办分店，悠久的戴月轩正在新时代的商业浪潮中焕发勃勃生机。

（二）北京内联升鞋业有限公司

北京内联升鞋业有限公司，总店坐落在前门大栅栏商业街 34 号，以生产制作千层底布鞋而闻名中外，是目前国内规模最大的手工制作布鞋的生产企业，销售形式零售兼批发，企业性质为股份制。注册商标"内联升"为郭沫若手书体。公司总店于 1988 年在原址翻建了营业楼。"内联升"这三个字既是个字号，同时又是一个品牌。早年间，《履中备载》是中国最早的"客户关系管理档案"，已被编入北大光华管理学院 MBA 课程案例库。如今，服务对象变成了普通百姓，但"以诚相待、童叟无欺"的经营理念却保持至今。1992 年起"内联升"商标连续四届被北京市工商行政管理局认定为"著名商标"；1994 年被中华人民共和国国内贸易部命名为"中华老字号"；2001 年被北京市旅游局认定为旅游定点商店；2002 年被中国质量检验协会列入"打假扶优重点保护企业"；同年，内联升牌布鞋被中国商业联合会评为"中国名牌"；2006 年被中国商业联合会授予"中国布鞋第一家"称号；2007 年被北京市政府列入重点保护"非物质文化遗产名录"；同年，被国家工商行政管理总局认定为"中国驰名商标"，成为布鞋行业唯一获得此项殊荣的企业；2008 年被列入"国家级非物质文化遗产名录"；同年，为"第 29 届北京奥林匹克运动会"提供奥运赛事颁奖礼仪用鞋；2011 年成为第一批国家级非物质文化遗产生产性保护示范基地。

近年来，内联升运用 21 世纪的模式经营并管理公司，建有企业 ERP 系统，实现了生产制造、分销零售、财务管理、数据分析、电子商务等方面的信息化管理。通过公司的网站，随时接收传递公司与分店和加盟商的经营、产品等方面的信息，实现了资源共享。

内联升于 2002 年通过 ISO9001 国际质量体系认证。2008 年，通过 ISO14001 环境管理体系认证，促进企业节能降耗，加强环境保护与管理，保证了产品的绿色健康。内联升是中国布鞋行业国家标准起草单位，千层底布鞋、毛布底布鞋分别取得专利证书。

三、企业志愿服务团队概述

（一）团队成员构成

一般企业的志愿者服务团队都由其内部员工构成，戴月轩和内联升也并不例外。戴月轩志愿者服务团队共有五人，分别是戴月轩董事长于天莺、工会主席刘瑛、公司出纳汪瑞春、团支部书记杨丽及企业职员于萍。可以看出，戴月轩的志愿者服务团队的人员构成基本为企业管理层工作人员及党团干部，绝大部分员工都未参与志愿服务活动。

相比之下，内联升鞋业的志愿服务队伍就显得相对庞大。团队有 80 人左右，由党支部与共青团共同发起，人员组成由于其志愿者规章的硬性要求，所以都为 35 岁以下的青年志愿者，其中大多数为团员。这 80

名志愿者又由一线营业员、销售、售后及公司职能部门工作人员组成，他们在团支部的领导下参与志愿服务。这些志愿者分批次自愿参加志愿服务活动，并且可以依据自己的时间，选择自己想要参加的志愿服务活动。每次活动一般有 2—10 人参与。由于内联升鞋业的志愿者大多都比较年轻，拥有较强的责任心，所以在志愿服务过程中的参与度较高。

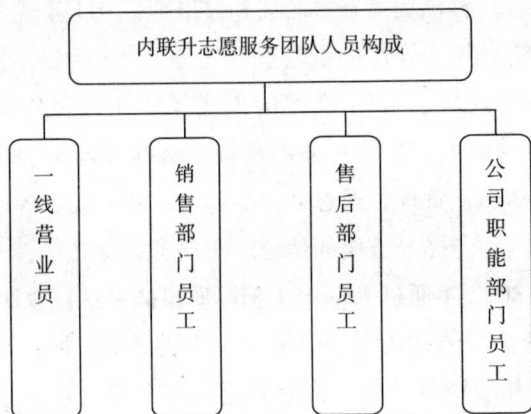

```
           内联升志愿服务团队人员构成
    ┌──────────┬──────────┬──────────┐
  一线        销售        售后        公司
  营业        部门        部门        职能
  员          员工        员工        部门
                                      员工
```

图 8—2 内联升鞋业志愿服务团队人员构成图解

（二）服务领域

戴月轩湖笔徽墨及内联升鞋业的志愿服务项目是由大栅栏街区发起的"综合包户"项目。依据这一项目义务为社区内的孤寡病残和军属烈属等社会特殊群体提供综合性服务的目标和宗旨，两家企业的服务领域大多偏向对社区空巢老人、家庭贫困的青少年的帮扶、照顾。由于项目性质的缘故，企业的服务相对更加偏向于慈善活动。如戴月轩只是每年向其帮扶对象提供一定数量的物质捐赠。

（三）服务对象

"综合包户"这一项目的服务对象为社区内的空巢老人、家庭贫困的青少年、身体有缺陷的人和军属烈属。这就决定了两家企业的服务对象。戴月轩和内联升的主要扶持对象为空巢老人，即没有子女或者子女常年不在身边的老人，以及家庭贫困的青少年。这些帮扶对象本身对戴月轩和内联升提供的志愿和慈善服务也有很高的需求度，两家企业也通过志愿者力所能及的帮助给他们带来了实实在在的服务。

（四）服务内容

戴月轩和内联升的服务内容秉持了"综合包户"对有需要群体服务的一贯原则，并结合自身地区优势，为社区的老人提供了一般性的志愿服务。以内联升为例，企业志愿者会定期探望老人，在探望的过程中给老人买一些生活中所需要的日用品，如主副食、生活用品等，并为老人打扫卫生，日常的维修，陪老人聊天、解闷，给予老人精神上的陪伴和安慰。除此之外，还会给老人提供一定数量的现金资助，为老人解决一部分生活困难。在这一点上，戴月轩相对来说只进行了一般性的慈善捐赠，如现金，企业董事长于天莺也以个人名义给帮扶对象以精神上的帮助和支持。除了帮助空巢老人，在服务内容上，对家庭贫困青少年的资助也是两家企业共同努力的服务内容。

四、志愿团队的活动项目

（一）戴月轩志愿团队活动项目

戴月轩志愿团队人员构成比较单一，几乎都为公司管理层的工作人员，在"综合包户"这一项目里，戴月轩基本上也只负责每年向其扶助对象资助1000元现金。最近一位受助人小马在2014经历了高考并顺利考上了首都师范大学。小马在童年时期，父母由于一次意外的煤气中毒事件而双双身亡，此后，小马一直随姥姥生活。戴月轩于三年前开始对小马进行资助。此外，戴月轩董事长于天莺也一直与小马保持着微信及电话联系，并时常在精神上给她以鼓励和支持，尽量在与小马的沟通中让她感受到来自外界的关爱。董事长于天莺也表示，在未来打算以个人名义每月都对小马进行物质上的资助，在生活中给予其更多的帮助，通过解决其物质上的困难减轻小马的生活压力。在此之前，戴月轩还帮扶过学生小赵五六年。

除此之外，戴月轩还帮扶一些企业退休员工，由于他们年纪较大并且没有家人照顾，非常需要他人帮助。郑存琮就是其中一位。戴月轩的志愿者会在每年开春时为老人进行一次卫生大扫除，并在春节时依据老人的心愿为老人从里到外购置一身替换衣物。这样的服务持续了十余年，老人受益于这种帮助，也渐渐和志愿服务人员产生了感情。

在日常经营中，戴月轩将扶助老人的精神贯彻到点点滴滴。老人光顾店铺，员工都会为其提供更加便捷的服务，也为老人提供座椅、饮用水等服务。

（二）内联升鞋业志愿团队活动项目

内联升志愿团队的服务项目以"综合包户"为依托，在此基础上融入了企业特色，具体有以下活动。

（三）"综合包户"项目

现阶段内联升鞋业主要提供帮助的对象是空巢老人高奶奶、肖奶奶和赵爷爷。响应"综合包户"志愿服务项目的号召，内联升每个月去探望老人。赵爷爷儿女常年不在身边，内联升对他的服务持续 5 年，直到 2008 年赵爷爷过世。在赵爷爷去世后，内联升鞋业又继续对肖奶奶进行扶助。另外一位空巢老人高奶奶现年 78 岁，是社区低保户，内联升鞋业对高奶奶的服务有将近 10 年时间。除了每个月的探望，内联升鞋业不论大节小节也都会去看望老人，并给老人送去生活用品、米面副食，而且内联升内部有任何公司福利，也都会给像对待自己的员工一样为扶助的两位老人提供一份。公司的青年志愿者为老人打扫卫生，修理家用物品，更重要的是给老人提供精神上的陪伴，这一点对于空巢老人来说是十分重要的。据内联升鞋业团支部书记刘阳称，高奶奶每次都十分欢迎志愿者的探望，而志愿者也将对两位老人的探望自主融入其生活、工作日程，在没有企业安排和要求的情况下，也会主动提出去看望老人。

在落实"综合包户"的志愿服务项目的过程中，志愿团队也不断摸清了老人真正的需要，并不断完善服务本身。如志愿者开始在探望高奶奶时一般会送去一些水果和牛奶，但渐渐发现高奶奶不喝牛奶，爱吃面食，志愿者们在以后的服务当中也调整了送给高奶奶的东西。高奶奶和志愿者在彼此的沟通联络中增进了感情。

（四）重阳送福履活动

2009 年年初，内联升鞋业参与了由北京电视台、什邡市委宣传部、市旅游局共同主办的大型公益爱心新闻行动——"温暖一家亲、爱心捐赠"活动，这次活动主要是以什邡—北京两地互动为脉络，根据什邡同胞目前最急需的过冬物资需求，内联升为四川什邡地震灾区同胞捐赠了400 多双保暖舒适的福履棉鞋。

2013 年，内联升参与了由北京市志愿服务指导中心举办的"重阳敬老 志愿同行"敬老助老志愿服务活动，内联升也成为了"北京市志愿服务示范站"。内联升自 2006 年起参与"综合包户"学雷锋志愿活动，组织号召团员青年成立了两支"奉献、友爱、互助、进步"的青年志愿者服务小分队，他们在重阳节为企业退休老员工以及社区内老人提供内联升为其专门定制的布鞋。

除此之外，2014 年 11 月 27 日，在内联升大栅栏总店三层非物质文化遗产展厅开展了《2014 内联升拜师会：非遗技艺与志愿服务的传承发展》活动。内联升千层底布鞋制作技艺国家级传承人——何凯英第二次招收徒弟，徐文浩、布迪在活动结束后，就接受了拜师后的第一堂课——为空巢老人进行量脚定做服务。2014 年 12 月 11 日，何师傅带着两名徒弟，带着做好的手工棉鞋，为两位空巢老人送去冬日的温暖，并由徒弟现场为老人穿上棉鞋，让徒弟们近距离地体会到了肩上的责任感和使命感。在送福履这一慈善志愿活动中，内联升也将扶助、尊敬、关爱老人的精神贯彻到企业文化，融入到每个员工的生活。送福履的活动也成了内联升的传统。

五、志愿团队的运作模式

（一）组织架构

1.戴月轩志愿者团队组织架构

戴月轩志愿者服务团队共有五人，分别是戴月轩董事长于天莺、工会主席刘瑛、公司出纳汪瑞春、团支部书记杨丽及企业职员于萍。可以看出，戴月轩的志愿者服务团队的人员构成基本为企业管理层工作人员及党团干部，绝大部分员工都未参与志愿服务活动。公司的慈善捐赠活动也主要由企业财务拨款，并主要由董事长于天莺发放给帮扶对象。

2.内联升志愿者团队组织构架

内联升的志愿服务活动主要是由企业团组织部负责，没有专门成立志愿服务组织部门。团组织部主要负责企业志愿团队的组建、志愿者的招募、志愿活动的策划和组织、志愿服务的开展、志愿服务活动的总结等。

3.各志愿者团队内部的组织关系

内联升会在志愿服务方面给予该部门专门的政策支持。例如，由于公司职能部门工作人员周一至周六都要工作，所以参与志愿服务的工作人员可以在工作日带薪服务。另外，内联升内部实行轮岗制度，即员工半年在店面，半年在制鞋厂。由于制鞋厂远离市区，所以在制鞋厂的员工可以暂缓志愿服务。

（二）志愿者的招募

戴月轩湖笔徽墨有限公司由于规模所限，其5人的志愿团队在成立之时是在管理层自愿报名的情况下确定的。由于人数较少，并不存在团队的选拔和组建时所会遇到的各种情形，也没有招募公司其他员工。

内联升志愿团队的志愿者一般是由团支部通过向企业内部的员工发起号召的方式，提倡员工自愿报名，最终形成团队。参与报名的工作人员须是年龄在 35 岁以下的青年员工。组成团队后，在志愿服务的过程中，志愿者自愿报名参与活动，再以小分队的形式开展志愿服务。

（三）运行模式

两家企业的运行模式以"综合包户"为依托，主要以慈善捐助和一般性生活服务为主要内容，对扶助对象进行经济上和生活上的帮助。企业出资并组织志愿服务团队进行帮扶。志愿服务活动一般在志愿者内部展开，并未与其他任何组织、个人进行合作。两家企业的志愿服务开展早、持续时间长。长期以来在街道社区的统一管理下以邻里守望的模式推行志愿服务。

戴月轩的志愿服务完全由企业支持，财务拨款，并由公司董事会成员于天莺女士作为志愿团队代表在大栅栏街区组织的帮扶会议上交给受助对象。

内联升的志愿服务团队由 80 人左右的青年、团员志愿者构成，由企业组织、支持，员工参与志愿服务。这些志愿者可以依据自己的时间和日程，自愿在每月以及过节时对"综合包户"项目的帮扶对象开展志愿服务。在选择项目过后，志愿者组成 2—10 人不等的志愿者小分队，分别探望帮扶对象。由于积累了长时间的经验，志愿者在服务对象的过程中逐渐摸清了不同对象的不同偏好，并不断完善服务本身。由于大多数帮扶对象都与企业建立了长期的帮扶关系，所以志愿服务在开展的过程中并不需要过多组织，在没有安排和提醒的情况下，志愿者们通常就会自觉自愿地去探望老人。

（四）资金来源

作为企业内部的志愿者团队，其资金来源一般是由企业内部预算提供。大栅栏街区的两家老字号也不例外。戴月轩由于参与的志愿活动有限，在金额上相对固定，所以由企业财务直接拨款。在这一点上，内联升与戴月轩相似，由于志愿服务具有周期性和固定性，所以并没有特别的预算申请机制。企业按月拨款，志愿者可以利用这笔专项资金进行各种志愿服务活动。

（五）规章制度

戴月轩：无相关规章制度。

内联升志愿服务团队在招募中有特定年龄限制的规定，在志愿服务方面，企业鼓励员工积极参与志愿服务，并从制度上去支持员工的志愿服务活动。由于志愿团队是以青年和团员为主体，所以在志愿者的选拔上内联升规定其成员必须在 35 岁以下。年轻人相对对志愿活动比较热情，但这一规定也会限制公司其他员工加入志愿服务团队。但这种影响也并不一定太大，因为年长的员工生活压力相对比较大，社会参与度也相应较低。在 80 人团队中，内联升鼓励员工积极参与志愿服务，并从制度上去支持员工的志愿服务活动。例如，由于公司职能部门工作人员周一至周六都要工作，所以参与志愿服务的工作人员可以在工作日带薪服务。营业员由于工作性质，工作一天，休息一天，所以营业员需要利用自己的休息时间进行志愿服务。另外，内联升内部实行轮岗制度，即员工半年在店面，半年在制鞋厂。由于制鞋厂远离市区，所以在制鞋厂的员工可以暂缓志愿服务。

（六）评价及奖励机制

戴月轩：无

内联升的志愿服务团队并未对志愿者进行形式上的表彰，如评奖或颁发证书。但内联升鞋业团支部会定期召集志愿者进行志愿服务谈话和交流会议。志愿者在彼此交流的过程中，无形中激励了自己，督促了他人，并不断地以互相学习的形式完善并丰富了自己的志愿服务。在总结的过程中，志愿者畅所欲言，是对志愿服务的自我强化，也对提高他人在志愿服务中的参与度起到了引导和刺激的作用。

（七）企业志愿服务团队的服务特点

戴月轩和内联升的志愿服务围绕"综合包户"项目展开。两家企业的项目开展时间都相对较早，并且一直延续，坚持时间长。企业志愿服务团队由街道统一管理，在街道安排下与扶助对象签订"综合包户"服务协定，是以街区为范围的典型的邻里守望型志愿服务。戴月轩的志愿服务完全依托企业拨款，内联升在企业拨款的基础上主要由员工参与完成志愿服务。此外，内联升的"家人模式"将受助人纳入员工福利体系，与员工享受同样的节假日福利待遇。带薪志愿服务制是内联升的又一特点，这项政策也极大地减小了员工进行志愿服务的阻碍，提高了志愿服务的热情。

六、志愿服务团队目前面临的问题

由于戴月轩和内联升的志愿服务都是以"综合包户"项目为依托的，所以相对来说在服务过程中并不存在太多尖锐的问题和困难。两家企业的项目开展时间早，坚持时间长。但是，两家企业均反映在志愿帮扶服务中，青少年帮扶对象普遍会有一种逆反的情绪，比如不愿意接受资助，或者不亲自领取企业为他们提供的物品。青少年正处在一生当中自尊心最强的阶段，处于青春期的他们容易曲解他人的同情和帮助。这无形中增加了志愿者和扶助对象之间沟通的壁垒，如果处理不恰当，也会对所帮扶青少年的心理造成不良影响，如自卑情绪、自我认知度低、抵触社会、对他人同情过于敏感等情绪。这一问题在志愿服务的过程中亟待解决。

七、解决志愿服务团队所面临问题的建议

针对这些问题，戴月轩和内联升志愿服务团队可以通过以下几个方面解决：

1.从企业内部来看，可以让一些志愿者进行心理学知识的学习，让员工在提升专业知识的前提下，提升自己进行志愿服务的水准，不断完善服务中的细节。通过这种方式，一方面，可以逐渐消除青少年对志愿服务所产生的误解，避免志愿团队与被帮扶青少年之间产生隔阂；另一方面，志愿者掌握一般心理学常识，可以在服务中更好地给予被扶助对象精神上的宽慰，由于接受帮助的对象都是社会中处于底层的弱势群体，他们更容易产生不满、愤怒、自卑、自闭等情绪，所以志愿者可以利用专业知识在服务的过程中减少负面情绪对受助者的影响。这是一个双赢的过程，既减轻了受助者的心理负担，从长远看也减轻了志愿服务团队的沟通困难问题。

2.现在很多 NGO 组织拥有丰富的志愿服务项目资源。戴月轩和内联升企业规模毕竟有限，所以，企业可以通过和一些专门从事心理辅导的组织进行合作，一方面，可以让这些组织直接对受扶助对象进行心理干预；另一方面，可以让企业员工接受 NGO 组织中对心理学有研究的专业人员对其进行培训，这种更直观的方式也易于为志愿服务团队所接受。NGO 直接对受扶助对象进行心理干预，不仅可以比较直接、迅捷地解决两家企业面临的问题，而且长远看来，员工接受心理学专业知识的培训，接受专业人员的指导，是完善自己志愿服务的根本途径。

八、志愿服务对未来的展望

一直以来大栅栏街区的"综合包户"项目都是北京市志愿服务项目的典范。两家企业以社区为依托，志愿服务参与度也相对较高。由于自身发展条件等方面的限制，志愿服务相对单一。在未来，两家企业应该

朝着更加多元的方向丰富志愿服务的内容和项目。以社区为单位的政府基层行政单位应当给予更多的政策支持和智力保障。企业本身也可以与更多 NGO 合作，不断结合企业自身特色和优势拓展更多的志愿服务项目。从志愿服务团队本身来看，组织者应当着力提升整个团队的活力，创新服务模式，使员工能够自觉自愿地丰富他们的服务。志愿服务团队自身将加强志愿者们对法律法规知识的学习，利用现有的资源和平台，更好地致力于志愿服务活动，回馈社会。相信两家企业的志愿服务团队在公司和员工的共同努力下，能够得到更好的发展。

在访谈过程中，不论是戴月轩还是内联升的志愿团队管理人员都表示要延续他们一直以来对"综合包户"项目的落实。戴月轩董事长于天莺女士称，未来会在更多方面帮助现阶段的受扶助对象。于天莺女士说，随着小马同学年龄的不断增长，作为一个女孩子在生活中也有了更多需要，他们也会据此提升对她的帮助，并在心理上给予更多的支持。

"综合包户"志愿服务项目已经走过 30 多个年头，这一项目随着时间的推移也不断融入新的元素。戴月轩和内联升也会随着志愿服务的不断深入而更加全面地完善自身，并随着不断变化的实际情况调整自己的服务，相信在未来他们一定可以以更加丰富的形式投入到志愿服务中。

参考文献

拜存星：《内联升：国家级非遗布鞋生产性保护示范基地》，《西部皮革》2012年第 5 期。

张楠：《社区常态化志愿服务项目分析——以"综合包户"志愿服务项目为例》，《北京城市学院学报》2012 年第 4 期。

汪金福：《雷锋精神在这里闪光——北京椿树街道"综合包户"纪事》，《瞭望周刊》1990 年第 10 期。

《发扬雷锋精神，深入开展"综合包户服务"》，《学习与研究》1990 年第 11 期。

《综合包户十五年　街道形成新风范》，《中国民政》1997 年第 5 期。

隋文香、姜浩：《老字号"内联升"经营管理中的问题及对策研究》，《北京农学院学报》2007 年第 1 期。

第二节　北京楠竹文化发展有限公司志愿者协会
——走在志愿服务专业化的道路上

调研对象：倪天勇（北京楠竹文化发展有限公司董事长、楠竹志愿者协会会长）

肖丽红（人力资源部、行政部经理，楠竹志愿者协会秘书长）

调研时间：2015 年 4 月 18 日

调研地点：海淀区长春桥路 5 号新起点嘉园 10 楼 2103 室

调研及报告撰写人：

李维鸿（中国农业大学 2014 级研究生）

任倩倩（中国农业大学 2014 级本科生）

北京楠竹文化发展有限公司（以下简称"楠竹文化"）是一家以策划、摄影、设计、编校、排版为主要经营目标的综合性企业。以视觉艺术作为价值基础平台，融合现代化的经营理念，本着社会效益与企业价值并重的指导思想服务于各界朋友十余载。

楠竹文化依靠专业的设计、专业的摄影、专业的排版、专业的编校、专业的硬件、专业的软件，以及科学和人性化的管理，引领着一百余人的团队。楠竹文化秉持"以人为本、恪守诚信、科学管理、求是奋进"的企业文化，依靠企业自身能力，恪尽志愿者义务，为崇高的志愿服务事业尽自己的一份力量。

楠竹文化志愿者协会的志愿者们始终秉承一份崇高的社会责任感，

遵循着志愿服务精神，也履行着志愿者的义务，多次参与、组织志愿服务活动——为一百多位老干部义务开设电脑课和摄影课一年有余；参与灾后房山篓子水小学清淤；坚持每年为社区老人义务拍照；与其他志愿者组织协作……经过多年的志愿服务实践，楠竹文化志愿者协会开展了众多的志愿服务项目，能够对志愿服务项目进行良好的运作，并依托企业优势，坚持用自己的专业特长开展优质的志愿服务。

一、楠竹文化志愿者协会介绍

（一）组织结构

2009 年 5 月，经北京市志愿者联合会审核注册，北京楠竹文化发展有限公司志愿者协会（以下简称"楠竹志协"）成为北京市志愿者联合会团体会员，是北京市志愿服务联合会最早的团体会员之一，楠竹志协的会长由楠竹文化的董事长担任，秘书长由人力资源部、行政部经理担任。楠竹志协独立于企业其他职能部门之外，但能够得到其他部门的支持。

楠竹志协成员包括两部分：一部分是企业员工，经过调研了解，楠竹文化的员工均参加过企业组织的志愿服务活动，人人都是楠竹志协的一员；另一部分是拥有专业技能的职业人（大部分是拥有摄影技能的专业摄影师），志愿参与楠竹志协开展的志愿服务活动。

（二）服务宗旨和理念

秉承"以人为本，恪守诚信，科学管理，求是奋进"的企业文化，楠竹文化积极承担社会责任，坚持从事志愿服务，从细微之处着眼，从自身的企业特长出发，认真扎实地开展志愿服务活动。楠竹志协坚持用自己的特长服务他人，楠竹人坚信：空有一腔志愿热情不足以很好地开展志愿服务活动，专业化的志愿服务体系和志愿服务队伍建设是志愿服务的发展方向。因此，依托企业本身的优势，楠竹志协积极开展与企业相关的志愿服务活动。

（三）服务对象及领域

楠竹志协致力于服务老年人方面，经过多年的志愿服务实践，在这个领域积累了丰富的经验，能够保证服务质量，并且依托自身企业特点，致力于做好以下各项志愿服务：

为老年人开设多种周末讲座，如计算机操作讲座、摄影技术讲座、回忆录写作知识讲座（协助回忆录整理）等；为老年人拍摄证件照、纪念照、生活照等。

二、楠竹志协志愿服务项目

（一）常态化志愿服务项目

楠竹志协的常态化项目与摄影相关，具体服务时间依照被服务对象的时间而定，一般在重要的节假日、周末或者根据被服务者需求进行灵活处理，依托专业基础，在服务老年人方面十分成熟，能够灵活而顺利地开展活动。

1. 志愿者来拍照

从 2011 年 3 月 15 日开始，楠竹志协会长倪天勇先生，都会带上摄影装备进入社区，走进老年活动中心，为老年人拍照留影，并送上精美水晶相框。已经拍摄过的有朝阳门街道，为多位老年人拍摄照片；为人民出版社多位离退休老人拍照留念。

在老人们的家中、在小区绿地上，在健身活动区……陪着老人家们说笑，闲话家常，随着一声声快门按下的声音，为老人们记录下了一个个快乐、安逸的晚年生活的瞬间

……

对志愿者来讲，将一份真诚的爱心和积极的行动奉献给需要的人

们，这就是做一名志愿者的使命和意义！

2. 为老人开设计算机、摄影课程

2008 年下半年至 2010 年，楠竹文化志愿者在每周日（上午 8：30—11：30，下午 14：30—17：30）为 150 多位老干部免费开设摄影、计算机课程。

楠竹志协将场地、设备等全部无偿提供给来听课的老人们使用，并为他们特制简单易懂的教材。

为了方便老人们学电脑、摄影等知识，楠竹志协将课程培训地点设在楠竹文化公司内部，借用公司周末的空闲把公司改造成为老人们上课的教室，并免费向老人们提供教材。

这一系列活动让白发苍苍的老人们也分享了现代科技进步所带来的新奇和快乐，也为他们的晚年生活增添了一抹明亮的色彩！

（二）"大型公益活动"志愿服务项目

除了一些常态化的项目之外，楠竹志协还会开展一些公益慈善类的志愿活动，用实际行动践行企业社会责任。

为贯彻党的十八大精神，落实"健全残疾人社会保障和服务体系，切实保障残疾人权益"相关规定，引发社会各界对残疾人的重视与关爱，号召全社会共同关注残疾人事业的发展；为展现肢障人士身残志坚、勇于挑战、自强不息、奋发向上、攻坚克难的精神风貌，楠竹文化发起了"中国梦我的梦"肢障车手西部爱心公益行活动，2013 年 8 月 4 日从成都出发，历经 11 天顺利到达珠峰大本营。

楠竹志协 10 余名志愿者负责此次活动全部志愿服务，志愿者们在克服了严重的高原反应的情况下，还要照顾好残疾人朋友，教他们如何克服高原反应，最后带领所有参加此次活动的残疾人实现登上珠峰的梦想，创造了首次组织 20 位残疾人驾车上珠峰的历史。中央电视台新闻联播、地方新闻联播、央视晚间新闻报道等都对此次活动作了报道。

20 位残疾人士(最重的一级伤残，最轻的三级伤残)参加了此次活动。

一路穿越四川盆地、云贵高原、青藏高原、黄土高原等多种复杂地形、地貌，途经四川、青海、西藏三个省（市）、自治区，横跨金沙江、雅鲁藏布江、怒江、澜沧江、黄河，最终到达海拔 5200 米的珠峰一号大本营。

在青海湖畔、在纳木错湖畔、在塔尔寺、在长江黄河分流处、在唐古拉山口、在昆仑山口、在中华民族母亲河的源头沱沱河畔、在布达拉宫，一直到珠穆朗玛峰，处处可见残疾人实现梦想开心的笑脸和志愿者们忙碌的身影，志愿者的旗帜一路飘扬！

通过这次公益活动，再一次展现了志愿者的风采，用志愿者的爱心和力量，帮助肢障人士圆梦珠峰！开展此次活动旨在展现社会各界对残疾人的关注和关爱，并拍摄制作专题纪录片，表现肢障车手挑战自我、敢于拼搏的精神，为青少年励志教育、建设和谐社会、践行中国梦、传递正能量提供了良好素材。

（三）与其他机构合作的项目

楠竹志协还会通过志愿服务平台与其他的志愿者组织进行志愿服务项目对接，如 2014 年与"根与芽"的志愿服务合作。2014 年，楠竹文化参加了北京志愿服务岗位需求大对接活动，在活动中，与"根与芽"结成了对子。作为志愿服务的供需双方，于 2014 年 11 月 16 日开始了第一次合作——为"2014 根与芽 20 周年庆典"留下记录影像。

三、志愿者管理机制分析

（一）志愿者招募

通过对楠竹志协的调研得知，楠竹志协的志愿服务活动领域大多与摄影相关，而楠竹志协的会长也是中国长城摄影家协会会员，本身在摄影领域具有相当的影响力以及专业摄影的技能。在组织志愿服务活动的时候，其能够依靠自身的优质资源，吸引和招募来自摄影界的同行，他们都拥有相当的职业技能，通过专业才能增强了志愿服务的质量与效果，在开展活动的时候才能够得心应手。除了这些来自摄影界的志愿者以外，企业内部员工在参与志愿服务活动过程中主要是作为辅助人员，如辅助维持现场秩序、辅助摄影师工作等等。

在组织志愿服务活动的时候，楠竹志协首先向与志协有合作的摄影师们发出邀请，这些摄影师在接到邀请之后，查看与自己本职工作时间是否冲突，在自己时间允许的情况下与志协确认参加活动的意向，并进一步协调活动时间地点；另外，楠竹志协向本企业员工发出志愿服务活动倡议，鼓励大家参与志愿服务活动，时间上有富余以及工作量相对较少的员工首先会被考虑加入活动。据楠竹志协会长本人表示，本企业员工人数较多，因此在抽出部分员工参与志愿服务活动的同时，不会影响到公司的正常运转，这也给企业参与志愿服务提供了充足的人员保障。

（二）志愿者培训与管理

由于楠竹志协本身的情况以及发展方向决定了其志愿者本身都具有相关职业技能，因此在培训方面不需要志协花费太多的精力，这些专业志愿者可以在志愿服务活动过程中游刃有余地施展自己的专业特长，而且可以保障服务质量。

在调研中了解到，楠竹志协当时还没有制定出确切的适合自身的志愿服务管理条例，因此对于志愿者主要依靠公司现存的规章制度进行管理。

（三）志愿者考核、评估机制

楠竹志协在开展志愿服务活动方面拥有相当多的实践经验，但是在志愿者考核方面还属于起步阶段，在对员工进行志愿服务计时方面的工作比较滞后；在对志愿服务的效果评估方面也缺乏系统的评估方案。

（四）志愿者激励、保障机制

楠竹文化对外积极地承担企业社会责任，广泛开展志愿服务活动；

对内大力宣传志愿服务文化，积极引导、鼓励员工参与志愿服务活动。企业内部的员工志愿者对参与志愿服务的意向和热情都很高。楠竹志协在开展活动过程中会产生经费预算以及其他设备的需求，这些花费均由楠竹文化独立承担。

四、楠竹文化志愿服务特点分析

（一）总体特点分析

从楠竹志协开展的志愿服务活动调研过程中所了解的情况来看，其活动最大的特点就是利用本职工作来开展志愿服务活动，并且基本都与摄影相关，在志愿服务活动中为老人们拍照的是专业摄影师，而楠竹志协的会长本身也是中国长城摄影家协会的成员。通过用自己本职工作、兴趣爱好展开志愿服务，以专业化促进志愿服务的常态化，不仅能够提高参与志愿服务的热情，更能提高服务的质量和水平。

楠竹志协始终坚持专业化的志愿服务道路，从带头人到参与者都是拥有职业技能的人，这有利于志愿服务活动的顺利开展。楠竹志协会长对于专业化带动常态化服务这一点十分认同，并且在实际操作当中也一直在坚持。另外，志愿者本身一定要有对所参与项目的认识，对参与项目有了解，并且能够感兴趣，用专业和兴趣爱好的力量带动企业及个人参与其中，才会达到很好的效果。

楠竹志协肯定人们参与志愿服务的高涨热情，但是仅仅依靠热情参与志愿是远远不够的，特别是在专业性较强的领域，如果没有专业知识作基础，有可能导致我们不愿意看到的后果。为了防止这种事情的发生，志愿服务的参与需要特定的人做特定的事，即首先将参与志愿服务的人群进行分类，按照职业分类或者按照群体性格进行分类，分析什么人适合什么岗位、什么类型的志愿服务活动。

秉承"以人为本，恪守诚信，科学管理，求是奋进"的企业文化，楠竹文化积极承担企业社会责任，楠竹志协自成立以来，积极组织、参与各种志愿服务活动以及公益类活动，坚持从事志愿服务，从细微之处着眼，从自身的企业特长出发，认真扎实地开展志愿服务活动。

（二）志愿者招募及培训

楠竹文化的员工是楠竹志协志愿者的主要来源，楠竹志协要开展活动的时候，可以通过公司网络对志愿者进行招募。由调研得知，楠竹文化的员工相对较多，因此能够保证部分员工外出参与志愿服务之后，剩下的员工可以保证公司业务的正常运转，这就为楠竹志协提供了充足的志愿者资源。对于外部志愿者的招募，楠竹志协的会长本身是中国长城摄影家协会成员，能够招募到有意愿参与志愿服务的众多摄影师。由于参与活动的特点决定了其外部志愿者均为专业摄影人员，本身具备很高的职业技能，因此，楠竹志协在志愿者培训上不需要花费过多的精力。

（三）项目实施管理

经过多年的不断发展和经验的总结，楠竹志协在志愿服务活动开展上积累了很多经验。下面以"志愿者来拍照"为例对其志愿服务项目运行模式进行分析：

首先，与有需求的街道、社区进行沟通，确认服务意愿；其次，与需要服务的老人们沟通具体时间，以服务对象的时间为转移；再次，在公司内部发布志愿服务活动倡议、对外向摄影师志愿者发出邀请，由志愿者根据自己的精力和意愿选择志愿活动，在此确认参加活动的人数，并由专门的负责人全程负责；最后，安排好后再开展志愿服务活动。

以上可以看出，楠竹志协开展的活动均与摄影有关，通过专业摄影师来从事志愿服务活动，同时，楠竹文化本身就是一家传媒类的企业，能够对前期的拍摄进行及时有效的后期制作和处理，这种通过专业技能来促进和提高志愿服务质量的理念正是需要我们向其他企业进行宣传和推广的模式。

（四）志愿者保障及激励机制

楠竹志协组织开展的志愿服务活动基本都是自主展开的，在活动过程中需要的物资等都由自身来承担，由于楠竹志协没有独立的财政部门，开展活动所需经费均由楠竹文化的财务部支持，这就为楠竹志协顺利地开展活动提供了资金支持。

因为日常开展的许多志愿服务活动时间都是以被服务对象的时间为转移，有可能会占用到员工志愿者的自由时间，难免会有消极情绪，这对志愿服务的质量和效果会有影响。对此，可否对员工志愿者进行一个关于志愿服务意愿的调查，对员工参与志愿服务的意愿进行分析，对可能影响员工参加志愿服务的因素进行统计，如时间安排、活动内容、带薪志愿、志愿补助，等等。另外，对员工志愿者进行志愿服务时长统计，对参与志愿服务时间长的员工进行物质上或精神上的奖励，并可以作为员工绩效考核的一部分。

五、对于促进楠竹志协志愿服务发展的建议

（一）完善的制度保障和管理机制

楠竹志协 2015 年尚未建立起自身的志愿服务方面的制度及政策，对于志愿者管理主要依靠企业本身的规章制度进行。在此建议楠竹志协在遵循企业本身规章制度要求的前提下，着手建立起一套志愿者管理规章制度，一方面对企业志愿服务进行规范化管理，另一方面，对员工参与志愿服务提供制度上的保证，规范员工志愿者的权益。这些制度要明确规范企业员工在参与志愿服务过程中的行为规范以及志愿者人身安全保障、资金保障，等等。

（二）固化志愿服务成果

楠竹志协从建立到 2015 年，组织并参与了各种各样的志愿服务项目，并在服务老年人等领域积累了丰富的经验。当前楠竹志协没有对这些实践经验进行统一整理和总结，只是依靠丰富实践经验来指导进一步的实践，这不利于志愿服务的常态化发展。在此建议，挑选骨干志愿者及文字功底较深的员工志愿者在参与志愿服务活动后，对志愿服务过程中的经验进行总结、归纳，对在参与过程中出现的问题进行分析，寻找解决方案，对志愿服务的运行模式进行总结等等，通过总结经验，将实践上升到理论的高度，不仅为今后企业内部开展工作提供便利，同时也可以作为企业参与志愿服务的模本和案例供其他企业学习。

（三）加强企业志愿服务宣传

楠竹志协更加注重实践参与，对于志愿服务的宣传并未投入过多的力量，但是，企业对于志愿服务的宣传除了有利于树立良好的企业形象之外，还能够为志愿服务起到良好的宣传作用，鼓励其他企业参与到志愿服务的行列中来。因此，在将志愿服务理论整合梳理的同时，可以将特色的志愿服务项目作为宣传材料，在楠竹文化的官方网站上整理出部分版面对志愿服务活动进行系统的宣传。

六、总　结

显而易见，企业参与志愿服务的作用和价值是难以估量的，对企业本身来讲，在树立良好的企业形象，促进企业良性发展方面有着积极的意义；对于企业员工来说，不仅丰富了业余时间，也有利于个人道德修养的提升；对于整个社会来讲，企业参与志愿服务能够带动周围形成良好的社会风气，促进人际关系的提升，从整体上促进社会的良性发展。

随着中国经济的不断发展、人们生活水平的日渐提高，人们在解决自身所需之外还有精力来从事别的事物，越来越多的人把目光转向了志愿服务，这就给志愿服务的发展提供了充足的人力资源。从日常生活中的各个领域到社会、国家层面都有志愿者的参与，志愿者的微笑，将成为城市最美丽的名片。

随着个体参与志愿服务热情的不断高涨，也激励了企业自身对志愿服务的参与。现代企业在专注于自身发展的同时，已经不仅仅只追求经济利益、文化利益、社会效益也逐渐地被纳入企业发展战略当中。越来越多的企业思考利用自身的优势，支持、开展公益性活动，或者组织、参与志愿服务。企业参与志愿服务在积极承担社会责任的同时，也为我国的志愿服务事业发展注入了强大的能量，在社区服务、绿色环保、关爱服务等诸多领域发挥着积极的作用，对于提高个人思想道德修养、缓和社会矛盾、促进社会和谐进步方面起着重要的作用。

企业志愿服务作为志愿服务的一个重要分支蕴含着巨大的能量，其发展走向必将对整个志愿服务领域产生重大的影响，因此在当前对该领域研究相对不足的情况下，对其进行分析和研究不仅有利于推动企业志愿服务的发展，也将促进整个志愿服务领域的发展。

此次调研的对象楠竹文化是北京市私营企业，其在参与志愿服务方面有属于自己企业的特色，这将对其他企业开展志愿服务活动提供经验，其专业化的志愿服务理念也值得我们学习和推广。希望此次调研的结果能够促进楠竹志协在志愿服务领域的更好发展，同时也希望楠竹志协的企业志愿服务特点能够得到推广和利用。

第三节　宜信公司志愿服务队

访谈对象：黄珊、李潇羽（宜信公司员工）
调研时间：2015 年 4 月 2 日

调研地点：宜信公司

调研及报告撰写人：

田景（中国农业大学 2014 级研究生）

宜信公司创建于 2006 年，总部位于北京。成立 9 年以来，宜信致力于成为中国普惠金融、财富管理及互联网金融旗舰企业，坚持以模式创新、技术创新和理念创新服务于中国高成长性人群和大众富裕阶层。目前已经在 182 个城市（含香港）和 62 个农村地区建立起强大的全国协同服务网络，通过大数据金融云、物联网和其他金融创新科技，为客户提供全方位、个性化的普惠金融与财富管理服务。

2011 年 11 月宜信员工志愿者协会（Credit Ease Volunteer Association，简称 CEVA）正式成立，并结合中国的基本情况和宜信公司的突出优势开发了一系列的主题活动，为宜信公司企业社会责任体系的重要组成部分。这不仅树立了宜信公司自身的企业形象，为宜信公司提供了回馈社会的方式，还为宜信公司统一员工提供了积极的精神食粮。正如 2012 年宜信公司 CEO 在致辞中所提道："宜信还建立了志愿者团队，并在北京市志愿者联合会注册成为一级志愿团体，让员工在物质生活发展的基础上享受到精神生活的富足。"此外，宜信员工志愿者协会在开展志愿服务的过程中，不断地总结经验，提高自身志愿服务的发展水平。通过对宜信公司志愿服务发展状况进行研究并总结出有益的经验，可以帮助更多的企业在实现自身价值的同时，也能更好地实现自身的社会价值。基于这样的目的和意义，我们有必要对宜信公司的志愿服务进行深入详细地了解。

一、宜信公司社会责任理念与志愿服务

宜信秉承的"人人有信用，信用有价值"理念是其成长发展的驱动力和不断创新的根基。借鉴西方先进的信用体系与金融实践、结合中国

信用人群的特点，宜信打造的创新信用业务模式为中国普惠信用和普惠金融事业开辟了一条可行之路。宜信致力于践行信用理念领先、信用技术领先和信用行为领先，建立、释放及传递信用价值，通过信用创造共享价值。以信用创造财富、以信用促进发展，建立信用团队、共创信用社会。就此，宜信CEO唐宁谈到宜信的社会责任体系："金融创新最终是为了创造更和谐、美好的社会。宜信始终坚持这一目标，不遗余力地促进社会发展和行业进步，履行身为企业公民的责任。我们建立了助农、助学、助商三大平台，全力支持农户、学生、工薪阶层和小微企业主等高成长性人群的发展。……此外，宜信还建立了志愿者团队。"

与志愿者服务相关性最高的建立信用团队理念具体而言就是宜人宜己，成就别人就是成就自己，是对宜信企业文化最深刻的解读。宜信通过建设诚信团队，打造更安全的信用体系，同时也将诚信文化渗透到客户服务中去。为此，宜信为员工提供系统周密的培训，帮助他们在清晰的职业发展路径上不断提升。宜信还组建了志愿者队伍，关爱弱势群体，并通过组织员工关爱活动和推行绿色办公管理，构建和谐团队氛围和绿色办公环境。在宜信的社会责任理念的影响下，宜信员工志愿者协会应运而生。

二、宜信公司志愿服务团队概况

（一）团队成员构成

CEVA团队的成员主要来源于企业内部的员工，宜信公司的企业志愿者则相对更加广泛，为整个宜信公司的员工、员工亲友、宜信客户及其亲友、外部招募的爱心人士（学生、社会人士等）。志愿者管理和服务方面，2015年工作人员只有一个，即CEVA北京总部的李潇羽，她同时也隶属于宜信公司总裁办。

一般由北京总部设置和策划志愿活动，经由全国各地的CEVA分会组织志愿者，一般宜信公司内部员工主要通过邮件告知，外部招募的爱心人士主要是由分会负责联系招募。

（二）服务领域及对象

CEVA 是由志愿从事社会公益并自愿贡献自己的时间、智慧、技术的宜信公司员工及社会爱心人士组成，为公众提供普惠金融、普惠教育、青年发展等公益服务的志愿者组织。普惠金融的服务对象主要针对贫困人群，普惠教育主要针对儿童，青年发展主要针对青年。其中普惠金融主要是致力于扶贫行动；普惠教育致力于培养儿童的财商；青年发展主要是为了加强指引青年在社会中的发展，提高青年的社会责任感。

除此之外，宜信公司志愿服务团队还参与环保活动、志愿拓展、社会救助等其他方面的志愿服务活动来回馈社会。同时，通过长期项目和短期项目相结合的方式使志愿服务更加富有层次感。

三、志愿团队的活动项目

宜信公司的志愿服务项目主要有：

1. 普惠金融："小贝壳"青少年财商教育

"小贝壳"青少年财商教育由宜信公司携手非营利组织百特教育联合推出，该项目引进国际儿童储蓄基金会系列财商教育课程，结合宜信在中国金融领域的前沿实践，打造出了一系列创新性青少年财商教育课程。项目通过财商游戏、情景模拟、手工制作等形式丰富、寓教于乐的教学方式，帮助他们树立健康的金融认知、培养健全人格、激发独立思考，让孩子们在游戏中得到收获和成长，并最终成长为富有责任感的社会公民。经过第一阶段培训，宜信志愿者讲师将作为首批宜信"小贝壳"青少年财商教育志愿讲师进入全国数百社区，开展公益财商教育活动。2015 年 3 月更是携手德国知名财商教育机构 My Finance Coach，首次参与了全国范围内的儿童金融教育活动——国际金融周。"小贝壳"青少年财商教育是 CEVA 将专业与公益相结合的优秀项目。"小贝壳"青少年财商教育项目志愿讲师来自于宜信财富的专业培训师和理财规划师、宜信公司的合作机构与社会志愿者，他们将国际先进的金融教育理念带入千家万户。

2.青年发展：让青春不贫困

由宜农贷、宜信志愿者协会联合举办的扶贫接力行动，与联合国青年大会中方组委会合作，向全国青年发出"扶贫接力，青春公益"倡议，号召大学生通过宜农贷平台，投身公益，从事志愿活动。例如，第四季扶贫接力项目线下活动自 2013 年 9 月 20 日开始至 11 月 23 日结束，共持续 65 天。活动集中在每周六、日开展，现场支持两场，分别是贵阳和南京。线上活动自 10 月 16 日上线，至 11 月 18 日下线，共持续 33 天。活动从 9 月 20 日启动，在 23 省 45 市开展，有 129 所高校社团和 9 所志愿者分会报名参与，共骑行 82134 公里，累计绕地球骑行近 2 圈。

第四季扶贫接力活动不仅在线下倡导关注消除贫困，还在线上为各高校团队搭建了展示平台，让更多人参与到扶贫接力中。宜农贷项目组设置了"人多势众"、"赞不绝口"、"积极踊跃"等排行榜，鼓励各个团队积极展示，消除贫困，宜骑当先，扶贫接力，青春公益!

3.环保微力量：践行绿色生活

宜信志愿者协会地球一小时行动中号召争当"绿 V 客"，邀请志愿者们以摄影的方式记录熄灯足迹，积极分享和践行环保理念，提示员工多吃蔬菜、使用环保袋、尽量不开车、自带筷子、不浪费、爱护动物等，号召员工爱生活、爱身边的人。

随着环境问题的日益恶化，公众环保意识的提高对环境保护具有重要意义。宜信志愿者通过简单易行的方式，分别在深圳、惠州、海口等地开展绿色环保活动，号召志愿者从小事做起，捡拾路边垃圾，用持续的微力量，积极推动环保公益的进行。

4.志愿拓展

志愿拓展活动一方面是对志愿者素质的拓展；另一方面是服务于活

动对象，提高服务活动对象的素质。主要包括大朋友之牵手打工青少年、爱在宜信话剧社巡演和信跑团为信而跑等活动。

其中成功案例包括，2013 年 6 月起，宜信志愿者协会携手嘉里集团郭氏基金会开展"大朋友之牵手打工青少年项目"。该项目旨在通过"大"朋友的关怀陪伴，帮助"小"朋友顺利度过 3 年初中生活并健康地融入社会。为此，宜信的 20 多名大朋友在参加了迎新培训、技能培训、家访调查后于 2013 年 9 月起对接来自石景山区华奥学校 20 名初一学生，以"每月一封信定期见面会"的方式与他们一起度过初中时光。

宜信志愿者协会聚星话剧社自排话剧《爱在宜信》、《宜信好声音》，于 2013 年 8 月 24—25 日在沪精彩上演。话剧的每一幕都改编自真实发生在宜信的事情，故事情节紧凑、亲切、扣人心弦，让每一位观众都能感同身受，与演员们一起身临其境，去放松地笑一笑，用真情呼唤内心的感动。

2013 年 10 月，"北京马拉松"鸣枪开赛，一群热爱跑步的宜信人相遇，并由此成立了宜信志愿者协会"宜跑团"分会。同年 12 月 8 日，"宜跑团"再度征战深圳马拉松，比赛中，每位"宜跑团"选手都坚持挑战自我、永不放弃，"为信而跑"，展现了"宜跑团"的独特风采！健康生活，快乐工作，宜人宜己，是"宜跑团"人最真实的感受。

5. 灾后援建

四川省雅安市芦山县发生 7.0 级地震后，宜信公司积极行动，各地同事第一时间开展了献血、捐款，积极捐赠生活用品包和衣物等急需物资，并于六月一日为儿童捐赠节日礼包，援助雅安灾区。协会积极和当地公益组织联系，成立善款监督委员会、制订援助方案，将同事们的爱心带到灾区有需要的人身边，并通过建立"爱心图书室"、灾区儿童夏令营等活动，助力雅安，将爱心直接传递给灾区一线的孩子。同时，宜信向中华少年儿童慈善救助基金会捐 20 万元，分别支持"童缘图书漂流箱"和"童缘心立方"项目，希望孩子们重拾乐观开朗，积极面对未来生活。

四、宜信志愿团队的志愿服务特点

（一）组织架构

CEVA 志愿团队的组织架构分为两个层面：一个层面是 CEVA 北京总部，相当于 CEVA 的中枢系统，主要负责统筹协调全国的志愿服务活动；另一个层面是各地的志愿者分会。

1.各志愿者团队内部的组织关系

宜信公司的志愿服务活动北京总部主要是由公司的企业文化与 CSR 中心——总裁办负责的，没有专门成立一个志愿服务组织部门，主要由企业文化与 CSR 中心——总裁办的李潇羽负责。北京总部主要负责志愿活动的规划和策划，协调志愿服务的开展，相当于整个 CEVA 的大脑，将指令输送到各个分会执行。各地的志愿者分会主要负责公司志愿团队的组建、志愿者的招募、志愿活动的具体组织、志愿服务的开展、志愿服务活动的总结等，相当于 CEVA 的躯体和肢干。

2.各志愿者团队之间的关系

截至 2013 年的数据，宜信公司的志愿者团队已经有 49 家宜信志愿者分会。这些分会的活动主要是通过北京总部进行统一协调和调配。各分会之间的联系主要是由分会负责人进行的，一般比较容易协调沟通。宜信公司的高级领导和各部门领导在参与到企业志愿活动的组织过程中，也会充当顾问的角色。

（二）志愿者的招募

宜信公司志愿团队的志愿者一般是由各地分会发起号召的方式，提倡员工自愿报名；同时还会通过与外部组织进行合作，组织和招募志愿者，借助外部的资源来充实特定志愿服务项目的力量。具体的招募信息发布渠道包括"宜信志愿者"网站 / 论坛、内部邮件、海报，部门会议等。而员工可以通过各种渠道来进行报名：通过网站填写志愿者申请表，关注志愿者协会的确认报名邮件，关注"宜信志愿者"网站发布的志愿者活动信息，通过 Email 或者在线报名感兴趣的活动。

（三）运行模式

公司志愿活动主要是实行项目化的管理。由 CEVA 北京总部进行整体策划，并向公司进行申请批准，进行人力、财力的预算申请。待公司批准之后，再通知到各个分会，进行细化执行。这需要投入较大的人力、物力和财力，主要靠专门的负责人全程负责，有较大的号召性。从员工角度，主要是作为志愿者参与这些组织的活动。

（四）资金来源

作为企业内部的志愿者团队，它的资金来源由企业内部预算提供。志愿团队可以通过项目预算申请的方式，在开展每一项活动之前向公司申请相关的经费，经费从公司提供的专项资金支取。志愿者可以利用这笔专项资金进行各种志愿服务活动。

（五）评价及奖励机制

对志愿者的评价和激励方面主要是通过评分表来实现的，主要由各个分会负责具体执行，公司将评选志愿服务优秀个人、优秀活动等荣誉称号。通过企业月报和邮件的形式将成果进行评估和总结工作。网站提供信息平台来进行志愿服务成果展示。

五、CEVA 团队目前遇到的困难

宜信公司的志愿者团队在多年的志愿服务过程中，面临诸多的难题。这些问题主要体现在以下几个方面：

（一）开展的活动容易被社会误解为商业活动

作为宜信公司的员工，在开展活动时期，很容易被社会上的人误解为推销企业开发的产品的商业活动，导致出现一些不必要的矛盾。诸如在"小贝壳"财商教育的活动开展中，曾经遇到去社区和学校沟通的时候，对方对该项目持有怀疑的态度，如有的时候去小区开展活动，小区不予放行之类的事情也发生过。而在扶贫接力过程中，也曾遇见过同样的问题，导致志愿服务的开展达不到预期的效果。

（二）资金不足和重视程度不够

宜信公司作为一个金融服务公司，其大部分资金都需要投入到产品的开发、管理和销售环节上，对于企业的志愿者团队，企业虽然会提供预算，但在面对众多志愿服务活动的时候资金数量仍然显得相对捉襟见肘。同时，目前企业的志愿服务活动其实处于一个尴尬的地位，因为公司是以效益和盈利为目标的，而志愿服务活动的开展找不到一个合适的切入点来解决活动对于主营业务的助力问题，也难以说服管理层花大力气去重点关注企业志愿服务。

（三）组织管理、评估体系需要继续加强

在项目的组织体系方面，虽然志愿者招募有自己的特色，但是由于企业志愿服务的通病，对于志愿者能力的要求有限，同时志愿者培训方面也略显简单。另外，志愿者激励方面仍需要加强，无论是精神上的激励还是物质上的奖励都较为缺乏，这一点可能又要回到资金和重视程度不足的问题上。招募、培训和激励三点构成了志愿者管理的主要内容，需要着重进行构建。

志愿活动是否成功，不仅看活动是否按照策划顺利完成，也要看受众对志愿活动的感受和评价，因为志愿活动的目的在于提供活动参与者所期望的志愿服务。但是，宜信很难在活动后期完成对参与者评价的反

馈整理。志愿者群体在参与志愿活动的过程中具有切身体验，其对志愿活动的类型和形式都具有更实际的体会，广泛听取志愿者群体对于志愿组织的意见对志愿组织的发展和完善具有重要作用。

六、解决宜信志愿服务团队所面临的问题的建议

其实，CEVA 在开展志愿服务活动过程中遇到的难题也是大多数企业或者高校志愿者协会遇到的问题，学理上称之为"志愿失灵"。大多数企业志愿组织在现实中同样面临着组织结构不合理、人力资源管理水平不足、活动宣传效果不足、资金来源途径单一、缺乏专业运用等问题。究其原因则在于志愿组织的资源不足、志愿组织的业余性、管理机制的局限性、监督机制的缺位、评价机制的不足和志愿者的业余性。综合各个问题，宜信公司志愿服务团队可以以此为指导，根据自身特点设计方案进行问题的解决：

（一）拓展资源渠道，增强获取能力

CEVA 的资源不足，关键在于来源单一和社会资源获取能力存在不足。因此，志愿组织可以尝试拓展资源获取渠道，比如建立志愿服务专项基金，并且通过与社会非营利组织、各种基金会和民政部门进行合作来增强资源获取能力，充分利用自身的优势来开创志愿服务事业。CEVA 的优势包括专业金融研究能力、网络宣传能力、创新能力和人才发展潜力等，这些优势对于志愿活动的深层次发展具有重要作用。

（二）建立志愿服务委员会，重塑组织机构

志愿组织的发展方向是组织活动而不是直接参与活动，应该是提供管理和组织志愿者，而不是仅仅充当志愿者。但是，目前 CEVA 北京总部的相关负责人只有一位。由于个人的视野、资源获取能力、组织协调水平等总是相对受限的，故而应当在现在"北京总部—各地分会"的

组织机构的基础上，再设立一个由公司高层作为牵头人、由各部门负责人或者联系人组成的一个志愿服务委员会，以此来解决目前志愿服务组织势单力薄的尴尬状态的问题。这在一定程度上可以对当时的志愿服务决策进行监督和指导，提升志愿服务组织的高效性和志愿者的决策参与性，形成一种"北京总部—志愿服务委员会—各地分会"相互影响、相互补充的组织构建。

（三）加强信息交流，重塑沟通机制

志愿组织的信息获取能力的提高，一方面依赖组织内部拥有充分沟通的氛围，另一方面依赖组织加强与外部的沟通。内部交流机制需要组织内部营造透明的工作环境和平等的工作氛围，并且组织内部交流方式更加便捷。组织与外部的沟通首先需要组织加强自身的开放性，使成员的内外流动保持畅通；其次，组织必须加强自身的透明性，将自身的信息向外界披露；再次，建立组织与社会受众和志愿者群体的沟通机制；最后，加强组织与校内志愿服务社团、校外青年志愿组织和社会非营利组织之间的信息资源共享。这对于开展的活动容易被社会错误理解的问题以及组织内部管理的滞后性和无序性的问题的解决有很大意义。

（四）完善志愿者管理，提高志愿者能力

志愿服务组织更多的是传递一种志愿精神，凝聚志愿者的力量来为需要帮助的人提供支持。对于志愿者管理，CEVA 应该完善管理方式，在志愿者资源获取、维持、开发和评价各环节做到规范，能充分调动志愿者的积极性，提高志愿者能力。为此，CEVA 需要构建和完善志愿者注册制度、激励制度和培训制度，充分发挥志愿者自身的优势。加强志愿者管理除了完成志愿工作之外，更重要的是培养志愿者的社会责任感。通过组织志愿者参与志愿活动前期信息搜寻和后期结果反馈等工作，可以更好地发挥志愿服务的教育作用。

（五）完善绩效考核，促进组织发展

没有健全的绩效激励制度将会导致 CEVA 志愿服务活动的动力不足。首先需要给组织成员充分的授权，以活动结果的考核来对组织者进行相应授权；其次是通过对志愿者群体和社会受众的反馈来对活动进行考核，确定活动的成功与不足，并以此进行奖惩；最后，对于考核不成功的活动进行裁撤，保证项目的质量。对于志愿服务项目的评价可以保证项目的质量，而对绩效考核的标准设计过程又是对于组织基本价值和使命的回归过程。志愿精神的发扬如果不能体现在评估标准之中，那志愿组织和活动的偏差便难以察觉。

七、宜信对志愿服务未来的展望

CEVA2015 年的规划主要在于保持已有优势项目的开展，提高已有项目的质量，在保持项目核心理念基础上寻求突破点和创新点。同时，积极开发新的志愿服务活动项目，丰富项目的数量，并尽量发掘一些能够令公司业务受益的志愿服务项目，更大程度地符合公司的整体战略布局，达到多赢的效果。当然，在志愿服务管理的建设方面，未来将积极加强各个方面的建设，比如对于激励制度的创新、评估体系的构建等。CEVA 在公司和员工的共同努力下，通过内外部的建设，能够得到更好的发展，更好地弘扬志愿精神，更好地服务社会。

第四节　吴裕泰公司志愿服务团队

访谈对象：辛嬿（吴裕泰公司团委书记）

调研时间：2015 年 4 月 1 日

调研地点：吴裕泰公司

调研及报告撰写人：

杨冉（中国农业大学 2014 级研究生）

作为国内茶行业领域知名的老字号企业，北京吴裕泰茶叶股份有限公司始创于 1887 年，公司由吴裕泰茶栈、吴裕泰茶庄演变、发展而来。1995 年，被国内贸易部授予"中华老字号"称号。自光绪十三年徽州歙县人吴锡卿创号开始，至今已有 128 年的历史。

作为京城著名的中华老字号吴裕泰，在国内同行业具有较高知名度。北京吴裕泰茶业股份有限公司自 2005 年实行国有企业股份制改制以来，不断发展企业自身的志愿服务活动，并结合独具特色的茶文化制定了相应的特色活动主题。这不仅提高了吴裕泰公司自身的企业形象，还为吴裕泰公司实现对社会的回馈提供了很好的途径。在共赢的局面下，吴裕泰公司不断地致力于提高企业自身志愿服务的发展水平，以更好地实现企业的社会责任。吴裕泰公司的志愿服务发展历程很值得其他企业尤其是大型国有企业借鉴，通过对吴裕泰公司志愿服务发展状况进行研究并总结出有益的经验，可以帮助更多的企业在实现自身价值的同时，也能更好地实现自身的社会价值。基于这样的目的和意义，我们有必要对吴裕泰公司的志愿服务进行深入详细地了解。

一、吴裕泰公司志愿服务的发展渊源

吴裕泰公司总经理孙丹威在谈到社会责任时，这样说："社会责任出现的时间已经很长了，只是最近几年才又重新受到各界的关注。从我们企业的实际情况来讲，吴裕泰历史上就一直注重履行企业社会责任。社会责任如何理解呢？社会责任不仅仅是指慈善活动，我认为社会责任的定义是很宽广的，它包含许多方面。"

吴裕泰在跨越三个世纪的发展过程中，在许多方面都履行了企业社会责任。

以传播茶文化为例，从 1997 年起，吴裕泰最早在华北地区组建了北京第一支茶艺志愿表演队，在成立之初，吴裕泰是想从孩子抓起宣传茶文化。培训请来了很多茶学专业的大学生作为志愿者，每周都到小学去给孩子们培训茶知识，通过这种方式，一方面扩大了企业的知名度，另一方面对弘扬中华传统茶文化起了重要的作用。而在社区服务方面，吴裕泰也在所处社区积极开展志愿者服务活动，社区活动大多已经进行多年，既包括对一些贫困大学生的资助，也包括组织志愿者照顾社区孤寡老人。

2008 年，借北京市奥运会机会，吴裕泰的志愿服务总队开始步入常规化和体系化轨道，而在随后 2010 年的上海世博会，吴裕泰的志愿服务工作又迈上了新台阶。为了更好地宣传中国茶文化，吴裕泰为此成立了项目组，选派曾经服务奥运的精英团队推进世博专项工作，全面打造世博茶叶特许生产商新形象。以此为机会，吴裕泰让世界看到中国茶的至纯至真，看到中国茶文化的至深至远。

二、吴裕泰公司志愿服务团队概况

（一）团队成员构成

企业志愿服务团队的成员一般是企业内部的员工，吴裕泰公司的企业志愿者也基本上是企业的员工。作为股份制国有企业，吴裕泰由公司党委团委下属的工作小组来组织这些志愿者的活动，所以在企业内部员工中，志愿者又主要分为党员志愿者和团员志愿者两部分，其中团员志愿者主要是企业中的青年员工，作为志愿活动的生力军，承担了主要的志愿活动项目。

（二）服务领域及对象

吴裕泰公司志愿服务团队主要致力于弘扬茶文化，尤其是青少年茶文化弘扬为主的领域。这一服务领域是基于吴裕泰公司本身的行业优势而确定的，一来能够使中华传统的茶文化得到传播，二来能够使年轻员工发挥自己的专业特长，以带动其他员工积极性。

针对不同的年龄层，吴裕泰的志愿活动对象可以分为青少年、中年以及老年。公司结合不同的特定对象设定不同的特色服务活动，如针对青少年的"小茶人"活动，即通过就近与雍和宫小学联合开展的志愿服务活动；再如针对社区中老年的服务对象，吴裕泰主要开展的是品茶鉴茶授课的志愿服务。这些服务人群既是需要帮助的群体，也是吴裕泰公司认为通过企业志愿者力所能及的服务可以给他们带来真正的实惠的群体。

此外，吴裕泰公司作为商品流通和服务行业，结合自身特点，在旅游景区门店（如王府井店等）设置游客服务志愿引导点，提供游客的问路咨询等志愿活动。

在传统的志愿服务领域，吴裕泰公司就近开展了如社区孤独老人照料活动、敬老院探望活动等。从各个领域来满足企业志愿者们的服务需要，回馈社会。

（三）服务方式

吴裕泰以弘扬传统中华文化、传统茶文化为主的志愿服务活动主要以进社区的服务形式展开，而其采用的主要服务方式则大致可以分为开办讲座、茶艺表演、咨询问答等途径。以开办讲座为例，吴裕泰志愿者团队负责人提前与服务社区取得联系，并做好相应的前期宣传，由志愿者中的茶知识专家为社区居民讲解饮茶知识、选茶方法等相关内容。而除此之外，吴裕泰还会组织茶艺表演等独具特色的志愿服务形式，以这种群众更加喜闻乐见的方式来进一步推广茶文化。

三、志愿者团队的活动项目

吴裕泰志愿者团队的活动项目一般是基于企业自身的特色，并且与企业拥有的资源相适应。吴裕泰公司的志愿服务队在长期的实践活动过程中，结合自身优势条件，不断摸索出了常规的项目化活动，吴裕泰公司的项目化志愿服务活动主要分为三个大的方面。

（一）吴裕泰"茗韵学堂"项目

2014 年 4 月，北京市东城区团区委为引导广大团员青年践行"中国梦"，推动引导社区青年汇工作，围绕社区青年汇"汇思想、汇青年、汇服务、汇信息、汇力量"的工作目标，携手吴裕泰茶叶股份有限公司，在全区范围内，着力打造了以弘扬中华传统茶文化为主要内容的"茗韵学堂"系列活动。

"茗韵学堂"茶学社，是吴裕泰公司为提升品牌影响力、弘扬茶文化、普及茶知识而设立的志愿服务品牌活动。东城团区委为在全区范围内实现加强社区教育、提高社区活动质量的要求，积极与吴裕泰"茗韵学堂"茶学社实现对接。"茗韵学堂"茶学社自设立以来，一年多的时间里，先后在多个社区内举行了"茶文化进社区"、"茶文化讲座"、"春茶进社区"等系列活动，免费为社区居民进行茶文化普及和茶知识讲解，并采取多种多样的形式（如茶叶品尝、有奖竞答等）与社区居民形成互动，提高志愿服务活动效果。

"茗韵学堂"茶学社的项目设立，旨在为各社区居民传统茶文化普及培训等内容，在与东城区团区委的相互协作中，让吴裕泰的志愿服务小队充分结合自身优势特长，为提高社区居民茶知识，弘扬中华传统茶文化，贡献了一份力量。

（二）吴裕泰"小茶人"项目

"白鹤沐浴，观音入宫，悬壶高冲，春风拂面……"东城区雍和宫小学的茶艺课堂上，小朋友们手捏着茶具，像模像样地冲泡工夫茶。与雍和宫小学联合开展的"小茶人"项目，是吴裕泰于2013年开启的一扇全新的校企互动之窗，旨在通过这一项目化活动，将茶文化源源不断地通过这扇窗户传播给在校的孩子。

吴裕泰一方面邀请茶专家到小学，为学生、家长以及老师开展茶艺课。除了在课堂上学习茶知识体验茶技艺，吴裕泰还开展暑期茶文化体验月，来自雍和宫小学、史家小学、史家小学分校、育才小学等的近百名中小学生和老师走进吴裕泰，学习了花茶加工工艺、茶具分类、包茶包和冲泡工夫茶等。

另一方面，吴裕泰协助以茶文化教育为特色的北京雍和宫小学组建了一支"小茶人"茶艺队，该茶艺队由十几名热爱茶文化的小学生组成，学习和表演茶艺，作为一支独具特色的茶文化艺术表演队，获得学校和老师、家长的赞许。

此外，吴裕泰公司志愿服务总队多次进校园向学生、老师普及茶知识，除了对学生的培养，对教师的专业水平认证也非常重要。吴裕泰专门组织教师茶学队，对教师学习茶知识进行理论和实践指导，目前，东城区雍和宫小学已有19位老师取得了国家初级评茶员证书。后期，还将继续扩大教师茶学队，让更多的教师获得这项技能。

"小茶人"活动项目的开展，是吴裕泰以志愿服务活动为中心而进行的校企合作的尝试，这一项目，既能发挥企业和学校的各自优势，又能让越来越多的青少年加入传承茶文化的队伍，使中华传统茶文化在广大青少年中更加推广流行。

欣赏茶艺，听单口相声，位于北新桥街道民安社区的三和老年公寓里，40多位老年人与吴裕泰的青年志愿者一同度过了重阳节。飞瀑叠荡，茶叶入宫，玉液移壶……老年公寓活动室里，来自吴裕泰的两位茶艺师为老人献上了茶艺表演，并将沏好的香茶奉上，传达节日祝福。

"这茶很香浓，果然跟我泡的不一样。"接过泡好的金角毛尖，轻轻抿上一口，83 岁的宋惠玲老人美滋滋地说道。老人从小喜欢喝茶，"平时就算不吃饭，也要沏杯好茶喝，好茶能代表人的品位。"

志愿者进社区养老院的活动，是吴裕泰日常开展的志愿服务活动之一。据北新桥街道工作人员韩亚军介绍，敬老院的老人们渴望得到更多关怀，考虑到居住在老年公寓的多数老人岁数已高，不方便外出，街道与吴裕泰公司合作，把茶艺表演带进老年公寓，给老人带来慰问与欢乐。

相比较"小茶人"和"茗韵学堂"两项活动，社区养老院慰问服务是一项更加常态化的活动，时间安排和社区选择也并非固定化，但此项活动的开展却是吴裕泰志愿者服务活动的一项重要内容之一，得到公司内部志愿者的积极响应和街道社区养老院的赞赏肯定。对于吴裕泰志愿服务的常态化具有重要的意义。

四、志愿团队的运作模式

（一）组织架构

吴裕泰作为一家国有制股份有限公司，其内部机构设置有党组织和团组织，所以其志愿服务事务主要由其团委负责。

横向方面，公司总部团委主要负责公司志愿团队的组建、志愿者的招募、志愿活动的策划和组织、志愿服务的开展、志愿服务活动的总结等。公司会在志愿服务方面给予该部门专门的政策支持。

纵向方面，公司总部团委下属有各个门市部的分团支部，总部团委在组织和策划了相关志愿活动之后，主要的联络和执行工作则交由分团支部来进行，从而形成一种自上而下的框架组织结构。

（二）志愿者的招募

吴裕泰公司志愿团队的志愿者一般是由负责志愿服务活动的部门

（总部团委）通过向企业内部的员工发起号召的方式，提倡员工自愿报名，申请注册后最终形成团队。

团队形成之后，在各项具体项目实施过程中，以团委牵头领导的志愿者服务团队会在公司内部信息平台发布志愿者招募信息，动员公司总部以及各直营店或门市部的员工积极参加。

在员工自愿报名的基础上，公司重点鼓励动员各分公司党员和团员员工积极参与志愿活动，在志愿服务活动中发挥党员和团员的先进带头作用。

（三）运行模式

吴裕泰公司的志愿服务活动大致可以分为两种运行模式，一种是以专门项目化活动为代表的志愿服务活动，另一种是以常态化的社区服务为代表的志愿服务活动项目。

第一种活动的特点是规模大、时间长、影响广。此类活动大多以公司名义，联合校外机构联合开展，具有较高的社会知名度和影响力。因此其运作也多由专人负责，成立项目小组，进行组织策划、联络、宣传等活动。

第二种活动则相对简单，频率也相对较高。主要是指志愿者进入社区提供社区服务等活动，这类活动时间较短，频率较高，每月1—2次。其运作模式则主要是由公司负责部门发布信息，志愿者自愿报名参与，然后由负责部门统一组织安排。这类活动主要表现出常态化的特征。

（四）资金来源

作为企业内部的志愿者团队，其资金来源一般是由企业内部预算提供。志愿团队通过预算申请的方式，在每一项活动开展之前向公司申请相关的经费，而这一经费从公司提供的专项资金支取，志愿者利用这笔专项资金进行各种志愿服务活动。

（五）评价及奖励机制

对于志愿者的志愿服务活动，本着志愿的精神，吴裕泰公司并没有明确的奖励机制，但志愿总队会将每次参与志愿活动的人员名字记录在册，作为年终评价优秀员工的一项参考标准之一。

五、吴裕泰志愿服务团队特点总结

吴裕泰公司的志愿者活动自 2008 年步入正轨以来，在公司党委团委的大力支持之下得到了积极地开展，并随着长期而富有成效的坚持，在当地社区乃至整个社会形成了颇具影响力的品牌效应。

在其志愿者服务活动积极开展的几年里，逐步形成了以下几个特点：

（一）体系完善，招募有力

吴裕泰志愿者团队，在其公司党团组织的领导下，有着较为完善的团队和招募、培训体系。公司实行扁平化管理，由总部团委直接领导，向下属各单位发布志愿者活动和招募信息，具有效率高、执行快的特点。另外，由总部志愿者团队负责人直接负责各下属单位的志愿者培训工作，省去大量中间环节，也极大地促进了志愿者服务活动的顺利开展。

（二）有条不紊，发挥特长

吴裕泰志愿者服务活动的另外一个突出特点是其项目实施管理方面，充分做到了有条不紊和发挥特长的充分结合。在一些特色活动中，如"春茶进社区"活动，志愿者充分发挥自身专业优势，向社区居民宣讲茶知识；而在另外的常规活动中，如社区敬老院慰问和志愿服务等活动，则能够做到合理分工安排，妥善进行管理，使志愿者能够按照预先分工，有条不紊地开展社会志愿服务活动。这既得益于志愿者综合素质较高的缘故，也与吴裕泰公司在志愿者组织和培训方面的工作密不可分。

（三）资金充足，保障完善

据项目负责人介绍，由于公司领导的大力支持，吴裕泰公司的志愿服务活动在资金和活动开展方面几乎不存在问题，公司领导层认可以公司为主体开展的意义深刻的志愿者活动，认同在志愿活动中对传统茶文化的弘扬效果。除此之外，吴裕泰志愿团队在开展活动的过程中，也充分遵守了"合理开销，节约成本"的原则。因此，对于志愿活动开展所需要的活动经费，公司总部要求设置相对较宽，这就保障了吴裕泰志愿服务活动的顺利开展和有效进行。

（四）重视合作，扩大宣传

在对外合作与宣传方面，吴裕泰公司积极同上级团区委和志愿者协会保持积极而紧密的联系，这样的做法一方面保证了公司志愿服务队能及时掌握相关志愿服务信息；另一方面，也加强了志愿服务活动的互动效应，使吴裕泰的志愿活动能够得到更多的关注，从而形成更加广泛的社会影响力。

六、目前遇到的问题

尽管吴裕泰志愿服务团队已经开展多年，但由于企业志愿者的特殊性及其他外在因素，志愿者团队的活动开展还是会面临各种各样的问题，这些问题主要体现在以下几个方面：

（一）员工对志愿活动的思想认识程度有待提高

公司志愿活动的开展以青年团员为主，其他还包括部分党员和普通员工群众，大部分员工本着志愿的精神参与到公司的活动中来，并从中收获自我价值实现的满足感，但因为志愿活动毕竟占用了员工的休息时间，所以存在一些青年员工对参与志愿服务活动积极性不高的情况，在思想认识上，对志愿活动的认识程度仍然有待加强。

（二）志愿活动开展的时间难以协调

作为国企的员工，吴裕泰公司志愿服务项目的负责人及志愿者本身都面临着如何协调好工作时间和志愿服务时间之间关系的问题。企业单位不同于一般事业单位，工作压力大，时间紧，任务重，因而很难协调好志愿者之间的时间，也不好直接由相关部门统一时间。这个问题的存在，在很大程度上增加了企业开展志愿服务活动的难度。

（三）项目化水平有待进一步提高

对于常态化的志愿服务项目，吴裕泰尚未意识到要将其列为项目化活动，而是采取相对随意的组织与安排。如经常组织的养老院服务内容，此类的活动虽然在吴裕泰经常开展，但是公司上下却缺乏一个项目化的统一认识，而使该志愿活动显得随意性更强，不利于品牌活动的树立。

（四）激励奖赏制度尚处于萌芽阶段

吴裕泰的志愿者激励，更多的是一种评优参照，而没有做到具体的量化和更加有力的激励。这是志愿者服务活动激励的一种萌芽阶段，但若要更加有效地发动志愿者参与到志愿活动，仅凭动员和号召还是不够的，还需要有更加切实的激励奖赏制度，用制度化的管理来逐渐完善公司内部志愿者服务的水平和质量。

七、解决吴裕泰志愿服务团队所面临问题的建议

针对这些问题，吴裕泰公司志愿服务团队可以通过以下几个方面解决。

1.志愿服务活动的有效开展，一方面靠组织者的协调组织，另一方面则是要靠志愿者自发的志愿精神。因此，如何激发和鼓励志愿者服务奉献的志愿精神，对于作为企业的吴裕泰而言无疑是一项挑战。从思想上让公司员工认识和接纳志愿服务精神，首先是需要进一步加强对志愿服务活动的正面宣传，让员工在潜移默化中了解志愿服务；其次，最关键的是要让员工发自内心地热爱志愿服务，通过开展有效的志愿服务互动，让员工意识到自己价值的发挥，而非仅仅是完成了任务，只有志愿者发自内心地感悟到志愿者的志愿精神，才能更好地参与到志愿服务工作中来。

2.针对企业志愿者时间不易协调的问题，志愿服务活动组织者可以对所有志愿者进行时间安排情况的调查，通过了解大多数志愿者的想法和情况，并结合活动的要求确定出大多数人都能接受的时间段，随后再进行志愿服务活动的安排。这就需要活动策划者和组织者在接收项目时多考虑自身员工的时间状况，从而选择易协调的项目进行服务。

3.加强常态化活动的组织协调，让这类常态化的项目固化成为公司的品牌活动，如起一个名字、固定服务时间或者服务频次、锁定相关服务内容以及服务人群等，提升企业志愿服务的项目化水平，并在此同时，结合志愿者的培训、参与以及反馈，制定合理的考核激励制度，最终逐步提升其志愿服务管理的整体水平。

八、吴裕泰对志愿服务未来的展望

吴裕泰作为一家与中华传统茶文化息息相关的国有企业，在近年来开展的志愿服务活动中，一方面充分结合其自身特色，另一方面受领导层高度重视的影响，密切与外部相关志愿服务部门的联系，形成了颇具社会影响力的志愿活动体系。此外，由于其作为国有企业内部所具有的党团结构体系，很大程度上为其志愿服务活动的开展提供了组织便利。不可否认，吴裕泰公司2015年在规章制度方面建构仍然不完整，对国家的志愿服务政策和法规相对缺乏了解，但能感觉到其企业自身上下乃至全社会对于志愿服务活动开展的重视程度与日俱增。志愿服务活动不仅仅是事业单位的主要活动阵地，也得到了越来越多类似于吴裕泰一样的企业的重视，这一方面说明了企业单位已经注意到志愿服务对于其自身发展的有利影响，也说明有越来越多的企业开始意识到社会责任的承担，而承担社会责任，开展积极的社会志愿活动，无疑是可供他们选择的最佳形式之一。在可以预见的未来，我们可以大胆断言，将会有越来越多类似于吴裕泰的国企、外企和私企，加入到志愿服务的队伍中来，为我们全社会的志愿服务事业，尽自己的一份力量。

第五节　北京金隅物业管理有限责任公司志愿服务队

调研对象：邸迪（北京金隅物业团委书记）

调研时间：2015 年 4 月 10 日

调研地点：北京金隅物业管理有限责任公司

调研及报告撰写人：

朱婵婵（中国农业大学 2014 级硕士研究生）

北京金隅物业管理有限责任公司（简称"金隅物业公司"）成立于1997 年 10 月 8 日，隶属于北京金隅股份有限公司，注册资金 1000 万元，国家物业管理一级资质企业，中国物业管理协会常务理事单位和北京市物业管理协会副会长单位，中国物业服务企业综合实力百强企业，曾获"全国安康杯竞赛先进单位"、"首都劳动奖状"、"首都文明单位"等荣誉称号。

金隅物业公司志愿服务队成立于 2014 年，公司不断发展企业自身的志愿服务活动，这不仅是公司为践行企业社会责任而开展的一项重要工作，也是公司党委结合员工实际情况开展的一项重要的党建创新工作，意在带领全体团员青年在道德实践中接受思想教育，从而搭建起青年员工思想政治教育工作的新平台。

一、金隅物业公司志愿服务的发展渊源

志愿服务是现代社会文明程度的重要标志，也是社会主义核心价值观的生动实践。金隅物业公司 2015 年有员工 800 多名，其中 35 岁以下的团员青年 400 多名，占员工总数的 52.3%，青年员工已经成为了公司的主力军和中坚力量，影响着公司的发展与未来。近年来，随着 90 后陆续进军职业舞台，公司也面临了 90 后思潮的冲击。90 后一代虽然具有思维敏捷、富有创造力等优点，但也不可否认 90 后中的很多青年处于一种精神匮乏的"悬空状态"，他们迫切需要孝心、爱心和感恩心的教育，需要学会平等、尊重和承担责任。面对 90 后给企业带来惊喜、带来惊叹、带来活力也带来冲击的新形势下，如何做好青年员工的思想政治教育工作，已成为公司党委重点关注的一大课题。面对这样的课题，金隅物业志愿服务队应运而生，于 2014 年 2 月 24 日正式成立。

二、金隅公司志愿服务团队概况

（一）团队成员构成

志愿服务队的志愿者一般都是来自企业内部的员工，金隅物业志愿服务队也基本上都是企业的员工，这些志愿者都来自员工中自愿参加志愿服务活动的人，企业通过党委带领团委组织团员青年（其中包括党员）开展志愿服务活动，并提供相应的志愿项目供员工选择，金隅物业公司

当时拥有员工 800 多人，其中在北京志愿平台上进行注册的人有 400 多人，主要是 35 岁以下的青年居多，志愿者男女比例各占约 50%，企业的这些志愿者们不仅有责任心，而且又很富有爱心。

（二）服务领域与对象

服务领域：金隅物业志愿服务团队的服务领域非常广泛，主要包括环境保护、扶老助幼、城市运行、公共服务、大型赛会、会议服务等。

服务对象：由于服务领域非常广泛，金隅物业志愿服务团队的服务对象也非常之多，主要包括聋哑儿童、空巢老人、社会公众等。这些人群是需要帮助的群体，也是金隅物业公司认为通过企业志愿者力所能及的服务可以给他们带来真正的实惠的群体。

（三）服务内容

金隅物业公司的服务内容是结合服务对象来决定的。针对聋哑儿童，公司志愿者主要捐献了衣物、书籍、文具、餐具、洗漱用品、益智玩具等，同时也陪伴这些儿童做一些游戏，不仅给他们生活上带来了帮助，也给这些孩子们带来了心灵上的慰籍；针对社区老人，结合金隅物业公司自身优势，公司年轻力壮的志愿者帮助老人做家务、打扫卫生，陪伴老人聊天，同时给老人送去了温暖；针对社会工作，金隅物业公司针对社会公众的志愿活动比较多，比如，"樱花志愿者"活动，服务内容主要是协助维持秩序、给游人指路等。此外，还有会议服务，主要是维持会场秩序，协助会场签到、颁奖授盘等内容。

三、志愿团队的活动项目

金隅物业公司的志愿服务项目主要有两种形式：一种是与其他机构合作的项目；另一种是企业自身独立开展的项目。

（一）与其他机构合作的志愿服务项目

1. 腾达分公司团支部与甘家口地区志愿者联合举办的"樱花"志愿者服务项目

2014年4月14日，金隅物业腾达分公司团支部组织青年员工参与甘家口地区志愿者联合会的"樱花"志愿者服务队，在春季玉渊潭公园"樱花节"期间开展志愿服务工作，及时制止攀折樱花等不文明行为，帮游客拍照、留念，对园内卫生环境及设施进行维护，开展公共场所秩序引导，进行游园秩序服务引导及义务帮助等。通过志愿服务传播"健康甘家口"理念，倡导"奉献、友爱、互助、进步"的志愿精神，为海淀区争创全国文明城区贡献力量，同时，也使内部企业的志愿者们经受了锻炼，实现了自身的社会价值。

2."佳节送温暖，有爱不孤单"协助甘家口社区关爱照顾空巢老人

2015年的学雷锋日恰逢元宵佳节，金隅物业腾达分公司的志愿者团队走进甘家口工运社区，协助社区关爱照顾空巢老人，为孤独的老人们送去温暖，与他们共度元宵佳节。此次活动得到公司的21名员工踊跃报名参加，分成5组分别照顾一户空巢老人，陪伴老人聊天，为老人收拾废弃物品，擦拭家具，打扫卫生，收拾厨房，这次志愿活动不仅给老人带来了实际的帮助，更给老人带来了精神上的关怀。经过此次志愿活动，企业志愿者也都感触颇深，他们都觉得这是一次真正有意义的帮助，也是对各位参与志愿服务的员工一次生动的思想教育。

（二）公益项目和员工志愿者活动

作为一个有责任的企业，金隅物业公司鼓励员工积极投入志愿服务事业，企业内部所进行的志愿服务活动也十分丰富。

1. 腾达青年弘扬五四精神，志愿服务传递爱的声音

为进一步推进志愿者服务工作在公司的开展，让公司更多的员工了解、参与、感悟志愿服务精神，金隅物业腾达分公司团支部在五四青年

节当天组织公司员工走进海淀区残联聋儿康复中心，用他们的行动开展志愿帮扶活动。活动当日，虽然狂风大作，但是参与活动的 23 名员工的奉献热情丝毫不减。活动前期，参与者了解到这些渴望美妙声音的孩子们生活十分艰苦，都自发地贡献自己微薄之力，近 10 名员工为这些可爱的孩子捐献了最温暖的爱心，衣物、书籍、文具、餐具、洗漱用品、益智玩具等等，虽然他们的能力有限，但是看到孩子露出的笑容，那种喜悦让他们感觉自身内心得到了充实。刚刚做了妈妈的许晶特意为每一名孩子购买了漂亮的小 T 恤，她表示自从做了妈妈特别受不了孩子吃苦，这句话打动了每一个参与者的心！作为大多数 80、90 后的孩子来讲，静下心来去和孩子交流实属不易，同这些听觉存在障碍的孩子沟通更是难上加难，然而为了能够奉献自己的一份力量，腾达的每一名志愿者都在竭尽所能地与这些孩子进行一对一式的交流，也许他们的 10 句话才换回孩童的一个声音，但是只要有一点回报他们就毫不放弃。为了切实帮助聋儿康复中心做一些力所能及的事情，活动前期结合物业公司的实际工作性质咨询康复中心主任的需求，当得知当时康复中心有 3 个马桶堵塞、2 个展灯故障，公司还特意委派工程部的师傅参与此次活动，他们对于这些日常的故障处理的得心应手。三下五除二的功夫，工程部的师傅就将困扰了康复中心一个多月的大难题解决了。

2. 关注向日葵宝贝，共享阳光儿童节

六一儿童节到来之际，金隅物业腾达分公司的志愿者们再次来到海淀区聋儿康复中心，看望这里需要帮助的孩子们，陪伴他们度过一个快乐、难忘的儿童节。在 40℃ 的烈日下，腾达分公司的 8 名志愿者不畏酷暑，参与了此次志愿服务活动。陪孩子们绘画、讲故事、剪纸、唱儿歌、叠纸鹤，孩子们快乐的笑脸让志愿者们心里也很温暖。参与的志愿者们还为这些孩子带来了电饼铛、画册彩泥等儿童节礼物，虽然志愿者的经济能力有限，但是看到孩子露出的笑容，那种喜悦让他们感觉自身内心得到了充实。同时工程部维修师傅也帮助康复中心维修电灯 3 个、疏通下水道 1 处、维修开关 1 处、整理线路 1 处、维修柜子 1 个。这些故障的维修对于金隅物业公司来讲是微不足道的，但是对于康复中心来讲，由于经费的限制、人员的缺少，根本没有能力及精力处理这些问题，海淀区聋儿康复中心工作人员的再三感谢也让志愿者们觉得自己的志愿服务真正有了用武之地。而后志愿者们又帮助他们进行了物资搬运、卫生清理等工作，虽然活动后的他们已经大汗淋漓，但是每一位志愿者都乐此不疲，并期待能够再多付出些劳动。这次的儿童节志愿活动在志愿者和孩子们的欢笑声中结束了，同时志愿者们也期待着下一次的相聚，期待再看到这些孩子们的笑容。

3. 参加 2015 年学雷锋志愿服务推动日活动

3月4日，金隅物业志愿服务队组织35位志愿者参加了由团市委、市志愿服务联合会共同组织的学雷锋志愿服务推动日主题活动。自2014年开始，金隅物业志愿服务队连续两年为该项活动提供志愿服务，主要负责签到引导、授牌赠书、会议服务、现场秩序维护等多项工作。早上7点，志愿者们已经在北京国际会议中心集合完毕，虽然很多离家较远的志愿者不到五点就出家门，但大家都精神焕发，丝毫看不出疲惫，积极主动地投入到工作中。35位志愿者被划分成三组，分别为市志愿服务联合会第一届理事会第二次会议、"传承的力量"北京市学雷锋志愿服务活动发展成果展，以及2015年志愿服务工作综合发布会三项活动提供志愿服务。在整个过程中，志愿者严格服从组委会的安排，坚守岗位，用高质量的服务赢得了志联领导及主办方的肯定。在参加志愿服务的同时，志愿者利用空余时间积极到展台了解情况，并与绿色啄木鸟、爱洒无声、太阳花、爱心家园义工联等多家公益组织达成了合作意向。下阶段，公司志愿服务队将与北京市志愿服务联合会共同举办"应急志愿者"讲座，结合楼宇工作的特殊性，在防恐、防爆、紧急救助等方面对志愿者进行相关培训。

4. 环保方面的志愿活动

环保志愿活动一：抵制首都雾霾，参加植树活动

为响应团中央号召，共同抵制首都雾霾，倡导传递青春正能量，嘉

华团支部安排公司志愿者于 4 月 18 日前往怀柔青年林参加由海淀区团委组织的 2014 年北京市青少年植树活动。通过植树，增强团员青年的绿化意识，为营造美丽家园作出自己的贡献。植树造林、美化环境也是公民应尽的义务，是首都市民的责任，也是企业履行社会责任的具体体现，本次义务植树活动由公司团支部发起，得到了公司领导的大力支持，同时也获得了广大青年员工的热烈响应。此次公益植树活动不但提高了大家的文明环保意识，也为建设文明、和谐的企业文化奠定了基础。

环保志愿活动二：嘉华团支部开展"五四"系列活动之——"争做环保小卫士"志愿清理小广告服务

为大力弘扬志愿服务精神，积极响应金隅物业团委 2014 年培育企业志愿服务文化，嘉华团支部联合上地街道青年汇于 4 月 13 日发起主题为"争做环保小卫士"集中清理小广告志愿服务活动，清理范围为上地东二路（城铁上地站）马路两侧，嘉华团支部积极组织团员青年十余人参加，为净化城市容貌、彻底清除城市"牛皮癣"作出自己的贡献。

环保志愿活动三：午间关灯一小时

为保护共同生活的环境，对改善空气质量尽一份微薄之力，在"种子力量环保行动"和爱心家园义工联的支持下，金隅地产经营公司团支部从 4 月 16 日起，开展"午间关灯一小时"的环保志愿服务活动，通过张贴倡议书、摆放易拉宝、向客户倡导节能环保理念等方式，督促企业员工节约用电，做节能环保小卫士。通过此次的志愿活动，培养了企业员工节约能源的意识，也向客户倡导了节约能源的理念。

四、志愿团队的运作模式

（一）组织架构

志愿团队的组织架构分为两层，本部为志联一级组织，各分支团委为志联二级组织，由总部党委、团委领导，下设 11 个分公司，各分公司又设团支部。各层志愿团队之间及各志愿团队内部的关系有所不同。

1.各志愿者团队内部的组织关系

金隅物业公司的志愿活动主要是由公司党委领导下的团委部门组织，这个部门主要负责公司志愿团队的组建、志愿者的招募、志愿活动的策划和组织、志愿服务的开展、志愿服务活动的总结等。公司会在志愿服务方面给予该部门专门的政策支持。

2.各志愿者团队之间的关系

金隅物业公司的志愿服务队主要分布在北京，各支部团委的志愿活动主要是由本部（核心团队）策划和安排的，同时根据所在地的实际情况开展。此外，各团队还有自己的活动，一般是根据员工的意愿和当地的实际需要来确定和安排。各团队之间的联系主要是由各团支部书记进行的，比较容易协调沟通。

（二）志愿活动项目化管理

1.志愿者招募

金隅物业公司志愿者的招募主要是以项目招募为主，由负责志愿服务活动的部门通过向企业内部的员工发起号召的方式，提倡员工自愿报名，并倡导志愿者在志愿北京平台进行注册，同时对员工志愿活动进行计时。一般志愿活动由团委策划和组织，然后发布在公司网上有专门提供志愿服务信息的平台，供企业员工志愿者进行选择和报名。志愿者由企业35岁以下的青年组成。目前，金隅物业公司在志愿北京平台上注册的人数有400多人。

2.志愿者培训

金隅物业公司对企业志愿者的培训开始进入培训制度化过程，每位志愿者都是按照"三个一"标准来进行的。第一，志愿者参加志愿服务活动之前必须有一次正规的志愿服务培训。第二，到北京市志愿者联合会参观志愿文化长廊，感受这些年来北京志愿服务的发展历史。第三，志愿者切身经历和感受一次志愿活动。另外，金隅物业公司也不定期举办应急志愿者培训活动，每次开展各类志愿服务之前，由主办单位对企业内部志愿者进行相关的上岗培训。

3. 志愿者保障

金隅物业志愿服务队的志愿者基本都已在志联网上注册，和其他在志愿北京平台上注册的志愿者一样享受应有的保障。

（三）运行模式

公司进行的志愿活动分为两种：一种大型的志愿服务活动；另一种就是企业员工以个人形式进行志愿服务活动。对于第一种活动，主要由团委负责人进行组织策划，然后发布到公司的信息网页平台上，由志愿者根据自己的精力和意愿选择参加。按计划进行志愿服务活动，需要公司给予大力的人力、物力的支持。对于另一种由员工个人形式进行的志愿活动，员工个人可以自由选择其他适合的项目，更具有灵活性。比如，公司有员工到偏远山区进行支教，是员工自己寻找的适合的志愿项目。

（四）资金来源

作为企业内部的志愿者团队，它的资金来源由团委经费或是企业内部预算提供，有时还有单位行政的支持。志愿服务团队通过预算申请的方式，在每一项活动开展之前向公司申请相关的经费，而这一经费从公司提供的专项资金支取。志愿者可以利用这笔专项资金进行各种志愿服务活动。此外，还有单位行政的拨款，但是行政拨款并不是每次志愿活动都有的，志愿活动的经费主要还是由专项资金提供。

每次开展志愿活动也不需要太多的资金，所以团委划拨的经费都足够志愿活动的正常进行。

（五）规章制度

由于金隅物业志愿服务团队成立才一年多的时间，当时还没有确切的志愿服务方面的规章制度，现在进行的志愿服务活动主要执行志联的志愿服务规章制度。不过，金隅物业公司对企业志愿者的按项目方式招募、培训按"三个一"的标准执行，以及对于志愿者的评价激励机制等都已经是在朝制度化的方向发展。金隅物业公司的志愿服务活动一直都是按这样的标准来执行的，但还没以正式的书面文字固定下来。

（六）评价及奖励机制

激励：公司组织的志愿活动，在新浪微博、手机报、微信公众号等平台上进行展示、宣传，以鼓励企业内部其他员工，同时对志愿者本身也是一次勉励。评估：对于在开展志愿服务活动过程中表现优秀的员工予以口头表扬，对于出现小失误的志愿者进行指导以及鼓励。分享感想：通过公司内部刊物、集团报、新浪微博、微信公众号等平台展示各分公司志愿小分组的历次志愿活动，并在新浪微博上分享志愿者的感想，另外还通过职工技能大赛"我的志愿情"演讲分享志愿经历及感想，职工技能大赛是 2014 年开始的，因每次大赛的主题不一，所以在职工技能大赛上分享志愿服务感想这一项活动并没有固定下来。

五、金隅物业公司志愿服务的特点

（一）经费固定来源于团组织工作经费

金隅物业公司开展志愿活动时所需要的经费主要由团组织经费进行支持，因为团组织经费是公司的一项固定的支出，每年都会划拨，所以公司的志愿活动就有了一定的保障，这样也保证了志愿服务活动顺利地开展。

（二）项目开展分层级展开，有总公司集体组织，也有分公司各自组织

公司对于志愿项目的开展，分两种形式：一种是由总公司团委集体

组织各分公司，在公司网上进行项目招募志愿者共同进行志愿活动；另一种则是由分公司团委各自组织进行志愿服务活动。一般比较大的志愿项目由总公司进行组织，其余则由分公司各自开展。因此，这样的志愿服务活动开展模式具有极大的灵活性。

六、金隅物业志愿服务团队当时遇到的困难

金隅物业公司的志愿服务团队已经开展了一年多的志愿服务活动了，但是由于企业志愿者角色的特殊性及其他外在的复杂因素，志愿团队在开展志愿服务活动时会遇到一些困难，主要有以下几方面内容。

（一）企业内部志愿者的时间难以协调

对于大型的志愿服务活动，需要很多员工脱岗进行志愿服务活动，这样则对公司的正常运作影响太大，成本也太高。

（二）不容易找到合适的志愿服务项目

企业的志愿者团队一般都希望能顺利、快捷地找到适合的志愿服务项目。但由于企业志愿服务团队刚成立，企业也并不是专门从事志愿服务的，虽然有心去做志愿服务，但不是很容易就找到适合的志愿服务活动项目。这在前期上耗费了企业做志愿服务的时间，并且影响了企业从事志愿服务的效果，因为只有将企业自身优势结合起来利用的志愿服务才能发挥最大的效用。因此，能很快地找到适合企业的志愿服务项目，也成为一个需要解决问题。

（三）其他困难

此外，企业在进行志愿服务活动时也遇到过其他的困难，比如，在"禁烟志愿"活动中，公众中个别人对活动的不理解以及对活动存在非议，也有一些人对志愿活动不配合，这给志愿活动的进行造成一些阻碍等。

志愿活动的过程中多多少少都会遇见一些小的困难，在此就不一一列举了，但是金隅物业服务队在进行志愿服务过程中尽量地在克服困难。

七、解决金隅物业志愿服务团队所面临的问题的建议

针对上述金隅物业志愿服务团队在进行志愿服务过程中所遇到的困难，可以通过以下几个方面解决：

1. 针对企业志愿者时间不易协调的问题，志愿服务活动组织者可以对所有志愿者进行时间安排情况的调查，了解志愿者的愿望和可能投入的时间，有的放矢地策划活动。再者，针对脱岗员工人数较多会影响公司的正常运行这一问题，如果有大型的志愿服务活动，可以整合全公司资源来应对大型活动的志愿者需求，这样可以在避免这一问题的情况下，很好地进行志愿活动。

2. 现在很多 NGO 组织拥有许多丰富的志愿服务项目资源。企业可以通过跟这些组织进行合作，来获取很多的项目资源作为企业本身的志愿服务活动。此外，一些政府专门机构也提供了很好的平台来解决企业志愿服务项目的需求问题，这样企业寻找合适的志愿服务项目就变得较为容易和轻松了。因此，金隅物业志愿服务团队可以通过和一些公益性机构或政府组织合作，利用它们的信息平台，向专业人士咨询志愿服务项目，并结合自身的特点对接合适的活动项目。

第六节　中铁十九局集团有限公司郭明义爱心团队

访谈对象：范佳新（中铁十九局集团有限公司团委书记）

调研时间：2015 年 4 月 13 日

调研地点：中铁十九局集团有限公司总部

调研及报告撰写人：

王朋超（中国农业大学 2014 级硕士研究生）

中铁十九局集团有限公司成立于 1949 年，是国家铁路综合工程大型一级施工企业，是一支修建铁路、公路以及承担市政建设、工业与民用建筑、设备安装、火电、水利水电、机场港口、矿山建筑与安装的大型专业施工队伍，是集施工、设计、科研为一体的国有大型企业集团。

中铁十九局郭明义爱心团队自成立以来，不断发展企业自身的志愿服务活动，并结合企业自身特点制定了相应的有特色的活动主题。这不仅提高了中铁十九局集团有限公司自身的企业形象，并为集团公司统一员工价值观提供了推动力，还为集团公司实现对社会的回馈提供了很好的途径。在双赢的情况下，中铁十九局集团有限公司还在不断地致力于提高企业自身志愿服务的发展水平，以更好地实现企业的社会责任。中铁十九局集团有限公司的志愿服务发展历程很值得其他国内企业借鉴，通过对中铁十九局集团有限公司志愿服务发展状况进行研究并总结出有益的经验，可以帮助更多的企业在实现自身价值的同时，也能更好地实现自身的社会价值。基于这样的目的和意义，我们有必要对中铁十九局集团有限公司的志愿服务进行深入详细地了解。

一、中铁十九局集团有限公司志愿服务的发展渊源

郭明义是鞍钢集团一名生产技术室采场公路管理员，常年坚持不懈地弘扬雷锋精神，把爱岗敬业作为人生追求，把无私奉献作为生命价值的体现，把践行党的全心全意为人民服务的根本宗旨作为神圣职责，被誉为"当代雷锋"。2010 年，胡锦涛同志作出重要指示："郭明义同志是助人为乐的道德模范，是新时期学习实践雷锋精神的优秀代表。要大力宣传和弘扬郭明义同志的先进事迹和崇高品德，为构建社会主义和谐社会提供强大精神力量。"2012 年年初，国资委文明办下发了关于组建"郭明

义爱心团队"的倡议书，号召广大青年自觉把郭明义同志的精神内化于心、外践于行，踊跃加入"郭明义爱心团队"，大力弘扬和传承雷锋精神，用忠诚服务企业、用爱心传承文明、用真情奉献社会、用行动实现价值。

中国铁建股份有限公司积极响应国资委文明办的号召，股份公司宣传部、团委于2012年4月5日在京联合举办了"中国铁建郭明义爱心团队"授旗仪式，中铁十九局郭明义爱心团队宣告成立。随着志愿服务在全国的逐渐推广，中铁十九局郭明义爱心团队不断发展壮大，并在实践过程中总结经验，吸取教训，不断完善志愿服务组织的经营模式、队伍建设等，最终让中铁十九局的志愿服务团队在中国的广阔区域内生根、发芽、茁壮成长。

二、中铁十九局集团有限公司志愿服务团队概况

（一）团队成员构成

企业志愿服务团队的成员一般是企业内部的员工，中铁十九局集团有限公司的企业志愿者也基本上是企业的员工。这些志愿者都来自员工中自愿参加志愿服务活动的人，企业通过组成相关的机构或部门来组织这些志愿者的活动，并提供相应的活动项目供志愿者选择。中铁十九局集团有限公司从事的是建筑业，因而企业志愿服务团队的成员以中青年男性建筑工人为主，不仅拥有爱心和责任心，还拥有很强的施工、设计、科研技能。这在很大程度上为中铁十九局集团有限公司志愿服务的内容和形式明确了方向。

（二）服务领域

中铁十九局郭明义爱心团队主要致力于以安全质量生产尤其是青年安全质量生产志愿服务工作为主的领域，即施工人员的安全质量生产志愿服务工作。这一服务领域是基于集团公司本身内部员工的总体意愿、

自身的技能优势及当前全集团安全质量形势而确定的，一是能带动员工的积极性，二是能很快找到适合的项目资源供志愿者使用，发挥各自的优势。

除此之外，其团队还参与环保、植树、爱心助学及支援贫困地区基础设施建设等其他方面的志愿服务活动，从各个领域来满足企业志愿者们的服务需要，回馈社会。

（三）服务对象

由以安全质量生产为主的服务领域决定了集团公司的服务对象以外协队伍即农民工为重点。除此之外，还有施工单位所在地区的居民。这些人群都是需要帮助的群体，也是集团公司认为通过企业志愿者力所能及的服务可以给他们带来真正的实惠的群体。

（四）服务内容

集团公司的服务内容是结合服务对象来决定的。针对农民工群体，中铁十九局郭明义爱心团队主要为他们做好安全质量宣传、教育、培训和技术交底工作（对设计意图、施工图要求、构造特点、施工工艺、施工方法、技术安全措施、执行的规范、规程和标准、质量标准以及材料要求等的全面、详细的说明）；对于中铁十九局施工单位所在地周边的居民，志愿者主要进行的是一般性的志愿服务，比如慰问困难居民等。除此之外，志愿者也会结合自身技能支援贫困地区的基础设施建设，比如为当地小学修路、修桥等。

三、志愿团队的活动项目

郭明义爱心团队的活动项目一般是与企业志愿者自身所拥有的特别技能、企业拥有的资源相适应的，不管是常见的安全质量生产项目还是工程公司组织的施工单位周边地区服务项目，都是基于集团公司志愿者的技术和企业的物资实力之上的。

（一）"青年安全生产志愿者"项目

为了使广大团员青年充分认识到"安全生产，人人有责"的重要性，自觉、主动志愿服务安全生产工作，集团公司决定开展"青年安全生产志愿者"活动。青年安全生产志愿者要主动争取安全（质量）部门给予系统地培训，学习安全（质量）管理知识，保证自己身边无事故。重点是服务农民工，为农民工做好安全质量宣传、教育、培训和技术交底工作。要佩戴"青年安全（质量）生产志愿者"袖标，加入现场旁站员队伍，主动请缨盯防重大危险源，充实一线安全质量管理力量。每个团组织至少培养发展 3—5 名青年安全（质量）生产志愿者。集团团委年底评选表彰优秀青年安全（质量）生产志愿者，授予年度"优秀共青团员或青年岗位能手"称号。本项目活动时间：2012 年 4—12 月。

案例 1：六公司怀通项目部团员青年争当"安全生产志愿者"

六公司所属中南公司怀通高速公路 15 标项目部团支部，积极响应"责任青年，给力安全"活动，紧密结合施工生产，积极开展"安全志愿者"活动。在确保隧道和路基收尾工程优质高效施工的同时，还有效地帮助该项目部第 7 次在业主对全线 35 家施工单位的综合评比中获得 A 级。

案例 2：矿业公司乌山项目部开展"志愿服务安全生产"系列活动

2012 年 5 月，乌山项目部青年志愿者，注重发挥青年志愿者的群体优势和组织优势，带领青年积极投身创新实践，围绕安全生产，开展了"青年志愿者奉献矿山，服务安全生产"活动。

（二）"团干部安全生产协管员"项目

安全质量工作是一项系统工程，需要全员、全过程、全方位地全面管理到位，是"人、机、料、法、环"共同作用的结果，安全质量工作绝非只是安质部门和专职人员的事，各级、各部门必须认真履行自己的职责，工作到位。共青团在维护全体职工共同利益的前提下，依法代表和维护青年的具体利益，有保障团员青年工作环境、工作程序安全的权力。所以，团干部有协管安全生产的权力。

团干部争当安全（质量）生产协管员，就是全集团 576 名团干部在做好本职岗位工作的前提下，在业余时间里，积极主动地同安质人员沟通联系，协同他们一道开展"三找四抓"活动，即找差距、找隐患、找根源，抓提高、抓整改、抓落实、抓追究，充分发挥出项目安全(质量)卫士的作用，为企业安全（质量）保驾护航。重点是同项目安质人员一道做好农民工的安全（质量）生产管理工作，佩戴"团干部安全（质量）生产协管员"袖标，进现场、进公区、进食堂、进宿舍、进交通要道(或施工便道)，发现问题，及时汇报，快速解决。

各级团组织要公布安全质量隐患信息上报信箱、电话，及时将有价值信息送给安全质量管理部门或项目领导。集团团委年底评选表彰优秀团干部安全（质量）生产协管员，授予年度"优秀团干部"称号。本项目活动时间：2012 年 4—12 月。

案例 3：七公司举办了"团干部安全质量协管员宣誓仪式"活动

2012 年 4 月底，集团团委下发了《关于开展"全面安全质量责任管理，全体青年履行责任给力"暨"责任青年，给力安全"系列活动的通知》。为了进一步推动这项活动，集团团委计划在多家单位开展专项活动推动工作。七公司团委决定利用召开团代会，团干部集中的特点，在同七公司党委领导沟通后，决定在七公司团代会后，开展"团干部安全质量协管员宣誓仪式"活动。5 月 25 日，"团干部安全质量协管员宣誓仪式"活动如期举行。

（三）"安全、稳定、求进"主题演讲项目

中铁十九局各级团组织号召广大团员青年参与"安全、稳定、求进"主题演讲活动。每个工程公司团委要向集团公司团委上报 2—3 人的 DV 演讲作品。集团团委将评出一、二、三等奖，进行表彰，授予一

等奖获得者年度"优秀共青团员或青年岗位能手"称号，并组织一等奖获得者到集团重大工程项目进行安全生产主题巡回演讲。本项目活动时间：2012 年 4—5 月。

（四）"青年安全生产大讲堂"项目

营造安全（质量）氛围，抓好教育培训，是全面安全质量责任管理的首要环节。为此各级团组织举办"青年安全（质量）生产大讲堂"活动，深入传达、贯彻执行集团公司安全质量工作视频会上领导的讲话精神，从单位内外邀请理论功底扎实、实践经验丰富、有一定表达能力的管理人员、安全(质量)工作者，针对不同时期，关键节点，复杂工序，安全防护，重大危险源，定期举办"青年安全（质量）生产大讲堂"活动。确保每月至少举办一次大讲堂活动，制成 DV，择优上报集团公司团委。年底集团团委将评出一、二、三等奖，进行表彰。本项目活动时间：2012 年 4—12 月。

案例 4：二公司团委举办"青年责任，给力安全"主题演讲活动

为贯彻落实集团公司团委关于"全面安全质量责任管理，全体青年履行责任给力"主题系列活动的号召，把"青年安全大讲堂"走进基层活动引向深入。近日，二公司团委举办了"青年责任，给力安全"主题演讲活动。此次演讲活动有效地引导和带动了公司广大团员青年以更大的决心，更有力的措施，更扎实的工作，合力打造安全稳定的施工环境，为企业安全、稳定、持续发展贡献力量。

（五）"安全才能回家"手机短信项目

中铁十九局各级团组织以"安全才能挣钱，安全才能回家"为主题，积极宣传、动员广大职工、职工家属、子女给项目同事、朋友、亲人发送有关安全生产方面内容的短信。项目职工将短信转发到工程公司团委指定的接收平台（信箱、手机、QQ）上，短信结尾处要注明接收人及发送人（短信原创作者）的单位、姓名及联系电话。分学生（子女）组

和成人组，评出一、二、三等奖，给予表彰。本项目活动时间：2012年4—9月底。

（六）慰问困难居民项目

慰问困难居民是郭明义爱心团队的一项经常性活动。在了解施工所在地区居民的真实情况后，郭明义爱心团队会针对困难居民的实际需求实行针对性的救助活动。同时，这也是拉近施工单位和当地居民感情、彰显企业社会责任的重要举措。

案例5：三公司郭明义爱心团队慰问困难居民

2012年5月4日下午，京石二通道项目部"郭明义爱心团队"10名青年志愿者身穿工作装，整齐划一地来到北京市房山区大石窝镇下滩村慰问困难村民，以实际行动奉献爱心，彰显企业社会责任，把爱洒向人间。

（七）爱心助学项目

为帮助处于特别贫困水平的青年学生缓解生活困难，帮助他们顺利完成学业（再教育）并获得德、智、体、美全面发展，郭明义爱心团队开展了爱心助学系列活动。此活动目的在于为贫困地区学子提供再教育和再就业机会，提高青年人群素质，安定社会稳定家庭，培养就业人才，通过自助、助人、服务社会，传递社会关爱，锻造自强之才并鼓励受助学生返乡投身社会主义新农村建设，同时也是对中国教育事业的发展尽绵薄之力。

案例6：七公司第八项管部团支部长期坚持爱心助学活动

因环境条件的原因，广西百色山区群众经济发展缓慢，百色地区还有好几个国家级贫困县。从云桂铁路施工进场开始，第八项管部所属云桂八工区团支部在当地调查了解到每年都有学生因为家庭贫困而辍学，他们渴望得到社会各界爱心人士的关心和帮助。从2010年9月新学期开始，八工区团支部号召青年团员发起"心手相牵——情系老区孩童"

爱心助学活动，对阳圩中学 8 名成绩优秀但家庭贫困的学生进行一对一的长期资助。除了对阳圩中学的资助外，八工区团支部还联合集团公司其他兄弟单位的爱心人士对周边贫困乡镇的小学进行各种各样的爱心资助。

在一系列的爱心助学活动中，八工区团支部的团员们向社会展现了十九局作为央企所应有的社会责任、宣扬了十九局企业文化，也受到了当地群众和政府的高度赞扬，当地群众亲切地评价中铁十九局是爱心企业。正是因为团员青年助学活动的开展，和谐了铁路施工环境，八工区的征地拆迁工作得到了当地群众的大力支持，促进了施工的顺利进行，在百色革命老区为中铁十九局树立了良好的企业形象。

（八）支援贫困地区基础设施建设项目

中铁集团作为国家铁路综合工程大型一级施工企业，是一支修建铁路、公路以及承担市政建设、工业与民用建筑、设备安装、火电、水利水电、机场港口、矿山建筑与安装的大型专业施工队伍，是集施工、设计、科研为一体的国有大型企业集团。自然，支援贫困地区的基础设施建设也被纳入郭明义爱心团队的志愿服务工作之中。

案例 7：一公司云桂七工区爱心团队组织青年职工为当地六首小学修路受到师生的赞誉

2012 年 5 月 16 日，云桂铁路七工区全体青年职工在工区长张继平的带领下，抢修建华厂至六首村的公路。在经过六首村小学大门口时，得知学校进出校门校道坡度过高存在安全隐患后，张继平经理立即调来挖掘机，并亲自指挥员工为六首小学降低坡度。半小时后，一条畅通、安全的校道展现在大家面前，为全校师生的上下学安全提供了重要的保障。5 月 28 日，六首小学校长亲自为云桂七工区送来了感谢信，并称赞云桂七工区的助人为乐的奉献精神是全校师生学习的楷模，是创建和谐新社会的典范。

（九）环境保护项目

中铁集团一向重视环境保护，为此采取了各种措施来为环境保护尽自己的一份力，植树环保活动就是其中的一项具体举措。

案例8：十九局七公司青年义工为珠海种下一片"爱心林"

2012年植树节当日，来自十九局七公司的一行二十余人，来到珠海市南屏驻澳部队驻地前，参与了由市关爱协会组织的"种一片关爱林，圆万人绿色梦"义务植树活动。植树活动完成后，大家纷纷摆出造型和自己亲手种植的树苗合影留念。

（十）其他公益项目

作为负责任的企业，中铁十九局还积极投入到公益慈善事业。集团公司鼓励员工积极融入施工所在地区，并提供各种便利让他们可以更方便地为当地居民提供志愿服务。集团公司以不同形式倡导鼓励员工投入到施工所在地区建设中，并且使员工的志愿公益活动在当地居民中起到了积极的影响。郭明义爱心团队的志愿者活动项目内容广泛，包括助残、济困、爱心助学、植树环保等。

四、志愿团队的运作模式

（一）组织架构

志愿团队的组织架构分为两层，一层是总的志愿者团队——中铁十九局郭明义爱心团队即核心团队；另一层是各工程公司郭明义爱心团队。各层志愿团队之间及各志愿团队内部的关系有所不同。

1.各志愿者团队内部的组织关系

中铁十九局集团有限公司的志愿服务活动主要是由集团公司的团委负责，专门成立了一个志愿者组织——郭明义爱心团队。各级团委负责志愿团队的组建、志愿者的招募及管理、志愿者的培训、志愿活动的策划和组织、志愿服务的开展、志愿服务活动的总结等。集团公司会在志愿服务方面给予该部门专门的政策支持。但是，集团公司的志愿服务又不是单单由该部门组织运行，它所涉及的领域如安全质量生产等，也需要公司的安质部等相关部门的协助配合。

2. 各志愿者团队之间的关系

中铁十九局集团有限公司的志愿者团队分布于全国各地。各团队较大型的活动主要是由总部（核心团队）策划和安排，同时根据所在地的实际情况开展。此外，各团队还有自己的活动，一般是根据员工的意愿和当地的实际需要来确定和安排。各团队之间的联系主要是由各级团组织进行的，一般比较容易协调沟通。

（二）志愿者的招募及管理

郭明义爱心团队的志愿者一般是由团组织利用团会、团的活动及团的宣传阵地，进行安全质量生产志愿服务宣传发动工作，动员员工参与网上注册（http://www.cr19tw.com）活动，注册后最终形成团队。与此同时，各级团组织也建立健全了本级志愿者组织及管理制度。志愿者人数较少的，可依托团组织进行管理；人数较多的，要及时成立志愿者协会（小组）。团组织要多为志愿者提供尽可能多的指导和帮助，解决他们工作中的难题。要教育志愿者诚信为他人服务，并接受服务对象和项目全员的监督，不断提高自身的自律能力。各级志愿者团队也会根据服务对象在安全质量生产方面的需求，不断调整服务内容、途径和方法，提高自身的影响力。

（三）志愿者的培训

安全质量生产工作具有专业性，所以做志愿服务工作前，要请项目主管领导或安质部门人员给予培训支持。把安全质量生产志愿者初次培训、阶段性全员培训和临时性技能培训结合起来，不断改进服务态度，增强服务技能，提高服务质量，促进安全质量生产志愿服务队伍向专业化方向发展。

（四）运行模式

郭明义爱心团队的志愿活动分两种情况：一种是大型的、由集团总部相关部门发起的志愿活动；另一种是各工程公司郭明义爱心团队发起的志愿活动。对于由集团总部发起的志愿活动，公司有专人进行策划和管理，一切安排好后再组织志愿者开展活动。这需要投入较大的人力、物力和财力，主要靠专门的负责人全程负责，有较大的号召性；对于各工程公司郭明义爱心团队发起的志愿活动，只要是分公司或子公司拥有活动资源，就可以发起组织志愿活动，更具有针对性。

（五）资金来源

作为企业内部的志愿者团队，它的资金来源一般是由企业内部预算提供。志愿团队可以通过预算申请的方式，在每一项活动开展之前向公司申请相关的经费，而这一经费从公司提供的专项资金支取。志愿者可以利用这笔专项资金进行各种志愿服务活动。

但是，由于资金额度有限，有时会出现资金紧张的情况。而一旦出现资源紧缺的情况，则需要志愿服务团队尽量和其他部门协调好，借用公司内其他部门的资源来保证志愿活动的顺利开展。

（六）评价及奖励机制

志愿服务团队通过设立灵活多样的表彰奖项，有效开展安全生产志愿服务的评比，使志愿者的服务行为及时得到项目领导和职工的肯定。团组织在推荐优秀青年（集体）典型等方面，向优秀的志愿者、志愿者组织倾斜，使他们受到激励和鼓舞。优秀青年志愿者将优先获得集团公司"十大杰出青年"、"青年岗位能手"、"优秀共青团员"、"优秀团干部"等称号，并优先申报上一级团的荣誉。同时，志愿服务团队积极推进安全生产志愿服务的理论研讨、经验交流，壮大安全生产志愿者队伍，切实为安全生产志愿服务组织和安全生产志愿者提供服务、反映诉求，加强自律。

（七）志愿服务的特点总结

郭明义爱心团队在志愿服务的过程中，结合自身的技能优势形成了独特的志愿服务特点，现归结如下：其通过网上注册的方式招聘志愿者，并由安质部进行专业的技能培训；项目开展常态化，多以安全质量生产为主题；由团委主责，有稳定的经费来源；志愿服务项目由各级团委统一筹划、组织在工作日开展，有完善的志愿服务保障制度（包括保险、交通、误餐及饮水等）；形成了一套完善的表彰奖励机制，年底召开志愿服务表彰及总结大会，宣传先进集体和个人事迹，推动志愿服务工作健康、有序、制度化发展。

五、中铁十九局志愿服务团队目前遇到的困难

中铁十九局集团有限公司的志愿者团队虽然已经开展多年，但由于企业志愿者的特殊性及其他外在因素，志愿者团队的活动开展还是会面临各种各样的问题。这些问题主要体现在以下两方面：

（一）志愿活动资金不足

作为一家国有大型企业，中铁十九局集团有限公司的大部分资金都需要投入到施工、设计、科研环节上，对于企业的志愿者团队，企业也会投入一笔专项资金，但资金数量在开展某些大型志愿服务活动时会出现资金不足的情况。志愿服务活动都是有成本的，因此活动资金不足会导致志愿服务活动的难以进行。

（二）安全质量工作人员不足，引起的安全质量管理不到位问题

中国铁建作为一家国有大型企业，承接项目多，分布地区广，外协队伍（农民工群体）庞杂，需要投入大量的安（全）质（量）人员进行培训、监督、管理等相关工作，这就导致安全质量工作人员不足、安全质量管理工作不到位问题，造成全集团安全质量形势十分严峻。

六、解决中铁十九局志愿服务团队所面临的问题的建议

针对这些问题，中铁十九局集团有限公司志愿服务团队可以通过以下几个方面解决：

1.针对企业志愿活动资金不足的问题，活动负责人可以通过各种途径向公司内的其他部门借用一些资源，比如设备器材、服装等，实现内部资源的协调。但这需要考验活动负责人在企业各部门之间的协调能力，只有协调好部门之间的关系，才能顺利地解决资源问题。

2.对于安全质量工作人员不足引起的安全质量管理不到位问题，团组织可以协调安质部加大"青年安全生产志愿者"、"团干部安全生产协管员"等活动的力度，切实提高员工的安全质量生产意识，让员工安全质量生产，平安快乐回家。对于企业的一些长期施工项目，活动负责人也可以通过向当地居民开展志愿服务的形式，请求当地政府监督项目的安全质量生产工作，当然，政府工作人员上岗前需要进行专业的业务培训工作，既可以弥补安全质量管理人员不足，节约管理成本，又可以让当地政府参与安全质量生产工作，拉近企业和当地群众的感情，切实保障施工项目的安全质量开展。

七、中铁十九局志愿服务对未来的展望

通过这次对中铁十九局郭明义爱心团队的调研可以发现，郭明义爱

心团队结合自身技能优势，提出切实可行的志愿服务工作目标，在实践中逐步形成和完善与志愿服务工作相关的体制机制，保障志愿服务工作的顺利开展，并对工作成效显著的志愿者和团组织及时给予表彰奖励，以激励各级团组织和志愿者学习进步。同时，郭明义爱心团队也经常研究解决志愿活动中的主要问题，完善相关推进措施，把志愿服务活动落到实处，并充分利用各种媒体媒介，广泛宣传志愿服务的知识、技巧和志愿服务中涌现的先进经验、先进典型，使参与志愿服务的愿望得到尊重，行动得到支持，劳动得到肯定，价值得到认可，典型得到推广，精神得到弘扬，营造有利于志愿服务工作开展的良好氛围，以更好地致力于志愿服务活动的开展，回馈社会。相信中铁十九局郭明义爱心团队在公司和员工的共同努力下，能够得到更好地发展。

第九章 北京志愿服务组织发展

编 者 按

  2008 年以来，中国的志愿服务事业的发展呈星火燎原之势。以北京为例，志愿服务组织日新月异。大部分组织都根据社会的发展不断抓住机遇、完善自身。为了充分了解北京志愿服务组织的发展变化的情况，本章节选取了瀚亚志愿服务队、环保之友、幸运土猫等志愿服务组织，通过对其 2009 年以及 2013 年的发展状况进行对比，希望能够通过解剖麻雀的方法了解北京志愿服务组织的发展趋势，并对其可持续发展提供一些建设性的意见和建议，分别呈现如下。

第一节 瀚亚志愿服务队（2009 年）

调研对象：王燕斌（瀚亚志愿服务队负责人）

调研时间：2009 年 2—3 月

调研地点：北京志愿者协会（现北京市志愿服务联合会）

调研及报告撰写人：

刘凤、郑瑞涛（北京志愿服务发展研究会调研志愿者）

一、瀚亚志愿服务团队基本情况

（一）发展历程

北京瀚亚志愿服务团隶属于北京瀚亚文化发展中心，由 2000 年成立的"北京志愿者爱心会"发展而来。其是由多所大学和研究院的专家、教授担任理事，由 20 多位专职教师组成的教育型专业志愿服务团队，是早期的朝阳区志愿者协会 25 家阳光合作伙伴之一，于 2005 年 4 月正式注册，并长期在社区、福利院和打工子弟学校提供多方面的服务。每年在社区、学校等开展各种培训近 150 场，志愿者培训 20 场以上。曾经为 2006 年第十一届世青赛，2008 年奥运会、残奥会，2010 年武搏会等大型赛事进行培训。在和企业的志愿者合作中曾经为 LG 公司、腾讯公司、中航集团、中国电子信息产业集团公司、中石油、中国移动北京移动分公司等大型企业开展志愿者培训。针对社区工作人员开展了：亲子教育、社交礼仪、人际沟通、领导力、如何快速开展社区工作等培训，身心健康进社区等培训和活动，并在社区中发行多本公益宣传的小册子。在北京多所打工子弟学校开展支教活动并且依托北京朝阳区志愿者协会开通了 960200 爱家热线，专门为打工子弟家庭提供多种帮助。另外，机构自 2005 年注册以来完全依靠政府和购买服务和为企业服务而发展，是属于民办半公益性的组织。

中心和团队主要负责人和发起人是王燕斌，下面是王燕斌和中心共同成长的经历：

1993 年，王燕斌参加福利院为老服务，即"学雷锋活动"，与志愿服务结缘；

2000年，王燕斌与15名志愿者萌发组建志愿服务团队想法，发起成立"北京志愿者爱心会"；

2001年，王燕斌辞去外企高薪工作，加入中国青少年发展基金会继续从事志愿者工作，并在基金会主要负责中国青少年发展基金会美新路基金为年长者和青少年服务工作；

2003年年初，王燕斌从青基会辞职，和另外2人共同成立了一家致力于公民教育的非营利组织，组织、参与了多次培训；

2004年9月，王燕斌代表某国基金会到甘肃进行项目实地走访评估工作后对组织实施项目工作深有体会，同年12月长春举办的一个全国残疾人组织发展论坛上，其提出建立NGO合作平台，即信息共享、资源整合、平等参与、协同发展、服务社会，从而变支持个人为支持组织的建议；

2005年，王燕斌与原"爱心会"志愿者在参加了中国国际民间组织合作促进会的民间组织领导力培训后，重新制定了长期战略目标，并于4月正式将"爱心会"在北京工商局注册为北京瀚亚文化发展中心，作为一家非营利性组织和北京志愿者协会（现北京志愿服务联合会——编注）团体会员。

（二）组织结构与管理模式

机构的架构为理事会下设——协调组、培训部、项目部、办公（宣传）室、财务委托专业机构管理（见图9—1），机构自认为实行的是扁平化管理模式。

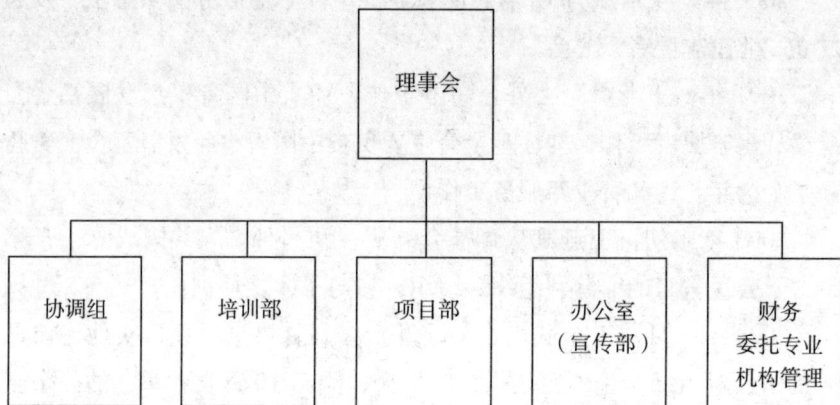

图 9—1　瀚亚志愿者团队内部组织结构

二、志愿者的招募方式和来源

组织主要采取社会、网络和学校三种招募方式，对于志愿者的要求随着具体的公益项目而定。现需要两种类型的志愿者：

1. 打工子弟学校学生课外辅导员，招聘人员是师范学院或大学本科 2 年级以上，能够保证每周一次，每次 2—4 小时，持续一年的学生或退休教师。

2. 社区服务志愿者，能与社区弱势群体举行联谊，做社会调查，能够保证每周工作 1—2 次，每次 2—4 小时，持续半年，愿意参加社会实践的热心人士。

2009 年有 100 多人，常态维持在 50—100 人之间，同时可以通过与需要帮助的学生"一对一"的方式，吸引更多志愿者走到志愿者服务的队伍中。

三、服务领域和宗旨

作为一个教育平台，瀚亚志愿者团队致力于社区、打工子弟学校、

NGO 三大合作（服务）平台建设。以"关爱弱势群体、消除贫困，开展公民教育、建立公民化社会"作为组织的宗旨。主要面向政府、企业、学校、社区和志愿者先后开展了人际沟通、领导力、社区工作、奥运志愿者、文明礼仪、亲子教育、身心健康、职场减压、职业生涯规划、教师培训等多种培训。机构由来自 3 所高校的教师为核心团队，每年至少提供 520 人次志愿服务、2080 小时志愿服务，有 3 万人次直接受益。

四、常态化社会服务项目

（一）社区活动

社区系列讲座，例如在石景山东部社区开展社区创新型实务工作方法讲座。石景山东部社区外来人口约占 40%，因此对外来人口的培训指导成为社区安定和谐的关键。

2005 年 3 月底和中国移动北京移动分公司联合推出的"爱心小药箱"活动，由中心负责项目设计和组织工作，在石景山福利院筛选经济条件差的孤寡老人，接受中国移动员工捐赠的"爱心小药箱"，并每半年更换一次药箱。

北京和平家园"社区计算机知识普及与应用公益培训项目"是北京瀚亚文化发展中心和中国电子信息产业集团公司志愿者协会联合举办的培训课，项目为期一年，在北京 6 个区中选取 10 个社区，面向中老年人提供计算机基础知识、简单的文字录编和互联网操作培训，预计直接受益人群 300 人左右，间接受益者将会达到 100 万人次。

对"社区计算机知识普及与应用公益培训项目"的授课教师的培训由来自信息产业电子集团华北计算机研究 6 所的志愿者参与，培训内容涵盖志愿者认知、个人成长、领导力、能力建设、沟通技巧等方面，项目为期两年。

2006 年 8 月 15 日，举世瞩目的第 11 届"世青赛"在北京召开，北京瀚亚文化发展中心受北京朝阳区政府文明办邀请，参与为 4000 名来自 40 个街乡的各个社区的部分观众进行文明观赛礼仪的培训。

与朝阳区望京地区中国家长教育研究所合作，每周或双周对家政女工进行志愿培训。

王燕斌老师在青檬夜校授课，针对大学生就业率相对较低的问题，主讲青年人创业计划。

（二）支教类活动

"树仁打工子弟学校"学生全部是外地来京打工人员的子女，目前有近 700 名学生。相对公立学校来说，该校条件差、师资水平不齐、教师及学生流动性大。北京瀚亚志愿者服务团队提出了"城市里的希望工程"的概念，针对树仁学校的情况，自 2007 年 11 月起，在没有任何外部资金支持的情况下，瀚亚志愿者服务团队每周为树仁打工子弟学校师生免费提供心理保健辅导。

2007 年 12 月 5 日，"百年树人"瀚亚教师研习基地正式揭牌，专门为教师提供学习、培训、交流服务。通过需求调查，先后为教师进行了"戏剧发声方法在讲课中的借鉴"、"教师礼仪"、"课堂中与学生互动的方法"等培训，受到教师和学校的好评。尤其是"教师的发声方法"的课程非常受欢迎，教师最常见的职业病就是咽喉炎，正确的发声方法对每一名教师来说都是永葆职业青春、预防职业病必修的一门功课，而且这个课程是所有师范类院校没有开设的

2008 年 5 月 4 日，瀚亚志愿服务团与中国电子信息产业集团公司志愿者协会共同在树仁学校启动"同享蓝天 放飞希望——打工子弟学校计算机培训班"项目。该项目旨在提高打工子弟学校教师、学生计算机教学与应用水平，普及计算机知识，为处在城市边缘的外来务工人员子女提供同等的受教育机会，同时又多次向该校捐赠计算机等学习物资。

（三）奥运志愿者工作

2007 年 2 月 27 日，受北京市朝阳区精神文明建设委员会办公室邀请，到朝阳区麦子店街道枣营北里社区"奥运大讲堂"，为这里的居民进行奥运文明礼仪和奥运知识方面的讲座，并尝试用戏剧表演手法融入到百场讲座，也是自 2005 年北京奥运志愿者服务仪式启动以来北京瀚亚文化发展中心在社区开展的各种形式的奥运文明礼仪、奥运志愿者培训讲座的第 100 期。

2007 年 2 月 29 日，受北京天主教爱国会邀请，北京思拓者教育咨询服务中心吴敏、北京瀚亚文化发展中心王燕斌在北京天主教西什库本堂开展"人文奥运，文明礼仪和发展教育"讲座，这也是所有在京NGO 中第一次到教会中为神父、修女、教友进行人文奥运和发展教育方面的讲座。

奥运前，北京瀚亚文化发展中心与石景山鲁古社区委员会共同编写了《迎奥运——社区工作人员礼仪手册》。

五、合作对象

1.2004 年 12 月，首先提出建立 NGO 合作联盟，后来改名为全国非营利组织互助协作联席会议，全国先后共有 24 个机构参与，许多组织通过合作的形式得到了多方面的支持。

2.2005 年 12 月 22 日，与北京京鼎律师事务所、北京思拓者教育信息咨询中心、北京天下溪教育咨询中心、北京新时代致公教育咨询中心共同发起成立了公民教育协作联盟并签署备忘录，共同推动公民教育事业的发展。

3.2006 年 3 月 14 日，在北京瀚亚文化发展中心办公室召开第二次联盟协作工作会议，增加了"北京健康环境教育促进会"作为发起成员，成立联盟工作"协调委员会"，选举北京思拓者教育信息咨询中心吴敏、北京瀚亚文化发展中心王燕斌作为首任协调员。

4.2009 年 2 月 20 日，生活发现会正式作为瀚亚志愿服务团·生活发现会志愿者，参加了北京志愿者协会（现北京志愿服务联合会——编注）发起、北京志愿者协会民间组织服务工作小组举办的工作会议。

5.与中国电子信息产业集团公司志愿者协会的以打工子弟计算机培训项目为主的合作。

六、近期主要运作的项目

项目名称：同享蓝天，放飞希望树——仁打工子弟学校计算机培训项目

项目口号：行动改变命运，学习成就未来

项目目标：

1.通过为打工子弟学校教师和学生开展计算机辅导班、捐设小小图书馆等多种形式，提高打工子弟学校教师教学水平，促进外来务工人员子女能够得到更好的教育，改变他们命运。

2.通过计算机培训，使更多的打工子弟学校的孩子掌握一技之长，使更多处在城市中的外来打工群体的子女能够被社会所关注，享有与城市孩子同等同质的学习机会和权利。另外，榜样的力量是无穷的等相关活动可促进外来群体与当地社区的融合。

3.锻炼中国电子信息产业集团公司的志愿者队伍，提供为社会弱势群体服务的平台，宣传本集团公司企业文化和企业公民责任，树立良好企业形象。直接受益人目标为 500 人次，间接受益人目标 30 万人次。

项目周期：本项目实施期共计为 2 年，自 2007 年 11 月—2009 年 11 月

项目协作实施单位：北京市瀚亚文化发展中心

中国电子信息产业集团公司

北京树仁打工子弟学校

七、调研分析

通过对瀚亚志愿服务团队组织建设、人员招募、项目运行等方面的调研，发现该团队一些特点，现概括如下：

（一）团队负责人有比较丰富的志愿服务经验

负责人王燕斌因为有中国青少年发展基金会工作经历，且较早从事志愿组织工作（2000年发起成立"北京志愿者爱心会"），所以在此方面拥有丰富的经验，同时对北京甚至部分国内、外地区的志愿服务团体也有比较全面地了解。

（二）组织建设理念比较明确

有明确的服务理念，实行扁平化管理模式，并组织提出建立NGO合作平台，即信息共享、资源整合、平等参与、协同发展、服务社会，从而变支持个人为支持组织的建议。计划三年内建立社区、打工子弟学校、NGO三大合作平台，每个合作平台不少于10家；五年内在继续扩大合作平台的基础上，通过扩大政府采购，提供企业、社会服务，使得机构能够完全满足各类日常行政开支保证项目顺利运作，合作伙伴达到50家。

（三）拥有丰富的志愿者资源

立足北京，拥有丰富的高校学生资源，加之奥运会之后，广大学生和市民对志愿服务的热情高涨，而中心本身也是以培训见长，所以可以更好地整合利用这些师资力量发展志愿服务事业。

（四）拥有相对完整的志愿者培训与评估体系

阶梯性的培训系统

实用性的个人成长如：①人际沟通训练，②自信心训练，③情绪管理训练，④公众演讲及表达力和缓解压力训练，⑤家庭关系及家庭教育培训，⑥心理健康与适应力训练，⑦团队合作训练。

完备性的社会支持

复合型的专业督导

快乐型的合作团队

注重志愿者的培训，建立了志愿者管理与评估系统，形成全面的志愿者招募、督导、评估、激励、反馈系统，同时尝试运用多种手段进行培训，如把戏剧表演手法融入百场讲座。

（五）服务对象选择相对慎重

以树仁打工子弟学校为例：首先树仁打工子弟学校拥有良好的办学理念，希望实实在在地为孩子服务；同时学校本身环境比较恶劣，位于西五环的旧货市场里面的一片空地，非常需要社会的援助。加之由于学校自身宣传的问题，社会还不了解学校，属于空白点。因此，瀚亚志愿服务团队希望能为树仁打工子弟学校做雪中送炭的工作，而且鲁谷社区10万人口，40%外来人口，这些孩子的未来关系着社区的长久安定和团结，才建立了"百年树仁，瀚亚教师研习基地"。

（六）重视与各社区和社团间合作

鉴于社区中的居民有各种需求，其中很多需求也是政府愿意做的，但却由于种种原因一时无法入手，作为致力于社区发展和公民教育的NGO，瀚亚能够结合本土实际情况，积极投身于社区建设和发展中去，并以"贴近社区、贴近需求、身体力行"得到社区认同。

同时也积极地与其他NGO开展合作，提出建立NGO合作平台的建议：信息共享、资源整合、平等参与、协同发展、服务社会，充分发挥志愿者所长，服务社区、学校、农村，并可以根据志愿者情况建立协作网络，优势互补，服务社会，变"授人以鱼"为"授人以渔"。还总结出团队建设最重要的是道同致合而不是志同道合的思想，因为前面这个道是天道、地道和人道。简单地说就是理念相通、勤奋自律、睿智圆融，具体地来讲就是团队的三个力：凝聚力、表达力和执行力，这三点至关重要。

再者，瀚亚还积极发挥示范作用，复制拷贝本团队良好的经验，从而发挥杠杆原理，由社团本身衍生出更多志愿服务团队，动员社会更广泛的力量参加志愿服务工作。如2009年3月7日在北京志愿者协会内部的说明会，旨在动员社会更广泛的力量参加志愿服务工作，发挥群体效应，并为其他组织开展相似工作提供示范。

此外，瀚亚服务团队还懂得把服务理念与各个重大活动和节日融合在一起，从而扩大服务范围和社团影响力，如奥运前后的进社区培训活动。

（七）组织自身建设有待加强

鉴于2009年中心只有6名非全职工作人员，据了解，投入日常志愿服务项目实际人力约2人，考虑到中心志愿服务项目的顺利操作和运行，以及长远发展，组织状况显然不能满足要求。同时，中心在长期规划方面需要一个更明确的目标、计划和专业人才吸纳途径，这样更有利于团队本身的健康发展。

（八）在自我推广方面需要改进

内容方面，如增加与专业、有影响人员交往的资料收集和宣传，在标志性仪式上负责人和团体增加自我表现意识，从而进一步扩大社会影响力；方式方面，如恢复组织网站或相关网络宣传窗口，吸引更多年轻人和社会精英目光。

（九）生存现状堪忧

中心把全部精力的80%用于志愿者服务，志愿服务经费主要依靠中心向政府、企业提供培训服务的方式获得，但不能满足项目正常运转，约有45%经费缺口。

以上几点是从多个角度对中心特点进行的综合分析，现为方便观察比较，特将以上内容总结概括（见表9—1）。

表9—1　团队自身发展和建设特点总结

	值得推广的方面	需要改进的方面
负责人	中心负责人王燕斌拥有丰富经验，同时对北京甚至部分国内、外地区的志愿服务团体也有比较深刻的认识	对于团队自身建设、项目资金募集方面的能力有待发掘
组织建设	组织有明确的服务理念，实行扁平化管理模式，并组织提出建立NGO合作平台，即信息共享、资源整合、平等参与、协同发展、服务社会，从而变支持个人为支持组织的建议	实际投入组织项目运作的人力资源过少，需要长期的规划目标、计划和专业人才吸纳途径，这样更有利于团队本身的健康发展
志愿者招募	拥有丰富的和热心志愿者事业的高校学生和市民资源	
志愿者评估	拥有相对完善的志愿者管理与评估系统	实际效果有待考核
服务对象选择	比较慎重，而且也注意树立典型示范效应	
社团间合作	重视社区、社团间合作，以"贴近社区、贴近需求、身体力行"得到社区认同，同时也积极与其他NGO开展合作，并提出建立NGO合作平台的建议：信息共享、资源整合、平等参与、协同发展、服务社会	可以再进一步加强合作
自我推广	懂得结合重大节日和活动发挥中心影响，以奥运前后活动为例	需要增加中心各个活动场合的资料收集，和宣传窗口建设，以吸引更多目光
活动经费	政府和企业购买服务的模式，是一种非常有益的尝试	志愿服务经费主要依靠中心向政府、企业提供培训服务的方式获得，但不能满足项目正常运转，约有45%经费缺口

八、调研建议

通过分析瀚亚志愿团队的个案，发现无论对哪一个NGO团体，经费的支持和募集都事关组织生存。据了解，当时北京NGO大致分为三类：直接依托政府背景的组织、与政府有着千丝万缕联系但企业化经营的组织、完全依靠民间资本运行的组织，而瀚亚属于最后一项，这一类组织的资金募集顺利与否将直接关系到该组织的志愿服务项目能否正常运行，甚至组织能否继续生存，因此笔者通过多个途径搜集整理了一些有助于NGO资金募集的办法，以供参考。

志愿者团体志愿活动的经费筹集，是志愿活动持续发展的关键。而志愿者团体活动经费的筹集则需要多渠道、多方面的努力。

（一）争取企事业单位的资助

志愿者团体要加强对所开展的活动意义的宣传，使更多的人对志愿活动的重要性有所了解，对包括所服务的弱势群体的生存状态有所关注。在争取企事业单位的资助方面，需要我们扩大志愿活动的影响力。在这点上，有一些志愿者社团做得相当不错，值得我们学习借鉴。他们充分运用户外运动俱乐部和网站的影响力，向社会各界介绍活动，与一些大企业建立了良好关系，并已取得实效。

（二）志愿者团体以社团的身份自办产业

志愿者团体以社团的身份自办产业，用其产业利润来增加志愿活动经费，即遵循NPO（非营利组织）的通行原则，利润不分配，所获利润必须用于其组织所从事的事业的方法，确实是筹措志愿者团体活动经费有效可行的途径之一，但这有待于国家对NPO组织的优惠扶持具体政策及法律、法规的出台。

（三）以社团身份争取取得公益基金和政府的资助

中国社会科学院社会政策研究中心撰写的（孙炳耀执笔）《社会福利服务机构资助办法研究纲要》提出可设立"福利服务基金"通过三条渠道筹款：

一条是政府拨入预算经费；

一条是部分福利彩票资金；

一条是社会捐助资金。

同时，该基金作为联合筹款机构代表所在地的全部福利机构向社会公开募捐筹款。当社会福利服务机构需要该基金资助时提出申请。该基金将根据提出申请的社会福利服务机构（不分所有制）的服务质量等条件，通过平等竞争给予资助。一旦此类公益基金正式设立。在这方面志愿者团体可以以社团的身份参与申请，也可以作为某个社团的下设机构提出申请。

第二节　瀚亚志愿服务团队（2013 年）

调研对象：王燕斌（北京瀚亚志愿服务团负责人）

调研时间：2013 年 4 月 20 日

调研地点：石景山区民族养老院

调研及报告撰写人：

杨文歆（中国农业大学 2012 级研究生）

4 月 20 日这一天笔者跟随瀚亚志愿服务团队的主要负责人王燕斌去了景山区民族养老院志愿者表彰活动现场，并通过活动前后对相关人的观察采访，和对瀚亚志愿服务团队资料的收集整理得到下面的调研报告。调研报告主要呈现了瀚亚志愿服务团队与 2009 年之前相比的创新之处，以及 2009 年的调研报告中尚未提及的内容，其中关于瀚亚志愿服务团队的发展历程、组织结构与管理模式、志愿者的招募方式和来源、服务领域和宗旨等基本信息不做赘述。

一、瀚亚志愿服务团队管理特色

（一）专业化团队

瀚亚志愿服务团所有督导老师和一线讲座的老师（除在打工子弟学校支教的大学生志愿者）都具有研究生以上学历或从教 30 年以上的丰富教学经验，有多位国内知名的专家、教授参与，采用新颖互动的参与形式和活泼有趣的游戏、故事案例，以演示、游戏、问答、表演、模仿、互动等形式开展，真正做到贴近百姓贴近生活，得到听众的好评。

（二）先进的人本志愿服务管理模式

北京瀚亚志愿服务团也是全国第一家提倡并实施人本志愿服务模式的机构，由关注外在的服务形式转为通过专业化的服务而关注人们内心的变化与成长：（1）志愿者是否能够真实的自我了解以及获得关爱与心灵的成长？通过服务是否锻炼出具有广阔而愿意担当的心胸。（2）被服务者，心里是否喜欢这样的服务方式？是否感觉到这份关爱并得到心里的幸福感。（3）社会公众：透过我们的行动引发公众心灵怎样的反思而带来习惯和行为的改变，以及建立心灵的链接并让这份爱流动起来。另外，我们还有一套建立在科学的评估体系之上的人本志愿服务管理模式。

（三）阶梯式的培训模式

瀚亚志愿者能力阶梯培训分为三个阶段：初、中和高级。每个级别分三个课时段培训。初级准志愿者阶段培训：侧重对社会工作、志愿者和机构的一般认知，了解社会工作的基本技能与方法，通过社会实践完成对志愿工作的认知和决定。中级志愿者阶段培训：按专业分别进行理论与实际操作技能培训，分别达到胜任兼职社会工作水平。高级志愿者阶段培训：侧重个人成长、专业深造和领导能力的提升，以及社会交流，达到专业水平，并能够领导团队开展专业社会工作。瀚亚还有自己独立编印的志愿者培训教材和讲师培训教材。

二、常态化工作得到拓展

（一）"树仁打工子弟学校"支教活动

2009 年以来，该项目服务内容扩展为计算机培训、英语课堂和心理健康课以及教师研习基地等专项志愿服务。从项目实施以来，共有 2895 名志愿者报名参加，经过选拔共有 415 名志愿者参加以上项目的服务，截至 2011 年 10 月 10 日，提供志愿服务时间为 3786 小时。

在树仁学校开展的打工子弟学校计算机培训项目包括三部分：计算机培训、"大手拉小手"一对一结对子和图书管理。

1. 计算机培训

2007 年，计算机在北京已经十分普及，有的家庭还有两台甚至两台以上电脑。我们来到树仁学校时，计算机教室中只有不足十台机器，而且只有两台分别配备 Win98 和 Win2000，其余均是 DOS 系统，远远落后于城市的平均水平，有的学生甚至没有亲手摸过计算机。

常说：在 21 世纪，没有计算机知识不会操作计算机的人就等于是文盲，这些为了城市建设背井离乡的打工者，他们的希望在哪里？

2008 年 5 月 4 日，打工子弟学校计算机培训项目正式启动，北京瀚亚志愿服务团联合中国电子信息产业集团公司青年志愿者协会每周六为树仁（打工子弟）学校的学生上电脑课。

2."大手拉小手"一对一结对子

自愿和孩子结成对子的志愿者们，通过一对一每月 2 封信的形式来鼓励孩子努力学习，形成正确的人生观、世界观和价值观。瀚亚志愿服务团给予督导和支持。

瀚亚志愿者服务团有着自己一整套从志愿者招募、培训、激励、督导、管理的完整体系。在服务中我们也充分发挥 NGO、企业和社会力量。在上述计算机培训的项目中作为合作方的中国电子信息产业集团公司青年志愿者协会与瀚亚志愿者服务团队一起合作已经有 6 年之久。瀚亚志愿者服务团队先后向学校捐赠 40 多台电脑和 3 万元的教学用品。其他企业和个人也先后向树仁学校捐赠了 10 多台电脑和 3 千册图书。瀚亚的志愿者最长已经服务达 8 年之久，至今仍然坚持在参加我们的服务。因此，志愿者在这些项目中不仅仅是奉献爱心、服务社会，更重要的是其个人也能够得到学习和成长。2011 年 3 月 5 日，中国电子信息产业集团公司青年志愿者协会又向树仁打工子弟学校捐赠了 30 台全新的电脑。

3.图书管理

2009 年 4 月 20 日下午，瀚亚志愿服务团图书管理组成立，并在树仁打工子弟学校图书室召开第一次图书室管理工作会议。

树仁学校建立图书室已有近一年的时间，有图书 5 千余册，但却因没有登记造册，而无法开放，学生们既享受不到读书的乐趣也造成了社会资源的浪费。瀚亚志愿服务团通过走访其他近 30 所打工子弟学校发现，70%以上都有类似的图书室，但没有一家可以有效管理完全开放的，看到的不是束之高阁就是散落在墙角的书籍，经常使得捐赠单位或捐赠人不愿再次捐书。

鉴于这种情况，瀚亚志愿服务团充分发挥志愿者优势，在和学校协商好后授权志愿者来树仁学校进行图书室的分类、建档、录入等管理工作。

（二）星光自护培训

北京瀚亚志愿者服务团参与朝阳区团委的"星光自护"教育培训项

目从 2011 年 7 月 26 日三里屯街道北三里社区开始至 8 月 31 日十八里店地区小武基村最后一次讲座结束，共在 33 个街乡开展了 67 场讲座，直接参加学习的总人数超过 4000 人。

1. 项目实施的社会影响效果

①新闻报道率及同行反馈信息

通过互联网的百度搜索，共有 1.5 万条本项目实施的相关性信息。在新浪、千龙、腾讯、首都之窗、北京检察院、北京公安消防等 13 家主流媒体和 40 多家政府机关及职能部门的网站上有对本次培训的宣传报道。在北京瀚亚文化发展中心参与的全球发展教育联盟的邮件组中对全球超过 1500 家公益组织发送的信息反馈调查中，有近 100 家组织看到过相关报道，其中香港乐施会也关注到本次培训活动；有超过 300 家组织对培训内容感兴趣；有超过 500 家组织对政府主导提供资金支持开展公益服务的形式感兴趣。因此，本项目的实施在短短的 1 个月中，得到了较好的社会反响。

②对文明城区创建的影响

为推动文明城区的创建工作，本项目在每节课中专门设计了培养青少年文明礼仪素养的环节。在有的街乡当授课教师第一次去讲座观察到的现象是：有的听众不关闭手机、有些家长在会场内抽烟。讲座后效果明显发生转变，第二次再去会场就没有抽烟的，而且手机铃声也很少响起。从 182 份问卷调查中，学员对教师的仪容仪表和礼仪表现都给出了非常满意的评分，课后大多数学员能够将座位主动复位，将矿泉水瓶子、纸巾等垃圾带走。这也是榜样的力量！

同时团区委选择公益组织作为项目的实施方，无疑对志愿者组织的成长和志愿服务的深入可持续发展，为文明城区的创建起到助推的作用！

③市区领导调研反馈

8 月 24 日，团市委副书记杨立宪到东风地区办事处调研青少年星光自护示范课。课后座谈会上，杨立宪同志充分肯定了本次"星光自护"

教育工作，在覆盖面和社会反响上都很好。本次授课内容综合，涉及多项自护项目，而且更加关注孩子心理健康发展，注重从小塑造文明有礼的人格品德。星光自护课程教育不仅仅对未成年的孩子，而且对成年人也有积极作用，唯有一个孩子和家庭其他成员平安、健康的家庭才是和谐家庭稳步发展的重要基石，星光自护教育是事关千家万户、社会和谐稳定的事业。自护教育和普法教育的专业性要求相关专业人员参与此项教育，只有专业的人才能办专业的事。

杨立宪同志就如何做好下一步工作提出工作模式的建议，即市区主导、基层主办、机构植入、部门支持、公众参与。一是市区主导，由团市、区委给予资金支持。二是基层主办，由乡团委积极联络所在地社区居民和孩子。三是机构植入，工作模式由原来的政府职能部门包办转变为社会组织承担，这是社会发展的必然需求，也是做好自护教育活动承上启下的重要一环。四是部门支持，要想做好青年权益工作，同区司法局、农委等相关部门的大力支持是分不开的。五是公众参与，覆盖面和影响度要尽可能深入和广泛。

2.项目实施受众的反馈效果

①培训课程准备情况

北京瀚亚文化发展中心为更好地实施本项目进行了充分准备、精细组织和专家保证，先后4次组织专家学者对讲座内容、形式进行多方论证和修改，将防火、用电、交通、食品安全及突发事件的自我防护等多项自护内容，融青少年心理健康和道德品质培养为一体。

同时化生硬地宣讲知识为新颖互动地参与形式，化简单硬性地说教为活泼有趣的故事和案例，还在每节课中专门设计了培养青少年文明礼仪素养的环节。通常《未成年人保护法》的宣传教育往往给人的印象是机械刻板的形式，但经过我们的认真设计，将古代与现代、中国与外国不同的人物、故事，结合身边的事例、现象边讲述边互动，使青少年体会到安全其实就在身边，每个人都应该掌握安全自护的知识和技能，并且要遵纪守法。为保证培训效果北京瀚亚文化发展中心还特别为每位老师配备了无线耳麦、移动广场拉杆音箱、投影机、微笑圈等教具。

②培训讲师参与情况

本项目瀚亚讲师团共有 10 位讲师参与，其中 6 位是教授级或研究员级，1 位中学高级教师，1 位小学高级教师。讲师团中有 2 人未能参加，1 人因病住院、1 人在美国出差。所有讲师的课程都是经过集体备课，反复修改、提炼、演练后才最后定型。讲师都经过试讲、初讲、通过三次评估才正式对外授课。全体讲师每节课都必须开展自评和互评。自评：对参与课程不少于 70% 的受众可以通过口头询问的形式或者对参与课程不少于 50% 的受众通过书面问卷调查的形式，对每节课程中听众的反馈参与程度进行自评。互评：要求授课老师对讲座课程进行录音后，传发给其他老师开展互评建议，从而保证课程完整性、一致性和提升性。

也正是凭借着专业化的师资队伍，通过培训内容的不断影响，使原本报持应付形式的有些听众变成课程忠实的拥趸。

③培训课程听众反馈的情况

通过课后反馈调查，参加培训的每个人都感到自己应该为建设文明、和谐美好的朝阳区贡献一份力量。在东风地区，一位听完讲座的居民说：以前也参加乡里和社区组织的讲座，但这次感受最强烈，而且回去之后还要告诉其他的邻居和自己的外孙子，让他们下次也来听一听、学习学习。在实施本项目中，采用最多的是现场询问和电话回访的形式，调查问卷在东风和南磨房 2 个地区开展，共发放 200 份问卷，回收有效问卷 182 份，听众非常满意率达到 99%，满意率是 100%。其他教师在现场询问的调查中学员满意率也达到 95% 以上。对个案进行了深入调查，东风乡一位叫邢俊的母亲带着自己的孩子 2 次听课，谈起参加"星光自护"讲座给她带来的好处时，这位母亲说：他的儿子上小学 4 年级，以前最爱吃路边小店的烧烤，特爱去麦当劳、肯德基吃汉堡和炸鸡等食品，听了 2 次课后，这个孩子就和妈妈说，以后再也不吃这些垃圾食品了。这位妈妈希望以后经常能够参加这样的培训活动。在电话回访中，所有家长都表达了相同的愿望。

　　本项目实施虽然只有短短的一个月，但却是开展青少年普法和自我保护教育工作的一次有益尝试，同时也验证了这种新方法的科学性和可行性！从各街乡办事处、社区工作者及听众的反馈信息来看，本项目实施的成功主要来自三个方面的到位：一是将受众的客观需求和主办方的主观需求相结合的到位；二是创新的工作模式使得项目更利于管理、实施、协调、监督和奖惩到位；三是发挥专业团队力量，提供高效专业服务到位。建议在今后实施类似项目的工作中，可以借鉴本项目的成功经验，不断探索创新管理方法，以人为本，发挥合力，为创建文明和谐新朝阳贡献力量。

（三）社区其他公益服务和活动

　　2000 年成立的北京志愿服务团是现在北京瀚亚志愿服务团的前身，那时候主要在福利院开展为老服务，11 年过去了，当初的志愿者有些已经离开，但还有些仍然坚持为老服务，今天瀚亚重新整合自身为老服务资源，成立北京瀚亚志愿服务团为老服务总队，聘请原北京志愿服务团老志愿者袁湘干老师担任总队队长，创新为老服务模式，以专业的角度从心理、健康、养生、康复、文娱、家庭等六个方面让老人能够安享晚年、颐养天年、实现社会价值再回归！2011 年 9 月，北京瀚亚志愿服务团已经招募了 20 多名为老服务志愿者。

三、瀚亚志愿服务团队发展状况比较

（一）资金来源

　　瀚亚志愿服务团队在成立初期的资金来源包括三个方面：首先，争取企事业单位的资助，志愿者团体要加强对所开展的活动意义的宣传，使更多的人对志愿活动的重要性有所了解，对包括所服务的弱势群体的生存状态有所关注。其次，志愿者团体以社团的身份自办产业，用其产业利润来增加志愿活动经费。最后，以社团身份争取公益基金和政府的资助。

现在的瀚亚志愿服务团队的发展更加成熟，在资金来源方面的表现是：瀚亚志愿服务团队完全靠团队自身获得经费，主要途径是以团队的身份自办产业，包括企业文化培训、项目合作等，用其产业利润来增加瀚亚志愿活动经费，即遵循NPO的通行原则，利润不分配，所获利润必须用于其组织所从事的事业的方法，确实是筹措志愿者团体活动经费有效可行的途径之一。

（二）团队规模

1993年，王燕斌参加福利院为老服务，即"学雷锋活动"，与志愿服务结缘；2000年，与15名志愿者萌发组建志愿服务团队想法，发起成立"北京志愿者爱心会"；2001年，辞去外企高薪工作，加入到中国青少年发展基金会继续从事志愿者工作，并在基金会主要负责中国青少年发展基金会美新路基金为年长者和青少年服务工作；2003年年初，他从青基会辞职，和另外2人共同成立了一家致力于公民教育的非营利组织，组织、参与了多次培训；2004年9月，王燕斌代表某国基金会到甘肃进行项目实地走访评估工作后，针对组织建设提出建立NGO合作平台，即信息共享、资源整合、平等参与、协同发展、服务社会，从而变支持个人为支持组织的建议；2005年，他与原"爱心会"志愿者在参加了中国国际民间组织合作促进会的民间组织领导力培训后，重新制定了长期战略目标，并于4月正式将"爱心会"在北京工商局注册为北京瀚亚文化发展中心，作为一家非营利性组织和北京志愿者协会团体会员。北京瀚亚志愿服务团隶属于北京瀚亚文化发展中心，由2000年成立的"北京志愿者爱心会"发展而来。其是由多所大学和研究院的专家、教授担任理事，由20多位专职教师组成的教育型专业志愿服务团队，是早期的朝阳区志愿者协会25家阳光合作伙伴之一。其成立以来，志愿者们始终秉承着：关爱弱势群体、消除贫困；开展公民教育、建立公民化社会的宗旨，致力于服务社区、打工子弟学校、NGO三大领域。每年服务对象超过2000人次，服务时间超过5000小时，直接受益人数在2万人以上。仅2011年1—10月就在朝阳区43个街乡以文明礼仪、人际沟通、家庭教育、英语讲座、心理减压、健康保健、青少年安全自护等方面开展过各种丰富多彩的培训、讲座、情景剧演出和服务活动150多场，受到了广泛的好评和褒奖。在自我推广方面增加了与专业、有影响人员交往的资料收集和宣传，在标志性仪式上负责人和团体增加了自我表现意识，进一步扩大了社会影响力；而且恢复组织网站或相关网络宣传窗口，吸引了更多年轻人和社会精英目光。为了团队本身的健康发展，瀚亚团队在长期规划方面制订了更明确的目标和计划，团队也更具有专业性。

第三节　环保之友志愿服务队（2009年）

调研对象：孙宏宇、刘赞（环保之友志愿者）

调研时间：2009年5月10日

调研地点：北京市香山植物园

调研及报告撰写人：

周莉娟（北京志愿服务发展研究会调研志愿者）

一、环保之友负责人苏仕峰志愿服务经历

苏仕峰，私营企业家，长期参与环保、禁毒、防艾、敬老、助残等多领域志愿服务。常年坚持无偿献血，在深圳和北京两地献血总量已超过4000毫升。

2000年加入深圳市义务工作者联合会；

2001年加入深圳市禁毒宣传大队；

2003 年被评为"深圳市五星级义工"；

2003 年到北京，加入北京奥运会城市志愿者和北京市禁毒志愿者队伍；

2005 年起，开始关注北京的环境问题，利用工作之余长期坚持在香山附近捡拾垃圾，并自费制作、悬挂 1000 余个环保提示牌；

2007 年 3 月，成立环保之友志愿服务队；

2007 年坚持参与禁毒、防艾等宣传活动，累计参加禁毒宣传活动 18 天，时间超过 200 个小时，被北京市禁毒委、北京市禁毒志愿者总队评为"2007 年北京十大禁毒志愿者"；

2007 年 6 月 5 日至 16 日，经北京市朝阳区公安分局禁毒办选送，参加"中国禁毒志愿者汽车万里行"活动；

2007 年 12 月，成立"成瘾者家庭热线"，帮助成瘾者戒毒；

2008 年，"5·12 汶川地震"发生后，自费印制 1 万多册心理辅导手册，并送到灾民手中；

2008 年北京奥运会期间，参与城市志愿服务，被北京市委、市政府和北京奥组委评为"北京奥运会、残奥会优秀志愿者"。

二、服务宗旨

搭建公众参与环保的平台，培养中国民间环保力量。

三、服务理念

用行动感染和引导更多的人加入环保志愿者队伍。

四、志愿者的招募方式和来源

以社会招募为主，主要以 QQ 群作为沟通联络的平台。

方式一：通过在环保提示牌上留下的 QQ 群号

环保之友①群号：23792320

环保之友②群号：69791154

环保之友③群号：64498791

方式二：通过队员介绍

方式三：通过公益实践项目招募

五、成员构成

对成员准入条件没有原则性的限制，只要是热爱志愿服务事业、遵纪守法、身体健康的均可以加入。

2009 年队员中年龄最小的 6 岁，年龄最大的 50 多岁，其中 20 岁到 50 岁年龄段的人数最多。他们中有教授专家、在职公务员、普通员工，也有企业家，涉及的行业包括法律、保险、科研、文化教育、新闻媒体和环保部门等。

每次参加活动的人数相对稳定，基本在 20—30 人之间。队员的日常交流平台——QQ 群会提前一周左右发布公告，大家自愿报名参与。一般新队员和老队员的比例保持在 1：2 左右，这样既能保证活动的质量，也能不断带动服务队的发展。

六、组织结构

服务队属于民间环保组织，无固定办公场所，工作人员均为兼职。组织管理工作尚处于初级阶段。

1.组织内部大致设立四种职务

①队长：苏仕峰，全面负责服务队的规划、管理和发展工作；

②队长助理：负责志愿者招募、发活动公告、协助队长处理一切事务；

③小组长：即活动的联系人，根据活动内容由组织内部具体指定，多由一些骨干志愿者担任；

④宣传员：主要负责服务队的对外宣传工作，通过组织选定和自我推荐两种方式产生，由具有一定专业背景的志愿者担任。

2.外部主要依托北京志愿者联合会、朝阳区志愿者协会开展活动

七、资金来源和支出

来源：目前没有固定的资金来源，无政府赞助和企业赞助，参与活动志愿者的交通食宿均自理。环保物资大部分由队长苏仕峰个人出资，部分采用队员集资的形式。

支出：目前没有大型开支，主要支出为队旗队徽的设计制作、环保工具的购买、环保提示牌的制作等。

八、服务项目

服务领域：环保、禁毒、助老、助残、防艾等各方面的知识宣传和服务活动。

服务分类：主要分为长期项目、重要活动、其他项目三类。

◆ 长期项目

1.项目名称：香山环保行

2.项目周期、时间：每周一次；周六上午 8：30 开始

3.项目描述：每周组织 20 到 30 名志愿者，开展登山捡垃圾、环保宣传等活动。

在香山八大处沿线捡拾垃圾，悬挂环保提示牌。

4.宣传口号：

和谐的人文社会，离不开美丽的自然环境

保护环境，爱护香山是我们登山者应尽的职责

享受登山乐趣，支持环境保护

有了美丽的环境，才有健康的身体

香山是北京的氧吧，请大家一定要爱护它。为了美好的未来，请保护优美的景色与新鲜的氧气，大家都不扔塑料袋，拒绝白色污染。有了美丽的环境，才有健康的身体。登香山，心情愉快；防污染，人格升华。

5.项目成效：

从表层成果看，一定程度上改善了香山地区的白色污染问题；

从潜在成果看，以行动唤醒了公民的环保意识，宣传了环保理念，引导了更多的人关注环保，参与环保活动。

◆　重要活动

在重大节日及纪念日期间，组织志愿者开展各种活动。

活动一：

深入四川灾区发放"我们在一起"心理辅导手册。5·12汶川地震发生后，环保之友志愿服务队迅速展开行动，积极募捐善款，并编写心理辅导手册。队长苏仕峰代表服务队全体志愿者，第一时间将一万多册心理辅导手册送到灾民手中。

活动二：

积极响应"绿色奥运"理念，参加"人人都是绿色奥运志愿者"、"每月少开一天车，还北京一片蓝天"等环保宣传活动；在北京奥运城市志愿者服务站点自费设立废旧电池回收箱，为奥运会的成功举办贡献力量。

活动三：

积极和北京园林绿化局合作，着手实施"森林健康"项目，宣传志愿服务和绿色环保理念。

活动四：

为纪念第10个中国青年志愿者服务日，2009年3月5日，环保之友与北京操作者协会、天通苑志愿服务队、中国戏曲学院志愿者协会联合在北京奥林匹克森林公园开展浇灌、养护树木的活动，以行动宣传环保理念。

◆ 其他项目

除了长期坚持环保活动外，环保之友还组织开展禁毒、防艾、助老、助残等志愿活动。

九、存在的问题、原因分析及建议

通过调查发现，环保之友也存在着很多亟须解决的问题和有待克服的困难。归纳起来，大致分为以下几个方面：

（一）队伍建设问题

[状况]

由于管理制度不够完善、保障和激励机制不到位等原因，环保之友志愿服务队和许多刚组建的志愿团体一样，志愿者流失率较高。

[原因分析]

1.制度建设不健全：没有完善的管理机制，人员分工不明确；

2.招募培训不到位：招募条件不够明确，且新加入的志愿者在参加志愿服务前对服务队没有系统的了解和相应的培训；

3.激励评估不完善：志愿者参加活动后没有相应的激励评估措施，无法获得证明、鉴定等；

4.缺乏约束机制：志愿者可以任意退出，仅靠自律无法维持队伍的稳定性。

[建议]

1.工作的具体性是保持队伍稳定的一个重要因素，建议完善相应的管理制度，增强组织性，在彼此合作的基础上进行明确分工；

2.适当提高"门槛"，同时进行必要的培训，使参与活动的志愿者的素质得到提高，这也有助于队伍的稳定；

3.详细记录每个志愿者参与活动的情况并定期公布，以利自我监督和相互促进；

4.按照参加时间的长短和活动次数的多少进行加权记分，分级授予荣誉性标志（可参照军衔的方式）；

5.定期召开座谈会，探讨和交流服务心得，提高激励作用；

6.对志愿者进行梯次配置，加入时间和参加活动次数达到一定标准的作为核心成员，尚未达到标准的列为准核心成员（名称可再斟酌）。对准核心成员再细分为集中型和分散型两种，集中型为在一段时间内能集中精力参加活动的，如有假期的大、中、小学的学生和教师；分散型为业余时间较为紧张，不能每次都参加的人。在分工方面，核心人员安排长期性和有连续性的工作，如召集、记录、评估、培训等；准核心成员则安排临时性或一次性的工作。梯次配置可以形成一个缓冲区，避免一些外围成员在"非此即彼"的选择面前被迫退出。

（二）经费问题

[状况]

2009年没有固定的资金来源，无政府支持和企业赞助，参与活动的志愿者交通食宿均需自理，环保物资则由队长苏仕峰个人出资。

[原因分析]

1.环保部门一方面尚未为志愿者付出"埋单"，或者仅仅予以声援，另一方面又将志愿者作出的成绩当做政绩写入政府的工作总结报告中；

2.企业往往倾向于资助比较具体的社会事件（如疾病和灾难等），却很少资助尚未引起人们重视的公益性环保活动；

3.个人有赞助意向的往往渠道不畅；

4.对外宣传不够，不能获得国外的资助。

[建议]

1.畅通个人和小企业的赞助渠道，如在公共场所设立专项募捐箱，各社区由指定部门兼管，接受居民和个体经营者捐助的物资；

2.大力宣传，争取国际组织和个人的资金支持。

（三）保险问题

[状况]

志愿者在山区进行环保公益活动时，容易遇到人身安全问题。如捡拾被丢弃在险峻之处的垃圾，志愿工作缺乏相应的安保措施。

[原因分析]

1. 经费紧张；

2. 人员相对不固定。

[建议]

1. 加强安全教育，任何事后的补救措施都比不上不出事；

2. 在解决经费问题的基础上，为核心成员购买人身意外伤害保险；

3. 联络保险公司捐赠保险，将捐保公司列为环保之友的战略合作伙伴或团体成员。

十、展　望

尽管在志愿服务活动中存在种种问题，但这毕竟都是前进中的问题，换句话说，是要前进才会遇到的问题。事物总是在不断产生矛盾、不断解决矛盾中取得进步，而每进一步，又会遇到新的矛盾。换一个角度来说，志愿者的公益活动，本身就是为了解决社会矛盾而进行的。通过志愿者的行动和政府及新闻部门大力的宣传，志愿活动越来越为社会所知晓、所理解，特别是 2008 年北京奥运会以后，这项工作更加深入人心。

第四节　环保之友志愿服务队（2013 年）

调研对象：卢靖（环保之友负责人）及其他志愿者

调研时间：2013 年 5 月 11 日

调研地点：北京香山植物园

调研及报告撰写人：

丁丹丹（中国农业大学 2012 级研究生）

张燕玲（中国农业大学 2012 级研究生）

本节把研究对象定位于环保之友志愿服务队淡出前、复归后两阶段的比较研究上，围绕组织运作、发展驱动力、活动项目介绍以及社会评价进行全面、系统地比较分析，整理并归纳出两阶段发展的不同特征，并在此基础上提出未来环保之友志愿服务队发展的可操作性意见。本节采取半结构式访谈和参与式观察的调查方法收集相关材料，通过历史研究和比较研究相结合的方式分析问题。

一、环保之友志愿服务队淡出前、复归后的简介和原因探究

（一）环保之友志愿服务队淡出前的生存状况

环保之友志愿服务队谈出前的组织负责人以苏仕峰为代表。作为中华社会文化发展基金会的一名志愿者，私营企业家苏仕峰从 2005 年起一直致力于多领域的志愿服务，他在 2009 年之前的志愿服务经历上文已有涉及，本节不做赘述，下文主要是其 2009 年之后的事迹。

2009 年 2 月至 3 月，环保之友志愿服务队又开展了以"保护环境还自己一个绿色的家园"为主题的活动项目，并得到了众多社会公众的一致赞许；2010 年 5 月，在共青团中央"保护母亲河行动"的资助下，环保之友志愿服务队与北京绿色行动联盟合作，在中学校园开展了"共青团——保护母亲河"的项目规划，取得良好社会效果。

总之，在这一期间，无论是在禁毒、防艾、敬老、助残等方面，还是在环保领域，环保之友志愿服务队都可谓成绩骄人，令人称道。志愿

北京、搜狐网、北京共青团、中国环保联盟等相关网站和团体均对其作过相关报道，其社会知名度和美誉度迅速提高。

（二）环保之友志愿服务队复归后的发展趋势

2011 年和 2012 年，在一些人看来，环保之友志愿服务队消失了。事实上，也许我们称其为"淡出"更为恰当。我们知道，作为一个草根组织，其核心领导人的影响力和凝聚力是巨大的，而环保之友志愿服务队的发起人苏仕峰出于身体考虑在 2011 年离开了这支他一手组建的队伍，转而去了一个基金会。

因此，在这一期间，环保之友志愿服务队的组织活动急剧减少，慢慢淡出禁毒、防艾、敬老、助残等相关领域。而在其主要领域，即环保方面，活动范围也大为减少，其主要集中于北京香山，每次活动从二三十人减少到六七个人，活动频率为基本每周一次。此外，环保之友志愿服务队和政府、学校等相关部门和单位的合作也相应减少，网上对活动项目的宣传更是难觅踪迹。

总的来说，2011 年至 2012 年，环保之友志愿服务队慢慢淡出社会公众视野，其社会影响力大大降低。尽管一切仿佛不复从前，但令人欣慰的是，环保之友志愿服务队在一批老队员尤其是负责人杨长安的默默努力下，仍然坚持了下来。毕竟环保活动从未中断，环保之友志愿服务队成立的初衷和服务理念丝毫未改。

环保之友志愿服务队的隆重复归，已是 2013 年的事情了。2013 年，在卢靖和其他一些老队员的坚持和努力下，环保之友志愿服务队重新出现，再次受到人们关注。2013 年 2 月 23 日，环保之友志愿服务队在志愿北京网站发起了为期 10 个月的"保护环境还自己一个绿色的家园"项目活动，项目计划每周六上午组织志愿者登山捡垃圾，活动范围现以香山（驴友路线）为主。2 月，还处在冬日的北京，寒意正浓，而环保之友志愿服务队已然开始了他们的第一次环保之行。以此为标志，环保之友志愿服务队在环保领域的各项活动逐渐走向常规化。为了纪念向雷锋同志学习 50 周年，2013 年 3 月 5 日北京社工委首都文明办、首都综治办、北京团市委联合主办了"3·5"北京志愿服务推动活动，作为北京志愿者协会的一名成员，环保之友志愿服务队参加了此次活动，并设立相关固定展位进行展示，取得了良好的社会效应。

（三）环保之友志愿服务队淡出而又复归的原因分析

在环保之友志愿服务队的发展历程中有两个人的名字必须值得特别关注：苏仕峰和卢靖。在某种程度上，这两个名字或许比环保之友志愿服务队更加知名和被人熟悉。环保之友志愿服务队的这一特点和国内诸多草根组织一样，都散发着浓厚的精英主义色彩。

按照马克斯·韦伯关于领导类型的划分，环保之友志愿服务队早期的领导人苏仕峰无疑属于"克里斯马"型，这种统治类型的合法性是建立在领袖者个人魅力和超凡品质的基础上的，具有明显的不稳定性。因此，当发起人苏仕峰出于身体考虑在 2011 年离开环保之友志愿服务队时，环保之友志愿服务队的组织凝聚力和活动影响力都在迅速降低，以至于最后慢慢淡出公众视线。而环保之友志愿服务队的再次复归在很大程度上与其现任负责人卢靖个人的热情、理想和影响力有着直接关系。

在采访中被问及"是什么样的想法促使您重造环保之友志愿服务队"时，卢靖坦言："苏大哥的离开，让环保之友志愿服务队可谓元气大伤，环保之友志愿服务队从此失去了一个顶梁柱，看着日渐势微的队伍，我就想利用自己的影响力和资源重新把人气聚拢起来，反正平日里参加的各项志愿服务活动也多，不在乎再多那么一点，毕竟这支队伍还有那么一批默默奉献的志愿者们。"

显然，环保之友志愿服务队的成功复归很难说清是卢靖的个人贡献还是环保之友志愿服务队的集体成功。毕竟，在关键时刻是卢靖将环保之友志愿服务队复苏，很多问题也都是通过他才得以真正解决。这充分说明，一个草根组织要想真正实现可持续性的发展，必须从精英治理走向制度建设。

当然，目前环保之友志愿服务队的影响力还取决于负责人卢靖的个人社会地位和声望，精英色彩在短时间内还不可能消失，且从个人魅力型走向制度规范型的过程中，环保之友志愿服务队很可能会出现短暂的震荡。但无论怎样，经过环保之友志愿服务队的这次复归，负责人卢靖已经开始意识到制度化建设的重要性，并开始有意识地培养新的接班人，努力保持环保之友志愿服务队的长期稳定运转，这一点很是令人欣慰。

二、环保之友志愿服务队淡出前、复归后的组织运作比较研究

（一）成员结构比较分析

在环保之友志愿服务队淡出前，它并不属于会员制的草根组织，只是接近于会员制的类型。环保之友志愿服务队对成员准入条件没有原则性的限制，成为其志愿者的条件只有一个，即"只要您拥有一颗同样的对社会的爱心、对环保事业的责任心，有共同的目标"。

据相关资料显示，在环保之友志愿服务队淡出前，队员以20岁到50岁年龄段的人居多，其中，队员中年龄最小的6岁，年龄最大的50多岁。他们中有教授、公务员、普通员工，也有企业家，涉及法律、保险、科研、文化教育、新闻媒体和环保部门等众多行业。平时，每次参加活动的人数相对稳定，基本在20—30人之间。一般新队员和老队员的比例保持在1∶2，这样既能保证活动的质量，也能不断带动服务队的发展。

在环保之友志愿服务队复归后，队员的年龄构成基本和淡出前别无二样，只是每次参加活动的人数相对减少。同时，由于淡出期间老队员

流失较严重，因此在活动中新队员人数偏多，当然所占比例也较大。

而在组织方面，环保之友志愿服务队复归之后作出的最大改变，就是致力于将其打造为会员制的草根组织，以加强对志愿者的组织和管理。因此，在其主要的交流平台，即QQ群和博客中，环保之友志愿服务队多次发出声音，要求还没有正式注册会员的志愿者尽快完成"志愿北京——北京环保之友志愿服务队"的注册。

此外，环保之友志愿服务队也对会员的条件进行了限制，那就是符合北京市注册志愿者需具备的基本条件，即热心社会公益事业，具有"奉献、友爱、互助、进步"的志愿服务精神；年满14周岁（未满18周岁的须经其法定监护人同意）；具备参加志愿服务所需要的基本能力和身体素质；品行端正，遵守国家法律法规和志愿者组织的相关规定。具备以上条件的申请者只要登录北京志愿者协会下设的志愿北京网（http://www.bv2008.cn/），按照网站相关要求填写账户信息、基本信息、教育信息、志愿服务意愿即可。截至2013年5月，环保之友志愿服务队有81个正式成员。

但是，2013环保之友志愿服务队对于正式注册的会员并不要求填报自己服务队的申请表；环保之友志愿服务队也没有专门的会员登记档案，更不要求会员按规定交纳会费；会员退会自由，环保之友志愿服务队对此也没有备案和相关章程。而对于注册的正式会员，环保之友志愿服务队没有专门制定志愿者管理规定、志愿者服务守则，只是参照《北京市志愿者管理办法的相关规定》进行相关约束。这是在今后的发展中，环保之友志愿服务队还需要大力完善的地方。

对此，环保之友志愿服务队的负责人卢靖也有自己的解释，他介绍说："我们服务队的志愿者有的真的很难将他们组织起来，引导他们成为会员。这些志愿者比较倾向于松散的、有弹性的管理，只要有合适的项目，在个人的时间又允许的情况下，他们都会参加。对他们来讲就是想做点实事，不需要一些形式上的东西。而加入这里来，我们也不能给他们名利方面的东西。"

（二）组织架构比较分析

在环保之友志愿服务队淡出前，组织结构比较简单，其工作人员均为兼职，无固定办公场所，管理工作尚处于初级阶段。

当时，环保之友志愿服务队组织内部大致设立四种职务：（1）队长：卢靖，全面负责服务队的规划、管理和发展工作；（2）队长助理：负责志愿者招募、发活动公告、协助队长处理一切事务；（3）小组长：即活动的联系人，根据活动内容由组织内部具体指定，多由一些骨干志愿者担任；（4）宣传员：主要负责服务队的对外宣传工作，通过组织选定和自我推荐两种方式产生，由具有一定专业背景的志愿者担任。

在复归后，环保之友志愿服务队提出了一系列改善志愿组织管理的建议，比如试图将环保之友志愿服务队管理体制调整为三级架构：第一级为环保志愿服务的统筹指导层面，从宏观把握环保志愿服务长期或者大型的项目活动，指导环保志愿服务事业顺利发展；第二级为环保志愿服务的管理协调层面，从组织角度提升环保志愿服务队伍之间的相互合作；第三级为环保志愿服务的实施操作层面，从事具体环保服务项目的实施。这样做的目的只有一个，即将志愿服务管理层次化。但是，这一决策面临的问题和矛盾还很多，主要就是志愿人员的自主性与志愿组织管理规范化的矛盾。

对此，环保之友志愿服务队负责人卢靖谈道："由于志愿者基本上都是自愿参与服务，因此不太愿意接受太多的管理和限制，这就使得环保之友志愿服务队较为松散的管理方式难以改变；另外，主观上我们这个队伍能走到今天，也真的是很不容易。如果没有大家的支持和帮助，这都是不可能的，所以我们更注重活动的实效，不想把精力花费在组织的门面上，也不希望做成上对下的服从与被服从那种缺乏生命力的模式，我们希望在服务队的志愿者之间建立起平等的朋友式关系。"

由于环保之友志愿服务队是动员志愿者为社会提供服务的，过于松散的管理会导致环保服务缺乏指导和监督，从而影响环保活动的质量，致使社会无法真正获益。因此，环保之友志愿服务队队员的自主、自由发展与其科学规范管理的有机统一势必成为其今后发展道路中的一大趋势。

（三）财务收支状况比较分析

关于资金来源和支出方面，即财务制度，环保之友志愿服务队2013年并没有固定的资金来源，也很少有政府赞助和企业赞助。例如，在 2010 年环保之友志愿服务队协办的"共青团中央保护母亲河——中学生与环保同行"项目中，就成功获得了共青团中央的 3000 元活动经费。资金虽少，却也能在一定程度上解决一些困难。而其他大部分资金则主要由当时的队长苏仕峰个人出资，部分采用队员集资的形式。当时，很少有大型开支，主要支出为队旗队徽的设计制作、环保工具的购买、环保提示牌的制作等。

环保之友志愿服务队在复归后，基本上没有资金支撑，再难有政府和企业的资金支持。当然，由于队旗队徽的设计制作、环保工具的购买、环保提示牌的制作都已在淡出前有过投入，所以目前涉及财务方面较少。如果某次志愿活动提供交通费、午餐费时，会事先通过网站、电话、Email 等方式提前声明，没有声明的，则需志愿者自行解决。

但是，对于这样的财务状况，环保之友志愿服务队负责人卢靖也不无担忧："资金不充裕也会给我们以后的发展带来不好的影响，比如对于志愿者来说，没有人身保险，参加活动就没有保障，但是我们又实在没有经费的支持，这的确是两难。"

因此，如何借助国家大力倡导生态文明建设，"努力建设美丽中国，实现中华民族永续发展"这一号召，引领全社会对环保志愿服务事业的支持，逐渐拓展捐助渠道，实现资金支持多元化，是环保之友志愿服务队当时亟待解决的问题。

三、环保之友志愿服务队淡出前、复归后的发展驱动力比较研究

（一）环保之友志愿服务队淡出前的发展驱动力

草根志愿组织区别于政府部门，是不能靠权力驱动的；也不同于企业，没有经济利益的驱动，甚至在很多情况下，不仅没有相关的补贴，还要负责人倒贴钱来支撑草根组织的正常运转。

从环保之友志愿服务队来看，在淡出前阶段，其组织的发展动力主要来自于苏仕峰的个人意志和个人影响力。作为环保之友志愿服务队的发起人和当时的负责人，苏仕峰具有超凡的人格魅力和历史使命感。

他秉承"搭建公众参与环保的平台，培养中国民间环保力量"的精神，怀揣一颗对社会的爱心、对环保事业的责任心，践行着"用行动感染和引导更多的人加入环保志愿者队伍"的理念。这一理念一直成为驱动他为环保事业不停奔波的动力，融化为他人生价值的一部分。因此，这使得他具有强烈的感召力，并对其他队员带来很强的激励效果、示范效应，从而使环保之友志愿服务队具有强烈的凝聚力。

也许正因为苏仕峰一直作为环保之友志愿服务队的导引者、指挥者和促进者等多种重要角色而存在，才会出现当他离开时，环保之友志愿服务队的组织发展和各领域服务活动会受如此大的影响。

（二）环保之友志愿服务队复归后的发展驱动力

环保之友志愿服务队能够复归并在复归后取得一系列成就，不仅有负责人卢靖艰苦卓绝的努力，更有越来越多社会人士的帮忙相助。众人拾柴火焰高，越来越多来自各领域的志愿者已经逐渐成为环保之友志愿服务队的主体力量和重要发展动力。

但是，我们知道环保之友志愿服务队由于经费完全靠自筹，所以经费也比较紧张，往往不仅不能给参加活动的志愿者提供人身保险、交通

费、午餐费，也不能给大家一个社会认可的参与志愿服务的"证明"。那么，其他成员又是为什么要参与进来呢？

就此，笔者在一次环保之友志愿服务队的活动中对负责人卢靖和相关志愿者进行了半结构式访谈，同时为了进一步深入了解，在活动后，又加入了该组织沟通联络的平台即 QQ 群，对群内的一些志愿者进行了分别采访。他们的身份分别为：大学生志愿者 WL、IT 技术员 ZYE、机关干部 HP、家庭主妇 WX。以下是他们的回答。

大学生志愿者 WL："我是学生物专业的，一来是由于专业的原因使我充分认识到环境污染的严重性；二来是觉得自己一直在学校里，很少有机会接触社会，很想切身体验社会生活，所以就加入了进来。"

IT 技术员 ZYE："我是外地人，来北京之后每月的工资不少，衣食无忧，但朋友不多，工作之余比较寂寞，就想找些公益事业来做。"

机关干部 HP："我和野狼（卢靖）是老乡，我很了解他。他是个很有魄力也很有责任心的人，多年来一直坚持公益事情，相比起来，让我们这些拿纳税人钱的人都觉得惭愧，环保不是他一个人的事，大家都该参与进来，因此我就积极加入了。"

家庭主妇 WX："野狼（卢靖）常年坚持做公益事业，知道他很不容易，我很佩服他。我的朋友平时都很忙，我的空闲时间又多，闲着也是闲着，还不如出来做点事，所以就常来参加活动。"

此外，环保之友志愿服务队负责人卢靖也谈道："我们的队伍之所以淡出后还能重新回归，其中一个很重要的原因，就是近两年，尤其是党的十八大召开后，无论是政府还是全社会对环保问题都是越来越关注了。从另一方面说，我们服务队中的很多志愿者，尤其是骨干志愿者，基本上都是和我私交甚好的朋友。平时需要他们做什么，他们都是非常尽力的。"

可见，大家基于"志愿"加入环保之友志愿服务队中来，这种志愿性源自他们在参与环保活动过程中获得的心理归属感和服务他人、回报社会的愉悦感。

因此，当时"志愿性"是环保之友志愿服务队的生命力源泉。他们之所以加入进来，主要是能获得心理的归属感和在服务他人、回报社会过程中的愉悦感。由于环保之友志愿服务队的志愿者都是基于"志愿"而加入进来的，他们对组织往往能产生强烈的认同感。

四、环保之友志愿服务队淡出前、复归后活动项目比较分析

起初环保之友志愿服务队完全是一些关心热爱环保事业的人凭兴趣在做，缺乏组织性和系统性，也缺乏宏观的视角来处理问题。

后来，志愿者们在多次的实践中不断摸索意识到，要想从全方位入手解决环保问题，必须充分发动民间力量，2009年环保之友志愿服务队在志愿北京网站登记注册，依托北京市志愿者联合会召集志愿者，开展项目活动，扩大组织影响力。以下，对环保之友志愿服务队的活动项目进行具体的比较分析。

（一）淡出社会公众视野前

环保之友志愿服务队在其淡出前，项目活动涉及环保、禁毒、助老、助残、防艾等各领域的知识宣传和服务活动，形式相对多样，内容也比较广泛。此外，当时环保之友志愿服务队活动的内涵立意也较高，并体现出一定的时代性和超前性。具体活动如下：

活动一：深入四川灾区发放"我们在一起"心理辅导手册。"5·12汶川地震"发生后，环保之友志愿服务队迅速展开行动，积极募捐善款，并编写心理辅导手册。队长苏仕峰代表服务队全体志愿者，第一时间将一万多册心理辅导手册送到灾民手中。

活动二：积极响应"绿色奥运"理念，参加"人人都是绿色奥运志愿者"、"每月少开一次车，还北京一片蓝天"等环保宣传活动；在北京奥运城市志愿者服务站点自费设立废旧电池回收箱，为奥运会的成功举

办贡献力量。

活动三：积极和北京园林绿化局合作，着手实施"森林健康"项目，宣传志愿服务和绿色环保理念。

活动四：为纪念第十个中国青年志愿者服务日，环保之友与北京操作者协会、天通苑志愿服务队、中国戏曲学院志愿者协会联合在北京奥林匹克森林公园开展浇灌、养护树木的活动，以行动宣传环保理念。

（二）隆重复归后

在复归后，环保之友志愿服务队以自己的老本行，即环保服务领域为主要阵地，力求从基层的实际状况出发，灵活机动地开展活动。目前，在他们的活动中，越来越注重活动的实效性，其活动项目开展也逐渐呈现持久化、日常化的特征。

长期项目介绍：

1. 项目名称：保护环境还自己一个绿色的家园

2. 项目周期、时间：项目从 2013 年 2 月启动，历时 10 个月；频率为每周一次；具体时间为周六上午 8：30 至下午 4：30

3. 项目类别：绿色环保

4. 服务领域：主要为环保方面的知识宣传和服务活动

5. 服务对象：自然绿化

6. 服务内容：每周六上午组织志愿者登山捡垃圾，现以香山为主

7. 志愿者条件：爱好登山，身体健康，乐于奉献，以团队为中心，可服从团队管理的人员

8. 志愿者保障：参与志愿服务时间记入北京市志愿服务工时；长期参与的志愿者配发志愿者服装

9. 宣传口号：

和谐的人文社会，离不开美丽的自然环境

保护环境，爱护香山是我们登山者应尽的职责

享受登山乐趣,支持环境保护

有了美丽的环境,才有健康的身体

香山是北京的氧吧,请大家一定要爱护它

为了美好的未来,请支持环境保护

优美的景色与新鲜的氧气,靠大家一起来保护

不扔塑料袋,拒绝白色污染

登香山,心情愉快;防污染,人格升华

10.预期成效:

浅层效果:一定程度上改善香山地区的白色污染问题

深层效应:以行动唤醒公民的环保意识,宣传环保理念,引导更多的人关注环保,参与环保活动

五、环保之友志愿服务队淡出前、复归后社会评价比较分析

在淡出前,环保之友志愿服务队取得的成绩可圈可点:2008年为协助我国成功举办一届"绿色奥运",环保之友志愿服务队参加了由联合国环境开发署、北京市奥组委举办的"人人都是绿色奥运志愿者"的宣传活动;之后,环保之友志愿服务队和北京市园林绿化局合作,大力推广森林健康的项目。

在复归后,通过负责人卢靖和志愿者们的努力,环保之友志愿服务队越来越得到人们的认可。环保之友志愿服务队在2013年能够得以复归,除了队员们的努力,更是社会大众支持的结果。2013年2月23日,环保之友志愿服务队在志愿北京网站发起了为期10个月的"保护环境还自己一个绿色的家园"项目活动,项目计划每周六上午组织志愿者登山捡垃圾,以改善香山的生态环境;为了纪念向雷锋同志学习50周年,2013年3月5日,北京社工委首都文明办、首都综治办、北京团市委联合主办了"3·5"北京志愿服务推动活动,作为北京志愿者协会的一名

成员环保之友志愿服务队参加了此次活动，并设立相关固定展位进行展示，取得了良好的社会效应。

六、环保之友志愿服务队复归后存在的问题及其对策

（一）身份确证问题及对策

尽管当时环保之友志愿服务队成为了共青团系统的"准官方组织"——北京志愿者协会的团体会员，算是获得了共青团系统"准官方组织"的默许及认可，但是环保之友志愿服务队并未获得名副其实的"身份"，更无法被纳入现行的体制中去。资金的缺乏是草根志愿组织普遍面临的困境，环保之友志愿服务队当然也不例外。由于身份不明，就限制了环保之友志愿服务队作为民间组织享受的优惠条件，在取得政府部门资金、政策支持，以及获得基金会的赞助时，障碍重重。

因此，我们应该放宽对环保之友志愿服务队的制度限制，加大对其的扶持力度。就现行民间组织登记注册、管理制度、相关筹资制度来看，对草根志愿组织缺乏针对性、可行性，没有体现出"民间性"和"自治性"的特点；另外，这些制度中诸如对资金、人员等这些"硬性"方面的限制过多，没有体现出组织的凝聚力、公益取向等"弹性"的方面。因此，要在制度上积极引导、大力扶持环保之友志愿服务队的发展，为其健康发展积极营造一个宽松的社会环境。

（二）资金匮乏问题及其对策

当时，资金匮乏是环保之友志愿服务队发展中面临的重大问题，没有资金来源，组织运行和组织活动将无以为继。由于资金的不充足，就很难吸引专业人才加入，志愿者们的人身安全的保障也很难得到保证。

而资金问题又与身份问题高度关联着，因为没有合法的身份，环保

之友志愿服务队就无法获得政府的财政拨款；没有法定的账号，环保之友志愿服务队就难以获得企业和民间爱心人士稳定的捐赠资金。同时，由于没有合法身份而缺乏社会公信力，环保之友志愿服务队也很难获得社会捐助和募款。

面对这一难题，除了争取身份的确证外，还可以采取一些具体的措施：首先，可以争取政府官员出任名誉队长，说服环保部门尽"义务"，建议政府拨出一些经费，并将这部分经费列入预算支出项目；其次，还可以尝试将企业领导人"拉"进志愿队伍。很多企业领导人都有环保意识，但是无暇参加这种活动，他们可以加入后援队伍，提供资金支持，而不必亲自上香山捡垃圾，把他们的时间用于发展企业、增加效益上，从而使环保公益活动呈现各尽所能的局面。

（三）志愿者流失问题及对策

环保之友志愿服务队从组织的发起人到组织的一般成员都是基于"志愿"而加入其中的。由于成员的生活环境、生活阅历等各方面情况的不同，志愿者动机不一。加之，环保之友志愿服务队自身能力相对不足、经费比较缺乏、组织架构较为松散和在组织活动中缺乏成文的规章制度约束等原因，就造成了环保之友志愿服务队的一大困境，即志愿者流失率较高。

针对这种情况，环保之友志愿服务队应完善相应的管理制度，在彼此合作的基础上进行明确分工，增强组织性；同时，应开展定期的培训，在提高志愿者相关素质的同时，加大成员之间的联络，达到增强队伍稳定性的目的；另外，还可以详细记录每个志愿者参与活动的情况并定期公布，以进行自我监督和相互促进；当然，也可以按照参加时间的长短和活动次数的多少进行加权记分，分级授予荣誉性标志（可参照军衔的方式），或者定期召开座谈会，探讨和交流服务心得，增强激励效应，从而最终从根本上解决志愿者流失率高的困境。

七、结　语

自环保之友志愿服务队重回社会公众视线以来，凭借自身努力，积极争取政府认同和社会支持，目前已取得良好效果。虽然，当前面临的制度束缚还比较大，组织架构和资金筹集方面也存在一些问题，但环保之友志愿服务队所奉行的"以志愿求公益"的价值观和用"行动感染和引导更多的人加入环保志愿者队伍"的服务理念正逐渐影响着越来越多的人参与环保事业！

活动实录——让环保走进每个人的心

调研对象：卢靖（环保之友负责人）及其他志愿者

调研时间：2013 年 5 月 11 日

调研地点：北京香山——植物园

调研人：丁丹丹（中国农业大学 2012 级研究生）

张燕玲（中国农业大学 2012 级研究生）

调研指导：张晓红（中国农业大学教授）

北京志愿服务发展研究会

调研方式：半结构式访谈、参与式观察

调研内容：

（一）登山捡垃圾的环保公益活动

2013 年 5 月 11 日，我和北京志愿者协会研培部的张燕玲同学一起走进了环保之友志愿服务队，亲历了一次以"保护环境还自己一个绿色的家园"为主题的项目活动。

上午 8：30，我们在北京香山邮局门口集结完毕。8：40，带着环保袋，手拿登山杖，开始了登山捡垃圾的环保公益活动。随着近年来户外运动的蓬勃发展，很多垃圾被一些"驴友"们置于山野，积少成多，给香山带来了严重的环境污染。基于这种情况，我们就选择了野路上山。

我们一边登山一边寻找被丢弃的废弃物，将山路上的塑料袋、烟蒂、纸屑、饮料瓶等捡起放入垃圾袋中。很快，环保之友志愿服务队志愿者的身影就出现在香山的各个角落。有许多登山游客见到我们在做环保活动后，也主动弯腰将附近的垃圾捡起，并放到垃圾袋中。看到游客们的举动，我们切实感受到了进行环保活动的意义和价值。

下午一点，我们到达香山山顶，登高远眺，有种群览山河的成就感，看着身边"斩获"的满满四袋垃圾，更有种自豪感和满足感荡漾在心间。短暂的休整之后，我们开始下山，直取植物园。

俗话说："上山容易下山难"，一边下山，一边捡垃圾就更难上加难了。平时跑步健身，习惯了腿部向上用力，练就了我们腿部肌肉随之适应向上的张力，而要下山腿就要向下用功，腿部肌肉就不适应了，加之有些垃圾隐没在草丛、石缝中，所以一路下来，还是很辛苦的。

下午四点，我们将捡拾的所有垃圾带回到山脚下的垃圾站，身后的香山变得一片整洁。由此，历时七小时的登山捡垃圾环保公益活动宣告完成。

此次活动基本达到了预期成效：浅层效果，即一定程度上改善了香山地区的白色污染问题；深层效应，即以行动唤醒了公民的环保意识，宣传了环保理念，引导了更多的人关注环保，参与环保活动。

（二）活动中进行的半结构式访谈

1. 环保之友志愿服务队的服务宗旨、服务理念和宣传口号

负责人卢靖："我们的服务宗旨是'搭建公众参与环保的平台，培养中国民间环保力量'；服务理念也很简单朴实，就是'用行动感染和引导更多的人加入环保志愿者队伍'；关于宣传口号我们就很多了，比如：'和谐的人文社会，离不开美丽的自然环境'、'保护环境，爱护香山是我们登山者应尽的职责'、'享受登山乐趣，支持环境保护'、'有了

美丽的环境，才有健康的身体'、'香山是北京的氧吧，请大家一定要爱护它'、'为了美好的未来，请支持环境保护'、'优美的景色与新鲜的氧气，靠大家一起来保护'、'登香山，心情愉快；防污染，人格升华'，等等，这些都是我们平时常用的宣传口号。"

2. 关于环保之友志愿服务队的消失问题

注：2011 年和 2012 年环保之友志愿服务队基本淡出公共视野，社会影响力减少。

负责人卢靖："我们知道，作为一个草根组织，其核心领导人的影响力和凝聚力是巨大的，而环保之友志愿服务队的发起人苏仕峰出于身体考虑在 2011 年离开了这支他一手组建的队伍，转而去了一个基金会。因此，在这一期间，环保之友志愿服务队组织的活动急剧减少，慢慢淡出禁毒、防艾、敬老、助残等相关领域，而在其主要领域，即环保方面，活动范围也大为减少，其主要集中于北京香山，每次活动从二三十人减少到六七个人，活动频率为基本每周一次。此外，环保之友志愿服务队和政府、学校等相关部门和单位的合作也相应减少，给外界的感觉是环保之友志愿服务队消失了。事实上并非如此，我们只是在极力克服困难，默默坚持。"

3. 近期，环保之友志愿服务队的长期项目活动

负责人卢靖："目前，我们有一个长期项目，就是'保护环境还自己一个绿色的家园'，项目从 2013 年 2 月启动，历时 10 个月；频率为每周一次；具体时间为周六上午 8：30 至下午 4：30。咱们今天参加的这个活动就是这个项目的一部分，就是在登山捡垃圾活动的同时宣传环保知识、传播环保理念。这个项目在志愿者的保障方面是这样的，对于长期参与的志愿者我们配发志愿者服装，而我们参与的时间也会记入北京市志愿服务工时。"

4. 关于环保之友志愿服务队成员注册问题

负责人卢靖："我们服务队的志愿者有些是不注册的，他们更倾向于松散的、有弹性的管理，只要有合适的项目，在个人的时间又允许的

情况下，他们都会参加。加入到这里来，我们不能给他们名、利方面的东西。而对他们来讲就是想做点实事，不需要一些形式上的东西。"

5. 关于环保之友志愿服务队的组织架构问题

注：环保之友志愿服务队工作人员均为兼职，无固定办公场所，管理工作尚处于初级阶段，外部主要依托北京志愿者联合会，组织结构比较简单。

负责人卢靖："我们之所以搞成这样的机构设置，有主客观两方面的原因。客观上，志愿者的行为本身就是基于自愿，不可能强制他们做什么，制度上的约束力就比较小；主观上，我们这个队伍能走到今天，也真的是很不容易。如果没有大家的支持和帮助，这都是不可能的，所以我们更注重活动的实效，不想把精力花费在组织的门面，也不希望搞成上对下的服从与被服从那种缺乏生命力的模式，我们希望在服务队的志愿者之间建立起平等的朋友式关系。但是，对于目前来说，我们确实亟须招贤纳士，以扩大组织的影响力。"

6. 关于环保之友志愿服务队的身份认证问题

负责人卢靖："尽管 2009 年环保之友志愿服务队成为了共青团系统的准官方组织——北京志愿者协会的团体会员，算是获得了共青团系统准官方组织的默许、认可，但是环保之友志愿服务队并未获得名副其实的身份，更无法被纳入现行的体制中去。资金的缺乏使草根志愿组织普遍面临困境，环保之友志愿服务队当然也不例外。由于身份不明，就限制了环保之友志愿服务队作为民间组织享受的优惠条件，在取得政府部门资金、政策支持，以及获得基金会的赞助时，也障碍重重。"

7. 关于环保之友志愿服务队的财务收支问题

关于资金来源和支出方面，即财务制度，环保之友志愿服务队目前并没有固定的资金来源，也很少有政府赞助和企业赞助。大部分资金由负责人卢靖个人出资，部分采用队员集资的形式。截至目前，没有大型开支，主要支出为队旗队徽的设计制作、环保工具的购买、环保提示牌的制作等。由于涉及到财务的方面较少，如果某次志愿活动提供交通费、午餐费时，会事先通过网站、电话、Email 等方式提前声明，没有声明的，则需志愿者自行解决。

对于这样的财务状况，环保之友志愿服务队负责人卢靖存在着担忧："目前，资金匮乏是环保之友志愿服务队发展中面临的重大问题，没有资金来源，组织运行和组织活动将无以为继。由于资金的不充足，就很难吸引专业人才加入，志愿者们的人身安全的保障也难以得到保证。而资金问题又与身份问题高度关联着，因为没有合法的身份，环保之友志愿服务队无法获得政府的财政拨款；没有法定的账号，环保之友志愿服务队难以获得企业和民间爱心人士稳定的捐赠资金。同时，由于没有合法身份而缺乏社会公信力，环保之友志愿服务队也很难获得社会捐助和募款。"

8. 关于环保之友志愿服务队志愿者流失问题

负责人卢靖："环保之友志愿服务队从组织的发起人到组织的一般成员都是基于志愿而加入其中的。由于成员的生活环境、生活阅历等各方面情况的不同，志愿者动机不一。加之，环保之友志愿服务队自身能力相对不足、经费比较缺乏、组织架构较为松散和在组织活动中缺乏成文的规章制度约束等原因，就造成了环保之友志愿服务队目前的一大困境，即志愿者流失率较高。"

9. 关于环保之友志愿服务队的社会评价

负责人卢靖："随着环保之友志愿服务队的复归，在积极争取政府认同和社会支持方面，已取得良好效果。相信经过我们的付出和努力，环保之友志愿服务队会越来越得到社会大众的认可和支持。"

第五节　幸运土猫志愿者团体（2009 年）

调研对象：曾莉（幸运土猫负责人）

调研时间：2009 年 5 日

调研地点：北京市昌平区幸运土猫工作室

调研及报告撰写人：

庄伟（北京志愿者协会理论研究室志愿者）

辛华（北京志愿者协会理论研究室负责人）

一、前　言

本调研报告是以幸运土猫志愿者团体为案例，研究分析北京市志愿者团体在组织管理、志愿者招募、服务领域、生存现状等方面的情况。调研人通过跟踪幸运土猫志愿者团体近期主要活动、进行相关任务的深度访谈等多个途径收集相关资料，梳理、研究完成如下报告。

二、北京幸运土猫志愿者团体发展历程

发展起源，成长经历：

幸运土猫是幸运土猫志愿者团体的简称，是一个关注伴侣动物生存福利、致力于流浪伴侣动物救助的非营利性志愿者团体。这个志愿者团体主要负责人和发起人是曾莉（土猫的志愿者都称其为"师姐"），下面是幸运土猫志愿者团体成长的经历。

·最初由 10 个普通的爱猫女孩（这其中包括负责人曾莉）于 2001 年 1 月在北京成立，她们最初仅仅创建了"幸运土猫"网站，想给那些和她们一样的关注流浪伴侣动物的人们建立一个救助信息的交互平台；

·2002 年提出了"关于幸运土猫网站的特别声明"；

·2003 年、2004 年提出了"关于调整幸运土猫上海及其他北京以外地区领养工作的通知"，成立了志愿者团体，向团体化迈进；

·2005 年，幸运土猫在"北京市十大志愿者（团体）评选"活动中获得提名奖，幸运土猫参加北京志愿者协会第二次会员代表大会；

·2006 年，举行"让爱，延伸一米"——关爱流浪动物主题公益宣传活动，支持加入"有效进行犬只管理预防控制狂犬病"活动；

·2007 年，参加在印度举行的亚洲动物大会（Asia for Animal）；

·2008 年，参加在印度尼西亚巴厘岛举行的亚洲动物大会；

·2009 年，参加第三届中国伴侣动物研讨会，曾莉发表演讲并且土猫工作受到大家的认可；

·2006 年至今，幸运土猫一直参加全国动物福利会议。

如今，经过不断地发展，幸运土猫已经不仅仅是一个网站，其形成了一个完全由志愿者组成的救助团体，所有的志愿者都为自己的行动深感自豪！

三、组织结构与管理模式

幸运土猫的团队成员来自各行各业，但是大家都有一颗爱动物的心和愿意为这些需要帮助的流浪猫咪做一些实际的帮助的想法。幸运土猫的日常工作是由 3 个工作人员、一个兼职人员以及众多的志愿者完成的，如图 9—2 所示。

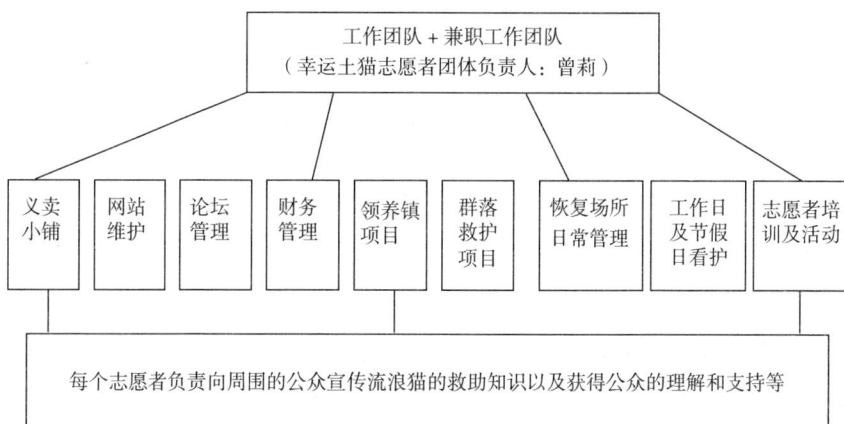

图 9—2　幸运土猫志愿者团体组织结构

四、志愿者的招募方式和来源

幸运土猫志愿者团体主要采取网络这种招募方式来招募志愿者。幸运土猫的志愿者主要分为一线志愿者和二线志愿者，一线服务主要包括场所维护、外事及群护，二线服务主要包括资助以及参加不定期活动。团体负责人曾莉说，志愿者的服务期限一般为两年，但大部分志愿者由于时间以及精力限制不再从事一线服务之后，还会接着参加二线服务。现在团体主要需要以下四种类型的志愿者。

寄养志愿者：为一只或几只流浪猫提供进入新家的机会；

定向资助志愿者：为需要帮助的流浪猫提供资金和物品的帮助；

看护志愿者：来恢复场所帮助护理手术后恢复的流浪猫咪；

活动志愿者：参加幸运土猫组织的各种活动和志愿服务工作，用自己的实际行动影响更多人关注、爱护身边的流浪伴侣动物。

笔者跟踪幸运土猫的活动，与部分看护志愿者进行了交流，发现部分志愿者由一开始经常关注"土猫论坛"到和论坛中的志愿者成为朋友，最后加入幸运土猫志愿者团体，为流浪猫事业贡献自己的力量。当时比较固定的志愿者的数目是 100 人左右。

五、志愿者的培训和考核机制

针对志愿者的培训主要包括三个方面：

场所清洁培训：在志愿者第一次参与场所清洁活动时，场所工作人员会细心地给大家示范各种工具是如何使用的以及各种注意事项，场所中使用的各种清洁物品也是非常的环保，例如，使用的消毒药品的包装是可以溶解在水中的。

猫咪看护培训：对看护志愿者进行猫咪看护流程培训，在土猫工作场所看到志愿者给猫咪熟练并且温柔地剪指甲、往猫咪耳朵里滴药水时笔者还很惊讶志愿者的娴熟，当知道幸运土猫有自己专门的志愿者培训团队后，才发现这一切组织地是多么的完善。

假钞识别培训：这个培训在别人看来可能不值一提，但是对于土猫这样一个"草根NGO"来说，每一笔资金都是相当重要的，每次义卖活动都有可能收到假钞，志愿者们都是自己掏腰包将这个缺口补上，因此能够识别假钞是非常重要的培训内容。

对于志愿者的考核方面，幸运土猫已经建立一套比较有效而完整的考核体系。幸运土猫会和志愿者签订一份合同，对于群护志愿者来说，若连续6个月没有参与群护活动则终止合同；对看护志愿者来说，若连续3次没有参与活动合同也会终止。而且每次志愿服务活动都会有一个记录清单，上面罗列着本次服务的任务清单，当志愿者完成任务时进行签字，以此来记录每个志愿者的服务小时数。

六、服务领域和宗旨

幸运土猫提供了一个流浪猫平台，主要服务领域其实就是两个方面：流浪猫和对人的宣传。以"宣传正确对待伴侣动物的观念、鼓励关爱生命的人们以实际行动救助流浪猫咪"为宗旨。对流浪猫提供：绝育、绝育后的恢复以及提供猫粮、猫窝等保障基本生存措施，并提供了一个领养平台，进一步为流浪猫谋求温暖幸福的家庭生活；对人的宣传主要包括猫咪养育、疾病预防等知识的普及，公众沟通项目主要由社区志愿者完成，希望得到公众的支持并且让公众感受到自己的责任，不要随便抛弃宠物，从源头上减少流浪猫咪的出现。

幸运土猫一共有200多名群护志愿者，200—300名领养志愿者，从2007年至今为7000多只流浪猫进行了绝育手术，每年提供1460小时的服务时间。虽然幸运土猫成员们的服务时间可以用小时数来计量，但是幸运土猫为推动及改善人类伴侣动物的福利所作出的贡献是无法具体概述的。

七、常态化工作

幸运土猫志愿者团体常态化的工作主要有：场所日常管理、清洁；更新网络上的工作小记；义卖小铺；志愿者管理；场所开放日；社区群落救护计划；回归家庭计划；教育计划。下面对几个重点工作进行介绍。

回归家庭计划：此计划已经实施了 5 年了，以寄养志愿者为基础最终帮助了 1300 多只流浪猫重新回到家庭中。当时还有 200 只猫咪生活在寄养志愿者的家中等待领养。这两个数字每个月都在变化——总有猫咪被领养，也总有新来的猫咪等待领养。

群落救护计划：从 2004 年开始实施，目前已经在北京地区的 50 多个社区帮助了 1000 多只流浪猫完成了绝育手术。这个国内首创的流浪猫救护项目的目的是希望通过对一定区域内的流浪猫群落进行科学管理（绝育及安全、有效的安置），在一定程度上确保流浪猫的健康和安全、改善流浪猫的生存状况、逐步提高流浪猫的生活福利、稳定及控制一定区域内的流浪猫的数量，进而协调该区域内人与流浪猫的关系。

教育计划：随着流浪猫救助工作的不断发展和完善，幸运土猫认识到无止境的救助永远不能解决所有流浪猫的问题。从根本上帮助人们树立起正确对待伴侣动物的观念才是治本之策。

·自 2003 年起，幸运土猫在社会范围内积极推广"做负责任的猫主人"的教育活动，旨在普及科学的养护常识和正确对待伴侣动物的观念。鼓励更多的人参与到爱护动物的行列中来，将爱护动物的观念更加深入地传播出去。

·教育人们善待生命、爱护动物是一项长期的工作。这其中更包括了对社会、对环境负责和对动物的生命、健康和安全负责双层含义。

八、合作对象

1.北京志愿者协会：为北京各志愿者协会提供志愿服务平台以及提

供指导帮助。

2.相关志愿者协会：由于中国的动物福利事业刚刚起步，相关协会之间整合资源、互通有无、交流成功经验能大幅度提高志愿者的志愿服务效率和质量。

3.宠物医院：合作医院为幸运土猫提供低价优质的宠物绝育以及疾病治疗服务。

4.国际基金会：每年会为幸运土猫提供一部分资金。

5.北京市政府：2007年开始北京市政府介入流浪猫绝育计划，每个月提供1000个免费绝育的名额。

6.北大爱猫协会：这是幸运土猫与学校爱猫协会的唯一一个学校级别的协会。

九、调研分析

（一）团队负责人对团队有较深入的理解和认识

团队负责人曾莉对于动物福利方面有着自己深刻而精辟的见解：绝育，保障流浪猫的生存。当笔者最初听到这一观点确实有点震撼到了，那种任由动物盲目的繁殖其实是一种不负责任的态度。笔者认为正是因为团队负责人有如此精辟而令人折服的见解，幸运土猫这个团队才能凝结那么多人的力量，把动物福利事业发展到现在这样一个值得骄傲的程度。

（二）团队组织结构合理、管理到位

仅凭3个工作人员和1个兼职人员，却做到了为7000只流浪猫绝育和让1300只流浪猫回归家庭的巨大成绩。幸运土猫又是如何做到的呢？显然归功于团队的合理组织以及有效的管理。

幸运土猫的志愿者分为工作团队和兼职工作团队，这两个团队又细

分出许多功能团队，这些功能团队各司其职，如著名的天使团队以及 KUN+ 团队等，KUN+ 团队主要负责周一下午场所清洁活动。各个功能团队的成员们居住地小区也不一样，这些成员们负责自己居住区域对公众的宣传和教育。这种组织结构不仅使活动能有效执行并且能大大扩展幸运土猫的影响范围。

（三）拥有丰富的志愿者资源

"土猫论坛"的存在将广大爱猫人士联系到了一起，论坛上的志愿者起到了很好的榜样作用，工作人员在网站上更新的工作小记图文并茂地记录了志愿者工作的点点滴滴。这些工作其实是普通人都能胜任的，并不是有多么困难。当了解到这些之后人们会发现，为流浪猫做事情其实非常简单。

并且各个功能团队的存在，每个团队成员间的联系也是非常的紧密的，大家就像朋友一样。在几次活动之后功能团队的负责人就会发现每个成员的特长，依据大家的特长将成员安排到不同的职能岗位上。找到适合自己的工作之后，团员也会将自己的才能尽情地发挥。这样现有的志愿者资源才能最大限度地利用。

（四）完善的志愿者培训和考核系统

团队经过这么多年的建设以后，已经具有管理以及培训志愿者的经验。在每次活动前都会由有经验的志愿者负责培训，培训也是有侧重点的以及经验不足志愿者的薄弱环节。在经历几次活动之后，有些志愿者就会成为团队中比较骨干成员。志愿者服务时间的不固定性，当团队负责人没有办法出席活动的时候，骨干成员就会积极发挥他们的作用，对其他志愿者进行培训。

幸运土猫一直在招募志愿者，替换那些不能连续几次不参加活动的志愿者。对于一些总是不能参加的志愿者，虽然和幸运土猫的合同终止了，但是幸运土猫每逢有活动的时候还是会联系这些志愿者，并没有因此放弃这些志愿者。参加活动的志愿者也会领到一份任务单，按照任务单上的规定完成相关任务，然后签字。最后由工作人员统计每个志愿者的服务小时数。

（五）合理的工作计划

幸运土猫当时比较大的几个工作计划都是非常适合并且效果非常明显的计划。像最早开始的"回归家庭计划"，依托网站的力量为流浪猫寻找养主，随后寄养志愿者的出现不仅减轻了幸运土猫的负担，还为猫咪适应家庭生活做好了准备。幸运土猫自身的发展以及优势积累保障了工作计划的顺利进行。

"教育计划"的开展是幸运土猫在自身发展日臻成熟，开始向问题的根源迈进后展开的。幸运土猫发现无止境的救助永远不能完全解决所有流浪猫的问题，彻底终止猫咪被遗弃的情况才是治本之策。

（六）积极寻求政府的重视

就像幸运土猫负责人曾莉所说的那样，幸运土猫的工作不仅仅是提供了多少人次的志愿服务、多少小时的服务，而在于教育了多少人，让多少人意识到了自己的责任所在。

2007年，北京市政府介入了流浪猫绝育，每个月提供1000个免费绝育名额。这不仅仅是减轻了幸运土猫的资金负担这样一个简单的问题，像幸运土猫这种公益组织推动政府意识到并开始解决这个问题是一个非常大的进步，这种进步甚至可以说是社会意识的进步。而幸运土猫——这些流浪猫们的志愿者们，在其后付出了巨大的努力是没有办法量化的。

（七）资金缺口

资金缺口是幸运土猫发展的最大的障碍，幸运土猫每年3月才能将上一年所有费用款项付清。这也是志愿者团体普遍存在的问题。当笔者问曾莉师姐土猫的费用支出主要有哪些方面？师姐简单一个字：猫。猫咪的绝育、免疫费用是一笔巨大的开支；还有猫咪的猫粮、猫窝等费用还有场所租赁费用；为学校的爱猫协会提供猫粮、绝育等全部的费用。

大部分的资金来源于志愿者的捐助、国际基金会的捐助以及义卖收入。但是随着幸运土猫工作计划的深入进展，会遇到越来越多的问题，资金缺口会越来越大。这也将严重阻碍幸运土猫开展适宜的流浪猫救助计划，幸运土猫的发展也将成为一个严峻的课题。

（八）宣传途径单一

志愿者的招募主要通过网络，土猫活动的宣传也主要通过网络，还有纸质的宣传资料，每个月开放日接待的人员也是有限的。网络虽然是强大的，但是从那么多的网页中看到"幸运土猫"真的很难，这就损失很大一批虽然不是热衷于一线服务但是可以作为二线志愿者提供捐款或者担当寄养志愿者的人。

（九）总结

通过分析幸运土猫志愿者团体的个案，发现制约幸运土猫发展的主要是资金不足以及宣传途径过于单一。幸运土猫志愿者团体是一个完全依靠民间资本运行的 NGO 组织，资金是否能顺利募集到关系到幸运土猫一个工作计划能否顺利地进行。笔者通过对幸运土猫调研以后认为可以尝试以下途径来解决幸运土猫遇到的主要问题。

1. 把幸运土猫宣传到每个企事业单位中去，谋求资金上的定期帮助。幸运土猫应该加强对企事业单位的一对一的宣传，可以协商组织企事业单位的员工们在开放日时来土猫场所了解土猫日常的运作以及进行的主要的工作计划。主动走出去，让别人了解自己，与一些企业建立良好关系，获得更多的支持。

2. 加强与政府相关部门的联系，获得政府的直接资助。2007 年北京市政府介入流浪猫绝育是一个很好的开端，随着社会的进步与发展，政府花钱买志愿者团体的服务已经是一种国际趋势。但是在这样一个过渡期中，幸运土猫更应该加大向政府相关部门的宣传力度，谋求专项基金的设立。

3. 到学校中宣传。流浪猫的另外一个来源是学生在校期间领养的宠物，但是毕业的时候却不能一同带走，遗弃在学校中。首先可以同学校领导进行协商，完全杜绝学生宿舍饲养宠物，虽然这个规定已经在大部分学校的学生宿舍管理规定中列出，但是管理上的疏漏导致学生饲养宠物不在少数；其次可以为学生们举办讲座，笔者询问了周围同学发现大家很不理解为什么要给流浪猫进行绝育手术，认为那是残忍不人道的事情。大部分人估计也是持有这样一个观点，这个观点不进行改变，流浪猫事业就很难往前推进下去。

与学校爱猫协会的合作也可以寻求不全额提供猫咪所有费用，可以同流浪猫所在学校以及更上一级的区政府联系获得资金上的补助。

虽然提出各种获得资金的途径是很容易的，但是真正获得的资金是非常少的。在这种情况下，加大宣传，让人们认为流浪猫不仅仅是一些流浪猫志愿者团体的事情，而是整个社会的责任。

第六节 幸运土猫志愿者团体（2013 年）

调研对象：曾莉（幸运土猫负责人）及团队

调研时间：2013 年 4 月 15 日

调研地点：北京市昌平区幸运土猫工作室

调研及报告撰写人：

孟雷（中国农业大学 2012 级研究生）

王陆明（中国农业大学 2012 级研究生）

此次调研报告是以幸运土猫志愿者团体为案例，研究分析北京市草根志愿者团体在组织管理、志愿者招募、服务领域、生存现状等方面的情况及近三年的发展变化。调研人通过跟踪幸运土猫志愿者团体近期主要活动、进行相关任务的深度访谈等多个途径收集相关资料，梳理、研究完成如下报告。调研报告主要呈现了北京幸运土猫志愿者团体与2009年之前相比的发展情况，其中关于北京幸运土猫志愿者团体的发展历程、组织结构与管理模式、志愿者的招募方式和来源、志愿者的培训和考核机制、服务领域和宗旨、合作对象等基本信息不做赘述。

一、幸运土猫发展情况分析

近年来，幸运土猫团队组织结构更为合理，管理水平有效提升。幸运土猫的志愿者分为工作团队和兼职工作团队，这两个团队又细分出许多功能团队，这些功能团队各司其职，如著名的天使团队以及KUN+团队等，KUN+团队主要负责周一下午场所清洁活动。各个功能团队的成员们居住地小区也不一样，这些成员们负责自己居住区域对公众的宣传和教育。这种组织结构不仅使活动能有效执行并且大大扩展了幸运土猫的影响范围。

二、发展规模依然难以壮大

幸运土猫发展的另一大障碍是其发展规模难以壮大，从调研来看，幸运土猫组织近四年来虽然实现了更为规范化的运营，但是规模依然较小，服务能力和范围依然有限。究其原因，主要有两方面：第一，作为草根志愿服务组织发展的资金不足困境。正如上文所述，资金不足不仅较大程度地制约了组织服务能力和范围的提升和扩大，也制约了正常组织的常态化运营。第二，由于幸运土猫志愿服务具有较其他志愿服务组织所不具有的特殊性，其要求专业能力和素质较高，而一般性的志愿者难以在其核心工作如绝育方面开展工作，且一般性志愿者流动性较强，而对于幸运土猫来说，如果真正为组织提供志愿服务，必须是长期的、不断的甚至是脱产的志愿服务，这对于志愿者来说要求较高，很难满足其服务时间和服务质量方面的需求。因此，专业人才的匮乏、资金的不足、志愿者流动性较强满足不了组织发展的需要等结构性矛盾制约了幸运土猫组织的发展壮大。

三、总　结

通过分析幸运土猫志愿者团体的个案，发现制约幸运土猫发展的主要是资金不足、难以发展壮大以及宣传途径过于单一。幸运土猫志愿者团体是一个完全依靠民间资本运行的 NGO 组织，资金是否能顺利募集到关系到幸运土猫一个工作计划能否顺利地进行。笔者通过对幸运土猫调研以后，认为可以尝试以下途径来解决土猫遇到的主要问题。

1. 把幸运土猫宣传到企事业单位中去，谋求资金上的定期帮助。幸运土猫应该加强对企事业单位的一对一的宣传，可以协商组织企事业单位的员工们在开放日时来土猫场所了解土猫日常的运作以及进行的主要的工作计划。主动走出去，让别人了解自己，与一些企业建立良好关系，获得更多的支持。

2. 加强专业志愿服务培训。由于幸运土猫志愿服务的特殊性，所以对于该组织来说，常态化的专业培训尤为重要。可以邀请高校教师或兽医定期到组织进行土猫绝育及健康保护方面的专业讲座培训，另外，利用幸运土猫组织的核心骨干加强对能够提供长期服务的志愿者的专业培训指导，由此形成以先带后、以少数带动多数的局面，从而使得幸运土猫服务能力的有效提升和服务范围的扩大。

3. 加强与政府相关部门的联系，获得政府的直接资助。2007 年北京市政府介入流浪猫绝育是一个很好的开端，随着社会的进步与发展，政府花钱买志愿者团体的服务已经是一种国际趋势。但是在这样一个过渡期中，幸运土猫更应该加大向政府相关部门的宣传力度，谋求专项基金的设立。

访谈实录——记"幸运土猫"发起人曾莉

访谈人：孟雷

受访者：曾莉

访谈地点：北京市昌平区幸运土猫领养地

访谈日期：2013 年 4 月 15 日

笔者：你是一个天生就喜欢猫的人吗？为什么要成立"幸运土猫"志愿者组织？

曾莉：我是 2001 年开始养第一只猫，在此之前我对猫比较敬畏，因为我小时候被猫抓伤过。2001 年我通过网络认识一些爱猫的朋友，我们都有自己的猫，我们对待自己的猫像对待孩子一样，我们发现周围有很多没有家的猫，我们认为可以为它们做一些事情，所以"幸运土猫"出现了，比较幸运的是这些人坚持到现在，2001 年的时候出现了"幸运土猫"网站。

笔者：为什么要成立这么一个志愿者组织呢？

曾莉：在生活当中，很多人都认为救助流浪猫是一些没事干的人，或者是你有大把的闲时间才会做这样的事。

笔者：坦白说这是一个不挣钱的事情。

曾莉：而且有很多人不理解。我们是希望通过我们这些人之前所做的行为带动大家，让大家可以认识到这种事情你也可以参与，但是实际上这样的事情，尤其针对公益的事情由志愿者载体承担是比较合适的。

笔者：我仔细浏览过你们的网站还看过其他媒体的报道，我注意到你们没有把猫称作宠物而称作"伴侣动物"。这两者有什么不同？

曾莉：有一点不同，就是对生命的尊重。作为宠物是从人的角度出发，有很大的个人的选择，主观的东西在里面，但是"伴侣动物"来说是从动物的本位来考虑，它实际上是陪伴人类生活到现在的，可以在它的陪伴下我们的生活能够变得更好一些，所以我们一直在利用我们自己可能的渠道来加深大家对生命的尊重。

笔者：到宠物医院做检查的费用是多少？

曾莉：这在各个医院的收费标准是不一样的，如果是健康防疫北京有统一的定价，60元一只。针对这种某一个区域内数量稍微比较庞大的流浪猫的群落，"幸运土猫"会建议大家实施群落救助，在其他志愿者的帮助下为这些猫咪做绝育，先控制住它们的繁殖，然后根据它们的状况一只只带进家庭。

笔者：你们最近要推出群落救助的计划，还是国内首创的。这个计划的具体过程是怎样的？

曾莉：普通的长期喂养流浪猫的志愿者可以参与到这个项目里来，这是把流浪猫救助到每一个家庭当中，每一个人都可以参与。因为这个项目的主旨是帮助流浪猫做绝育，而不是帮它找到一个家，这是可以在一定的客观条件下达到的。

笔者：是志愿者亲自操刀吗？

曾莉：不是，我们有指定的医院还有优惠的费用，如果有志愿者有困难的话，可以在"幸运土猫"论坛上发求助信，其他的志愿者可以协助他完成这个任务。

笔者：要把这个猫先收集起来，怎么收集呢？因为流浪猫是很怕人的。

曾莉：流浪猫虽然对人有警惕性，但它是有感情的动物，长期喂流浪猫的人相对比较容易接触这些流浪猫，主要依靠他们把这些猫咪收集起来，送到医院去，我们有一些粮食帮助补充恢复猫咪的体力，再帮它们做绝育，这样不会出现一窝窝的小猫。

笔者：绝育的过程不能用口服药物的方式控制吗？

曾莉：不能，必须用手术的方式，因为目前还没有猫咪所使用的避孕的药物，主要是猫咪没有主观能动性，它不知道它需要吃药。

笔者：我还有一个问题，我们现在是"幸运土猫"，有没有以后可能发展到"幸运土狗"呢？

曾莉：这是众多关注流浪动物的人对土猫非常大的期望，非常感谢，但是就目前的状况来看，由于工作人员和一些客观条件的约束，我们没有看到这种可能性。

笔者：据你所知流浪的狗多还是猫多？

曾莉：应该是流浪的猫多一些，因为猫是适应性很强的动物，但是狗不一样，离开家庭以后很难适应外面的环境，会很快死亡。

笔者：如果把一只猫带回家，猫会很快适应吗？

曾莉：我们遇到想领养的一个小姑娘，她非常愿意领养一只猫，但是跟她的家长做确认的时候她的家长非常反对，对于一个学生来说对猫的生命不能不负责任，所以我们希望她取得她家长的同意。猫不像人明白自己的行为会带来什么样的问题。为了它的健康以及为了它的后代免受流浪的痛苦，我们还是建议不要盲目繁殖。其实在猫的世界里友情和爱情是一样的，两只猫是可以很融洽地生活在一起的。

第七节　北京操作者志愿服务队（2009 年）

调研对象：北京操作者俱乐部负责人

调研时间：2009 年 4 月 27 日

调研地点：海淀公园

调研及报告撰写人：

许东惠（北京志愿服务发展研究会调研志愿者）

北京操作者俱乐部（BEIJING OPERATOR CLUB）是一个由业余无线电爱好者自己发起的非盈利、松散型的草根民间组织，于 2006 年 5 月正式成立。俱乐部集体业余电台呼号是 BY1TT。北京操作者俱乐部秉承彼此温暖、不离不弃的人文理念，通过不断组织、参与各种业余无线电及社会公益活动起到教育、启蒙、普及、发展的目的。每位会员以学习技术、陶冶情操为乐，以服务社会、效力国家为荣。

一、北京操作者俱乐部的基本状况

（一）组织结构

北京操作者俱乐部的组织结构是扁平式的，没有严密的层级节制。这种组织结构可以加快信息传递速度，使决策更快更有效率。扁平化有助于分权，使组织的每一位成员都有更大的自主权进行决策和实施行动方案，调动了组织成员的积极性。

（二）管理方式

北京操作者俱乐部最初是由一群对无线电感兴趣的人自发组织起来的，基于相同的兴趣爱好，他们之间的关系是融洽和亲密的。在组织中，成员之间更多的是朋友，而不是管理者与被管理者。所以，管理方式也是柔性的，充满了协商与合作，而不是家长式的专制权威。

（三）经费来源

北京操作者俱乐部的经费主要是会员自己出资。他们发起的活动所需经费实行成员 AA 制。缺少外部经费的支持也是很多草根民间组织发展所面临的问题。资金缺口问题成为制约草根民间组织发展的重要因素。不解决这个问题，就很难使草根民间组织形成组织的发展战略，进而很难促进草根民间组织做大做强。

二、存在问题

（一）缺钱与有钱花不出去

对于很多草根民间组织，尤其是处于草创期的民间组织，缺少资金是它们发展不起来的重要原因。但是对于另一部分民间组织而言，有钱但是找不到合适的项目。草根民间组织也要加强自身的"造血"功能。民间组织不是不能造血，关键要看以什么样的理由与理念来造血。比如一些在中国的跨国公司以及一些国内的企业，它们重视自己的社会责任，愿意树立环保形象，因此愿意和民间组织合作，关键要看以什么样的合作方式来进行。

（二）自身能力建设不足

在很多民间组织中都存在这样的现象，组织的创始人多年以后仍是组织的负责人，组织的大小事务和财务均由他一个人说了算。然而，民间组织本是民主化的产物，民主化应该从组织自身做起，从自身的民主化管理做起，应该让专业的团队做专业的事情。对民间组织来说，想法是金。如果仅靠一个点来支持一个组织，随着时间的推移，大众兴奋感的淡化，组织在重复相同的工作，而社会、国家、人民却在进步，这个组织就随时面临被淘汰的危险。形成环境智囊团，提高自身能力建设，找准合适的位置，形成多元化并不断更新的格局，是组织发展并不断进步的关键所在。中国草根民间组织最迫切的培训需求是对机构领导人的培训，这直接关系到组织的发展理念、员工使用、内部层级管理等各方面的问题。努力营造民间组织的组织文化，使人们在组织中找到归属感，从而更好地发挥潜力，互相合作，提高组织运作的效率与效果。

（三）缺少完善的志愿者保障机制

由于不可抗力的原因或意外事件造成志愿者重大人身伤害和财产

损失，如何去保障志愿者及其家属的合法权益是一个需要研究和解决的问题。志愿服务组织经费不足，民事责任能力严重缺陷，承担责任的能力有限。因此，通过立法明确国家和政府的责任。政府可以出面与保险公司洽谈志愿人员保险的条件。利用政府强大的力量降低对志愿者进行商业保险的成本。对志愿者进行商业保险，应该由政府与志愿组织共同负担。政府可以对志愿者组织所开展的活动进行科学及时的评估。根据评估结果对志愿者组织进行适当的财政资助，也可以建立相应的专项基金。由国家提供必要的财政资助，有利于志愿服务工作的可持续发展。

第八节　北京操作者志愿服务队（2013 年）

——记应急志愿服务的一名光荣战士

调研对象：赵培锋（北京操作者俱乐部负责人）

调研时间：2013 年 4 月 20 日

调研地点：海淀公园

调研及报告撰写人：

张燕玲（中国农业大学 2012 级研究生）

丁丹丹（中国农业大学 2012 级研究生）

一、北京操作者俱乐部的基本情况

在此次的调研中笔者得知操作者俱乐部主要从事以下活动：一方面，北京操作者俱乐部坚持开展业余无线电活动，丰富大家业余生活，普及科学知识；另一方面，关注公益事业，引领每位参与者将志愿服务融入自己生活，让志愿成为每人生活的一部分，俱乐部将其当作是应尽的社会责任。在国家和社会需要的时候，业余无线电爱好者利用自己的设备和技术进行应急通信保障服务；为大型活动、赛事提供通信保障；参与环保活动宣传绿色奥运理念；全面参与各种社会公益性活动。

（一）组织架构概况

关于北京操作者俱乐部的组织架构问题上，前期的调研报告中并没有展开详细的叙述，而且随着时间的迁移，无论从参与的人数还是活动的领域来说操作者俱乐部都呈现了扩大的趋势，所以本节在介绍该组织框架的基础上对操作者俱乐部下面的分支机构也进行了简单地叙述和介绍。

北京操作者俱乐部（B1P团队）自成立以来，以品牌化培育、项目化运作，先后组建了北京红星志愿救援队、北京红心志愿服务队，志愿服务领域涉及科普、应急、环保、关注弱势群体等，在汶川地震救援及灾后重建、西南抗旱援助、玉树地震救援、舟曲泥石流救援、盈江地震救援、北京"7·21"特大自然灾害应急救灾行动、雅安地震救援以及在城市日常应急志愿救援中均发挥了积极作用，为抢救、保护人民生命和财产安全作出了积极贡献。

1. 业余无线电（HAM）

业余无线电，常常被称为火腿电台，既为一种业余爱好，也是一种服务。它的参与者（常常被称为"火腿族"）为公共服务、娱乐或自我训练，利用各种无线电通讯工具与其他爱好者进行通讯。全世界的业余无线电爱好者遵循国际公认的"体谅、忠诚、进取、友爱、适度、爱国"业余无线电活动基本准则。我国的业余无线电爱好者来自社会各阶层，他们都是奉献、友爱、互助、进步的志愿服务精神的坚定支持者、践行者，具有强烈的使命感和社会责任感。北京操作者俱乐部的同志们常年坚持参加公益性活动，无私奉献，是对业余无线电爱好者队伍良好传统及志愿精神的传承和发扬，大家以此为乐、以此为荣。爱好者们也以此丰富自己的业余生活，参加各种世界竞赛，并不断为自己的国家赢得荣誉。与此同时，他们常年坚持参与社会公益活动，传播爱（"尽我所能，乐在其中"）的理念，在洪水、冰冻灾害、地震等灾难的救援工作中，业余无线电爱好者均发挥了巨大作用。

2. 北京红星志愿救援队

北京红星志愿救援队（原名：北京业余无线电应急通信保障救援队）是北京操作者俱乐部为应对突发事件，针对赛事、集会等大型活动志愿服务需要，在北京市志愿者联合会指导和支持下以"快速、准确、不间断"为标准组建一支民间应急志愿服务队伍。红星救援队救援范围从最初的"应急通信"已经发展到包括"山地救援、地震救援、城市救援、卫生救护、大型活动保障"等项目。救援队自成立以来已有30余次参与走失人员搜救及被困人员救援工作。红星救援队充分吸取和借鉴冰冻雨雪灾害救援、汶川地震救援和青海玉树救援经验，狠抓技术和体能基础训练，坚持开展志愿理论、无线电操作技能、野外生存和搜救技能、卫生救护技术等专业知识和技术培训和演练，基本做到月月有培训、季季有演练。救援队在不断提高团队应急反应能力，加强团队建设的同时，还积极开展宣传活动让更多市民了解自救互救常识，为民造福，为首都志愿服务事业发展作出新的贡献。目前，红星救援队已经实现了应急志愿服务"经常化储备、常态化服务"。下一步，救援队将按照"品牌化培育、项目化配置，规范化管理、信息化支撑、社会化运作"进一步加强团队建设，争取为保障人民群众生命财产安全和创建和谐社会发挥越来越大的作用。

（二）人文理念

在前期的调研中已提到北京操作者俱乐部秉承彼此温暖、不离不弃的人文理念，通过不断组织、参与各种业余无线电及社会公益活动起到教育、启蒙、普及、发展的目的。在操作者俱乐部的每位会员以学习技术、陶冶情操为乐，以服务社会、效力国家为荣。

发展至今俱乐部以兴趣（无线电、户外运动等）出发，相互交流，组织应急通信小组为社会服务，到以传承、发扬"奉献、友爱、互助、进步"志愿精神为己任，俱乐部团队历经风雨，倾情奉献，茁壮成长。

（三）组织管理机构

在前期的调研报告中已经指出北京操作者俱乐部的组织结构是扁平式的，没有严密的层级节制。这种组织结构可以加快信息传递速度，使决策更快更有效率。扁平化有助于分权，使组织的每一位成员都有更大的自主权进行决策和实施行动方案，调动了组织成员的积极性。经过此次调查得知在操作者俱乐部下面只设立了活动策划组织部、技术部、后勤部、宣传部四个平行的部门，并没有严密的层级节制。在组建活动时各部门将各司其职，密切配合，共同承担工作任务。

（四）资金来源

在之前的调研报告中，我们知道操作者俱乐部的资金来源仅是会员自己出资。他们发起的活动所需经费实行成员 AA 制。在此次的调研中笔者进一步得知由于北京操作者俱乐部尚不具备独立的法人资格，所以还不能接受社会各类组织捐赠的善款，该组织的资金来源主要有两种渠道，其中最主要的资金来源渠道是所有参与者成员 AA 制平摊所产生的交通、餐饮、住宿、培训费等费用。另一个渠道是政府出资购买社会组织服务项目。俱乐部的所有会员在参加该志愿服务项目时，培训费和食宿费可由俱乐部统一结算，凭发票报销并接受项目审计，交通等费用由会员自行解决。

二、特色志愿服务项目

北京操作者俱乐部作为众多草根组织的典型代表，在其发展的过程中克服种种困难不断壮大，发展至今一方面是由于他们强烈的兴趣爱好驱动所致，另一方面是他们开拓了他们自己的特色志愿服务项目，推动了该组织常态化和专业化的发展方向，这也是前期调研报告中未提到的部分，希望本次调研报告能够弥补这一方面的空白。

（一）守望家园

守望家园志愿服务项目是政府购买的社会组织服务项目，由社会建设专项资金提供支持和保障，其主要的负责方是北京市志愿者联合会综合应急志愿服务总队，北京操作者俱乐部是该项目实施的骨干力量。此项目以承载和传承"彼此温暖、不离不弃"为团队文化理念，以"守望家园、服务民生"为队魂。在培训的基础上学习国内外应急管理先进理念和经验，学习相关法律法规，学习科学的工作方法等等，增强应急志愿者的专业水平和各方面的能力。与此同时，红星救援队在每周开展体能训练的同时，以守望家园项目为依托，开展培训和演练，进一步提升了应急志愿者技能水平和应急处置能力，并且多次参与大型活动和突发事件的应急工作，在一定程度上保卫了广大人民群众的生命财产安全。在开展常态化的志愿服务时，守望家园项目以"进校园、进社区、进企业、进机关、进部队、进乡村、进家庭"等为渠道开展紧急避险、自救互救等宣传活动，以及科普活动和关爱活动，并积极培训地区和领域的志愿者宣传队伍，为他们留下一支"带不走的宣传队"。与此同时，该项目还通过电视、广播、微博、报刊等媒体参与宣教普及活动，大力宣传志愿精神，弘扬志愿文化和应急文化。

总之，北京操作者俱乐部依托《守望家园——2011 红星救援行动》项目优势，在社区，在校园，在机关，在企业，在毛主席纪念堂志愿服务岗位上，在"3·1"国际民防日宣传活动中开展了丰富多彩的群众性宣教普及活动；在项目运作的基础上利用已有交流平台丰富和扩充内容，逐步建立应急志愿者交流网站，实时报道应急动态，开展网上应急知识宣教普及、项目扎根，不断推进宣教网络普及平台建设，为提高广大市民紧急避险和自救互救能力作出了贡献。

（二）志愿北京·救在身边

除了一些举国关注的重大自然灾害现场外，日常救援也是应急志愿服务的一个重要组成部分。红星志愿救援队先后组织参与了北京周边野外救援及走失老人城市搜救数十次，60余次参与北京和周边地区应急救援行动，近百人直接受益。而他们参与过救助的交通事故、意外伤害等事件，更是数不胜数，多年以来的无私奉献，使10万余人直接受益。如今，红星救援队希望让更多人提高日常防护意识，从出了事茫然无措地等待"被救"，向"救"在身边、"救"在这里的"自救"和"互救"转变，追求"救援前置"理念的实现。于是就发起了"志愿北京·救在身边"这项活动。该项目主要以应急培训为主，邀请应急领域的各个专家为志愿者或普通民众进行培训，以提高广大公民的紧急避险和自救互救的能力。到目前为止，该项目的培训已经包括山地救援技术培训、雪地救援技术培训、紧急救护技术培训、水上救援技术培训、心理救护技术培训等诸多方面，已经让数万人直接获益。

（三）爱在延续

"5·12"对于中国人来讲是个刻骨铭心的日子，在那里有很多学校瞬间被夷为平地、有众多的孩子失去了家园、有众多的电台和无线电被摧毁……北京操作者俱乐部不仅在第一时间奔赴灾区进行抗震救援，而且在灾后重建阶段也继续援建灾区，让爱延续。为此，俱乐部制定了《爱在延续——北京操作者俱乐部业余无线电支援灾区（2008—2010）业余无线电计划》，同时实施《爱在延续——北京操作者俱乐部援助在京灾区学生关爱计划》。俱乐部与来自青川、汶川、都江堰在京借读的100多名灾区学生建立了长期联系，积极发动社会力量，为孩子们解决生活和学习中的实际困难。2009年3月16日至22日，按照计划，俱乐部组织会员随"北京志愿者支援灾区接力计划第17支服务队"到什邡为红白、蓥华、双盛、青川县姚渡镇中心小学等四所学校，开展业余无线电基础知识和应急通信技能的培训。在四川省业余无线电爱好者协会的大力协助下，服务队为什邡市双盛初级中学、青川县姚渡镇中心小学完成了集体业余电台设台申请、呼号核配、执照申办手续；并选定设台位置，制定了电台及天馈系统架设的初步方案，为确保两校集体业余电台顺利开台打下了良好基础。2009年4月30日，由北京操作者俱乐部会员为主组成的"北京志愿者支援灾区接力计划第23支服务队"前往四川。几天之后，北京操作者俱乐部又与壹基金和北京交通台1039救援队联合组队开赴四川参加"壹家人，壹起走"纪念"5·12"地震一周年活动。在汶川地震5周年之际，四川雅安又再次发生了强震，俱乐部的成员仍然是第一时间赶赴灾区抢险救灾，并且在震后继续实施爱在延续项目，他们的这种大爱在感动灾区人民的同时，也感动着我们每一位国民。

三、团队大事记

（一）抗震救灾篇

2008年汶川特大地震发生当天，北京志愿者协会团体会员北京操作者俱乐部就迅速行动起来，第二天就组成了由18名志愿者、8辆车的应急通信保障队，第一时间赶赴灾区实施救援，至今，俱乐部组队已经七进灾区。

救援队深入青川、绵阳、汶川、北川、德阳、什邡、彭州、江油、都江堰、茂县，与当地群众、救援组织、人民子弟兵并肩作战，以业余无线电移动网络为保障积极配合成都红十字会、中国紧急救援组织、四川抗震救灾指挥部进行灾后道路搜索、人员搜救、护送医务人员、各类救灾物资的指挥和护卫工作；为与世隔绝多日的青川姚渡镇送进第一批物资和医务人员，为一千多名学生和近万名灾区带去了光明和希望；为北京医疗服务队进川做了前期准备和接应工作；护送中国地震局专家组在汶川、北川完成了首次震后勘察任务；为北京对口支援的什邡市捐赠了帐篷、妇女儿童用品；勇登唐家山，为驻扎在那里的人民子弟兵送去了慰问品；向山区深处的灾民捐赠了帐篷等急需生活用品。与此同时，俱乐部与在京借读的 100 多名灾区学生建立了长期联系，积极发动社会力量，为孩子们解决生活和学习中的实际困难。邀请灾区的孩子们来京游览，观看北京奥运会、残奥会，让孩子们亲身感受伟大祖国的繁荣与发展。

为了对四川灾后重建提供系统、有效的援助，北京操作者俱乐部（BY1TT）于 2008 年 11 月制定了《北京操作者俱乐部（2008—2010）援助灾区业余无线电计划》，12 月，北京操作者俱乐部组队随"北京志愿者支援灾区接力计划第 17 支服务队"赴四川省什邡、青川等地为中小学生开展业余无线电基础知识、应急通信技能培训。2009 年年初，根据当地教育主管部门的意见，北京操作者俱乐部确定了什邡、青川各一所学校为援助试点校，为这些学校提供无线电方面的帮助和指导。另外，操作者俱乐部在遇突发事件时提供应急通信支持，瞬间实现与当地、国内、国外的通信联络，为防灾、减灾筑起一道坚强的空中防线；结合业余无线电活动及业余无线电在抗震救灾等突发事件中所发挥的作用，激励学生们从小立志报效祖国的信心和勇气。

在 2013 年 4 月 20 日雅安地震当天，红星志愿救援队、东青志愿救援队等迅速集结具备丰富地震灾后救援经验的 10 人应急志愿者小分队第一时间奔赴雅安灾区，为灾区提供了应急通信、山地救援、城市救援、地震救援、卫生救护等方面的科学救助，并且在途中还整合了不少去灾区救灾的志愿者队伍，引领他们展开合理有序的科学救援，彰显了北京应急志愿者科学化管理、专业化能力、规范化行动的风采。

（二）残奥会通信保障篇

北京奥运会残奥会筹备期间，北京操作者俱乐部在北京志愿者协会等单位的支持和指导下制定了《北京 2008 奥运会业余无线电应急通信预案》，组织了百名业余无线电志愿者随时待命为奥运提供应急通信服务；组织俱乐部中的奥运城市志愿者参与昌平区奥运志愿服务工作，为在那里进行的奥运会公路自行车赛、铁人三项赛等赛事制订了周密的应急通信保障计划，并建立了值班制度，保证每天 24 小时值守。

北京奥运会残奥会期间，组织会员参与"2008 北京奥运会特设业余电台"操作，通过电波让世界更多地了解北京、了解北京奥运会，为全球业余电台创造与北京奥运会特设台联络机会，向国外运动队、官员、媒体等来宾提供参与机会，宣传北京奥运会，增进了国际民间交流和友谊。

组织了以"我为奥运添光彩"为主题的系列公益活动：奥运城市志愿者及会员登上古长城捡拾废弃物美化环境；利用走访各奥运城市站点的机会在沿途提供应急和信息咨询等志愿服务；为残疾人解决实际困难送去温暖。

北京奥运会残奥会期间，俱乐部还邀请十余名抗震救灾英雄和群众代表来北京游览、观看奥运会，他们中有农民、教师、学生，都是俱乐部赴川参与抗震救灾时候结识的当地普通群众；协助北京志愿者协会组织了来自青川、汶川、都江堰的 102 名小学生观看了残奥会比赛，让他们亲历奥运，感受伟大祖国的强大和北京志愿者对他们的关爱。

四、所获荣誉

团队曾荣获团中央"抗震救灾优秀志愿服务集体"、"北京奥运会残奥会志愿者工作突出贡献单位"、"首都国庆 60 周年志愿服务活动突出贡献奖"、"北京共青团两节送温暖突出贡献单位"、"中国青年志愿者优秀组织奖"、"中国青年志愿者优秀项目奖"等荣誉称号。涌现出"全国抗震救灾模范"李欣，"四川省抗震救灾模范"赵培锋、蒋怡李、张辰，"北京奥运会残奥会优秀志愿者"赵培锋，"北京奥运会残奥会志愿者先进个人"邓宏军、宋新宇，"中国青年志愿者优秀个人奖"都海郎、赵晨、占月华，"2012 首都慈善事业抗洪救灾贡献个人奖"马延杰，"北京市抗击"7·21"特大自然灾害先进个人"都海郎等一批志愿者榜样。

在俱乐部所参加的各种世界业余无线电大赛中获得2006CQWW RTTY 世界竞赛单机多人高功率组别的中国第一名及 2006 CQWWSSB 世界竞赛 M2 组中国第二名。

五、存在的困难

在前期的调研报告中指出该组织存在的主要困难是缺钱与有钱花不出去，草根民间组织的自身能力建设缺少完善的志愿者保障机制，随着时间的流逝，笔者在此次的调研中发现资金问题仍然是该组织发展的一道障碍，至今未找到一个合适的途径解决，至于其他的两项困难在北京市志愿者联合会综合应急志愿服务总队正式成立以来已经不再是困扰该组织发展的瓶颈问题了，然而随着时间的迁移和发展，新的发展矛盾又再次出现了。

（一）身份认证问题

操作者俱乐部是一个由业余无线电爱好者自发组成的志愿者组织，在 2008 年的抗震救灾、奥运会和残奥会期间都作出了很大贡献。他们在登记注册中遇到的最大问题是无法找到合适的业务主管单位。由于无法注册，这些组织在发展中除了身份尴尬外，其发展也大受影响，因为无法进行注册，申请的赞助资金也无法落户，只能借助企业登记的形式成为一个"不以盈利为目的的工商企业"。如果说做好事要受到褒奖的话，那么首先的问题就应该先承认它的存在，然后才能进行表扬和传播，这样才能形成一个良好的社会浪潮，促进社会的向前发展。如果说只看到好事产生的好影响，却对它视而不见的话，不但挫伤做好事人的积极性，而且还会打击同领域、同组织的继续前行，不利于好事物的存在和发展。

（二）资金不足问题

在北京操作者俱乐部的《北京操作者俱乐部（B1P 团队）会员章程》

总则中的第三条规定："俱乐部会员免缴会员费，不收取任何赢利性费用。活动中所产生的费用均采用 AA 制，由会员自行承担。"在《北京操作者俱乐部活动公约》中对活动中出现的种种情况是这么规定的：活动参与者应对地震、飓风、洪水、暴雨、风浪、冰雹、雪崩、塌方、泥石流等不可预计的自然灾害，及可能发生的人为伤害、财产损失、野兽袭击、疾病、交通事故等突发事件发生要有足够的认识和心理准备，并承诺各自承担由此可能引发的全部后果。由于俱乐部成员都是以自己的兴趣和爱好出发加入该组织的，有执着的追求和梦想，可是在应急救灾活动中，总是会出现各种各样的情况，危及到会员的生命和财产安全，缺乏最起码的人身保障，这对于一个组织的长期发展是非常不利的。由于俱乐部现在还不具备独立的法人资格，还没有办法接受来自各基金会、各慈善组织的善款。这在一定程度上也制约了该组织的发展壮大，不利于该组织长期志愿服务活动的开展！

六、新的发展变化

（一）组建了北京市志愿者联合会综合应急志愿服务总队

2010 年 5 月 12 日，共青团北京市委、北京市志愿者联合会以北京红星志愿救援队为基础组建了北京市志愿者联合会综合应急志愿服务队，其充分吸收和整合各方力量不断壮大，2010 年年底，北京市志愿者联合会综合应急志愿服务总队正式成立。据了解北京市志愿者联合会综合应急志愿服务总队是共青团北京市委、北京市志愿者联合会按照志愿服务专业化、规范化、组织化、国际化的标准，充分整合社会资源，在红星救援队等民间应急救援团队基础上所组建的全国第一支综合应急志愿服务队伍，是北京市认定的 34 支专业志愿者队伍之一。应急总队以守望家园、抢险救灾、服务民生为己任，目前注册应急志愿者总数 7 万余人，其中，骨干志愿者总数约 400 人。无论是在应急救援中还是在大型赛会中抑或是在常态化的宣传中，应急总队都会第一时间出现在我们的面前，为保卫国家和社会的财产起到了重要作用，在社会上产生了良好的社会反响。

（二）朝着专业化、规范化的方向发展

从操作者俱乐部现在的发展状况而言，无论从人员构成、专业设备还是从组织管理来说，都朝着专业化、规范化的方向发展。就业余无线电而言，操作者俱乐部的大部分成员都有业余无线电台执照呼号，这在各种应急救援中大大提高了管理的科学化和准确化。另外，以红星救援队为基础的北京市志愿者联合会综合应急志愿服务队，根据社会发展的需要，坚持急态应急、常态宣教的工作方向，有条不紊地开展工作。例如在 2013 年的雅安地震中，红星救援队的成员带着铱星电话、红外夜视仪、生命探测仪等 20 余件专业救援设备出发，前往灾区紧急救援。到达雅安灾区之后，救援队并没有盲目的工作，而是有序展开救援行动。一方面，救援队专业人员深入重灾区，解救被围困群众；另一方面，救援队还有效整合其他志愿服务资源，让各方救援力量实现价值的最大化。这都从一定程度上展示了操作者俱乐部专业化、规范化的发展方向。

（三）常态化的宣传已成为应急救援的重要组成部分

除了重大自然灾害和大型赛会需要应急救援以外，常态化的宣传和演练就变得非常重要了。操作者俱乐部以红星救援队为基础，针对日常有可能出现的紧急情况开展应急培训，培训的内容涉及水上救援、山地救援、医护救援等多个方面，以"进校园、进社区、进企业、进机关、进部队、进乡村、进家庭"等为渠道宣传应急救援知识，大大提高了广大公民自身防护意识和保护自己和保护他人的能力。与此同时操作者俱乐部还配合北京市志愿者联合会综合应急志愿服务队展开多项应急志愿服务项目演练，以模拟的真实场景作为演练的场地，在

规定的时间和不确定的地理环境下高效完成救援的任务，这些方式都是防患于未然、居安思危的重要表现，对于日后真正的应急救援奠定了重要的基础。

北京操作者俱乐部是一个朝气蓬勃的组织，组织内的每一个成员都用其热情用心地为这个组织服务，他们不怕苦、不怕累，有着崇高的奉献精神和价值导向，为我们这个社会的安全树起了一道道屏障，一座座丰碑。无论是在大型活动举办的时候，还是在灾难发生的时候，抑或是在日常志愿服务的领域中，都能够看到他们的身影。他们是在历次重大灾害现场一线最活跃的一群人，一群以应急救援志愿服务作为人生价值实现途径的人。他们用信念和行动让生命绽放出美丽的光彩，也成为我们这个时代里一群可爱而又可敬的人。在这里，笔者也衷心地祝愿这个组织能够越走越远，祝愿这个团队里的每一位队员都能平平安安！

活动实录——与雅安共患难，看北京在行动

——亲历北京操作者俱乐部驰援四川雅安灾区救援

2013年4月20日上午7：00我和同学丁丹丹去海淀公园，参加北京操作者俱乐部的应急演练。当天参与此次演练活动的主要是北京市志愿者联合会的预备役成员和北京市志愿者联合会综合应急志愿服务总队（以下简称"总队"）的成员。在演练刚开始不久，传来了一个非常震惊的消息，四川省雅安市发生了7.0级地震，原本定位于操作性演练的活动立马变成了一个实战演习。只见活动的第一部分是预备役成员集结，在高效快速的集结完成后，总队就迅速拉开了实战演习的序幕。总队的14支专业队伍全部参与了此次的实战演习，这14支专业队伍包括特勤队、预备队、应急通信分队、城市救援分队、山地救援分队、地震救援分队、医疗救援分队、心理救援分队、水上救援

分队、空中救援分队、消防防化分队、大型活动保障分队、普及宣传分队、机动（车）分队。北京操作者俱乐部的成员就分布在上述各个专业队伍里面。

此次的实战演习也涵盖了水上救援、山地救援、地震救援、医疗救援等多个方面。北京市志愿者联合会的预备役成员在接下来的演习里面就充当了受困群众的角色。实战演习开始后，由于各个项目同时进行，我没办法跟进所有的项目，只选择了跟进水上救援和山地救援两项。在水上救援中，总队的成员以救生艇为主要交通方式，带着绳索、信号弹，以及一些先进的救援仪器，在水上演练各种模拟的救援情况。山地救援则以海淀公园的山地为主阵地，"受困群众"在不容易发现的地方呼救，应急救援队带着救生犬、电子听音器等上山搜救，在约40分钟的救援后，所有的"受困"群众均被安全找到，交给了专业的医疗救援队，进行专业的治疗和安置，在这些所有救援的过程中，无线电俱乐部的成员在通讯方面和信号传递方面都给予了技术上的支持和帮助。

在演练完成之后，北京团市委、北京市志愿者联合会在第一时间启动了应急机制，同时向全市应急志愿者组织发出紧急集结令，操作者俱乐部作为应急组织的一员也迅速响应号召来到了北京应急志愿者之家，参与北京市志愿者联合会综合应急志愿服务总队赴四川雅安灾区的救援。我也紧随操作者俱乐部的步伐来到了四季青的应急志愿服务总队，参与此次的救援活动。

在集合各方面的资源后，总队迅速成立了赴四川雅安抗震救灾临时指挥部，下设办公室、宣传组、动员组、保障组，安排专人24小时值守，迅速进入战时状态。在这次组织救援的活动中，我被安排到宣传部，负责救灾信息的发布和相关救援微博的更新。在临时指挥部成立后，北京应急志愿者就迅速从几个优秀应急救援组织(如红星救援队等)抽掉了几个骨干志愿者，组成了10名应急志愿者小分队奔赴雅安，这支队伍中几乎所有队员都参与过抗震救灾，具有抗震救灾技能。在出发前，总队的工作人员收集了四川雅安交通、气象、地形等各方面的信息，并根据网上灾区的需求，将信息迅速地反馈给这些志愿者，让他们做好充足的救援物资准备。在了解完四川灾区的基本情况后，这些应急志愿者们携带了红外夜视仪、生命探测仪等20余件救援设备于20日晚上9：00出发，21日凌晨00：10抵达成都，5：00到达雅安沙坪体育场建立了营地和指挥部，配合团省委有序开展救援工作。从这些志愿者奔赴前线后，我在总队的工作仍然是收集相关灾区信息，为前线志愿者提供指导，同时第一时间发布这些志愿者的救援信息。从20日下午13：30成立这个救援临时指挥部以来，团市委和北京市志愿者联合会已经召集了多次紧急会议，统筹前线救援和后方支持保障，建立了一个完整的应急救援机制，为后续志愿服务的开展提供了可靠的机制保障！

另外，志愿北京的官方网站也同步发布了招募相关专业志愿者信息，在强调向前线救援的同时，呼吁广大市民能够理性参与抗震救灾，让此次救灾活动能够科学有序地进行。四川雅安灾区人民的安危牵动着千千万万个中国人民的心，全国各地的救援力量在第一时间都作出了救援安排，火速赶往灾区，北京操作者俱乐部就是这些力量中的一支，他们有目的、有计划地安排着救援任务，有条不紊地推动着救援工作的开展和运行。

在参与此次调研活动以前，我万万没有想到我会经历一次这么大的救援活动，他带给我许多心灵的震撼，在此之前，我一直都不知道在我们生活的周围，存在着这样一支救援队伍，他们在我们命悬一线的时候出现，在我们安全的时候默默守候，不图名也不图利，仅仅是出于人道主义的救助和关怀，他们的理想信念和价值观深深地影响着我，让我不断思索自己以后的路。如果说英雄的面貌有多种的话，那么这些应急救援人员绝对是其中最显眼的一个，他们的事迹应该被传扬，值得大家敬仰和学习！

第九节 "在行动"志愿服务队（2009 年）

——兼谈公益组织新闻宣传策略与模式分析

调研对象：马阳（"在行动"志愿服务队负责人）

调研时间：2009 年 5 月 10 日

调研地点："在行动"志愿服务队

调研及报告撰写人：

陈顺昌（北京志愿服务发展研究会）

一、"在行动"组织概览

（一）基本介绍

机构名称：北京在行动国际文化中心

"在行动"的口号：爱心无限，志在行动

"在行动"的理念：行动改变生存

"在行动"的使命：主要为城市中携手打工群体公平参与社区建设，促进和谐社会发展。

"在行动"的宗旨：本着"行动改变生存"的公益理念，在行动主要共同关注弱势群体、扶危助困、政策倡导、促进全社会参与志愿服务和公益活动，推动公民社会建设和发展

（二）组织机构构架

"在行动"由监事会、理事会、顾问团共同决定指导、监督执行理事所作出的决议，执行理事下设有秘书处、行政处、财务处、发展部以及志愿者管理部等五个部门。

"在行动"现在拥有由社会各行业的专业社会人士，以及 5688 名具有丰富打工经历的打工者组成的骨干志愿者队伍，已经和北京各大高校的志愿机构，建立了良好的互动合作关系，与各大医院和北京市劳动局、司法局、总工会等政府机构以及新闻媒体等建立了支持合作的关系。同时，"在行动"积极与国际方面取得联系并合作，得到美国驻华大使馆等国际机构的项目资助与合作。

（三）项目运营

"在行动"主要为城市中的打工群体无偿提供法律、文化、健康、教育等方面的服务，加快融入城市的过程，推动和谐劳动关系，促进和谐社会的发展。

法律服务在行动——通过打工者因劳动权益受侵害等问题，组织律师志愿者开展义务咨询、援助和普法宣传活动，向打工者普及劳动政策法规、职业安全健康知识，提高打工者维护自身合法权益，做知法、守法的新市民。

企业社会责任在行动——与政府、企业、劳动者、社区和其他非政府组织一同推进中国的企业社会责任工作。从劳动者权益、社区参与和环境保护领域等方面入手，加强公民社会在连接企业、政府和社区方面的桥梁作用。

能力建设在行动——利用假期和周末为在京务工人员进行系列培训活动，包括法律常识、职业健康、心理健康、文艺文学、文化技能等，使打工朋友在参与活动中提高自身的综合能力，更好地适应城市生活。

政策倡导在行动——通过系列丛书的出版和发行、专题调查研究、组织研讨会和文艺志愿探访等文化活动，促进新老市民之间文化的沟通与融合，从而更好地将政策宣传至社会上各阶层人们。

公益演出在行动——招募有爱心有文艺爱好的朋友，组成公益演出团，将打工者的生活现状通过自编自演的形式表现出来，让更多的人认识、了解"在行动"，让更多的打工者分享到"在行动"为大家提供的服务，培养打工者之间互帮互助的氛围。

招募志愿者在行动——认同"在行动"理念，认可"在行动"宗旨，一切有爱心的人士都可加入志愿者团队，根据志愿者的兴趣和爱好，定期举办小组活动，分享小组成员知识经验，在学习分享中，掌握相关的专题知识，提高自身的组织能力，从而更好地服务于广大外来工和企业，提高劳资的整体素养，促进社会稳定和谐。

（四）成长与收获

自 2006 年 8 月 18 日开始筹备，同年 12 月 18 日正式成立，截至 2008 年年底，"在行动"先后为 13890 多位进城打工者免费提供就业信息、职业安全健康及法律咨询、心理咨询等帮助，接听热线电话 19870 多个，举行各类社会公益活动 197 次，6033 多人次参与实际公益活动。

2008 年 6 月 20 日成功地在苏州设置办公室，这是"在行动"发展的重要标志之一。

2008 年，"在行动"继续实施、深化加强对外来务工者精神文化生活的服务，深入开展于 2007 年 5 月初成立的"流动人口活动中心"和丰富"爱心图书"的书籍种类和册数。至今已有图书 2380 余册，共有 3980 多人次到图书室阅览并借阅图书。

2008 年"在行动"在北京举行劳动合同法等法律知识、法律技能培训和讲座共 9 次。发放劳动合同法法律宣传手册 5980 余册，劳动合同法知识宣传扑克牌 5200 余副，培养了 120 多名劳工积极分子。苏州办公室举行 3 次劳动合同法知识的培训和讲座，在厂区和各社区发放劳动合同法相关的法律知识手册 3520 多册和扑克牌 3800 多副等，培养了 40 多名劳工积极分子。

2008 年"在行动"积极参与政府部门推行的服务奥运活动，组织志愿者们参与由首都文明办和北京市城市管理综合执法局发起的"迎奥运讲文明树新风志愿服务行动"的"假日文明行动"，多次到天安门、王府井、西单、公主坟、西客站等地进行活动，劝阻不文明行为，宣传讲文明树新风知识。

2008 年 5 月 12 日，四川省汶川县发生 8.0 级特大地震，"北京在行动"及时发起抗震减灾捐物捐款活动，此次"捐赠四川汶川赈灾物资"活动得到广大志愿者及社会各界人士的积极响应，共捐赠现金 1000 元和价值 16580 多元的物资。

2008 年年底"在行动"共出版 11 期"打工生活杂志——在行动通讯"，共计 1.1 万本，免费发放给打工者，印制 2009 年打工者职业安全健康教育台历 2000 册。

2008 年"在行动"不断提高内部能力建设，积极发展和加强对外的联系，先后和北京真爱教育服务机构、北京打工妹之家、绿色啄木鸟等公益组织机构进行合作，积极开展与中国国际民间组织合作促进会，中国社会工作协会社会工作公益委员会，NPO 信息咨询中心等非政府组织交流。

（五）社会影响力

由于得到新闻媒体的大力支持，"在行动"组织及活动在国内和国际方面都得到较好的响应，具有了一定的知名度。"在行动"先后得到北京电视台、中央电视台、新华社、中央人民广播电台、北京人民广播电台、人民日报、北京青年报、北京晚报、法制晚报、京华时报、新京报、信报、公益时报、中国妇女报、农民日报、新浪网、千龙网等 50 多家媒体的 100 余次宣传报道，影响遍及北京、上海、武汉、广州、云南等全国 20 多个大中城市。

二、"在行动"新闻宣传现状

"在行动"作为一个非政府性、非营利性、自愿性的公益组织，通过自身的活动，来换取公民对环保等社会问题的重视，通过自身的活动，来换取公众对农民工等社会弱势群体的关注。"在行动"作为一个小公益组织面对着缺少政策支持、缺少公众理解、缺少社会关注的窘境，同时还面临着新闻宣传难题。据了解，新闻宣传不仅仅是"在行动"所遇到的困难，也是其他公益组织同样面临的难题。

调查中发现，"在行动"最重要的新闻宣传方式是网络宣传，最主要的方式是通过"在行动"自己的网站进行消息发布，其次通过包括新浪、网易、搜狐等20余家主流网络媒体的博客进行日志发布式的宣传，另外还通过极少的电视、报纸、广播等主流媒体进行宣传。社会中的主流媒体在公益组织活动的宣传中显现出的作用很小，进而无法帮助公益组织迅速扩大其影响。虽然网络进行大规模的宣传报道，但相比主流媒体的宣传途径，网络宣传无法达到主流媒体宣传的效果。

三、当前公益组织新闻宣传现状

我国进行社会公益事业的活动，需要在全社会形成合力，形成全民的共识。为此，就需要整合新闻资源来提升传播、宣传效果。新闻宣传工作对于当时处于发展中的各个公益组织的重要性是不言而喻的。除去政府方面的新闻宣传报道，与其他企事业单位、研究机构的海量宣传信息相比，公益组织宣传工作面临着困难，公益组织还从自身方面积极寻找解决问题的途径，改变当前新闻宣传的困境。

大多数公益组织在传播宣传上主要局限于一些专业的网站以及媒介，而在大众媒体上少有涉及，可能是意识问题，也可能是掌握媒体资源有限所致，长此以往，把应该全民了解的社会公益事业变成了少数人的业余兴趣，成了一个传播圈子越来越小的窄众工作。比如，公益组织的网站和各种博客是公益组织进行宣传的首选，除此以外很难看见关于公益组织的宣传报道。结果是，每次活动产生的影响很小，几乎没有主流媒体参与，网络推广缓慢，参与活动人增长缓慢，自我组织的志愿服务理念推广滞缓。

四、新闻宣传中媒体与公益组织的困惑

（一）新闻宣传中媒体对公益组织的困惑

问题一：公益组织中没有一个完整的公关策略，没有专门的公关部门、专门媒体对接人员等。很多公益组织中对媒体的态度是夏天的扇子，用时急，不用时就忘，其对于媒体及宣传工作缺少较清楚的发展思路。

问题二：公益组织在和媒体接触时，缺乏和其经常性交流和沟通，以至于给记者的活动介绍没有新闻价值或者价值打折扣。

问题三：公益组织在每次活动中是否有意识保留活动资料，如文字、图片以及影像资料等？是否在与媒体接触前进行提前"功课"，提前准备呢？

问题四：公益组织对自身能力建设的问题是否愿意经过某种途径寻求广泛的帮助？公益组织是否愿意在大众面前暴露自己的短处呢？

（二）新闻宣传中公益组织对媒体的困惑

问题一：认为与媒体合作，由于媒体朋友专业性不强（指对公益组织服务领域方面）导致报道与计划失衡，希望媒体能把握足够的信息量，了解公益组织需求。不少媒体人员对公益组织的了解太少，基本概念都不明白，令人无奈。媒体从自身利益出发，很少关注小机构。

问题二：媒体需要适应大众的胃口，而公益组织则要创造新的文化、独特的理念，两者之间构成难以调和的矛盾。

问题三：公益组织希望媒体多报道，有时担心媒体不专业的报道，会给公众带来误导。

问题四：有偿新闻等新闻宣传不正之风，在一定程度上影响了公益组织的新闻宣传报道。

五、公益组织的新闻宣传策略

（一）策划活动报道视角

大部分公益组织从事的活动集中在环保、农民工教育等方面，其在开展活动的时候会觉得自己的活动很简单、很小、没有新闻点，因此很少主动和媒体沟通，结果会变得不善于和媒体沟通，甚至会刻意回避媒体。其实公益组织所做的工作贴近底层，关注的是一些边缘的人和事，也最容易和媒体达成共鸣，只是缺乏媒介策划的手段和能力，没有达到很好的新闻宣传效果。优秀的公益组织要和媒体结成亲密的合作伙伴，充分发挥媒体优势和传播作用，宣传公益组织的宗旨工作和任务，动员号召社会力量参与公益事业。

为了能够和媒体很好的合作，公益组织必须要学会策划活动报道视角，也就是要主动吸引媒体的目光，有意地策划或者是制造有新闻亮点的活动事件。当然，策划媒介事件的前提是，活动是真实存在且合法的。对于公益组织来说，项目真实存在和所取得的效果是基础。在真实合法的基础上，再去研究媒体和受众的关注热点，寻找他们感兴趣的新闻价值，满足媒体和受众需要。一般来说，某个事件的文化与媒体的关联性、事件的震撼性、社会文化价值等是影响媒体报道与否的几大因素。

（二）培养媒体联络人员

公益组织和媒体打交道的缺陷主要还是在于没有专业的宣传人才，不能对机构进行整体的形象设计。当公益组织发展到一定的规模时，必须要有专职专业的媒体联络人员。

大部分公益组织没有意识到这个问题，或者基于成本原因不愿意再额外聘请宣传人员，往往是机构的负责人兼职做宣传人员。很多组织让志愿者来担当这个角色，或者让工作人员在做项目的同时承担起宣传的责任。如果没有这样的一个专业人才，机构在和媒体沟通时往往会出现难以料想的问题。媒体根据自己的需要来采访，机构只能被动地接受或拒绝。因为主动性的丧失，文章发表后的内容很有可能不是机构所希望看到的，甚至还会给机构带来难以预想到的结果。如果能够根据机构本身宣传需要，由专门的宣传人员进行新闻宣传工作，主动联络媒体，则结果要可控得多，效果也会好得多。

（三）增强公众信任度

新闻宣传的目的是为了让公众了解机构的宗旨和工作的同时，动员更多的社会资源来支持公益组织，更多地关注这些他们所开展活动的领域。

公益组织宣传的重中之重是要增强公众信任度，提高公信力，用信任来赢得社会的认可。用真诚、真实、真挚打动媒体，赢得媒体的青睐。用心真诚地做事，为服务对象做好志愿服务工作；真实的报道活动内容，不夸张、不矫情，以点滴之事、平常之事、朴素之事，打动媒体；真挚的志愿服务，将每次活动作为一次组织成长的过程，作为一次回报社会的机会，为实现组织愿景目标奠定基础。

六、公益组织新闻宣传模式探究

公益组织的新闻宣传需要在以自身为主体的前提下，结合媒体的特点，有针对性地对不同性质的活动，对不同形式的活动，开展不同的媒体公关策略，从而获得有效的良好的舆论宣传。

公益组织新闻宣传途径因机构情况、生存环境等因素而不同，结合公益组织的特点，可以采用以下的新闻宣传方式。

（一）主动式宣传模式

即积极主动地、经常性地与新闻媒体沟通互动，比如建立新闻发布会、新闻发言人制度，定期或者不定期地主动与新闻媒体联系，提供新闻信息。这是一种"以攻为守"的宣传方式，是值得提倡的媒体工作战略。这种方式对于公益组织在能力和经验方面有着较高的要求。

主动式宣传模式能够在合适的时机在合适的媒体上对准合适的对象发布明确的讯息。其挑战性表现在，成本较高，要求公益组织管理层对媒体工作和机构自身的工作有着清晰全面的认识，制订长期和短期的媒体工作计划，适时实施，及时评估。最好能够聘请富于媒体工作经验的专职人员来策划和操作日常媒体工作。

（二）应对式宣传模式

即由于本身服务于特定社会群体，在某个特定领域拥有专长及话语权，当媒体采访时，应及时准确地向记者提供真实信息和相关服务。在一定意义上说，媒体代表着部分公众的需求，满足媒体需求在一定程度上也是服务公众。这是"守株待兔"式的宣传方式，是大多数组织机构最常用的模式，也是最便于采用的模式。

对于公益组织来说，这种方式的益处是：便于采用；可以将精力节省下来做项目；避免产生不必要的负面媒体报道影响；可避免"炒作"之嫌。其挑战性表现在，虽然不要求公益组织经常性地举办媒体活动，但是要求公益组织对本领域拥有一定的专长，以应对媒体的采访。此外，当机构发展成熟时，应对式模式使得公益组织不能更好地向公众推介自己，无法有针对性地借助媒体的力量来建立自己的公共形象，不能及时更新自己的公共形象，很难借助媒体的力量来推动新项目的开展，或者获取外部资源的支持。

（三）合作式宣传模式

即与媒体就某一项目或者某一活动形成合作关系，在双方约定的领域共同投入资源，赢得预期产出，达到服务公众及特定受众的目的。这是一种比较理想化的新闻宣传模式，适用于那些需要最大程度地同时使用公益组织和媒体资源的项目。眼下媒体对公益组织了解不多，故合作式宣传模式受到一定的制约，但随着社会的发展，这种"双赢"模式将有广阔的前景。

公益组织与媒体能够通过合作宣传模式加深对对方的了解和认同，可有效调动和使用双方的资源，有利于建立和保持长期的互动沟通的关系，并且有利于树立公益组织的良好公共形象。其挑战性表现在，合作成本和起点较高，要求双方在操作过程中注意分寸的把握，以保持双方的独立性。同时要求双方能够设身处地体谅对方，在坚持原则的前提下，适度调整自己，以保证目标的实现。

（四）参与式宣传模式

即相互参与到对方，通过活动的参加达到宣传目的。这种形式以记者采访公益活动居多，但也有相反的情形。如公益组织参与新闻媒体举办的活动、培训、交流等，通过媒体向公众表达自己的声音和存在。参与式宣传模式适用于那些媒体主动搭好舞台，盛情邀请公益组织高调出场，可以很快提高公益组织知名度和公信力的项目。

公益组织和媒体通过参与活动加深对对方的了解和认同，有效调动双方的资源，有利于建立和保持长期的互动沟通的关系。同时，也要求公益组织的媒体联络人员运用自己对媒体的认识，抓紧时机有的放矢地向媒体传达讯息，更不要滥用媒体资源。

（五）记者沙龙式宣传模式

即组织的记者、公益组织及其他有关利益方（比如：政府官员、专家等）参与关于某社会热点话题的面对面讨论。这是公益组织拓宽媒体资源的有效方法，也是建立良好媒体关系的重要途径。

面对面地交流，共同寻找解决问题的思路和方法，找出问题的核心，可以提高公益组织解决问题的效率。同时，可以让记者之间、公益组织之间，以及公益组织与记者之间产生认同感，便于与媒体之间的长期合作。记者沙龙式宣传模式要求沙龙的组织者事先做深入的研究和准备工作。如果挑选的话题不属于热点，也没有请到记者想与之对话的当事人，那么记者出席沙龙的热情就会降低；如果组织者和主持人事先未能充分地研究讨论的话题，且主持能力不强的话，现场讨论有可能出现过分松散、漫无边际、拖延时间的局面。

（六）宣传小组式宣传模式

即公益组织媒体工作团队以通讯员或者自由撰稿人的名义直接向新闻媒体提供稿件。这是公益组织内部推动媒体宣传工作的一种方式或方法。适用于组织发展较为成熟稳定、媒体工作经验较丰富的公益组织。

通过宣传小组式宣传模式可直接向媒体供稿，或长期负责某个公益栏目的撰稿，有利于树立本机构的品牌和公共形象。同时要求公益组织的媒体专员具有丰富的媒体工作经验，同时了解本机构的中长期发展目标以及相关项目的具体内容，并且了解本行业有关话题的深刻背景，能够像记者那样写出漂亮的新闻稿件，无须太多的编辑即可直接上版面。

后　记

调研中给我最深的感受就是尽管面对资金少、人手少、社会不理解、公众不认可等方面的难题，但"在行动"等公益组织丝毫没有退缩，依旧在"奉献、服务"的理念下践行着每个公益组织对志愿服务精神的理解。

作为一名调研人员，我能做的就是通过这次对"在行动"公益组织的调研，将志愿服务精神更加生动地带动给身边的人，让身边的人更多地关注志愿服务，让身边的人更多地参与到活动之中；作为一名志愿者，我能做的就是用自己真心参与每一次志愿服务，回馈社会上那些善良、真诚的志愿服务领路人；作为一名在校大学生，我能做的就是通过自己的思考，用所学过的知识分析公益组织所面临问题的，帮助他们寻找解决的思路，希望给这些公益组织有所帮助。

说　明

本文在写作过程中参考中国在行动公益网（http://www.zxd.org.cn/）、NGO 发展交流网（http://www.ngocn.org/）、NGO 中国网（www.ngochina.net/）、NGO 论坛（http://www.ngocn.org/bbs/）以及《草根媒体宣传手册》等资源，特作说明。

第十节　"在行动"志愿服务队（2013 年）
——对北京在行动国际文化中心的调研报告

调研对象：赵欢欢（北京在行动国际文化中心办公室主任）

调研时间：2013 年 4 月 15 日

调研地点：北京市丰台区

调研及报告撰写人：

王陆明（中国农业大学 2012 级研究生）

孟雷（中国农业大学 2012 级研究生）

一、北京在行动国际文化中心的基本情况

（一）资金的主要来源

机构资金的最主要来源是海外基金会的捐助，而海外基金会主要是以凭借合作开展的项目款的形式提供资金，其他资金来源依次是国内基

金会资助、企业捐助、个人捐助。

（二）服务内容

除了 2009 年的调研报告中提到的法律服务在行动、企业社会责任在行动、能力建设在行动、政策倡导在行动、公益演出在行动、招募志愿者在行动之外，机构的服务内容自 2009 年以来增加了一项——公益活动在行动，即通过组织志愿者开展各项公益活动，促进全社会参与志愿服务和公益活动，推动公民社会建设和发展。如扶老助幼，义务献血，植树环保，捐献骨髓，交友活动等。

二、北京在行动国际文化中心近些年来的特色项目介绍

由于上节的调研报告中没有体现出北京在行动国际文化中心的项目介绍，本节着重介绍一下这几年"在行动"所举办的特色项目。主要有：

（一）《北京地区打工者新劳动法律法规宣传培训》项目

根据北京市打工者现实生存状况和实际法律知识需求，在行动执行了《北京地区打工者新劳动法律法规宣传培训》项目，目的是提高打工者的维权意识和知法用法的能力。此项目得到了志愿者以及相关部门的大力支持与推动，同时也得到服务对象的推崇。项目的首要目标是增强打工者的法律意识，通过普法教育使打工者培养和树立健康的"法治观"、"公平观"、"民主观"、"自律观"等在内的法律观念。项目中印刷了《劳动合同法记事本》15000 本、爱心维权小扇子 3300 个、打工者生活杂志（又名在行动通讯）完成印制 36000 本。项目在 12 所打工子弟学校、12 家社区、12 处建设工地、12 家纺织厂（或工厂）通过普法资料发放深入打工者聚集地开展普法活动，一共开展了 48 期普法宣传活动。

新劳动法系列培训，受益群体为各行各业的打工者，每次培训参

与人数为 30 人，主要围绕《劳动合同法》等相关法律进行，同时加入培训方面的技巧，朝培训者培训的方向发展，培养打工者成为培训者后团结工友进行可持续培训，按照一个新生培训者培训的方向发展，培养打工者成为培训者后团结工友进行可持续培训，按照一个新生培训者培训 10 个工友的模式发展。共进行 10 余次培训活动，受益人达到 330 多名。

（二）成功之技——校外流动青少年职业教育项目

"成功之技——校外流动青少年职业教育项目"自 2012 年 11 月正式实施以来，已开展职业教育培训班一期，服务校外流动青少年 42 名；开展职业教育成长营一期，服务校外流动青少年 38 名。在此期间，项目工作调动培训师 12 人次，投入高校志愿者 28 人次，为校外流动青少年提供了较为系统的职业教育软技能培训，使校外流动青少年在职业素养、生涯规划、心理素质、社会交往、时间管理、法律知识学习等层面有较大受益和收获。

（三）社会组织能力建设及发展项目

"社会组织能力建设及发展"项目是由德国基督教发展服务社(EED)资金支持。项目为期三年，从 2010 年 8 月至 2013 年 7 月。指在通过持续开展社会组织与地方政府、媒体和社会组织之间的研讨、学习和交流等活动，推动社会组织政策环境和社会环境的改善，提升社会组织专业化能力，优化资源配置，提高社会组织整体发展水平和在经济社会发展中的作用，促进中国公民社会的发展。

（四）"五险一金"项目

"五险一金"项目是一个半年度的项目。该项目于 2012 年 4—5 月一个月的时间内，开展了两个阶段的活动。第一阶段是问卷调查与访谈，这一阶段团队组织了志愿者探访了打工者聚集的小区，针对"五险一金"的相关问题进行了问卷调查，并通过这次问卷调查初步了解了农民工"五险一金"问题和现状，探讨了如何提升新生代农民中自觉维权的意识。第二阶段是关于"五险一金"相关知识的宣讲活动，针对高校学生对"五险一金"问题认识不足的现状，在苏州大学独墅湖校区聘请相关专家给学生们作了相关的宣讲介绍，以期做到初步增强在校大学生对《劳动法》及"五险一金"相关方面知识的认识，提高在校大学生维权意识，预防大学生们遭遇到权益受侵害事件。

（五）北京地区新生代打工者谈判代表培训项目

北京地区新生代打工者谈判代表培训项目的背景主要是：从城乡二元结构分离出来的新生代打工者群体面临的不仅仅是在城市中生存问题，还面临着在城市里面失去政治地位和经济地位的问题。由于在融入城市过程中失去了原居住地的政治地位和经济资源，所以打工者群体在城市里面无法享受到一系列的政策保障。同时，打工者群体在各方面都处于弱势，很多底层的声音无疑引起社会的重视和关注，导致很多本可能避免的劳资冲突事件层出不穷，所以本项目计划通过培养新生代打工者集体谈判意识。一方面，可以增加打工者群体的发声管道，提升其社会生存能力；另一方面，也可以培养新生代打工者的维权代表和他们的公民意识。项目计划，项目为期一年，分为四个部分：第一部分是培育打工者青年的谈判能力，促进打工者群体和社会资源的整合度，同时实现可持续发展并成为一个 NGO 公益品牌；第二部分是通过有针对性地扶持 10 名骨干积极分子组建两个劳工谈判小组处理介入集体谈判，实现"助人自助"的公益理念；第三部分是通过到社区、建筑工地和打工子弟学校宣传集体谈判知识，实现新生代打工者意识觉醒以后积极参与劳资谈判；第四部分是项目的中、末期研讨会，争取具有可复制性的项目经验向部分地区甚至是全国推广。项目目标，目标一：通过培训新生代打工者青年谈判意识以及领导能力，促进培训学员提高整合社会资源维护自身和大多数工友的合法合理权益，至少可使 200 名新生代打工者提高其谈判意识并成为谈判代表；目标二：用社会工作"助人自助"的理念扶持 10 名骨干积极分子组建两个文艺小组和法律宣传小组，通过小组工作创造机会介入集体谈判；目标三：通过到社区、建筑工地和打工子弟学校宣传集体谈判知识、实现新生代打工者意识觉醒以后积极参与劳资谈判；目标四：通过建立信息共享机制，培养新生代打工者的互助精神和社群意识；目标五：通过研讨会的形式控制项目的进度和质量，同时也是为了服务对象、项目资助方、媒体、NGO 同行等利益相关方分享项目实施及结项的信息。

总之，通过对中心这些年的几个特色项目的介绍，我们可以看出，中心的服务项目越来越全面，越来越多样，并且也具有很好的实效性。通过项目这种形式来开展志愿服务，不仅可以为草根组织提供一定的资金来源、调动服务对象的积极性，而且会使志愿服务工作更有针对性和可行性，而北京在行动国际文化中心就很好地做到了这一点。

三、北京在行动国际文化中心近些年来的发展与变化

（一）组织结构越来越完善

北京在行动国际文化中心在 2006 年成立以来，组织得到了不断充实与完善，中心主要由理事会、监事会以及总干事三个组成部分构成，总干事下设外联部、项目部、财务部、法律部以及人力资源部。可以说，中心的组织结构通过这几年的发展已经日趋完善和稳定，机构的人员构成也十分合理，理事会的成员主要由大学教授、律师、企业经理、其他文化发展中心主任以及北京在行动国际文化中心主任马阳老师组成，这样的理事会人员构成会对中心的发展起到一个很好的促进作用，而监事会由两位经验丰富、充满爱心的老年志愿者担任，从而利于对中心发展进行有效的监督。

（二）组织规模越来越壮大

北京在行动国际文化中心在 2006 年 12 月 18 日正式成立，同时开通了北京在行动公益热线和中国在行动公益网，2008 年 6 月 20 日成功地在苏州开设第一家分支机构，2012 月 7 月成功入驻湖北武汉，并且，"在行动"现有理事会理事 7 名，顾问团顾问 30 名，全职员工 12 名，每个办公室实习生各 3 个。可以说，北京在行动国际文化中心的组织规模和人员规模都得到了较大的发展，通过这几年"在行动"的发展现状来看，我们也有理由相信北京在行动国际文化中心规模会越来越壮大。

（三）服务成绩越来越可喜

北京在行动国际文化中心成立至今先后为 52560 位进城打工者免费提供就业信息、法律咨询、心理咨询等帮助，接听热线电话 67440 个、举办各类社会公益活动 1100 多次、近 23200 人次实际参与公益活动，参与志愿服务约 72600 小时。可以说，近些年北京在行动国际文化中心的志愿服务工作所取得的成绩是十分可喜的，为社会作出了巨大的贡献，为进城打工者提供了极大的便利，中心的社会影响力也得到了一定的提升。

（四）资金来源越来越稳定

"在行动"2012 年总收入为 1126606 元，其中 10% 为国内基金会资助，82% 为海外基金会等捐助（合作开展的项目款），6% 为企业捐赠，2% 为个人捐赠和其他。可以看出，北京在行动国际文化中心通过这几年的发展，资金来源相对来说越来越趋于稳定，而资金的稳定会为机构的发展提供一个可靠的保障，利于机构的成长。

（五）捐赠收支越来越合理

北京在行动国际文化中心收到的单位和个人的捐赠物品主要有以下

几类：图书、文具、衣物、食品以及少量电脑，而中心工作人员通过对这些物品的筛选和整理，向学校的学生、社区的空巢老人、农民工等人群进行捐赠。可以说，北京在行动国际文化中心在捐赠物品的收支方面能够实现相对平衡，并越来越合理。

（六）机构联系越来越紧密

近些年，北京在行动国际文化中心与北京、苏州、武汉各大高校的志愿服务机构建立了良好的互动合作关系，与各大医院、劳动局、司法局、工会等政府机构以及新闻媒体等建立了支持合作关系，与北京志愿者联合会以及国内和国外的基金会及使馆建立了很好的联系，并与其他草根志愿者组织及学校建立了紧密的互助关系。总之，北京在行动国际文化中心通过近些年的发展，它与其他各种组织的联系越来越紧密，这样利于其志愿服务工作的开展。

（七）宣传形式越来越多样

在六年的探索与成长中，北京在行动国际文化中心不仅得到了新闻媒体的大力支持，对中心进行了一定的宣传，而且中心自身还以月刊形式出版打工生活杂志《在行动通讯》及其他各类专刊，至今共出版近50期，已免费发放给打工者9800多本，"中国在行动公益网"开通至今，网站点击率达1900600次。可以说，中心的宣传力度越来越大、宣传形式也日趋多样化，从而利于扩大中心的社会影响。

（八）组织培训越来越重视

北京在行动国际文化中心对工作人员的培训工作越来越重视，就2012年来说，7月，中心举办机构全体工作人员的能力建设集中培训，着重在团队建设、项目管理、社会工作方法、心理分析、志愿者管理等方面进行培训；10月，武汉办公室参加了省团校社工交流与培训，在社会工作方法和社会工作理念创新等方面都获益匪浅；11月，北京办公室参加了恩派主办的财务和组织能力建设培训，机构人员在财务治理和组织管理等方面得到了提高；12月，北京办公室参加了志愿者博览会，在此其间参与了论坛、沙龙以及世界咖啡馆等活动，并接触了参加的其他公益组织，学习了其他服务机构的工作方法和项目创新。总之，通过培训，工作人员在思维创新、项目设计、志愿者管理、法律知识、新媒体使用、财务管理等方面得到了提升，为日后的服务提高了效率。

（九）志愿服务越来越常规

"在行动志愿者服务队"组织打工者参与志愿活动，倡导爱心志愿服务，呼吁人人参与志愿行动。每个办公室平均每月至少组织一次志愿者活动。

北京办公室多次组织志愿者在北京西站开展假日文明行动，义务指路；参与协办"清听·爱"慈善晚会，救助来自山东的聋儿40名；"7·21"暴雨后，组织志愿者到长辛店灾区发放救灾物资；重阳节关爱老年人，为空巢老年人免费发放保暖内衣1000套。

苏州办公室和武汉办公室既有针对志愿者团队建设的志愿活动，也有号召志愿者参加的宣传和服务活动，包括主题电影分享、工地法律宣传、打工子弟小学探访等活动。例如，苏州办公室联合科锐国际人力资源公司，由志愿者带领打工子弟进行"体会计划"，让参与的打工子弟们生动近距离得感受了职业与梦想。武汉办公室与志愿者在中秋节到咸宁大幕乡金鸡山小学送祝福，为在校生送上节日月饼，共庆佳节等等。

可以看出，北京在行动国际文化中心的志愿服务工作经过这几年的发展，越来越趋向常规化。

四、北京在行动国际文化中心近些年发展中存在的主要问题

北京在行动国际文化中心成立于2006年12月18日，经过这么多年的发展，机构确实越来越壮大、越来越走向正规化，但在发展的过程

中也存在着一些问题。主要体现在以下几个方面。

（一）资金不足问题

资金短缺是国内志愿者活动的主要障碍之一。当前，我国志愿者组织的资金来源主要有：一是政府财政来源，这些资金分配给了官办或半官办志愿者组织，如共青团系统的青年志愿者组织、民政系统的社区志愿者组织等；二是国内企业或个人的自愿捐助，一般来说，国内企业或个人捐助资金的对象主要是一些与政府机构紧密相联系的志愿者组织，它们较少捐助给草根志愿服务组织；三是海外基金会的捐助，这是草根志愿服务组织活动资金的主要来源。中国政府除了在国家发展计划以及领导人的讲话中倡导开展志愿者活动外，还没有在资金支持方面作出任何规定，这使得中国志愿服务在资金问题上面临极大的困难，资金问题是中国志愿服务面临的最大问题之一，北京在行动国际文化中心也不例外。虽然，北京在行动国际文化中心近些年发展速度较快，资金上海外基金会的捐助也较多，但是，由于没有国家和政府政策和资金上的支持，北京在行动国际文化中心的资金来源还是不稳定的。

（二）缺乏自主空间

独立性是志愿组织的基本特性之一，这主要指它们不受政府支配，也不受企业和其他非营利组织的影响，更不受外国民间或官方机构的控制，能够独立地筹措自己的资金，独立地确立自己的方向，独立地实施自己的计划，独立地完成自己的使命。但中国由于长期实行计划经济体制，政府的庞大和强大使得整个社会，包括经济领域和社会领域的一切，都在政府直接管理下。由这种体制所产生的中国志愿组织，就会受到政府官方的影响和控制，草根志愿者组织也当然在其控制的范围之中。草根志愿者组织自身资金的匮乏，也使它们不得不更多地依靠一些海外的基金会以及一些企业的支持，而这些都会导致草根志愿者组织的独立性受到影响，缺乏一定的自主发展空间。北京在行动国际文化中心亦存在这方面的问题。

（三）高校志愿者流动性大

高校弘扬"奉献、友爱、互助、进步"的志愿服务精神，鼓励大学生参与志愿服务活动，而且，随着大学生主体意识的不断加强，他们越来越重视自己的地位与作用，乐于参与各种社会活动，从事各种服务，以显示他们不容忽视的社会地位和社会存在。志愿者行动服务社会的形式满足了大学生的主体意识的需要，因此，受到了大学生的欢迎和支持。但是，大学生往往兴趣转移快、兴奋点多、意志不坚定，容易对高校志愿者队伍的稳定性造成影响。高校志愿者的积极性随着入校时间的增加而锐减，退出或隐性退出呈现显著上升趋势，使工作出现断层。而且，由于高校志愿服务工作的社会化程度较低，高校与社会之间缺少有效的组织机构加以联系，没有建立稳固的志愿服务网络。尽管大学生志愿行动涉及社会生活的方方面面，但作为连接志愿者和服务对象纽带的志愿服务网络建设还很落后。同时，部分高校能在同一个志愿服务阵地坚持下来的并不多，只是开展短时期轰轰烈烈的活动，对一些需要长期服务或默默无闻的项目则不愿去组织和参加，忽视了对志愿服务网络的长期建设和管理。北京在行动国际文化中心也十分重视高校志愿者招募工作，每当有项目都会发布信息进行志愿者招募，但是作为占志愿者比例较高的大学生志愿者的流动性很大，往往会不利于项目的很好开展，中心的常态志愿者大约有 300 名左右，其中，高校大学生志愿者的流动性很大。

（四）志愿者能力不足

对于草根志愿者组织而言，为社会提供的产品是以服务的形式体现的，不论社会筹款、项目经营，一切活动开展的顺利与否很大程度上都取决于工作人员的沟通能力和志愿服务能力。由于年轻一代的志愿者对社会，特别是对弱势群体的了解有限，一旦委以重任就暴露出不善于与人沟通，不能很快融入工作团队，甚至连基本的为人处世都不会等诸多问题。加之一些草根志愿者组织没有为志愿者提供必要的岗前培训，导致志愿者工作绩效甚微，难以胜任委派的工作。工作中的挫败感不仅使他们的自信心备受打击，而且影响能力的发挥以及持续提供志愿服务的热情。另外，不少志愿者受志愿精神的感召和大规模活动的吸引，在对困难估计不足的情况下就参加了志愿服务活动，而当看到理想与现实之间存在差距的时候，他们便表现出浮躁的心理。志愿者的短期性行为以及能力不足致使草根志愿者组织往往付出高昂的代价，北京在行动国际文化中心招募的志愿者也存在这一问题。

后 记

我在对北京在行动国际文化中心调研的过程中，被中心的工作人员的志愿服务精神以及吃苦耐劳的精神深深打动。虽然中心自成立以来得到了巨大的发展，组织结构、人员配备、资金来源、媒体宣传都日益稳定，试想，如果没有工作人员把志愿服务精神融入骨髓，如果没有中心主任马阳老师日复一日、年复一年地从事志愿服务这一崇高事业，中心不会有今天的成就。另外，中心工作人员的吃苦耐劳精神也令我印象深刻，每一个工作人员不仅要承受着由于低工资带来的生活上的压力，还要承受着由于繁重的工作量带来的工作上的压力，而这些丝毫没有影响到北京在行动国际文化中心这些年来的健康发展。在这里，我衷心地祝愿北京在行动国际文化中心发展越来越好，中心的工作人员身体健康、万事如意！

说 明

本文在写作过程中参考中国在行动公益网（http://www.zxd.org.cn/）、NGO发展交流网（http://www.ngocn.org/）以及《在行动通讯》等组织内部期刊资源，特作说明。

活动实录——探访民管发经验交流会

2013 年 4 月 15 日，春暖花开，阳光明媚。上午九时许，我和孟雷参加了北京在行动国际文化中心举办的民间组织管理与发展经验交流会。与会人员主要有北京在行动文化传播中心员工、北京真爱教育服务机构负责人郭斌、北京农民之子文化发展中心项目负责人周利芳，中国青年政治学院社工学院陈晓强，中国农业大学、台湾东海大学、香港浸会大学研究生和博士等。本次交流会旨在探讨和交流民间组织管理与发展经验，以便推动民间组织更好运行。

近两个小时的交流中，与会的三家内地组织依次进行了详细而生动的机构介绍并相互交流了机构管理与未来发展的相关经验，然后来自中国香港和中国台湾的同学也就各自服务机构的经验作了交流和探讨，各方都从这次交流会中获益匪浅。

本次交流会主要分为三个部分。首先，来自北京的三家民间组织对自身机构的具体情况进行了简介。北京在行动国际文化中心的李欢欢立足机构服务对象和服务内容，从七个方面让在座各位对在行动机构有了整体的了解；北京真爱教育服务机构负责人郭斌从传统困境儿童的现状与问题角度出发，介绍了真爱教育的主要理念与项目，如农民工子女教育体验营项目等；据北京农民之子文化发展中心项目负责人周利芳介绍，教师项目、艺术团、社区教育、自然教育以及学习圈理念是该机构的特色，这些项目旨在提高打工子弟学校教师的职业文化生活，促进城市融入。

其次，三家内地民间组织就各自遇到的困境与对未来发展方向的思考进行了深入的探讨。北京在行动国际文化中心的李欢欢认为，作为劳工 NGO，如何在当前政治框架下更多地发挥民间组织的作用是非常关键的问题；北京真爱教育服务机构负责人郭斌认为，目前我国儿童面临新的困境：城市中优越儿童同样需要支持，如何帮助他们健康成长成为接下来工作的一个重心；北京农民之子文化发展中心项目负责人周利芳认为，该机构的学习圈理念在教师试点中取得了良好的效果，帮助提升了教师的自我教育，接下来会向社区扩展，进行社区中的平民教育。同时，大家也一致认为目前我国民间组织主要存在以下两个主要问题：其一，资金来源渠道窄，民间组织的生存有很多不确定性；其二，项目开展壁垒多，多方支持不够。在未来发展中就要有针对性地解决这两个问题，努力拓展资金来源渠道，发展机构的品牌特色，在有限资源的支持下办最多的事。三家机构在相互交流中获得了他方经验，启发了自身灵感，对解决自身现存问题有了更加深入地思考，可谓收获颇丰。

最后，三家内地民间组织与来自高校的师生进行了深入地问答与探讨。来自中国台湾与中国香港的学生与在座各位分享了中国台湾和中国香港相关机构的经验和做法，以及参与项目活动的经验，他们带来了不同于内地的一些崭新理念。

通过参加此次交流会，我们学到了许多，也对以北京在行动国际文化中心为代表的草根志愿者组织有了更深刻的了解。

责任编辑：汪　逸　徐庆群　高　寅
封面设计：王春峥

图书在版编目（CIP）数据

北京志愿服务组织案例集／北京志愿服务发展研究会 . — 北京：
　人民出版社，2019.9
（中国青年志愿服务丛书）
ISBN 978 - 7 - 01 - 016890 - 6

I.①北…　II.①北…　III.①志愿 - 社会服务 - 组织机构 - 案例 - 中国
IV.① D669.3

中国版本图书馆 CIP 数据核字（2016）第 255154 号

北京志愿服务组织案例集
BEIJING ZHIYUAN FUWU ZUZHI ANLIJI
（上、下册）
北京志愿服务发展研究会

人民出版社 出版发行
（100706　北京市东城区隆福寺街 99 号）

天津文林印务有限公司印刷　新华书店经销

2019 年 9 月第 1 版　2019 年 9 月北京第 1 次印刷
开本：710 毫米 ×1000 毫米 1/16　印张：40.25
字数：579 千字

ISBN 978 - 7 - 01 - 016890 - 6　定价：129.00 元（上、下）

邮购地址 100706　北京市东城区隆福寺街 99 号
人民东方图书销售中心　电话（010）65250042　65289539